图像研究与编排	安娜·迈尔斯（Anna Myers）
设计者	安娜·迈尔斯（Anna Myers）
封面艺术设计	莉莎·克拉克（Lisa Clark）
编制与索引	新源成像系统公司（Newgen Imaging Systems, Inc.）
印刷者	汤姆森－肖尔公司（Thomson-Shore, Inc.）
中文版主编	陈 恒　俞金尧　刘 健　郭子林　黄艳红　刘文明
项目主持	王秦伟　成 华

译校者

第一卷	陈 恒　蔡 萌　刘招静　焦汉丰　屈伯文 张忠祥　常 程　李 月　赵文杰　张译丹
第二卷	俞金尧　陈黎黎　尹建龙　侯 波
第三卷	刘 健　邢 颖　李 军　王超华
第四卷	郭子林　毛 悦　张 瑾
第五卷	黄艳红　马行亮　王 超　赵挹彬
第六卷	刘文明　王晓辉　高照晶　邢 科　汪 辉 李磊宇　魏孝稷　刘凌寒　张小敏　张娟娟

BERKSHIRE
ENCYCLOPEDIA
of
WORLD HISTORY

宝库山
世界历史
研究指南

第五卷

生活·讀書·新知 三联书店

图书在版编目(CIP)数据

宝库山世界历史研究指南/(美)威廉·麦克尼尔主编;陈恒译. —北京：生活·读书·新知三联书店,2024.1
ISBN 978 - 7 - 108 - 07348 - 8

Ⅰ.①宝…　Ⅱ.①威…②陈…　Ⅲ.①世界史—研究　Ⅳ.①K107

中国版本图书馆 CIP 数据核字(2022)第 016005 号

P

Philosophy，Modern　现代哲学

1975

从勒内·笛卡儿开始,西方的现代哲学家们开始重新审视(有时通过科学、数学和分析的方法)古代的命题,即知识的基础是心灵还是感觉,或曰理性还是经验。尽管各自的观点迥异,但现代哲学家们都以理性的心灵,尤其是意识,作为哲学沉思的出发点。

哲学是探讨实在之本质的一种理性形式。尽管没有一个肯定的时间点能代表现代哲学的发端,但是勒内·笛卡儿(René Descartes,1596—1650)通常被视为第一位现代哲学家。然而,由于哲学家们经常致力于更早以前的哲学家们提出的问题,这就使得很难对哲学进行明确的分期。由于现代哲学家们在哲学的本质问题上存在根本的分歧,所以同样很难定义现代哲学独有的特征是什么。与古代和中世纪哲学相比,现代哲学的一个显著特征是把人类心灵尤其是意识放在首要位置,作为哲学思考的出发点。尽管这种理性探索中主观优先的视角不是没有争议,但在厘清西方哲学的独特性方面颇为有效。

主张通过描绘内在的认知来展现人心是如何准确地了解事物的。这需要在心灵认识到的"清楚明白"的东西和感觉感知到的虚假印象之间做出明确的区分。尽管笛卡儿本人并非一个怀疑主义者,但因为他截然区分了心灵和身体,从而被人指责纵容了怀疑主义。他自己解决这种"笛卡儿二元主义"的办法是,坚持把上帝的存在和仁慈作为清楚明白的知识的捍卫者。

笛卡儿之后,哲学逐渐形成了哲学史家们所称的理性主义和经验主义。理性主义者坚持笛卡儿提出的感觉虚假不可靠的观点,把思想的各个部分(直觉、观念等)作为理解现实本质的第一手材料。他们还追随笛卡儿,坚持认为物质现实和精神现实之间最终存在关联;就本质而言,上帝与其说是作为人的造物主,还不如说是

从笛卡儿到康德

勒内·笛卡儿是一名退伍老兵,曾参加 17 世纪肆虐欧洲的宗教战争。他渴望能找到建立在世俗基础上的知识,以摆脱宗教争论的纠缠。这种想法对现代哲学的形成产生了持久的影响。笛卡儿模仿数学的精确性,

勒内·笛卡儿的《哲学原理》(*Principia philosophiae*)的内文。耶鲁大学贝内克珍本和手稿图书馆

作为一个逻辑必然来解释现实。重要的理性主义者有斯宾诺莎（1632—1677）和莱布尼茨（1646—1716）。而另一方面，经验主义者拒绝心灵仅靠自身便能获得认识的观念。他们坚持以感觉器官的直接印象作为哲学思考的出发点，认为未经甄别的推测有可能混淆感觉感知到的清晰的现实。尽管极端的经验主义经常被视为带有怀疑主义色彩的解毒剂，但是它同样能够破坏知识的确定性。例如，大卫·休谟（1711—1776）认为，感觉对因果关系的认知完全靠不住，例如一个球撞击另一个球，另一个球动了起来，但心灵认为这类事件存在必然的因果联系。

对哥尼斯堡的哲学家伊曼努尔·康德（1724—1804）而言，要解决休谟提出的两难问题，就要划定理性的界限，弄清楚心灵在这些界限内是怎样能够获得明确的知识的。他在《纯粹理性批判》（1781）中提出，一个人在察觉到因果关系时，所体验到的必然性就是心灵组织经验的结果；准确地说，就是一种“先验综合”知识。综合，是因为需要事情的经验；先验，是因为认知本身的必然性在逻辑上优先于任何经验。因此，任何以极端理性主义和经验主义的方式来完全推崇理性或者经验的企图，是注定要失败的。康德认为，哲学必须从对任何知识可能性的条件进行彻底“批判”开始。这种推动对哲学进行系统化和批判的力量，对塑造19世纪那些伟大的哲学体系产生了重要的影响。某种程度上，也正是它推动不同的声音加入这场被称为浪漫主义的、充满艺术特色而且哲学味浓厚的运动。浪漫主义受益于让-雅克·卢梭（1712—1778）的哲学思想，强调社会对个体天然本性的腐蚀影响，致力于恢复人类生活的自然和非理性的一面。

康德的批判哲学取得了重大成功，但是没能很好地填补笛卡儿二元主义留下的裂隙。实际上，康德自己固执地否认知觉能告诉我们“物自体”的有关情况。在许多人看来，这看上去强化了存在的裂隙问题。结果，康德的批判哲学赋予经验一个掐头去尾的概念；而这个经验概念，正像他宣称要克服的理性主义一样，只有心灵能真正地认识。然而康德明显区别于笛卡儿的地方是康德对范畴的先验领域所做的分析。这些范畴尽管不是经验世界的部分，但也并不能简化为人类的心理世界。这个先验领域对19世纪的绝对观念论的形成尤其重要。

19世纪的重要体系

联系像约翰·戈特利布·费希特（1762—1814）这样的人物和弗里德里希·谢林（1775—1854）的早期著作，我们可以知道，绝对观念论超越了现实仅能为心灵认识的观念，认为现实与心灵本质上是同一的。对费希特以及此后的格奥尔格·威廉·弗里德里希·黑格尔来说，通过把物质世界的活动建立在人类知觉的基础上来寻找现实的本质，成为一个定律；这个定律是康德从经验主义者那里继承来的。这种（范畴的）先验演绎，另一方面也表明现实基本上是非物质的或者“精神的”。因此，对哲学来说，其任务并不是理解思想如何与物质世界相符，而是理解精神自身如何呈现现实。黑格尔通过分析世界历史的进程解决了这个问题，他宣称思想的具体概念和形式的展开靠的是辩证法。精神通过辩证法来否定和扬弃以前的思想，以此逐渐认识自己。在黑格尔看来，历史的目的是在自我意识即自由方面实现世界精神。黑格尔的整个哲学生涯都在致力于阐述一个全面的体系，用来展现世界历史各个方面的进程。

尽管黑格尔在当今哲学家的眼里遭到质疑，但在当时，他那种系统解释世界历史进程的尝试带动了一代哲学追随者。这些所谓青年黑格尔派中最著名的要数哲学家和政治经济学家卡尔·马克思（1818—1883）。马克思颠倒了黑格尔哲学，提出“辩证唯物主义”。黑格尔根据精

> 工作时就工作，玩要时就玩要——这是压抑式自律的一个基本规则。
>
> ——西奥多·阿多诺（Theodor Adorno，1903—1969）

尤里乌斯·赛贝尔（Julius L. Sebbers）的《格奥尔格·威廉·弗里德里希·黑格尔》（*Georg Wilhelm Friedrich Hegel*，约 1828）。黑格尔致力于理解精神自身是如何展现为现实的，而不是理解思想如何与物质世界相符

神的辩证运动来审视历史运动，而马克思则坚持物质条件的辩证法是历史首要的推动力。这个辩证法具体体现在阶级斗争中，但同样也在马克思统称为意识形态的思想形式（如宗教和哲学）中发挥作用。尽管这导致马克思放弃哲学而主张政治经济学和历史，但他早期的哲学著作仍然透露出对人类自由基础的深切关注；这种自由之根基在 20 世纪作为马克思人文主义而再次受到重视。这种从哲学到政治经济学的转向与奥古斯特·孔德（1798—1857）的"实证主义"非常相似。像黑格尔一样，孔德致力于系统地理解世界历史的进程，但他认为不是哲学而是严密的经验科学才是人类知识的顶端。

现象学

19 世纪末，现代哲学因自然科学和社会科学的兴起而黯然失色。第一次世界大战灾难性的破坏，也促使许多人对哲学上那些自命不凡的观点以及整个西方文明产生怀疑。在这个背景下，埃德蒙·胡塞尔（1859—1938）致力于通过把哲学建立在科学的基础上来复兴哲学。胡塞尔认为，一个人需要在意识的内容和意识领会这些内容的方式之间做出明确的区分。这样，通过对意识的内容"加括号"，一个人就能隔离"纯粹本质"，而这个本质能帮助意识理解经验中的各种各样的特殊情况。这样的本质，正像在柏拉图那里，并不是说暗存着真正的共相，而是作为有效的假设从意识行动的偶然特征中辨别出必然。尽管被人批评为"心理主义"，但是，通过一种近乎经验性的严谨来理解意识的行为让胡塞尔确信，他已经建立了纯粹逻辑的客观基础。现象学对哲学界内外都产生了强大的吸引力，而且已经对社会学和解释学这样的学科产生了影响。现象学的一个重要遗产是"生活世界"这个概念，它使人们注意到科学以及其他规范化的思维模式与日常生活情况之间的联系。

存在主义

海德格尔（1889—1976）是现象学最有影响的学者之一。尽管由于他曾支持德国纳粹政权而使其著作饱受质疑，但在哲学上他唤醒了人们关注希腊人最先讨论的存在问题，并成功地对哲学进行了重新定位。最初的形而上学不能而且也不应该依附于科学研究，因为作为人类存在的基本问题，前者先于后者。实际上，对海德格尔来讲，人性明确地被定义为存在，存在是存在者最关心的问题。这使得他强调死亡具有决定性的意义，存在以此知道自身将走向终结。通过拒绝对存在问题用世俗科学工具进行分析，晚年的海德格尔捍卫了这一观点，即语言甚至诗较为适合他所谓的"思考的任务"。结果他不断发展出复杂的表达方式，而这种语言的神

1978

秘性已经影响了后现代哲学的发展。

尽管海德格尔通常被视为真正实现了哲学的"存在"转向，但是我们也不应该忽略早期思想家，如索伦·克尔凯郭尔（1813—1855）和弗里德里希·尼采（1844—1900）强烈的存在主义维度。作为黑格尔的批判者，克尔凯郭尔坚持认为生命中个人的重要决定，诸如牵涉爱和信念方面的决定，绝不能归入任何一个哲学体系。他的许多著作都在提醒人们，那些无法解决的矛盾，可以作为一种方式来强化自我作为存在之裁决者的意识。同样，尼采对中产阶层规范进行了无情批判，借此来揭露现代存在的规范那没有生命的畜群精神。为了充分实现人类的潜力，人类必须从根本上承担创造性的任务；这意味着颠覆价值或者"超越价值"，以接受那种破坏也是一种必要的创造的事实。尽管尼采表现出一种独特的悲观主义，这反映在他的"超人"论述中，即唯有"超人"能突破从众心理；但是，权力意志意味着一种哲学观念，即文化的本质是意识形态，而并非意味着不惜一切代价地实现自我。

分析哲学

分析哲学源自早期经验主义的传统，出现于20世纪，并成为专业哲学的主流形式。尽管有时分析哲学被误称为"英美"哲学，但是它与维也纳学派以及许多其他德语思想家如弗里德里希·路德维希·戈特洛布·弗雷格（Friedrich Ludwig Gottlob Frege，1848—1925）和弗朗茨·布伦塔诺（Franz Brentano，1838—1917），有重要的渊源。分析哲学流派众多，因此只能谈谈其哲学研究中共同的精神。分析哲学的基本定位是基于这个信念：哲学仅限于分析关于事物状况的命题的真伪。对分析哲学家来说，之前大部分哲学的错误在于把诗化和情绪化的语言与此类的假设混淆在一起。逻辑学家和数学家伯特兰·罗素（1872—1970）极大地影响了分析哲学的发展，他认为，现实可以根据知觉的原子结构和把它们联结在一起的逻辑推理来解释。路德维希·维特根斯坦（1889—1951）在早期著作中强调逻辑原子主义，然而在后期，其哲学转变为拒斥语言可以还原成命题的观点。这与海德格尔所讲的一些观点是一致的，而且使分析哲学更为开放，把更好地理解日常生活之意义视为语言使用的主要动力。

对指导人类事务的理性内核的探索，至少从笛卡儿开始就已经成为现代哲学的核心。但是，这种假设——理性内核存在于意识当中——已经受到来自各方面的挑战，表现为对思维的神经和生理基础日益增长的兴趣，以及对哲学作为一种支撑社会秩序的工具的揭露。尽管这些新视角没有损毁哲学的基础，但它们已经大大展现出哲学史中鲜明的西方特色的预设和偏见。

1979

进一步阅读书目：

Critchley, S. (2001). *Continental Philosophy: A Very Short Introduction*. Oxford, U. K.：Oxford University Press.

Dummett, Michael. (1993). *Origins of Analytical Philosophy*. Cambridge, MA：Harvard University Press.

Kenny, Anthony. (2006). *A New History of Western Philosophy, vol. 3：The Rise of Modern Philosophy*. Oxford, U. K.：Clarendon Press.

Habermas, Jürgen. (1987). *The Philosophical Discourse of Modernity*. Cambridge, MA：MIT Press.

Löwith, Karl. (1964). *From Hegel to Nietzsche：The Revolution in Nineteenth-Century Thought*. New York：Columbia University Press.

Passmore, John. (1968). *A Hundred Years of Philosophy*. Middlesex：Penguin.

Spiegelberg, Herbert. (1969). *The Phenomenological Movement: A Historical Introduction*. The Hague, The Netherlands: Martinus Nijhoff.

理查德·舍费尔（Richard Schaefer）文
马行亮 译，黄艳红 校

Pilgrimage　朝觐

1980 　　朝觐这个词来源于拉丁语单词"per"（意思是"通过"）和"ager"（意思是"田野"或"陆地"）。人们通常认为，朝觐就是单独或集体前往圣地，或者从圣地回来。朝觐者不仅在圣地举行仪式，而且在出发之前和回来之后也举行仪式。此外，朝觐者在朝觐路上还可以朝拜其他圣地。

　　自古以来，人们就独自或集体离开住所，前往圣地朝拜。朝觐的动机包括希望神治疗病痛、为曾经犯过的错误而忏悔、为了兑现宗教的训诫，或者是这些动机的综合。朝觐以某种形式在许多社会出现，这一事实使研究这个现象看起来很有趣，同时也很困难。

古典世界的朝觐

　　在希腊语和拉丁语中，没有描述去圣地旅行的单词，但一些节日把散居各地的人聚集在一起，既是为祝圣，也是为贸易。希腊世界不计其数的圣殿很好地阐释了旅行的各种可能的原因。雅典著名的帕特农神庙利用楣饰（一种建筑装饰形式）纪念伟大的泛雅典娜节，这个节日每4年欢庆一次，目的是为了实现全体雅典人的团结。埃皮道鲁斯神庙（Epidauros）为阿波罗神及其子阿斯克勒庇俄斯（Asklepios）提供了一个地方，以治病救人。德尔菲神庙通过女祭司作为中介传达预言。在奥林匹亚，人们每4年以运动比赛的方式庆祝宙斯节——这个活动在当代运动会中复活，并成为具有全球意义的重要事件。较富裕的人尤其有财力去旅行，朝觐也是女人到出生城市以外的地方旅游的为数不多的机会之一。罗马的朝觐模式经常以希腊的先例为榜样，不计其数的神供奉在或大或小的神殿里，但很少有成文的教条和规则。

世界宗教中的朝觐

　　朝觐在世界各大宗教中都存在——这与古典世界中的情况不同——通常都能在宗教典籍中找到其依据和模式。朝觐被视为一种义务，但其程度不尽相同。伊斯兰教信仰的强制性最明显，它要求每一位穆斯林，如果不是由于疾病和财力不足，至少做一次哈吉（hajji，到沙特阿拉伯的圣城麦加朝觐），而其他跟哈吉不同的要素，也跟哈吉一样都是必须遵守的。只有穆斯林才被允许进入圣城；朝觐的时间固定在伊斯兰历第十二月的某些天。朝觐者，身穿两片没有缝制的布或者朴素的衣服，必须履行规定的宗教仪式，包括绕着克尔白神殿走7圈。克尔白神殿是大清真寺中的立方体形状的石头建筑。

　　哈吉是从7世纪阿拉伯半岛已经存在的较

1981

印度朝觐者进入印度温达文（Vrindavan）的斯里兰格那塔庙（Shri Ranganath Temple）。克劳斯·克罗斯特迈尔摄

早期的社会传统发展而来。同样，伊斯兰教也是在犹太教和基督教共同影响下的、较为广阔的和宗教气息浓厚的大地上产生的。先知穆罕默德（约570—632）把耶路撒冷视为圣地，7世纪的圆顶清真寺（今天仍然是穆斯林朝觐的一个目的地）就建在先前犹太教神庙和基督教放置约柜的地方。"哈吉"这个词和犹太教的"haggim"相似，后者是古代的朝觐者举办的节日，耶路撒冷的犹太人在节日里汇聚在一起（希伯来语"hag"暗含有旋转和跳舞的意思）。这样的宴会也具体地反映了犹太人的历史。最古老的节日逾越节，就是为了庆祝犹太人从埃及的奴役中解放出来。帐幕跟建造临时住所有关，而且用来纪念犹太人在野外度过的40年。五旬节（持续数周）是一个丰收节日，同时纪念上帝在西奈山上向摩西传授十诫。因此，这些集会给朝觐提供了机会，同时也能回忆不同的经历：从奴役中逃离，定居应许之地前在荒漠中的游荡，以及登山。它们仍然被那些认同感深深植根于流散（dispora）经历的人所庆祝；所谓

"流散"，就是巴比伦之囚以后，犹太人散布到巴勒斯坦之外的定居地。时至今日，在圣殿被彻底毁坏2 000年后，逾越节随着以色列的复国而成为这样一个场合——许多犹太人会说："明年耶路撒冷见！"

就耶路撒冷的敬畏而言，基督教与伊斯兰教和犹太教相仿，这表现在宗教典籍和朝觐上。圣地和圣城已经提供了有关耶稣生平和他将来回归地点的强有力的启示（正像伊斯兰教里天堂在末日到来时将转到耶路撒冷一样）。基督教最初的几百年里很快就出现了虔诚敬奉上帝的游历传统。4世纪时，海伦娜（Helena，约255—327），即罗马皇帝君士坦丁（约274—337）的母亲游历这个圣地；她顺应了罗马皇帝巡视某个省的传统，但为的是她自己的政治和精神目标。随着基督教帝国的发展，那些常常采取极端苦行的游历者的朝觐路线也在发展，他们期盼着能在游历过的地方看到逐步展现的《圣经》故事。在巴勒斯坦及其邻近地区，也存在一种日渐发展的修道传统。但是随着10世纪以来穆斯林对朝觐的基督徒不再宽容，欧洲很多地方开始日渐成为著名的朝觐之地。罗马供奉着圣彼得和圣保罗的陵寝；还有其他圣地，如西班牙西北的圣地亚哥·德·孔波斯特拉（Santiago de Compostela），它纪念的是圣雅各，而后者是一位既用剑也用十字架武装起来的战士。一些地方甚至复制了圣地的圣物，诸如诺福克（Norfolk）的沃尔辛厄姆（Walsingham）被称为"英格兰的拿撒勒"，因为该地声称有一个圣物的精确复制品，即耶稣童年时曾经居住过的房子。

圣物的品质对犹太-基督教的朝觐传统至关重要。或许，对南亚的朝觐传统来说它也同样重要。印地语"tirtha-yatra"就泛指"到河滩去的一段路"，说明自吠陀（与印度的神圣典籍有关）时代（约自公元前 1500 年以后）以来，有一种对明显流动的水的挚爱，而朝觐活动经常有蘸水以洁净自己，以及敬拜圣人和瞻仰神的画像。《摩诃婆罗多》（约前 300）是一部吠陀时代的史诗，描写和记叙了从访问许多 tirthas（圣地）中获得的宗教善报。这样的善报据说可以应验到各个阶层和种姓，通常包括暂时的自我克制——在某种程度上与基督教的苦修相似，即拒绝身体的舒适和愉悦。正像一位研究印度教朝觐的学者所言："归来的朝觐者应该是比较瘦弱和贫寒的。"（Gold 1988）另一些朝觐地的重要特征是山顶、洞穴和森林，这样就产生了一个复杂的全印度朝觐地分布图。此外，随着印度向西方进行经济移民，印度圣地的特征就转移到世界上新的地域。例如在俄亥俄州两条河流的交汇处，已经被一些印度教徒比作印度圣河——恒河、亚罗穆纳河和婆罗室伐底河。

在印度次大陆，耆那教（Jainism）和锡克教（Sikhism）仍然保持着和印度教徒相似的朝觐传统。根据佛教传统，佛陀临终前的话就是要求追随者访问那些标志他生命中最有意义事情的地方。在这种跟生平有关的圣地中，人们很快增加了无数的地方，在印度境内外都有。正像君士坦丁皇帝通过把朝觐的基督教堂放在圣地来加强他的王权，阿育王——我们知道的第一个佛教徒朝觐者——在公元前 3 世纪期间通过帝国赞助、为旅行者改善交通状况和驿站设施，创立了一个佛教朝觐的圣地。随着宗教自身的发展，新的朝觐地出现在了中国和日本。

相似和差异

不管是过去还是现在，全世界宗教的朝觐活动都呈现出惊人的相似性。例如在神殿和其他圣物周围转经，不仅在伊斯兰教中，而且在印度教和佛教中也都很明显。朝觐者通常也带一些证明他们旅行的实物回家——或许是一瓶圣水、一幅画像或者某种标志。然而，我们不能断定，这些从外表看起来相似的行为对不同文化和宗教背景下的朝觐者意义是否相同。此外，朝觐自身倾向于包含着甚至孕育着冲突，即因同种教派团结在一起的朝觐者或普通朝觐者与神殿权威之间的冲突。例如，著名的卢尔德天主教圣地每年吸引成百万的访问者，至今仍然熙熙攘攘。它位于法国南部一条中世纪就很重要的朝觐路线上，用来纪念在 19 世纪的一位年轻女孩看见圣母玛利亚显灵。这样的名望不可避免地在不同动机的虔诚者之间产生冲突，如在那些访问圣地渴望治愈疾病的病人与受神父鼓励强调精神收获而非身体回报的人之间。

许多朝觐地的宗教权力——或者很多时候是政治权力（甚至还有经济权力）——经常导致激烈的甚至是毁灭性的冲突。耶路撒冷不是各种信仰竞争的唯一圣地。印度的北方邦阿瑜陀耶（Ayodhya）朝觐中心仍然是印度教徒和穆斯林之间有争议的一个地方，结果不仅导致暴力，而且导致对圣庙进行敌对性的重建和破坏。在印度其他地方，例如阿姆利则金庙，是锡克教最神圣的神庙，但它变成了宗教分裂主义和与印度政府冲突的中心，并导致 1984 年军队对该庙发起猛攻，许多人被杀，包括朝觐者。

朝觐还受到内部宗教传统的攻击，批评人士经常否认身体修行的价值，或者挑战神灵单单位于地球上某个地方的观念。10 世纪时苏非派权威阿布·赛义德（Abu Sa'id）命令追随者不要进行哈吉，反而要求他们集中精力进行神秘体验。在印度教内部，一些作家认为朝觐暗含着对世俗世界太多的依赖。基督教新教改革的一个重要方面就是破坏偶像，否认许多圣殿

人生是一次朝觐之旅。明智之人不会在路边的客栈歇足。他径直走向永恒至福的无限之境,那是他最终的目的地。

——斯瓦米·希瓦难陀(Swami Sivananda,1887—1963)

中塑像和遗迹的精神价值,并批评圣地护卫者的经济腐败和兜售"宽容",即天主教会因教徒朝觐之类的虔诚行为而赦免他们曾经犯过的罪行。

未来的朝觐

尽管有人预测世界将变得越来越世俗化,但朝觐仍然是一个很盛行的惯例。尽管它总是伴随着其他的活动,但朝觐与旅游的联系越来越紧密。结果,神圣的修行经常与其他形式的休闲一起进行,朝觐地已经习惯于既接待朝觐者,同时又接待旅游者。既然人们能够更容易地在自己的国家甚至全世界旅行,那么朝觐看起来可能会成为 21 世纪生活中一个更加常见的行为。

进一步阅读书目:

Bajc,V.,Coleman,S.,& Eade,J.(Eds.).(2007 November). Special Issue:(Dis) Placing the Centre: Pilgrimage in a Mobile World. *Mobilities 2*(3).

Bhardwaj,S. M.(1973). *Hindu Places of Pilgrimage in India*(*A Study in Cultural Geography*). Berkeley and Los Angeles: University of California Press.

Coleman,S. M.,& Elsner,J.(1995). *Pilgrimage Past and Present in the World Religions.* Cambridge,MA: Harvard University Press.

Coleman,S. M.,& Eade,J.(Eds.).(2004). *Reframing Pilgrimage: Cultures in Motion.* London: Routledge.

Dillon,M.(1997). *Pilgrims and Pilgrimage in Ancient Greece.* London: Routledge.

Dubisch,J.(1995). *In a Different Place: Pilgrimage, Gender, and Politics at a Greek Island Shrine.* Princeton, NJ: Princeton University Press.

Eade,J.,& Sallnow,M.(Eds.).(1991). *Contesting the Sacred: The Anthropology of Christian Pilgrimage.* London: Routledge.

Eickelman,D. F.,& Piscatori,J.(Eds.).(1990). *Muslim Travellers: Pilgrimage, Migration, and the Religious Imagination.* London: Routledge.

Elad,A.(1999). *Medieval Jerusalem and Islamic Worship: Holy Places, Ceremonies, Pilgrimage.* New York: E. J. Brill.

Gold,A.(1988). *Fruitful Journeys: The Ways of Rajasthani Pilgrims.* Berkeley and Los Angeles: University of California Press.

Howard,D. R.(1980). *Writers and Pilgrims: Medieval Pilgrimage Narratives and Their Posterity.* Berkeley and Los Angeles: University of California Press.

Hummel,R.,& Hummel,T.(1995). *Patterns of the Sacred: English Protestant and Russian Orthodox Pilgrims of the Nineteenth Century.* London: Scorpion Cavendish.

Hunt,E. D.(1982). *Holy Land Pilgrimage in the Later Roman Empire AD 312-460.* Oxford,U. K.: Clarendon.

Kunin,S.(1998). *God's Place in the World: Sacred Space and Sacred Place in Judaism.* London: Cassell.

Morinis,E. A.(1984). *Pilgrimage in the Hindu Tradition: A Case Study of West Bengal.* Delhi,India: Oxford University Press.

Morris,C.,& Roberts,P.(Eds.).(2002). *Pilgrimage: The English Experience from Becket to Bunyan.* Cambridge,UK: Cambridge University Press.

Nolan,M. L.,& Nolan,S.(1989). *Christian Pilgrimage in Modern Western Europe.* Chapel Hill: University of North Carolina Press.

Ousterhout,R.(Ed.).(1990). *The Blessings of Pilgrimage.* Urbana: University of Illinois Press.

Peters,F. E.(1994). *The Hajj: The Muslim Pilgrimage to Mecca and the Holy Places.* Princeton,NJ: Princeton University Press.

Reader,I.,& Walter,T.(Eds.). *Pilgrimage in Popular Culture.* London: Macmillan.

Swatos,W. H.,& Tomasi,L.(Eds.).(2002). *From Medieval Pilgrimage to Religious Tourism: The Social and Cultural Economics of Piety.* Westport,CT: Praeger.

1984

Turner, V. , & Turner, E. (1978). *Image and Pilgrimage in Christian Culture: Anthropological Perspectives*. New York: Columbia University Press.

西蒙·科尔曼（Simon M. Coleman）文

马行亮 译，黄艳红 校

Piracy 海盗

公海上的海盗行为——偷盗轮船和货物，以及由此发生的暴力和绑架行为——自古以来就存在。在 21 世纪，海盗行为带来更大的威胁，能耗费掉从事商业的海运企业数十亿的金钱，会损害国际贸易、威胁生命。

根据 1982 年《联合国海洋法公约》（UNCLOS），海盗行为就是"由私人船只或私人飞机上的船员或乘客为了达到个人目的实施的暴力和监禁等任何不法行为，其目标是公海上……另一艘船只或者飞机，或者此类船只和飞机上的人员和财物"。这个定义是民族国家时期深思熟虑的结果，但是它抓住了整个历史上海盗行为的本质。由于他们的流动性和倾向于在商业船舶光顾的地方作案，以及偷盗轮船货物（经常是轮船本身）干扰国际贸易，因而海盗行为经常会产生广泛而深远的后果。

有一种倾向是把海盗美化为一帮海上罗宾汉，这容易混淆海盗行为暴力和犯罪的本质。当然，现代海盗行为的受害者没有一个乐意提起他或她的袭击者。不过，实际情况是，海盗们建立等级体制，按照等级运作；与商业船主、私人武装船和海军相比，他们的等级体制相对公平。例如，在 18 世纪，其奖金的分配相对于私人武装船只和海军水手来说更公平些；在私人武装船只和海军那里，分配体制更偏重于高级船长、股份持有人和政府官员。同样，对于海盗行为，人们在看法上总是存在分歧。公元前 1 世纪，西塞罗坚持海盗"不能被认为是属于战士那一类的，而在所有人眼里应该被认为是敌人"。

这种观点在 17 世纪的英国法理学家爱德华·科克爵士（Sir Edward Coke）那里仍有共鸣，他把海盗视为人类的敌人。一种相反的视角出现在圣奥古斯丁的《上帝之城》里。这本书中记载了亚历山大大帝（马其顿的亚历山大）和一个海盗的对话。海盗问："你怎么敢搅和整个世界？只是因为我在小船上做事，被叫作贼；而你率领海军来做事，被称为皇帝。"（Pennell 2001）现代人采用了西塞罗和科克的说法，"人类的敌人"不仅被用到海盗身上，而且也指那些参与恐怖主义、虐待和施行种族灭绝的人。

在海盗盛行的情况下，合法性这个概念很难定位。一种对海上掠夺行为的归类方法是，将其分成寄生的、天生的、临时的。在这 3 类当中，只有寄生的可以被定性为纯粹的海盗；他们没有任何法律限制，诸如在著名的海盗时代（1650—1725），那些加勒比海和西太平洋上的海盗。这是用骷髅配十字交叉骨头装饰旗帜的时代；它是许多标志中的一个，尽管很普通，但是意在令未来的受害者产生恐惧。政府对海盗的镇压跟海盗一样，非常残酷。1701 年，由私人武装船长转变为海盗的威廉·基德（William Kidd）因在印度洋犯罪而被通缉。他在伦敦的正法码头（Execution Dock）被吊死，并被悬挂于泰晤士

河蒂尔伯里港口（Tilbury
Point）公示以警告他人。基
德是 18 世纪初期众多海盗
中唯一一位被政府审判的海
盗，原因在于当时的政府急
于推动和平贸易。残酷的爱
德华·蒂奇（Edward Teach），
又名黑胡子，在 1718 年被抓
捕并被处死。2 年以后，在牙
买加岛，卡里克·杰克·瑞
克姆（Calico Jack Rackam）和
他的同伙玛丽·里德（Mary
Read）、安娜·伯妮（Ann
Bonny）被俘，被审判并判处死
刑。瑞克姆被绞死，而玛丽·
里德和安娜·伯妮两人都已
怀孕，得到宽恕；里德死在监
狱里，伯妮后来的命运不得而
知。这种严厉的措施产生了
效果，数年间海盗行为在西大
西洋差不多得到了根除。

1718 年，黑胡子和他的海盗同伙在南卡罗来纳的查尔斯顿庆祝胜利。当时，他们包围了这个港口，并向当地居民索取赎金

早期的临时海盗行为在公元前 2 世纪就已出现，当时来自小亚细亚的西利西亚海盗由一些相当小的群体发展成一支羽翼丰满的海军，他们在米特里达梯战役（Mithridatic War）中与罗马军队战斗。人们决定镇压西利西亚人，便在公元前 67 年授予伟大的庞培为期 3 年史无前例的行政权力——帝权（imperium）。庞培指挥的战争迅速取得了决定性的胜利，但是授给他的帝权却残留下来，被视为罗马从共和国向帝国转变的里程碑。

15 世纪，中国的明朝禁止海外贸易，使成千上万的水手失去了工作。当这个国家没有能力镇压海上走私的时候，帝国朝廷尽量在陆地上堵住海盗。而在接下来的报复中，暴力变成了家常便饭。许多海盗，或许总数有 4 万，以日本的据点为基地，在海上进行抢掠。当贸易禁令

松动、16 世纪 60 年代其他经济改革开始进行时，海盗时代就终结了。

私掠船和北非海盗是天生的或者由来已久的海盗形式。在现代早期，欧洲海军定期委派商船作为私掠船来对抗敌国的商业。这些正式颁发的私掠特许证注明了船只大致的活动范围，并给那些被俘的私掠船提供法律保护。这些条文被遵守的程度，取决于法律权威的大小。在美国独立战争期间，在缅因湾的私掠行为蜕变为私掠船不加区别的暴力，它们对英国王室和殖民地都没有效忠义务。

北非海盗是另一种国家批准的"海盗行为"，正像美国联邦党人所称呼的那样。北非摄政国阿尔及尔、突尼斯和的黎波里通过抓捕商船以及获取船员、乘客和货物的赎金来积累财富。许多政府发现，给摄政国交纳安全通行费是可采

1987

书籍中所蕴藏的宝藏远远多于海盗在宝岛上的劫掠品。

华特·迪斯尼(Walt Disney，1901—1966)

理查德·菲利普斯(Richard Phillips)船长(右)在索马里沿海被海盗俘获后，于2009年4月获救。美国海军提供照片

取的权宜之计，但这种方式在1816年宣告结束，因为这时欧洲列强决定利用其无可比拟的优越地位和当时的和平大局去终结它。根据1856年的《巴黎宣言》，私掠船被正式宣布为不合法。

　　海盗行为并没有得到根除。自2001年以来，海盗和恐怖主义者的潜在合流越来越受到关注；海盗的动机基本上是经济的，恐怖主义者则怀有政治动机。某些军事和安保企业的海盗化趋势也说明，它们向某种形式的私人海上冲突回归是非常可能的。

　　红海和印度洋之间，尤其是索马里海岸附近针对海上商业运输船的海盗行为，导致每年需要耗费的财力超过150亿美元，并且威胁人员的生命安全。2009年4月，经过为期一周的一连串袭击，索马里海盗捕获了商船MV马士基·阿拉巴马号(MV Maersk Alabama)，这是一艘悬挂美国国旗的17 000吨级货轮，满载救济物资前往肯尼亚。当船员努力要求回轮船时，海盗们却把船长理查德·菲利普斯绑架到一艘救生艇上。4天之后，因为确信菲利普斯的生命处于危险之中，美国海军海豹突击队的狙击手开枪射击并打死了劫掠者。菲利普斯获救了，并被确认状况良好。

进一步阅读书目：

Cordingly，D. (1995). *Under the Black Flag：The Romance and the Reality of Life Among the Pirates*. New York：Random House.

De Souza，P. (1999). *Piracy in the Graeco-Roman World*. Cambridge，U. K.：Cambridge University Press.

Ellen，E. (Ed.). (1989). *Piracy at Sea*. Paris：International Maritime Bureau.

Exquemelin，A. O. (1969). *The Buccaneers of America* (A. Brown，Trans.). Harmondsworth，U. K.：Penguin.

Johnson，C. (1926). *A General History of the Most Notorious Pirates*. (A. Hayward，Ed.). New York：Dodd，Mead.

Lane-Poole，S. (1890). *The Story of the Barbary Corsairs*. New York：C. P. Putnam's Sons.

Pennell，C. R. (Ed.). (2001). *Bandits at Sea：A Pirates Reader*. New York：New York University Press.

Petrie，D. A. (1999). *The Prize Game：Lawful Looting on the High Seas in the Days of Fighting Sail*. Annapolis，MD：Naval Institute Press.

Rediker，M. B. (1987). *Between the Devil and the Deep Blue Sea：Merchant Seamen，Pirates，and the Anglo-American Maritime World，1700–1750*. New York：Cambridge University Press.

So，K. (1975). *Japanese Piracy in Ming China During the 16th Century*. East Lansing：Michigan State University Press.

1988

Walsh, P. G. (2001). *Cicero, on Obligation*. New York: Oxford University Press.

林肯·潘恩(Lincoln P.Paine) 文
马行亮 译,黄艳红 校

Plastics　塑料

1907 年,酚醛树脂,即第一个完全合成的塑料的发明,开创了塑料制造的实验时代。到 20 世纪 30 年代,塑模成型的塑料物品,诸如钟表和陶瓷,开始流行起来;但是到 60 年代,廉价制造的物品的剧增给塑料制品带来了坏名声。尽管公众偏好天然材质制成的物品,但是塑料制造业在 21 世纪出现了强劲反弹。

1989

塑料遍地都是,然而塑料这个词并不太好下定义。塑料作为形容词意指柔韧的(源自古代希腊语"plassein",这个词的意思是塑造),然而许多塑料制品(尤其是酚醛树脂)是坚硬的。整体上来讲,金属比塑料更加"柔韧"。天然材质,诸如蜡和动物角虽然柔韧,但不能被视为塑料。橡胶通常被从塑料中区别开来(正像在百科全书中所做的那样),但是硬橡胶(黑橡胶)是一种塑料。任何做出专业定义的企图,通常最终都会把胶粘的和合成的纤维物质包括在内,而把一类重要的塑料如硅酮排除在外。我们通常根据对象来使用塑料这个词。橡皮鸭(或大黄鸭)实际上是由塑料制成的(PVC,或者聚氯乙烯),然而碳纤维的网球球拍通常不被视为塑料。我们都知道塑料是什么,但是这个术语是文化上约定俗成的,并非专业上的。

塑料的来源

许多世纪以来,人们利用天然材质制造产品,这些天然材质可被认为与现代塑料相似,包括黏土(陶器)、玻璃、木头(它与结实的合成复合材料有相似的结构)。跟我们现代塑料概念更接近的是蜡、动物角和虫胶(它由紫胶虫制成)。这些材料中与现代塑料最相近的或许是动物角。从 18 世纪开始,动物角开始通过挤压和加热被塑造成各种物品,尤其是高脚杯、大奖章、鼻烟盒和珠宝。如果把塑料这个词限定在合成(至少是半合成)材料的范围内,那么现代塑料的历史则始自瑞士化学家克里斯蒂安·肖贝恩(Christian Schöbein),他在 1845 年偶然发明了硝化纤维。1850 年代,英国化学家和发明家亚历山大·帕克斯(Alexander Parkes)用硝化纤维做实验,到 1860 年,他已经用模具制造出这种材质的物品。2 年以后,这些物品在伦敦国际博览会上展出。1864 年,帕克斯提出在坚硬的硝化纤维中加入樟脑来软化的观点,并申请了专利。由此,这种生成物的各种衍生品都被称为帕克辛(Parkesine)。19 世纪 70 年代,帕克斯的前工厂经理丹尼尔·施皮尔(Daniel Spill)在伦敦、美国人列维·梅里安(Levi Merriam)在新泽西的纽瓦克,将其又发展为硝酸纤维素(xylonite);约翰·卫斯理(John Wesley)和以赛亚·史密斯·海厄特(Isaiah Smith Hyatt)则将其发展为众所周知的赛璐珞(celluloid)。从 19 世纪 90 年代开始,赛璐珞已经变成了一种重要的材料,被用来制造台球（和其他以前用象牙做成的东西）、梳子、可洗的衣领和衬衫的硬前胸，并用于照相的胶卷、乒乓球（它是 1901 年发明的，是少数仍在使用赛璐珞的产品之一）。1892 年，两名英国化学家查理·克洛斯（Charles Cross）和爱德华·约翰·贝文（Edward John Bevan）制成一种以纤维素为基础的新物质——粘胶，它能被制成梳子、手柄和烟灰缸。作为第一种成功的商用半合成纤维，它的地位变得更加重要。

酚醛树脂和风格

赛璐珞用途很广，但是价格昂贵，而且易燃（这跟化学上的火药棉有关）。在塑料上的真正突破不得不等待第一个完全合成的塑料——酚醛树脂的发展。1907 年，比利时裔美国化学家和发明家利奥·巴克兰德（Leo Baekeland）试图通过两种有机化学制品（苯酚和甲醛）反应来制造合成漆，结果他发明了酚醛树脂。制作流程分两步：化学制品反应制成一个中介，然后在一个压膜模具中加热做成最终的产品。当时跟电力有关的行业迅速发展，人们正在寻找一种优质耐用的材料做开关和其他不导电的部件，而酚醛树脂正好生逢其时。尽管它能用来制造室内物品，但是它的黑颜色和不透明成为主要的缺点。这些问题后来在氨基塑料中得到克服。氨基塑料由甲醛和尿素或者三聚氰胺反应生成，无色且透明。它能被染色，并可用模具生产出非常有吸引力的家居用品，包括钟表、烟灰缸和餐具。1924 年，第一批氨基塑料制品由英国氰化物公司（后来更名为英国工业塑料公司）制造出来。1939 年，美国氨基氰公司率先生产三聚氰胺塑料。从 20 世纪 30 年代开始，塑料制造厂家开始鼓励工业设计家如诺曼·贝尔·格迪斯（Norman Bel Geddes）等创造新款式，以展现产品的最佳特点。在这个时期，酚醛树脂和三聚氰胺塑料尤其与艺术装饰以及无线电这种新

水压机里的塑料。纽约公共图书馆

技术产品联系在一起。

战时的蓬勃发展

20 世纪 30 年代，不同于酚醛树脂的塑料被开发出来，既轻便又容易塑型。作为实验中的有趣的玩物，它已经存在了几乎一个世纪（聚苯乙烯在 1839 年已经被发现），但是直到这个时候还没有取得商业成功。例如，聚氯乙烯（PVC）只是在热滚轮上分解，被制成薄板。然而，到 30 年代中期，美国企业联合碳化物公司（Union Carbide）和德国法本公司（I. G. Farben）各自独立成功地开发出各种类型的聚氯乙烯，它们能被做成地板、电缆护套和家居用品。德国罗姆和哈斯公司（Rohm & Haas）和它的美国同行，成

功研制出聚甲基丙烯酸甲酯（PMMA，就是众所周知的有机玻璃/树脂玻璃）。1933 年，英国化学公司——帝国化学工业公司（ICI, Imperial Chemical Industries）偶然发现了聚乙烯，它能用作轻便的绝缘体，前景光明。最初，这个行业由于缺乏对这些新材料的真正需求而发展受阻，但情况从第二次世界大战开始发生改变。聚氯乙烯被用作橡胶和其他材料的替代品，聚甲基丙烯酸甲酯被用来制造飞机驾驶员座舱。聚氨酯（用来制造泡沫、鞋底和弹力织物）是德国人取得的革新，然后在 20 世纪 50 年代在美国得到进一步发展。

塑料的普及

第二次世界大战结束后，塑料业需要为产品打开新的销路，聚乙烯转而被用来生产洗餐具的大碗（洗碟盆）、能挤压的瓶子和特百惠牌（Tupperware）碟子。聚氯乙烯还在慢转密纹唱片中代替了不牢固的虫胶。聚甲基丙烯酸甲酯则被用来制造自动唱片点唱机。塑料也被广泛用来建造住房以及制作玩具，如呼啦圈和芭比娃娃（她"出生"在 1959 年）。呼啦圈是首批使用新塑料的产品之一，这种新塑料叫高密度聚乙烯，最先出现在 20 世纪 50 年代中期，这种战略的成功，远远超出业界所料。就塑料行业来

说，1945 至 1973 年间，无论在技术、生产和利润上都是一个非常辉煌的时代，但是受人欢迎的塑料最终还是遭遇了冷落。尽管酚醛树脂在 20 世纪 30 年代被视为高科技和很时髦，（那些自以为很有品位的人除外，他们坚持认为天然产品更好），但是直到 60 年代塑料都一直被认为是廉价的、做工粗糙的。这既是因为跨入这个行业的、由夫妻经营的作坊生产技巧拙劣，也是因为塑料被用来制造廉价物品，诸如集市上的便宜货，以及制造像麦片盒和克拉克·杰克公司（Cracker Jacks）的玉米花生胶糖这样的新奇东西。

塑料开始走向高雅时髦

尽管塑料很普及，但在 20 世纪五六十年代，它在技术上变得复杂深奥起来。玻璃纤维增强类复合物使产品外壳轻便坚固变得可能，被广泛应用在航空航天工业和交通运输业。特氟纶（Teflon）在 1938 年被偶然发现，但是杜邦公司（Du Pont）反对在厨房用具上使用它。第一批没有经过公司允许而做成的不粘锅，直到 1960 年才出现。20 世纪 60 年代对抗热塑料的需求越来越高，部分是由于航天计划（和方便食品越来越流行），部分是由于石棉因健康问题而退出市场。

描述酚醛树脂塑料公司总部的壁画。20 世纪 30 年代，酚醛树脂和三聚氰胺被用于艺术装饰设计和无线电这种新科技产品。纽约公共图书馆

我只想跟你们说一个词，仅仅一个——"塑料"。
——沃特尔·布鲁克（麦克奎尔先生）对达斯廷·霍夫曼说的话，见《毕业生》（*The Graduate*，1967）

同时，塑料业付出相当大的精力来发展玻璃的替代品，这也是一个潜在的庞大市场。聚碳酸酯是一种真正不易碎和防恶意破坏的材料，可用在街灯、公共遮蔽物和安全护罩上。它由通用电气公司（General Electric）和德国拜耳公司（Bayer）在 20 世纪 50 年代开发出来。在硬度谱表的另一端，柔软的、可触摸的透镜首先由一位捷克化学家奥托·威特勒（Otto Wichterle）利用与聚甲基丙烯酸甲酯相近的材料研制出来。1961 年，人们用塑料来制造饮料容器的企图没有成功；但是，1975 年，杜邦公司由奈特·韦思（Nat Wyeth，一个著名艺术家庭的成员）带领的一个团队把聚酯树脂吹成饮料瓶子，并提供给百事公司（Pepsi）。

塑料的危急时刻

由于塑料业用石油作原材料，因而受到 1973 年石油危机的严重影响，当时的石油价格飙升 4 倍。不仅石油的价格扶摇直上，而且由于西方经济衰退，对石油产品的需求也减少。塑料的公众形象黯淡无光。从反越战的抗议中获得动力的环保运动日益聚焦于随处可见的塑料垃圾。甚至更发人警醒的是，肩负塑料行业重任的聚氯乙烯的安全性越来越受到关注。1972 年，PVC 的单体（基础材料）被发现能导致一种罕见的肝癌。而塑化剂，一种用来增强聚氯乙烯弹性的化学制品，对健康的危害也受到了人们的关注。木材、金属和玻璃等传统材料的生产者不再闲散无事，他们开始利用公众的这种幻灭情绪来牟利。有时，这些材料的使用者，例如家具生产商，通过在其产品中看不见的地方掺入塑料，从而使产品更具竞争力。

塑料行业的反弹

然而，塑料行业出现了强劲反弹。从 1992 年开始，美国的塑料生产 20 年间翻了 3 倍。同时，在窗框、计算机和小汽车行业，塑料的用量继续增加。20 世纪 60 年代已经使用的高品质塑料越来越普遍，甚至更多高雅时髦的塑料也被开发出来。碳纤维强化类复合物在体育用品中得到应用。尽管大部分公众仍然对天然材料情有独钟，但是我们却在使用越来越多的塑料（即便我们不愿意承认这一点）。

进一步阅读书目：

Clarke, A. J. (1999). *Tupperware：The Promise of Plastic in 1950s America*. Washington：Smithsonian Institution Press.

DuBois, J. H. (1972). *Plastics History USA*. Boston：Cahners Books.

Fenichell, S. (1996). *Plastic：The Making of a Synthetic Century*. New York：HarperBusiness.

Katz, S. (1984). *Classic Plastics：From Bakelite to High-Tech，With a Collector's Guide*. London：Thames and Hudson.

Kaufman, M. (1963). *The First Century of Plastics：Celluloid and its Sequel*. London：Plastics Institute.

Meikle, J. L. (1995). *American Plastic：A Cultural History*. New Brunswick, NJ：Rutgers University Press.

Morris, P. J. T. (1986). *Polymer Pioneers*. Philadelphia, PA：Center for the History of Chemistry.

Mossman, S. T. I. (2008).
Fantastic Plastic：Product Design and Consumer Culture. London：Black Dog Publishing.

Mossman, S. T. I. (Ed.). (1997). *Early Plastics：Perspectives，1850-1950*. London：Leicester University Press.

Mossman, S. T. I.，& Morris, P. J. T. (Eds.). (1994). *The Development of Plastics*. Cambridge, U. K.：Royal Society of Chemistry.

Seymour, R. B. (Ed.). (1982). *History of Polymer Science and Technology.* New York: Marcel Dekker.

彼得·莫里斯(Peter Morris) 文
马行亮 译，黄艳红 校

Plato　柏拉图

希腊哲学家柏拉图(约前 427—前 347)以《理想国》著称于世。在书中，柏拉图反对政治动荡不安的社会，主张由开明和喜好哲学的精英(哲学王)来统治。作为其导师丰富思想的阐释者，柏拉图写了很多对话，把苏格拉底塑造成一个机敏而博学多才的提问者。

1993

柏拉图出生在一个富裕的、积极参与政治活动的贵族家庭。他原来的名字叫阿里斯托克勒斯(Aristocles)，而"柏拉图"是一个爱称，因他有宽阔的肩膀而得此名字，这也表明他年轻时喜爱摔跤。在约 20 岁的时候，他开始进入苏格拉底的圈子，在其周围听课。他一直忠于他的老师苏格拉底，直到苏格拉底于公元前 399 年被处死。后来有段时间，柏拉图到处游历，去过昔兰尼、埃及和西西里。当叙拉古僭主狄奥尼索斯一世(Dionysius I)把他驱逐出境时，他终止了在西西里的行程。

柏拉图一回到雅典就继续苏格拉底的事业，创建了一个哲学团体。最终，柏拉图从公共生活中抽身而退，既没有结婚，也没有参与政治。然而，柏拉图的圈子相比苏格拉底的更加正规。这个圈子定期在献给英雄阿卡德穆斯(Hakedemos)的花园里碰头，因此取名"阿卡德米学园"(Academy)。这个圈子实际上是一个学校，但不是大学，后来还继续存在了 900 多年，直到 529 年才根据基督教皇帝查士丁尼的命令停止运作。

柏拉图学园的创建代表着他开始对后代产生影响。作为苏格拉底学说最丰富的阐释者，

他写了很多对话，把苏格拉底塑造成一个机敏而博学多才的提问者(苏氏以启发式的提问著称)。柏拉图的苏格拉底与其说是提供教学方法，不如说是在反诘各种所谓的知识、在讲故事、在自言自语。这样展现苏格拉底，柏拉图或许是期望能忠实于他老师的精神——他的老师不信任确定无疑的事物和教条。苏格拉底的(因此也是柏拉图的)哲学更多地体现在过程上，而非最终结论上。尽管我们不能确切知道，对话中的哲学内容更多的是苏格拉底的还是柏拉图的，但是我们能确信，这部分内容糅合了两个人的理念。然而，对话中所体现出来的哲学仍然成为"柏拉图主义"。

柏拉图主义的首要特征是理念论。柏拉图宣称，感知到的现实只是真相的一个影子。尽管概念和对象以真实和完美的形式存在，但是我们对它们的感知是有限的，任何理解或者描述它们的企图只是一个局部的构建，始终需要再协调、再解释和再表述。

1994

既然这样，柏拉图就对观念意识极其不信任。年轻时，他曾希望进入政坛，但他对三十僭主(这里包括他的家庭成员)的有限政体感到幻灭；甚至在民主制恢复后更是如此，因为它使得

> 法律是为善良的人们而制定,这是为了教会他们怎样友好共处,同时也是为拒绝接受指导的那些人而制定的,因为他们不能克制,或者不能软化,或者不能阻拦自己投身到邪恶中去。
>
> ——柏拉图

乔瓦尼·皮萨诺(Giovanni Pisano)的柏拉图大理石雕像。锡耶纳的多摩(Doumo at Siena),意大利(约 1280)

学主张。他接受以前一个学生的邀请回到叙拉古,这个学生叫狄翁(Dion),是位哲学家和政治家。柏拉图成为狄翁的侄儿——年轻的狄奥尼索斯二世(Dionysius II)的家庭教师。狄翁和柏拉图两人都希望建立一个理性的、哲学理念上前后一致的政体。然而宫廷进行了阴谋干预,狄翁被驱逐。尽管狄奥尼索斯二世笼络柏拉图到宫廷来,希望得到他的支持,但是却并不接受他的主张。柏拉图回到雅典,只是在狄奥尼索斯二世多次邀请他时,才返回叙拉古。柏拉图在叙拉古停留了些时日,希望影响狄奥尼索斯二世以确保狄翁回来。然而,柏拉图意识到狄奥尼索斯二世对他提出的问题不感兴趣,对狄翁的幸福也不关心。因此,柏拉图决定回家,而且费了一番周折后才启程。

在叙拉古的经历使柏拉图写了一封公开信(第七封信)。这是他流传下来的最有个人传记性质的文本。他在雅典度过了余生,去世后由他的侄儿——哲学家斯佩斯普(Speusippus)继任学园的首领。

柏拉图为古代和现代哲学奠定了基石。尽管他因其关于理想社会的精英视角而招致批评,但他提出了整个哲学光谱上的所有命题:从美学到教育、从数学到形而上学。接下来的所有哲学,实际上都可以看作在对这一宏大工程的回应。他以一种意想不到的方式产生了更广泛的影响:他的对话——《蒂迈欧篇》(Timaeus)和《克里底亚篇》(Critias)——是有关消失的城市亚特兰蒂斯的传说最基本的古代原始文献。

苏格拉底被处死。无可争辩的是,柏拉图的《理想国》是历史上最重要的哲学文本;它在论证中反对政治动荡占主流的社会,主张由开明和喜好哲学的精英——所谓的哲学王——来统治。

若干年之后,柏拉图利用机会来实践他的哲

进一步阅读书目:

Annas, J. (1986). Classical Greek Philosophy. In J. Boardman, J. Griffin, & O. Murray (Eds.), *The Oxford History of the Classical World* (pp. 238 - 245). Oxford, U. K.: Oxford University Press.

Plato. (1955). *The Republic* (H. D. F. Lee, Trans.). Harmondsworth, U. K.: Penguin.

Plato. (1975). *Phaedrus and Letters VII and VIII* (W. Hamilton, Trans.). Harmondsworth, U. K.: Penguin.

Taplin, O. (1990). *Greek Fire: The Influence of Ancient Greece on the Modern World*. New York: Athenaeum.

比尔·利德贝特(Bill Leadbetter) 文

马行亮 译,黄艳红 校

Plows　犁

即便是由木头制成的犁，也是农业技术上一个重大的进步，因为它能被大部分家畜牵引以增加产量。更复杂的、由铁制成的犁促进了封建社会的发展，甚至可以说是西方文明的发展。由机动拖拉机牵引的犁，仍旧是世界农业经济体系中不可缺少的一部分。

1995

犁使得人们可以利用体型大、力气足的家养牲畜——牛、马、驴，甚至骆驼——来耕种土地，其耕作量比它们自身体力所能完成的更大。相应地，一个家庭一年内能生产的谷物数量也随之增加。在牧草充足的地方，欧亚大陆和非洲的农夫能够生产更多谷物，超过了他们自己用作食物和种子的谷物。这使城市和文明得以出现。在这之后，造犁技术进一步改进，其他农业领域发生革新，这更加扩大了食物供给；由于使用了现代拖拉机，今天的美国以不到5％的人口就能养活其余的人口，而且还有余粮出口。

然而，在哥伦布之前的南美洲和北美洲，能够牵引耕犁的家畜一直缺乏。因此，当美洲文明诞生的时候，养活城市的余粮依靠人力来生产；他们使用挖地的棍棒、锄头和铲子来整理土壤以备种植。然而，即使在较小的田地里，美洲印第安农夫也能提供余粮，因为他们的两大主要农产品——玉米和马铃薯，每英亩比旧大陆能生产更多的食物。但是，美洲农村多余的粮食并不像旧大陆那样经常变化。在旧大陆，数

个世纪以来，饲养更强壮的牲畜、发明更好的牲畜用具、设计更好的犁具以及选择更好的种子，这些因素联合起来扩大了农业产量。

浅犁

犁可能是首先在西亚被发明的。牛拉犁首先出现在美索不达米亚和埃及的古代文明（约公元前3000年）留下的可视图像中，犁最重要的部分埋在土壤里。早期的犁是由木头制成的，在考古发现中几乎不存在。确切地说，牛是在什么时候和什么地方通过它们的角被挂在犁地的棍棒上，并被迫在土壤里拖着棍棒耕地，这一点无人知晓。挖地的棍棒在变成有效的浅犁之前必须重新改装，并做得重些。不过一旦做到这一点，犁的使用就很普遍了。约3000年前，浅犁和驯化的牛、麦子和约从西亚引进的大麦一起出现在中国。由此开始，在约1000年后的瑞典，一幅洞穴壁画表明在欧洲这个最遥远的地方有相似的犁出现。

浅犁足够轻，一个人就能把它扛在肩上，但

这是从尼科斯西尼斯（Nikosthenes）绘制的黑绘风格的瓶画上复制下来的。在这幅画中，希腊人使用牛拉最原始的浅犁

是,长期以来需要一根系在牛角木轭上的绳子来拉动犁在土壤中前进。很快,木制浅犁由于利用石头做成的犁头来划开并弄碎土壤而更加坚固耐用。在整个欧亚大陆,约公元前 700 年,成形的石头被更薄的、不易损坏的铁犁头代替。无论用浅犁在什么地方犁地,交叉犁地——首先按一个方向犁,然后再以合适的角度来犁——是整理土壤以备播种的通常做法,而这样方块地的形状能变得标准些。

在雨水集中于一年内某个时段的地方,例如中国北部、西亚和地中海周围,当第一场雨湿润太阳晒干的土地并持续几周时,犁地就开始了。在西亚的山坡上,小麦、大麦和燕麦遍地都是。一旦潮湿的水汽回到大地,那些大面积的种植便有一个良好的开端,这使小麦、大麦和燕麦成为非常有营养的人类食物,其长势超过了与其相抗的植物。但是当人们开始把谷物种植在不能自然生长的地方时,杂草便总会成为一个问题。这要求早期的农夫休耕那些耕过的土地,通常每隔一年一次,这样夏天犁地就能在杂草种子形成之前斩草除根,确保来年有个好收成。

在半干旱气候下,一个家庭使用浅犁约能耕种 10 英亩的谷物,因此用来维持城市、军队和政府的多余粮食还是相对有限的。但是,首先是在中国,然后是在欧洲,有两种不同的方式可以摆脱这种限制。

中国式灌溉

中国的方式是开拓水田来种植水稻。这需要耗费巨大劳力来平整、修堤、排干每一块土地,并控制溪流,以便在一年的不同时段给每块土地供应恰到好处的水量;然后在收获庄稼的时候停止供水,排干田地。人们使用锄头和铲子来修整自然的斜坡和河床,从而建造和维持这样的灌溉方式。一旦田地里的水能确保一直

有几英寸深,就需要一直劳作下去。水稻种子必须在特殊的育种田地里种植,用手浇水。一旦秧苗长到足够高度,能够露出水面,就被移植到水位较深的田里。

如果风调雨顺,被灌溉的水稻每英亩的产量和美洲的玉米和马铃薯一样高。但是灌溉需要巨大的劳动量,因此中国的人均产出最终低于欧洲人所达到的水平。当众多的锄头和铲子投入使用时,犁在中国并没有消失。在移栽发了芽的水稻之前,通常仍需要交叉翻耕水田。并且中国人很快就发明了一种改进过的铧式犁,这是为了把土壤翻出一条连续不断的犁沟,而不像浅犁那样只是把地表弄成松软的块状。他们还改进轭具,结果,约公元前 300 年之后,由一头牛牵引的轻型铧式犁在中国开始普及开来。但是仍然需要以人力从事修建和维护堤坝、运河之类的工作;而水田需要仔细平整,对于又重又大的犁来说有点太小了,但这种犁在公元 800 年后成为欧洲人依靠的主要农具。

总的说来,中国式的水稻种植方式是非常耗时费力的,不过,这种方式产量高、可靠性好,它首先是在黄河和长江的冲积平原规范化的,随后传播到了更广阔的地域。在随后的几个世纪里,水稻田逐渐传播到中国历史上有充足水源的大部分地区。在接下来的几个世纪里,中国的开拓者们从人口稠密地区转移出来,横跨像冰川一样的地貌,改变了自然景观、排干了积水,其力度超越此前的任何人。

水稻种植还越过中国边界,传到朝鲜,渗透到东南亚和东印度的主要河谷,也越过大海传到日本和印度尼西亚。最终,今天约有一半的地球居民依赖大米为主食。但水稻的种植需要高强度弯腰劳动,比西北欧农民所必须承受的还要多。

铧式犁

在古典希腊和罗马时代,人们用配有铁犁

头的浅犁耕种西亚、北非与地中海欧洲
的小麦和大麦田地；而在西北欧地区，
由于年降雨量的缘故，这一耕种模式被
限制在排水良好的土地上，但这样的土
地很少见。在欧洲北部的平坦平原，从
法国卢瓦尔河到乌拉尔山脉，阴湿的森
林和水渍的原野不能种植谷物。在北
方，养牛业扮演着重要角色，而且只要
谷物能够生长，燕麦和黑麦总是取代来
自地中海地区更有营养的小麦和大麦，
因为燕麦和黑麦成熟得更快。由于食
物供给有限，西北欧的人口稀稀疏疏地
散布在森林里，不能支援城市。

800 年后，重型铧式犁基本上改变
了这种情况，种植谷物的田地得以向原
野扩展。这种犁在被广泛应用之前，可
能存在了很长时间。罗马作家老普林
尼(Pliny the Elder，公元 79 年去世)在
他的《自然史》中提到，凯尔特人在现代
法国的某个地方使用带"双耳"的犁，它们可能
是中世纪欧洲铧式犁的祖先。铧式
犁能把土壤犁到一边，这对最终成功地把西北欧水渍平原
变成种植谷物的肥沃良田是必不可少的。如果
老普林尼所谓的"双耳"使土壤散开在犁的两
边，那么这样的结果就不可能出现。当然，他关
于凯尔特犁有多少"耳朵"的记述可能有误，但
我们仍能确信，单"耳"犁，或者说铧式犁，几个世
纪以来并没有普及开来。

几百年以后，重型铧式犁出现在西北欧，但只
有到公元 900 年后才开始普及。它有一个笔直的、
像刀一样的犁刀紧挨在一对轮子后面，可以插入土
壤里；轮子位于一块平整铁板的上方和前方，这块
板用来划开犁沟并确保深度。然后，一个大块木制
犁板横放在铁板后面来翻动犁沟，使之朝向一边。
最后，长扶手在后面伸出来，以便犁地的人能够操
纵犁使犁沟笔直。

牵引犁和翻动犁沟需要 4 到 8 头牛，甚至更

清朝《耕织图》(1210 年就开始印制)中的插图，《耕织图》是一组包括 23 个场景的图画，展现了宋朝农业技术发展的过程

多，这样一来没有一个家庭能够用得起这样的
犁。另外，这么多的牛不能够灵活地掉头。犁地
的人在每个犁沟尽头要提起、调转和重新放好
犁，这需要几码没有耕种的"地头(headland)"。
这些重犁不能有效地在小规模方形田地里使
用，这些小块地更适合浅犁。这些重犁也需要一
群人来控制用力向前拉的牛，以防止跟后面其他
牛的轭具缠在一起；而后面的人则控制犁笔直和
平整地前进。简而言之，几个家庭必须合起伙
来，每家贡献一头牛和一到两个人来犁地。

排干田地

一旦地块形状发生改变，能够给牲畜和人
必要的空间，允许他们全力协作，结果就会特别
好。那是因为，铧式犁有从西北欧平原上排干多
余水分的效果，这几乎是个意外收获。犁地时，
在前进的时候往一边翻土，而回来的时候往另

1998

《三月》(March)，选自《贝里公爵时辰书》(*Les Très Riches Heures du Duc de Berry*)，由林堡兄弟(Limbourg Brothers)在 1413—1416 年间绘制。这个乡村耕种和犁地的场景是以吕西尼昂城堡(Chateau de Lusignan)为背景的，这个城堡是贝里公爵最喜欢的住所之一

因此，随着由役畜牵引的铧式犁的传播，北欧平原被重新塑造了，就如同锄头和铲子改变中国的地貌一样彻底。在每天犁地的同时，选择好第二天要犁的另一块地，这样，村庄周围就整理出范围很大的开阔田地。欧洲的农业也要求人力来播种和收获，但是这些是单个家庭完成的。最初，新犁好的长条形地块按序分给所有犁地的人，因此每个家庭都分到差不多大小的土地。但是每块土地很快变成世袭的，不久，不同的家庭逐渐拥有不同数量的土地，而一些村民开始失去土地，不得不以雇佣的形式劳动。

一年到头的降雨使欧洲铧式犁在一年的大部分时间里都要使用：在夏天休耕的田地里可以把杂草犁掉，在其他地块里则要为秋天和春天的播种做准备。这样，在整年的劳作中，除了播种、收割和制备干草（和圣诞节期间结霜上冻的 12 天）之外，欧洲用犁耕作的农夫们每人平均还能种 182 亩地，差不多是受季节限制的浅犁所能达到的 3 倍。这确保许多年份里能出产比使用浅犁更高的产量。

西方文明

因此，从 900 年起，铧式犁开始迅速传播，而且，随着森林被砍伐，北欧的人口和财富成倍增加。这和北欧海盗袭击结束的时间是一致的；并且非常可能的是，由于北欧海盗占据了法国和莱茵兰，导致比较古老的农村生活模式瓦解，结果就形成了最初的长条形地块和开阔的田野。很容易想象的是，从森林中出来、发现几乎所有

一边翻土，结果，经过一整天的劳动，犁地的农民就能整出一个长条形地块。这就是我们所谓的一英亩地块，它最终在英国法律上被规定为 660 英尺（221 米）长和 66 英尺（22 米）宽。每次犁地时，犁铧朝这种地块的中央翻土，形成一个隆起的"埂"，并在两边形成较低的"沟"，能有效地排干"埂"里的水分。当常年犁地使隆起的埂足够高而不太方便时，只要简单地改变方式，反过来犁地，犁沟就可以再次向下翻土。

1999

东西都丢失的一群人,是如何愿意忘记较早的财产界限,并且把资财集中在一起组成犁队,接受军队管理和保护的;反过来,军队也可以获得一份收获的粮食。无论如何,从一开始这些开阔的田地就养活着武装骑士阶层。当这些田地开始变得足够稠密时,只需少数几个骑士就能迅速骑上马背,轻易驱逐从一艘北欧海盗船上下来的劫掠土地的海盗。结果,海盗袭击很快得到遏制。因此,由开阔田地围绕的村庄和骑士、封建领主,以及人口越来越多的城镇,很快在西北欧建立了一个独特的中世纪社会和文明。

铧式犁农业的心脏地带位于塞纳河和易北河之间,然后向东扩展到日耳曼人定居地的边界。浅犁在地中海地区仍然很普遍。再往东,逐渐减少的降雨量和更寒冷冬季的冻土使铧式犁几乎没有什么价值。在很长的时间里,斯堪的纳维亚大部分地区、爱尔兰、威尔士和西苏格兰对谷物成熟来说仍然太过寒冷和潮湿。因此,法国人、德国人、英国人成为开阔田地和创建开阔田地的协作犁地的受益者,成为我们所称为欧洲文明或者西方文明的主要塑造者。

接下来在犁具和农业上的改进都很重要。约 1300 年后,马颈轭的发明使得马匹可以补充甚至取代欧洲田地里较慢的牛。新庄稼,尤其是用作饲料的干草、三叶草和芜菁类作物,表明约 1600 年后,更多、更强壮的牲畜被用来犁地和陆路运输。在 18 世纪,玉米和马铃薯在欧洲大陆上开始传播;一旦在这些庄稼的间隔季能进行夏季耕种,那么休耕制就结束了。同时,欧洲人从入华的传教士那里学会了怎样用弯曲的铁制铧式犁代替笔直的木制铧式犁,而且在 19 世纪 30 年代,钢制犁将犁头和犁板合为一体,开始更

有效地把犁沟翻深,减轻牵引犁具的力量。一个人赶两匹马就能拖动这种改进过的犁,甚至在俄罗斯南部和北美还能犁开未开垦过的大草原的草地。

工业化

欧洲土地生产力的提高,给约 1750 年以后发生、现在仍旧在世界上传播的工业革命提供了支持。那个时候,欧洲殖民者已经把他们的农作方式带到海外的美洲、澳大利亚、新西兰和其他大陆,无论那里的条件有什么限制。工业化对农业最主要的影响是 19 世纪 90 年代拖拉机的出现,拖拉机由内燃机带动。拖拉机在世界范围内迅速改变了犁地、种植和收获的方式。拥有很多犁片或者圆犁片的大型犁由巨大的拖拉机牵引,能够在几周内耕种数百英亩的土地。这样的犁,与其他播种和收割机器结合在一起,使得过去的耕作方式相形见绌。它们取代了田地中的马力,并导致 20 世纪 20 年代后北美洲、苏联和其他一些地方的农村人口大幅度下降。

在欧亚和非洲的大部分地区,小型内燃机附带着各种专门机器,开始承担一些以前由人力从事的工作,不过,就大部分地区来讲,国家政策和习惯维系着某种类似于传统耕种的形态直至今日。2007 年以后,当燃油价格迅速攀升的时候,后来居上的大型拖拉机牵引的犁和其他重型机器的脆弱性就暴露出来了。这样的价格波动肯定意味着现在的犁地方式和其他农业劳作在将来会发生非常迅速的变化,就像价格波动在 20 个世纪或者过去的数个世纪里在全世界一直产生的影响那样。

2000

进一步阅读书目:

Bray, F. (1985). *Agriculture*. In Joseph Needham, *Science and Civilization in China* (Vol. 6, Part II). Cambridge, U. K.: Cambridge University Press.

Bray, F. (1986). *The Rice Economies: Technology and Development in Asian Societies*. Oxford, U. K.: Blackwell.

Fussell, G. E. (1966). *Farming Technique from Prehistoric to Modern Times*. Oxford, U. K. and New York: Pergamon Press.

Mazoyer, M. , & Roudart, L. (2006). *A History of World Agriculture: From the Neolithic Age to the Current Crisis* (James H. Membrez, Trans.). New York: Monthly Review Press. (Original work published 2006)

Orwin C. S. , & Orwin, C. S. (1933). *The Open Fields*. Oxford, U. K. : The Clarendon Press.

Slicher van Bath, B. H. (1963). *The Agrarian History of Western Europe*, A. D. 500 - 1850. London: Edward Arnold Ltd.

Smil, V. (1994). *Energy in World History*. Boulder, CO: Westview Press.

White, L. (1967). *Medieval Technology and Social Change*. Oxford, U. K. : Oxford University Press.

威廉·麦克尼尔(William H. McNeill) 文

马行亮 译,黄艳红 校

Political Thought　政治思想

2001　　政治思想表达和争辩的是政府的功能,或者政府运作的程序,这些运作程序提供一个政府结构,并且影响它所服务的公众。在传统意义上,根据古代希腊的政治理论,政治学这个词已经被视为人类事务的最高领域,是整合所有其他诉求的艺术。

政治学作为一个人类关注的范畴,通常被从两个方面来理解。就最简单的定义来说,政治是政府的范畴,是制度的范畴,享有在复杂社会中对所控制的领地合法使用武力的独占权力。这样,政治就涉及个体和群体;他们努力获得政府控制权,并以公众安全的名义代表一部分而非另一部分人的利益,来行使政府的最终权力。这个最简单的定义可以说支配着当代政治科学,并可追溯到100年前的德国社会学家马克斯·韦伯。

另一个传统的、本质性的定义起源于古代希腊政治理论(尤其是亚里士多德派)。这个观点认为,政治是人类事务的最高领域,是整合所有其他诉求的艺术。这就意味着,既然政府视社会为一个整体,那么它就有道德目标,要求使各种社会功能和人类社会繁荣相一致,并在全体公民中发展正直的品格。政治思想,更具体地讲是一种规范性的思考,它超越政治是什么,乃至政治应该是什么。政治思想家提出理想政府的视角,我们可以用它来检视人类的自私自利和追求权力的现实。

政治思想的世界历史

在政治思想和世界历史之间有多个重要的接触点。其中一个牵涉世界历史的论述即政治思想是如何在不同的背景中发展的,以及其演变如何反映出跨越时间和空间的较广泛的影响。这样的论述既能在观念史又能在思想史的层次上进行。观念史按时间追叙思想家彼此之间和思维方式彼此之间的影响,经常脱离较大的社会背景。世界观念史可以在广阔的时间和空间背景下检视那些信条的传播,或者检视在不同背景下思想家们彼此的影响。相对来说,思想史更多的是检视观念的社会背景和印记。思维方式和产生它们的社会力量被视为社会现实层面,以及更大的历史环境和进程的呈现,或者至少是被视为对其做出的反应。

世界思想史的一个例子是对所谓的轴心时代,即公元前 800 至前 600 年这个时期欧亚历史的论述。德国哲学家卡尔·雅斯贝尔斯(Karl Jaspers)发明了这个术语,用来指古典思想普遍的繁盛。在那些世纪里,地中海中部、肥沃新月地带、印度和中国这些主要的文明中心都出现了经典思想。不论是以宗教的还是哲学的名义,这个时代目睹了复杂的"第二层次的思想"或者人们所谓的"思想之思想"的出现。相对于较早期的神秘世界观,这些新的知识精英掌握权力,开始提出真理的先验源头,即在现有的传统之外,还存在着上帝、自然法、天国、道等等。随着世俗世界和更高秩序之间的鸿沟逐渐拉开,各种文化摆脱对过去的模仿,进入一个关键时刻,并涌现出一些开创性人物:先知、哲学家和国家创建者。在政治领域,新的文明开始按照公共道德和宇宙秩序貌似统一的理想来衡量国家和社会的现实。从世界历史的观点来看,轴心时代是一个框架,可以比较和思考那些彼此完全独立发生的思想过程。时间上的一致性也反映了共同的世界-历史状况,如复杂的城市社会的出现。城市社会能够支持这种思想突破所需要的各种分层。

很明显,许多更高水平思想的产生,尤其是在政治层面上,关系到一种世界-历史的思考演练。在轴心时代早期,产生经典政治思想的两个核心地区——地中海东部和中国华北——形成了许多政治单位。像柏拉图和孔子这样的知识分子领袖,以比较的方法提出了一些关于政治和人类社会繁荣的问题,并采用那些经常截然相反的政治社会的经验作为原始素材进行反思。他们广泛地思考政治的多样性及历史发展,用希腊城邦以及周朝衰落后形成的诸侯称霸来阐释其思想。这种比较方法引导出对人类本性的普遍真理和秩序良好国家的洞见。

在轴心时代,欧亚新的复杂的农业社会经验孕育了两种重要而精深的政治思想。一种我们可以称之为道德治国型,反映了高级文化中知识分子的世界观,他们坚持某种宗教或者哲学为正统。这样的集团有印度婆罗门、儒家学者、希腊-罗马斯多葛派和中东一神教信仰的祭司。尽管他们的理论框架不同,但是在把社会视为追求美德和人类社会繁荣的场所方面基本一致。国家扮演着重要的角色,它作为合理社会秩序的基础,根据人的天性安排他们的职位。理想的政治家是哲学王,其自身就是道德和宇宙秩序的卓越典范。

第二种政治思想流派也出现在相同的时期,被称为原子论者。可以列举的例子有中国的法家思想和希腊的智者派。根据时代和社会的多样性,原子主义的政治哲学家得出了跟更注重道德思想的对手们截然相反的结论。他们坚持认为,多样性表明根本没有客观真理或道德标准。人性无非是个人的自私自利。这种追求个人快乐和安全、避免厄运的渴望非常普遍。原子论的治国理念没有任何道德观念,只关乎有效管理、维持和平并践行头脑冷静的治国技巧。这种思想以商人和官僚阶层为社会基础,一直持续到现代时期,不过被令人尊敬的政治话语所掩盖。托马斯·霍布斯(Thomas Hobbes)——17 世纪英国绝对主义政治理论家,是时间上离我们较近的奉行原子论治国理念的思想家,他为更世俗化、更少道德特征的现代西方政治思想铺平了道路。

所有这些例子都能够表明,世界历史是如何展现政治思想的主要传统的,这些传统之间进行比较又如何可能,以及如何展现政治思想方面长时段的延续和断裂的。

作为世界历史棱镜的政治思想

反过来,政治思想也能影响世界历史的叙

旁观者比当事人更明白。

事。作为构想政治社会和阐释大规模社会进程的模式，任何政治思想体系都是一个棱镜，通过这个棱镜，它的信奉者能看到过去。"元叙事"这个术语经常被用来描述带有政治思想特色的世界历史。元叙事把过去发生的事整合成一个简单化的故事，里面充满了对现在有意义的教训。

元叙事经常有一种宗教倾向。宗教性的元叙事回溯到所谓世界宗教的开端，即那些自轴心时代就出现的有关精神的普遍体系。既然每一个世界宗教都声称视人类为一个整体，声称代表一种不受任何地域和文化限制的宇宙秩序，那么它就必须解决宗教多样性的问题。换句话说，既然它是通向真理的最佳途径，那么它是如何看待其他世界宗教的？印度教把宗教多样性视为只是通向同一个神的不同道路，但是仍然把多种教义整合进一个体系中来。然而，在社会领域里，前现代的印度教仍然把种姓制度中的等级和仪式视为精神自我修炼的最好依托。非印度教徒要追求真正的人类社会繁荣，将必须花费几代人的时间走进印度教的社会秩序。实际上，一些征服者和统治者通过追根溯源到雅利安人那里，从而融入印度教的种姓制度中去。这个体系跟传统的儒家世界观有些相似。尽管儒家文明缺乏种姓制度，从而使外来元素融入更容易些，但是这种融入仍然是一种单一的过程——归化，即"逐渐被转变"。因为儒家的理想社会秩序是按最崇高的美德来设计的，而且皇帝是天和地的沟通者，所以中国的政治就是由内向外辐射，具有了囊括天下的潜力，即"天空下的世界"。"野蛮人"只有通过儒家文明的不断教化才能提升他们自己。

宗教的元叙事在具有扩张使命的宗教，如基督教和伊斯兰教中表现得最充分。尽管基督教和伊斯兰教是在较早时期中东多种信仰的背景中创立，但它们在向全世界传播的过程中却和其他宗教水火不容，它们对世界历史观，以及如何容纳宗教多样性已经产生了一些神秘的看法。两者都是元叙事的宗教，都有历史感，并以对精神领域有意义的事件作为中心。两者的元叙事都涉及创世、衰落、预言、圣约，以及最终的救赎，所有这些都在世界历史的背景下展开。并且两者都使其元叙事照顾到其他信仰体系。比它们时间早的其他宗教如犹太教，一直被视为上帝创世早期阶段的遗产。伊斯兰教神学把这个共存的基础扩展到世界所有主要宗教上，这表明它是相当包容的。在中世纪，当基督教神学家最初尽量去发现与复兴的古典思想和新遇到的美洲文化的共同点时，他们会去寻求自然法。尽管只是完全用耶稣基督来解释，但是自然法仍旧能被视为适用于所有宗教和生活方式。它强调道德规范的天然性，认为即使是非基督徒的社会和宗教，也有努力迈向神的意识。对基督教和伊斯兰教来说，在实践中，这些元叙事与政治宽容、政治共存相连。在中世纪的生活习惯中，不信教的人在真正的宗教面前经常被作为苟活之人得到宽容，尽管这种大历史观暗含着，一旦从思想上接受，他们最终会被吸收进来。伊斯兰教文明发展出和平共处的精致体制，其中非穆斯林的少数民族享受到很多的社会和政治自治，这建立在自早期征服时期开始就约定的庇护观念基础之上。

世界历史的元叙事也可用来服务现代的政治目的。有 4 个方面尤其值得注意。第一种被称为"辉格派"的历史理论，是以 18 世纪英国的自由派辉格党来命名的。英国君主制中逐渐发展起来的宪制，以及商人和其他自由温和派日渐增长的力量，萌生了这样的观念，即历史一直是按照自由启蒙的既定目标发展的。这种元叙事拓展到北美洲，包括美国，其建国就是一个"伟大的实验"。因为辉格派历史学家相信这种叙事，所以盎格鲁-撒克逊民族的历史既包括中世纪和现代早期英国的历史也包括成功的殖民时期，是一个上帝赐福和自由扩展的历史。20 世纪，这种元叙事在西欧甚至在其之外获得了更广阔的空间。冷战时期,辉格派的历史观被整合到一种被称为"从柏拉图到北约"的元叙事中。它视当代西方为人类自由 2 000 年来从未间断的继承者。辉格派历史观在当前的一个典型就是弗朗西斯·福山(Francis Fukuyama)的著作《历史的终结》(*The End of History*),该书描述了资本主义和自由民主在世界任何地方都会胜利,因为这种政治体制最适合人类本性。

第二种现代元叙事来自马克思主义者,因为卡尔·马克思在 19 世纪率先提出,历史是由阶级斗争推动的。当技术取得进步时,它所带来的经济可能性与旧的社会和政治组织发生冲突。最终社会发生分裂,新的统治阶级起来掌握权力。这样,世界历史的几个主要阶段相继更替:奴隶制、封建主义、资本主义,最终是社会主义和共产主义。这种对经济结构和非个人力量的强调能够全面地彻底地解释世界历史。马克思主义思想在 20 世纪初期影响巨大的原因之一是它能够囊括和解释任何事情。但是也需要指出,把世界历史的发展视为根本不可避免的,也就拒绝了人类发展更多的可能空间。

第三种元叙事认可大范围的政治大同,尤其是在文明和民族国家方面。这种世界历史的解读在 20 世纪尤其变得重要,因为非西方世界开始在现代国际秩序中找到其位置。一些印度和中国关于世界历史的元叙事很好地例证了这种模式。为了确定在世界上的位置,像印度和中国这些地域辽阔和面貌多样的国家梳理出了较为优越的自我形象。1944 年,贾瓦哈拉尔·尼赫鲁(Jawaharlal Nehru)这位未来的总理,在其著作《印度的发现》(*The Discovery of India*)中揭示了那种可以归结为印度历史元叙事的东西。所有潮流,无论表面上多么不同,都被并入印度身份这个唯一溪流中,并最终汇入他所构想的那个世俗、社会主义和国际主义的印度。同样,20 世纪 20 年代,中国的民族主义

者也在思考,在走向现代的征程中中国能够保留下什么,以及必须放弃掉什么。许多人得出结论,为了确保中国在达尔文主义世界里存在下去并实现现代化,儒家高级文明和其他传统必须坚持。

无论这些民族或者文明的元叙事在细节上有什么不同,它们都有一些共同的特征。它们都把眼光投向某个过去的文化先贤,借助传统文化的凝聚力,以期在现代社会中取得成功。

后现代主义和新世界历史

最后,第四种当代元叙事大致可以称为后现代的。初看起来,谈论这样的东西有点古怪,因为后现代主义并不信任元叙事,强调所有历史特征和意义都是构建的,并且处于变化之中。但是今天,在西方学术研究中被广泛应用的"世界历史",在某些方面深受后现代主义影响,像以上提到的作者那样通过政治棱镜来讲述过去。当代世界历史普遍强调的一个重点是不同文化的相遇,即混杂的身份和互相侵犯,以及文化融合和适应。部分来说,这表明,在给定的范围内,任何世界历史都必然会有某种主题;但这里强调的关键并不是准确性,而是相对性。由于对国家统一和文明优越的那些相互矛盾的元叙事表示怀疑,这种强调能大行其道并被人接受。有这种倾向的历史学家首先致力于从过去提取多元主义的特征,并对其他历史学家认为想当然的任何基本内容表示怀疑。这个目标就是获取对自由主义全球化产生的身份混乱和边缘化的政治支持。流散族群(Diasporas)、跨国界移民、少数民族和类似现象并没有完全被 19 和 20 世纪同质化的政治所包容。因此,这种新的世界历史方法提供了一个视角,有利于两个互补的目的。首先,它破坏了那些被实践者视为主流叙事的东西,即统一的国家身份,从而为被拒绝的那些东西开放了空间。其次,它在更广阔领域的历史

2005

经验里为社会的多元提供了基础,并为达到这个目的而给某些当下的政治视角提供了合法性。正因为所有其他的元叙事,我们对世界历史的看法也深深地与政治思想关联在一起。

进一步阅读书目:

Aristotle. (1995). *The Politics* (E. Barker, Trans.). New York: Oxford University Press.

Collins, R. (1998). *The Sociology of Philosophies*. Cambridge, MA: Harvard University Press.

Dikötter, F. (1992). *The Discourse of Race in Modern China*. London: Hurst.

Duara, P. (1995). *Rescuing History from the Nation: Questioning Narratives of Modern China*. Chicago: University of Chicago Press.

Eisenstadt, S. N. (Ed.). (1986). *The Origins and Diversity of Axial Age Civilisations*. Albany: State University of New York Press.

Fu, Z. (1996). *China's Legalists: The Earliest Totalitarians and Their Art of Ruling*. London: M. E. Sharpe.

Fukuyama, F. (1992). *The End of History and the Last Man*. New York: Free Press.

Gress, D. (1998). *From Plato to NATO: The Idea of the West and its Opponents*. New York: Free Press.

Havelock, E. A. (1957). *The Liberal Temper in Greek Politics*. New Haven, CT: Yale University Press.

Hodgson, M. G. S. (1974). *The Venture of Islam: Conscience and History in a World Civilisation*. Chicago: University of Chicago Press.

Jaspers, K. (1953). *The Origin and Goal of History* (M. Bullock, Trans.). London: Routledge and Kegan Paul.

Mannheim, K., & Wirth, L. (1985). *Ideology and Utopia: An Introductionto the Sociology of Knowledge* (E. Shils, Trans.). New York: Harcourt Brace.

Nehru, J. (1946). *The Discovery of India*. New York: John Day.

Savarkar, V. D. (1949). *Hindutva: Who is a Hindu?* Pune, India: S. P. Gokhale.

Smith, H. (1991). *The World's Religions*. San Francisco: Harper.

Tucker, R. C. (1972). *The Marx-Engels Reader*. New York: Norton.

Waley, A. (1939). *Three Ways of Thought in Ancient China*. New York: MacMillan Press.

Weber, M., Gerth, H. H., & Mills, C. W. (Eds.). (1958). *From Max Weber: Essays in Sociology*. New York: Oxford University Press.

亚当·韦伯(Adam K.Webb) 文

马行亮 译,黄艳红 校

Polo, Marco 马可·波罗

2006

马可·波罗(1254—1324),一个威尼斯商人,是最早通过丝绸之路来到中国的欧洲人之一。其遗产包括历史上最有名的游记一本。他本人并没有亲自写《马可·波罗游记》,然而他可能把它讲给一个同为俘虏的狱友,这个人把听到的内容添油加醋(或删减)地写了出来。

1271年,17岁的威尼斯人马可·波罗跟父亲尼科洛·波罗和叔叔马费奥·波罗一起,启程前往忽必烈可汗的蒙古帝国。马可在之后的20年时间里游历亚洲做生意,并作为官员为可汗服务。回到威尼斯后,在 1298 年意大利城邦战争期间,马可·波罗作为威尼斯舰队的"名誉司令官"被热那亚海军俘虏。在热那亚被囚期间,马可给同伴比萨的鲁斯梯谦(Rusticello)讲述了他的传奇经历。鲁斯梯谦是一位爱情小说家,曾在英王爱德华一世的宫廷中服务。他关于马可·波罗游历的描述,被冠名为《马可·波罗游记》,成为西方世界首批描写亚洲的著作之一。游记被翻译为多种语言,在印刷机出现之前以手抄本的形式在欧洲广泛传播。马可·波罗的游记影响了欧洲自中世纪晚期到 16 和 17 世纪地理大发现时的亚洲观。1492 年,克里斯托弗·哥伦布横跨大西洋,寻找新航线,以通往富饶之地——马可·波罗的中国。(Cathay,这是中国这个名字的另一种英式说法,尤其在马可·波罗使用之后在欧洲很流行。)在航程中,他随身携带了这本书。

1260 年,商人尼科洛·波罗和马费奥·波罗加入一个去布哈拉城(Bukhara)的威尼斯贸易使团,该城位于著名的丝绸之路上,现在的乌兹别克斯坦境内。从那里出发,他们加入一个蒙古使团,前往忽必烈可汗在汗八里(Kanbalu,北京)的宫廷。老波罗们在中国经商多年,直到可汗命令他们作为使者返回威尼斯。可汗授意他们在回到家乡后,带上教皇的信、100 名基督教学者以及一瓶耶路撒冷神殿灯中的油回到汗八里。然而,当波罗兄弟最终于 1269 年回到欧洲时,他们发现教皇克莱门特四世(Clement IV)已经在前年去世,正在等人继位。由于不能得到当选教皇的信件或者基督教学者——除非新教皇继位——尼科洛和马费奥离开罗马,返回威尼斯,在那里待了 2 年,等待新教皇的选举。由于不能再等待,或者担心延期过久忽必烈可能会生气,因此,波罗兄弟开始启程返回蒙古统治者的宫廷;这次,他们带上了年轻的马可。其间格列高利十世(Gregory X)被选为教皇,1271 年波罗兄弟为此稍作停留后,就带着一瓶圣油和仅仅两名基督教使者离开安全的地中海世界,开始他们穿越中亚的行程。

使团在亚美尼亚离开了团队,波罗兄弟俩经历了艰苦的旅行,途经波斯、阿富汗、土耳其、中国西藏及其西部,到达忽必烈的夏宫上都。可汗对小马可印象很好,在接下来的 20 年中,几次授予他官职,包括 1282 至 1285 年任职扬州。在中国期间,马可也沿着缅甸边境访问忽必烈帝国的南部,以及中国南部的大部分地区。他还在杭州(金山)这个前朝南宋的都城长期居住。在中国停留期间,波罗爷仨积累了很多财

《马可·波罗》。根据罗马的蒙斯涅勒·巴迪亚(Monsignore Badia)美术馆的画像而作。他沿着丝绸之路冒险经历的故事成为历代最知名的游记之一

富。到 13 世纪 80 年代，他们迫切希望回到家乡，便向可汗请求批准他们离开。在游记中，马可宣称忽必烈对其威尼斯顾问非常依赖，开始时拒绝了他们的请求。最后，机会来了，波罗爷仨有了理由来为忽必烈提供最后一次服务。波斯可汗丧妻，要求送去另一位蒙古公主和他成亲。因为所经路线沿途危险，波罗爷仨自告奋勇，充当船长，护送公主经海路前往波斯。忽必烈勉强同意，并允许波罗爷仨离开，但是要求他们带上对教皇和欧洲皇帝友好的问候。1292 年，从厦门港出发，波罗爷仨途经苏门答腊、爪哇，沿着印度海岸，2 年后到达波斯。第 2 年，他们终于回到威尼斯，此时，他们已经离开故土近 20 年。

1298 年初，在马可·波罗回到威尼斯后 3 年，他开始担任其所在城邦海军的"名誉司令官"或称战舰顾问。此时，威尼斯正因东地中海的贸易权而与其竞争对手热那亚交战。1298 年 12 月 7 日，马可·波罗，以及整个威尼斯舰队被热那亚海军俘获。然后他被囚禁在热那亚的监狱中，在那里他用几个月的时间向他的狱友鲁斯梯谦讲述了他的传奇经历和富裕的可汗帝国。在威尼斯和热那亚之间的战争结束后，马可·波罗第二次回到家乡。

回到威尼斯后，马可娶了一位名叫多娜塔（Donata）的女子，并与她生了 3 个女儿：凡蒂娜（Fantina）、贝拉拉（Bellalla）、莫雷塔（Moreta）。从这开始，除了继续从事贸易，并在 1307 年送给一位法国贵族一本游记之外，他的生活很少为人所知。尽管人们并不相信其关于中国的富裕、亚洲文化科技的神秘、可汗帝国的广袤无垠的描述，但是马可作为旅游家的名声在其生前已经广为传播。很多欧洲人只是不能相信他关于纸币、燃烧黑石（碳）、人口众多的城市以及东方国家的幅员的叙述。游记中的细节是如此不可信，以至于人们根据马可·波罗撒谎的数量经常称之为"百万马可"。

在 1996 年出版的一本有争议的书中，历史学家弗朗西斯·伍德（Frances Wood）认为，马可·波罗实际上在撒谎，他在中国边远地区的游历是值得怀疑的。根据对波罗描述的其他批评，伍德写道，马可没有提到长城、饮茶、中国书法和中国女性的裹脚。或许，这些遗漏同游记中更富想象力的成分，包括人食人（cannibalism）和奇特的性交姿势一样，不能归咎于马可·波罗身上，而应该归咎于他冒险经历的记录者鲁斯梯谦。最后，无论马可·波罗是否到过可汗的首都或者做过蒙古的官员，都不如他的游记曾激起数代欧洲人越过边境最终找到通往他所描述财富的路线那样重要。

进一步阅读书目：

Gernet, J. (1962). *Daily Life in China on the Eve of the Mongol Invasion, 1250–1276*. (H. M. Wright, Trans.). Stanford, CA: Stanford University Press.

Hart, H. H. (1967). *Marco Polo: Venetian Adventurer*. Norman: University of Oklahoma Press.

Humble, R. (1975). *Marco Polo*. London: George Weidenfeld and Nicolson.

Marsden, W. (Trans.). (1997). *Marco Polo: The Travels*. Ware, Hertsfordshire, U. K.: Wordsworth Editions. (Original work published 1818)

Moule, A. C., & Pelliot, P. (1976). *Marco Polo: The Description of the World* (Vols. 1–2). New York: AMS Press.

Olschki, L. (1960). *Marco Polo's Asia: An Introduction to His Description of the World Called 'Il Milione'*. (J. A. Scott, Trans.). Berkeley: University of California Press.

Pelliot, P. (1959). *Notes of Marco Polo* (Vols. 1–2). Paris: Impression Nationale.

Rossabi，M.(1988). *Khubilai Khan：His Life and Times*. Berkeley：University of California Press.

Wood，F.(1996). *Did Marco Polo Go to China?* Boulder，CO：Westview Press.

Yule，H.（Trans. & Ed.）.(1921). *The Book of Ser Marco Polo the Venetian Concerning the Kingdoms and Marvels of the East*（Vols. 1 - 2）. London：John Murray.

罗伯特·约翰·裴瑞斯(Robert John Perrins) 文

马行亮 译，黄艳红 校

Population and the Environment　人口和环境

历史上有很多例子表明，较多的人口和较严重的环境破坏成正比这个简单公式并不总是能应验。不过，在多数情况下，人口增长已经带来加速度的环境变化，并会一直持续下去。自从 20 世纪中叶以来，当人口增长接近最大速率时，人口和环境之间的关系已经成为社会流行的和学术研究的辩论主题。

2010

与一般人的想象相反，人口数量和环境的关系并不简单。在过去的半个世纪里，随着对环境恶化的持续关注，常见的讨论多半是在强调一个简单而动人的方程式：人口越多，环境就越恶化。尽管在许多情况下这是真的，但是并不总是这样。学者们已经花费了大量的精力来理清这种关系，但取得的成果有限。这个问题在社会和学术层面，已经存在 50 年了，直到今天，仍然是一个高度政治化的问题，与一些我们感同身受的原则有关。

人口的历史

在一个给定的地区清查人口数量，古已有之。第一次进行全国普查是在 1427 年（托斯卡纳）。有据可查的人口普查约自 1800 年开始，而世界大部分地区则从约 1950 年开始。因此，重新书写全人类人口的历史不可避免地有推断和理性猜测的成分。尽管在总体结论上意见明显一致，但是各方观点仍有不同（见表 1）。

表1　全球人口估算

年代	人口（百万）
公元前 300000	1
公元前 10000	4
公元前 1000	50
公元 1	200
公元 500	200
公元 1000	270
公元 1200	380
公元 1400	370
公元 1600	550
公元 1800	920
公元 1900	1625
公元 2000	6000

资料来源：Cohen 1995，appendix 2

尽管人类形成的时间并不确切清楚，但是当他们形成的时候数量很少。由于依靠狩猎和采集生活，他们总是在不停地移动，带着多个小孩更是一种负担，因此早期的人类通过延长哺乳期来控制他们的繁殖能力（降低一个女人的繁殖力），可能还通过遗弃和杀婴来控制人口增

古代埃及农业的方方面面在纳卡墓（Tomb of Nakht）中都有描绘。位于尼罗河西岸的卢克索神庙（Luxor）

置人于死地，对幼童杀伤力尤其大。群居有助于迅速传播这样的疾病，并导致其他疾病产生，而其他疾病通常在生活于自己产生的垃圾中的人群中产生。

逐渐地，农业在合适的土地上传播，大多数人口生活在农业社会，村庄组成了社会的核心。灌溉技术的提高尤其使得埃及、南亚和东亚的农业更为高产，人口也更为稠密。自公元前 3500 年以来，城市首先在美索不达米亚出现，农业的效率根据土壤、作物、农具和其他因素而出现非常大的不同；但是总体上，它能养活的人口比狩猎和采集时代养活的要多 10 倍。由于这个原因以及其他的原因，农业社会相当迅速地传播开来，从而取代了人口较少的狩猎-采集社会。

在农业社会，孩子约 5 岁就开始从事实际工作，例如饲养小鸡和给园地除草。由于不需要频繁地迁徙，孩子成为一种更有价值的资产。因此除非土地匮乏，否则人们倾向于年轻时就结婚，以便生养更多的孩子。生育水平（此处所指的是毛出生率）达到每年每千人生育 50 个孩子（约是美国目前生育率的 4 倍），尽管每千人生育 35～40 个孩子可能更正常些。即使这样，人口的繁盛勉强才能弥补疾病和饥饿带来的损失，甚至还不时地出现灾难性的情况，抵消幸运年代的人口增殖。从广义上讲这就是农业社会的状况，是人类从至少公元前 3000 年到公元 1800 年期间的主要经历。

在那个时期，人口比前农业时代增长得更快，尽管和今天的增长率相比仍显得很慢。而人口衰退在一些时代是存在的。在局部地区，传染病和饥饿有规律地制造这样的灾难，正常的话

长。总之，按照今天的标准，当时的人口增长非常缓慢，尽管应该注意到今天的标准相当不正常。在人类历史的大部分时间里，人口增长的净值接近于零，即人口衰退和人口增长一样频繁。

随着食物生产方式的转变，生活方式更趋向于定居，对人口增长的主要限制以及携带小孩的困难都消失了。农业的源头可以追溯到约 1 万年以前，那个时候地球上有 400 万人（更严谨些，从 200 万到 2000 万）。在农业首先扎根的地方，即西南亚和美洲的热带低地地区，人口呈加速增长之势。出生率攀升，尽管死亡率也一样，但是两者并不同步。死亡率迅速攀升的原因是农业社会产生许多新的疾病，它们大部分来自诸如猪、牛和骆驼等草食动物，并且能很快

每代人至少要经历一两次。在全球范围内至少有两次大的灾难，每一次都可能导致全球人口减少（尽管数字并不十分可靠）。第一个灾难是14世纪黑死病的广泛传播，它可能是亚洲大部分地区、欧洲、北非，或者非洲南撒哈拉部分地区腺鼠疫传播的结果。它使欧洲、埃及和西南亚的人口数量或许减少了1/4或1/3，使全球人口或许减少了1/7或1/10。欧洲经过150年才使人口从这场瘟疫的打击中恢复过来。第二个大灾难发生在美洲地区，当时克里斯托弗·哥伦布和其他探险者陆续到达美洲，但是也带来了欧亚和非洲的疾病。从1500到1650年，美洲人口数量据估计减少了50%～90%。由于在哥伦布来美洲之前没有关于美洲人口可靠充足的资料，所以不可能知道这种疾病已经造成的全球影响有多大。它有可能降低了全球人口总体数量；尽管更可能的是，因为欧亚和非洲比美洲

有更多的人，最终的结果是并没有把世界人口增长降为负值。

18世纪，人类人口开始迅速扩张。世界上的很多地方，传染病和饥饿现象开始减少，死亡率下降。这背后的原因仍然不明确，尽管在病原体（导致疾病的物质）及其人类宿主之间的生态调整被确信是其中之一，正像食品供应和饥荒控制得以改进是其原因之一那样。在一些地方，出生率也略微提高。19世纪，世界人口数量几乎翻了一倍；接着，20世纪几乎增长了4倍；与此同时，死亡率在下降。更良好的卫生条件、疫苗和抗生素降低了死亡的概率，产量更高的农业迅速增加了食品供应。在欧洲，从19世纪90年代以来，家庭有意限制新生儿出生数量，这种现象后来更迅速地在世界其他主要地区发生。哪个地方什么时候出生率下降，人口数量增长就缓慢；哪个地方什么时候出生率仍然很高：就

从空中鸟瞰墨西哥城。城市是人口增长的一个直接结果。阿尔德福林（Ardelfin）摄（www. morguefile. com）

像在非洲大部分地区、中美洲、南亚和西南亚的部分地区，在 1950 年后人口数量增长就迅速。从全世界来看，人口增长率约在 1970 年达到最高峰，每年 2.1%；人口每 12 到 15 年增长 10 个亿。到 2009 年为止，年增长率已经降到 1.1%，每年约新生 7 300 万人。现在，人口统计学者预期世界人口到 2050 年将达到 90 亿或 100 亿。

历史上的大多数时候，人类的四分之三居住在欧亚大陆，今天仍然是这种情况。但是美洲的人口数量在 1750 年以后迅速增长，非洲的人口数量在 1950 年以后迅速攀升（参见表 2）。

表 2　1750—2000 年的地区人口数量
（以百万为单位计算）

	1750	1800	1850	1900	1950	2000
亚洲	480	602	740	937	1386	3766
欧洲	140	187	266	401	576	728
非洲	95	90	95	120	206	840
北美洲	1	6	26	81	167	319
中南美洲	11	19	33	63	162	531
澳大利亚和大洋洲	2	2	2	6	13	32

资料来源：McNeill（2000，271）

人口政策

至少从公元前 1600 年以来，就不断有人表示人口太多了。不过一直到最近，这样的说法仍显得太稀少。政府不论如何考虑人口问题，一般会持这样的观点：国境内的人口越多越好。所有主要宗教也赞成人口增长。这并不令人惊奇，因为直到最近的 250 年前，生存仍是那么危险，以至于尽可能多的生育通常是一种抵御灾难的可靠策略。但是自 20 世纪中晚期以来，一些政府

开始有不同的看法。印度和中国这两个人口最多的国家自己行动起来控制生育。中国的情况是严格限制生育，使出生人口在 1978 和 2009 年之间可能保持在 3 亿的水平（2009 年人口约 13.3 亿）。20 世纪的其他国家，尤其是在欧洲，则致力于提高出生率，但是效果甚微。

人口和环境

在任何时候和任何地方，人口和环境之间的关系都是相互影响的。环境条件影响人口的起起伏伏，人口的增长（衰退）也影响环境。

历史上，对人口影响最大的环境因素是气候、疾病和农业。主要的气候转变，如冰川时代冰川的堆积和消融，通过改变地球上宜居地的比例，并改变冰川未覆盖部分的生物生产率，从而强烈影响人口数量。最近一个冰川时代的出现可能减少了人口数量，而它的结束促进了人口增长。自从 1 万年以前最后一次冰川结束以来，气候变化在决定全球人口数量上的作用并不大。

如前所述，在人们从事耕种，尤其是定居耕种的地方，疾病给人类带来的负担开始明显变得更重，尤其是当家畜出现的时期。在热带地

2014

伐木、破坏森林导致的生活习惯改变以及土地开垦，已经给许多物种带来很大的生存压力

区,除了海拔很高的地方,温暖环境会滋生更多的病菌,因此维持稠密的定居人口是困难的。城市的出现也形成了致命的疾病环境,主要是因为人们的生活摩肩接踵,每天交叉感染,也因为只有少数城市能彻底清理废物。因此,城市是、或许不可改变地总是人类的黑洞,只能通过不断地从健康的农村地区移民来维持人口。这种情况一直维持到19世纪末期,而在许多国家直到20世纪中叶为止。最终,主要依靠1880年以来科学的公共卫生建设,城市才变得比农村更有利于健康。对人口增长的主要历史限制,或者说城市生活的致命因素被清除了。

农业条件的变化可以影响食品供应,这也有助于控制人口数量。灌溉农业,如前文所言,比靠天种地能养活更多的人口。但是灌溉经常产生盐渍化(盐分的集中,对庄稼生长不利),这可能对农田产生损害;正像在美索不达米亚,那里的环境恶化可能对公元前1900年左右、公元前1375年左右和公元1250年以前的人口减少负有责任。数世纪以来,甚至数十年来,土壤侵蚀也明显降低了农业土地的生产力。如果没有其他补偿的话,这种情况可能使人口减少。盐渍化和土壤侵蚀能够轻易影响当地人口数量,尽管从全球人口水平看来,它们的影响可被忽略。

一个更近的农业变化,即绿色革命,已经在各方面产生了影响。自20世纪50年代以来,农学家(从事农田谷物生产和土壤治理的农业科学家)已经培育出世界上许多庄稼的新品种,使它们适应大剂量的化肥和定期的水灌溉,并对作物疾病和害虫更有抵抗力,也更适合机器收割。结果,现代化学农业使谷物产量双倍和四倍地增长。就2000年来说其全球影响是增加了1/3的世界食物供应,这是当代世界人口增长的一个必要因素。

人口增长或衰退也影响着环境。只是它依赖许多因素,包括增长率、现存人口的稠密度、

生态系统的稳定、现有的技术,以及人们采用的这个包罗万象的词语——"环境"的任何一个方面。例如,全世界核废料的数量与人口水平或者增长率没有任何关系,但是跟技术和政治有关系。相反,城镇的蔓延直接来自人口数量的增长(尽管还有其他因素)。

人口增长对环境破坏最大的情形,很可能是在人口最初处于零增长或低增长水平而随后出现强劲增长和强有力的技术变革的时候。新西兰的历史提供了一个例证。新西兰长期以来孤立于外界影响,数百万年以来没有人类——从白垩纪以来就是物种的一个福地。人类在约1300年(或1000年)到达那里,起初可能数量很少。但是毛利人——新西兰的原住民——发现了丰富的资源,有海豹、软体动物、不会飞翔的大鸟(恐鸟),他们能捕猎这些食物。他们焚烧森林来给猎到的动物制造更好的草料,并给谷物种植腾出空间。数世纪以来,他们赶走恐鸟和其他一些物种,使它们绝迹,并使新西兰的森林减少了约1/3或1/2。相似的巨大变化也发生在其他与世隔绝的岛屿,如马达加斯加(约400年)和冰岛(约870年)。可在农业产生之前的早期定居人类的影响很少被提到,尽管人类在澳大利亚(约6万年前)和美洲(约1.5万年前)的定居可能已经使大型和中型哺乳动物灭绝。这是占主流但并非一致的看法。在除了矛和火之外并没有更多技术的条件下,人类进入别的物种的生存技能不如人类的地方,是具有相当强的破坏性的。

随着更高级技术的掌握,人口数量的增长可能是更具有破坏性的。1769年,尤其是1840年以后,新西兰接纳了另一批定居者,他们主要来自人不列颠。这些定居者有金属工具,而毛利人还没有。他们还有放养的动物,最终是蒸汽机,并用工业机器全副武装起来。在两个多世纪的历程中,新西兰的人口从不到10万发展到约300万,这些人几乎全部使用现代科技。新西兰

2015

人口若不控制，会以几何级数增长。

——托马斯·马尔萨斯(Thomas Malthus, 1766—1834)

剩余的森林大部分消失，其原生态的物种大部分灭绝（主要是鸟类），绝大多数地方（除了那些不宜居的极端地区）变成了草地。当然，尽管人口增长产生的问题很严重，但它并非导致新西兰地貌变化唯一的罪魁祸首。海外的羊毛、绵羊和黄油市场也是一个重要原因，新西兰的牧业经济主要依赖于此。

在需要很多体力劳动者来稳定环境的地方，人口增长导致的破坏性很小。最明显的例子是土壤破坏。农民在梯田劳作的时候，如果他们不能整修和维持田地，那么土壤侵蚀将不可避免。不过这需要最为密集的劳动力。例如，20世纪早期，在肯尼亚的马查科斯山区，农民由于耕种土地而导致很高的土壤侵蚀率。他们没有足够的人力来从事繁重的土地整修工作。但是在20世纪60年代，人口增长已经改变了这种情况。农民开垦并保持田地，使土壤状态稳定。在山区梯田环境中，人口密度的减少会加速土壤破坏，因为人口太少会使梯田不能保持原状。当20世纪南欧山区出生率下降和年轻人外出工作时，就出现了这种情况。爪哇和中国南部漫山遍野的梯田，如果没有稠密的人口是很难保持下来的。

人口下降也给其他地区带来干扰。例如，在非洲东部，到19世纪，人们已经知道，为了控制昏睡性脑炎，他们必须烧掉灌木，此举在于减少那些能传播疾病的舌蝇的寄生地。昏睡性脑炎不仅能杀死人，更能杀死牛，这既是一个经济问题，也是一个健康问题。但是控制灌木需要劳动力，而且，当致命的传染病在19世纪末20世纪初爆发时，所导致的一个结果是，人们很难控制村庄周边植物的生长。这样，一个生态代价很高的循环发生了：灌木越多，舌蝇越多，昏睡性脑炎越多。这个例子以及南欧的梯田都告诉我们，当环境被人类活动改造后，多少处于一种不稳定的状态，而人口衰退会导致破坏性后果。

这些例子表明，一个简单的公式——更多的人口等于更严重的环境破坏，并不成立。然而，在许多情况下人口增长带来了环境的加速变化并持续下去。在20世纪下半叶，当人口数量增长率达到最高点时，人口因素可能比以往任何时候更重要（排除掉新西兰原住民那样的地区性的例子）。从1950年开始，耕地已经增长了1/3，这主要是由人口增长驱动的。道路和建筑物所占的土地比例增长与人口增长是同步的，并且主要是受人口影响。最近，生活习惯的改变，包括砍伐森林，扩展耕地、牧场、居住地，已经给许多物种的生存带来压力，尤其是在热带森林地区。这种压力是现代历史上标志性的环境变化之一，它部分来自人口增长，尽管很难确定这部分的比重有多大。

人口增长也已经成为现代历史上日益加剧的环境重负之一。在诸如由人类废弃物造成的水污染的个案中，它实际上负主要责任。但是在其他案例中（诸如平流层的臭氧层破坏，由含氯氟烃引起），人口增长的责任不大，而技术变化（含氯氟烃的发明）则是更主要的原因。因此，在不同的污染中，总体上正像在各种环境变化中一样，人口增长从逻辑上对环境所负的责任，程度因案例不同而有相当大的差别。

将来，人口的重要性可能降低，它只是导致环境变化的一个参数。这部分是因为，20世纪，尤其是下半叶，人口增长的突然爆发迟早将会结束。然而，这也是因为技术作为人口和环境之间的调节器的作用会更大。技术变化的步伐看上去在任何时候都不可能迅速放缓。尽管2050年以后全球人口数量会稳定下来——正像许多人口学家推断的那样，但地区和局部的人口变化将仍会带来这样或那样的压力。因为地球上已经拥有那么多的人口，所以再增加20亿到30亿，可能会比上一次增加20亿到30亿产生更大的影响。也就是说，就人口增长的后果或者就如果被超越就可能带来重大变化的门槛来说，可能存在非线性的影响。观察家们已经预测到千年来人口增长的灾难性后果，但是只有最近的 40 年，比较符合（非常可行）这种预测。然而它还没有发生，如果发生，时间将在未来的 50 年。

进一步阅读书目：

Bogin, B. (2001). *The Growth of Humanity*. New York：Wiley-Liss.

Caldwell, J., & Schindlmayer, T. (2002). Historical Population Estimates：Unraveling the consensus. *Population and Development Review*, *28*(2),183 - 204.

Cipolla, C. (1962). *The Economic History of World Population*. Harmondsworth, U. K.：Penguin.

Cohen, J. (1995). *How Many People Can the Earth Support*? New York：Norton.

Demeny, P. (1990). Population. In B. L. Turner II, W. C. Clark, R. W. Kates. J. F. Richards, J. T. Matthews, & W. B. Meyer (Eds.), *The Earth as Transformed by Human Action* (pp. 41 - 54). New York：Cambridge University Press.

Erickson, J. (1995). *The Human Volcano：Population Growth as Geologic Force*. New York：Facts on File.

Livi-Bacci, M. (2001). *A Concise History of World Population*. Malden, MA：Blackwell.

Lutz, W., Prskawetz, A., & Sanderson, W. C. (Eds.). (2002). Population and Environment：Methods of Analysis. *Population and Development Review*, *28*,1 - 250.

Penna, A. (2009). *The Human Footprint：A Global Environmental History*. New York：Wiley-Blackwell.

Redman, C. (Ed.). (2004). *The Archeology of Global Change：The Impact of Humans on Their Environments*. Washington, D. C.：Smithsonian Press.

Ts'ui-jung, L.；Lee, J.；Reher, D. S.；Saito, O.；& Feng, W. (Eds.). (2001). *Asian Population History*. Oxford, U. K.：Oxford University Press.

Whitmore, T. M., Turner, B. L., Johnson, D. L., Kates, R. W., & Gottschang, T. R. (1990). Long-term Population Change. In B. L. Turner, W. C. Clark, R. W. Kates, J. F. Richards, J. T. Matthews, & W. B. Meyer (Eds.), *The Earth as Transformed by Human Action* (pp. 25 - 40). New York：Cambridge University Press.

麦克尼尔（J.R. McNeill）文

马行亮 译，黄艳红 校

2017

Population Growth　人口增长

作为一个物种，人类已经在适应环境并利用其中的资源方面展示了独一无二的能力。在整个人类历史中，长期的人口增长已经推动了变化；但是，人口发展的趋势受技术革新、气候变化、政府政策和疾病传播的影响。

2018

从更长的时段来看，人口增长是人类历史最显著的特征之一。10 万年前地球上的人口可能仅仅数以万计，今天它已经超过 60 亿，在地球的各大洲都有人居住（甚至在南极洲）。没有其他大型动物这样快速地增长，尽管驯化的家畜和其同伴，如从兔到绵羊，从老鼠到螳螂，在人类的推动下，也在迅速增长。因此，人口增长可以算作人类历史最基本的典型特征之一。因为人类比其他动物更具有革新精神，所以人类能够这样成倍增长。作为一个物种，人类已经展现出以革新方式适应环境的独一无二的能力,这使得人类能从周围环境中吸取更多能量和资源。生态革新能力的根源在于人类文化中,为人类所独有,能世世代代分享、保存、储存和积累已获得信息的能力。人口增长是这种能力的自然结果,因为持续的知识共享和积累已经使人类找到了利用环境的新方式。其结果,不像其他物种,人类能够不受最初生存环境的限制而自由移动。长期以来,人类为了更有效地利用环境,已经学会改造环境。由于这种独一无二的革新能力,人类已经能够给自身日益增长的成员成功地提供食物、衣服和住处。

空中鸟瞰宾夕法尼亚的莱维顿式住宅区,约摄于 1959 年。第二次世界大战后,为适应以"婴儿潮"著称的人口激增,无数的"莱维顿"(Levittowns)——第一批美国城郊市镇涌现

旧石器时代的迁徙和早期农业

人口增长甚至在旧石器(觅食)时代就很明显,尽管在这个时代它主要采取一种缓慢但加速的方式——移居到新的环境中。人类可能是在南非和东非的草原地带演化而来的,而作为觅食者则是直到最近 1 万年的事情。但是人们使用的技巧种类明显地一直在增长。考古发现表明,甚至在 10 万年以前人类都在利用新的环境,例如干旱地区或者海滨附近或者热带森林(McBrearty and Brooks 2000)。然后,在约 10 万年以前,人类开始迁出非洲。他们出现在环境完全不同的澳大利亚(约 5 万年以前)、冰川时代的西伯利亚(或许 3 万年前),最后出现在美洲(至少 1.3 万年前)。尽管没有直接的证据,但我们能确信,这些移民意味着人类总数的增长。尽管每个个别社会的规模很小,但这种情况是千真万确的,只是那个时代的人几乎不能意识到人类数量在增长。

从约 1 万年以前,即最后一次冰川期将要结束的时候,农业社会出现在世界的不同地方。农业加速人口增长,据目前的估计,1 万年前可能已经有 500 万到 1000 万人口;5000 年前有 5000 万人;1000 年前有 25000 万人。农业在许

多方面刺激了人口增长。游牧的觅食人群在特定地域中扩大生产的能力有限,因此他们有充足的理由去限制那些年龄太小还不能走路或者不能靠自己觅食的孩子的数量,或者尽量在一个特定区域来喂养他们以限制数量。现代人类学研究表明,觅食人群有许多限制人口增长的方法,包括延长哺乳,甚至杀婴。但是从事农耕的人通常是定居的,因此携带孩子并不是一个问题。此外,农业使增加特定区域内生产的食物数量成为可能,因此不必移民到新地方就有可能容纳增加的人口。或许对许多前现代农业社会的农业家庭来说,更重要的是要有很多孩子,因为这能增加可利用的劳动力。在一个高死亡率的世界(通常,在前现代的农业社会,超过20% 的婴儿在出生后不到 1 年就死去,还有30% 在第 5 个生日前去世),增加能活到成年的孩子数量的最有效办法是生养尽可能多的孩子。这样的行为,以及农业社会中增加的可利用的资源,确保了人口将比旧石器时代增加更快。

正像在旧石器时代一样,人口增长导致了移民。由于农民的迁移,推动了世界范围内的农业传播。但是移民并不是唯一的选择,因为农民并不像觅食人群,农民能创造更大规模和人口密度更大的定居社会。最后,这种"集中化"导致

2019

规模足够大和足够复杂的、被称为城市的社会出现。但要明白这些长期的趋势在当时并非易事,因为所增加的人口数量能很容易地被饥饿和传染病抵消。因此,对当时的人来说,增长和衰落循环相对于长期增长来说更明显。实际上,这些循环证明了现代人口学的创始人托马斯·马尔萨斯(Thomas Malthus,1766—1834)的中心观点:人口增长总是以超越生产能力而结束,故定期的人口冲突是不可避免的。

工业和科学革新

在最近的 1 000 年里,人口增长已经再次加速,因为人口数量从 1 000 年前的 2.5 亿增加到 200 年前的 9.5 亿,到 2010 年达到 68 亿。在特定的时期,人口增长有具体的原因,但是,关于这次增长的最普遍解释是革新速度的加快、人类能生产支持人口迅速增长的食物和资源。在最近的 2 个世纪里,死亡率在世界许多地方都下降了,部分是因为新谷物的传播加快,以及民众的基本卫生知识有所提高。在 20 世纪,医学的进步和抗生素的出现降低了死亡率。但是,尽管有这些进步,如果不是与工业革命相联系的革新大发展,人口本来是不能持续增长的。工业革命提供了能源、资源和现代技术,确保了现代人口迅速增加的食物、穿着和其他用品需求的供应。一些最重要的新技术,包括灌溉方式的改善、人工肥料和杀虫剂的出现、农业中化石燃料的应用,以及新培育的产量更高的主要谷物品种诸如稻米和玉米等。同样重要的是,可利用能源的供应增加很快,这是石油革命的功劳。

今天,我们可能处在一个新的过渡时期,即通常所称的"人口过渡时期"。在一些地区,一二百年来积累起来的很多证据表明,当死亡率下降,人们变得更富裕、更加城市化和更能受到良好教育的时候,他们只生育很少的孩子。到2000 年为止,在世界上 30 多个较富裕的国家没有出现人口净增长。这个趋势看上去是一种回归标志,即回归到系统性限制人口的体制,如旧石器时代的体制。

人口增长是历史发展的动力

尽管人口增长是革新的结果,但是它也深刻地塑造着人类历史。人口的规模和密度对革新速度、社会结构、国家权力、疾病及其传播、商业发展和劳动力供给都能产生深刻影响。下面将列举一些主要变化,其中人口增长扮演着重要的角色。

我们已经看到人口增长导致地区人口过剩,从而刺激移民。这样的移民反过来成为全世界农业社会传播的主要原因之一。政治学家莱因·塔格佩拉(Rein Taagepera)的粗略估计(对以农业为主的地区所做的一个非常粗略的估计)表明,在农业文明中,地球上有人居住的地区,从约 5 000 年前的 0.2% 增长到 2 000 年前的 13%,或许又增长到 300 年前的 33%(Christian 2004)。当人口增长经常成为农民迁移到新地区的最初动因时,国家经常支持这样的移民,因为国家的财富取决于其所控制的纳税人口数量。这种国家支持的移民在近几个世纪尤其壮观,因为那些帝国,如俄国、西班牙和大不列颠都支持农民迁移到西伯利亚、亚洲、美洲和澳大利亚等以前未耕种的土地上去。

人口增长已经成为日益复杂的社会的主要动力之一。直到旧石器时代晚期才有证据表明,人类社会的规模或者复杂性的日益增长意义重大。但是,随着人口密度因农业出现开始上升,人类社会便开始发生重大变化。更大规模和更稠密的人类群体不再能够通过非正式的亲属关系得到有效组织,虽然这种亲属关系在由一群人组成的觅食人群中运转良好。上百甚至成千的人开始在农村和城市里生活,新型的社会协作开始变得必要,以限制冲突、组织祭祀以及组织诸如防卫之类的集体行为,或者维护灌溉系统。最终,较大的人群由更多产的生产技术支持,开始考虑专门化。所有人都成为农民的情形一去不复返,因此那些从事专门行业的人必须通过市场购买他们的食品和其他必需品,而市场必须得到规范和保护。城市要求更精准的协作形式来管理垃圾回收,保持饮水卫生,以及城市防卫工作。最早的国家出现了,承担在人口稠密社会中新出现的组织任务,但是它们的权力也反映了其所控制的大多数纳税人的意志。在最近的 200 年里,人口增长已经创造了新的甚至更复杂的人类社会,以至于现代国家已经必须以新的行政手段和技术来管理、收税以及协调上百万人的活动。总的说来,日益增长的人口密度,作为人类历史上社会复杂性的主要动力之一,是非常重要的。

人口增长和由此导致的人类移民,也一直是人类历史上生态恶化的主要原因。越来越多的事实表明,随着觅食社会发展出对其环境有重要影响的技术,这种情况甚至在旧石器时代就是既成事实。人类的到来,尤其是在澳大利亚、西伯利亚和美洲地区,导致许多大型动物物种的灭绝,这看起来是有可能的。有 70% ～ 80% 的重量超过 44 千克的哺乳动物物种,在人类到来之后被赶尽杀绝(Christian 2004)。但是在最近的 1 万年间,农业社会的缓慢传播已经对环境产生了更深远的影响。首先,因为农民迁移到森林地带——起初是临时性的,随后是经常随意砍伐树木——导致森林被毁坏。人口过剩和过度耕种不时破坏地区生产,导致整个地区的突然衰落。在公元前 3 千纪的末期,曾经仰仗精细灌溉农业的美索不达米亚的人口减少。其原因可能是过度灌溉导致土壤盐渍化,从而破坏了土壤的生产力。8 世纪末玛雅文明突然衰落的原因,可能也是由于脆弱的环境被过度开发,导致土地肥力突然下降造成的。

最后,尽管人口增长是人类持续革新的结果,但是反过来它能够提供新市场和新刺激,从而扩大生产力,增加人口数量,也会导致更多新观念的涌现。学者埃斯特·博塞拉普(Ester Boserup 1981)关于经济和农业发展的理论非常著名,他持这样的看法:人口增长能刺激革新,尤其是农业。然而,这样的理论显然不应该被过分强调,因为人口太多的时候,其过剩量并没有产生更高产量的新技术,而是导致社会、经济和人口的衰落。看起来,在革新和人口增长之间存在一个反馈回路。但是,不完全清楚的是这个反馈回路的哪一处最有力量,而相关的回答五花八门。人口增长是变化的原因还是结果? 专家和政府在这个问题面前立场反复,有时赞成采取措施支持人口增长,有时又视人口过剩为衰落的前奏。

这个争论在讨论工业革命时非常激烈。人口增长是革新的原因还是结果? 毫无疑问,18世纪世界大部分地区人口增长迅速;或者说,由于能够提供廉价劳动力,扩大食物和其他生活必需品市场,人口增长刺激了革新。此外,在英国,增加的人口扩大了对燃料的需求,使木材短缺的问题更为突出,从而刺激了煤炭的利用,因此鼓励了主要的革新(首先是蒸汽机),导致石油利用日益增加。然而,认为农业和商业的革新反过来导致人口的进一步增长,也是可以接受的观点。一方面,全球人口增长源于欧亚大陆和美洲大陆之间谷物和动物的交流,尽管大陆之间的疾病传播曾引起美洲人口的急剧下降。这也可能说明,在欧洲和其他大洲的许多农村地区,生产和就业的新商业形式可能已经使年轻夫妇能在更年轻的时候组建家庭;而在从前,他们可能必须等到有足够多的土地可资利用,以便能组建新家和开始养育孩子。另一方面,人口增长也是由于主要国家内部和新建立的殖民地中以新方式耕种开发的地区增多了。所有这些因素——全球市场的出现、国家支持寻找新资源,以及农村地区更加工业化的生产方式——在现

2022

代早期可能刺激了人口增长。19 世纪,工业革命以新的方式刺激了人口增长。新的卫生条件降低了死亡率;人工肥料增加了食物供应。最终,现代医药科学和卫生知识的传播,大大有助于降低全世界的死亡率。

这样的讨论表明,无论指出人口增长因素作为历史变化的原因有多么必要,这样做总是有点不自然。"增长的引擎"这个恰到好处的观念只是一种粗略的方式,用以尽量澄清导致变化的不同原因的相对分量。纵观人类历史,长期的人口增长已经刺激着变化。但是,在一种需要进行逐个实例分析的复杂反馈回路中,长远的人口发展趋势自身已经被技术革新、气候模式、国家行为和疾病传播所决定。

进一步阅读书目:

Anderson, J. L (1991). *Explaining Long-Term Economic Change*. Basingstoke, U.K.: Macmillan.

Boserup, E. (1981). *Population and Technological Change*. Oxford, U.K.: Blackwell.

Christian, D. (2004). *Maps of Time: An Introduction to Big History*. Berkeley: University of California Press.

Cohen, M. (1977). *The Food Crisis in Prehistory*. New Haven, CT: Yale University Press.

Cohen, M. (1989). *Health and the Rise of Civilization*. New Haven, CT: Yale University Press.

Livi-Bacci, M. (1992). *A Concise History of World Population*. Oxford, U.K.: Blackwell.

McBrearty, S., & Brooks, A. S. (2000). The Revolution that Wasn't: A New Interpretation of the Origin of Modern Human Behavior. *Journal of Human Evolution*, 39, 453–563.

McEvedy, C., & Jones, R. (1978). *Atlas of World Population History*. Harmondsworth, U.K.: Penguin.

大卫·克里斯蒂安(David Christian) 文

马行亮 译,黄艳红 校

Porcelain 瓷器

约 850 年时,瓷器首先在中国制成。其主要成分是高岭土,这种白色黏土在极高的温度下烧烤,能得到一个光滑的表面。12 世纪时,瓷器首先出口到欧洲。到 1700 年时,中国的瓷器贸易范围广阔,其中明朝瓷器(以钴蓝图案为特征)受到高度赞誉。

2023

瓷器是一种陶瓷,白色,像岩石一样坚硬,质地薄,有光泽,敲击时有清亮音。它是由石英和高岭土(中国黏土)或者瓷石,经火烧至 1 350℃而制成(后来由这三者制成)。瓷器的原料在中国遍地都是,在西亚不存在,而在欧洲则仅见于无人问津的沉积物中。当欧洲人生产陶器,并从 14 世纪开始限制粗陶(一种在 1 100℃～1 250℃下生产的陶器)的生产数量时,西亚的制陶工人开始制作陶器——用各种黏土作材料烧至 600℃～1 000℃。相比之下,中国从商朝就开始生产陶器,从唐朝开始生产瓷器。到宋朝时,江西省景德镇的手工艺者烧制出了上等的、由高岭土和瓷石烧制而成的瓷器。

中国垄断瓷器生产有 1 000 年,直到 1708 年,萨克森选帝侯兼波兰国王奥古斯都二世(1670—1733)治下的梅森(Meissen)制造厂生产出一种近似瓷器的仿制品。实际上，中国瓷器的成功源自中国经济的繁荣和中国如日中天的国际威望。18世纪下半叶，中国瓷器的千年垄断地位、中国的手工业走向衰落，让位于英国的陶瓷（它逐渐使欧洲大陆的陶瓷黯然失色）和西方的帝国主义。

在这个历史转折关头之前，中国垄断着国际瓷器贸易，出口无数的瓷器到日本、东南亚、印度、西亚和东非。16世纪，葡萄牙和中国建立贸易之后，欧洲成为瓷器的第一大市场；到1800年，进口的瓷器大概有2.5亿件。景德镇使用规模化生产方式，生产有着广泛市场需求的瓷器；一件瓷器在制作和装饰的时候，需经过70多位工人的手。其他地区无法和中国的规模化生产相竞争，他们的陶匠也不会制造像瓷器那样有光泽的器皿。在这之前，瓷器超越了所有陶器，无论宋代的单色白瓷，还是元朝的青瓷。在婆

中国龙饰瓷器的水墨画代表，装饰有一幅精细的花纹图案

罗洲和爪哇，当不计其数的瓷器输入时，当地的陶瓷传统就逐渐消失了。在苏门答腊山区和菲律宾群岛，人们把瓷器用于生殖、占卜和斩首仪式等活动中。他们采用中国的"龙饰瓷器"（每一条龙都拥有一种个性，体现了超自然的能力）来标记自己的血统，并世世代代继承。在东非和北非的海岸，瓷器装饰有清真寺和宗教神庙。

11世纪，在伊朗、伊拉克和埃及，陶匠在陶器表面镀釉，模仿光亮的白瓷。由于对这种呆板的效果不太满意，他们利用氧化钴颜料在陶胚上刷上青色图案。到14世纪，在中国穆斯林商人和北京蒙古统治者的影响下，景德镇的陶工也开始生产青色和白色的器皿，上面的图案非常高雅精细，这种瓷器风格一直征服世界。

印度莫卧儿王朝（1526—1857）、伊朗萨非王朝（1501—1722/1736）、埃及马穆鲁克王朝（约1250—1517）和土耳其奥斯曼帝国（1300—1922）的统治者们搜集青白瓷，然后，这些王国的陶工们把中国式图案复制和转化到自己的青白陶器上。1600年后，瓷器大规模涌入西方，相同的事情发生了：统治阶级收集青白瓷；而荷兰、德国、法国和意大利的陶匠复制中国瓷器，把想象的中国塔、佛教象征物和都市官僚，与他们自己的传统图案结合在一起。同时，欧洲王公贵族，受到重商主义的影响，刻意阻止银条流向亚洲去支付异国商品，包括瓷器。最后，在寻求瓷器秘方的比赛中，奥古斯都二世获胜，尽管在数年内逃跑的手工艺者把秘方带给了其他制造厂。

然而，既不是梅森制造厂，也不是它的那些竞争者，而是巴黎城外的塞弗尔（Sèvres）工厂能在国际上与中国瓷器竞争。这是大不列颠陶瓷大王约西亚·玮致伍德（Josiah Wedgewood，1730—1795）取得的成就。他制造出一种经过革新的发光的陶器，因其同瓷器一样硬且薄，就命名为"乳白陶瓷"。玮致伍德在工厂里使用蒸汽机，采取规模化生产方式（以景德镇为榜样），并时刻关注最新流行款式和技术革新，从而强势

2024

出击,销售陶瓷,把中国瓷器挤出世界市场。1750 年以后,西方统治者和文化界对中国瓷器的推崇开始逐渐冷却,中国瓷器长年受宠的地位也开始衰落。

进一步阅读书目:

Atterbury, P. (Ed.). (1982). *The History of Porcelain*. London: Orbis.

Carswell, J. (1985). *Blue and White Chinese Porcelain and its Impact on the Western World*. Chicago: David and Alfred Smart Gallery.

Emerson, J., Chen, J., & Gardner-Gates, M. (2000). *Porcelain Stories: From China to Europe*. Seattle, WA: Seattle Art Museum.

Finlay, R. (2010). *The Pilgrim Art: Cultures of Porcelain in World History*. Berkeley: University of California Press.

Finlay, R. (1998). The Pilgrim Art: The Culture of Porcelain in World History. *Journal of World History*, 9(2), 141-187.

Vainker, S. J. (1991). *Chinese Pottery and Porcelain*. London: British Museum Press.

罗伯特·芬利(Robert Finlay) 文

马行亮 译,黄艳红 校

Portuguese Empire　葡萄牙帝国

葡萄牙帝国是西欧帝国中的第一个,而且存在时间最长。数个世纪以来,它给意想不到的种种跨文化互动提供了一个场所,而其之所以长久,全赖于海军和以贸易为基础的社会结构。

在葡萄牙国王阿方索三世把穆斯林驱逐出境后,1415 年那些渴望功名的葡萄牙骑士探索并占领和控制了休达;休达现在是西班牙的一块飞地,在今天的摩洛哥。这时候,反穆斯林的战争发展到海外。这次探险标志着葡萄牙帝国的开端。

帝国扩张

王室对海军的长期支持,在葡萄牙航海者亨利王子时期达到顶峰。亨利王子推动人们到非洲海岸探险,当时的船只是配备三角帆的新式轻快帆船(三角帆是由一个向外伸出的长桅杆垂悬、接到低桅杆上而形成的三角形帆),能更有效地利用风力。到 1435 年为止,西非黄金一直被葡萄牙人用来平衡黄金货币流通,为此他们在米纳(Mina,1482)和阿克西姆(Axim,1503)建立基地。1498 年,探险家瓦斯科·达·伽马绕过好望角,找到通往印度的航路。2 年后,航海家佩德罗·阿尔瓦雷兹·卡布拉尔(Pedro Alvares Cabral)调整航线,避开几内亚平静的海面,绕着巴西海岸航行。巴西是葡萄牙根据《托尔德西里亚斯条约》(Treaty of Tordesillas,1494)从西班牙手中夺来的。

商业扩展和传教,伴随着对几内亚黄金的渴望以及与祭司王约翰(Prester John)联盟抵抗

2025

穆斯林的期望，推动了这些探险。达·伽马船队的船员向两个讲西班牙语的突尼斯人解释："我们来寻找基督徒和香料。"尽管曼纽埃尔一世（Manuel I，1469—1521）假想拥有"埃塞俄比亚、印度、阿拉伯和波斯的征服者""海上主人"和"商业强国"等称号，这种野心不切实际，但是这个君主保留的这些头衔延续了好几个世纪。

1505—1598: 建设帝国

1505 年，一位从反伊斯兰战争中退伍的老兵弗朗西斯科·德·阿尔梅达（Francisco de Almeida，约 1450—1510），离开葡萄牙的里斯本，受雇于印度，成为第一个总督。1509 年，在西印度的第乌（Diu），他击败阿拉伯人和印度穆斯林的联合舰队，从他们手中夺取了印度洋贸易的部分控制权。同年，他把自己的职务交接给王室任命的总督阿方索·德·亚伯奎（Alfonso de Albuquerque，1453—1515）。亚伯奎在治理期间，征服印度西海岸果阿（Goa）的穆斯林，把果阿作为葡萄牙的首都。而且他还占领马来半岛的马六甲海峡和波斯湾霍尔木兹海峡之间的中转港（贸易和远洋货轮的中途据点）。在牢牢控制这些关键海峡之后，葡萄牙沿着东非、印度和锡兰的海岸设置了一系列永久堡垒，以扩张其海洋帝国，并捍卫其在非洲赞比西河和西印度获得的广阔领土。葡萄牙的胜利既来自他们的坚毅和火器，也来自当地统治者的内部冲突，以及不愿意进行不能带来声望的海战。

由于在东亚缺乏军事优势，葡萄牙与孟加拉和中国的地方政府缔结商业条约。尽管它们早期的关系麻烦不断，但是通过 16 世纪 40 年代达成的非正式条约，葡萄牙开始从中国手中租用澳门岛。1544 年，葡萄牙开始与日本贸易，1569 年后通过长崎这个渠道进行。船只被指定在葡萄牙港口内缴税。这种体制使葡萄牙控制了香料贸易，该贸易成为帝国财富的主要来源。在这个世纪末，葡属印度辖区从日本延伸到好望角。由于进口胡椒和其他香料，还有丝绸和瓷器，葡萄牙出现了贸易赤字。然而，它靠在亚洲辖区之间进行"国际贸易"获得收益和金条，赤字被平衡。尽管巴西的糖成为美洲出口的最获利的农产品，但是商业压倒了农业。在帝国惊人的开支中，殖民地仍然在输入食品的同时必须输入工业品。

一艘前往果阿的葡萄牙船，每 100 人中可能只有一到两名妇女。这样，一群混血的有继承权的果阿人出现了。实际上，亚伯奎让士兵娶当地因其侵略而变成寡妇的妇女为妻。葡萄牙在整个亚洲都面临劳动力短缺。在商船上，一船非

比里约热内卢的海拔高 710 米的科尔科瓦杜山（Corcovado）上的基督像，用以纪念巴西 1922 年摆脱葡萄牙统治后独立 100 周年

洲和亚洲的奴隶中可能只有一个船长和十几个士兵(小的甚至只有 6 岁左右)是欧洲人。

为了履行自己宣称的对非基督徒的普遍责任,教皇把教会赞助权授给了葡萄牙王室。这样,宗教裁判所(教会的一个分支机构)受王室控制,所有传教士需要得到王室的认可,而且必须从里斯本出发。为了保护这个特权,王室不去发展受欧洲哈布斯堡王朝保护的通往亚洲的陆路,而只是冷漠地要求那些没有得到授权的传教士应该绕路到格陵兰岛。16 世纪 40 年代,对强迫改宗行为进行谴责的政策,取代了人们对果阿印度教寺庙的大肆破坏,即便当时还在对非基督教实行法律管制。

当枢机国王亨利(Henry the Cardinal-King,1512—1580)去世时,他的侄儿——西班牙的菲利普二世(Philip II of Spain)要求取得葡萄牙王位的继承权,并通过贿赂和侵略巩固了继承的王位。但菲利普的继承者没有遵守其诺言——尊重传统的自由。1640 年葡萄牙才重新获得独立。尽管它们各自的行政事务互不干涉,但是葡萄牙和西班牙的联合王国变成了第一个日不落帝国。

1598—1663: 葡荷战争

荷兰为争取独立向西班牙发动战争,并因西葡联盟而与葡萄牙发生冲突。尽管与葡萄牙是传统的贸易伙伴,但荷兰也在亚洲寻找香料,挑战葡萄牙的香料贸易垄断地位。从荷兰在非洲西海岸圣多美和普林西比发动袭击,到在印度马拉巴尔海岸抓捕葡萄牙居民,新教的荷兰和天主教的葡萄牙因为贸易在全世界开战,不仅争夺欧洲商业,而且还争夺非洲奴隶贸易、巴西糖贸易、东南亚香料贸易。充足的资源和源自经验而非社会状况的领导地位,使荷兰占据优势。但葡萄牙习惯于热带作战,得到当地土著的普遍支持,这种支持受益于葡萄牙的婚姻模式

和天主教传教士。甚至在荷兰占领的地区,诸如 1630—1654 年巴西的伯南布哥(Pernambuco)也是如此,那里讲克里奥尔化的葡萄牙语(葡萄牙语和当地土著语言混合而成的语言)。1622 年,波斯萨非王朝的沙阿·阿巴斯(Shah Abbas)与英属东印度公司合作,占领霍尔木兹。1641 年,葡萄牙另一个重要港口马六甲,在被长期围困后落入荷兰之手。

1663—1822: 转向

荷兰在亚洲取得胜利,使葡萄牙帝国将目光转向巴西,那里最初只不过是去果阿的舰队的中转站。1695 年,世界上最富饶、最著名的金矿在巴西被发现,这引起一股淘金潮,导致人们从沿海转来此地。18 世纪期间,黄金取代糖成为巴西经济的重心。

1755 年后,发生了另一个同样重要的变化,这就是葡萄牙国王的首相马克斯·德·庞巴尔(Marquês de Pombal)所施行的改革。庞巴尔组建了 2 个拥有特许权的公司,垄断巴西贸易。为了切断对英国商业的依赖,他禁止外国船只进入巴西港口,并且宣布白人和土著人在法律上平等。1763 年,巴西首都迁到里约热内卢。为了建立中央集权,庞巴尔采取强硬手段对抗耶稣会(耶稣会的反对或许更具有象征性),1759 年他把耶稣会士驱逐出葡萄牙;出于相同的原因,他还严厉管制大学和印刷机。

1822—1999: 独立和权力变更

在巴西,重税和对黄金珠宝业日益严格的控制旨在维护葡萄牙的利益,而不是巴西的利益,这在社会精英中引发一系列密谋。这些精英在欧洲留学期间,接受了以理性主义为基础的启蒙思想观念。因为担心奴隶暴动,这些密谋没有发展成叛乱。

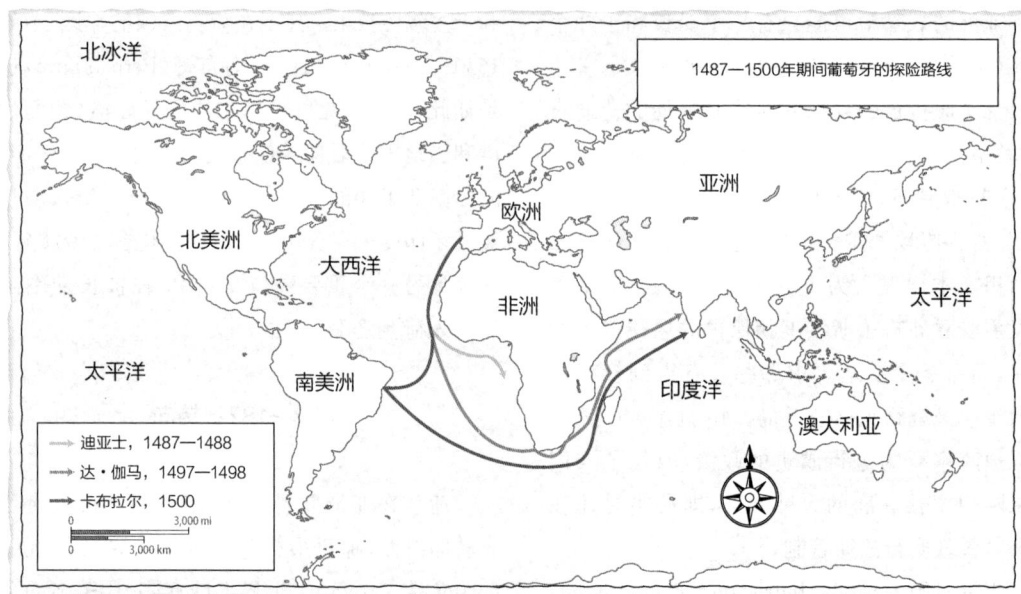

1807 年，法国皇帝拿破仑入侵葡萄牙，迫使摄政王唐约翰（Dom John，从 1816 年开始称约翰四世）在英国海军保护下逃到巴西。王室的搬迁在世界历史上第一次标志着殖民地驻扎宗主国政府；王室颁布法令，赞成巴西废除针对制造业的重商主义禁令，向所有国家开放港口。这个举措受到英国的欢迎，后者渴望得到市场。1815 年，政府颁布法令，改称帝国为"葡萄牙、巴西和阿尔加维联合王国"（United Kingdom of Portugal，Brazil，and the Algarves），从此巴西拥有了与葡萄牙平等的地位。

英国机器制造的货物涌入巴西的手工制品市场，加之随王室而来的贵族和官僚带来就业竞争，这时候，殖民者对这个客居巴西的君主的热情冷却下来。然而，独立之火来自里斯本。1820 年，自由派革命者要求国王迁回里斯本。国王任命其儿子佩德罗为摄政，然后返回葡萄牙。革命者打算继续通过商业垄断而将巴西作为葡萄牙的附庸，为此他们要求佩德罗也回去。佩德罗拒绝了，但是接受其父的建议——分裂，在 1822 年 9 月 7 日宣布巴西独立。这样，葡萄牙的自由革命激发了巴西革命，但它比那个时候西班牙殖民地的其他独立运动更保守更少流血。

持续的亚非帝国

巴西独立使葡萄牙的重心转到非洲，它只在西印度、东帝汶和中国澳门还有残留的小地盘。葡萄牙的一项新政策赞同非洲殖民地的扩张，这影响到 1372 年以来它与英国建立的同盟关系。1886 年，葡萄牙得到法国和德国的承认，从安哥拉到莫桑比克建立一个横跨非洲的殖民地。但是英国不同意，并于 1890 年向葡萄牙发出最后通牒。里斯本政府在帝国的公共舆论和英国海军的威胁之下摇摇欲坠。接下来与英国签订的协议（1891，1899）承认既存的几乎占非洲 1/10 的葡萄牙殖民地。在第一次世界大战中，葡萄牙的非洲殖民地在反对德国的斗争中伤亡严重。19 世纪末 20 世纪初，葡萄牙殖民地以强制劳动制度取代奴隶制，20 世纪 20 年代国际联盟对此进行了谴责。

作为殖民地大臣，安东尼奥·德·奥利韦拉·萨拉查（António de Oliveira Salazar，

2029

1889—1970)宣布了《殖民法令》(Colonial Act)，该法令通过强化中央集权、巩固帝国经济、反对外国资本，再次强调坚持殖民传统。1951 年，萨拉查重新承认殖民地为"单一和不可分割的"国家的"海外省"，企图化解反帝国主义者的批评。但这种体制使来自葡萄牙的投资和移民日益增加，这样也加深了种族冲突。

去殖民化

1947 年，在摆脱英国统治、赢得独立后，印度开始施压，要求葡萄牙归还在次大陆的殖民飞地。1955 年，葡萄牙当局粗暴地对待从印度进入果阿的非暴力不抵抗者。两国外交关系恶化。1962 年，印度军队占领果阿、第乌和达曼(Daman)。

萨拉查始终反对去殖民化，结果导致 1961 年非洲开始新一轮的独立运动、军事管制和代价高昂的战争。安东尼奥·德·斯皮诺拉将军(General António de Spínola)，一位参加过这些战争的退伍军人，在其 1974 年出版的《葡萄牙和未来》(*Portugal and the Future*)中，提倡以协商自治来代替无休止的暴力。紧接着，1975 年，斯皮诺拉将军参与的一场葡萄牙军事政变使葡属几内亚独立。第二年，所有其他葡属殖民地开始独立。葡萄牙从安哥拉撤军，但没有把政权交给当地任何一个非常活跃的解放组织，而是开始了一场漫长的、日益国际化的国内战争。有将近 100 万人从前非洲殖民地逃往葡萄牙，给本来就不平静的国内局势平添了一场难民危机。

1975 年 11 月 28 日，东帝汶宣布独立，但是 9 天后被印度尼西亚推翻。

葡萄牙最后的海外省中国澳门，1842 年以后的经济意义便不如中国香港。第二次世界大战期间，澳门的中立地位对欧洲人和中国难民具有吸引力。1984 年，在葡萄牙总督的支持下，大多数中国人获得了投票权。1987 年，中葡两国就澳门回归达成协议，1999 年 12 月 30 日中国对澳门恢复行使主权。

作为存在时间最长的第一个欧洲帝国，值得一提的是，葡萄牙帝国的寿命很长，具有以军事和贸易为基础的社会结构。今天，葡萄牙式克里奥尔语言继续在非洲、亚洲和美洲存在。1996 年，葡语国家共同体(Comunidade dos Paises de Lingua Portuguesa，CPLP)成立，联合 8 个葡语国家推广这门语言，为公民跨国界活动提供方便。

进一步阅读书目：

Albuquerque, L. (1985). *Os Descobrimentos Portugueses* (The Portuguese Discoveries). Lisbon, Portugal: Publicações Alfa.

Alden, D. (1996). *The Making of an Enterprise: The Society of Jesus in Portugal, its Empire, and Beyond, 1540—1750*. Stanford, CA: Stanford University Press.

Bell, C. (1974). *Portugal and the Quest for the Indies*. London: Constable.

Boxer, C. R. (1965). *Portuguese Society in the Tropics: The Municipal Councils of Goa, Macao, Bahia, and Luanda, 1510—1800*. Madison: University of Wisconsin Press.

Boxer, C. R. (1969). *The Portuguese Seaborne Empire, 1415—1825*. New York: A. A. Knopf.

Clarence-Smith, W. G. (1985). *The Third Portuguese Empire, 1825—1975: A Study in Economic Imperialism*. Manchester, U. K.: Manchester University Press.

Coates, T. J. (2001). *Convicts and Orphans: Forced and State-Sponsored Colonizers in the Portuguese Empire, 1550—1755*. Stanford, CA: Stanford University Press.

Diffie, B. W., & Winius, G. D. (1977). *Foundations of the Portuguese Empire, 1415—1580*. Minneapolis: University of Minnesota Press.

2030

Disney, A. R. (2009). *A History of Portugal and the Portuguese Empire*. (2 vols.) Cambridge, U. K.: Cambridge University Press.

Duffy, J. (1959). *Portuguese Africa*. Cambridge, MA: Harvard University Press.

Dutra, F. A., & Santos, J. C. (Eds.). (1995). *The Portuguese and the Pacific*. Santa Barbara: Center for Portuguese Studies, University of California.

Hammond, R. J. (1966). *Portugal and Africa, 1815—1910: A Study of Uneconomic Imperialism*. Stanford, CA: Stanford University Press.

Milward, P. (Ed.). (1994). *Portuguese Voyages to Asia and Japan in the Renaissance Period*. Tokyo: Renaissance Institute, Sophia University.

Russell-Wood, A. J. R. (1998). *The Portuguese Empire, 1415—1808: A World on the Move*. Baltimore: Johns Hopkins University Press.

Sá, I. G. (1997). *Quando o rico se faz pobre: Misericórdias, Caridade e Poder no Império Português, 1500—1800* (When the rich become poor: Almshouses, charity, and power in the Portuguese Empire). Lisbon, Portugal: Comissão Nacional para as Comemorações dos Decobrimentos Portugueses.

Subrahmanyam, S. (1993). *The Portuguese Empire in Asia, 1500—1700*. London: Longman.

Wheeler, D. L., & Pélissier, R. (1971). *Angola*. New York: Praeger.

卢克·克劳塞(Luke Clossey) 文

马行亮 译，黄艳红 校

Postcolonial Analysis　后殖民分析

后殖民分析是一种研究方法，分析从美洲到印度和非洲，世界不同地方欧洲殖民统治的本质和后果。它在第二次世界大战后开始出现，即便不是人文学科中有争议的研究方法，它也是最有活力的。

后现代分析中很多思想都是近期出现的，经由过去一个世纪反殖民的、高度理论化的和跨学科的各种传统交汇而成。受益于各个领域的理论家（霍米·巴巴［Homi Bhabha］、雅克·德里达［Jacques Derrida］、弗朗茨·法农［Frantz Fanon］、米歇尔·福柯［Michel Foucault］、莫汉达斯·甘地、安东尼奥·葛兰西［Antonio Gramsci］、爱德华·萨义德［Edward Said］、贾雅特丽·斯皮瓦克［Gayatri Spivak］）和传统理论（女权主义、马克思主义、后现代主义和心理分析），后现代理论已经打开了新的跨学科研究领域，重构了欧洲殖民主义现象及其遗产。它继续批判遍布全球的社会不平等和权力结构，支持依附民族抵抗占统治地位的传统。当后现代殖民分析试图塑造新的文化和政治活动形式时，它便成为一种自觉的批判理论。

在后殖民分析的发展中，爱德华·萨义德的著作非常权威。其著作《东方主义》(*Orientalism*, 1978)探讨了欧洲对于"东方"的再现在哪些方面要为持续到今天的偏见负责。更近些时候，后殖民历史学家也深深地关注并记录底层（无权）民众的生活和声音。借助于各学科的一整套理论，这些历史学家已经对权力、不平等和人的能动作用再次产生兴趣。但是，这种研究模式也受到批评。一些人已经在批评他们可能是在写作不重要的历史，另一些人则拒绝把这些后殖民作

2031

> 历史必定是书写幸存者的，也是被他们、并为了他们而书写的。

　　　　　　　　　　　　　　　　　　　　　　　　　　——无名氏

家视为来自"第三世界"的移民知识分子，因为这些知识分子享受着全球重新建构的资本主义经济的福利。还有另外一些人批评后殖民理论家们使用无法理解的语言，并过度沉溺于知识技巧中。

后殖民分析和世界历史

　　后殖民作品梳理过一系列世界史学家感兴趣的问题，诸如殖民对抗、散居国外和移民经历、现代资本主义及其发展阶段。在这样的著作中，后殖民分析家倾向于解剖学者们长期坚持的观点，揭示历史现象中那些经常被他人忽视但具有内在一致性的细节。例如，后殖民著作有助于拓宽我们对长期研究的现象的理解，如对欧洲殖民主义的理解。殖民者—被殖民者之间的互动不再被视为冲突的世界，而是被视为复杂的、杂生的、有时互相抵触的潮流，这些潮流不仅塑造着殖民者，而且还塑造着被殖民者。后殖民学者在解释历史进程时都仔细地考虑阶级、性别、种族、性、少数族群特点、民族性的角色。学者们也对欧洲知识分子的遗产（18世纪建立在理性主义、科学、现代国家和殖民知识基础上的启蒙思想）非常重视，例如它是如何构建我们的世界并孕育出危险的陈规陋习、幻象和不平等的。学者们尤其注意宗教改宗、西方科学和教育、游记写作、文学和民族主义等问题。

　　后殖民分析对世界史学家归纳跨越时间的全球性潮流、进程、联系很有价值，是一个新方法。它已经给世界史学家提供了从女权主义研究、文学批评、马克思主义、哲学和心理分析中总结出来的分析工具。后殖民分析家们研究全球现象，诸如帝国主义、殖民主义、去殖民化、移民，不仅以有明确边界的国家、文化圈、文明、时段和抽象进程为单位，而且以囊括跨社会和跨时段的各行各业行动者的复杂变动为单位。弱势群体研究的出现深深打动了世界史学家，他

们认为必须对社会不平等和权力结构进行批判，必须承认世界历史中被剥夺权力的底层群体（妇女、原住民、农民、部落、低级种姓、男同性恋和女同性恋者）。近年来的后殖民学者已经发生哲学转向，试图批判历史学科——尤其是其中源自西方思想的思考方式。这些学者致力于包容其他可供选择的理解世界的方式，即那些不符合西方理性的标准或现代学科的理解方式。

复杂的意蕴

　　然而，这种在历史进程研究中对复杂性和能动性的关注，并不总是能顺利过渡到对大规模进程的研究。或许后殖民分析和其他流派的世界史最突出的区别在于，它不愿意提出宏大理论或者分析大规模进程，而是更多地关注与身份结构和人类主观能动有关的具体文本和历史背景。由于许多理论先导本身就是生活在"第一世界"的移民，所以毫不奇怪的是，后殖民分析尤其感兴趣的是，全球现象通过什么样的动力学传递出去并打乱社会认同；全球现象包括资本主义、殖民主义、移民和国际政治等；社会认同的基础是阶级、种姓、性别、民族性、少数族群特点、种族和性等。后殖民学者经常进行自我批判或者说是自动批判，因此，后殖民叙事看来还未成型就已破裂了。

　　尽管如此，后殖民分析对简单和宏观（大规模、总体）构架和归纳提出警告，从而对世界史的研究做出了有重大意义的贡献，那些宏观构架和范畴通常看不到历史主体的多样性和构成全球进程的具体细节。这种风格的世界史理论上更为精致，主题上很集中，又能自我批判，而且其主导性叙述与宏大理论不断地分解，以便揭露这个充满差异、矛盾和多元的世界。然而，尽管我们无法看到世界史中这些倾向的全部影响，但后殖民分析继续在为文化研究提供最令人神往的框架，并将激活未来的世界史研究。

进一步阅读书目：

Ahmad，A. (1992). *In Theory：Classes，Nations，Literatures*. London：Verso.

Ashcroft, B., Griffiths, G., & Tiffin, H. (Eds.). (1998). *Key Concepts in Postcolonial Studies*. London：Routledge.

Bhabha，H. (1994). *The Location of Culture*. London：Routledge.

Chakrabarty, D. (2000). *Provincializing Europe：Postcolonial Thought and Historical Difference*. Princeton, NJ：Princeton University Press.

Chatterjee, P. (1993). *The Nation and its Fragments：Colonial and Postcolonial Histories*. Princeton, NJ：Princeton University Press.

Dirlik, A. (1997). *The Postcolonial Aura：Third World Criticism in the Age of Global Capitalism*. Boulder, CO：Westview Press.

Escobar, A. (1995). *Encountering Development：The Making and Unmaking of the Third World*. Princeton, NJ：Princeton University Press.

Gandhi, L. (1998). *Postcolonial Theory：A Critical Introduction*. New York：Columbia University Press.

Gilroy, P. (1993). *The Black Atlantic：Modernity and Double Consciousness*. Cambridge, U. K.：Cambridge University Press.

Guha, R. (1983). *Elementary Aspects of Peasant Insurgency*. Oxford, U. K.：Oxford University Press.

Johnson-Odim, C., & Strobel, M. (Eds.). (1999). *Restoring Women to History*. Bloomington：Indiana University Press.

Loomba, A. (1998). *Colonialism / Postcolonialism*. London：Routledge.

Minh Ha, T. (1989). *Woman, Native, Other：Writing Postcoloniality and* Feminism. Bloomington：Indiana University Press.

Moore-Gilbert, B. (1997). *Postcolonial Theory：Contexts，Practices，Politics*. London：Verso.

Nandy, A. (1995). History's Forgotten Doubles. *History and Theory*, 34(2),44—66.

Ngugi, W. T. O. (1981). *Decolonizing the Mind：The Politics of Language*. London：James Curry.

O'Hanlon, R., & Washbrook, D. (1992). After Orientalism：Culture, Criticism, and Politics in the Third World. *Comparative Studies in Society and History*, 34(1),141—167.

Prakash, G. (1999). *Another Reason：Science and the Imagination of Modern India*. Princeton, NJ：Princeton University Press.

Said，E. (1978,1991). *Orientalism*. London：Penguin.

Said，E. (1993). *Culture and Imperialism*. London：Chatto & Windus.

Schwarz, H., & Ray, S. (Eds.). (2000). *A Companion to Postcolonial Studies*. London：Blackwell.

Spivak, G. C. (1988). Can the Subaltern Speak? In C. Nelson & L. Grossberg (Eds.), *Marxism and the Interpretation of Culture* (pp. 271—313). Chicago：University of Illinois Press.

Thomas, N. (1994). *Colonialism's Culture：Anthropology，Travel and Government*. Princeton, NJ：Princeton University Press.

Trivedi, H., & Mukherjee, M. (Eds.). (1996). *Interrogating Postcolonialism：Theory，Text，and Context*. Shimla, India：Indian Institute of Advanced Study.

Young, R. J. C. (2003). *Postcolonialism：A Very Short Introduction*. New York：Oxford University Press.

伯纳德·迈克尔（Bernardo A. Michael）文

马行亮 译，黄艳红 校

Postmodernism 后现代主义

以其所反对的观念如普世的真理、观念、行动、叙述，还有理性、权威、进步、明确和客观等来描述后现代主义，可能比借助其奉行者共同认可的理论更容易些。最激进的后现代主义者认为，世界历史无非是用西方的时空概念构建起来的。

哲学家让－弗朗索瓦·利奥塔（Jean-François Lyotard，1924—1998）在《后现代状况》（*The Postmodern Condition*，1984）中，把后现代主义描述为"对元叙事的怀疑"（Lyotard 1984）。尽管没有具体指向世界史学家，这种观察像其他后现代思想家所做的一样，对世界历史领域意义重大。

定义的源头和问题

试图对后现代主义下定义，就像试图从全球化反对者那里获取一整套统一的有内在关联的诉求一样。形容词"后现代的"可以用在 19 至 20 世纪五花八门的思想家身上，包括弗里德里希·尼采（Friedrich Nieztsche，1844—1900）、马丁·海德格尔（Martin Heidegger，1889—1976）、特奥多尔·阿多诺（Theodor Adorno，1903—1969）、瓦尔特·本雅明（Walter Benjamin，1892—1940）、马克斯·霍克海默（Max Horkheimer，1895—1973）、雅克·拉康（Jacques Lacan，1901—1981）、罗兰·巴特（Roland Barthes，1915—1980）、吉尔·德勒兹（Gilles Deleuze，1925—1995）、米歇尔·福柯（Michel Foucault，1926—1984）、海登·怀特（Hayden White，1928— ）、让·鲍德里亚（Jean Baudrillard，1929—2007）、雅克·德里达（Jacques Derrida，1930—2004）、菲利克斯·瓜塔里（Felix Guattari，1930—1992）、吕斯·伊里加雷（Luce Irigaray，约 1932— ）、弗里德里

克·詹明信（Frederic Jameson，1934— ）和朱莉娅·克里斯蒂娃（Julia Kristeva，1941— ）。要指出这些思想家思想中的交集相当困难，更别说任何清晰的清单了。这是因为他们都抵制和怀疑普世的真理、观念、行动、叙述，还有理性、权威、进步、明确和客观等定义和概念。这样，后现代主义担负起对那些所谓知识的基础和形式进行怀疑的任务，包括历史和世界史中存在的知识。后现代主义和后结构主义关系密切，但意思并不相同。后结构主义对抗的观点是：诸如符号（声音，或者描述性的符号或单词）这样的语言结构是稳定的，并反映了思想和现实。

后现代主义对许多历史学家并不陌生，因为它在这些反对者那里引起强烈的反弹。历史学家格特鲁德·西梅尔法布（Gertrude Himmelfarb）和亚瑟·马威克（Arthur Marwick）认为，后现代和历史学研究不相容；基思·温迪夏特勒（Keith Windschuttle）把它和历史的自杀联系起来；杰弗里·埃尔顿（Geoffrey Elton）断定它"等同于知识界的分裂"。尽管极端，但是这些评论反映了一种理解：所谓的后现代破坏了许多历史研究和著作中成形的方法与观念。对于如基思·詹金斯（Keith Jenkins）这样的后现代理论家而言，真理和客观的概念，以及写作历史的行为，都是需要摈弃的慰藉。其他理论家则采取温和的态度，正像贝弗利·索斯盖特（Beverley Southgate）所建议的那样，历史应该重新构建，以便与"后现代观念和理想合作，而不是驳斥它们"。

> 后现代主义是把乐观主义清除出去的现代主义。

——罗伯特・休森（Robert Hewison，1943—　）

世界历史和后现代主义

后现代主义揭开历史的面纱，认为历史是由或者是为了特殊群体而构建起来的——而不是描述世界。它们是"宏大的""主流的"和"元"叙事，使某些理念合理化，并掩饰相互冲突的观点和裂缝。在传统意义上那是指采纳了欧洲中心观。就是说，按照欧洲的观念和理想，制定、组织和判断事件及空间。如此构建出的世界史传递这样的信息：欧洲文明是现代文明的缩影，欧洲文化提供了其他文化应该和将要模仿的模式。因为对关于过去的单一观点——要么欧洲中心论，要么其他"中心"论——表示怀疑，后现代主义者认为，留给我们的所有东西是复杂的，而且视角经常是自相矛盾的。那种最终结论之所以和研究与写作世界史的计划不相兼容，是因为那种计划要求对历史经验进行选择、编排和综合。

像后现代主义提出挑战一样，后结构主义怀疑世界史是否能够与作者或甚至一个真实的历史世界联系起来。因为作者由他们生来就有的语言系统塑造，世界史不应当探究其创作者的意图，而应该通过对其他文本的检查（互文性）研究语言系统的痕迹。究竟哪些文本可以进入互文研究，学者们的看法并不一致。一些作者重视当代同一类型的著作；而其他作者的视野更宽，跨越时间、空间和性别的界限。正像文学批评家罗兰・巴特所宣称的那样，读者诞生即作者死亡，读者抄写和重写意义。这种解构在雅克・德里达的著作中拓展得更广些，他甚至否认读者是意义的源头，认为寻找意义就是在封闭的镜子迷宫中活动。按照德里达的观点，符号不涉及语言系统以外的现象，而只涉及永无尽头的意义链条上的其他符号。

对后现代主义的回应

考虑到后现代主义对世界历史领域激进的

敌意，只有为数不多的学者就这个话题表态就显得很奇怪。此外，后现代主义是否推动了新世界史领域的缩减和当前有关欧洲中心论的讨论，这一点并不清楚。性别史和后殖民的世界体系研究的兴起，以及对世界史教育实用性的关注，可能也促进了这种状况的出现。

后现代主义和世界史的著作，主要关注的是元叙事，解构民族和历史行动者的角色。例如，针对后者，心理学家刘易斯・沃噶福特（Lewis Wurgaft）把写作民族史和世界史看作一种心理投射，意在确保"自恋平衡"（Pomper, Elphick, and Vann 1998）。史学家史蒂芬・格林布拉特（Stephen Greenblatt）号召创建这样一种世界历史：在这种历史中，文化差异和文化同质化两种因素不断摇摆，彼此拒斥对方的宰制。克尔温・李・克莱因（Kerwin Lee Klein）也是一位历史学家，他采取更严厉的批评立场，认为利奥塔在"主流"和"小事件"叙事之间的区分"是延续了有历史和没有历史的人的著名的矛盾命题"，但这一命题却是后现代设法避免的。杰里・本特利（Jerry Bentley）是《世界史杂志》（*Journal of World History*）的主编，也是本研究指南的主编之一，他也已经对后现代主义进行批判；他认为，历史被缩减到互不相关的微观叙述，这已经导致忽略跨文化交流的后果。为此，他提出一种大范围的经验叙述，在这种叙述中，人口增长之类的主题是自然呈现而非强加的结果。但是阿里夫・德里克（Arif Dirlik），一位重点研究中国的历史学家，认为本特利的经验引导的主题是西方概念时空中流行的主题，如各大洲的命名和划分就是如此，甚至在最包罗万象的世界史中也有所体现。而按照德里克的观点，世界史就是话语修辞的构建。然而，世界史学家必须知道，对差异的应有认可"正像我们所知道的那样，可能意味着历史的终结"（Stuchtey and Fuchs 2003）。

后现代作家认为，在历史终结后将要或者

应该发生的情况多种多样，但是他们很多人没有涉及这个话题。这是因为口授一个"以后"与提供一个终结是一样的，这样的概念对后现代主义而言太具普世主义色彩了。一些人可能看见人类在从事一些具有解放意义的难题（过某种不可判定的激进生活，不受道德标准和历史编纂标准束缚），然而另一些人则看见我们在从事没有目的和结果指向的谈话。

进一步阅读书目：

Barthes, R. (1968). The Death of the Author. In S. Heath (Ed. & Trans.), *Image*, *Music*, *Text* (pp. 142 – 148). London: Fontana.

Dirlik, A. (2000). *Postmodernity's Histories*: *The Past as Legacy and Project*. New York: Rowman and Littlefield.

Domanska, E. (1999). Universal History and Postmodernism. *Storia della Storiagrafia*, 35, 129—139.

Elton, G. (1991). *Return to Essentials*. Cambridge, U. K.: Cambridge University Press.

Greenblatt, S. (1990). Towards a Poetics of Culture. In *Learning to Curse*: *Essays in Early Modern Culture* (pp. 146—160). London: Routledge.

Jenkins, K. (2003). *Refiguring History*. London: Routledge.

Klein, K. L. (1995). In search of Narrative Mastery: Postmodernism and the People Without History. *History and Theory*, 34(4), 275—298.

Lyotard, J. -F. (1984). *The Postmodern Condition*: *A Report on Knowledge* (G. Bennington & B. Massumi, Ed. and Trans.). Minneapolis: University of Minnesota Press.

Mazlish, B. (1993). Global History in a Postmodernist Era? In B. Mazlish & R. Buultjens (Eds.), *Conceptualizing Global History* (pp. 113—127). Boulder, CO: Westview.

Pomper, P., Elphick, R. H., & Vann, R. T. (1998). *World History*: *Ideologies*, *Structures and Identities*. Oxford, U. K.: Blackwell.

Southgate, B. (2003). *Postmodernism in History*: *Fear or Freedom?* London: Routledge.

Stuchtey, B., & Fuchs, E. (2003). *Writing World History*, *1800—2000*. Oxford, U. K.: Oxford University Press.

Thompson, W. (2004). *Postmodernism and History*. London: Palgrave Macmillan.

马尼耶·休-沃林顿(Marnie Hughes-Warrington) 文

马行亮 译，黄艳红 校

Potato, Sweet 番薯

适宜番薯生长的环境、范围很广。在某些热带和亚热带地区，番薯是非常重要的食物。它的块茎能够食用，富含维生素 A 和 C，是植物最重要的组成部分；在某些地方，叶子也被用来当作食物。它是非常高产的作物，相对种植时所耗费的劳动力来讲能回馈相当多的食物能量。 ²⁰³⁷

番薯是排在玉米、大米、小麦、马铃薯、树薯、大麦之后世界上第七重要的食物。番薯块茎是重要的食物能量来源，富含维生素 A 和 C。从文化上讲，番薯在日本、美国南部和新几内亚这样不同的社会中都是很重要的。在许多国家，大量的番薯用来喂猪。适宜番薯生长的环境范围很广：从海平面到海拔 2800 米（赤道地区）；从北纬 40°到南纬 38°（新西兰）；在各种湿润土壤环境下；在年平均降雨量 750 毫米到 5 000 毫米的地区；在很多类型的土壤中。在西太平洋，长期在同一地方种植番薯经常

《发芽的番薯》。照片由琼·奥卡（June Oka）拍摄（www. morguefile. com）

引起植被发生变化，即从森林变化为重生的木本植物和草混生，甚至到草地。长期的种植也会导致土壤肥力减少。在劳动密集程度低的农业体制中，这些变化不会发生，因为收割时间短、休耕期长。

数千年前，番薯在热带美洲地区，即不是在中美洲就是在西南美洲培育而成。1 000 年前，波利尼西亚的旅行者把它从其南美故乡带到太平洋岛屿。在欧洲探险时代到来之前，在波利尼西亚地区的顶端复活节岛、夏威夷和新西兰岛上，它已成为一种重要的食物。1493 年初，克里斯托弗·哥伦布从美洲购买番薯带回欧洲。然后，16 世纪葡萄牙的旅行者把它带到非洲、印度和东南亚。通过当地的旅行者，它又从东印度尼西亚（马鲁古群岛）传播到新几内亚。

约 300 年前，番薯传播到新几内亚高原。在那里，这种新作物产生了巨大影响，使高海拔地区（2 200～2 800 米）人口数量增多（也使猪的数量增多，因为人们用大量的番薯来喂猪），同时也可能引发了经济和社会组织革命。

现在，番薯的世界产量主要在中国，因为中国的种植份额约占 85％。另外 10％则在巴布亚新几内亚、乌干达、尼日利亚、印度尼西亚、越南和日本。番薯在人和猪消费量高的 3 个地区是重要的食物：这些地区是西太平洋（所罗门群岛、巴布亚新几内亚和印度尼西亚巴布亚省）、中国南方和东非（卢旺达、布隆迪、乌干达和坦桑尼亚）。直到 40 或 50 年前，在东亚部分地区，尤其在中国台湾地区和日本，番薯同样是一种重要的食物。但是在东亚，番薯的消费减少了，因为在那里番薯是与贫困和紧急战时状态联系在一起的。

在西太平洋，在过去的 60 年里，番薯的人均产量大大增加。在所罗门群岛、巴布亚新几内亚的低地部分以及整个新几内亚高原（既指巴布亚新几内亚，又指巴布亚省），番薯是主食。在巴布亚新几内亚，相比较 50 年前的 45％，目前番薯在当地食物提供的能量当中占 63％。在西太平洋，番薯和其他来自美洲的新作物得到传播，提高了有限土地的利用率，允许当地以最小的代价养活人口数量迅速增加的两代人。

2038

进一步阅读书目：

Bourke，R. M. & Harwood，T.（Eds.）.（2009）. *Food and Agriculture in Papua New Guinea*. Canberra，Australia：
The Australian National University.

FAO（2008）. FAOSTAT agricultural data. Rome：Food and Agricultural Organization of the United Nations.
Retrieved February 6，2009，from http：//www/fao. org

Loebenstein，G. & Thottappilly，G.（Eds.）.（2009）. *The Sweet Potato*. New York：Springer.

Villareal，R. L. ，& Griggs，T. D.（Eds.）.（1982）. *Sweet Potato*. Proceedings of the First International Symposium.
Tainan，Taiwan：Asian Vegetable and Research and Development Corporation.

Yen，D. E.（1974）. Sweet Potato and Oceania. *Bishop Museum Bulletin 236*. Honolulu，Hawaii：BP Bishop
Museum.

伯克（R.M. Bourke）文
马行亮 译，黄艳红 校

Potatoes　马铃薯

约 8 000 年前，在安第斯山脉，马铃薯首先培育成功；到了 21 世纪，它在作物中排名第四，位列大米、小麦和玉米之后。马铃薯在战争期间养活了全部人口，工业革命后给劳动力提供了补充能量的"燃料"。20 世纪 80 年代以来，它在中国社会转型时扮演着一个微不足道但非常重要的角色。

2039

　　在人类历史上，在南美洲安第斯山脉海拔较高的地方，马铃薯首先成为人们的主食。今天，成千上万种野生马铃薯遍布安第斯山脉，从哥伦比亚北部一直绵延到智利和阿根廷；但是约 8 000 年前，首先培育成功的地方几乎肯定是秘鲁和玻利维亚之间的的的喀喀湖周围，这里的海拔约 12 500 英尺（3 812 米）。

　　在这样的海拔高度，即使拥有热带的阳光，温度也仍然很低，夜晚气温全年低于零摄氏度是很常见的。但在被沟渠分割的狭窄田地中，因为沟渠中流满来自的的喀喀湖被太阳晒透的温水，故能使温度有效地提升，马铃薯不至于夜间受冻。最后获得丰收的马铃薯，可以先在夜间冷冻，然后能够储存很多年。之后，马铃薯在水里浸泡，并在太阳下晒干，做成后来西班牙人所谓的冻马铃薯干。

从安第斯到欧洲，甚至更远的地方

　　冻马铃薯干是劳工们吃的食物，他们为印加帝国和后来的其他帝国修建城市和道路。当 1532 年一小队西班牙人征服秘鲁时，新鲜的马铃薯和冻马铃薯干继续养活当地的土著劳工，西班牙人征召他们在庄园、银矿和水银矿里工作。波托西（Potosi，属今玻利维亚）的银矿在 1545 年开业，1650 年衰竭，其间出产的巨量白银致使整个欧洲和亚洲一度出现白银通胀。白银通胀扰乱市场秩序，使工资滞后于食物价格的上扬。无论什么地方的人们都确信，邪恶的贪欲应该对此负责。这样的遭遇恶化了欧洲新教和

朱尔·巴斯蒂安-勒帕热(Jules Bastien-Lepage)的《十月：堆在一起的马铃薯》(*October：Gathering Potatoes*，1879)。墨尔本维多利亚国家美术馆

天主教、伊斯兰教什叶派和逊尼派之间的冲突，激起了中国佛教徒的反抗。如果没有马铃薯养活秘鲁矿工，不可能有如此空前数量的白银迅速地抬高物价。在人类事务中，马铃薯第一次扮演了改造世界的角色。

但这不是最后一次，因为当马铃薯传播到地球其他地区时，它增加了当地的食物供应，推动了人口增长；而人口增长与通货膨胀一样，甚至更能影响较传统的社会关系。有时，正像在爱尔兰，以马铃薯为主食的人口在作物绝收时会显得更脆弱和贫穷；而在别处，增加的人口只

是部分靠马铃薯养活，他们为工厂和矿山提供了劳动力，有助于启动历史学家所称的工业革命，工业革命首先发生在欧洲，然后波及全世界。

然而，马铃薯传到欧洲的确切日期已经无迹可寻。不过首先，太平洋沿岸的西班牙船只不可能食用欧洲常见的食品，因此在他们返回西班牙时，一定用当地可找得到的马铃薯和其他替代品来养活水手。很快，在征服之后，他们中的一些人肯定发现，未吃完的马铃薯有必要当作新奇物品带走，并在亚速尔群岛和西班牙种植。来自加那利群岛的文字记录可以追溯到

2040

1567 年,由西班牙塞维利亚的济贫院保存;它显示在那年购买了几磅马铃薯,后来几年里又购买了很多数量的马铃薯。然而,我们不能确信,这些词是指马铃薯(Solanum tuberosum)还是番薯。只是在 1588 年,一位植物学家卡罗勒斯·克鲁休斯(Carolus Clusius)接触到两个马铃薯后,才开始有了完全明确的记载。当他最后出版其著作《稀有作物史》(*Rariorum plantarum historia*,Antwerp,1601)时,他写道,他详细描述的马铃薯已经在德国和意大利随处可见。稍早些时候,在 1597 年,一位英国植物学家约翰·杰拉德(John Gerard)出版了一张新植物的木刻画,错误地提到马铃薯来自弗吉尼亚。因为克鲁休斯和杰拉德描述的植物开着不同颜色的花,所以它们一定分别通过不知名的水手引进欧洲,这些水手很早就知道马铃薯。

2041　　西班牙大部分地区太过干旱,不灌溉的话无法种植马铃薯,但是,在西北的巴斯克乡村,雨水足够确保一个好收成。直到 1600 年或者在这之前,巴斯克渔民逐渐适应了依靠这种新作物。这些渔民把马铃薯引进爱尔兰;当他们往来北美洲纽芬兰岛大浅滩时,爱尔兰是他们习惯停留的一个休整和补给中间站。

　　仅仅在半个世纪后,奥利弗·克伦威尔的军队征服并放逐爱尔兰天主教徒到最西部省份康诺特(Connaught,1622),还把全国剩余的土地分成小块分给英国新教徒地主。这时,马铃薯统治着整个爱尔兰。在人口密集的康诺特省,如果有一头牛供应牛奶,一英亩马铃薯能使一个家庭维持一年。这个事实使那些被放逐的爱尔兰人存活下来成为可能。但是,因为英国劳动者拒绝接受马铃薯为食物,约整整下一个世纪,在爱尔兰剩余土地上的英国地主发现,雇佣天主教的爱尔兰人比提供面包给英国人要划算。因此农村人口再次变成天主教徒,生活几乎完全依靠马铃薯,并与他们的新教地主和雇主更加疏离。

　　在欧洲大陆,不同的环境决定着马铃薯的传播,对这个不同于谷物的食物的最初偏见影响很广。但是,一旦行军打仗的部队从某个地方的农民手中征用谷物——这是常有的事——那里对马铃薯的偏见马上消失。因为只需把马铃薯块茎留在土里,且只要挖够日常食用所需,这样一个家庭在所有谷物都被拿走和抢走之后就能够生存下来。

战争年代的马铃薯

　　欧洲"八十年战争"(1568—1648)期间,荷兰和比利时在 1576 至 1648 年间变成了主要战场。在那里,西班牙士兵攻打新教荷兰;在 1588 年西班牙无敌舰队被击败之后,西班牙军队走上战争舞台的唯一途径是通过海路到达北意大利,然后翻越阿尔卑斯山到达莱茵河谷。欧洲农民就是在这个所谓的"西班牙大道"上,首先开始在自家园地里种植马铃薯作为救命稻草,来对付西班牙士兵在奔赴战场时反复出现的粮食劫掠。

　　马铃薯种子(发芽的马铃薯块茎,用来种植新作物),以及如何种植和管理的知识,可能是一个村到另一个村、从一个人到另一个人传播开的,并没有留下什么痕迹。随后,法国国王路易十四(1643—1715)在莱茵兰地区发动战争,马铃薯可能以相同的原因并以相同的没有痕迹的方式,更为广泛地传播到各地。

　　但是,只要马铃薯局限在菜园里,开阔田地耕种的传统方法就会使它们作为一个整体在农业上无迹可寻,不管它们对那些靠它们来逃避饥饿的人有多重要。只是在 1740 年以后,马铃薯才进入欧洲开阔的田地;而我们碰巧确切知道这是怎么发生的。在奥地利王位继承战争(1740—1748)期间,普鲁士年轻的国王腓特烈(后来的腓特烈大帝)注意到,即使莱茵兰地区的战役被拖长,也没有使当地农民陷入饿死的地步,尽管西班牙士兵曾经劫掠过这个地方。很

没有马铃薯,欧洲强权的平衡可能从来不会向北部倾斜。

——迈克尔·波伦(Michael Pollan, 1955—　)

快,他找到了原因,认为普鲁士农民需要同样的东西来对抗军队蹂躏。1740 年,在成为普鲁士国王之后,他命令地方官员去寻找马铃薯,并给农民们示范如何种植,不仅在菜园里,还在休耕的田地里种植。

数个世纪以来,在北欧所有耕地中有 1/6 处于休耕状态,而且在夏天需要犁耕,以便在杂草长出种子之前铲除它们。这是能让谷物结籽并在来年丰收的唯一方法。马铃薯也必须要锄草,以便留下种子。这意味着,只要管理好它们的种子,就能帮助农民提供丰富优质的食物,而且不会减少谷物供应,但是这需要大量的额外劳动。然而,额外的收获很容易养活更多的人口,比为马铃薯锄草的人更多。就像腓特烈很快发现的那样,这种作物也能确保人们在战争期间生存下来,而这是以前从来没有过的事。

“七年战争”(1756—1763)期间,法国、奥地利和俄国军队每年都要入侵普鲁士;像往常一样,在他们所经之地都会劫掠谷物。然而,那个时候,尽管最初各地勉强服从和偶尔抵抗腓特烈的命令,但是因为普鲁士田地里生长的马铃薯足够养活每一个人,由此,普鲁士的农民和军队一直坚持到俄国新沙皇倒戈、法国撤兵以及奥地利勉强同意与腓特烈言和。这样,腓特烈得以在看似一边倒的逆境中逐渐取胜。

在这场战争中,侵略军队很快注意到马铃薯是如何帮助普鲁士坚持到底的。其他欧洲政府迅速认识到,它们也需要马铃薯来抵御战争饥馑。与此相应,凡是在湿度足够马铃薯生长的地方,也就是说,从法国卢瓦尔河到乌拉尔山脉,直到西伯利亚,横跨整个北欧平原的地方,马铃薯很快占领了大面积的休耕地。

因为单位面积马铃薯能产生的热量是谷物的 4 倍,欧洲食物资源开始迅速增加,人口数量攀升。人力对工业革命做出了贡献。蒸汽机发明后,工业革命给欧洲带来了财富和强权。欧洲在全球占据优势的年代持续到 1914 年,只是

在 1950 年以后才逐渐衰落。在关键时期,这有赖于马铃薯。植物能影响世界事务,这是第二次,甚至是更重要的一次证明。

对人口的影响

在“七年战争”以后的战争中,包括第二次世界大战,欧洲马铃薯的种植面积都在扩大。在世界上其他凉爽且湿度条件允许的地方,马铃薯也经常扮演相同的角色——增加食物供应,刺激人口迅速增长,尽管与欧洲人利用休耕地种植马铃薯所特有的优势不尽相同。在 1845—1847 年大饥荒之前,爱尔兰以马铃薯为主食的人口,其贫穷和脆弱接近巴布亚新几内亚内陆那样的地方。现在,人们相信,那些地方的农业不受其他文化影响,那里的山药、芋头和香蕉的培育,约可以追溯到公元前 7000 至前 6500 年期间。巴布亚的农业社会急切地接纳马铃薯,只是在 2003 年马铃薯枯萎病入侵其田地的时候才遭受灾难。

新西兰是另一个地方,在那里,马铃薯的到来改变了历史事件的进程。当欧洲人最初发现这个地方的时候,那里的毛利人大部分依赖番薯为食,尽管对番薯来说此处气候太冷,故长势不佳,尤其是在南部。但是,18 世纪 70 年代以后,马铃薯被欧洲水手引进来,长势很好,毛利农民迅速接受了它们。由于马铃薯能比以前的食物提供更丰富的营养,他们能够比其他新发现的民族,更能经受欧洲人随后带来的所有新疾病。现在,他们已成为当代新西兰社会中蓬勃发展的一部分。

在非洲、印度、中国南部和西亚伊斯兰地区盛行的那种热带气候下,马铃薯没什么重要性。在中国北部,1987 年,农民自主种植和销售他们的作物时,马铃薯仍然是小米和大米的微不足道的补充。1992 年,麦当劳和肯德基炸鸡店开始在中国销售法国炸薯条,当时中国的马铃薯

奇缺。为了保证质量统一，它们要求公司的马铃薯必须从国外进口；不过一开始它们就在中国寻找合适的马铃薯。另外两个专门给美国超市提供马铃薯的美国公司开始教中国农民怎样更好地种植新作物马铃薯。

在适当灌溉之后，黄河谷地和内蒙古经受风吹的黄土证明是种植马铃薯的理想土壤。云南一家研究机构迅速研制出各种针对中国农作物的抗病药，并且给农民提供广泛深入的建议，因此他们生产的马铃薯同其他地方的一样好，或者更好些。1982 至 2002 年间，中国马铃薯的种植面积双倍增长，产量提高了 80%；结果，中国变成了世界上最大的马铃薯生产国。他们能供应麦当劳和肯德基炸鸡店所需要的所有马铃薯，以及运送新鲜的马铃薯给其他的中国买家，甚至更远的欧洲。在这些地方，无病害的块茎价格同马铃薯种子一样，在昂贵的饭店里供人消费。饭店老板为了得到最好品质的马铃薯，愿意担负额外的运输费用。简而言之，自 20 世纪 80 年代以来，马铃薯在我们有目共睹、令人惊奇的中国经济和社会转型中扮演着微不足道却非常重要的角色。

总的来说，21 世纪的马铃薯在世界作物当中排名第四，位列大米、小麦、玉米之后；对于一种曾经局限在安第斯山脉海拔较高地方的块茎作物来说，这是一个不小的成功。

进一步阅读书目：

Connell，K. H. (1962，November). The Potato in Ireland. *Past and Present*，23，57—71.

Langer，W. L. (1975，Winter). American Foods and Europe's Population Growth. *Journal of Social History*，8，51—66.

McNeill，W. H. (1966，Spring). How the Potato Changed the World's History. *Social Research*，66，69—83.

McNeill，W. H. (2008). Frederick the Great and the Propagation of Potatoes. In Byron Hollinshead and Theodore K. Rabb (Eds.)，*I Wish I'd been There：Book Two* (pp. 188 - 201). New York：Doubleday.

Reader，J. (2008). *Propitious Esculent：The Potato in World History*. London：Wm. Heinemann.

Salaman，R. N. (1985). *The History and Social Influence of the Potato* (Rev ed.). Cambridge，U. K.：Cambridge University Press.

威廉·麦克尼尔（William H. McNeill）文

马行亮 译，黄艳红 校

Printing　印刷术

用活字来复制书籍的印刷技巧 11 世纪就已经存在，但是 15 世纪中叶谷登堡发明的凸版印刷机则成为催化剂，致使知识和信息广泛传播。在冷压（电子）印刷的数字时代，随着复印机和计算机打印机的遍地开花，文本继续以惊人的频率被复制。

印刷是一个有多重含义的术语。它可指硬币的印制，或者指制作织物上的图案。学会印刷可能意味着不使用手写体而形成文字。本文把印刷看作复制文字作品的过程，重点关注凸版印刷机发明后的发展。在 15 世纪的西欧，凸版印刷机由德国发明家约翰内斯·谷登堡（Johannes Gutenberg，约 1390—1468）发明。

印刷技艺——东方和西方

在世界历史背景下，谷登堡是一位后来者。至少从 11 世纪以后，中国人就一直使用木块字来复制文字作品，并用活字印刷一些文本。字模由木头或者陶瓷制成，在被固定到金属版上后，用手在纸上进行揉擦。13 世纪，朝鲜已经发展出由铜做成的字模；后来，一套特殊的字母系统被设计出来，以方便人们使用它们。尽管这些可代替的技术偶尔会使用一下，但是由木制字模来印刷仍然是亚洲的主流形式。

在西方，复制木刻和金属雕刻的手绘图案被称为木板印刷法。在谷登堡的发明诞生之前，使用的就是这种方法。除了别的东西，它还用来制作扑克牌。此后，它用来代替手工绘饰图案，并与凸版印刷一起工作。后者必须利用木制手压油印机及各种由铅、锡和锑做成的字模。15 世纪中叶以后，西方复制文本的主要方式是凸版印刷而非木板印刷。

西方印刷的许多特色不在于有更多复制文本的新方法，而在于向各地传播的速度，以及一经采用后输出的印刷材料的增长方式。一种常见的情形是，了解一种新技术的细节但并不告诉我们很多它如何被使用的知识。毫无疑问，亚洲印刷术的不平衡发展和西方印刷术的持续开发利用完全不同，这与象形文字和字母文字之间的差异有关。但是，许多其他的因素必须

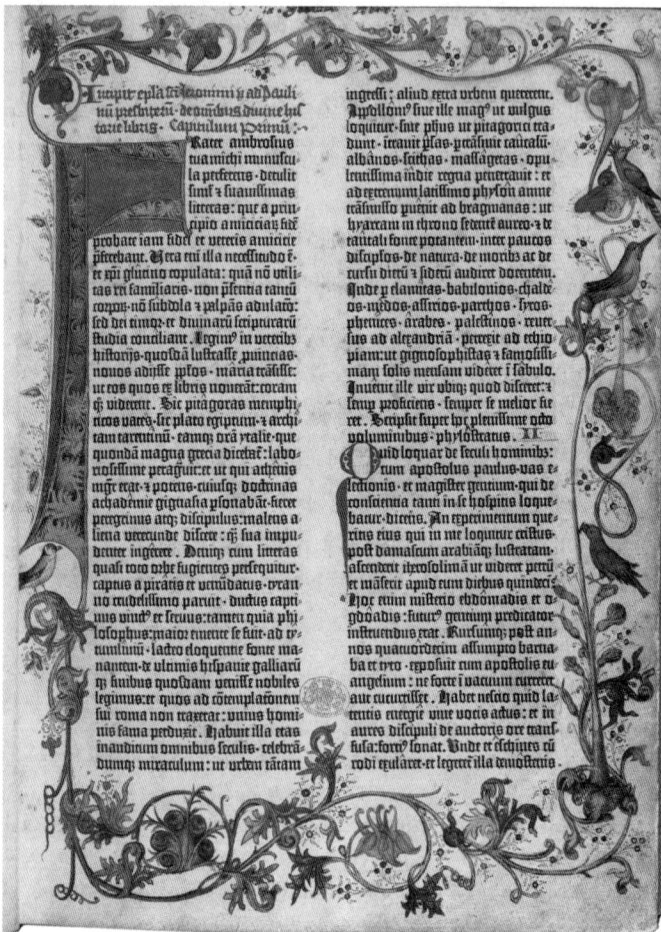

来自大英图书馆《谷登堡圣经》（约 1455）复制本中的一页，复制的是中世纪僧侣精通的传统手工复制方式"泥金写本"

要考虑进去。

一些使用字母文字的非亚洲社会禁止印花工手工制作神圣的文本。在奥斯曼土耳其统治的帝国疆域内，不仅禁止印刷《古兰经》，而且还包括任何保留数百年的阿拉伯文本。在东方的基督教那里，印制宗教文本要受制裁，而且教会也支持这一政策。而且，与西方的发展相反，俄国在谷登堡之后一个世纪才出现印刷工人，此后一直保持着一种非常缓慢的步伐（Marker 1985）。只有在西欧，木制手压印刷被许多思想无所羁绊的企业家永不懈息地开发利用，以至于在头 40 年里有些书印了 4 万版。

2045

印刷厂遍地开花

根据历史学家丹尼斯·海（Denys Hay）的看法，印刷术以惊人的速度传播："到15世纪90年代，每一个主要国家都有一个重要的印刷中心，一些主要国家还有几个中心。"要理解这一发展过程，其实少数大国的角色看上去不如许多小国的角色重要。许多印刷术的历史遵循成规，围绕主要民族国家的崛起来阐述其发展。最显著的情况是，多卷本的国家书籍史近来已经出版，或正在出版。用民族国家历史解释19世纪的发展，应该说是相当不错的；但是当应用到较早期更普遍的手压印刷时代，它就歪曲了书籍地理学。若往前追溯，直到18世纪时，书籍制作的主要中心与巴黎、柏林、维也纳、罗马、马德里和伦敦这样的政治中心并不一致。它们都是些像威尼斯、安特卫普和阿姆斯特丹那样的商业中心。这个模式一直持续到拿破仑时代。"从1690到1790年，法国最著名作家在法国之外出版的著作能在整个欧洲读到。"（Febvre and Martin 1976）

实际上，民族国家的构建与近代早期印刷业的迅速扩张，二者呈南辕北辙的关系。印刷业对一些疆域辽阔、民族凝聚力强的王朝国家的崛起所起的作用并不大，并不如欧洲中世纪末期无数小的政治单元——主教辖区、公社、自由城市和其他相应的准独立国家作用大。从这时起直到18世纪，小公国的统治者继续邀请印刷商在他们的领土上建立印刷厂，这样能获得收入和名望；也就是说，能充实城镇财政和满足市民的虚荣心。无数地名可以解释15世纪印刷术的传播，它们表明，小国统治者和市政议会至少曾经渴望通过印刷业来提高其城镇的知名度。在意大利城邦，许多印刷厂在消失之前仅仅印制1到2版。威尼斯印刷厂密集的现象使人联想到硅谷——不仅仅因为这些新兴公司中许多很快都破产（就像近期的网络泡沫公司）和歇业（Lowry 1979）。强权政府的缺失——不管是皇帝还是教皇，对印刷厂来说都是机会，正像对商人和早期资本主义者是机会一样。他们可以利用这种机会，用一个强权反对另一个强权，同时还能得到有坚固城墙的城镇提供的保护，从而扩展贸易网络。

正像贸易网络所揭示的那样，当印刷迅速传播的舞台搭好后，经济发展必须有政治发展相伴随。为了创造有利于迅速扩张的条件，中世纪末期的个体主义必须和现代早期资本主义发生联系。中世纪末期的商人参与批发布匹的贸易，已经形成相当广泛的网络和精密的财务体制。布料生产和布料纸生产有关联。新造纸厂的生产先于谷登堡发明，有利于手抄本的零售业。在谷登堡之后，书籍制作变成了大规模生产。印刷厂主和书商为了赢得识字课本、祈祷书、法令和其他有稳定需求的著作，讨好官员，展开竞争，从而刺激书籍印刷量的攀升。无序竞争带来的问题导致了规范版本、专利和知识产权的新法律。

尽管书籍印刷量增大是新式复制工艺最引人注目的结果，但许多早期印刷厂主的利润率主要来自"散件印刷"的成功；也就是说，来自非书籍文本的印刷，诸如广告、年鉴、日历、传单、占星术小册子、公告和其他东西。对科学的下一步发展有特殊意义的是可视教具，诸如地图、图表、表格和图画的印刷量日益增加。精美图案尤其难以通过手工大量复制，而通过雕版印刷后可以有助于解剖学、植物学和动物学的研究。早期的印刷厂经常销售书和仪器，并在扉页上印有两者的广告和印刷厂的地址。尽管在印刷机诞生以后手抄本仍然存在，而且很繁荣，但是它存在于变化了的文本环境中。手工书写的训练以印刷品为标准，手写者模仿印刷书籍上的扉页、标点符号和页码标注。

2046

印刷和赞助人

在对西方印刷业迅速增长做出贡献的文化和智力因素中，经常被指出的是意大利人文主义。喜好搜寻古书的文化人和他们的赞助人，在发现和复制许多几乎失传的经典文本方面功勋卓著。多亏那些希腊难民，他们在奥尔德斯·曼努休斯（Aldus Manutius，1449—1515）位于威尼斯的印刷厂工作，因而保存了希腊喜剧汇编，避免了更多的遗失。

然而，早期印刷业最重要的主顾是罗马天主教会，它长期以来支配着最大数量的抄书工人。而印刷发行最多的产品之一是"免罪符"。这些印刷品能赦免购买者的部分罪过，发行它们有助于帮助十字军反对土耳其人，聚敛财富。印刷反土耳其传单这种零敲碎打的业务也使印刷工人很繁忙。教会也非常欢迎印刷业，因为这有助于统一祈祷书标准，培训年轻神父。赞助情况可由意大利第一批印刷厂的选址看出来：苏比亚科的修道院和罗马的教皇城。禁止印刷《古兰经》那样的事在西方基督教世界没有发生。实际上，未来的教皇非常欣赏《谷登堡圣经》印刷本。

开拓市场的动力有助于普及化、有助于将拉丁语翻译为方言，以及学术和文字的总体平民化。到16世纪为止，这些发展趋势给教会人士，也给政治家带来了新的问题。罗马教会在是否批准把《圣经》和祈祷书翻译成方言的问题上发生了分裂。在路德反叛（1517）之后，特兰托大公会议（1546）决定只准许印刷《圣经》的拉丁文通俗版本（武加大版）。从那时起，新教地区鼓励阅读通俗版本《圣经》，而那些仍然忠诚于罗马的地区则不提倡。天主教徒和新教徒都使用印刷本进行宣传，劝人改宗；但是只有新教徒赞美印刷，视为神的发明，使他们能够摆脱教皇的统治。天主教和新教的官员都对印刷厂的成品

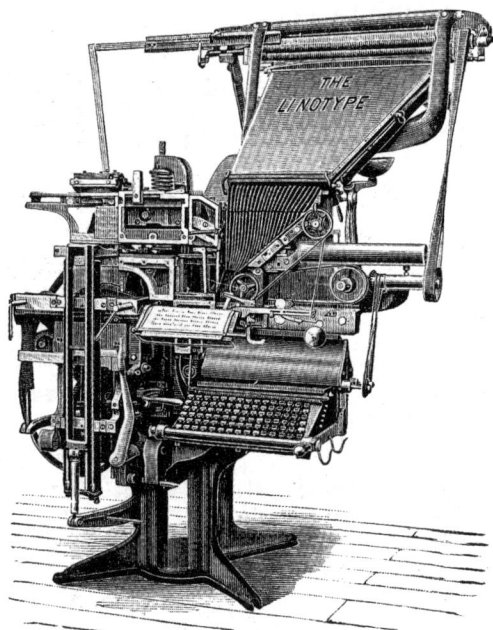

整行铸排机，这是19世纪印刷设备的一个重要改进，使字模的摆放更容易、更迅速

进行审查。一份《禁书目录》给所有天主教官员和书商提供了指导，但新教把审查权下放，在不同的城邦和王公领地形式不同。

在任何一个地区，学会阅读都为通过阅读来学习铺平了道路。这能推动自学者通过无数的"动手指南"书籍来掌握各种技艺。作家、艺术家和手工艺人与印刷厂主和出版商合作，利用自画像、扉页和类似文本的材料给他们的产品和他们自己做广告。个人的进取心受到奖励，沽名钓誉蔚然成风。但是，印刷品的守成力量让数代人赢得后代的瞩目变得日益困难。应付"过去的负担"（Bate 1970）需要艰苦卓绝的努力。

从匮乏到富足

手抄本是数个世纪以来经济匮乏的典型特征。亚历山大图书馆和后来的一些学术中心收藏有大量的文本，但这实在是个特例，而且存在时间相对较短。发现并不断复制那些幸存下来

2047

的书籍优先于新书的生产。读写能力的取得局限于有限的教士和世俗职业群体。口头交流成为主要形式（正像下面所讲到的那样，一些权威者并不是把印刷与手抄进行对比，而是把印刷与演说放在一起对比）。

印刷标志着一种富庶的经济生活。手抄本虽然继续流通数个世纪，但只是作为不断增长的供应量的补充。阅读拉丁文的职业群体的文学生活，由于比以前能接触到更多的书籍而丰富起来。更丰富的藏书增加了同以前的权威经典文本进行比较的机会，以及把它们与近期更多的著作进行比较的机会。学术活动从发扬古代智慧转向记录新的发现以及未知领域的冒险。16 世纪和 17 世纪，印刷文化影响力的扩大表现得更加明显。多卷本参考书需要不断更新，书目变得越来越厚、更加专业化。图书馆管理员对如何归类和上架数量不断增长的图书感到越来越迷茫。对图书编目者来说，单单记录所有新书目就是一种负担。反过来，每一代人都经历了信息量过大的焦虑。

17 世纪末期，书籍出产的速度过快，以致书商开始定期发行新著作的书评，这就创立了学术性期刊。甚至在此之前，通过印刷库朗特舞曲（印在大幅纸张上的歌谣）、公报和时事通讯，让读者了解财产转让、情感犯罪和重要战争，已经变成一种可以获利的生意。新闻中的讽刺作品对于伦敦看戏者来说相当熟悉，他们看过本·琼森（Ben Jonson）的《新闻的主食》（*Staple of News*，1623）。正如这个题目所暗示的那样，新闻已经被视为另一种可以买卖的商品。

交流：印刷对抗声音

书籍和其他阅读材料的不断增加，表明印刷文化历时性的特征。然而，它也有共时性的特征。与手抄的著作不一样，印刷版本不是连续发行，而是同时发行。同一著作被各种各样的读者所接受，有助于更好地协调各种各样的行为。手压印刷不能达到标准化，标准化是现代版印刷品的特征。不过近代早期的读者已经能够在学术著作和辩论小册子中，就相同页码的相同段落进行争论。在现代交通体系出现之前，印刷品的传播速度较慢。但木制手压印刷时代有一个明显的进步，就是提高分散在各地的观察者追踪彗星轨迹的能力，取代了各式各样的猜测，然后给年鉴和其他参考书的编辑邮寄新的发现和正确答案。当一个既定体制的对手能够发行小册子，在一个既定的王国境内动员抗议的时候，协调统一就蒙上了政治色彩。"我们使 13 个钟表像一个钟表那样报时，"美国革命家本杰明·富兰克林评论道。

随着小册子、期刊和新闻报纸的出现，把政治事件控制在传统的结构之内变得更加困难了。仅仅通过给编辑写信，普通公民就可以很快参与公共辩论。那些经常被审判不公惹恼的作家，开始越来越多地跳过顽固僵化的政府官员，诉诸读者大众。1775 年，马勒泽尔布（Malesherbes，法国书刊事务部主管）注意到，"在启蒙时代……每一位公民能够通过印刷品向整个国家言说……身处分散的公众之中的文人，相当于古代希腊和古代罗马群众集会中的演说家"。

通过印刷品而不是声音传递信息，可以凸显印刷文化能激起更多争论的特征。这与阅读和聆听的区别有关。那些深受数学科学进展影响的启蒙思想家，希望利用印刷品把理性引进公共事务中。他们认为，演讲是昙花一现的，而打印好的记录能使自己反复阅读和认真思考。借助语言修饰手段，演说家能说服他们的听众去实施不成熟的行动。立法者容易受演说家的左右，但不太可能受论著的左右，因此，在采取行动之前，他们更可能冷静和谨慎地思考。

印刷的这种"深远"影响在启蒙思想家看来

2048

书籍不是生活，那么什么是生活呢？

——马文·马德里克（Marvin Mudrick，1921—1986）

是有利的，而在其他人眼里则是令人反感的。这类抽象思想就是法国旧制度时代革命者的典型特征，他们致力于用唯一的蓝图来改造复杂的社会结构。19 世纪早期的浪漫主义运动就是对此的回应。政治浪漫主义哀叹"骑士时代"臣服于"经济学家和算学家"（Burke，1790）。口头传统，如果没有被印刷文化污染，那么对于保留一个特定"民族"（Volk）或者人们的真正精神是很有价值的。受华兹华斯等浪漫主义诗人的激励，读者放弃了学习书本。"合上那些空洞无物的叶子吧！"20 世纪，批评家和媒体分析家继续反对印刷文化这种所谓的深远影响。"通过养成使用印刷物和纸张的习惯，"刘易斯·芒福德（Lewis Mumford 1934）写道："思想失去了其流动的有机特征，变成抽象的、分门别类的和固执己见的，以及满足于纯粹的话语公式和答案。"马歇尔·麦克卢汉（Marshall McLuhan 1962）采取相同的立场，他对"文字型的人"进行了刻画。

印刷文化这种貌似非人性、抽象特征的拥护者和反对者，倾向于忽视与印刷物共存的人和声音。人们马上会想到给孩子阅读的父母。但是任何印刷成册的文本自身都能被朗读。在现代早期，印刷好的宣传单和新闻报道，特别可能通过口头传递给聚集在一些有文化市民周围的听众。甚至到现在，畅销书作者们仍给听众进行公共朗读或讲演。当然，在最近几十年间，印刷物和声音已经以"有声读物"的形式合二为一。

印刷文化没有取代口头文化，但是对口头文化有影响。农村住所的墙上装饰有印制的民谣。正像书写艺术一样，讲话艺术远远没有衰落，反而以更规范的形式全面繁荣。在印刷厂主的仓库里有许多"如何做"之类的书籍，其中就有关于演讲和辩论训练的内容。有一些特殊的布道者，诸如被玛丽女王流放的人士和胡格诺难民，他们被剥夺了布道的权利，背井离乡，只好转向印刷业作为自己最后的指望。但是，许多布道者（像萨沃纳罗拉与路德）充分利用了布道台和印刷物。

另一些人对印刷的"深远影响"表示质疑。无论印刷的漫画影响如何，随着时间远去，它们都是难以描述的。同样，一个遥远的统治者的形象被印刷（或者被照相）成肖像，能从报纸上剪下来，并供奉在农民的简陋小屋里（就像帝俄时代那样），他就不那么遥远了。甚至就"非常空洞无物的"文本来说，一个技巧熟练的作者（无论是遥远的还是过世的）能够（现在仍旧能够）使那些无名读者感动得"流泪"，煽动他们采取行动。那些看起来具有"无人称"特征的报纸新闻，而不是街头蛊惑人心的演讲，其实在美西战争（1898）和第二次布尔战争（1899—1902）中，着实挑起了美国的对手和英国的对手的歇斯底里和战争狂热。

工业化和数字化

19 世纪早期，造纸业和印刷业实现工业化后，西方印刷文化的基本特征仍旧大致相同。接下来 20 世纪的技术革新导致"热字模"（做好的字模）最终被"冷字模"（计算机胶版印刷）代替，但这只是有助于增加产量和加重人们对过度泛滥的担心。

19 世纪最值得称道的进展是：新闻报纸扮演的角色越来越重要。两个重要的年份是 1814 和 1836 年。1814 年，伦敦《泰晤士报》（*Times*）在由蒸汽机带动的铁制转辊印刷机上印制完成；1836 年，埃米尔·吉拉丹（Emile Girardin）创办《新闻报》（*La Presse*）。与之前巴黎的报纸相比，这份报纸发行量增加了一倍，但价格只有前者们的一半，从而赋予法语名词"La presse"以新闻上特别重要的意义。

特别是使用电报的有线服务业的出现，可以每天传播的报纸新闻重新构建读者体验时间

2049

约 1902 年,密歇根州底特律市里士满和巴克斯联合公司的印刷机(现在为底特律出版公司)

流逝的方式。根据学者本尼迪克特·安德森(Benedict Anderson)的观点,每天差不多同一时间获得相同的新闻会造成一种感觉——集体参与一场正在展开的国家叙事。这在以前的时代里是从没有过的现象。

到 19 世纪 30 年代,英国报纸已经被描述为这个王国的"第四等级",对公众影响很大。这种看法很受报界大亨和编辑欢迎。"书籍有它的时代,戏剧有它的时代,宗教有它的时代。没有什么能阻挡报纸成为社会生活最伟大的机构。"美国出版家詹姆斯·戈登·贝内特(James Gordon Bennett)1835 年这样宣称(Mott 1940)。令报纸编辑感兴趣的正是其他人所担心的事情,后者担心报纸的流行会牺牲掉更不宜消失的阅读材料。英国哲学家、经济学家和伦理学家约翰·斯图亚特·密尔(John Stuart Mill,1806—1873)所关注的是,人们不再从书本中汲取观点。"那些与他们相像的人通过报纸提供他们接受的思想。"(《论自由》,1859)19 世纪末之后,历史学家奥斯瓦尔德·斯宾格勒(Oswald Spengler)断言:"报纸已经完全把书籍从人们的精神生活排除出去了。"正像托马斯·卡莱尔(Thomas Carlyle)和路易斯·布朗(Louis Blanc)一样,斯宾格勒相信书籍的时代已经终结,它"受到布道和报纸的双面威胁"(Spengler 1928)。

然而,在 20 世纪的美国,由于所谓电子教会时代的到来,布道在社会生活中获得了新的生命。电子媒介,诸如无线电、电影和电视,代表着历史学家沃尔特·翁所谓的"二级口语文化"。尽管人们预期新媒介将淘汰传统媒介,但是 20 世纪五六十年代所谓的平装书革命导致书籍销量大增。此外,查尔斯·狄更斯(Charles Dickens)、简·奥斯汀(Jane Austen)和其他作家广受欢迎的小说被拍摄成电视和电影,但这远没有让书籍过时,反而刺激了新版本的发行。电视上的名人推荐也有这样的效果。

数字时代到来后,屏幕上文字的移动让许多观察家相信结果终于掌握在手。好事者认为"旧式出版物"没有希望,已落后于时代,而且书籍爱好者还为谷登堡书写了挽歌(Birkerts 1994)。相当奇怪的是,就 19 世纪的预测来讲,相对于报纸,书籍由于在线出版,看上去危险更少。把各种日常报纸打印好并送到订阅者家门口,需要机器和运输,因此,相对于屏幕上容易传递和转换的文本来说,费用更高些,也更麻烦。然而,尽管在线出版对许多日常报纸是一个威胁,而且正在减少广告收入,但这使得浏览和买卖印刷书籍日益方便。

在屏幕上显示书目的实体书店采用这种做法不是去鼓励人们更依赖计算机,而是便于砖

2050

泥架子上实体书的销售。此外，由于图书馆和商店的复印机以及与家用电脑相连的打印机，文本正在以无法计算的速度被复制。在冷字模和多媒体这样的新时代，打印稿的输出与木制手压打印时代差不多一样。不是文本缺少，而是文本过剩看上去仍是最首要的担心。

进一步阅读书目：

Altick, R. (1998). *The English Common Reader*. Columbus, OH：Ohio State University Press.

Anderson, B. (1999). *Imagined Communities*. New York：Verso.

Baron, S.；Linquist, E.，& Shevlin, E. (Eds.) (2007). *Agent of Change：Print Culture Studies After Elizabeth L. Eisenstein*. Amherst：University of Massachusetts Press.

Bate, W. J. (1970). *The Burden of the Past and the English Poet*. Cambridge, MA：Belknap Press.

Berry, M. E. (2007). *Japan in Print*. Berkeley, Los Angeles & London：University of California Press.

Birkerts, S. (1994). *The Gutenberg Elegies*. Winchester, MA：Faber and Faber.

Buhler, C. (1960). *The Fifteenth Century Book*. Philadelphia：University of Pennsylvania Press.

Burke, E. (1790). *Reflections on the Revolution in France*. Dublin：Printed for W. Watson [etc.].

Chakravorty, S. & Gupta, A. (2004). *Print Areas：Book History in India*. Delhi：Permanent Black.

Febvre, L. & Martin, H. J. (1976). *The Coming of the Book*. D. Gerard (Trans.). London and New York：Verso.

Fraser, R. & Hammond, M. (Eds.). (2008). *Books Without Borders, vols. 1 - 2*. Hampshire. U. K.：Palgrave Macmillan.

Gaskell, P. (1972). *A New Introduction to Bibliography*. Oxford, U. K.：Oxford University Press.

Hay, D. (1967). *Introduction, Printing and the Mind of Man* (J. Carter & P. H. Muir, Eds.). London：Cassell.

Lowry, M. (1979). *The World of Aldus Manutius*. Ithaca, NY：Cornell University Press.

Malesherbes, G.-C. de L. (de). (1989). Discours de Réception a L'Académie Française. (1775), In M. Wyrwa (Ed.), *Malesherbes：Le pouvoir et les Lumières*. Paris：editions France-Empire.

Marker, G. (1985). *Publishing, Printing, and the Origins of Intellectual Life in Russia*. Princeton, NJ：Princeton University Press.

McLuhan, M. (1962). *Gutenberg Galaxy*. Toronto：University of Toronto Press.

Mill, J. S. (1859). *On Liberty*. London：John W. Parker and Son.

Mott, F. L. (1940). *American Journalism*. New York：Macmillan and Co.

Mumford, L. (1934). *Technics and Civilization*. New York：Harcourt, Brace and Company.

Nunberg, G. (Ed.). (2006). *The Future of the Book*. Berkeley：University of California Press.

Ong, W. (1971). *Rhetoric, Romance, and Technology*. Ithaca, NY：Cornell University Press.

Reed, C. A. (2007). Gutenberg and Modern Chinese Print Culture：The State of the Discipline II. In E. Greenspan & J. Rose (Eds.), *Book History* (Vol. 10, pp. 291 - 315). University Park：Pennsylvania State University Press.

Robinson, F. (1993). Technology and Religious Change：Islam and the Impact of Print. *Modern Asian Studies*, 27, 229 - 251.

Spengler, O. (1928). *The Decline of the West*, Vols. I-II. C. F. Atkinson (Trans.). New York：Alfred A. Knopf.

伊丽莎白·艾森斯坦(Elizabeth L. Eisenstein) 文

马行亮 译，黄艳红 校

2051

Progress　发展

发展(拉丁语 progressus),最初意思是径直到达一个既定目的地;指个人发展的时候,使用的是派生义;在英语中,首次在约翰·班扬(John Bunyan)的《天路历程》(*Pilgrim's Progress*,1678)中出现。而社会作为一个整体能够取得发展,这样的观念出现较晚。当然,技术"发展"已经显示出破坏性的力量,这就提出一个问题:变化到处发生,但真的能够更美好吗?

2052

1492 年欧洲人初次开始横跨大洋航行以来,地理和数学知识迅速增多。1687 年,艾萨克·牛顿发表用数学公式表示的运动定律,使日(月)食以及更常见的运动——太阳、月亮、行星,甚至炮弹——能被预测出来。当时的作家,如法国科学家贝尔纳·德·冯特内尔(Bernard de Fontenelle,1657—1757)断定,知识确实取得了发展,而且可能有指望一直持续到未来,不受任何限制。但是永恒不变的自然法则意味着,人类社会整体上将和以前大致保持一致。

只要许多人按照与他们父母、祖父母相同的方式生活,任何其他观点看起来都将是荒唐的。但是约从 1750 年开始,一系列变化发生在大不列颠和西欧,这就是历史学家后来所说的工业革命。这工业革命的主要特征就是,通过使用无生命的动力形式——首先是有落差的水流,然后是煤炭和蒸汽,再后来是电——来牵引大型的、复杂的机器,从而扩大常用物品的产出。因为大量的常用物品开始由这样的机器制造,所以西欧人的生活确定无疑地发生了变化,有时朝着更美好的方向改变,因为更廉价的物品唾手可得。

变化的引擎

但是最初,对许多人来说最大的推动根本不是来自工业。1763 年,欧洲大陆所有的主要政府开始模仿普鲁士人种植马铃薯。在 18 世纪50 年代前,普鲁士官方已经成功说服农民在休耕地里种植马铃薯。因此,1763 年之后,马铃薯的种植迅速传播,欧洲食品供应大量增加。马铃薯意味着需要更多的劳动力,因为人们必须在夏天给马铃薯锄草。但是,只要有足够的人手来完成这个任务,马铃薯就能成倍增加欧洲土地出产食物的数量,而且一点也不会减少谷物产量。再加上作为休耕替代作物的芜菁和其他饲料作物,这就从根本上降低了由来已久的饥饿风险,导致 2 个世纪以来的人口和家畜数量的增长。后者反过来又确保了供应欧洲农村劳力密集型种植所需要的人、马和牛,这很快又引起了到迅速发展的工业城镇寻找带薪工作的移民潮。

这样,经济扩张变成了自我维持的增长;并且,因为新耕作方式和新式工业的传播,西欧几乎每个人的日常生活经验开始明显地发生变化。这些新事物很快又开始影响全世界。但并非所有的变化都是朝着好的方向发展。在人群密集的工业城市,生活条件经常是很糟糕的。繁荣和萧条交替的模式对所有人都意味着不安全,而对那些失业的工薪者来说,遭遇就更加痛苦。但是新的可能性和廉价物品也是实实在在的。1858 年英国棉布的价格已经降到 6 年前的1/6,试想这对普通人意味着什么。尤其是那些养育婴儿的人,他们需要褓褓并要保持其清洁。在那段时间里,蒸汽火车 1825 年投入使用,大大方便并加快了横跨大陆的货物和人员的流动。1837 年以后,电报使远程交流成为可能;起初它

2053

只限于少数人使用,后来几乎任何有紧急消息要发送的人都可使用。

由于重大发明成倍出现,一个显而易见的现象是,人类生活和整个社会结构发生了前所未有的改变。自一系列新技术出现之后,新产品和新经验层出不穷,甚至不断更新。从最初集中在大不列颠及其邻近欧洲的地方,逐步扩散到全球各地。通常的情况是,新的可能性带来新的风险,并且损害或破坏传统的生活方式。大多数时候,很多人欢迎可能性的增大,喜欢得到机器制造的更便宜的货物。在所有地方,手工艺人发现他们不能和机器制造的产品竞争。老牌的农业帝国发现,它们必须允许欧洲的货物、商人、传教士和士兵或多或少地随意进出它们的领土。新产品如潮水般很快影响到最遥远地区的猎人和粮秣征收员,他们遭遇到铁制工具,同样重要的还有手枪这样的东西。

但是,从这场骚动的中心来看,在1800至1914年之间,英国、法国、德国和美国的财富、人口及政治权力迅速增长,这对每个人来说看起来都是相当有益的事情。相应地,人类社会注定按既定方向发展的观念,很快在这些国家占据主流。这种观念的一位早期拥护者是法国贵族孔多塞侯爵(Marquis de Condorcet,1743—1794),他在临死那一年写下《人类精神发展史表纲要》(Sketch for an Historical Picture of the Progress of the Human Mind)。考虑到他当时身陷囹圄,将要被法国的革命政府推上断头台却还写了这个纲要,所以他对人类向完美发展的观念抱有的信心仍然是令人惊奇的。

接下来的19世纪,随着令人满意的革新成倍增长,发展的观念在欧洲人中间牢牢占据了主流。在德国,哲学家格奥尔格·威廉·弗里德里希·黑格尔使发展成为一个普世的实际原则;这个原则从肯定到否定,然后再到综合,此时便出现了一个新的肯定,继续推动发展。卡尔·马克思则宣称倒转了黑格尔的体系,他论证说,迈向共产主义自由平等的阶级斗争是指引未来的发展方向。在这之前,法国的另一位贵族,亨利·德·圣西门伯爵(Count Henri de Saint Simon,1760—1825)发起了另一场不同的社会主义运动,旨在加快进入一个同样自由和平等的未来。他的一个年纪较轻的同伴奥古斯特·孔德(Auguste Comte,1798—1857)出于相同的目的,创建了社会学学科。同时,英国的哲学家、经济学家约翰·斯图亚特·密尔和历史学家亨利·托马斯·巴克尔(Henry Thomas Buckle)在他们的著作和文章中,阐述了一个更为广阔的自由主义的发展观念。

1851年,物质发展的现实得到了非常壮观的展示,那时,维多利亚女王的丈夫阿尔伯特亲王在伦敦水晶宫组织了一次非常成功的博览会。在这个专门用铁和玻璃建成的建筑里,世界各地远道而来的展览者展示了一大批新机器和产品,以供公众赞赏和学习。此后,相似的世界博览会每4年举办一次,1893年的那一次取得了新的成功;当时,芝加哥主办了这场世界性的哥伦比亚博览会。该博览会庆祝哥伦布发现美洲以来400多年所取得的发展,它取得了非同寻常的成功。一个崭新的洲际铁路网使2 100多万人参加博览会成为可能;那天晚上,当白炽灯照亮涂有石膏的临时建筑物时,那种白色令人炫目。在许多参观者看来,这就像天堂预先显现。在这以前或以后,发展看起来从未那么明白无误。

哥伦比亚博览会的成功也取决于这个事实,即1867年查尔斯·达尔文出版了《物种起源》。此后,发展观念扩大了视野并增强了说服力。达尔文认为,在地质时代,动物和植物根据自然选择的进程进化。在另一本书《人类的起源》里,他具体谈到人类由类人猿进化而来。这是当面挑战《圣经》的创世传说,从而激起了漫长而热烈的争论。相应地,哥伦比亚博览会的变革性的特征之一是成立了一个世界宗教会议。在

2054

理解生活只能向后,但是为了生活必须向前。

——索伦·克尔凯郭尔(Soren Kierkegaard,1813—1855)

中国天津,摩天大楼迅速崛起,它是这个前港口城市发展的明确标志。很多中国人相信,第二次鸦片战争(1856—1860)期间及随后建起的教堂和别墅,仍然让人回想起当时外国人的占领。菲利普巴戈特收藏

会议上,每一个世界主要信仰的发言人都有机会来到美国公众面前寻求共享的原则,某些时候甚至探讨宗教随时代发展的可行性。

总是有些怀疑者低估了 19 世纪那些翻天覆地的社会变化。20 世纪,对人类发展的怀疑日益增长。第一次世界大战中漫长的壕沟战僵局似乎表明,发展的军事方面绝非数百万欧美士兵期望的东西,而 19 世纪的先人们曾以这种技术发展为骄傲。战后短暂的繁荣之后,紧接着是大萧条(1929—1938)和第二次世界大战,这大大加深和扩展了那种对发展的怀疑主义。1950 年后的经济复兴,也被对毁灭性原子弹的担心、对亚非两洲人口迅速增长以及世界贫富鸿沟的拉大造成的不安所抵消。

到 21 世纪初,尽管几乎所有政治家仍旧承诺如果执政将实现各种福利,但是许多作家和公共事务评论家对未来的态度更加阴郁。对 19 世纪发展信念的坚决拒绝变得非常普遍。这部分是因为人们把生活舒适度和饮食的持续改善视为理所当然,如最富裕国家的夏季空调、超市里一年四季的新鲜蔬菜和水果;同时,数不清的医学突破,如抗生素和心脏手术,既对寿命的延长产生了立竿见影的效果,但也增加了衰老的痛苦和虚弱感。

生物、化学和原子武器的破坏力成倍增长,同时贫富差距、民族之间和宗教之间的冲突、地方社区的衰落看来还在不断加剧。所有这些非常明确地表明,变化无处不在,但真的是趋向好的方向吗?随着寿命的延长以及拥有和追求更多的物质,幸福就会增加吗?或者说,不断积累的物质财富只是在妨碍我们过一种幸福生活吗?

这些是对 19 世纪道德和政治发展的美好预期的有效谴责。但是，物质发展看起来仍旧是不可否认的。没有人能怀疑，自 1750 年以来，日益增长的知识和技能已经扩大了人类对能量流的控制，并已经在历史上慢慢地发挥了巨大的作用。由此而来的人类能力的增长，包括善良的和邪恶的，不断累积，并形成了一种值得认可的发展。

进一步阅读书目：

Bury, J. B. (1932). *The Idea of Progress: An Inquiry into its Origin and Growth*. New York: Macmillan. (Original work published 1920)

Dyson, J. (2001). *A History of Great Inventions*. New York: Carroll & Graf.

Rydell, R. W., Findling, J. E., & Pelle, K. M. (2000). *Fair America: World's Fairs in the United States*. Washington, DC: Smithsonian Books.

威廉·麦克尼尔(William H. McNeill) 文

马行亮 译，黄艳红 校

Protestantism   新教

2056   新教在发展兴盛的同时，适应了 16 世纪以来影响所及的信徒的文化，形成许多派别。它视《圣经》为权威，强调上帝的恩典。宗教人口学家估计，全世界的新教基督徒数量将从 21 世纪初期的 3.7 亿增加到 2025 年的 5 亿。

新教是基督教的一支，在 500 年的时间里它从西北欧传到各大洲。这个遍布全球的信仰源自 16 世纪初西方基督教或者天主教内部的很多股运动，兴盛时有成千的独立教会团体。新教拒绝教皇的权威，普遍信奉《圣经》，也就是说，《旧约》和《新约》是其传教的权威源头和标准。数个世纪以来，新教十分自然地带上了传教所及的新环境的文化。因此，纳米比亚的路德派在很多方面跟挪威的路德派有所不同。然而两者都强调上帝的恩典，批评任何与历史上天主教相联系的学说，那些学说坚持要求人类尽力在上帝面前努力以取悦上帝。

当代世界新教

21 世纪初，宗教人口学家估计新教人口约有 3.7 亿。与新教有密切联系但坚持天主教特色的是安立甘宗——英国国教会的遗产，它有 8 200 万追随者。第三个群体可以贴一个不太正式的标签——"独立派"，有 4.15 亿成员。这些非罗马天主教的基督教派都源自 16 世纪的宗教改革运动；2000 年以后，它们算在一起有超过 8 亿的追随者。相比较而言，罗马天主教徒和东正教徒估计分别为 1.01 亿(这里的数字明显有误，据估计，全世界的天主教徒总数已超过 10 亿。——译者校注)和 2.17 亿。人口学家估计，到 2025 年为止,新教徒数量将从 3.7 亿增加到将近 5 亿。这表明,新教的繁荣并不局限在 16 到 19 世纪这段时期,但现在面临着一个欣欣向荣但又不甚明朗的未来。尽管这些数据并不太精确,但是表明这个发展趋势有重要的历史意义。

然而新教的发展势头戏剧性地发生了转变。尽管其主体在西北欧,即其起源地,但那里的新教徒通常都只是名义上的。例如,在斯堪的纳维亚地区的一些国家里,99％的人口都登记为新教徒,因为许多孩子是由路德教派施洗的,然而他们很少参与教会活动。同时,在非洲撒哈拉沙漠以南地区,每隔 24 小时就会增加数千名新教徒。这里的新教徒以其充满活力、生气勃勃的宗教仪式著称,尤其是他们发展的"五旬节"和"神恩"仪式。他们还是当地医疗保健和慈善工作的主要从业者。

西欧的新教源头

直到 1529 年,新教本身并不认可这个名字。新教历史学家典型的做法是把新教的兴起追溯到约翰·威克里夫(John Wycliffe,1320—1384)、威廉·廷代尔(William Tyndale 1494？—1536)和其他人在英国领导的分散的、开创性的改革运动。他们和追随者们合力把《圣经》翻译成英文,然后利用翻译过的《圣经》传教,进而抨击天主教会。捷克改革家扬·胡斯(Jon Hus)是天主教礼仪的批判者,致力于打破等级制度的统治,教导普通人把他们对神恩的看法建立在《圣经》基础上,他最终因其信仰被处死。

当英国宗教改革家和胡斯派被天主教会革出教门或被处死时,教会内部仍然有许多其他宗教改革运动考验着当时的罗马教会;这些运动谴责作为神恩传递者的罗马教会墨守成规、腐化和没有效率。在这个群体中,最典型的是

尼德兰人文主义者德西德里乌斯·伊拉斯谟(Desiderius Erasmus,1467？—1536),他以与许多倾向新教的同时代人不可比拟的睿智和辛辣批判教皇和修道院体制。然而,伊拉斯谟以及英格兰和欧洲大陆神圣罗马帝国境内大学里的其他人文主义者,可能没有想到他们会把改革推动到与教皇分裂的地步。

导致永久分裂的那些决裂发生在 16 世纪的第二个 10 年中。其中最显著、最为人铭记的是在萨克森的维滕堡(Wittenberg)进行的以大学为基础的改革。一群由马丁·路德领导的修士和大学教授着手攻击教会对待寻求赦免的人的方式,并致力于过一种有道德的生活。路德及其追随者认为教皇是压迫性的、自我中心的、腐化的,并宣告他们将从天主教会内部重建教理学说。然而,他们让教会和神圣罗马帝国深感不安,以致罗马采取了行动——通常会把他们当作异端实施绝罚,对路德就是这样做的。其他许多批评家都主动离开了教会。

早期新教的地图显示,许多不同的新教地点迅速发展起来。在英国,教皇和英王亨利八世之间的纷争导致了双方关系的破裂,以及英国安立甘宗的诞生。在瑞士,胡尔德里希·慈温利(Huldreich Zwingli,1484—1531)和约翰·加尔文(John Calvin,1509—1564)成为路德和德国人以及斯堪的纳维亚领导人的助手,或与其竞争;同时,更多激进改革家在瑞士和低地国家到处宣教。到 16 世纪中叶为止,信仰忠诚已发生根本变化,新教早期的发展已达到了地理极限。然而,地中海的天主教信仰在法国、意大利各国、伊比利亚半岛的地位依旧牢固;而在东欧,俄国、波兰和希腊的天主教会与东正教会比肩而立。

内在和外在的表达

在 1529 年的施派耶尔帝国议会上,一些诸侯对帝国和天主教会的行动提出"抗议",早期的

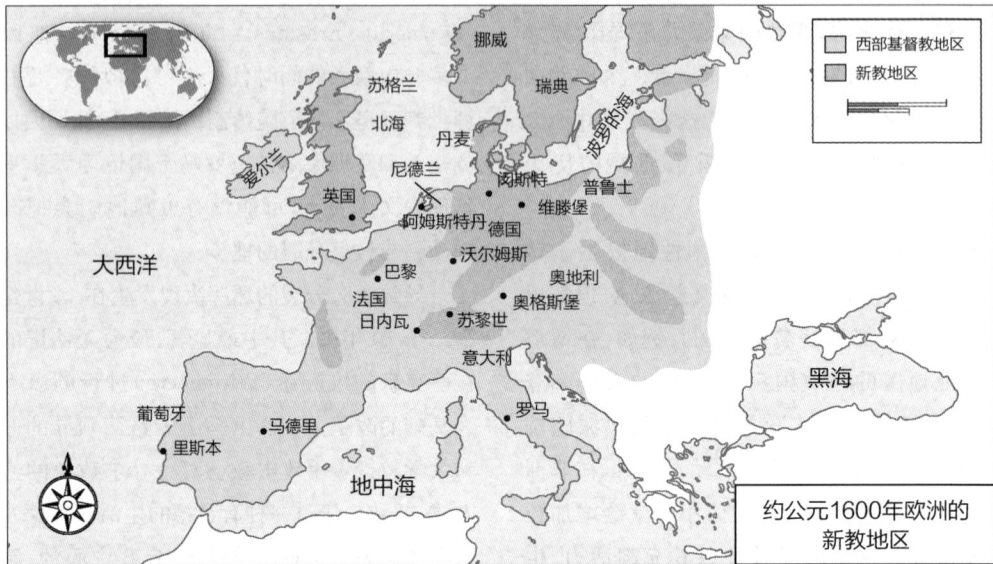

约公元1600年欧洲的
新教地区

（图例）
西部基督教地区
新教地区

（地图标注）挪威、苏格兰、北海、瑞典、丹麦、波罗的海、爱尔兰、尼德兰、贝尔法斯特、普鲁士、英国、阿姆斯特丹、德国、维滕堡、巴黎、沃尔姆斯、法国、奥地利、日内瓦、奥格斯堡、苏黎世、意大利、黑海、葡萄牙、马德里、里斯本、大西洋、地中海、罗马

新教徒就因这一抗议而偶然得名，他们更经常地被称作"福音派"，一个更合适、更正面的术语。尽管5个世纪以后，那个名字看起来只是概括了新教保守派的特征，但是最初它只是暗指那些宣称笃信福音的人，福音就是《新约》福音书上的内容。他们并不受罗马天主教教会法的限制，也不把自己定义为耶稣和教会在法律上的追随者。反而，他们宣称用基督福音所定格的和祈祷者在祈祷中所表达的恩典，来承担统治教会和激励教徒个体生活的责任。

新教的内在表达来自一些基督徒表达福音的方式，以及他们礼拜和生活的方式。而外部表达是指在不同社会和文化下新教与政府、经济界、文化界互动的方式。

基督福音书和新教的内在生命

一旦教皇控制权和天主教等级秩序被审查和打破，那些被称作新教徒的人开始着手在远离罗马但仍坚守基督教传统方面表达和安排个人生活与宗教生活。他们更理直气壮地声称，这个传统属于他们，而非属于那些已经腐败的天主教徒。许多新教领导人，尤其是安立甘宗和路德宗的领导人，继续把自己视为代表一种没有教皇的公教。他们承认他们从现存的教会中能够得到所有东西。然而，他们对其形式的批评经常是深入的、直接的，甚至是狂暴的。实际上，对许多人来讲，教皇并不是一个基督追随者，而是反基督者。

尽管新教徒不满意这种负面的定义，即被说成是与罗马教阶秩序和教会法截然对立，但是他们很难正面地给自己下个定义。这类人可以包括从再洗礼派，即当今门诺派（Mennonities）和激进洗礼派（Baptists）的祖先，到以任何正式方式礼拜的任何派别的任何人，包括使用香，以及激进派所揭露的、由罗马教廷引入的、本质上不属于福音的东西。这类人也可以包括这些新教徒——他们支持宗教机构，认为宗教和政治可以不分离，"教会和国家"可以不分开，不主张停止对所有公民收税来维持教会。同时，仍然是在这群人中，还有些新教徒——再洗礼派和洗礼派再次成为表率——想要在教派中过上独立于政治组织和政治领袖的宗教生活；他们倡导非常简单的崇拜形式，以表明他们跟罗马不一样。

权威和恩典

尽管许多发动独立运动的、具有独特魅力的改革者的面貌和行动多种多样，但是我们还是可以用一些宽泛的动机来概括出新教徒的特征。首先，他们中的许多人过去把、现在仍然把教会法的文献奉为至上，即他们和天主教徒信奉共同的圣典。然而，许多新教徒想要贬低天主教徒确信的宗教传统和教皇对《圣经》的解释。他们或许坚信基督教信仰贯穿各时代，这表现在：天主教徒受洗的或者他们遵守把"上帝的晚餐"（"弥撒"）作为第二大圣事的年代；耶稣基督的福音被听到的年代；以耶稣福音为基础来传教和说教，从而召唤人们信仰上帝和过上帝一样生活的时刻。新教徒拒绝那么多传统，拒绝转向其他权威，导致他们把主要的、有时是独一无二的依靠放在《圣经》中神的启示上（彼此纷争的各种教派对《圣经》的解释上）。关于其中的原因，一个常见的说法是：只有《圣经》有权威。

其次，尽管新教徒在解释《圣经》上彼此不同，但是在圣保罗和古典神学家如奥古斯丁那里，我们发现他们很多时候都在强调恩典。从这个角度讲，唯独恩典和唯独信仰是两个特别的要素：人们借助上帝仁慈慷慨的行为，尤其是通过他们信仰的耶稣基督的死亡和复生，从罪恶和永久惩罚中获救。当然，天主教徒也承认神的主动和先决；但是在新教徒的眼里，天主教徒强调通过美德和工作来取悦上帝，却陷入了对罗马的臣服，而罗马明确规定了他们如何正确地获得美德和什么工作对将要被拯救的人有帮助。

福音派新教徒大部分继续施洗和纪念"上帝的晚餐"或者"圣餐"，即纪念耶稣的神圣的餐饭，许多人说，这是信徒分享恩典的一种方式；但是，他们简化了崇拜仪式。祈祷、唱赞美诗、布道词成为其主要特征。

权威和公共生活

新教徒早期的爆发，经常与特定的民族主义或者地方运动以及统治当局的努力推动有关。他们明白他们必须找到改善公民生活和在人民中灌输服从观念的方式。很少有新教徒准备走极端，以至于拒绝接受既存的世俗权威，不管是皇帝、君主、诸侯还是法官的权威。实际上，最后一类人中有许多人改宗新教，并给那些与他们结盟、推动他们事业的改革家提供保护伞。到 1555 年《奥格斯堡和约》（Peace of Augsburg）缔结时，除了激进改革家即新教领导人外，所有新教徒都签约承认了一个他们认为理所当然的概念：谁控制一个地区的政府，谁就可以明确要求应该信奉什么宗教，或者什么宗教应该处于垄断地位。

这种改革的不彻底导致许多新教领导人对政府采取一种过分屈从的态度，许多教士变成政府低级公务人员。由于依赖政府资助，他们并不经常批判统治者。而激进的新教徒指责他们正在用王侯的专政来代替教皇的专政。然而，从一开始，就精神选择来说，早期的新教徒就表达和见证了良知和相对自治的重要性，产生了一种广泛传播的骚动。这种骚动导致 17 世纪中叶英国和其他地方的宽容法令和协议。

一个世纪以后，当许多新教徒与政治思想家、革命家和政治家协力合作时，这些抗议冲动和得以解放的信仰帮助他们在宗教领域和世俗权威之间划下截然分明的界限——这里使用的是美国宪法学家詹姆斯·麦迪逊（James Madison）的术语，或者实现政教分离——这是托马斯·杰斐逊（Thomas Jefferson）的术语。1787 年以后，这样的区分和分离成为美国新教徒生活的标志。当这些新教传教士在亚洲和非洲成立教会时，这种区分和分离就成为新教徒宗教生活的重要标准；在这些地方，基督教从无到有，成为一个不容小觑的派别。

并非所有新教徒的外在生活都与政府和政治有关，也有强调个人道德规范的新教徒。尽管许多福音派教会制定一些法规，形成教条主义，但是这些新教徒却以理想状况下的福音为基础。由于宗教和政体彼此变得越来越互不干涉，"爱和信仰使生活更积极"的信条激励着18世纪及其之后的新教徒创造出许多形式的自愿互助生活。他们的教会形成很多团体，其中的领导和追随者能够共同推动慈善和改革。18世纪晚期，尤其在英美地区创造的这些遗产，在新教徒全力以赴改宗人们信仰的地区，甚至在新教徒只是一个少数群体的大陆，都表现得十分明显。

新教的发展阶段

第一代的新教勃兴，是社会学家爱弥儿·涂尔干（Emile Durkheim）所谓的"兴奋"，即冒泡出来；它是很难约束的爆发，通常以影响突出的领导人的语言和生平为标志。第二代的新教运动表现为阐释者的崛起，这是新教徒为了自我维护而记叙他们的轨迹。这样，在英国基督教中，理查德·胡克（Richard Hooker，1554—1600）发挥其法学专家的特长，起草了《论教会政体的法律》（Laws of Ecclesiastical Polity）。约翰·加尔文刚出道时并不显赫，比路德和茨温利从事改革运动要晚，不过他本人是一个受过科班系统训练的神学家，在其《基督教要义》（Institutes of the Christian）中具体阐释了加尔文主义者或称新教改革派。马丁·路德是个矛盾的人，偏好模糊的语言，在17世纪他被大学系统论者即那些像约翰·格哈德（Johann Gerhard）的教义论大师所取代。第二代领导人的举措是引入更具法律意义的标准。在某些情况下，他们还采用前辈批评过的、通往信仰的经

院哲学方式。这意味着他们为《圣经》语言和理性辩护提供哲学基础，证明上帝的存在和恩典的有效。

这种律法化和学术化的定义，尤其是在新教徒与世俗权威有联系，或者依附于世俗权威的地方，预示着某种并不令人惊奇的结局。也就是说，它们经常看上去会沦落为干巴巴或陈腐的形式，不活泼，不能使福音迸发火花。这样的境况酝酿出骚动。于是，在新教历史中漫长的第三代，或者说在短暂的一个世纪中，受到启发的领导人和新教内部的许多运动重新转向信徒个体灵魂的内在生活、信仰者的虔诚以及对宗教仪式的改革。这些18世纪和19世纪早期运动，在法语地区称为 reveil（复醒），在德语地区称为 Glaubenserweckung（信仰复兴），在英国本土和美国殖民地或年轻的美利坚合众国名曰"觉醒""复兴"或者"虔诚派"运动。这些运动带来了新的气象。

现在，关注点集中在个人对上帝的体验上，即通过圣灵引导个体从漠不关心或冷淡到狂热的信仰。这些皈依者一旦"觉醒"或"复活"，将转向他们堕落的或者生活上没有精神的邪恶的邻居，让后者皈依宗教。然后，他们经常在现存的教会内部形成小团体。18世纪中叶美洲殖民地的领军人物乔纳森·爱德华兹（Jonathan Edwards）、乔治·怀特菲尔德（George Whitefield），以及终于脱离英国教会创建循道宗（Methodism）的约翰·卫斯理（John Wesley），就是这样的例子。总体上，这些觉醒运动符合并滋养了当时的民主精神，赋予平民百姓从事改革和传教工作的力量。

在19世纪这个殖民时代，觉醒的新教徒都受一种使命意识驱使，即他们正在推进千年王国的到来（以迎接基督重返尘世），或者通过改宗和改革推进人类进步。他们登上来自英国本土、西欧国家和美国的船只，将他们的福音传播到中东、亚洲和太平洋岛国，有时也传到天主教的

在战斗激烈进行的地方,战士的忠诚能得到证明;此外,在所有战场上都保持镇静,那就是逃避;如果从战场上退缩,那就是耻辱。

——马丁·路德(Martin Luther,1483—1546)

拉丁美洲,但不够成功,最后还传到了非洲。在英国,许多这样的福音传教运动是从 18 世纪 90 年代开始的,在美国则开始于 19 世纪的最初 10 年。

才华横溢的大学毕业生、雄心壮志的实业家和充满奉献精神的男男女女,带着他们的拯救使命,从事教育和医疗工作,然后给他们所接触的人带来实实在在的利益。人们很容易把他们的行为与殖民主义和帝国主义联系起来,但是若没有那些实业家和征服者,他们的工作可能不会那么有效。然而,他们也付出了高昂的代价,因为反殖民主义使他们必须与许多欧美传教士拉开距离,例如在非洲撒哈拉以南地区。反殖民主义者发展他们认为是真正本土的新教,这就是说,植根于他们所在的新国家的文化土壤里的教会。

20 世纪初,新教又出现了一个新的称谓,即五旬节派。五旬节派宣称他们具有超凡魅力的和《新约》一样古老的预言。他们相信他们正在复活早期基督教几近荒废的遗产。例如,他们"讲方言",他们做出预言,宣称神迹治病。五旬节派在刚到拉丁美洲和非洲撒哈拉以南地区的新教徒中成为主流。一些统计学家宣称,超过 5.7 亿的新教徒、安立甘宗、独立派,有时甚至还包括罗马天主教徒,都是五旬节派。当欧洲新教从数量和重要性上走向衰落时,五旬节已然成为新兴世界的一个支配性运动,而且可能成为全球新教运动中最突出的形态。

一个千年结束,另一个开始

数个世纪中新教发展出许多神学派别,20 世纪占的比例一点不少;长时间以来,许多文化研究者期待这样的遍地开花。这些派别反映了当今的主流哲学,正像他们祖先的哲学在理想主义和启蒙运动时期所发挥的作用那样。同样,存在主义、语言分析、现象学和其他哲学通常激励着大学的新教思想家重新解释《圣经》和历史福音,以迎接新的挑战。其中包括如何协调工业化、城镇化、全球化和人道主义危机给人类生活造成的各种影响。新教远远没有衰落——尽管在其核心区似乎正在衰落——它在 21 世纪初代表着世俗世界和多元宗教背景下一种令人迷惑的、剧烈的、有适应能力的力量。态度强硬的新教原教旨主义者抵抗这种适应性,但是他们的领导人却在不断变化的新教潮流面前表现出创新的能力。

进一步阅读书目:

Ahlstrom, S. (Ed.). (1967). *Theology in America: The Major Voices*. New York: Bobbs-Merrill.

Barth, K. (1972). *Protestant Theology in the Nineteenth Century: Its Background and History*. London: SCM Press.

Bergendoff, C. (1967). *The Church of the Lutheran Reformation: A Historical Survey of Lutheranism*. St. Louis, MO: Concordia.

Bossy, J. (1985). *Christianity in the West, 1400 - 1700*. Oxford, U. K.: Oxford University Press.

Bouyer, L. (2001). *The Spirit and Forms of Protestantism*. San Francisco, CA: Sceptre.

Brauer, J. C. (1965). *Protestantism in America*. Philadelphia: Westminster.

Brown, R. M. (1961). *The Spirit of Protestantism*. New York: Oxford University Press.

Cragg, G. R. (1960). *The Church in the Age of Reason*. Grand Rapids: MI: Eerdmans.

Curtis, C. J. (1970). *Contemporary Protestant Thought*. New York: Bruce.

Dillenberger, J., & Welch, C. (1954). *Protestant Christianity Interpreted Through its Development*. New York: Scribner's.

Drummond, A. L. (1951). *German Protestantism Since Luther*. London: Epworth.

Flew, R. N. , & Davies, R. E. (Eds.). (1950). *The Catholicity of Protestantism*. London: Lutterworth.

Forell, G. (1960). *The Protestant Spirit*. Englewood Cliffs, NJ: Prentice-Hall.

Greengrass, M. (1987). *The French Reformation*. London: Blackwell.

Groh, J. E. (1982). *Nineteenth Century German Protestantism: The Church as a Social* Model. Washington, DC: University Press of America.

Halverson, M. , & Cohen, A. A. (Eds.). (1958). *A Handbook of Christian Theology: Definition Essays on Concepts and Movements of Thought in Contemporary Protestantism*. New York: Meridian.

Hastings, A. (1976). *African Christianity*. London: Continuum.

Hastings, A. (1991). *A History of English Christianity 1920 - 1990*. Philadelphia: Trinity Press.

Heim, K. (1963). *The Nature of Protestantism*. Philadelphia: Fortress.

Heron, A. (1980). *A Century of Protestant Theology*. Philadelphia: Fortress.

Kerr, H. T. (1950). *Positive Protestantism*. Philadelphia: Westminster.

Léonard, E. (1966,1967). *A History of Protestantism* (Vols. 1 - 2). London: Nelson.

Marty, M. E. (1972). *Protestantism*. New York: Holt.

Nichols, J. H. (1947). *Primer for Protestants*. New York: Association Press.

Pauck, W. (1950). *The Heritage of the* Reformation. Boston: Beacon.

Rupp, G. (1986). *Religion in England, 1688 - 1791*. Oxford, U. K. : Oxford University Press.

Tillich, P. (1951). *The Protestant Era*. Chicago: University of Chicago Press.

Troeltsch, E. (1966). *Protestantism and Progress: A Historical Study of the Relation of Protestantism to the Modern World*. Boston: Beacon.

Von Rohr, J. (1969). *Profile of Protestantism*. Belmont, CA: Dickenson.

Weber, M. (1958). *The Protestant Ethic and the Spirit of Capitalism*. New York: Scribner's. (Original work published 1904)

Welch, C. (1972, 1983). *Protestant Thought in the Nineteenth Century* (Vols. 1 - 2). New Haven, CT: Yale University Press.

Whale, J. S. (1955). *The Protestant Tradition*. Cambridge, U. K. : Cambridge University Press.

Williams, G. H. (1961). *The Radical Reformation*. Philadelphia: Westminster.

Worrall, B. G. (1988). *The Making of the Modern Church: Christianity in England since 1800*. London: SPCK.

马丁·马蒂(Martin E. Marty) 文

马行亮 译,黄艳红 校

Q

Qin Shi Huangdi　秦始皇

秦始皇(中国秦朝的创立者和皇帝,约前 259—前 210)经过数年内乱和战争之后统一了中国,但他创立的秦朝是个短命的王朝(前 221—前 206)。虽然他是一位专制统治者,然而他统一了货币、度量衡,以及道路和马车的宽度。他在统治期间废除了各地不同的文字,促进了交流,强化了文化统一,至少就士大夫阶层来说是这样。

作为经历数世纪内部战乱后统一中国的人,秦始皇建立了中央集权的原则,依靠朝廷任命的官员统治他的帝国。尽管他给自己创设了一个新称号"皇帝"(第一位最高统治者),但其王朝勉强延续到了他死后;在他死后仅仅 4 年光景,王朝就在人民暴乱的冲击下坍塌了。

在中国的传统历史中,秦始皇被描述为一个极端专制的统治者,他的残酷和妄自尊大导致王朝的迅速覆灭,尽管他把自己命名为无穷世系中开创基业的皇帝(始皇帝)。伴随这种武力统一,人民遭遇的厄运可能是相当真实的,但是儒家学说应该对秦始皇变成一个压迫的象征负有责任,这种学说被继之而来的汉朝(公元前 206—公元 220)采纳为官方哲学。秦始皇在统治期间禁止除法家(法家在一个世纪之前就被他的国家接受)之外的所有思想传统和学派,尽量清除不同意见。这个禁令打击了最顽固的儒家学者。在后来中国儒家化的历史记忆中,始皇帝焚书坑儒的滔天大罪就被浓墨重彩地记录下来。

随着中国现代民族主义的崛起,秦始皇作为一个统一政治体和国家的缔造者得到了更为积极的评价。秦始皇在历史上仍旧是非常有野心的形象,他一方面被视为伟大的民族统一者,另一方面又被视为独裁者和暴君。

评价他的真实成就并非易事。有意思的是,一些批评者和崇拜者,更关注的是他作为政治上的中央集权的角色,而非军事征服者的角色,尽管他的军队吞并了中国所有剩下的独立王国,并使中国的边界南延至今天的越南,北到现在的长城(国家的工匠通过连接和扩展既存的防御工事开始建造的)以外。作为一个强化中央集权的统治者,秦始皇最重要的功绩是郡县制,他通过郡县制治理帝国。先前由并不总是服从的家臣世袭的采邑,现在由按照皇帝意愿行事的官员治理的郡和县代替。继之而来的汉朝尽管痛恨他的名字和政策,但基本上还是接受了他的体制,这个体制成为以后中国王朝治理国政的标准。

汉朝仍然继续秦始皇的许多大一统的政策,诸如货币和度量衡的标准化,以及道路和马车的宽度。在文化方面,尽管秦朝压迫各种哲学和传统的政策被废弃,但是汉朝以儒学为官方正统哲学,压抑了先秦后期别具特色、充满生机的哲学争论。秦朝另一个具有重大意义的大一统标准是废除各地不尽相同的文字,这就方便了交流,强化了文化统一,至少就士大夫阶层来说是这样。

秦始皇曾使法家成为帝国唯一的哲学或政治纲领。但是,秦汉更替之后,最显著的中断是法家遭到排斥。法家的主张在西方通常被称为法律主义,他们要求统一法律条文,施以严酷的刑罚,这会打破等级和特权等所有传统封建特征,在全权统治者领导下平衡社会差别。正像它最正宗的代言人政治哲学家韩非子(约前 280—前 233)所解释的那样,这不仅会增强国家和统治者的权力,而且会通过确保和平与良好秩序而有利于普通人。不过很少有人意识到,法律也

天下共苦战斗不休,以有侯王。

——秦始皇

秦始皇兵马俑中的士兵有空的躯干、牢固稳定的腿。头部属手工雕刻并具有风格各异的面部特征,反映了秦始皇军队的多元文化特征。Yixuan Shuke 摄

可以作为对统治者绝对权力的一种限制。秦始皇一去世,宫廷阴谋导致其幼子登基,而这个幼子缺乏父亲的机智和充沛的工作精力。这个严格中央集权化的制度实际上需要一个独特的统治者,由于缺乏传统的合法性及人民的支持,它很快就崩溃了。短命的秦朝留给西方社会最持久的遗产是它的名字,即中国英文名字 China 的源头。Qin 的威妥玛拼法(Wade-Giles)拉丁化的结果是 Ch'in,这就是英语 chin 的发音。

在中国,关于秦始皇及其帝国起伏兴衰的故事持续吸引着人们的想象力,如陈凯歌 2001 年执导的电影《荆轲刺秦王》(曾在北美上映,配有字幕)。很多典故出自汉朝官方历史学家司马迁(约前 145—前 86),它们不仅是在 100 多年以后写出来的,而且还反映了拥护汉朝、拥护儒学的态度。历史上,秦始皇可能像或不像被描写的那样残酷、偏执和傲慢。但是没有争议的一点是他的宏图大志。20 世纪 70 年代,现代城市西安的建筑工人发现了无数地下宫室,里面有成千真人大小的士兵和马的雕像。这就是兵马俑,用来护卫始皇帝,现在成了国家级历史遗迹和一级旅游景点。这个皇帝仍旧在附近等候着,他的墓被一个人造山丘盖住。当它被挖掘的时候,秦始皇将可能拥有更高的历史美誉,或者更加声名狼藉。

2067

进一步阅读书目:

Bodde, D. (1938). *China's First Unifier: A Study of the Ch'in Dynasty as Seen in the Life of Li Ssu*. Leiden, The Netherlands: Brill.

Cottrell, L. (1981). *The First Emperor of China*. London: Penguin.

Twitchett, D., & Loewe, M. (Eds.). (1986). *The Cambridge History of China*: Vol 1. *The Ch'in and Han Empire*. Cambridge, U. K.: Cambridge University Press.

Wills, J. E. (1994). *Mountain of Fame: Portraits in Chinese History*. Princeton, NJ: Princeton University Press.

Yu-ning, L. (Ed.). (1975). *The First Emperor of China: The Politics of Historiography*. White Plains, NY: International Arts and Sciences Press.

拉尔夫·克罗齐耶(Ralph C. Croizier) 文

马行亮 译,黄艳红 校

Quinine 奎宁

2068   奎宁是重要的抗疟疾药物,也是西方药典中第一个治疗特定疾病的药。不像较早期的只是掩盖或者缓解症状的药物,对于不同类型的疟疾感染,奎宁可起到暂时或永久治愈的效果。

奎宁是第一个针对特定疾病的西药。在疾病的细菌理论出现之前,它在西欧和北美被广泛使用,历时数个世代。在 19 世纪,奎宁是美国和欧洲部分地区抵御公共健康的主要威胁——疟疾的主要防线。

1820 年,法国化学家皮埃尔-约瑟夫·佩尔蒂埃(Pierre-Joseph Pelletier)和让-皮艾米·卡旺图(Jean-Bienaimé Caventou)从金鸡纳树干中分离出 2 种生物碱。他们将白色晶体命名为奎宁,棕色液体命名为金鸡纳。这些实验以及由佩尔蒂埃和卡旺图进行的其他成功的实验,标志着现代生物碱化学的开始。

19 世纪 20 年代,制造奎宁和金鸡纳的化学公司首先在美国、荷兰、英帝国、法国和俄国勃兴。金鸡纳以"穷人的奎宁"闻名于世,它的价格只是奎宁的一小部分,因而成为专利药物配方的原料。奎宁能够有效治疗疟疾,在国际上声誉很高,这种巨大的需求使其能够产生稳定的效益。许多当代重要的国际医药公司都与奎宁制造业有渊源。

许多早期的奎宁消费者生活在美国和西欧,在那里,疟疾是 19 世纪的主要公共健康问题之一。在欧洲殖民扩张的整个时代,由于在非洲海岸疾病环境中的经历,人们最终理解到疟疾是一种全球性疾病。奎宁携带极为方便,19 世纪中叶以后,人们把它作为预防药物随时携带在身上,这使得欧洲探险家、传教士和军队可以在疟疾流行的地区展开行动。在印度,英国人学会让奎宁在水中分解,然后加入杜松子酒,做成金汤力(Gin and Tonic)。一些学者认为,奎宁在欧洲征服热带地区的过程中扮演过最重要的角色,但是近期的学者认为,许多其他公共健康措施,诸如使用蚊帐和开挖厕所,至少对减少热带地区的疾病和死亡率具有同等的重要性。

从 20 世纪初开始,奎宁就运用于公共健康领域,这就是众所周知的奎宁普及化,其目的是通过普遍的化学治疗大幅度减少疟疾的危害。这个政策首先在意大利实施,取得了相当大的成功。但是,这项政策的费用,以及奎宁不能阻止所有类型疟疾复发的事实,导致向单个个体治疗的回归,以及对环境干预的关注:此举旨在消灭传播疟疾的按蚊并摧毁其生活环境。

奎宁是医学上的毒药之一，是毒性最强的一种。4克就能使人耳聋、头晕眼花、呼吸困难。对于视觉器官来说，它就相当于阿托品(atropine)……它同酒精一样能使人喝醉；在奎宁工厂工作的工人，眼睛发炎，嘴唇变厚，皮肤感染。
　　　　　　　　　　　　——托马斯·曼(Thomas Mann, 1875—1955)《魔山》(*The Magic Mountain*)

这是一瓶奎因酊剂和提取它的植物的插图，用来装饰香烟盒的背面。纽约公共图书馆

在20世纪初，奎宁被证明对军队非常重要。奎宁可能是至关重要的，它让军队得以健康地参加战斗；而削减敌军的药物供应也是制胜的要素。第一次世界大战期间，协约国军队切断德国人的奎宁供给线，因此给德军在东线战场上制造了很大的麻烦。德国人启动一个紧急科学研究计划，以找到可以代替的合成物，但是直到1920年代都没有成功。

第一次世界大战后，国际联盟疟疾委员会曾试图调查全球疟疾传染的情况，评估有效干预疟疾所必需的奎宁的数量。预估的数量超过了全世界的总供应量，化学治疗全球疟疾患者的计划流产了。然而，这项早期的调查和大规模化学治疗遇到的问题，只不过是世界卫生组织成立和后来全球性HIV传染问题的先声。

20世纪二三十年代，世界市场上奎宁的供给逐渐被以阿姆斯特丹为基地的金鸡纳联盟(Kina Bureau)卡特尔所控制，但这成功确保了奎宁的稳定供应，而其价格又避免了种植者过度竞争造成的负面影响。这种局面直到1942年日本征服荷属东印度时才被打破，因为荷属东印度广泛种植金鸡纳树。日本人控制了生产大部分奎宁原料的金鸡纳树种植园。在太平洋战场上，盟军的伤亡迅速增加，于是一项科学研究计划在美国发起，以找到可代替的合成物。

自从第二次世界大战以来，抗疟疾合成药品大面积代替了奎宁。今天，奎宁仍旧是一种有效的抗疟疾药品，在对合成药产生耐药性的疟疾面前它仍旧是我们最后诉求的药品。

进一步阅读书目：

Curtin, P. D. (1998). *Disease and Empire*. New York：Cambridge University Press.

Duran-Reynals, M. L. (1946). *The Fever Bark Tree：The Pageant of Quinine*. Garden City, NY：Doubleday.

Harrison, G. (1978). *Mosquitoes, Malaria, and Man*. New York：E. P. Dutton.

Rocco, F. (2003). *The Miraculous Fever Tree：Malaria and the Quest for a Cure that Changed the World*. New York：HarperCollins.

Taylor, N. (1945). *Cinchona in Java：The Story of Quinine*. New York：Greenberg.

詹姆斯·小韦伯(James L.A. Webb Jr.) 文

马行亮 译，黄艳红 校

R

Race and Racism　种族和种族主义

种族主义可以说是种族中心论的一种极端形式。（例如，认为某种语言、风俗习惯、思维方式和物质文化更为优越。）如果某些人愿意并且能够采纳其他人的信仰和风俗习惯，文化要素之间的差异即使很明显，也能够被克服；但种族的界限并不取决于文化要素，而取决于人类身体上的"外在"区分，这种区分被认为是内在的、生物学上的多样性的一种表现。

2071

许多历史学家已经指出，种族区分和种族主义观念在古代，如希腊和印度吠陀时代就已存在。然而，在所有有意义的用法上，这些把人类群体的差别概念化及回应此类差别的方式，源自 15 和 16 世纪全球扩张与跨文化交流的时代。这个时代，东半球和西半球之间产生了第一次持续的接触，同时也出现了不同社会在局部地区和整个大陆进行的强烈互动。像所有那几百年里卷入跨文化接触的其他民族一样，欧洲人跨海去贸易、探险和传教，他们的民族优越感非常强。他们往往认为，相对于在非洲、亚洲和美洲遇到的不同社会，他们自己的语言、风俗习惯、思维方式和物质文化，即使不是最好的，起码也是更优越的。这种强调文化差异的本能倾向在古代的民族中更明显，如希腊人把自己与"野蛮人"区别开来，因为后者不能讲希腊语；或者像中国古代的汉族人把游牧民族视为未开化的民族，因为后者生活在雨水太少的地区，不能维持定居农业和发达的城镇生活，而这些是古代中国人认为文明所必需的。

种族主义可以被视为这种种族中心论的极端形式。在现代早期，即扩张时代——至少在这个时间段里——它只是在欧洲血统的各民族中由于我们将要谈到的众多原因而首先发展起来。如果一些群体愿意并且能够采纳其他群体的信仰和生活习俗，文化差异是可以改变和克服的。所以，种族的边界并不是以文化差异，而是以人类不同的身体类型之间存在的典型差别为基础而划定的，这些典型差别被视为天生的和生理上的。这种身体属性被那些奠定和坚持人类群体中存在种族差别的人推崇，但是，因为时代和生活的社会不同，这种属性已经发生了相当大的变化。尽管如此，种族主义思想几乎总是怀有这些信念，即一些民族天生就比另一些民族优越或低劣，并推导说——至少是隐含地——这种不平等情况起源于智力上天生的和不可改变的差异。

种族和种族主义的起源

无论是基于宗教还是基于物质的优越性，15 和 16 世纪欧洲的种族优越感都是眼光狭窄和自我陶醉的；不过，在该术语任何有意义的意思上，它其实往往并非种族主义。直到 17 世纪晚期，欧洲旅行家和作家很少将人类划分为若干界限分明的类别。并且当人们试图给人的类型做出区别时，标准总是模糊和前后矛盾的。在海外相遇的民族之间的身体差别当然经常被描述得很详细，然而，甚至在有关肤色最浅的北欧人和非洲热带雨林或南亚沿海地区肤色最深的民族之间接触的报道中，天然肤色和发质的差异经常以一种波澜不惊的方式被提起。尽管许多西方学者对民族优越感津津乐道并提出论据，然而，与他们不同的是，欧洲旅游者对浅色皮肤的民族的欣赏，并不比对"黄褐色"或者"黑色"皮肤的民族多。实际上，许多探险家明确地对黑肤色民

2072

> 一个人曾感受到他的两重性——一个是美国人，一个是黑人；两个灵魂，两种思想，两个不可和解的姿态；一个黑色身体里两种相互斗争的观念，唯有身体的顽强力量使其免于被撕裂。
>
> ——杜波依斯（W. E. B. Du Bois, 1868—1963）

族的男性和女性的美丽和匀称的身体有所称道。例如，弗朗索瓦·贝尼耶（François Bernier）是 17 世纪晚期法国最著名的旅行家，也是试图对其游历中遇到的不同类型的人进行归类的作家之一；然而，在他东拉西扯的叙述中，他很少谈起人类的基本类别。他更感兴趣的是根据哪一个有最漂亮的女人来给他所遇到的民族划分级别。在他的最美丽女人的名单里有肤色相对较黑的埃及人和非洲人。在其他西方观察家的大量记述中，那些被描述为褐色和黑色的民族，就智力水平和他们所达到的文化发展层次而言，排位在他们那些肤色较浅的邻居之上。到海外旅游的欧洲人，很少把面部特征和头发质地与对一个民族的习性和智力的总体评价联系起来。正像文化差异一样，身体差别通常跟环境影响联系在一起，它不能被视为生理遗传和人类繁衍时天生的结果。

大西洋种植园制度、奴隶制和种族主义

真正的种族主义立场和其表达最先出现在什么时候，这个问题至今没有明确的答案。但是数十年来对大西洋奴隶贸易和整个美洲奴隶社会的精心研究，已经从文献上全面地说明，在欧洲扩张到大西洋世界的数个世纪里发展起来的动产奴隶，和论据愈来愈详细的、天生不可改变的人种差异论之间存在联系。这种差异是指以奴役身份被卖到新大陆的种植园奴隶，与用船跨越大西洋运输他们，并从对他们的强制奴役中获利的欧洲人之间有种族上的差异。尽管我们不能准确地判定在什么时候、为什么这种欧洲人和非洲人之间的极端差别被率先阐发出来，但是到 17 世纪，深深卷入奴隶贸易的葡萄牙人、丹麦人、英国人和其他民族的人广泛持有这种信念。可能没有疑问的是，大西洋奴隶贸易的社会经济条件直接推进了非洲人天生或者说在种族上是劣等种族的观念，以及（一些圈子里所持有的）他们和其他人类是不同种族的观念。

在早期，某种程度上说，初露端倪的种族主义情绪，是由出售奴隶的人和沦落到奴隶处境的人在肤色和其他明显的（并非本质上很重要的）外在差别诱发的。但是，在许多情况下，文化差异在形成欧洲人对不同种族和社会的态度上更加重要。如非洲人信奉的异教信仰——据说是以欧洲人不加分辨地放在一起、误认为是"拜物教"的"崇拜"为中心——欧洲人对他们认为物质发

这是 1878 年地理学教科书中的一页。它对种族进行了分类，这种分类在 20 世纪仍然被人接受

2073

展水平低下的社会的蔑视,这种蔑视的依据是,沿海居民缺乏石头建筑(包括堡垒)、大城市、强权统治者、强大国家,还有他们对半裸体和全裸体的熟视无睹等方方面面的现象。无疑,这些评价在很多方面是有问题的。例如,很明显的一点,它们是基于这一事实,即奴隶贩子是在沿海地区集中开展贸易的;在那里,由于环境条件和人们的选择,政治权力实际上不如欧洲大部分地区集中化,而且,建筑材料和穿着方式更适合于炎热湿润的环境,而不是欧洲人的那个大陆上较冷的温带气候。19 世纪以前,少数欧洲探险家在内陆苏丹(北非马格里布和西非热带雨林之间的沙漠和干旱地带)辽阔的热带稀树草原气候地带游历时,他们遇到过让人印象深刻的城市,如杰内(Jenne)和廷巴克图(Timbuktu),还有经常比欧洲规模更大的国家和军队、广阔的贸易网络、纪念碑式的建筑,以及从犹太-基督教传统中发展出的一神教伊斯兰教。这样,尽管基督徒和穆斯林之间存在冲突,但欧洲人还是能够找到与他们自身相协调的东西。欧洲人在非洲内陆的诸多发现,就人类成就和价值来讲,与他们基于自身种族中心论的期待相匹配,所以苏丹地带的非洲人在西方的著作中总体上受到更好的待遇。进入 19 世纪,欧洲人通常把苏丹地区的民族排除在种族主义指责之外,这种指责经常指向非洲大陆西海岸和西南海岸的民族,那里是 16 到 19 世纪奴隶贸易的集中地。

只有少数欧洲旅行家、奴隶贩子、商人或与非洲沿海居民进行持续跨文化交流的传教士,才真正理解了这些民族复杂而精致的社会制度和宗教,能够真正欣赏后者辉煌的艺术、音乐和口头文学。此外,欧洲人接触到的许多非洲人,既有不同程度参与奴隶贸易的商人,也有不幸被抓获当成奴隶运到海岸转运栈的群体和个体。在海岸转运栈,他们被卖给欧洲人,然后被运到大西洋彼岸的种植园。这些被奴役的人不仅完全迷失了方向,处于惊恐和绝望之中,而且他们是突然而粗暴地从他们的文化中被掳掠走的。他们的技艺在其文化中很有价值,他们本人在其中已经获得尊严和社会地位。而在大西洋体制下,奴隶被视为动产、他人的财产和苦力。即使他们在美洲种植园里充当家仆,他们依然不能组建自己的家庭和亲属关系;然而在非洲和亚洲的大部分地区,在占统治地位的大规模的家庭奴隶制下,他们通常都是有亲属关系的。这样,许多奴隶几乎没有机会展示他们的聪明才智。实际上,一旦沦为奴隶,他们作为苦役所承受的负担,以及他们能否幸存下来,可能靠的就是伪装成没有本领的人或者愚蠢的人。"聪明"的奴隶经常被种植园主阶层怀疑为潜在的麻烦制造者,因为他们可能会鼓动他人抵抗被迫受到的压榨。

这些因素结合在一起,导致欧洲各地出现了种族主义观念:在大西洋奴隶贸易网中、美洲种植园里,甚至在构思人种分类新论文的欧洲自然哲学家的客厅里。然而,不论怎样,种族主义观念肯定会被用来确保非洲人受奴役的地位,捍卫奴役他们所必需的残酷的社会控制体制。强调非洲"种族"天生低劣,或者在极端情况下强调非洲人低人一等的观念,有助于让成千上万人屈辱、受奴役和悲惨的生活合理化,他们被迫在大西洋种植园体制下劳动长达 4 个多世纪。在这 4 个多世纪里,极小部分亚洲民族,如被输入南非的荷兰开普殖民地的马来人和印度较低种姓的穷困契约奴,也被海外的欧洲人所奴役。但是,至少直到 18 世纪晚期,只有很少的人试图去论证这些群体的种族差别。并且,如 16 世纪西班牙法学家胡安·赫尼斯·塞普尔韦达(Juan Ginés Sepúlveda)等人,致力于证明美洲土著是没有灵魂的下等人,因而可以被合法地奴役的论调,受到激烈的挑战。最著名的要数多明我会修士巴托洛梅·德·拉斯·卡萨斯(Bartolomé de Las Casas),他雄辩有力地驳斥了

2074

塞普尔韦达的看法，即征服美洲印第安人民族是合理的。尽管在近几十年里，大量争论的焦点在于，前往美洲定居的殖民者在多大程度上是按照种族标准把自己和当地民族区别开来的，但有证据表明，至少到 19 世纪，定居的殖民者对美洲土著的偏见首先是基于被意识到的文化差异而非身体差异。

关于种族的科学论证和理论

直到 18 世纪的最后几十年，种族差别和种族概念仍旧是模糊和可变的。在 17 世纪中叶，在人类种族之间进行基本划分的早期尝试是粗略的和印象式的。可以相信的是，第一位进行这种划分的人是人文学者艾萨克·德·拉佩雷尔(Isaac de la Peyrere)，他在 1655 年关于亚当和夏娃后代的一篇论文中选择肤色作为主要标准，根据其是否为"红色""黄色""黑色"或者"棕色"归类出许多人类群体。17 世纪 80 年代，永远不知疲倦的旅行家弗朗索瓦·贝尼耶认为，有 5 种主要类型的人，包括笼统意义上的"浅肤色"类和各种各样的"非洲人"群体。他还认为居住在斯堪的纳维亚北部相对不太重要的拉普游牧民族是个可供参考的类型。这些作者中，没有一个致力于确定一个清晰的标准，以便对人类群体之间的差异做出区分和评估。一个世纪以后，许多自然哲学家——其中最著名的是苏格兰人蒙博多勋爵(Lord Monboddo)，他甚至没有亲眼见过他所描述的大多数民族——确信非洲人或者说黑人，更近似猿而不是人(主要根据是身体外形)。相对于蒙博多勋爵和其他脱离实际的博物学家，物理学家爱德华·朗(Edward Long)在牙买加大量的奴隶中生活过几十年。在《牙买加史》(*History of Jamaica*，1774 年首次出版)中，朗以大部分章节描述奴隶不讨人喜欢的身体特征和文化低劣的表现，这些特质使他们与欧洲种植园主阶层区别开来。像蒙博多一样，朗费尽笔墨记录使非洲人更倾向于低等的动物种类而非"白种人"的生理差异。但是朗也用很多篇幅并貌似具有相当科学权威地论证说，黑人和"白人"之间混血导致了贫弱的杂种人，以此证明两者是各自不同的物种。

18 世纪的最后几十年，很多著名的科学家，包括两位德国人泽默林(S. T. Soemmering)和克里斯托弗·迈纳斯(Christopher Meiners)，主要利用骨骼残骸从解剖学上对不同类型的人种进行广泛的研究，并把抽样对象限定为非欧洲人。这些比较研究目的是为种族之间身体的差异提供经验性的解剖学依据，并为人种确立更详细的——因此表面上看来是科学的——分类。19 世纪的种族分类尽管在很多情况下被严重歪曲，但还是被当时的许多种族思想家，包括总结和修正早期调查结果的医生，逐步推广开来，并且类型逐步繁多。在某些情况下，对天生犯罪种族类型的"科学"探索汗牛充栋；在某些时候，优生学家和其他进化论思想家在小册子中主张禁止种族通婚，或者提倡那些有益的通婚以改进占统治地位的优秀种族——无论是高加索人种，还是蒙古人种。到 19 世纪中叶，对人种的科学研究导致种类异常繁多的仪器出现，用以检测不同种族的尸体、骨架和头骨等样本的解剖学特征。这些量化种族特征的做法，焦点逐渐集中在不同人类群体的头骨样品的比较检测上。到这个世纪的最后几十年，颅相学这门"科学"在欧洲社会遍地开花，还在各种互不相干的场合持续存在，如出现在科学学会和人类学学会沉闷的讨论中，出现在亚瑟·柯南·道尔爵士(Sir Arthur Conan Doyle)的夏洛克·福尔摩斯(Sherlock Holmes)谜案系列畅销书中，出现在大不列颠的海边娱乐场所，在那里一个人可以测试某人头部的详细资料并索取小费。整个 19 世纪下半叶，进化论思想的影响、基督教教义的论断和一些更可信的科学研究，导致多因素

2075

解释种族差异的热度缓慢降温,并引申出种族独自发展并认可各种单因素的理论,这些理论强调人类的基本统一性,尽管它们同时声称人种类型之间存在更多、更无法统一的差别。

种族主义和压迫意识

第一次世界大战前的半个世纪和接下来的 20 年,在世界许多地方,种族思想在塑造社会的组织方式方面达到最高峰,并且为帝国扩张提供了合理性依据,为群众性社会运动提供了意识形态,导致人类前所未有的争斗和压迫。在 19 世纪末期,种族优越的概念由那些主张进行殖民扩张、统治"低级"民族的人提了出来,并经常使用明显是民族主义而不是生物学的术语来表达。种族主义的论断以文明开化的任务为依托,为殖民地民族生活条件的明显下降进行辩解,还经常美化那些镇压人民抵抗、强化帝国统治的严苛政策。

在殖民地,从摩洛哥到越南,种族主义的公告渗透到生活的方方面面,从城镇规划到提高本土劳工阶级职业道德的方案。在美国南部、南非、澳大利亚和新西兰,许多相同的观念(尽管南非的情况跟科学种族主义没有牵连)成为意识形态的基础,社会以极端种族隔离和歧视有色人种为核心组织起来。这些有色人种有美国南部的非裔美国人、卡菲尔人(Kaffirs)或大多数讲班图语的南非人、印裔移民和混血的有色人、澳大利亚的土著人和新西兰的毛利人。在德国,种族主义思想囊括了许多世纪以来对犹太人的宗教和文化偏见,语言上也更加恶毒。在煽动纳粹登上权力顶峰之后,种族主义的污言秽语使隔离、剥夺财产、驱逐和禁闭成为可能,最终导致一场不仅根除德国犹太人,而且包括 20 世纪 30 年代以来针对被迫并入短命的纳粹德国地区的所有犹太人的大规模、系统化的运动。在日本,在大致相同的时期,极端爱国主义的狂热拥护者,强调种族纯洁的重要性,并以此作为日本民族最优秀的关键点。他们扮演着重要角色,推动社会越来越军事化,并走向对外侵略,打造帝国,最终发动了一场反对美国及其欧洲太平洋盟友的灾难性战争。

种族主义遭到拒绝及偏见的持续存在

那些致力于发展种族科学或者推动 19 世纪和 20 世纪初种族主义思想的人,在创建有意义、被广泛接受的划定不同人类群体的界限方面,并不比早期的思想家们更成功;在阐述能够判断不同种族类型优劣的可接受的非种族标准方面,成绩更是惨淡。20 世纪初,尽管在全世界不同的社会,在每天不同层次的社会交往中,种族主义的意识形态到处弥漫,煽动家们非常活跃,然而,一股思想上的反击开始登场。弗朗茨·博厄斯(Franz Boas)是反击种族主义的首批推动者之一,这位德国著名的人类学家在美国度过了最富创造力的辉煌生涯,培养了出色的研究生,其中有玛格丽特·米德(Margaret Mead)和鲁思·本尼迪克特(Ruth Benedict)。博厄斯与被其学说鼓舞的人类学家以及志同道合的民族志学者,一起挑战这个广为流传的论断,即种族主义已经为文化上中立的、客观的科学研究证实。他们在对人类社会的研究中,致力于取代种族或者生物差异,强调文化多样性。到 20 世纪 40 年代初期,纳粹以种族纯洁性为名在欧洲制造的种族灭绝噩梦,以及随后席卷太平洋的种族主义战争,引起了对种族主义的社会和政治议题的普遍反感。接下来的几十年里,在亚洲和非洲传播的殖民地民族组织的独立运动,还有美国南部和南非反对种族隔离制度的民权活动,进一步质疑了种族差异理论及其在种族隔离合法化中的运用。

尽管这些抗衡的趋势和运动由国际组织如联合国发起,旨在消除种族偏见,但是种族主义还是在许多社会中持续流行，并且在某些情况下以国家政策坚持下来，如南非以制度性歧视为基础的政体一直持续到20世纪90年代。在一些寻求从种族压迫中解放的更好战、更极端的运动，如美国的一些黑色权力运动、巴勒斯坦地区定居者的犹太复国主义中，则孕育出某种对抗性的种族主义。此外，种族理论依靠一些科学家和社会学者而继续保持着生命力，这些人坚持不懈地从经验角度说明，若以IQ平均值为参考，在人类的不同群体中，能力上的基因差异是存在的。不过，到20世纪最后的几十年里，世界上大多数的科学家和社会思想家已经拒绝接受种族观念，以及与之伴随了将近500年的种族主义偏见和行为。

进一步阅读书目：

Adas, M. (1989). *Machines as the Measure of Men: Science, Technology, and Ideologies of Western Dominance*. Ithaca, NY: Cornell University Press.

Barkan, E. (1992). *The Retreat of Scientific Racism*. Cambridge, U. K.: Cambridge University Press.

Curtin, P. (1964). *The Image of Africa: British Ideas and Action, 1780—1850*. Madison: University of Wisconsin Press.

Fredrickson, G. (1971). Towards a Social Interpretation of the Development of African Racism. In N. I. Huggins, et al. (Eds.), *Key Issues in the Afro-American Experience*. New York: Harcourt, Brace, Jovanovich.

Fredrickson, G. (2002). *Racism: A Short History*. Princeton, NJ: Princeton University Press.

Gould, S. (1981). *The Mismeasure of Man*. New York: Norton.

Holt, T. (1995). Marking: Race, Race-Making, and the Writing of History. *American Historical Review*, 100(1), 1 - 20.

Jordan, W. (*1968*). *White Over Black: American Attitudes Toward the Negro, 1550—1812*. Chapel Hill: University of North Carolina Press.

King, J. (1981). *The Biology of Race*. Berkeley: University of California Press.

Mosse, G. (1964). *The Crisis of German Ideology: Intellectual Origins of the Third Reich*. New York: Grosset & Dunlap.

Pagden, A. (1982). *The Fall of Natural Man*. Cambridge, U. K.: Cambridge University Press.

Vaughn, A. (1995). *Roots of American Racism*. New York: Oxford University Press.

迈克尔·阿达斯（Michael Adas）文

马行亮 译，黄艳红 校

Radio 无线电

无线电技术从19世纪末开始发展，20世纪20年代成为工业化国家兴起的广播媒介的基础。到21世纪早期，调频和调幅模拟技术几乎在每一个国家都已实现，而且数字技术也迅速发展起来。

在19世纪60年代的英国，詹姆斯·克拉克·麦克斯韦（James Clerk Maxwell，1831—1879)率先对无线传输信息的方式做出理论预测。随后，一系列实验开始进行，最终导致了广泛传播的媒介——无线电的出现。今天,几乎每个国家都有无线电。(注意:虽然无线电能够指代任何电磁辐射,但是在这篇文章里,该术语仅适用于广播和相关的服务,而不适用于电视传输信号、雷达或移动电话等服务。)

19世纪80年代末期,德国物理学家海因里希·赫兹(Heinrich Hertz,1857—1894)通过一些小规模的实验证明麦克斯韦是正确的,然而他没有将这个看法进一步发展。19世纪90年代中期,意大利发明家古列尔莫·马可尼(Guglielmo Marconi,1874—1937)开始进行实验。不久他来到英国,并使政府和军方对无线电的潜在应用产生兴趣。1901年,他在北大西洋两岸传输莫尔斯电码(Morse code)的字母"S"。到那时为止,其他实验者也已经在德国、美国、俄国和其他地方开始为无线电而工作。

无线电报首先被用于同海上轮船(和轮船之间)联系,也用于长距离(经常是跨洋的)联络。在第一次世界大战及战前时期,无线电报还被应用于海军和陆军。经常有效利用无线电的国家,享有相对其他国家明显的优势。1905年,日本在对马海峡的海战中击败俄国舰队,部分原因是因为其发达的无线电联络。1916年,英国在日德兰海战中的信号失效,很大程度上归咎于混乱的无线电信息。

传输声音或音乐信号(无线电话,与电报不同)要求更复杂的连续电波传输设备,然而在20世纪的前20年,这些设备的开发进展缓慢。雷金纳德·费森登(Reginald Fessenden),一位在美国工作的加拿大人,首先意识到这个问题的重要性,他认为应该开发急需的发射器。1906年,李·德·福雷斯特(Lee de Forest,1873—1961)开发出了三极管。这是一种经过改进的真空管,人们最终发现它能放大电子信号,这样,更有效的发射器和接收器出现了。埃德温·霍华德·阿姆斯特朗(Edwin Howard Armstrong,1890—1954)开发出几个重要的无线回路,使无

线电接收器更为有效。这些人及其他发明家之间的专利权争夺,经常延缓无线电技术的进步。而他们很少有人把无线电广播挂在心上。

美国的早期无线电广播

世界上的第一次广播可能发生在1906年,地点是马萨诸塞州波士顿南部的布兰特罗克(Brant Rock),费森登使用自己设计的设备传输音乐和声音信号给一些见证人、少数业余听众(搞业余无线电收发的人)和政府无线电操作者。尽管他数次重复这个壮举,但并没有提供连续性的服务。其他的人,如李·德·福雷斯特,偶尔能够提供广播,但还是不能提供定期的服务。这个角色由查理·赫罗尔德(Charles D. Herrold,1875—1948)来担当。约在1909年,在加利福尼亚的圣何塞(San Jose),他开始了世界上第一次定期提供节目表的无线广播服务;后来服务的规模扩大,一直持续到1917年早期,那时候美国参加第一次世界大战,停止了很多私人无线电传输。

1919到1921年,在欧洲某些地区、加拿大和美国,无线电广播开始受到认真对待,因为每个国家都曾把战时禁令升级到私人使用无线电技术上。最早的电台是实验性质的,每周经常只是几个小时的空中服务,没有固定的时刻表。设备经常是手工制成的。潜在的听众中,只有少数几个拥有或知道如何制造接收器。尽管对这种新的空中服务的兴趣和需求在增大,但是变化仍然很慢。1922年末,美国拥有500多家空中电台,共享着少量的频率。

1927和1928年是非常重要的年份,在这一时期,美国的广播体制被确定为由商业支持,联邦管理。接收器得以改进(操作更容易,外接电源,不用电池,内置话筒);第一批定期服务的网络设立(1927年末的NBC,一年后的CBS);就种类、内容、长度来说,节目更加规范;日益增长的

1924 年的这张《无线电广播》(*Radio Broadcast*)杂志封面表明,无线电的魔力是如何轻易地干扰人们最普通不过的家务事的

听众数量吸引了广告商;对最初听众的研究更能说明,这种媒介的利用率和影响力都在逐渐增加。最终,联邦的管理和执照颁发都已标准化,并且得到了有效执行。当时的调幅频带预留给广播,增加了更多的电台。无线电的黄金时代是 20 世纪 30 年代。由于大萧条的影响,人们花钱很节制,这时"免费的"无线电(只要拥有接收器)就成为划算的交易。到 30 年代末,戏剧,喜剧,林林总总,最终还有新闻节目,都被锤炼到很高的水准。许多利用无线电做广告的公司看到产品销售额在逐渐增长。无线电节目被广泛讨论,听众感同身受地欣赏戏剧和喜剧角色。到 20 世纪 30 年代末,无线电新闻变得很重要,它取代了报纸,成为重大突发性新闻的主要发布渠道。第二次世界大战时,大后方能了解

到很多重大事件,便是受惠于日益改进的技术——电台记者能录播或者从战争前线播报实况。例如,在哥伦比亚广播公司(CBS),爱德华・默罗(Edward R. Murrow,1908—1965)和他的同伴对后方的美国听众生动地播报战争等重大事件。在 20 世纪 40 年代初期的战争中,电台新闻业充分发展起来。

欧洲的公共电台

与美国 20 世纪 20 年代末开始实行的商业模式不一样,英国广播公司(BBC)确立了一种非常不同的公共服务和节目制作方式,这成为其他许多国家电台体制的一种模式。BBC 领导层把无线电看作提升国家声望和国民素质的一种方式,因此制作了相当多的文化、教育和艺术节目,而轻松的娱乐节目不太多。其他的欧洲国家接受了这套模式,用在自己国内的广播体制上,并在其殖民地也用这套办法去经营广播。而美国的公共广播,在 20 世纪 60 年代以前就移交给了为数不多的教育和非商业电台,大部分由学校和大学经营。在欧洲,在电视出现之后,无线电的社会重要性(因为其重点是公共服务)变得更大。

到第二次世界大战爆发时,欧洲、非洲和亚洲(但不包括北美洲和南美洲)的广播体制受到政府的某种控制,由听众付费维持(很少经营广告)。对政府控制广播体制的国家来说,广播的目的是推进国家艺术和文化发展,更进一步说也是为了宣传政府政策。由于几乎没有娱乐和流行音乐节目,再加上广告商想要争取广播听众,于是在 20 世纪五六十年代,欧洲组建了许多"私人"(没有营业执照的)电台。其中一些完全按照美国模式,以广告支撑,在沿海的轮船上进行广播。

2080

国际广播服务和宣传

为达到劝信(有时是恫吓)的目的,政府经常收编无线广播。1929 年,莫斯科电台也许首次提供了国际无线短波服务,主要目的是宣传自己的政治主张。紧随其后的是,1932 年英国广播公司(BBC)的帝国部(面向英国殖民地广播,是今天世界部的前身)和法国的殖民地广播开播。1933 年,纳粹德国的电台也开始这样的广播。纳粹官员约瑟夫·戈培尔(Josef Goebbels, 1897—1945)全力以赴,利用这种媒介来提升德国的优越感,同时将恐惧渗入潜在敌人的心脏。20 世纪 30 年代,美国依赖私人广播网络提供国际服务(尤其是向拉丁美洲广播),一直到 1942 年成立"美国之音"为止,后者成为美国在海外的官方声音。

第二次世界大战期间,所有参战国都继续着广播宣传,并在冷战时期继续扩大规模,因为苏联、中国及苏联的卫星国改进了短波广播制度,增加了播出时间。20 世纪 50 年代,美国创建自由欧洲电台和自由电台,分别对东欧和苏联广播。20 世纪 50 年代末,埃及领导人贾迈勒·纳赛尔(Gamal Nasser, 1918—1970)频繁使用广播面对他的人民,就像菲德尔·卡斯特罗(Fidel Castro, 1926—2016)在 1959 年以来定期利用广播进行演讲一样。这两位领导人都致力于通过攻击外来的敌人(尤其是美国),来强化来自国内人民的支持。随着 20 世纪 90 年代冷战的结束,国际广播的声音变弱,更注重传播民族主义的信息和文化。然而美国对古巴(马蒂电台,即 Radio Marti)和中东(沙瓦电台,即 Radio Sawa)的广播表明,国际广播仍然被用在政治和文化说教上。冷战时期的广播宣传主要用来保证双方的真正信仰者坚持自己的立场——但很可能会说服少数听众完全改变信仰。

电视世界里的无线电

战后,无线电广播面对着一个世界范围内正在变化着的媒体环境。20 世纪 30 年代,埃德温·阿姆斯特朗(Edwin Armstrong)完善调频技术,很大程度上消除了静电干扰,能提供更优质的声音和更可预测的覆盖范围。在欧洲重建被战争破坏的广播体制、允许成立更多的电台和制作多样化的节目之际,调频是个恩赐。这项技术在 20 世纪 50 年代的美国发展很缓慢,因为资金被倾注到新的调幅电台(从 1945 年的 900 家扩大到 1952 年的 2400 家)和电视上。调频广播在热带国家尤其有利用价值,因为那里的电波干扰经常覆盖调幅的中波传输。

20 世纪 50 年代以后,随着商业电视的扩张,电台很快分流出很多的节目形式(在美国是广播网络)给更新潮的电视业。无线电对很多听众来说成了"背景",但此时它也在探索一种新的功能,即提供现代流行音乐。美国的"Formula"或者"top - 40"作为广播电台出现在 20 世纪 50 年代,它们成了自动唱片点唱机,有最新音乐时尚、迅速火爆的新闻播报和数量渐渐增多的广告。美国电台 DJ(流行音乐栏目主持人)成为百万听众的媒体英雄,也成为欧洲私人电台的榜样。20 世纪 50 年代中期之后,数量日益增多的听众轻易地使用便携式的半导体无线电,使无线电成为"随身听"媒介。

1967 年以后,在美国,教育广播是公共广播,并开始为人普遍接受。与此同时,美国国家公共电台于 1969 年成立,旨在把几百家地方电台联系起来。国家公共电台和其他节目制作的巨头们为各家电台提供有关公共事务和文化的节目,它们可以结合本地方言来播出,还提供其他节目给商业性流行音乐台。到 20 世纪 80 年代,在美国,高品质的音效和节目使调频电台比调幅电台更流行。20 世纪 90 年代末,1000 多家小规模的地方调频电台在运营,并大量使用义工。20 世纪 80 年代,美国的调频广播以优异的声质和节目在受欢迎程度上胜过了调幅广播,到 20 世纪末,它吸引了美国听众总数的 75%。通过数量日益增多的调频电台(从 1970 年的 2 500 家到 30 年后的将近 9 000 家),人们能听到各种音乐。20 世纪 90 年代,调幅电台的主要内容是谈话和新闻节目,许多最受欢迎的节目,其主要特色在于政治保守的时事评论员或宗教播音员,他们为这个时间段付费,就像广告商一样。这样的节目很多时候像国际宣传一样倾向于强化听众的思想,但也可能说服一些人改变想法。这样的广播深深地影响了一些政治运动,但是要说到长期影响,证据是有分歧的。无线电开始在汽车里更广泛地应用(在 20 世纪 50 年代早期,一半的小汽车有调幅广播;到 90 年代为止,超过 95% 的小汽车有收听调频广播的能力),因而更彰显其重要性,因为"开车时间"(往返程)的听众数量在日益增加。

在美国,无线电不受管制,这使全国几百家电台连锁起来由一家单独的实体经营成为可能。然而在最大的市场份额中,一个业主最多可以拥有 8 家电台。这种情况是会伤害还是会有助于节目的多样性,对此产生了相当大的争论。但是许多观察家同意,不受管制导致美国电台里新闻和公共事件报道的减少。到 2010 年为止,由于广告收入降低,商业电台资金吃紧,许多听众转向可替代的(通常是便携式的)音频资源。另一方面,公共电台新闻和公共事件报道的听众看上去正在增加。

约 1990 年以后,以商业方式运营流行音乐电台的美国模式在全世界更加普及。一些国家采取竞争性的公共服务和商业电台体制,如 1974 年的英国以及 20 世纪 40 年代的加拿大。其他国家则从政府财政支持的非商业体制转变为商业运营结构,这种转变是因政府节约财政开支而引发的。

无线电的数字化未来

从 20 世纪 90 年代末开始,无线电进入漫长的过渡时期,即从既存的模拟调幅和调频信号传输过渡到数字信号传输。后者在一些国家是从地面站发送的,而另一些国家(包括美国)则是使用卫星传播数字广播节目,前提是没有广告,可以向用户收费。数字化广播能够提供最优质的声音,但是需要用新的接收器。在服务了 80 多年后,在 21 世纪初期的某个时候,面对这些更新锐的数字手段,模拟调幅和调频广播有可能消失。虽然不断变化的技术将提供更清晰的信号,但是到目前为止,还没有证据表明它将改进或者降低无线电节目的多样性和质量。

2082

进一步阅读书目:

Albarron, A. B. , & Pitts, G. C. (2000). *The Radio Broadcasting Industry*. Boston: Allyn & Bacon.

Barnouw, E. (1966 - 1970). *A History of Broadcasting in the United States* (Vols. 1 - 3). New York: Oxford University Press.

Berg, J. S. (2008). *Broadcasting on the Short Waves: 1945 to Today*. Jefferson, NC: McFarland.

Briggs, A. (1960 - 1995). *A History of Broadcasting in the United Kingdom* (Vols. 1 - 5). London: Oxford University Press.

Codding, G. A. (1959). *Broadcasting without Barriers*. Paris: UNESCO.

Coe, L. (1996). *Wireless Radio: A Brief History*. Jefferson, NC: McFarland.

Douglas, S. J. (1987). *Inventing American Broadcasting, 1899 - 1922*. Baltimore: Johns Hopkins University Press.

Douglas, S. J. (1999). *Listening in: Radio and the American Imagination*. New York: Times Books.

Dunning, J. (1998). *On the Air: The Encyclopedia of Old-Time Radio*. New York: Oxford University Press.

Halper, D. L. (2001). *Invisible Stars：A Social History of Women in American Broadcasting*. Armonk, NY：M. E. Sharpe.

Hilmes, M. , & Loviglio, J. (Eds.). (2001). *Radio Reader：Essays in the Cultural History of Radio*. New York：Routledge.

Katz, E. , & Wedell, G. (1977). *Broadcasting in the Third World：Promise and Performance*. Cambridge, MA：Harvard University Press.

Keith, M. C. (2007). *The Radio Station* (7th ed.). Stoneham, MA：Focal Press.

Keith, M. C. (Ed.). (2008). *Radio Cultures：The Sound Medium in American Life*. New York：Peter Lang.

McNicol, D. (1946). *Radio's Conquest of Space：The Experimental Rise in Radio Communication*. New York：Murray Hill Books.

Sterling, C. H. (Ed.). (2004). *Encyclopedia of Radio* (Vols. 1 - 3). New York：Fitzroy Dearborn.

Sterling, C. H. , & Kittross, J. M. (2002). *Stay Tuned：A History of American Broadcasting* (3rd ed.). Mahwah, NJ：Lawrence Erlbaum.

Sterling, C. H. , & Keith, M. C. (2008). *Sounds of Change：A history of FM Broadcasting in America*. Chapel Hill, University of North Carolina Press.

Woods, J. (1992,1999). *History of International Broadcasting* (Vols. 1 - 2). London：IEE.

克里斯托弗·斯特林(Christopher Sterling) 文

马行亮 译,黄艳红 校

Railroad 铁路

铁路对世界历史产生的直接而持续的影响,很少有其他发明能比得上。它是第一种速度和旅程远远超过马和骆驼的陆地运输模式,首次把陆地上遥远的地域和完全不同的民族联系在一起。它是现代化、技术优势和工业知识的强有力的象征。

2083

铁路是一种运输模式,其组成部分包括机车、客车厢或货车厢、两条钢轨、一个分级的道床及终点站。铁路不像其他交通工具,其运输不需要方向盘：带轮缘(凸起的边缘)的轮子可确保火车头和车厢在轨道上行驶。铁路是高能效的,因为轮子在轨道上滑动,摩擦力很小。

一个标准的铁路网包括干线(主要线路)和支线。干线沿着一条大致笔直的轨道把大部分的城镇和工业中心连接起来。支线把偏僻地区连接到干线的一个或更多的城市——工业枢纽上。东京、广州、伦敦、科隆、芝加哥和纽约就是这种重要的铁路枢纽,它们既位于工业地区,又在多个干线的交汇处,或者在海滨附近。

19 世纪的大部分时间里,蒸汽机被用作机车的动力,但现代的机车是靠活塞或电力来驱动的。今天,日本、中国和法国建成的高速列车,行驶速度可达每小时 300 千米,除飞机和空中飞行器以外,比其他所有运输方式都快。最长的旅程,从俄罗斯的莫斯科到朝鲜的平壤达 10 214 千米,中间不更换列车。只有轮船运送旅客和货物的距离比它更远。作家亨利希·海涅(Heinrich Heine)写道："铁路消灭了空间,只剩下了时间。"

铁路的源头

16 世纪,欧洲的采矿公司开始利用最初的

克劳德·莫奈(Claude Monet),《圣拉扎尔车站：火车进站》(*The Gare Saint-Lazare：Arrival Of A Train*, 1877)。
布面油画。1877年4月,在巴黎第4次印象派画展上,莫奈展出了7幅以该火车站为题材的绘画作品

铁路系统拖运煤炭和铁矿砂。因为矿井高低不平,泥泞不堪,拖运矿砂的工人就沿着矿井通道放置平行的枕木,以确保车轮不掉入车辙里。到18世纪末,铁轨已经很普遍,一些企业开始把轨道从矿井入口铺设到煤炭港口。这种铁路在英国东北部泰恩河和威尔河附近的煤矿地区非常稠密,被称为"纽卡斯尔路"。

关于"铁路时代"的开端,很多历史学家把时间定在1825年,即斯托克顿至达林顿44千米长铁路的开通,这是一条以蒸汽机车为动力的货运线路,它使煤炭运输费用削减了一半以上。有的人把开端定在1830年,即曼彻斯特到利物浦50千米长的客货两用铁路的开通,这条铁路连接英格兰最重要的两个城镇——工业中心。这两条铁路线均由大不列颠第一位伟大的铁路工程师乔治·史蒂芬森(George Stephenson)设计。

19世纪的铁路狂潮

到19世纪40年代,大不列颠陷入"铁路狂潮"之中。在一个繁荣和萧条交替的建设时期,英国的铁路的长度10年之内从2340千米增长到9700千米,整整增长了4倍。这个时代也目睹了"铁路拿破仑"——乔治·哈德逊(George Hudson)的起起落落。他是一个铁路诈骗犯,操纵股票,进行见不得人的交易,酿成大量的诉讼案件、破产事件和政治丑闻。"当前,大不列颠精神错乱,所有人都成了铁路狂!"贾奇·科伯恩(Judge Cockburn)1845年大声疾呼道(Blum 1994)。

铁路狂潮很快传播到西北欧的产煤地区——比利时、法国北部、普鲁士莱茵兰地区。在这里,世界上第一条国际铁路线建成。与大不

2084

高速火车是不可能的,因为乘客无法呼吸,会死于窒息。

——狄俄尼索斯·拉德纳(Dionysus Lardner,1793—1859)

列颠不同,欧洲大陆各国政府积极推进铁路发展,规划线路布局,因而发挥了更大的功能。国际银行家也是如此,尤其是声名显赫的罗斯柴尔德家族几乎成了19世纪欧洲大陆铁路建设的同义语。官商联合导致了一个建设狂潮。到1907年,欧洲(不包括俄国)的铁路纵横交错,长度有263 000千米。仅德国就有58 000千米,紧随其后的是法国(47 900千米)、奥匈帝国(41 800千米)、大不列颠及爱尔兰(37 300千米)、意大利(16 600千米)、西班牙(14 800千米)和瑞典(13 400千米)。

铁路在迎合美国、加拿大自治领和沙俄帝国的国家建设的抱负方面,也扮演着重要角色。美国的第一条铁路线是连接巴尔的摩和俄亥俄的铁路,1830年投入使用。在接下来的30年里,铁路建设几乎无一例外都在密西西比河以东进行。然而1849年,加利福尼亚发现黄金,这使得通往太平洋的快速安全的陆地线路问题备受关注。在政府的补贴下,联合太平洋公司(Union Pacific)和中央太平洋公司(Central Pacific)得以在1863到1869年间联手完成了从萨克拉门托(Sacramento)至奥马哈(Omaha)的铁路建设。其他几条铁路线也相继建成,包括南太平洋铁路(Southern Pacific,1881)、北太平洋铁路(Northern Pacific,1883)和大北方铁路(Great Northern,1893)。1885年,加拿大完成第一条真正横贯大陆的铁路——加拿大太平洋铁路(Canadian Pacific),连接东部港口蒙特利尔和西部港口温哥华。20世纪初,加拿大北方铁路(Canadian Norhthern)和太平洋大动脉(Grand Trunk Pacific)相继建成。最后,自1891到1916年,俄国建成跨西伯利亚铁路(Trans-Siberian Railway),连接车里雅宾斯克和符拉迪沃斯托克(海参崴),其长度为7 600千米,至今仍是世界上最长的铁路。到1907年,美国已经铺设382 100千米长的铁路(比欧洲铁路连在一起还要长),加拿大为36 300千米,俄罗斯为63 100千米。

殖民地和外国投资的铁路

铁路时代跟欧洲殖民和帝国主义的高潮是同步的,结果,大部分非洲和亚洲的早期铁路都是依靠欧洲的资本和技术修建的。1853年,英国率先在印度修建铁路,在孟买和塔纳(Thana)之间修筑了一条34千米长的铁路;到1880年为止,印度所有主要城市均由铁路连在一起。欧洲各国政府也在中国修建铁路,但建设进度如蜗牛爬行一般,最终清政府向不可回避的现实低头,任命一位美国培养的中国工程师詹天佑于1905年修筑从北京到张家口的铁路线。到1907年,不算俄国控制的亚洲部分,亚洲共有77 110千米长的铁路。仅英属印度有48 230千米的铁路,紧接着是日本(8 000千米)和中国(6 800千米)。同一时期,非洲铁路网增加到29 800千米,大部分集中在南非(11 300千米)和埃及(5 600千米)。然而,塞西尔·罗德斯(Cecil Rhodes)修建从好望角到开罗、纵贯非洲大陆的铁路的愿望仍然没有实现。

在美国边界以南的美洲,各国政府和国际投资者一起大力推动铁路建设,在1846到1907年间,共铺设80 500千米铁路。阿根廷建设了最大的铁路网(22 100千米),巴西(17 300千米)紧随其后。英国企业家对阿根廷和巴西的铁路建设投资最多,但墨西哥政府尽力由自己投资修建铁路。

技术、组织和规范化

铁路的成功依赖几个关键的发明,首当其冲的是机车。1804年,理查德·特里维西克(Richard Trevithick)证实,蒸汽机能用来驱动有轨车;但是直到1820年代,乔治和罗伯特·斯蒂芬森父子才建成了第一批现代机车——"动力"

2085

(Locomotion)和"火箭"(Rocket),并在英国铁路线上投入使用。其他重要的突破有:美国人乔治·普尔曼(George Pullman)1857年研发的卧铺车厢;乔治·威斯汀豪斯(George Westinghouse)1869年发明的空气制动器;艾利·詹尼1873年申请专利的珍氏自动挂钩;维尔纳·冯·西门子(Werner von Siemens)1879年发明的电力机车;以及20世纪初广泛使用的钢轨和钢制车厢。要想快速安全平稳地行驶,铁路线同样很重要。即使地形变化,也要有平稳的坡度。在这方面,两项发明尤其实用:铁桥,由罗伯特·斯蒂芬森1849年在纽卡斯尔首创;以及铁路隧道,1871年首先在意大利阿尔卑斯山投入使用。

组织上的突破在铁路的成功上也扮演了重要角色。首先是1840年"格林尼治标准时间"(铁路时间)的出现,它使铁路公司有可能制作统一的时间表,使乘客有可能计划他们的旅程,从而做好衔接。其次是用来传输信号的电报的使用以及交通控制。这对单轨铁路尤其必要,因为这种线路上总是存在迎面相撞的危险。车站经理、信号员、扳道工、司闸员对一次安全、没有麻烦的旅程来说,同工程师一样必不可少。

轨道宽度是一个重要的技术—组织问题,但从来没有得到彻底解决。欧洲和北美的许多铁路采用与不列颠相同的宽度——1.44米(56.5英寸),这就是我们所熟知的"标准轨距"。然而一些国家选择"很宽的尺寸"。如俄罗斯和芬兰采用1.52米(60英寸),西班牙、葡萄牙和印度采用1.68米(66英寸)。"很窄的尺寸"铁路(低于1.435米)也有,尤其是在山区。采用非标准尺寸,主要好处是预防军事入侵从而保护自己。其主要的不利是妨碍货物和乘客在边界两边自由流动。

社会和政治影响

铁路替代马拉的四轮车成为19世纪40年代乘客旅行的首选,因为它在各种气候条件下都能提供快速、安全和更舒适的旅程。它还在与运河船舶的竞争中胜出,用以运输大宗货物如矿砂、谷物、碎石、木材、化学用品和石油。实际上,铁路运输证明比先前所有的运输方式都更为优越,以至于到19世纪70年代,在所有主要工业国家的人员和货物运输上,它处于几乎垄断的地位。而垄断导致价格的固化、商业欺诈行为以及四处蔓延的腐败,最终也导致了政府的管制,其目的是恢复正常的公众信心和私人竞争。最早的管制案例是《州际商务法》(Interstate Commerce Act),由美国国会于1887年通过。垄断还使铁路成为外国统治最令人憎恶的象征之一。这样,"民族化"在殖民地和发展中国家就成为反殖民地和反资本主义运动的口号之一。例如胡安·庇隆(Juan Peron)在1946年掌权之后,很快就向英国投资者购买了阿根廷的铁路系统。

19世纪,许多自由派和激进派欢迎铁路,以此作为世界和平及和谐相处的工具。但是,对构建帝国和发动战争来说,铁路被证明是同样有用的工具。在普法战争(1870—1871)中,普鲁士军队聪明地利用了德国的铁路系统,侵入并征服了法国北部。俄国决定建造穿越中国东北地区的跨西伯利亚铁路,这是日俄战争(1904—1905)的主要原因之一。20世纪初,人们筹划建造从柏林到巴格达的铁路,这推动了1914年第一次世界大战的爆发。

垄断的结束

20世纪上半叶,随着汽车、卡车、公交车、飞机和管道等可替代运输方式的出现,铁路时代走向终结。尽管如此,除南极洲外,各大洲共有约1204000千米的铁路(足够绕地球30圈之多)。时至今日,对人员和货物运输来说,铁路仍然是主要方式。在人口稠密的地区如西欧和日本,铁路经常同汽车和飞机一样方便快捷。铁路在印度、中国和其他发展中国家和地区也仍然很受欢迎,它通常是唯一可以消费得起的交通方式。因为相对卡车而言,铁路需要的燃料更少,所以对于大宗商品的运输来说,铁路仍是最划算的方式之一。

20世纪60年代,随着"集装箱时代"的到来和高速列车的发展,铁路经历了一次小小的复兴。现在,满载集装箱的平板火车运送了一部分成品,而以前这些完全是依靠卡车运输的。同样,随着东京和大阪之间东海道新干线的开通,铁路又开始重新获得了流失给航运的一部分客运份额。1994年,英法海底隧道完工后,巴黎和伦敦之间开辟了一条高速铁路线,运行时间不超过3小时。

截至2009年,美国虽然是世界所有国家中铁路运营里程最长的国家(233 000千米),但仍有143 000千米是用作货运的。尽管1971年美国铁路客运公司成立,但与其他国家相比,美国的铁路客运并不发达,因为其他国家的高速公路基础设施、稠密的城镇人口或经济状况无法支持私人汽车和开车上下班。在这个时期,亚洲承担了全世界铁路客运70%的业务,这主要是因为有数以百万计的印度人和中国人每天乘火车出行。

今天,中国看上去确实是最有雄心的铁路建设者。2009年末,负担过重的中国铁路系统,以占全世界铁路总长6%(8.6万千米)的线路承载着占世界总量25%的运力。为了努力推动经济进一步发展,中国启动铁路建设规划,以帮助实现经济重心向内陆的转移。截至2020年,中国铁路总长已达14.6万千米。

进一步阅读书目:

Ambrose, S. (2000). *Nothing Like it in the World*: *The Men Who Built the Transcontinental Railroad*, *1863 - 69*. New York: Simon & Schuster.

Awasthi, A. (1994). *History and Development of Railways in India*. New Delhi, India: Deep & Deep.

Bailey, M. R. (Ed.). (2003). *Robert Stephenson*: *The eminent engineer*. Aldershot, U. K.: Ashgate Publishing Ltd.

Blum, J. (1994). *In the Beginning*: *The Advent of the Modern Age*, *Europe in the 1840s*. New York: C. Scribner's Sons.

Burton, A. (1994). *The Railway Empire*. London: J. Murray.

Burton, A. (2001). *The Orient Express*: *The History of the Orient Express Service from 1883 to 1950*. Newton Abbot, U. K.: David & Charles.

Carter, I. (2001). *Railways and Culture in Britain*: *The Epitome of Modernity*. Manchester, U. K.: Manchester University Press.

Conder, F. R. (1983). *The Men Who Built Railways*: *A Reprint of F. R. Conder's Personal Recollections of English Engineers* (Jack Simmons, Ed.). London: Telford.

Daniels, R. (2000). *Trains Across the Continent*: *North American Railroad History*. Bloomington: Indiana University Press.

Hawke, G. R. (1970). *Railways and Economic Growth in England and Wales*, *1840 - 1870*. Oxford, U. K.: Oxford University Press.

Haywood, R. M. (1998). *Russia Enters the Railway Age*, *1842 - 1855*. Boulder, CO: East European Monographs.

Headrick, D. R. (1981). *The Tools of Empire*: *Technology and European Imperialism in the Nineteenth Century*. New York: Oxford University Press.

Railways. (1911). *Encyclopedia Britannica* (11th ed., Vol. 22). New York: Britannica.

Roth, R., & Polino, M. -N. (2003). *The City and the Railway in Europe*. Burlington, VT: Ashgate.

Schivelbusch, W. (1986). *The Railway Journey*: *The Industrialization of Time and Space in the 19th Century*. New York: Berg.

Simmons, J. (1991). *The Victorian Railway*. New York: Thames & Hudson.

2087

Stilgoe，J. R. (1983). *Metropolitan Corridor*：*Railroads and the American Scene*. New Haven，CT：Yale University Press.

Talbot，F. A. A. (1911). *The Railway Conquest of the World*. London：W. Heinemann.

Theroux，P. (1975). *The Great Railway Bazaar*：*By Train through Asia*. Boston：Houghton Mifflin.

Theroux，P.，& McCurry，S. (1985). *The Imperial Way*：*Making Tracks from Peshawar to Chittagong*. London：H. Hamilton.

马克·乔克(Mark Cioc) 文

马行亮 译，黄艳红 校

Ramses II　拉美西斯二世

2088　　拉美西斯二世(前 1304—前 1237 年在位①)，也称"拉美西斯大帝"，是埃及第 19 王朝(前 1570—前 1070)最著名的法老之一。他成就了许多著名的建筑项目，发动了很多次侵略战争，创建了今天仍然为人提起的国际纽带。

埃及法老拉美西斯二世生于公元前 1279 年，是塞提一世(Seti I)和图雅皇后(Queen Tuya)的儿子。他经常为人记起的是他雄心勃勃的建筑计划、他发动的侵略战争，以及留给后世的不朽的古代埃及遗产。然而，拉美西斯二世可能还和《圣经》文本上的《出埃及记》有关系，因为学者中间有这样的讨论，即拉美西斯二世或者他的父亲在此期间是否是当政的法老。尽管很多人认为塞提一世是法老，但是埃及没有任何资料提到犹太人出走埃及这回事。拉美西斯的儿子麦伦普塔赫时期的石碑上有一个被征服民族的名单，内有"以色列"这个名字。

拉美西斯二世 25 岁时就开始统治国家。与其在位时间很短的祖父拉美西斯一世(前 1293—前 1291)比起来，拉美西斯二世成功地领导了这个国家达 67 年。他不仅使埃及遗产永久留诸后世，而且，他生养的众多孩子确保了家族

王位的继承。他通过婚姻和与后宫女子的关系，生养 100 多个子女。

他的妻子中有两位，妮菲塔莉(Nefertari)和埃斯多芙莱特(Istonfret)，在埃及历史上非常著名。然而，关于这两个皇后的背景，没有太多的资料可以参考。妮菲塔莉是拉美西斯的第一位妻子，为他生下第一个孩子，即王储阿美那科普舍夫(Amenhirkhopshef)。他俩的家庭还包括两个女儿和另外两个儿子，妮菲塔莉在他在位的第 24 年死去。此后的短暂时间里埃斯多芙莱特成为皇后，她也生了 3 个儿子，其中之一是麦伦普塔赫，后来成为国王的继承者。拉美西斯还迎娶邻国的女人或将她们纳入后宫，以此加强国际联系，这基本上都是出于政治原因。

这位法老还是一个伟大的军事战略家，这个品质跟其祖父有关，后者同样是个成功的军事指挥。拉美西斯二世在位期间，曾与好几个敌

———————————

① 这里的年代似有误，拉美西斯二世应生于公元前 1303 年左右(也不是下文中的公元前 1279 年)，在位年代为公元前 1279—前 1213 年。——译者校注

国发生战争，其中北方的赫梯人是埃及最著名的敌人。塞提一世曾成功与他们维持和平关系，尤其是在卡叠什城附近不稳定的叙利亚边界。然而，公元前 1275 年，卡叠什附近发生叛乱，迫使拉美西斯对赫梯人采取行动。接下来就是著名的"卡叠什之战"。当埃及军队缓慢地向北部逼近这个城市时，看起来他们对付赫梯人没有任何困难。他们甚至抓住两个间谍，间谍泄露了赫梯人的作战计划。但这是设计好的骗局，故意透露错误信息给埃及人。结果，拉美西斯的军队走进早已准备好的埋伏圈。不过，通过施展高超的军事技巧，拉美西斯依然能够调动军队，最终迫使赫梯人撤退。在那些日子里，埃及和赫梯之间战事频发，根据很多学者的解释，战争最后以平局收场。尽管如此，在拉美西斯下葬的大神庙以及在卡纳克（Karnak）、阿拜多斯（Abydos）、阿布辛贝（Abu Simbel）和德拉（Derr）的神庙，从墙上的铭文来看，是胜利的埃及军队在嘲笑他们的赫梯敌人，同时还为拉美西斯在战场上的勇敢和指挥技巧唱赞歌。

除了军事上的辉煌，拉美西斯二世统治时期还以巨大的建筑和惟妙惟肖的雕刻为特色。最伟大的建筑奇迹之一是阿布辛贝的大神庙。这座建筑的正面有 4 个拉美西斯二世的坐像。

这些巨型人物可能是拉美西斯二世，它们是从岩石雕刻而来。该岩石是位于埃及阿布辛贝的大神庙的一部分。黑白照片，1856—1860 年由弗朗西斯·弗里思（Francis Frith）拍摄

每一个有 20 米高，直接从这座建筑所在的山岩雕刻而成。这座神庙还展示了一个工程学上的壮举：当 2 月 22 日太阳升起的时候，光线射进入口并照亮里面 4 个神像中的 3 个。就像拉美西斯的雕像一样，这些神像也是直接从山岩雕刻而成。

拉美西斯二世的统治在公元前 1237 年结束。这位国王在位期间不仅成功地领导着埃及人民，而且他还活了 90 多岁。不幸的是，拉美西斯的墓葬，像其他人的一样落入强盗之手。只有那些铜制或木制阿沙毕提（ushabtis，像木乃伊那样的人形）和一个国王雕塑幸存下来，被收藏在欧洲各地的博物馆里。发掘者还发现了这位法老的木乃伊，现在收藏在卢浮宫。拉美西斯二世的辉煌成就深深地铭刻在埃及的历史中。

进一步阅读书目：

Clayton，P. (1994). *Chronicle of the Pharaohs*. New York：Thames and Hudson.

Gardiner，S. A. (1961). *Egypt of the Pharaohs*. Oxford，U. K.：Oxford University Press.

Grimal，N. (1992). *A History of Ancient Egypt*. Oxford，U. K.：Blackwell Publishers.

Quirke, S. (1990). *Who were the Pharaohs? A History of Their Names With a List of Cartouches*. London: British Museum.

西奥多·伯格(Theodore Burgh) 文

马行亮 译，黄艳红 校

Raynal, Abbé Guillaume　纪尧姆·雷纳尔神父

2090

纪尧姆·雷纳尔神父(法国历史学家，1713—1796)的多卷本名著《历史》(*History*)影响巨大，主题是比较欧洲各国在寻求全球(包括亚洲和新大陆)贸易过程中的经验。这本 18 世纪的著作在大西洋两岸启发了改革乃至革命的倡导者。作为那个时代说教著作的代表，该书为世界历史的现代进程提供了一份议程表。

纪尧姆·雷纳尔神父是《欧洲在两个印度殖民和贸易的哲学和政治史》(*Philosophical and Political History of the European Settlement and Commerce in the Two Indies*)的作者。该书以《历史》这个名字为人熟知，是一部多卷本的探险著作，讲述欧洲在东西印度，即后来被命名为亚洲和美洲的地方的扩张。它是 18 世纪最受欢迎和最有影响的著作之一，作为一项通力协作的冒险之作，它在 1770 到 1781 年间有 3 个重要版本，并多次被重印。像丹尼斯·狄德罗(Denis Diderot)的《百科全书》(*Encyclopedia*)一样，这部作品也是启蒙思想的实验品，是反对专制和愚昧的备忘录。(启蒙是 18 世纪的思想运动，标志是拒绝传统的社会、宗教和政治观念，强调理性。)但是《历史》的主题更多的是比较欧洲各国在寻求全球(包括亚洲和新大陆)贸易过程中的经验。雷纳尔关注的是殖民地和贸易站建立的方式、殖民主义对土著文化的影响以及帝国主义对欧洲各国的影响。他跟 20 世纪的世界历史方法的关联除了比较和全球视角外，还有对物质和非物质文化因素的包容和关注。他痴迷于贸易互动中的产品和地理状况，就像痴迷于殖民主义的原则一样。

雷纳尔的事业有很多启蒙人士协同参与，最著名的要数《百科全书》的合编者丹尼斯·狄德罗。狄德罗那些更为激进的观点，在 1774 到 1781 年的各版《历史》中表现得越来越明显。尤其明显的是，作者还攻击奴隶制度是政治压迫。雷纳尔还依赖许多印刷资料，以及殖民官员、商人和与他有联系的学者的报告。雷纳尔本人只是通过写作进行旅游。

尽管《历史》不乏趣闻轶事，或者话题会扯得很远，不过在内容组织上却反映了书名所确立的宗旨。从东印度开始，雷纳尔不仅描述葡萄牙、荷兰、英国和法国在亚洲的扩张，而且还描述俄国、普鲁士和瑞典这些不太重要的角色。中国和印度待遇优厚，篇幅很多；其次重点就转到西印度，描述西班牙和葡萄牙在新大陆的征服和殖民。在接下来的内容中，雷纳尔和合作者们考察法国和英国在安的列斯群岛与北美的殖民活动。奴隶制和奴隶贸易是讨论的中心话题。第 2 版和第 3 版的最后一卷是《历史》全书的概述，即其道德和哲学基础，这是该著作的要旨所在。此外还有诸如宗教、道德、关税、公共信用、人口、

2091

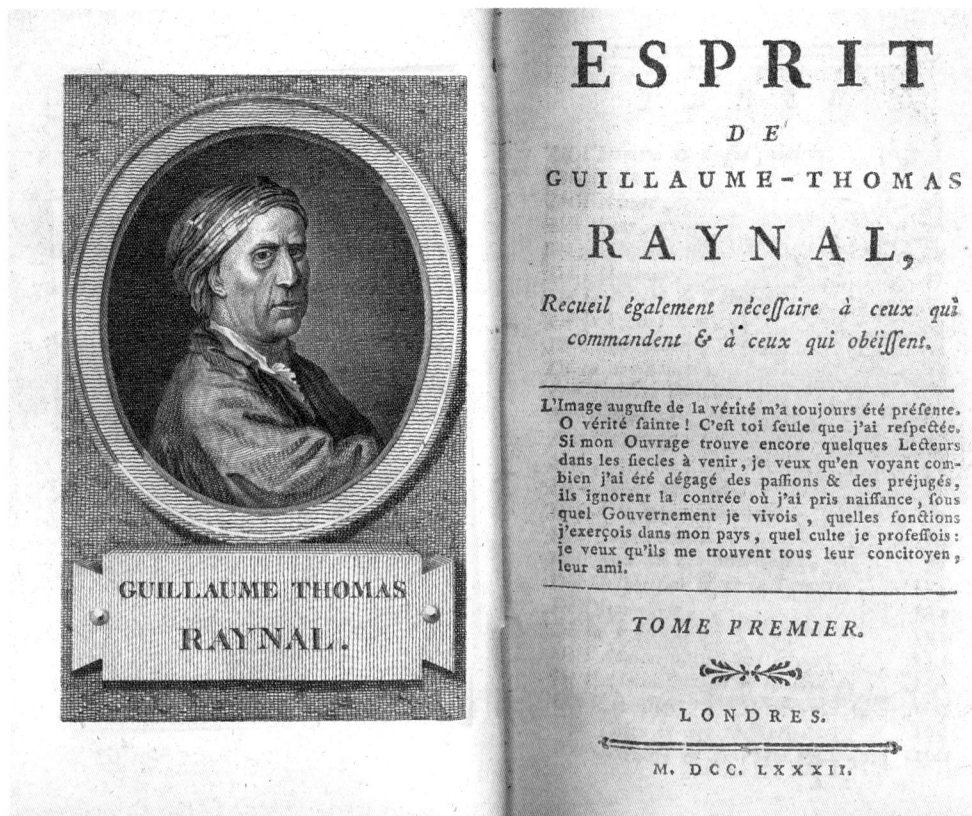

ESPRIT

DE

GUILLAUME-THOMAS

RAYNAL,

Recueil également nécessaire à ceux qui commandent & à ceux qui obéissent.

L'Image auguste de la vérité m'a toujours été présente. O vérité sainte ! C'est toi seule que j'ai respectée. Si mon Ouvrage trouve encore quelques Lecteurs dans les siecles à venir, je veux qu'en voyant combien j'ai été dégagé des passions & des préjugés, ils ignorent la contrée où j'ai pris naissance, sous quel Gouvernement je vivois , quelles fonctions j'exerçois dans mon pays, quel culte je professois: je veux qu'ils me trouvent tous leur concitoyen, leur ami.

TOME PREMIER.

LONDRES.

M. DCC. LXXXII.

这些页面选自《纪尧姆-托马斯·雷纳尔的精神》(*Esprit de Guillaume-Thomas Raynal*)第 1 版(1782 年第 1 卷)

商业和农业等话题,最后的主题是:对发现新大陆的反思,即它给欧洲带来的利和弊。

雷纳尔神父(法国在俗教士的一员)受过耶稣会的教育,但他拥护进步的启蒙思想,尽管《历史》的不同版本及他的小部头著作暴露出他在立场上的多次变化和不一致。他赞同自由贸易、消除贸易垄断,认为自由劳工优于奴隶,认可法国"重农学派"经济学家们的流行观点。但实际上,尽管雷纳尔逐渐成为渐进式解放奴隶的代表,但是同时代的人仍把《历史》视为反奴隶制度的神谕。他反对政治绝对主义和民众政府等极端情况,宁愿选择某种形式的君主立宪。雷纳尔最严厉的批评有一些是针对宗教制度的,如天主教教义的教皇永无谬误论,他认为这导致了不宽容和盲信。

雷纳尔的《历史》或许是传统宇宙观的最后一个例子。这个宇宙观由安德烈·特维(Andre Thevet)和塞巴斯蒂安·明斯特尔(Sebastian Muenster)开创,试图从全球角度比较各种文化。他们早在雷纳尔之前就把欧洲崛起的原因部分解释为利用指南针和印刷机的结果。不过,雷纳尔更进一步,捍卫了 18 世纪的种族优越观点,歌颂了欧洲的优势地位以及欧洲文化给土著社会带来的好处,在 1781 年第 3 版《历史》中,他甚至提倡法国臣民和殖民地土著通婚,以此作为进一步开化后者的方式。尽管他经常听说,与文明社会相比,原始文化所拥有各种美德,而且也对不同的社会表达过人道主义的关心,但是《历史》的观点明显是欧洲中心论的。

像很多个别文献一样,雷纳尔的《历史》引导了大西洋两岸赞成改革甚至革命的人。它是一本说教著作，明显代表着它的时代。尽管如此，它还是给我们提供了一本有关世界历史上现代进程的议程表。

2092　进一步阅读书目：

Canizares-Esquerra, J. (2001). *How to Write the History of the New World: Histories, Epistemologies, and Identities in the Eighteenth-century Atlantic World*. Stanford, CA: Stanford University Press.

Duchet, M. (1971). *Anthropology and History in the Century of Enlightenment*. Paris: Francois Maspero.

Pagden, A. (1998). *Lords of all the World: Ideologies of Empire in Spain, Britain and France c. 1500 - c. 1800*. New Haven, CT: Yale University Press.

Seeber, E. (1937). *Anti-slavery Opinion in France During the Second Half of the Eighteenth Century*. Baltimore: Johns Hopkins University Press.

Wolpe, H. (1957). *Raynal and His War Machine*. Stanford, CA: Stanford University Press.

威廉·阿莱·安德（William H. Ale Ander）文

马行亮 译，黄艳红 校

Red Cross and Red Crescent Movement
红十字和红新月运动

2093　　　红十字和红新月运动在全世界超过 178 个国家拥有办事机构，它旨在通过人道主义干预和国际法，帮助战争和武装冲突（地区范围或国家范围）的受害者，或援助那些遭受自然和人为灾害的人。

红十字会国际委员会（ICRC），以及国际红十字和红新月联合会（联合会），包含了全世界 178 个国家的红十字会，它们共同形成国际红十字和红新月运动。总体上，运动的任务是帮助国际和地区武装冲突的受害者，并且通过国际法、或间接通过人道主义干预减轻战争带来的灾难。从更广泛的意义上说，该运动还承担自然和人为灾害恢复时期的援助工作。当前，红十字运动有 2.5 亿多会员。

红十字会可能比任何其他国际组织更有能力展开国际行动。按照《日内瓦公约》（1864 年首次发起，1949 年以当前的形式确立下来）确立的国际法体制和其他条约，红十字会已经创立

了普遍认可的战争时期人道主义援助的合理方式，即医疗救护人员和设备的中立，以及战俘的人道主义待遇。红十字会国际委员会视自己为"国际人道主义法律的捍卫者"，致力于拓展这些法律的影响并监督它们的执行情况。这个国际组织得到各国红十字会的支持并取得了成功，各国红十字会则在各地方发挥着重要的作用。

红十字会国际委员会

红十字会国际委员会是最早的红十字组织，由让-亨利·迪南（Jean-Henri Dunant, 1828—

美国红十字会创建者克拉拉·巴顿(Clara Barton)的肖像,1844 年由亨利·英曼(Henry Inman)绘制

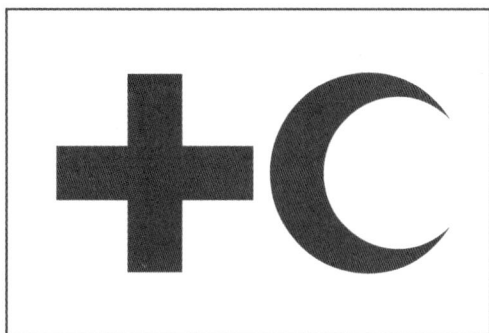

国际红十字和红新月联合会的标记

认)。这些组织靠会费和社会捐助维持,尽管在许多国家,政府资助占大部分比例。每一个国家红十字会都有与其所在国的历史相关联的特征。例如,美国红十字会是后来者,由克拉拉·巴顿于1881 年创建,并于1900 年获得国会的批准;它以日本红十字会为蓝本,当时日本红十字

1910)创立。1901 年,他因成就突出而荣膺第一届诺贝尔和平奖。红十字会国际委员会是一个独立组织,规模很小,而且自 19 世纪末以来几乎没有变化。作为非政府组织,其职员几乎全部是瑞士公民,这一做法旨在保持政治立场的中立。这 800 多个"代表"在全世界为委员会处理事务。这个群体的主要责任是,在武装冲突的情况下作为中立的调解人进行工作,保护军人与平民受害者,以及动员和组织各国的红十字会参与援助工作。有 15 到 25 个成员为委员会制定政策,所以从技术上讲,红十字会国际委员会是一个瑞士私营公司,总部在瑞士的日内瓦,那里有它的办公室,保存着档案。

联合会和国家红十字会

红十字和红新月运动的发展壮大,缘自各国国家红十字会的工作。它们是自治组织,存在于今天 178 个或更多的国家(中国台湾地区和以色列的红十字会不被红十字会国际委员会承

一位穿红十字会制服的年轻妇女,约 1880—1923,悉尼,澳大利亚。鲍尔豪斯博物馆蒂勒尔图片收藏部

会是世界上最出色的。许多国家红十字会支持公共卫生,也为灾害提供援助,并帮助红十字会国际委员会进行战争援助。

像红十字国际委员会一样,国际红十字和红新月联合会也是一个国际组织,总部设在日内瓦,代表各国红十字会,协调它们互助合作并实施计划。它是第一次世界大战后由美国红十字战争委员会主席亨利·戴维森(Henry Davison)提议,于1919年作为红十字会联盟创立的。这个联盟在1983年改名为红十字和新月会联盟,以接纳那些不愿意采用十字标记的伊斯兰国家入会,最后在1991年演变成国际红十字和红新月联合会。

红十字运动: 展望未来

在过去140年的时间里,红十字会已经从(一些有远见的欧洲人为减轻战争导致的破坏而成立的)小团体发展到(囊括各大洲人民并为其服务)世界性运动。这个运动教育各国和个人接受它的原则,不过并不总是成功的。它宣称的那些原则是普世的:人道、公正、中立、独立、自愿服务、团结、普世。红十字标志或许是世界上最被广泛承认的象征物,各国人民都知道它是医疗救助的信号。对那些希望创建国际社团,以道德力量影响政府和个体的人来说,红十字会使命的成功是一种鼓励。

进一步阅读书目:

Berry, N. O. (1997). *War and the Red Cross*: *The Unspoken Mission*. New York: St. Martin's.

Best, G. (1980). *Humanity in Warfare*. New York: Columbia University Press.

Dunant, H. (1986). *A Memory of Solferino*. Geneva, Switzerland: International Committee of the Red Cross.

Hutchinson, J. F. (1996). *Champions of Charity*: *War and the Rise of the Red Cross*. Boulder, CO: Westview.

Moorehead, C. (1998). *Dunant's Dream*: *War*, *Switzerland*, *and the History of the Red Cross*. New York: Carroll & Graf.

卡罗琳·里夫斯(Caroline Reeves)文
马行亮 译,黄艳红 校

Religion and Government　宗教和政府

宗教传统上是权威、法律和社会道德标准的源泉,甚至在世俗力量占优势的社会里也是如此。在世界历史的大部分时间里,宗教传统和政府有正式的联系,被视为统治者合法性的源泉。

在整个世界历史上,宗教和政府经常以互补的角色出现,即宗教把权威赋予一个政府,或使一个政府领袖的统治合法化。历史上各种各样的社会都采取宽容态度,接受宗教少数派,尽管罕有以宗教自由原则为信仰基础的。宗教自由的现代权利观念和世俗政府体制虽然有各种

> 上帝站在每一个人身边……但归根结底，他站在广有钱财、手握军队的人一边。
>
> ——让·阿努伊（Jean Anouilh, 1910—1987）

各样的源头，但是从西方的教会—国家传统和启蒙运动中吸取了很大的力量。

宗教：法律、权威和道德标准的源泉

在整个世界历史上，宗教传统和信仰曾经是法律和权威的直接或间接的源泉。例如，巴比伦的《汉谟拉比法典》，一开始就提到神灵阿努（Anu）和贝尔（Bel），说他们召唤汉谟拉比"给大地带来公正的统治"。犹太的《摩西律法》不仅规范宗教信仰，而且发展成一个丰富而细密的法律体系，支配着社会生活的方方面面。较近的时期，在早期美洲殖民地，《圣经》成为所有法律的基础，用于解决广泛的法律问题，如程序准则、财产法、刑法，总体上来说就是用于实现法治的理想。甚至在现代世俗社会中，宗教仍然定期被用作道德标准的源泉和改革的论据。例如，小马丁·路德·金（Reverend Martin Luther King Jr., 1929—1968）牧师和莫汉达斯·甘地在号召社会变革的时候，广泛借鉴基督教和印度教传统。类似的宗教信仰掀起了对奴隶制度存废的争论，并引发了对贫穷、流产、婚姻和其他社会经济问题的关注。

传统的宗教-政府纽带

在古代世界，由于神权政治或神授统治权的存在，宗教和统治阶层就有相互交织的传统。例如，在中国的儒家传统中，皇帝被认为是承载天命的，即只要他对他所统治的人是有益的，就能得到（判断统治者行为的）神权的认可。罗马皇帝宣称是继承自天神或者自己就是天神，就像埃及法老宣称的那样。日本天皇是神道教的首领。在印度吠陀教和印度教传统的种姓制度中，婆罗门是最高的种姓。罗马天主教教皇任命神圣罗马帝国皇帝，而新教国王宣称有神授的统治权。从拜占庭时代起，东正教国家的特征就是政教合一，即一种国家首领凌驾于教会之上的体制。这样的纽带关系赋予统治者合法性，也赋予宗教重要的功能，确保社会的稳定、团

一个大型会堂的遗址，位于新墨西哥州的普韦布洛·博尼图（Pueblo Bonito）。它表明会堂内部的这些布局既用于社区会议，也用于宗教仪式

2097 结和法律的维持。例如，强大而一致的宗教传统被认为对确保誓言和契约的约束力有重要作用。宗教传统和统治阶层关系密切，而与此紧密相关的是，被推崇的宗教享有政治特权，那些宗教少数派的活动被禁止或受到限制。

宗教宽容的历程

尽管与宗教关系密切的政府倾向于只保护所推崇的宗教，但是历史上的一些统治者曾经有接纳和宽容宗教少数派的传统。不过这种宽容并不总是原则性的，它视君主的感觉而定，所以经常是受到限制的。在许多情况下，宽容是多民族、多宗教帝国处理事务的一种务实的方式。例如，波斯帝国从居鲁士二世到大流士一世时期，采取了宗教宽容政策，支持小宗教团体，允许犹太人重建在耶路撒冷的帝国，把巴比伦人的神像送回巴比伦的圣所。成吉思汗（约1162—1227）创建的蒙古帝国容忍佛教、基督教、儒教、道教和伊斯兰教，中国的清朝对犹太人、

2098 穆斯林和基督教传教士普遍采取宽容的宗教政策。伊斯兰教的奥斯曼土耳其帝国形成一种"米勒"制，规定其他的"圣书宗教"（religions of the book）即基督教和犹太教，可以活动、拥有某种程度的自治，尽管这一规定有明显的歧视。欧洲"三十年战争"结束后签订的《威斯特伐利亚和约》（The Peace of Westphalia, 1648）确立了有限的宗教宽容，即信众有足够的时间离开他们的国家，移居到支持他们宗教信仰的地方去。

宗教自由观念确立为原则

君主出于仁慈接受或容忍宗教少数派。与此相比，统治者和政府仅仅在偶然的情况下提出保护其他宗教信仰的基本原则。很多情况下，这个基本原则跟统治者信奉的宗教信仰有

关。例如，印度孔雀王朝的最后一个重要的皇帝阿育王（统治年代约为前265—前238年或约前273—前232年），信奉佛教，后来以佛教的达摩观为基础颁行"摩崖敕令"，提倡宗教宽容。再洗礼派传道者巴塔萨·胡布迈尔（Balthasar Hubmaier, 1485—1528）反对迫害异教徒和不信教者，并以《圣经》为根据写下为宗教自由的辩护词。罗杰·威廉斯（Roger Williams, 约1603—1683），美国罗得岛殖民地的创立者，充满激情地提笔支持宗教自由和政教分离，这种态度建立在理解《圣经》的基础上。尽管自己有强烈的宗教信仰，他仍开放罗得岛殖民地给所有宗教信仰的信徒，欢迎他们在那里自由地进行宗教活动。在第二次梵蒂冈大公会议期间，罗马天主教会做出政策说明，即《人类尊严敕令》（Dignitatis humanae, 1965），批准宗教自由和政教分离，政教分离要建立在诸如人类尊严等宗教理性之上。

尽管一些思想家和某些宗教领袖仍然在为宗教宽容的基本原则奋斗，但是所有主要宗教的现代学者已经在他们自己的宗教中找到资源来支持宗教自由的基本原则。《世界人权宣言》吸收了世界上影响广泛的法律、哲学、宗教信念，支持"思想、心灵和宗教自由"的权利。这包括改变宗教和信仰的自由，以及在教理、实践、礼拜和仪式上，无论单独一人还是与其他人一起，无论在公共领域还是在私人领域，有表达自己宗教和信仰的自由（Stahnke and Martin 1998）。1948年，《世界人权宣言》被联合国采用。

然而，宗教自由作为一种人权和世俗国家的一项使命，其中很多在当代有强大力量的观念是来自西方的传统。基督教最初是在异教徒的罗马帝国里发展起来，这导致"两个王国"的体制，即皇帝和教会领袖对信众都拥有权力。罗马天主教和神圣罗马帝国之间的权力斗争，在中世纪教皇格列高利七世（Gregory VII, 约1020—1085）时期逐渐升级，1078年他禁止国

> 宗教在普通人看来是真实的,在聪明人看来是错误的,在统治者看来是有用的。
>
> ——小塞内卡(Seneca the Younger,前 4—公元 65)

王任命主教。这种争执被称为"授职权之争",它加强了教会对抗国家的权力。这种对权力的竞争,与基督教的观念,即独立地遵从自己信念和自然权利的责任感一起,成为现代观念的基础,如有限政府和个体享有宗教自由的权利。启蒙学者,如约翰·洛克著名的《论宽容》等,也拥护宗教自由,赞同在宗教领域里政府的权力有限;他们的根据既有哲学上的理性,又有讲求实效的理性。寻找宗教自由是美洲殖民地建立的重要因素,并在《美国宪法第一修正案》中以成文法的形式首次确立。尽管从那时起宗教自由已经被纳入许多国家和国际性的法律准则之中,但是许多政府仍旧明显有意地限制宗教自由。

尽管现代许多政府的本质基本上是世俗的,但是宗教仍旧在政府和社会中扮演重要的角色。例如,宗教传统仍旧经常作为改革和法律的源头。在许多国家,宗教传统和标志在仪式和精神上仍有重要影响。和美国不一样,许多政府仍然与宗教存在着正式的、密切的制度联系,通常包括财政补贴和其他形式的政府合作。宗教建筑、社会公益服务机构和宗教工作人员可以由国家支持,而他们也可以在国家危机之时或者在公共假日期间进行服务。甚至在政教分离更严格的国家,如美国和法国,宗教领袖经常作为军队、监狱和医院的教士而工作。尽管个别国家只与一种宗教传统有特殊的历史和文化联系,但是许多政府采用合作或者妥协体制,允许多种宗教获得政府福利并与国家合作。尽管当前政教关系有多种多样的结构,宗教自由还面临诸多的挑战,但是世界上一系列的妥协和合作体制仍旧坚守宗教自由。

进一步阅读书目:

Berman,H. J. (1985). *Law and Revolution*. Cambridge,MA:Harvard University Press.

Berman,H. J. (2004). *Law and Revolution*,*II*:*The Impact of the Protestant Reformations on the Western Legal Tradition*. Cambridge,MA:Belknap Press.

Evans,M. D. (1997). *Religious Liberty and International Law in Europe*. Cambridge,U. K. :Cambridge University Press.

Janis,M. W. ,& Evans,C. (Eds.). (1999). *Religion and International Law*. The Hague,The Netherlands:Martinus Nijhoff.

Laurensen,J. C. (Ed.). (1999). *Religious Toleration*:*"The Variety of Rites" from Cyrus to Defoe*. New York:St. Martin's.

Lindholm,T. ,Durham,W. C. ,Jr. ,& Tahzib-Lie,B. G. (Eds.). (2004). *Facilitating Freedom of Religion or Belief*:*A Deskbook*. Norwell,MA:Kluwer.

Mullan,D. G. (Ed.). (1998). *Religious Pluralism in the West*. Malden,MA:Blackwell.

Reynolds,N. B. ,& Durham,W. C. ,Jr. (1996). *Religious Liberty in Western thought*. Grand Rapids,MI:Eerdmans.

Stahnke,T. ,& Martin,J. P. (1998). *Religion and Human Rights*:*Basic Documents*. New York:Columbia University Center for the Study of Human Rights.

Van der Vyver,J. ,& Witte,J. ,Jr. (1996). *Religious Human Rights in Global Perspective*:*Legal Perspectives*. The Hague,The Netherlands:Martinus Nijhoff.

Witte,J. ,Jr. ,and van der Vyver,J. (1996). *Religious Human Rights in Global Perspective*:*Religious Perspectives*. The Hague,The Netherlands:Martinus Nijhoff.

Wood,J. E. ,Jr. (Ed.). (1989). *Readings on Church and State*. Waco,TX:J. M. Dawson Institute of Church-State Studies at Baylor University.

伊丽莎白·塞韦尔(Elizabeth Sevell) 文

马行亮 译,黄艳红 校

Religion and War 宗教和战争

2100 　　宗教和战争是普遍的历史现象,几乎任何地方和任何时期都发生过。既然如此,那么发现两者有着长期复杂多变的历史联系就不令人惊奇了。这种联系在某个时候是敌对的,在另一个时候会是互相支持的,但经常的情况是充满矛盾的。

　　在许多早期的宗教中,战神在诸神中占据核心的位置,因为众多文明都曾努力征服世界并经常征服它们的邻居。战神因陀罗(Indra)在吠陀的诸神中地位显赫;战神马尔都克是巴比伦创世史诗《埃努玛·埃利什》(Enuma Elish)的主人公;战神阿瑞斯(Ares)和马尔斯(Mars)使一系列希腊和罗马神话家喻户晓;在挪威神话中,进行战争的是战神托尔(Thor)。不管是好是坏,战争和宗教总是相伴而行,贯穿整个历史。

　　在许多古代文明(包括印度雅利安人、希腊人、赫梯人、埃及人、巴比伦人、罗马人、阿兹特克人、克劳人、古代斯堪的纳维亚人和凯尔特人)中,战争被视为一种生活,英雄被神化。宗教史诗以人类战争(有时是传说)的英雄如阿朱那(Arjuna,印度人)、阿基里斯(Achilles,希腊人)、亚瑟(Arthur,凯尔特人)和齐格弗里德(Siegfried,古代斯堪的纳维亚人)为中心开始出现。在众多文化中,成为武士会带来很高的社会威望,如印度(那里的武士阶层刹帝利在种姓制度中地位很高)、克劳人(那里的武士突袭行为能带来价值不菲的经济物品,尤其是马匹)和古巴比伦(那里的武士经常得到的奖励是这个社会最值得拥有的女人)。甚至伟大的精神领袖有时也可能拿起剑指挥军队,例如犹太教的约书亚和伊斯兰教的穆罕默德。

　　然而,即使在推崇战争和武士的文化里,对待战争和武士的态度也经常是矛盾的。在印度种姓制度中,祭司(婆罗门)的地位高于武士。在克劳人和巴比伦文化中,圣人享有相同层次的地位。在希腊神话中,战争经常被视为悲剧之源,就像是荣耀的源头一样。根据人类学家斯科特·利图顿(C. Scott Littleton)的说法,"武士的角色……是极其矛盾的。一旦他处于社会秩序的顶端,就会成为秩序的潜在威胁。实际上,这种冲突在整个印欧的宗教信仰中都有反映,是战争这个职业与生俱来的:它涉及一个致力于毁灭社会的社会制度"(Littleton 1987)。

　　世界上各大宗教的历史证明,为处理这个矛盾,曾经发生持续的斗争。在这个进程中,战争在定义、区分和(有时)分裂某个宗教方面扮演了重要角色;不过宗教也逐渐给战争赋予意义和激情。

犹太教: 关于战争伦理的辩论

　　犹太教创立于古代中东,在那个地方战争是常态。最早的犹太文献时间可能在公元前2千纪中期到晚期,便反映了这种暴力的现实。在 2101 《创世记》里,耶和华(古代希伯来语所称的上帝)据说已经告诉亚伯拉罕:"要你的确知道,你的后裔必寄居别人的地,又服侍那地的人,那地的人要苦待他们四百年。并且他们所要服侍的那国,我要惩罚。"(《创世记》15:13-14)耶和华把基尼人、基尼洗人、甲摩尼人、赫人、比利洗人、利乏音人、亚摩利人、迦南人、革迦撒人、耶布斯人的土地许给犹太人(《创世记》15:19-21)。犹太人早期的历史,大部分是接连不断的且通常极

汉斯·梅姆林（Hans Memling）的《天使长米迦勒》（*The Archangel Michael*，约 1479）。木板油画。米迦勒是《启示录》中的突出人物，作为上帝军队的"战地指挥官"与撒旦进行战斗。伦敦华莱士收藏

其血腥的战争，发生在犹太人和这些不同的民族之间。希伯来《圣经》的《约书亚记》记录了征服迦南的历史：以色列人按照上帝的嘱咐，将敌人的整个城市夷为平地，杀戮所有居民——男人、女人，还有孩子。正如圣经学者米勒德·林德（Millard Lind）写道："耶和华是战争之神……这样，政治暴力是耶和华在以色列的中心问题。"

然而，与这些暴力片段并存的是犹太人对战争生活根深蒂固的不情愿。在提到亚伯拉罕、摩西和其他犹太教历史上的核心人物时，19 世纪的德国学者尤里乌斯·韦尔豪森（Julius Wellhausen）写道："非常明显的是，犹太人的英雄们……对战争没有多少喜爱之情。"（Lind 1980）《出埃及记》的犹太人英雄——摩西，尽管有武士的勇力，但是当埃及军队追赶犹太人时，他并没有摧毁他们。耶和华淹死这支军队，摩西侍立一旁。强大的犹太国王，如大卫和所罗门，经常因傲慢而受斥责，就像因力量而受赞美一样。尽管犹太历史也曾提到民族、土地和民族命运，但是它的预言更经常提到的是和平："他们要将刀打成犁头，把枪打成镰刀；这国不举刀攻击那国，他们也不再学习战事。"（《以赛亚书》2：4）

这两种对战争的矛盾态度在犹太历史上反复出现。公元前 2 世纪中叶，马加比起义掀起犹太人的叛乱，以反对希腊压迫者。当时，希腊人由"神显者"安条克（Antiochus Epiphanes）领导，尽力根除犹太教，禁止所有犹太教活动，并亵渎耶路撒冷的神庙。犹太人由马加比家族领导发动叛乱，最终再次占领耶路撒冷，为神庙祝圣（一种欢庆活动，在犹太节日献殿节举行）。虽然叛乱毫无疑问在本质上是暴力的——一些学者视其为一种早期成功的游击战争——但是许多犹太历史学家强调这个事实：是耶路撒冷非暴力的犹太人带来了最终的胜利。犹太人平静地撤入荒野来对抗希腊人的行动，并随身携带他们的税"dollars"。有人认为，这些犹太人使希腊人变得温和，并迫使后者接受其在耶路撒冷的礼拜活动。犹太学者也指出这个事实：《撒迦利亚

书》有一段话,按惯例会在献殿节安息日念诵:"万军之耶和华说,不是倚靠势力,不是倚靠才能,乃是倚靠我的灵方能成事。《圣经》和合本译文)"(Ferguson 1978)

犹太教在参加战争和运用暴力方面的矛盾态度一直持续到今天,这表现在犹太人情绪化的、经常引起分歧的辩论上;辩论的话题是以色列对巴勒斯坦人提出的挑战如何做出合理反应,以及他们如何为国家地位而进行战斗。

基督教: 和平主义、十字军和"正义"之战

对待战争的这种宗教矛盾,或许没有比基督教的历史更生动的了,就像这个宗教的追随者们在不同的时候(有时是同时)信奉和平主义、"圣"战、"正义"之战(这就是说,一场仅限于道德原则的战争)那样。

在基督被钉上十字架之后的最初 3 个世纪里,基督教会差不多完全是非暴力的。耶稣的教义是爱敌人,拒绝为攻打罗马人,甚至是为了防止自己被捕和被处死而拿起武器,故基督教会以此规范自己的行为,反对杀戮和战争。而罗马的诸神被视为战争的拥护者,支持罗马人反对外来敌人。影响很大的基督教主教、亚历山大里亚的克莱门特(Clement of Alexandria,约卒于 215 年)在 2 世纪写道:"神现在遍布所有人类……把人神化。"

在强大的罗马帝国,基督教处于少数派地位——直到 312 年,基督徒不超过帝国人口的 10%,时常遭受国家的野蛮迫害——这为基督教拒绝战争提供了另一个理由。正如宗教学者伊莱恩·帕格尔斯(Elaine Pagels,1988)指出的:"基督教已经发现一个可怕的秘密:罗马行政长官背后的权力不是上帝……而是恶魔,是那些主动腐化和祸害人类的邪恶力量。"对基督教徒来说,这种情况意味着死亡。同样的道理,在这种情况下,基督教大多数时候拒绝与国家合谋,奉行和平主义。一小部分基督徒——包括许多修道会的成员,还有如门诺派(Mennonites)这样的教派——直到今天仍拒绝所有战争。

312 年,君士坦丁成为罗马帝国的第一位基督教国王,并迅速使基督教的活动合法化。381 年,皇帝狄奥多西(Theodosius,约 346—395)使基督教成为帝国的国教,彻底禁止供奉罗马诸神。正是由于基督教徒第一次登上政治权力的位置,这个宗教开始重新考虑拿起武器的问题。奥勒留·奥古斯丁(Aurelius Augustine,354—430)是北非希波城的主教,后来被封为圣奥古斯丁。他出版了基督教历史上最有影响力的著作《上帝之城》,在书中,他认为国家是一个工具,由上帝提供,旨在帮助检查人类的罪过,直到基督复活归来为止。

尽管一个真正永久和平的王国最终会由上帝建成,但在这期间,"寻求人类和平的自然秩序规定,君主有发动战争的权力,而且战士应该为了社会的和平与安全履行他们的军事义务"(Christopher 1994)。奥古斯丁把"合理的战争"定义为"为受到的伤害复仇……惩罚错误……或者恢复那些被不合理地改动的事物"(Christopher 1994)。奥古斯丁本人逐渐赞同基督徒既作为战士又作为军事指挥官参与战争,去对付攻击罗马帝国的入侵者,尽管他承认这会不可避免地导致严重的不公正。

战争是基督教上帝的工具的观念,终于在十字军中达到其合乎逻辑却血腥残暴的结果。十字军东征是基督教的一系列军事远征,受教皇宣言的推动,旨在(起码最初是)收复受伊斯兰教控制的圣地。它最初由教皇乌尔班二世在克莱蒙会议上发起,延续了几个世纪,教皇承诺如果参与者拿起十字,捍卫信仰,就赦免他们的罪过(十字架的拉丁语是 crux,是十字军"crusade"这个词的字根)。成千上万的基督徒响应这个号召。最终这种对信仰的"捍卫"不仅包括对穆斯林的袭击,也包括对基督教的所有敌人的袭击,

2103

其中包括欧洲的犹太人和基督教异端，或许还有成千上万以基督的名义被屠杀的人。一名十字军战士提到，"非常美妙的场景：成堆的头、手和脚。这是上帝伟大而公正的审判：这个地方洒满不信教者的鲜血"。（Baran 1998）

随着十字军东征的结束——学者们按照不同的标准把时间定在 14 至 16 世纪之间——基督教的正义之战传统开始诞生。在这几个世纪里，所谓的经院派学者，如弗朗西斯科·苏亚雷斯（Francisco Suarez, 1548—1617）和雨果·格劳秀斯，在奥古斯丁和托马斯·阿奎那的基础上，发展出一套道德原则，即尽管允许基督教发动战争，但是尽量严格地限制其行为，这些限制或许会阻止十字军式的过度野蛮。这些原则由参战法（jus ad bellum，规定基督徒何种情况下可以参加战争）和战时法（jus in bello，即战争一旦发动就要遵守的战争伦理行为规范）组成，最后成为创建国际法的重要动力。战时法的中心原则是歧视，坚持基督徒甚至可以杀死不是战士的人，只要不是故意致死的。"无辜者的死亡不必是为了自身利益所致，它不过是一个偶然发生的结果；故它不应被视为主动侵犯，而应被视为允许……"（Suarez 1944）

在 21 世纪，尽管基督徒继续为对待战争的各种态度进行争辩，但是随着"正义的理由"和"最后的手段"等参战法原则开始成为公众对发动战争进行辩论的中心内容，正义之战的观点再次逐渐得到大多数基督徒和教会机构的支持。

伊斯兰教：战争和宽容

伊斯兰教经常被描述为一个不仅允许而且热衷于战争的宗教。实际上，就暴力问题而言，这个宗教的历史是复杂的，而且出奇地多元化。

《古兰经》有时很清楚地支持战争制度。

"战争已成为你们的定制，而战争是你们所厌恶的。也许你们厌恶某件事，而那件事对你们是有益的；或许你们喜爱某件事，而那件事对于你们是有害的。"（《古兰经》2：216）这些段落跟伊斯兰教先知穆罕默德的一个重要史实相关。"我们要记住，穆罕默德不仅是一个先知和导师，像其他宗教的创建者一样，他也是一个政治实体和一个社会的领袖，是一个统治者和战士。因此他的斗争涉及国家和国家的武装力量。"（Lewis 1990）伊斯兰教创建过程中最著名的插曲之一，是穆罕默德由于传教活动而受到麦加贵族的嘲弄和威胁，从而在 622 年离开这个出生地。8 年之后，他返回麦加，作为一个征服者率领一支万人军队攻进该城，迫使这个城市改宗。正像约翰·凯尔塞（John Kelsay, 1993）指出的："至少就穆罕默德的例子来讲，可以说那时可以使用神所认可的，甚至是神意所要求的致命武力。"

2104

伊斯兰文明的古典时期（约 750—1258），阿拔斯哈里发以巴格达为基础创建了一个帝国，利用神认可战争的原则统治一个从埃及延伸到西班牙的帝国。在基督教十字军东征期间，穆斯林军队取得了一系列决定性的胜利，使中东大部分地区控制在穆斯林手中。这样，尽管在苏非派的一些形态中能够找到和平主义的痕迹，但是从历史来看，伊斯兰教的主流承认战争，视其为神赐予的工具。

但这并不意味着战争在伊斯兰教中是一种常态化的、被认可的状态。《古兰经》中更多的内容提到和平而非战争。"善恶不是一样的。你应当以最优美的品行去对付恶劣的品行，那么，与你相仇者，忽然间会变得亲如密友。"（《古兰经》41：34）甚至最经常使人联想到伊斯兰教支持暴力的术语——吉哈德（jihad），从阿拉伯语字面上可以翻译为"努力奋斗"，而非经常译成的"圣战"。在伊斯兰教传统中，"大吉哈德"意思是穆斯林要努力奋斗，克服自私、仇恨和傲慢的倾向。

当世界宗教中出现和平,地球上将会出现和平。

——汉斯·昆(Hans Küng,1928—　　)

它并没有命令杀戮异教徒。在某些伊斯兰历史文献中,穆罕默德胜利回到麦加被不断重塑。630年,当穆罕默德率领大军进入这个城市的时候,他问8年前威胁他生命的麦加贵族们:"我该如何处理你们?"后者的首领阿布·苏富扬(Abu Sufyan)回答说:"最好的方式。"凭这句话,穆罕默德宽宏大量,在使后者改信伊斯兰教的过程中,释放了所有的敌人。在伊斯兰教中,穆罕默德通过正义而不是恐惧来统治,穆斯林从来不首先发动战争,但是会因防御而被迫应战,宽容是最高的美德之一。

温和的观点引导着伊斯兰教大部分的历史。当711年摩尔人(西班牙语对穆斯林的称呼)越过地中海抵达直布罗陀海峡进而征服西班牙后,他们在长达700年的时间里没有引入压迫,而是带来文化繁荣,例如穆斯林文化与本土文化的艺术、建筑和观念和谐地融为一体。世界上存在时间最长的基督教社会不在希腊、意大利或者英格兰;而是埃及的科普特基督教社会,这片土地自700年起就由伊斯兰教统治。

因此,就战争来说,伊斯兰教的历史比当代西方所描述的许多流行看法要更多样化。

印度教: 从刹帝利到阿姆沙

印度教接受战争,看起来是毫无疑问的。种姓制度的结构也表明,刹帝利(武士)是四个主要的社会阶层之一。尽管古典时期的印度教传统上坚持一切受造物都有一丝神迹,因此杀生明显不被接受。但是刹帝利的战争法则(责任)一直被断定为超越这种考虑。《摩诃婆罗多》(Mahabharata),世界上所有宗教文学中最伟大的史诗之一,考察了刹帝利面临的这个困境,它断定:"既然这些邪恶行为属于你的职业责任,那么对此恶业的惩罚将不会纠缠你。"(Ferguson 1978)实际上,整个《摩诃婆罗多》都在讲述一场发生在婆罗多族几代人身上的伟大战争。在人

们最喜欢的部分——《薄伽梵歌》里,武士阿朱那思考的是去履行打仗的责任,还是履行保护生命的责任,因为两者看上去是不可兼容的;而克利须那(Krishna),即毗湿奴(Vishnu)的化身,非常直接地告诉他:"战斗,哦,婆罗多!"

这样,在印度教历史上,战争乃家常便饭就不令人惊奇了。旃陀罗笈多(Candragupta)及其子沙摩陀罗笈多(Samudragupta),是两位从不认错的征服者,他们建立了笈多帝国(the Gupta Empire,320—484),该帝国经常被视为印度教的黄金时代。11世纪之初,当穆斯林伽色尼的马哈茂德(Mahmud of Ghazna,971—1030)入侵印度时,印度教徒奋起战斗保卫帝国;根据记载,仅一次战役就死去5万人。拉吉普特人在9世纪崭露头角,称自己是"印度斯坦的剑"和婆罗门的捍卫者,从那时起就开始攻击印度教的外来挑战者。

不过,在《奥义书》和其他经典中,印度教还有另一种品质。在《唱赞奥义书》(Chandogya Upanishad)里,阿姆沙(ahimsa,非伤害性或者非暴力)被看作印度教最基本的美德,与苦行、布施、正直、笃信一样重要。莫汉达斯·甘地是20世纪印度伟大的精神和政治领袖,是阿姆沙最有影响力的倡导者。在演讲中,甘地尽量解释印度教的古典著作,把它们视为非暴力原则的真实体现;但许多世纪以来,它们曾被视作对武士生活的支持。甘地认为,《摩诃婆罗多》的结尾就是描述战争的无益,而非光荣。《薄伽梵歌》里的克利须那告诉阿朱那去战斗,不过只是一种方式,即为了阿朱那不被"行动的后果"纠缠而向其解释暴力行为和精神责任不可兼容。甘地与邪恶战斗,其方式既根植于印度教,又完全是非暴力的。正像他自己所写的,"我努力使专政者的剑锋变钝,不是靠拿起一个更锋利的武器来反对他,而是靠让他的期望落空,即他认为我会用外力去抵抗"。(Ferguson 1978)

因此,尽管印度教传统上给武士保留了一

个特权地位,但是最近几十年,印度教的修正主义解释建立在甘地和其他人拒绝战争与暴力的基础上,并开始形成非常大的影响。

佛教: 从不伤害到武士伦理

佛教的主要传统或许可以视为一以贯之地拒绝战争,然而即使是该宗教的历史也远非如此。

佛教五戒中的第一个是不杀生,也不参与杀生,这对僧人和俗家弟子都是一样义不容辞的;这条禁令同样可以适用于战争、谋杀以及杀死动物用作食物和供品。根据《法句经》,"每个人都害怕暴力,每个人都喜欢生命。如果一个人把自己和别人相比,这个人是绝不能杀生或者卷入杀生的"。(Ferguson 1978)佛祖悉达多(约前566—前486)靠不引发伤害的秘诀布道和生活,而且他吸引了许多追随者走向和平主义,生前和死后都有。孔雀王朝皇帝阿育王是一名军事帝国主义者,一旦改宗佛教,就建立了一个繁荣的国家,禁止杀戮。就和平来讲,佛祖说教最有说服力的例子可以在元稹(779—831)冷酷的话中看到;他谴责佛教徒,因为后者利用宗教作为逃避军役的借口。

然而,历史上的佛祖生于印度刹帝利种姓,也经常以军事化的类比加以描述,即使在他觉悟成为佛祖之后。《四十二章经》记录着,"实践这种方法的人就像一人独自挑战一万人一样……一些人退让;一些人参加战争并死亡;一些人凯旋,胜利返回他们的王国"。(Sharf 1996)《经集》在偶然和故意杀生之间做了区分,只是歧视后者,就像基督教的歧视原则一样。实际上,佛教,包括小乘佛教和大乘佛教的所有主要流派,在历史上都有支持战争的重要例证。在中国唐朝,佛教僧人因为表现突出而被授予军事荣誉;而且在619年,他们中有5000人领导了一次暴动,结果一个僧人宣布自己是皇帝,头衔是"摩诃衍那"(Mahayana)。在朝鲜,历史上的国王们曾征召数以千计的佛教徒从军——14世纪是抗击蒙古人,16世纪是抗击日本人。

1192年,禅宗传入日本,之后成为武士阶层的宗教,并促进了武士道精神的出现。20世纪三四十年代,日本的许多禅宗大师利用禅宗理念即真理在理性之外、因此没有绝对的道德原则为借口,宽恕甚至支持日本帝国主义的侵略战争;原田祖岳(Dajun Sogaku Harada Roshi, 1870—1961)就宣称,"禅和战争合二为一……最大程度地扩展了现在正在进行的圣战"(Baran 1998)。

因此,像基督教一样,佛教历史以拒绝战争为开端,而在随后的许多世纪里逐渐接受战争,献身战争甚至成为一项宗教义务。

宗教和战争关系的考量

是战争塑造了宗教,还是宗教塑造了战争?正如以上例子所表明的,答案肯定是两种情况都有。宗教信仰经常被采用以支持各种各样的政治事业,战争是政治利用宗教最突出的例子。但是历史上宗教也利用战争作为工具推动自身的发展,并以宗教的名义发动和推动他人投入战争。尽管战争仍然是所有主要宗教可接受的重要内容,但是它始终会造成古代宗教曾思考的难题:战争是社会存续的工具,还是毁灭的源头?

进一步阅读书目:

Augustine. (1984). *City of God*. New York: Penguin Books.
Baran, J. (1998). Zen Holy War? *Tricycle*, 27, 53 – 56.
Christopher, P. (1994). *The Ethics of War and Peace: An Introduction to Legal and Moral Issues*. Englewood Cliffs,

NJ：Prentice Hall.

Duncan，R.（Ed.）.（1951）. *Selected Writings of Mahatma Gandhi*. Boston：Beacon Press.

Ferguson，J.（1978）. *War and Peace in the World's Religions*. New York：Oxford University Press.

Good，R. M.（1985）. The Just War in Ancient Israel. *Journal of Biblical Literature*，104（3），385 – 400.

Johnson，J.（1981）. *Just War Tradition and the Restraint of War*. Princeton，NJ：Princeton University Press.

Kelsay，J.（1993）. *Islam and War：A Study in Comparative Ethics*. Louisville，KY：Westminster/John Knox Press.

King，W. L.（1993）. *Zen and the Way of the Sword：Arming the Samurai Psyche*. New York：Oxford University Press.

Lewis，B.（1990，September）. The Roots of Muslim Rage. *Atlantic Monthly*，266（3），47 – 60.

Littleton，C. S.（1987）. War and Warriors：Indo-European Beliefs and Practices. In M. Eliade（Ed.），*The Encyclopedia of Religion*（15，pp. 344 – 349）. New York：Macmillan Library Reference.

Lind，M.（1980）. *Yahweh is a Warrior：The Theology of Warfare in Ancient Israel*. Scottdale，PA：Herald Press.

Kulke，H.（1993）. *Kings and Cults：State Formation and Legitimation in India and Southeast Asia*. New Delhi，India：Manohar.

Narasimhan，C. V.（1965）. *The Mahabharata：An English Version Based On Selected Verses*. New York：Columbia University Press.

National Conference of Catholic Bishops.（1983）. The Challenge of Peace：God's Promise and Our Response（the Pastoral Letter on War and peace）. In J. Elshtain（Ed.），*Just War Theory*（pp. 77 – 168）. New York：New York University Press.

Olivelle，P.（1996）. *The Upanishads*. Oxford，U. K.：Oxford University Press.

Pagels，E.（1988）. *Adam，Eve，and the Serpent*. New York：Vintage Books.

Pearse，M.（2007）. *The Gods of War：Is Religion the Primary Cause of Violent Conflict?* Downers Grove，IL：Inter-Varsity Press.

Popovski，V. Reichberg，G. M. & Turner，N.（Eds.）.（2009）. *World Religions and Norms of War*. Tokyo：United Nations University Press.

Riley-Smith，J.（Ed.）.（1995）. *The Oxford Illustrated History of the Crusades*. New York：Oxford University Press.

Sharf，R.（Ed.）.（1996）. The Scripture in Forty-two Sections. In D. S. Lopez Jr.（Ed.），*Religions in China in Practice*（pp. 360 – 371）. Princeton，NJ：Princeton University Press.

Strong，J. S.（1983）. *The Legend of King Asoka*. Princeton，NJ：Princeton University Press.

Suarez，F.（1944）. *Selections from Three Works of Francisco Suarez*. Oxford，U. K.：Clarendon Press.

Victoria，B.（1997）. *Zen at War*. New York：Waetherhill.

蒂莫西·雷尼克（Timothy M. Renick）文

马行亮 译，黄艳红 校

Religion—Overview　宗教概述

2107　　宗教是世界历史中非常典型的中心话题。虽然人们认为宗教是私人的，但它的公共性质仍然影响到很多人。宗教支持着各个帝国，抚慰着受害者。它也引起战争，煽动武士，不过它也可以成为一个和平并主持正义的要素。宗教作为国家的支持者，可能享受特权，而当它对国家持有异议时，则可能受到追究。

　　现代人给许多努力和尝试冠以"宗教"的名义，人们试图以这些努力和尝试去回应他们体验或相信的超自然或超人类的力量或存在。那种纯粹人文化的宗教是极其罕见的。在大部分历史的大部分文化中,大部分人已经证明,在人们的生存中宗教是其最基本的取向。人们把精力奉献给宗教,创造出许多艺术精品——寺庙和类似东西——和事件,这些现象是历史学家一直在认真对待的。

尽管宗教可能如现代人所说的,是一件私人的事情,但是它总是有公共性的。个人可能信仰宗教,但是他们中的许多人形成社会;这些人彼此可能相互冲突,试图使用武力,并经常证明这对世俗权威是很有用的,就像宗教发现可以利用世俗权威一样。

同胞或俘虏,以此来取悦神明,例如生育之神、天气之神或战争之神。尤其是当这些杀戮发生在北方(如斯堪的纳维亚)的气候条件下时,一些尸体就保存得很完好,以致学者能推断献祭者和被献祭者的大部分生活方式。尽管在现代社会中用人献祭实际上已经绝迹,但是长时间以来它曾是社会的一个重要方面。在南美阿兹特克文化中,在欧洲人到来和征服他们之前,有数以千计的人在仪式中被用作祭品。在许多古代宗教中,人们为赢得神灵的垂青,用动物代替了人。不流血的献祭贡品,如金钱,直到我们这个时代

史前时代和文字出现以前的文化

在整个人类历史上,大多数宗教研究都依据某些神圣的文本。但在史前时代,没有文字的先民不可能留下这样的文本。但无数的墓葬考古证据表明,活着的人参与各种与葬礼有关的仪式并留下了物件,这暗示他们关心死者及其死后的生活。欧洲和亚洲部分地区的坟墓可以追溯到7万年前。由于缺乏文本,学者们必须推断遗迹的意义;不过,这些遗迹表明,宗教是人类生活中一个恒久而深刻的维度。它如此重要,以至于神经学家推测,人类通过仪式和典礼、神话和象征、观念和行为来寻求意义是一种根深蒂固的现象,是"与生俱来的",借此,人们和世界宗教联系在一起。

对发掘祭坛和骨骸的学者来说,最令人不安的是要与以人作祭品的现象打交道,这也是最常见的情形之一。古代的某些阶层——通常是神职人员——给祭坛提供

圆顶清真寺(the Dome of the Rock)坐落在耶路撒冷,该城是伊斯兰教(作为穆罕默德升天的地点)、犹太教(亚伯拉罕准备献祭他儿子以撒的地方)和基督教(拜占庭帝国时期,君士坦丁的母亲请人建造了一个小教堂)的圣地

仍然是表达宗教热忱最可取的方式。

宗教关注的不仅仅是开端和终结、出生和死亡、繁殖和埋葬仪式。通过观察大石头是如何放置的，如英国或者中南美洲整个玛雅和阿兹特克文化中的巨石阵，学者们推断出，古人有观察天空以寻求神意的迹象。他们重视一年的四季和太阳、月亮、星辰的运动，计算它们的方向。许多古人崇拜太阳神和月亮神。这样的观察在出现文字的文化中以审慎的方式延续下来；在这些文化中，犹太教、基督教、伊斯兰教以及其他宗教繁荣起来。它们的经典文本描述了一些根据月相举行仪式的时间。

就像他们仰望天空一样，这些信仰宗教的人也在思前想后，正如他们的文字所显示的那样：他们想要解释世界是如何形成的，它的未来会如何——尽管经常是一个以毁灭而结束的未来。他们程式化的起源故事（最初的神话）为日常生活提供指导。他们的祭坛和遗迹也表明，他们关心天气和神灵，或者说关心控制天气的那些力量，因为天气对他们的生存延续和可能出现的繁荣有非常大的影响。他们跳舞、祈祷，为农业和狩猎有关的神灵献祭贡品。

"世界宗教"的崛起

在古代生活中，宗教意味着什么？当历史学家有能力解读文本时，这个问题会变得更加清晰。在这些文本里，神职人员和抄写员记录了他们与神灵所谓的交流，而且制定了很多仪式。他们中的许多人留下了丰富的遗产，可以看出他们在地中海周围活动，尤其是在中东。公元前 5 世纪，雅典城熙熙攘攘，它的建筑师建造神庙，如帕特农神庙，里面以菲迪亚斯（Phidias）的雅典娜雕像为主体。古代希腊文学的读者们非常熟悉众多的天神，公民们总是试图理解他们：经常是安抚他们，有时是模仿他们。

在此之前的 1 000 多年，即约公元前 1500 年，有证据表明中国人非常关心神圣事物；公元前 551 年孔子的出生，有了更多展现中国人的精神世界的文本。虽然孔子究竟应该被视为宗教创立者还是哲学家是一个争论焦点，但是引人瞩目的一点是，中国的宗教学者在学习他的著作。这些著作在中国影响巨大，几千年之后仍然如此。他教导门徒谦卑、慷慨，敬重祖先，积极入世。

在孔子去世之后，中国甚至还出现另一种哲学、一种现世的信仰——道教，它与许多其他宗教不同，很少关注来生。它教导人们尊重自然世界，即田园生活。面对它，人们学会静穆，但从不懦弱，这对贫穷的农民和乡下人很有吸引力。

许多世纪以来，更重要、更有影响力的宗教出现在亚洲次大陆，尤其是印度。印度人据说专注于对神灵问题做出解答，比中国人更缺乏对科学和发明的兴趣。印欧背景的殖民者种下了印度教的根，这种信仰号召人们敬畏，甚至畏惧神职人员和被称作婆罗门的圣人。印度教的枝蔓是如此之多，由此形成的经典著作也是如此之多，以致很难把握印度教的本质。它提倡多神崇拜，包括凌驾于万物之上的婆罗门。印度教信仰的核心是，所有有生命的东西都有内在的灵魂，它比其身体活得更久，不过此后要轮回到一个新的身体中。这个信仰导致了牛是神圣的看法。然而印度教不仅仅是一系列信仰，它还明确要求复杂的宗教实践，其中许多跟轮回的信仰有关。

就像中国的道教和儒家既共存又相互颉颃一样，在印度，佛教与印度教成掎角之势。在佛教的哲学和宗教里，我们有可能确定唯一的创建者是悉达多（前 566—前 486），他是位于今尼泊尔的一位国王的儿子，童年备受呵护，生活奢华，安稳悠闲，然而他抛弃这种生活方式，策马而去寻求开悟和救赎。事实上，他确实经历了这一过程，成为众所周知的"觉悟者"，即佛陀。他的

> 对有信仰的人来说，任何解释都是没有必要的。对没有信仰的人来说，任何解释都是不可能的。
> ——圣·托马斯·阿奎那(Saint Thomas Aquinas, 1225—1274)

经历使他及其追随者追求忘我和圣洁。因为印度形成了种姓制度，在这种制度中，穷人命中注定贫穷，富人注定享受富贵，所以佛教在精神上更民主些。不过富人也很有兴趣，其中许多人捐建寺庙，这对最真诚的追随者充满吸引力。佛教寺庙沿着圣河——恒河——在一个接一个的城市涌现。

公元前265年左右，印度国王阿育王经常靠剑、但也靠建筑和慈善获得权力和威望，同时佛教也走进了世界历史，而且注定了其前程远大。通过这个帝国的扩张，佛教繁盛起来，那时候，阿育王建设医院和教育中心，使佛教在其统治的居民中间产生了实际的影响。印度教在早期的繁荣之后开始衰落，随后又是周期性的复兴。然而此时佛教徒却把他们自律的生活方式传入中国和日本，这里是它成为一个"世界宗教"最终的和真正的大本营。

"希腊-罗马"宗教的发展，犹太人和基督徒

希腊和罗马文化在历经文化大繁荣的几个世纪后延续下来。哲学家卡尔·雅斯贝尔斯(Karl Jaspers)提到，公元前700到前200年之间的几个世纪是"轴心时代"、一个宗教形成和创新的时代，这些时代界限被普遍接受。这经常在希腊戏剧、罗马诗歌以及治国之术的记录中明显表现出来。尽管在公元前4世纪跟罗马有关的发展进程中，古老的希腊神灵有荣耀的地位，但是罗马统治者越来越被认为是神灵的代理人，值得崇拜。反过来，他们祈求一些神灵，并献出动物以作祭品。由于对其他文化影响持开放态度，他们还欢迎伊西斯(Isis)——埃及的母神，统治着整个宇宙——和密特拉神(Mithras)——波斯的太阳神。让情况更复杂的是来自巴勒斯坦的犹太人，以及从犹太教中分离出来的一个新教派，罗马人很快称后者为"基督教"。

经过几个世纪的发展，罗马共和国变成了罗马帝国，这期间犹太教和基督教逐渐登上舞台。这两个宗教一起变成了"世界宗教"，堪称世界历史上那长达500年的创造期和虔诚期留下的富有活力的遗产。犹太教和基督教最初交织在一起，到1世纪末发生冲突，所以就要求宗教学者分别对待。

希伯来人民——他们的名字意指流浪——告诉自己，他们是埃及奴隶的后代。他们已经看到荣耀，开始征服巴勒斯坦的许多弱小民族，并在公元前1000年左右开始建立王国。他们崇敬和怀念克里斯玛型的统治者如大卫，他占领了首都耶路撒冷，然后是其子所罗门，他是圣殿建造者。经常光顾圣殿的人、他们的祭司和书记员详细叙述了这些故事——包括他们从奴役到自由、在荒野漫游以及在巴勒斯坦的土地上征服迦南(Canaan)——并以此为生。

在这些故事中，最能激发他们产生各种道德感和宗教仪式的是关于摩西的故事，他是领袖，经常明显地借助神迹将他们从奴役中解放出来。这些神迹中有一个与他们称作耶和华的神有关，即十句"启示"，后逐渐被称为《十诫》。遵守这些戒令的人，无论生活在北方王国还是南方王国(后者被称为犹太，所以他们是"犹太人")，都被认为是上帝的选民，不得制作神像。他们很少敬拜那些反对耶和华的神灵，然而他们经常被其引诱。他们的行为很快遭到先知的批评，这主要发生在公元前8世纪。这是一些蒙受特别召唤、被指引去审判犯错者，并把上帝肯定的期许带给正直者的人。上帝尤其给犹太人树立了很高的标准，并且就像他们解释的那样，根据他们执行律法的情况——尤其是《十诫》——让他们繁荣或是遭受灾难。

虽然许多犹太人于公元前586年从"巴比伦之囚"之中解放出来，生活在巴勒斯坦，但是他们还是出现了族群流散的情况，即各部族散居各处；而且他们出于战略考虑而定居在后来成为罗马帝国的地盘上。只要他们没给统治者制造

麻烦,他们就有相对的自由,可以建造教堂,举行礼拜。基督教的前身就是犹太教,起源于犹太人的一个宗派。

该信仰以拿撒勒的拉比耶稣为核心,那时,大部分追随者相信他是由拿撒勒的童贞女玛利亚所生,玛利亚因圣灵而受孕,耶稣没有生身父亲。他是当时的很多先知(如施洗者约翰等)之一。在被称为福音书——它已经成为《新约》的一部分——的圣典中,耶稣被描述为创造奇迹的人,他的主要任务就是治病和宣扬上帝之国的临近。这些说法的确切含义以撰写和解释这些著作的人为准,不过都与神把人从罪恶中拯救出来有关。

在罗马残暴的统治下,以色列人深感不满,许多人想摆脱罗马人的统治。福音书中说,耶稣告诉门徒,他将要被处死。同时,宗教界越来越多的敌人攻击他,想处死他。福音书写道,他知道被钉十字架这种处决方式就是他命中注定的,也是他拯救世人的方式。在这些描述中,对他称作父的人来说,他的死是令人欣喜的牺牲。根据其追随者的经历和信仰可知,他复活了,也就是死后重生,出现在信徒中,计有40天时间,然后升上天堂,在那里统治。

在希腊人和罗马人眼里,追随这个复活的人的教派就叫基督教,他们本来可以作为又一个奇怪的运动而存在下去。然而,当他们中有一些人在军队中服役,缴纳税赋的时候,他们不把统治者恺撒视作神灵,拒绝做出任何敬拜行为。在耶稣死后40年,即约公元70年左右,这些基督徒和其他犹太人之间的冲突导致了分裂,双方的敌意日益增长。然而,要想继续存在下去,罗马统治者和其他统治阶层的态度更为重要。他们遭受嘲弄,被视为颠覆势力。在公元70年之前,对基督教的迫害已经在耶路撒冷、罗马和边缘地区开始,而这个信仰顺着这个路线迅速扩展,不断前进。

基督教的分裂和伊斯兰教的崛起

在罗马走向衰落的那3个世纪里,有一位皇帝君士坦丁出于复杂的原因而成为一个信徒,引导他的帝国走向领导基督教的时代,4世纪末,基督教成为罗马帝国的官方宗教。当初的受迫害者很多时候变成了迫害者。基督教是官方的、合法的,并将保持这种地位达千年之久,甚至是更长的时间。当获得权力和影响的东部与罗马分裂时,基督教运动也逐渐分裂,它在罗马和君士坦丁堡都有总部;当时,君士坦丁的统治地区以今天的土耳其为基础。基督教的故事,包括其信条、教义和活动发展的记述,也因此有西方和东方版本之分,这种区分在1054年永久化。

如果说基督教是从犹太教中脱胎而来,那么另一个世界性宗教——其规模仅次于基督教——则先是从这两种宗教发展而来,然后又在与它们的对立中壮大起来的。它首先在阿拉伯半岛的小城市起家,570年,穆罕默德出生在那里。基督徒和犹太人也在那里生活,然而传统宗教在内陆被认为是异教。内陆的麦加是穆罕默德的出生地,人们崇敬并朝拜克尔白神庙里的一块大黑陨石。在那个城市里,穆罕默德带来更深刻的宗教启示,宣称他正在把真主安拉的话记录在后来成为《古兰经》的圣典里。伊斯兰的意思是"顺服",这个宗教来自穆罕默德的启示和抄写的经书,强调顺从安拉,并拿出了清晰简单的方案——靠它,一个人可以坚持对伊斯兰教的信仰。

尽管《古兰经》包括许多赞同宽容与和平的内容,但是这个文本也含有军事主题和先知的军事生涯。阿拉伯半岛终年干旱,在6世纪早期

2111

印度一个精心装扮的印度教游行马车。克劳斯·克洛斯特迈尔摄

正经历着干旱（似应为 7 世纪早期，原文如此。——译者校注），许多绝望的阿拉伯人加入了穆罕默德的征服军。635 年叙利亚的大马士革陷落，第二年是耶路撒冷。641 年，阿拉伯军队侵入埃及，并征服亚历山大里亚。胜利的穆斯林军队到处成功地使人改宗，并建造清真寺。这些行动对基督徒来说是威胁性的，甚至是毁灭性的。基督徒在北非和欧洲部分地区，包括西班牙，遭遇失败。在西班牙，穆斯林发展出高度复杂的文明，和犹太人、基督徒共处，直到 1492 年。1453 年君士坦丁堡陷落，下个世纪的大部分时间里奥斯曼土耳其担负起传播伊斯兰教的使命，同时对欧洲进行全方位进攻并进入匈牙利。在较早的时期，当基督徒通过一系列血腥的十字军东征企图赢得巴勒斯坦圣地时，他们取得了一些有限的胜利，但是在欧洲之外，伊斯兰教确立了自己的地位，成为一个永久挑战者。

宗教扩张和分裂

与此同时，佛教徒已经活动了千年。它从印度进入中国的各个地方，还扩展到斯里兰卡。大乘佛教是佛教的一种新的形式，在印度北部发展起来。它比早期消极的佛教更有进取心，更积极劝服别人改宗。佛殿和佛祖的巨大雕像显示着佛教发展的进程。737 年，日本的圣武天皇接受佛教。他因患传染病身体虚弱，转而相信佛教，并在奈良建造大佛。同基督教和伊斯兰教一样，佛教不仅随军队传播，而且还通过精力充沛的传教士和劝改宗者传播。每一次都在大地上留下供膜拜的大房子和数以千计更小的房子，供朝觐和进贡用的地方，以及鼓励学习和强化虔诚的图书馆——简而言之就是文明。

西方天主教以罗马为中心主导着欧洲，穆斯林在其西部即西班牙出现，并在东方向维也纳施加威胁，而犹太人作为受压榨的少数族群也继续存在；这时候，一种基督教体制为宗教生活和主要世俗生活确定了标准。天主教的领袖教皇不仅有军队保护，而且要求并经常得到君主们的服从。如果他们没有得到罗马的许可，他们的人民将不能升入天堂。

食人族的上帝是食人族,十字军的上帝是十字军,商人的上帝是商人。
————拉尔夫·沃尔多·爱默生(Ralph Waldo Emerson,1803—1882)

君主的支持,这些怀疑者打击了天主教的说教,削弱了其统治基础,尽管天主教继续控制着大部分欧洲。不过在 1529 年之后,这场所谓的新教运动开拓前进,经常与德国、英格兰、斯堪的纳维亚、低地国家和其他地方结盟,从而加深了欧洲的宗教分裂。这种局面变得非常明显,因为新教自身已经分裂,不可能作为一个整体被吸收进罗马或者被消灭掉。

当西半球成为欧洲知识界讨论的主题时,天主教在中南美洲流行起来。与此同时,荷兰、瑞典,尤其是英国的教会已经转向新教。来自这些国家的商人和探险家控制着部分美洲,后来它演变成了美国,还有除魁北克之外的整个加拿大。

文艺复兴、启蒙运动和政教分离

尽管信仰在传播,然而基督教,甚至可以说 16 世纪的所有宗教都开始面对一种新世界观的传播者。有时候,人们称之为文艺复兴,因为它包含着对希腊和罗马思想荣耀的一种复兴,如它欢迎它们的艺术和科学。有时候,这种变化被称为启蒙运动。这是一场西北欧的运动,它倡导理性、进步和科学,而这经常是不利于宗教信仰的。

在文艺复兴时代,一些挑战者如哥白尼和伽利略,提出有关物质世界的新观点并因此受到迫害,后者还遭到教皇的谴责。有时候,他们也赢得开明的教会领袖(经常把信仰、理性和科学融合在一起)和教会的认同,使其改变看法。不过,无论如何,在现代世界,信教者和不信教者

新墨西哥州埃尔桑托利亚·德奇马约(El Santoria de Chimayo)的小天主教礼拜堂,由西班牙殖民者建造,现在是人们寻求治疗的一个朝拜场所

在这样的背景下,全欧洲焦虑不安的改革者开始怀疑天主教体制并试图推翻它。他们的主要工具是布道和受教育者使用的《圣经》,这是一本充满神启的书,在 15 世纪开始普及,因为约翰内斯·谷登堡发明了活字印刷,新印刷机可以帮助普通人接触到《圣经》及其内容。在日耳曼的萨克森地区,一个叫马丁·路德的神父在 1517 年发布解放福音,疾风暴雨般地抨击官方教会;反过来,官方教会也追查他。由于有瑞士和其他宗教改革学者的联合,以及得到神圣罗马帝国(今德国大部分地区)和其他地方许多

2113

之间的冲突与日俱增。后者新生的世界观被称为"世俗的"(Secular),来自拉丁语"Saeculum"。它所暗示或者公开提出的问题是,上帝是否存在过;不依靠上帝、圣典、宗教机构等,一个人能否过上一种完满的生活,并可以解释和改变世界。

宗教的延续和复兴

毫无疑问,在21世纪,宗教同几个世纪以前一样,仍然扮演着重要的角色;尽管曾有许多预测认为现代性、世俗化和科学将把宗教扫荡干净。基督教传统的心脏地带即西欧没有出现宗教追随者数量的增加,尽管基督教在那里以各种面目传承着。然而,2009年,世界上有将近20亿人是基督徒,其中,约10亿人是罗马天主教徒。新的基督教运动大张旗鼓,尤其是南半球撒哈拉以南非洲的五旬节运动。与此同时,由于人数增加、劝服改宗的努力,以及对世界上许多穷人有吸引力的哲学和运动的发展,伊斯兰教也在壮大。印度教也是一个在发展壮大的宗教。

当代世界的宗教

对宗教角色的评估应该从其在个体生活中的地位出发。这在耆那教、锡克教、神道教、巴布教以及其他重要的运动(一个人在宗教地图集和百科全书或者世界上公开的冲突中将会发现这些运动)中是千真万确的。多亏大彻大悟的佛、因布道而牺牲的耶稣、像阿西西的方济各(Francis of Assisi)这样的修士、像迈蒙尼德

(Maimonides)这样的犹太学者、像马丁·路德这样的改革家,人们灵魂的火焰才得以释放,接受使命,传播信念,改变世界,历史因此而发生变化。同样,如果没有个体灵魂的骚动和渴望,如果没有至少是部分地、经常是全身心地对神或众神的应答,那么就不会有宗教运动。

在其他极端情况下,宗教必须被作为群众运动来评估。数以百万计的穆斯林朝拜麦加的克尔白神庙,就像基督徒的十字军一样;他们组建军队支持那些他们认为根据神意统治的国王,或者推动复兴、觉醒和革新运动。他们能够与已经发生的运动扯上联系。屡见不鲜的情形是,一个国家只有在相信神或者善在自己这一方,而神的敌人撒旦在其他人,即另一方的时候,才开始战争动员。

宗教经常承担革命性的任务。虽然其主要功能可能是保守的,如推动对智慧和古代圣贤成就的尊重,在混乱的年代提供稳定和健全的力量,这些都是经常可见的现象;但另一方面,宗教也会承担起颠覆世界的使命。比如,公元前8世纪希伯来的先知们以他们所谓的——上帝与以色列人约定而现在被遗忘的——契约为基础,号召人们忏悔,改弦更张,致力于正义和怜悯。宗教会形成抵抗运动,反抗现代独裁者;或者为需要勇气和神恩的人提供良知。因此,宗教既是整合的力量,又起到预言和分裂的作用,它从这两面创造历史。宗教关涉的是精神和灵魂等无形的力量,因此它不可能像战争、地震、饥饿或者灾难那样容易追踪和记录;但它同这些现象一样,一直在整个历史中改造着人类的面貌,直至今日。

进一步阅读书目:

Armstrong, K. (1993). *A History of God: The 4,000-year Quest of Judaism, Christianity, and Islam*. New York: Ballantine.

Bianchi, U. (1975). *The History of Religions*. Leiden, The Netherlands: E. J. Brill.

Bishop, P. , & Darton, M. (Eds.). (1987). *The Encyclopedia of World Faiths: An Illustrated Survey of the World's Religions*. New York: Facts on File Publications.

Braun, W. , & McCutcheon, R. T. (2000). *Guide to the Study of Religion*. New York: Cassell.

Brown, P. R. L. (1971). *The World of Late Antiquity: From Marcus Aurelius to Mohammad*. London: Thames & Hudson.

Burkert, W. (1996). *Creation of the Sacred: Tracks of Biology in Early Religion*. Cambridge, MA: Harvard University Press.

Bush, R. C. (Ed.). (1993). *The Religious World: Communities of Faith*. New York: Macmillan.

Carmody, J. T. , & Carmody, D. (1993). *Ways to the Center: An Introduction to World Religions*. Belmont, CA: Wadsworth.

Denny, F. M. (1985). *An Introduction to Islam*. New York: Macmillan.

Despland, M. , & Vallée, G. (Eds.). (1992). *Religion in History: The Word, the Idea, the Reality*. Waterloo, Ont, Canada: Wilfrid Laurier University Press.

Dowley, T. (1990). *The History of Christianity*. Oxford, U. K. : Lion.

Dumoulin, H. (1963). *A History of Zen Buddhism*. New York: Pantheon.

Durkheim, E. (1965). *The Elementary Forms of Religious Life*. New York: Free Press.

Earhart, H. B. (Ed.). (1993). *Religious Traditions of The World*. San Francisco: Harper San Francisco.

Eastman, R. (Ed.). (1993). *The Ways of Religion: An Introduction to the Major Traditions*. New York: Oxford.

Edwards, D. L. (1997). *Christianity: The First Two Thousand Years*. Maryknoll, NY: Orbis.

Eliade, M. (Ed.). (1987). *The Encyclopedia of Religion*. New York: Macmillan.

Embree, A. T. (Ed.). (1966). *The Hindu Tradition*. New York: Modern Library.

Esposito, J. (1998). *Islam: The Straight Path*. New York: Oxford.

Finegan, J. (1952). *The Archaeology of World religions*. Princeton, NJ: Princeton University Press.

Frazer, J. G. (1963). *Golden Bough: A study in Magic and Religion*. London: Macmillan.

Hastings, A. (Ed.). (1998). *A World History of Christianity*. Grand Rapids, MI: Wm. B. Eerdmans.

Hick, J. (1989). *An Interpretation of Religion: Human Responses to the Transcendent*. New Haven, CT: Yale University Press.

Hodgson, M. G. S. (1974). *The Venture of Islam: Conscience and History in a World Civilization*. Chicago: University of Chicago Press.

Holton, D. C. (1965). *The National Faith of Japan: A Study of Modern Shinto*. New York: Dutton.

Jurji, E. G. (Ed.). (1946). *The Great Religions of the Modern World*. Princeton, NJ: Princeton University Press.

Kitagawa, J. M. (1966). *Religion in Japanese History*. New York: Columbia.

Landis, B. Y. (1957). *World Religions: A Brief Guide to the Principal Beliefs and Teachings of the Religions of the World, and to the Statistics of Organized Religion*. New York: Dutton.

Ringgren, H. (1973). *Religions of the Ancient Near East*. London: S. P. C. K.

Sachar, A. L. (1965). *A History of the Jews*. New York: Knopf.

Smart, N. (Ed.). (1999). *Atlas of the World's Religions*. New York: Oxford.

Zaehner, R. C. (1961). *The Dawn and Twilight of Zoroastrianism*. London: Weidenfeld & Nicholso

2115

马丁·马蒂(Martin E. Marty) 文

马行亮 译,黄艳红 校

Religious Freedom 宗教自由

在世界历史上,宗教自由作为一种观念直到现代才被广泛接受。政府认可宗教信仰是基于这样的假设,即共同的宗教对社会稳定是必要的。这种假设不容易消失,在世界一些地方还很流行。尽管如此,宗教自由现在已经成为一个普遍接受的标准,得到国际法和许多国家宪法的支持。

2116

宗教自由能够被定义为由国家权威向其人民所保证的、相信受良心指引的自由,包括没有信仰的自由。在世界历史上这个观念相对新颖,因为从最早的时候起,政府认可宗教,视其为增进稳定和社会团结的方式。

古代社会

在古代社会,宗教和世俗之间没有什么区分。生活的全部都是宗教,国家权威普遍充当道德的仲裁者,并要求宗教信仰进一步为自己的目的服务。古代美索不达米亚、埃及和希腊是多神教文化,其中,神职人员或诸神还被认为是社会的权威,国民的宗教生活井井有条。随着新宗教的流行,国家机器经常接受这些宗教作为社会团结的基础。于是,印度的印度教、泰国的佛教、日本的神道教、中国的儒教和道教、以色列的犹太教、中东的伊斯兰教都曾影响法律和公共政策,直到今天仍然保留着正式或者非

正式的国教地位。在这些情形下,自由和宗教从来不是天然的盟友。勇敢的异教徒在寻求官方认可之外的宗教观念时,经常遭受迫害,甚至被处死。

中世纪欧洲的政教联盟

迫害异教徒的做法在罗马帝国初期一直持续着。在皇帝尼禄、图拉真、德基乌斯、瓦勒良和戴克里先的统治下,基督徒有时被处死,因为他们违反了帝国规定的宗教要求。但是基督教继续发展。到 4 世纪,基督徒占到罗马人口的10％。然而,只有在君士坦丁成为第一个基督徒皇帝时,对基督徒的迫害才告结束。313 年,在

约翰·恩迪科特(John Endicott)从国王的旗帜上割下十字架,是一种蔑视行为。他是罗杰·威廉斯(Roger Williams)的追随者和殖民地新英格兰宗教自由的热情支持者

他的首肯下,《米兰敕令》(the Edict of Milan)得以通过,这是宗教自由史上具有标志性的文件。它提出:"宗教自由对任何人来说都是不可否认的,每个人的心灵和意志都应根据自己的选择、自由处理神的事务。"(Pfeffer 1967)该敕令将基督教提升到与帝国内其他宗教平等的地位。10年之后,君士坦丁还修改法律,使基督教处于优势地位。罗马帝国建造宏伟的基督教建筑,设立基督教节日,给基督教神职人员免税特权,并迫害不信上帝的宗教的追随者。受迫害者成了迫害者。380年,在皇帝狄奥多西统治下,基督教由官方设置教堂,成为帝国的官方宗教。

在中世纪,基督教国家开始成为整个欧洲的模式。东正教教会开始成为东罗马帝国大部分地区(包括希腊和俄国)的官方宗教;天主教则在西方盛行。政教结盟的目的是为了博得上帝的荣耀和人的救赎。任何妨碍举措都要被严肃追究。这样,到13世纪,西方的权威当局成立了正式的裁判所,通过它,真正的异教徒将被系统地鉴别出来,如果他不可救药则会被处死。从1231年宗教裁判所正式由教皇格列高利九世创立,直到1834年西班牙宗教裁判所被最终废止,有成千上万的异端被焚毁在火刑柱上,因为他们的信仰跟官方许可的基督教教义不可调和。宗教自由明显不是中世纪的词语。

然而,在基督教会内部,偶尔会出现支持宗教自由的声音。德尔图良(Tertullian)、殉道者圣查士丁(Justin Martyr)、普瓦提埃的圣希拉里(Hilary of Poitiers)、克里索斯托(Chrysostom)和奥古斯丁(Augustine),还有其他人,曾为宽容辩护,谴责对异端的惩罚。例如,在3世纪初期,法学家、神学家德尔图良写道:"每个人都应当根据自己的信念崇拜,这是基本的人权,自然赋予

的特权,一个人的宗教信仰既不应该帮助,也不应该伤害另一个人。"(Pfeffer 1967)4世纪晚期,奥古斯丁同样捍卫对非正统宗教观点的宽容态度。但到后来,当多纳图派的成员采取民间不服从的行为时,他明显改变了态度,认为"对于比自由地犯错更恶劣的灵魂杀手来说,强制是仁慈的"(Pfeffer 1967)。一位学者已经清楚地证明,由于伟大的奥古斯丁的巨大影响,这一态度已经为大家所接受。他写道,由于奥古斯丁,"中世纪的教会捍卫那些最激烈的(针对与其不同的人所采取的)措施;这是不宽容的,是迫害的源头和始作俑者"(Pfeffer 1967)。一些人说过,奥古斯丁的观点成为"宗教裁判所的宪章"。

十字军

11至13世纪的十字军东征跟宗教自由精

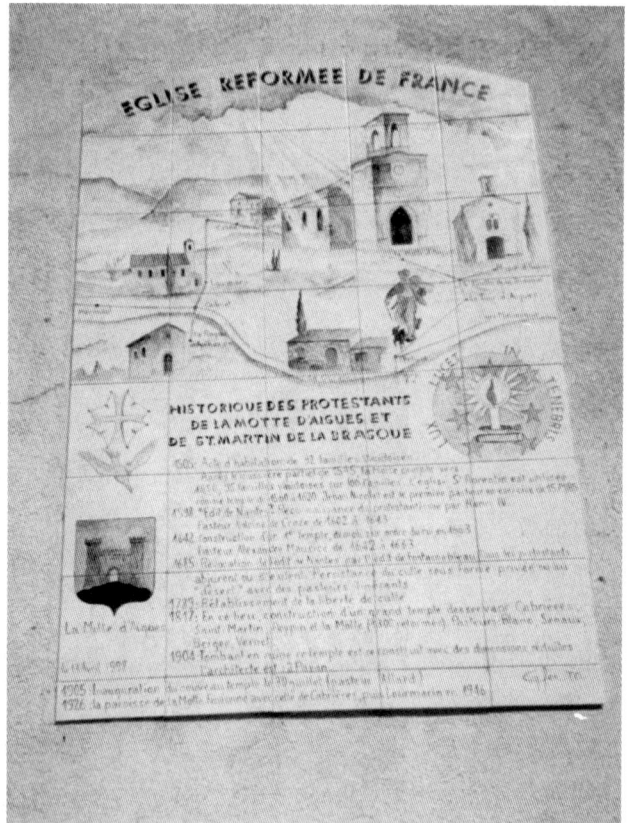

贴在法国普罗旺斯新教教堂墙上的墙报,讲述了新教在这个盛行罗马天主教的地区为宗教自由而进行的战斗

神的步调不一致。十字军最初是由教皇乌尔班二世于 1095 年发起的。历次十字军的目标是重新夺回陷入穆斯林之手的圣地，在"基督的土地上"扩展基督教的统治。十字军的口号是"杀死异教徒"。在对成千上万穆斯林进行屠杀的时候，十字军也利用机会根除犹太人和异端东正教徒。克吕尼的彼得（Peter of Cluny）问道："为什么要等待圣地上的异教徒，我们这里就有异教徒——犹太人。"（Wood 1966）据估计，仅在第一次十字军东征时，全欧洲就有数以千计的犹太人被屠杀。教皇英诺森三世或许是基督教最好战的例子。在去圣地的路上，他的军队有 2 万人，掠夺和破坏伟大的东正教城市君士坦丁堡，焚烧大部分市区，毁坏这个城市伟大的宗教瑰宝，其损失比后来 1453 年土耳其人进攻和占领这个城市时造成的损失还要大。

宗教改革时期的不宽容

15 和 16 世纪，罗马天主教裁判所对日渐增多的新教徒发起新的攻击。反过来，新教徒也迫害天主教徒，还迫害与之对立的新教徒。与普遍的认识相反，新教改革没有引导到一个宗教自由的新时代。实际上，新教的崛起导致了宗教不宽容的再度爆发。为赢得天主教徒的改宗，新教徒精力充沛，但是在迫害天主教徒和新教异端方面，他们也像天主教迫害他们一样，经常是恶毒的。宗教改革运动的领袖马丁·路德和约翰·加尔文，在处死他们的敌人时毫不犹豫。路德经常给萨克森公爵建议，处死天主教徒、犹太人和再洗礼派异端。加尔文自己就宣布处死过无数异端，包括 1553 年在日内瓦处死一位论派的迈克尔·塞尔韦图斯（Michael Servetus）。加尔文的同时代人，新教学者塞巴斯蒂安·卡斯特里奥（Sebastian Castellio）写道："如果加尔文曾经写过任何赞同宗教自由的话，那一定是个印刷错误。"（Wood 1966）而这个说法很可能是正确的。

宗教改革期间，新的宗教观念在整个欧洲传播，导致了一系列宗教战争，1648 年《威斯特伐利亚和约》终于遏制了宗教冲突。到那个时候，对许多人来说，显而易见的是，为防止欧洲的每一个人死于异端迫害，宗教宽容是非常必要的。一种健康的宽容精神出现在许多持异议的团体中，最有名的是索齐尼派、再洗礼派、掘地派、贵格派、政治至上派和洗礼派。这些群体都经历过宗教不宽容的最严酷时期，它们在宗教事务上差异很大，但是在赞同宗教自由上意见是一致的。

然而，宗教宽容的发展并不仅仅是权宜之计。一批具有开创精神的思想家，如雨果·格劳秀斯、亨利·帕克（Henry Parker）、托马斯·霍布斯、约翰·洛克、让-雅克·卢梭、西德尼·阿尔杰农（Sidney Algernon）、约翰·弥尔顿、伊拉斯谟、伏尔泰、托马斯·莫尔和迪尔克·科恩赫特（Dirck Coornhert）都反对这个时代的狂热——消灭异端；并且拿起笔，为了宗教自由，提出新的政治和宗教基础。洛克的作用尤其大，他提出世俗国家从国家权威中去除宗教事务的审判权，从而保护个体，使个体不必与国家指定的宗教一致。他详细阐述了自然权利的理论，把基本的生命权、自由（包括宗教自由）和财产权放在政府的监控之外。

美洲和其他各地的宗教自由

这些观念在其他地方都没有像在美洲那样牢牢扎根。罗杰·威廉斯（Roger Williams）创建罗得岛殖民地，并掀起一场意识形态战争，反对新英格兰清教徒的传统的神权政治。威廉斯建立了一个世俗国家，欢迎各种宗教的定居者来到他的殖民地，只要他们符合好公民的标准。他的政策导致清教徒和其他人把罗得岛蔑称为"那条阴沟"。然而在 18 世纪末期，他的观念最

这幅画描述的是 1838 年在伊利诺伊州霍恩磨坊(Haughn's Mill, Illinois)发生的针对摩门教徒的大屠杀。在 19 世纪,摩门教徒被迫屈服于政府支持的迫害将近 70 年

终被写入了美国宪法。

新宪法和它的《权利法案》保障宗教自由,并专门确立了一个条款,禁止政府创立任何宗教,禁止它承认一些宗教凌驾于其他宗教之上。美国是人类历史上第一个正式采用政教分离原则的国家,并视之为公共哲学的基本内容。很明显,在美国的建国时代它是一个实验,不过直到今天,这个实验仍然在持续。实验由农民们进行,希望能使美国摆脱 2 000 年来基督教西方的典型特征——迫害和宗教战争。由于美国这个模式的成功,其他国家也采用政教分离的观念保障宗教自由。今天,世界上约一半的国家正式在宪法中保障政教分离。

宗教自由的国际化

20 世纪,宗教自由的国际化取得了前所未有的进步。有 3 个重要国际文献推广了宗教自由原则,其中最重要的是 1948 年联合国通过的《世界人权宣言》。这个标志性文件宣布"人人有

思想、良心和宗教自由;此项权利包括改变他的宗教和信仰的自由,以及单独或集体、公开或秘密地以教义、实践、礼拜和戒律表示他的宗教或信仰的自由"(Claude and Weston 1992)。

宣言体现了现代的政治原则,即人类政府的重要角色之一是保护人们的宗教选择,而不是强制推行宗教一致化。经过了数个世纪,甚至千年的宗教战争和政府的宗教迫害,大多数现代民族国家才到达了这一步。现在这个原则被广泛接受。

而宗教自由在 1948 年的宣言中得到公认,毫无疑问是人类历史的一个里程碑。《公民权利和政治权利国际公约》(The International Covenant on Civil and Political Rights, 1966)得到了约 150 个国家的批准,禁止宗教歧视,"主张没有任何种类的差别,如种族、肤色、性别、语言、政治和其他观点、国家和社会籍贯、财产、出生和其他地位等"(Claude and Weston 1992)。此外,1966 年的《公约》提出了一个宽泛的宗教定义,即宗教包括有神论和无神论的,还有罕见的、几乎

不为人知的信仰。这个公约的条款对批准它的国家有约束力,因此它具有特别重要的意义。

最后,1981 年通过的《联合国消除对宗教信仰的各种形式的不宽容和歧视的宣言》(the Elimination of All Forms of Intolerance and of Discrimination Based on Religious Belief)是保护宗教权利的重要的基础文献。该宣言是思想、良心和宗教自由的最全面的权利清单,在任何国际场合都会被提及。

在过去的 3 000 年里,人类文明在使宗教自由成为一项基本人权方面取得了很多成就。然而,为了实现所有国家的宗教自由,还有更多的工作有待完成。在现在和将来,人类社会没有比这更为重要和必须完成的任务了。

进一步阅读书目:

Bainton, R. (1951). *The Travail of Religious Liberty*. New York: Harper & Brothers.

Bates, M. S. (1945). *Religious Liberty: An Inquiry*. New York: International Missionary Council.

Boyle, K., & Sheen, J. (Eds.). (1997). *Freedom of Religion and Belief*. New York: Routledge.

Claude, R. P., & Weston, B. H. (1992). *Human Rights in the World Community* (2nd ed.). Philadelphia: University of Pennsylvania Press.

Doerries, H. (1960). *Constantine and Religious Liberty* (R. H. Bainton, Trans.). New Haven, CT: Yale University Press.

Fergeson, M. L. (1966). *The Church-state Problem and the American Principle of Separation*. Waco, TX: Baylor University Press.

Gavin, F. (1938). *Seven Centuries of the Problem of Church and State*. Princeton, NJ: Princeton University Press.

Kamen, H. (1967). *The Rise of Toleration*. New York: McGraw Hill.

Kramnick, I., & Moore, L. R. (1996). *The Godless Constitution: The Case Against Religious Correctness*. New York: Norton.

McNeil, J. (Ed.). (1950). *John Calvin on God and Political Duty*. New York: Liberal Arts Press.

Oakley, F. (1979). *The Western Church in the Later Middle Ages*. Ithaca, NY: Cornell University Press.

Pfeffer, L. (1967). *Church, State, and Freedom* (2nd ed.). Boston: Beacon Press.

Skinner, Q. (1978). *The Foundations of Modern Political Thought*. New York: Cambridge University Press.

Solt, L. F. (1990). *Church and State in Early Modern England 1509－1640*. New York: Oxford University Press.

Stokes, A. P. (1950). *Church and State in the United States: Historical Development and Contemporary Problems of Religious Freedom under the Constitution*. New York: Harper & Brothers.

Tierney, B. (1982). *Religion, Law, and the Growth of Constitutional Thought, 1150－1650*. Cambridge: Cambridge University Press.

Tracy, J. D. (Ed.). (1986). *Luther and the Modern State in Germany*. Kirksville, MO: Sixteenth Century Journal Publishers.

Treece, H. (1994). *The Crusades*. New York: Barnes & Noble Books.

Wardman, A. (1982). *Religion and Statecraft among the Romans*. Baltimore: Johns Hopkins University Press.

Wood, J. E., Jr. (1966). Religion and Freedom. *Journal of Church and State*, 8(1), 5－13.

Wood, J. E., Jr., Thompson, E. B., & Miller, R. T. (1958). *Church and State in Scripture, History, and Constitutional Law*. Waco, TX: Baylor University Press.

德雷克·戴维斯(Derek H. Davis) 文

马行亮 译,黄艳红 校

2121

Religious Syncretism 宗教融合

2127　　　宗教融合就是企图调和完全不同的、有时是对立的信仰和实践。它意味着各种思想派别的交融,在两个或更多毫不关联的或以前完全不同的传统之间经常进行类比。许多宗教融合的研究集中在不同文化的神话和宗教的交融上。

宗教融合就是企图调和完全不同的宗教信仰和实践,这可以从积极和消极的角度来认识。从积极的方面来看,融合就是在看起来复杂多样的内容中寻求潜在的统一。这在社会和文化的很多方面,包括语言、文学、音乐、艺术、技术、政治、社会组织、家族和经济学中,都是再寻常不过的。罗伯特·贝尔德(Robert D. Baird)宣称,这个术语对我们理解宗教世界贡献很少,因为它着力描述的东西是非常普遍的。他认为,"融合"这个术语应该由"综合"来代替。其他学者——最有名的是人类学家理查德·韦贝纳(Richard Werbner)——已经表明,人类学家把这个术语的应用限制在宗教研究上。此后,韦贝纳收回了他的立场。还有其他的社会科学家——最有名的是彼得·拜尔(Peter Beyer)和乔纳森·弗里德曼(Jonathan Friedman)认为,"融合"这个术语对理解文化和社会的许多方面,包括社会组织、物质文化、地区化和全球化进程,都被证明是非常有用的。

从消极的方面看,宗教融合是一个有争议的概念,可以转换成很多意思。对宗教领导人来说,宗教融合经常暗含着不纯粹/污染,并跟"折中主义"有关联,不过二者并不完全一致。任何当代的学者和神学家要说融合不存在,也是不可能的。分歧集中在这个词本身及其应用的历史上。

希腊和罗马古典时期宗教融合的概念

古代希腊语的前缀"syn"意思是"和……在一起",单词"Krasis"意思是"混合"。这样的话,术语"synkrasis"的意思就是"混合或者复合体"。单词"synkretismos"和"synkretizein"直到普鲁塔克(Plutarch,约公元46—119年以后)时代为止,在希腊古典文学中并没有出现。普鲁塔克在一篇名为《论兄弟友爱》(Periphiladelphias)的文章中,使用的是该术语的政治含义。在寻找"融合"这个词的起源时,普鲁塔克宣称在克里特人那里找到了融合的例子。他们无论面对什么样的威胁,都能融合不同意见,走到一起结成联盟。他把这种走到一起归因为"他们所谓的融合"。普鲁塔克对这个词的使用后来生发出一些消极含义,但是很多此类含义并非普鲁塔克有意为之。对普鲁塔克来说,融合不仅仅是一种政治权宜之计,而且还有助于推进社会交往和兄弟友爱。另一方面,他也视之为不忠诚和不纯洁的根源,它成了缺乏真诚的同义语。普鲁塔克的《道德论集》(Moralia)中的段落证明了术语"融合"在1世纪就为人所知。不幸的是,在这个时期,其他使用该术语的例子很少。

尽管"融合"这个词在古代希腊罗马人中不经常用,但是融合的实践看上去非常普遍。它既是希腊和罗马政治文化的中心问题,又是其宗教的中心问题。从很多方面看,宗教的融合是罗马征服、奴隶制和强制性移民的直接结果。弗朗茨·库蒙特是一位宗教历史学家,他思索道:"谁能告诉我,来自安条克和孟斐斯的女仆从女主人那里获得多少影响?"(Franz Cumont 1956)

2128

在亚历山大大帝时期(前356—前323),希

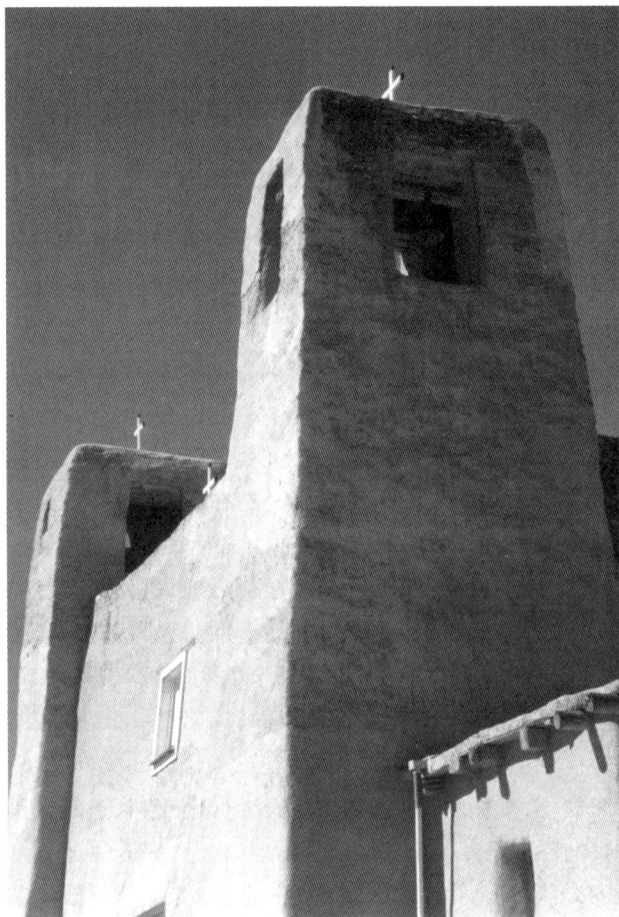

罗马天主教教堂的钟楼，位于新墨西哥州的阿科马·普韦布洛（Acoma Pueblo），综合了基督教和美洲土著的建筑风格

腊文化本身就是一个大杂烩，融合了波斯、安纳托利亚、埃及和后来的伊特鲁里亚-罗马元素，形成总体的希腊化框架。很明显，希腊化时期融合在一起的众神得到了罗马人的广泛认可。塞拉皮斯（Serapis）、伊西斯（Isis）和密特拉（Mithras）是众神中最有名的。而像罗马信奉的女神库柏勒（Cybele），也是高度融合的。

此外，异教元素也被融合进 1 世纪的基督教。但是，就像所有宗教融合一样，并非每个人都在具体事务上是一致的。就"谁、什么、什么时候、在哪里和为什么"等问题来说，存在无数尖锐的争议。尽管大多数古典学者和新约学者都同意，融合在基督教内部已经产生，并可能继续

下去，但是一些具体问题经常引起激烈的争论。

罗马人视自己为希腊文明的继承者，把希腊的神灵跟伊特鲁里亚和罗马万神殿里的成员一一对应。有趣的是，他们接受希腊和伊特鲁里亚的神灵，但是很少照搬其宗教仪式。尽管在罗马、希腊和伊特鲁里亚的神灵之间建立一致的努力不甚明确，很少能被证实，但是公认的对应五花八门。例如朱庇特被视为宙斯的对应，这要比女猎人戴安娜被视为阿尔忒弥斯（Artemis）的对应更为恰切。古典学者认为阿瑞斯（Ares）并不非常匹配马尔斯（Mars）。安纳托利亚的女神库柏勒从信仰中心培希努（Pessinus）传入罗马，被当成马格纳·梅特（Magna Mater，意为大母神），并被赋予一个女守卫者的形象，即希腊化时期在帕迦马很早就发展起来的那个形象。埃及神阿蒙（Amun），在亚历山大大帝寻求锡瓦（Siwa）的阿蒙神谕之后，从希腊化的"宙斯/阿蒙（Zeus/Ammon）"借用而来。希腊神狄奥尼索斯传入罗马，成为巴库斯（Bacchus）。安纳托利亚的萨巴奇奥斯（Sabazios）转变成罗马神萨巴齐修斯（Sabazius）。由于这些先例，罗马人可能已经认识到，信奉伊西斯和密特拉可能鲜有障碍。同样，当罗马人首先遇到凯尔特和条顿民族时，他们会把这些北方的神灵和自己的神灵混在一起，还创造出"阿波罗·速塞洛"（Apollo Sucellos，伟大的征服者阿波罗）和"马尔斯·廷萨斯"（Mars Thingsus，召集战争的马尔斯）。正像查理·史都华（Charles Stewart）和罗莎琳德·肖（Rosalind Shaw）强调过的那样，以合一/对应来解释融合经常是有瑕疵的。他们宣称，合一必须被行为者承认，而即使这样的合一被承

寺庙和清真寺之间没有什么不同，印度教仪式和穆斯林祈祷之间也没有什么不同，因为人都是一样的，尽管他们看起来不一样。

——祖师戈宾德·辛格（Guru Gobind Singh, 1666—1708）

认，它们也并非必然被接受。

这样的统一和合一，可能根源于希腊化的实践，即把各种不同神话传统中的神灵和他们自己的神灵统一起来。当2 000年前，最初的希腊人——他们的语言后来成为古典希腊语——首先到达伯罗奔尼撒半岛时，他们遇到的当地的仙女和神灵，已经与重要的地理特征如大山、果园、洞穴和春天联系在一起——每一个地理特征在当地都有自己尊奉的神灵。

从文艺复兴到今天的融合

"融合"这个术语在普鲁塔克到文艺复兴期间被弃用，却因伊拉斯谟（1466？—1536）阅读普鲁塔克而复生。伊拉斯谟知道持异见者在哲学和神学上千差万别，却参考他们的内在一致性，在其著作《格言集》（Adagia）中对"融合"这个术语做出界定。该著作首次出版于1517年。对伊拉斯谟来说融合表现为一致性，尽管这些民族看起来信仰和观念不同。伊拉斯谟在一封日期为1519年4月22日致梅兰希顿（Melanchthon）的信中，专门提到克里特人（从普鲁塔克那里借用来的）的格言"和谐是坚固的堡垒"作为例子。将近一个世纪之后，1615年，海德堡的大卫·帕罗伊斯（David Pareus）要求基督徒采纳他所谓的"虔诚的融合"，以反对基督教的敌人。但是，一些17世纪的新教徒严肃地思考了妥协问题，认为这最终可能会造成新教和罗马天主教的和解。17世纪，加利斯都（Calixtus，1586—1656）致力于调和不同的新教派别，他因赞成"融合"而被卡罗维斯（Calovius 或 Abraham Calov，1612—1686）嘲弄。

18世纪，自丹尼斯·狄德罗（Dennis Diderot）的《百科全书》（Encyclopedie）出版后，"融合"这个术语再次褪去贬义色彩。《百科全书》有词条"折中主义"（Eclecticisme）和"融合主义者（Syncrétistes）、和谐论者（Hénotiques）或者和解者（Conciliateurs）"。尽管狄德罗出版的是两个单独的词条，但是他把融合和折中主义同等对待，把融合跟折中主义的来源混在一起。

整个19世纪，在民众的信仰中，公开融合被视为一个非常强的信号，即文化上接受一个外来的/较早期的传统。不仅如此，我们还能认识到，即使融合没有得到官方权威的许可，那些"外来"的宗派也开始在其他宗教中生存下来并进行渗透。到19世纪末，由于融合的发展，人们可以不再按照绵延不断和一成不变的文化来推断身份；而且融合能使地区特征模糊不清——这对多民族的统治者来说是有用的——所以到此时这个概念才为人关注。同时，对融合的拒绝，也就是说以净化/正统的名义反对融合，有助于产生文化统一的强烈渴望并使之合法化。当代圣诞节、复活节和万圣节的欢庆活动提供了许多融合实践的生动例子。这不是一个新现象。古代罗马人采纳异教徒的耶乐（Yule）传统，最终使之成为圣诞节欢庆活动（圣诞树、圣诞柴和其他等）。中南美洲的罗马天主教徒融合了大量从拉丁美洲和北美洲的土著宗教传统借鉴来的元素。有意思的是，出于个人的忠诚，反对融合的宗教领导人几乎总是表达他们的反对立场。

许多所谓的新宗教运动，如牧师文鲜明（Reverend Moon）的统一教或者罗恩·哈伯德（L. Ron Hubbard）的基督教科学派，已经公开接受融合。与此同时，另一些运动——基督教宗教激进主义和伊斯兰教或许是最明显的例子——拒绝把融合视为真正的宗教，认为这会让地道的、珍贵的宗教和文化特征丧失价值。更强烈地融合的例子能够在浪漫主义和其他各种"新宗教"，如神秘主义、超自然论、通神论、异教以及新时代中找到。在美术方面，后现代主义的折中情况非常多，而且非常明显。

总体上说，"融合"这个术语受到社会科学家积极的评价，然而史都华（Stewart）和肖（Shaw）

指出,在受后现代主义影响的人类学家那里,该术语的使用带有一种日益增长的不安。其他人类学家已经把注意力转向证明融合并非不可避免。他们声称,两个群体亲密地生活在一起,大部分时候彼此忽略是可能的。根据这一点,学者们发现,借助权力关系来考察融合既是必需的,又能得到很多收获。在《融合和象征》(Syncretism and the Commerce of Symbols)中,戈伦·艾默(Goren Aijmer)问道:"在什么特殊的情况下,一个群体中的人会注意到另一个群体的文化象征?"借此,他转变了研究方向。看起来很常见的情况是,无论什么时候,只要文化之间的不平等最明显,那么融合就是最强烈的。同样重要的是,战争、征服、殖民主义、贸易、移民和近亲结婚,使融合受到关注。此外,还有种族、性别、年龄和社会阶级等因素。学者们必须考察全球和地区融合之间的关系。那么,两个或更多的宗教是彼此影响还是一方统治他者? 融合是如何跟企业家精神和现代化理论牵扯上关系的?

在人类学里,"融合"这个术语与梅尔维尔·赫斯科维茨(Melville J. Herskovits)的关系最为密切,他以研究美国黑人中非洲文化特性的延续而知名。为了总结文化接触中更一般的问题,赫斯科维茨倡导说,应以他所谓的"融合的非洲主义"进行理解,把重点放在"涵化"的各种类型上。其次,有必要认识到,涵化(或融合)不是不可避免的,而且世界所有主要的宗教和文化从起源上看都是复杂的。

融合的明显证据是在新大陆的宗教中,如巴西的康多布勒教(Candomble)、海地的伏都教(Vodun)和古巴的萨泰里阿教(Santeria)。这些宗教以类比方式解释约鲁巴族和其他非洲的神灵,以及罗马天主教选定的圣人。一些康多布勒教的领袖把美洲土著领导人如坐牛(Sitting Bull)和黑鹰(Black Hawk)的灵魂合并到他们的宗教仪式中。最融合的新大陆宗教或许是巴西的康多布勒教,它把非洲的神灵和一种法国式的通灵术联系起来,这个通灵术来自阿兰·卡戴克(Allan Kardec,1804—1869)。在巴西,法国通灵术还被称为"Kardecism"或"Kardecismo"。乌班达教(Umbanda)也合并了当地土著的神灵、非洲和印度的神灵,以及北美土著的领袖。

罗杰·巴斯蒂德(Roger Bastide)很有影响的研究《巴西的非洲宗教》(The African Religions of Brazil),试图通过考察征服和移民之类的历史进程来解释融合。他运用他的术语——文明的"相互渗透"来探究非洲、欧洲和本土的宗教走到一起的不同方式。巴斯蒂德的社会学方法没有提供一个心理学的解释,而是集中在不同性别、社会阶级和年龄的人组成的群体上。与此相对应的是,史蒂芬·格莱齐尔(Stephen D. Glazier)关于特立尼达岛的精神浸礼会(Spiritual Baptists in Trinidad)的研究,聚焦于个别的浸礼会领袖以及他们从各种宗教传统借用的仪式活动上,不过他们把借用来的宗教仪式放到不同的时间和空间中。根据格莱齐尔的看法,这个过程的结果是,宗教与其说明显地打上了融合的标志,不如说是并驾齐驱的标志。

在南非,融合的研究集中在独立教会上。对非洲独立教会(African Independent Churches,AICs)的研究最初由基督教传教士进行,融合一词是以贬义的方式在使用。当代的人类学家——最有名的要数皮尔(J. Y. D. Peel)——坚定地认为,融合不是南非独立教会的中心问题,因为这些教会表现为基督教内部要素的渗透,而绝不鼓励基督教和部族元素混在一起。

应当着重指出的是,真实性和独创性并非总是依赖宗教所宣称的纯洁和唯一,反之亦然。而且许多所谓的"独创的"宗教,如澳大利亚土著的宗教,实际上是已经在别处发生的融合的独特产物。把宗教和文化的其他方面分割开来是

2131

困难的。学者们研究融合，不能预先确定自己的研究领域，必须对人们协调和重新确定思想和实践的边界保持敏感。例如，自从第二次梵蒂冈大公会议以来，罗马天主教会已经实施了一个统一的"本土化"计划，鼓励当地的社会"按照自己的想法"理解基督教。这也是一种融合吗？肖和史都华指出，全球的宗教，如基督教、印度教、佛教和伊斯兰教对融合的反应已经达到"标准化"。例如，他们表明，伊斯兰教内部的反融合，可被视为对全球资本主义、劳工移民和旅游的标准化反应，他们中不少都参加了麦加的朝拜活动。肖和史都华也强调必须考察与媒介效应（agency）相关的问题，尤其是在不参考宗教专家的意见而把这种效应归于宗教传统的时候。困难就在于，当一个人把该效应归入一种宗教的时候，宗教就被描述为"像自由流淌的河流一样"有自己的性情。但这样的情况很少见。

有时，融合主要是有意为之；而在其他时候，主要是无意为之。无论情况怎么样，总是会出现令人意想不到的结果。融合有时是在极端误解中进行。例如基督教的传教士在加纳的埃维人（Ewe）中工作，确定一个埃维人的神灵马乌（Mawu）为基督教上帝，而把其他所有埃维人的神灵标为"恶魔"。这种贴标签的一个意想不到的结果就是，埃维人投入看上去不成比例的时间举行仪式，供奉他们的"恶魔"。

对学者来说，最紧要的是跟踪融合、社会变化和对抗之间日益增长的复杂的内在联系。史都华和肖对他们的研究做出总结，认为这个术语应该重新整合为一种政治学，以对宗教进行综合分析。他们认为，主要的焦点应该集中在主要关心捍卫宗教界限的因素所表现出的反融合与对抗行为上。

进一步阅读书目：

Aijmer, G. (Ed.). (1995). *Syncretism and the Commerce of Symbols*. Goteborg, Sweden: Institute for Advanced Studies in Social Anthropology.

Baird, R. D. (1971). *Category Formation in the History of Religions*. The Hague, The Netherlands: Mouton.

Bastide, R. (1978). *The African Religions of Brazil: Toward a Sociology of the Interpenetration of Civilizations*. Baltimore: Johns Hopkins University Press.

Beyer, P. (1994). *Religion and Globalization*. New York: Sage.

Clifford, J. (1988). *The Predicament of Culture*. Cambridge, MA: Harvard University Press.

Cumont, F. (1956). *Oriental Religions in Roman Paganism*. New York: Dover.

Droogers, A. (1989). Syncretism: The Problem of Definition, the Definition of the Problem. In J. D. Gort, H. M. Vroom, et al. (Eds.), *Dialogue and Syncretism: An Interdisciplinary Approach* (pp. 7—25). Grand Rapids, MI: Eerdmans.

Friedman, J. (1995). *Cultural Identity and Global Process*. London: Sage.

Glazier, S. D. (1985). Syncretism and Separation: Ritual Change in an Afro-Caribbean Faith. *Journal of American Folklore*, 98(387), 49—62.

Greenfield, S., & Droogers, A. (Eds.). (2001). *Reinventing Religions: Syncretism and Transformation in Africa and the Americas*. New York: Rowman & Littlefield.

Herskovits, M. J. (1947). *Cultural Dynamics*. New York: Alfred A. Knopf.

Lawson, E. T. (2003). Agency and Religious Agency in Cognitive Perspective. In S. D. Glazier & C. A. Flowerday (Eds.), *Selected Readings in the Anthropology of Religion: Theoretical and Methodological Essays* (pp. 99—106). Westport, CT: Praeger.

Peel, J. Y. D. (1968). *Syncretism and Religious Change. Comparative Studies in Society and History*, 10, 121-141.

Stewart, C., & Shaw, R. (Eds.). (1994). *Syncretism/Anti-syncretism: The Politics of Religious Synthesis*. New York: Routledge.

Werbner, R. (1994). Afterword. In C. Stewart & R. Shaw (Eds.), *Syncretism/Anti-syncretism: The Politics of Religious Synthesis* (pp. 212—215). New York & London: Routledge.

史蒂芬·格莱齐尔(Stephen D. Glazier) 文
马行亮 译，黄艳红 校

Renaissance　文艺复兴

　　随着越来越多受过教育的城市居民对中世纪的价值观感到不满——先是(约 1350 年)在意大利一些共和国和公国，稍后在阿尔卑斯山以北——他们力图恢复古代世界的知识与智慧。这场运动培养了对人类自身能力的前所未有的高度自信，而这激发了一场知识、文化与艺术革命，即文艺复兴。

　　文艺复兴的定义，主要是依据某些观念在几乎所有生活方面的运用，而非指某个时段。约 14 世纪中叶，在意大利，人们认识到中世纪的价值观已经不再适应一个日益城市化、世俗化、商业化和有教养的环境。尤其是一些城邦，如佛罗伦萨和威尼斯。人们需要新的视角，以便把统治其共同体的富裕商人的生活加以合法化。

　　意大利城邦富裕起来是十字军东征和远途商贸复苏的结果，意大利商人控制了欧洲与十字军东征前沿阵地黎凡特(地中海东岸)之间的转口贸易，他们输送人员、设备、食品以及各种物资穿越地中海。比萨、热那亚、阿马尔菲和威尼斯等城市控制了这项贸易，吸引了众多欧洲人来到黎凡特和近东的拜占庭帝国，还有一些人去了远东。在意大利贸易和影响的扩展历程中，最戏剧性的插曲是 1204 年北欧佛兰德斯的鲍德温的十字军占领君士坦丁堡(今伊斯坦布尔，土耳其)，威尼斯人利用这个机会扩大了在利润丰厚的东方市场的影响力。

多梅尼科·基尔兰达约(Domenico Ghirlandaio)的《方济各会的坚信礼》(*The Confirmation of the Franciscan Rule*，占三面墙壁的系列壁画之局部，1483—1486)。圣三一大殿萨塞蒂礼拜堂(Sassetti Chapel, Santa Trinita)，佛罗伦萨。中间是洛伦佐·德·美第奇(Lorenzo de' Medici)的画像，他领导佛罗伦萨经历了文化和政治影响的鼎盛期

其他意大利城市也在经济上获益,其驱动力还是作为商贸结果的货币的激增。佛罗伦萨并非海港,但却出产欧洲最精致的羊毛织物,这让热爱奢侈品的北欧人趋之若鹜。这项贸易的巨额利润使得佛罗伦萨商人可以借出多余的资金赚取利息以增加财富收入,也就是说,他们身兼银行家和商人。他们的银行让意大利人实际上垄断了欧洲 12 至 16 世纪初的货币市场。垄断的一个直接结果就是,开始使用金币作为可靠的法定货币,从而避免了绝大多数中世纪铸币的剧烈波动。13 世纪 50 年代,佛罗伦萨人制作了弗洛林币(florin);1282 年威尼斯人引入了杜卡特金币(ducat)。在此后 250 年当中,这些货币逐渐控制了欧洲的经济。

但是,财富也加剧了社会和政治难题。商人不太容易融入中世纪的世界观:教士照管灵魂,土地贵族提供安全保障和治理。城市商人新富——他们是受过教育的普通人而非贵族——和贵族传统统治精英之间出现了矛盾。威尼斯避免了这种矛盾,因为它四面环水,没有大量土地属于贵族从而引发摩擦;佛罗伦萨在 13 世纪则进入一个剧烈动荡的时期。贵族憎恨这些人的财富和影响力,视他们为低下阶层,而商业化精英则越来越愤恨于自己缺乏政治支配权。佛罗伦萨成为新旧精英的战场。这种分裂之所以日趋激烈,是因为当时人们把它视为一场意识形态的斗争——那些支持神圣罗马帝国在意大利统治的人(保皇党,吉贝林派)和那些忠于教皇的人(教皇党,圭尔夫派)之间的斗争。

四分五裂的意大利

自罗马帝国崩溃以后,意大利就不是一个统一的国家。在那不勒斯王国以北,意大利仍然是一些独立邦国组成的"马赛克";这些邦国由一些诸侯或者权势家族组成的寡头政府统治,他们的权威来自神圣罗马帝国皇帝或教皇。皇帝和教皇都没有足够的权威来压制对方,因此意大利直到 19 世纪一直四分五裂。但是,这种分裂却有利于文艺复兴的发展,促进了最优秀的艺术家、建筑师和作家的竞争;而且,这种情形允许一定程度的经济、社会和政治实验,这在欧洲大陆其他地方是不可能的。

在佛罗伦萨,教皇党在教皇的支持下最终取得胜利,该城则获得报偿,成为教皇和教会的银行家。经过 1293 年的一次商人政变,古老的封建家族被制服,失去特权,并被排除在政府之外。此次政变创立了共和主义政体,并将在整个文艺复兴期间统治佛罗伦萨。该城成为一个由全体成年男性公民集体统治的寡头国家,这些公民分属于 21 个被确认的行会。该城创立了一个精巧复杂的机制以防范暴政,并委任了一个由 9 人组成的集体行政机构。甚至在 1434 年科西莫·德·美第奇(Cosimo de' Medici,即老科西莫,卒于 1464 年)领导美第奇家族夺取了政治权力之后,佛罗伦萨仍然是一个运转良好的共和国,直到 16 世纪,该家族的首领只是在幕后操纵政治。美第奇家族最了不起的人物——伟大的洛伦佐(Lorenzo the Magnificent,卒于 1492年)领导该城走向文化和政治影响的繁盛期,虽然终其一生他仍然只是一位首席市民而非君主。

很显然,13 世纪意大利的社会、经济和政治革命塑造了有影响力的公民团体,它们有着不同的抱负和价值观,而这些团体脱胎于古老的以教士、骑士和农民为特征的中世纪世界。市民过着世俗的生活,他们通常受过良好教育并且见多识广,是四海为家的商人。更有甚者,他们是"新人类",缺乏盛名或者生来具有的权威的支持:他们自己开辟道路。他们寻求一种价值结构以便为他们提供安慰——他们是收取利息的银行家,虽然有着反对高利贷的禁令。他们需要有关行会和城市治理的建议,他们还需要经营

这幅取自基尔兰达约壁画的局部画面绘有弗朗西斯科·萨塞蒂(Francesco Sassetti)的家人、朋友和商业合伙人的画像。萨塞蒂，美第奇银行的负责人，他订制了这座哥特风格教堂中的壁画和祭坛装饰画

佛罗伦萨鲁切拉宫(Palazzo Rucellai，1446—1451)，文艺复兴宫殿的经典范例，由莱昂·巴蒂斯塔·阿尔贝蒂(Leon Battista Alberti)设计正墙。费德里克·拜罗尼(Federico Pelloni)摄

家庭的建议，他们需要一种文化来反映他们的特殊状况，并表达他们在这个世界上扮演的初来乍到的忙碌市民的角色。

弗朗西斯科·彼得拉克（Francesco Petrarca，即彼得拉克，1304—1374）首先表达了这种诉求。他出生于一个佛罗伦萨流亡家庭，是一位诗人、哲学家、教士和外交官。在他的意大利语诗作中，他歌颂人类之爱和对名誉的追求，同时又提倡以优美的拉丁语风格来表达个体经验。最后，他对自身及其同类还有他们在此生的经验抱有兴趣。他使自传再次成为一个流行文类，并且强调探索人的自我及其世界的正当性。

彼得拉克在古典世界为他的理念和风格找到了榜样。毕竟，罗马是一个城市的、商业的世俗社会，起初是个共和国，如同佛罗伦萨，而且拥有过探究人类境遇的伟大文学。他在基督教社会中解决了异教作家所带来的问题，强调他们是文如其人的好人：像罗马人西塞罗（Cicero,卒于公元前43年）这样的古典作家能够在伦理学方面为当代世界提供建议,即使基督教信仰对于救赎而言仍然是必需的。因此,可以安全地采纳古典世界作为世俗生活和艺术的榜样：它可以重生（复兴）。

古人的智慧

2135

这些革命观念改变了欧洲人的视野,传遍意大利的各共和国和公国以及阿尔卑斯山以北。人类的经验得到颂扬,此生也被认为值得耕耘与研究。古人制定了让欧洲人先赶后超的标准。为达此目的,必须恢复古典世界的知识与智慧;因此语文学（philology,研究语言和语汇形态学）、文本编辑、考古学、钱币学作为工具得以发展起来。为了了解自己的同类,人们通过运用直观上准确的解剖学和人相学（通过外貌发现性格的艺术）复兴了雕塑和绘画肖像。为了再现眼睛所见,并以此作为人们分享对外部世界理解的工具,15世纪早期,布鲁内勒斯基（Brunelleschi）在意大利发明了直线透视法,阿尔贝蒂（Alberti）则使之规范化。建筑遵循古代罗马建筑家维特鲁威（Vitruvius）的规则,设计与装潢的词汇则借自古人。这些观念和实践结合,共同构成了人文主义,成为文艺复兴的核心文化与知识表达。其直接后果之一就是对人类自身能力的前所未有

的高度自信。"人乃万物之尺度""所欲者皆可为"成为人文主义团体中的信条。

这场知识、文化与艺术的革命也伴随着经济和社会革命的发生。意大利人垄断了与东方之间获利丰厚的奢侈品长途贸易,刺激了阿尔卑斯山以北的人想方设法挑战意大利人的经济主导地位。"百年战争"（1453）和英国"玫瑰战争"（1485）的结束刺激了北方商业;到1492年,西班牙统治者斐迪南（Ferdinand）和伊莎贝拉（Isabella）反对格拉纳达摩尔人（Moors of Granada）的十字军东征创建了一个统一的西班牙王国。再者,1453年君士坦丁堡被土耳其人攻陷,使得地中海贸易更加困难且利润降低,甚至对意大利人来说也如此。为了寻找到达东方的新道路,克里斯托弗·哥伦布,一位为西班牙效劳的意大利水手,在1492年登陆美洲;葡萄牙人则开始探索非洲海岸,直到1497年瓦斯科·达·伽马成功地开辟了印度与欧洲之间的航路。

2136

这些航行以及随之而来的商业联系与新发现的财富,永远改变了欧洲的面貌。欧陆权力中

乔托（Giotto）的《哀悼圣方济各》（*The Mourning of St. Francis*）。这是艺术家描绘圣方济各生平的系列壁画的局部。圣十字圣殿（Santa Croce）巴尔迪礼拜堂（Bardi Chapel）,佛罗伦萨

拉斐尔的《雅典学园》(*The School of Athens*,细部,1509)。拉斐尔著名的壁画,重新想象了古代希腊的场景。在全景中,柏拉图(右)和亚里士多德(左)在谈话,身边环绕着代表知识各领域的人物;他们相信真正的哲学家应该掌握这些知识,比如天文学和立体几何。梵蒂冈教皇宫签字大厅

心从地中海(字面意思一度为大地的中心:media terra)转移到大西洋海岸。西班牙、葡萄牙、法国、英国以及后来的尼德兰成为生机勃勃的国家,并走出欧洲建立了世界性帝国,扩展了与非洲、美洲和太平洋地区的长途贸易;而意大利人从未有过这类远大设想。

自信心的复苏

结果是欧洲人自信心的复苏,包括对人类理解大自然之能力的强烈信念。注重实际的实验即来自这一信念:科学的预设前提就是人类观察及解释能力的有效性。在欧洲以外发现的植物和动物可以用精确的插图加以描绘,这得益于自然主义艺术的文艺复兴传统;像可靠的航海地图这种技术,则借助于类似直线透视法这种相关的概念。欧洲表现出一种生机勃勃的

在竞争激烈的文艺复兴建筑家当中,教皇尤利乌斯选中了多纳托·布拉曼特(Donato Bramante)为罗马圣彼得大教堂所作的设计,1506年奠基。在其后的40年中,拉斐尔和米开朗基罗还有其他人加入进来,润色了初始方案。今天,圣彼得大教堂和梵蒂冈博物馆名列世界上最优秀的文艺复兴艺术博物馆行列。2004年摄于圣天使城堡屋顶

主啊,请允许我永远取法乎上。

——米开朗基罗(1475—1564)

外向态度,推动了探险远航与贸易扩展。而经由与其他人群的接触以及重新考虑欧洲的世界地位,这些事件又促成了新知识,这在下述文本中体现了出来:英国政治家托马斯·莫尔(Thomas More)的《乌托邦》(1516)和法国作家米歇尔·德·蒙田(Michel de Montaigne)的随笔《论食人者》(*Of Cannibals*,1580)。最后,新思想通过15世纪在德国发展起来的印刷术得以迅速而可靠地传播。

文艺复兴随着赋予它生命的原则的式微而衰落,正如它在不同的时间出现在不同的国家——它在北方的衰落要晚于意大利。一些事件,如法国国王查理八世入侵意大利(1494)以及该半岛上随后60年的战争,再加上失去对东方奢侈品贸易的控制,以及对奥斯曼土耳其帝国的连年战争,逐渐消耗了意大利的财富和信心。还有,新教改革(16世纪改革罗马天主教的运动)在罗马天主教会内部引起了这样一种反应:它通常对新的或非正统的思想表示敌意。罗马宗教裁判所的建立(1542)、《禁书目录》(Index of Prohibited Books,1559)的颁布,以及对学校和大学中学术自由的压制,都使得生机勃勃的新思想的获得更加困难。在北方,法国的宗教战争(1562—1598)、德国和尼德兰天主教统治家族与新教王公之间的战争,以及欧洲与土耳其之间的斗争,导致了一场偏离文艺复兴理想及由此产生的经济和社会状况的

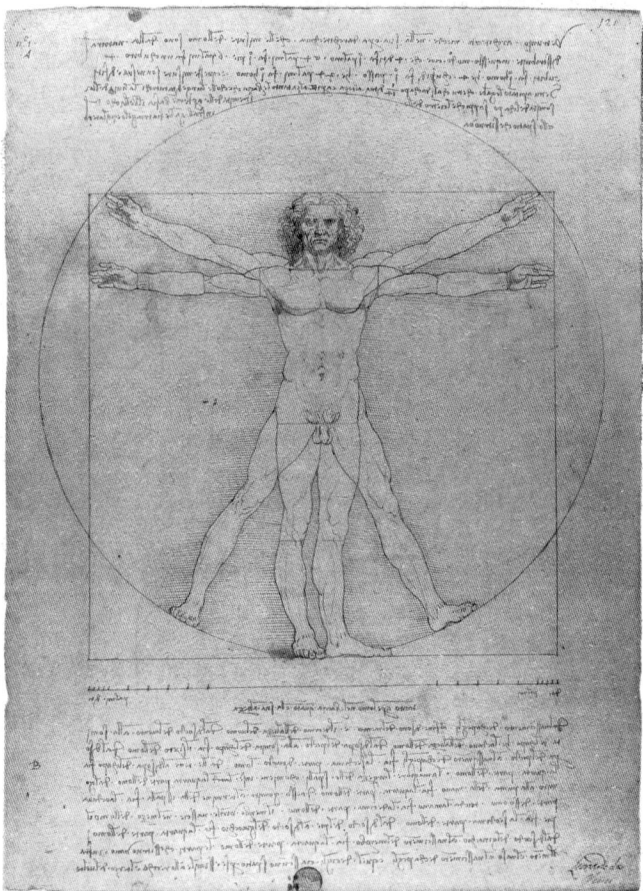

莱昂纳多·达·芬奇的《维特鲁威人》(*Vitruvian Man*,约1485—1490)。钢笔、墨水以及涂料绘于金属接头纸上。它研究人体如何与维特鲁威(Vitruvius)在其论文《论建筑》(*De architectura*,公元前1世纪)中描述的古典建筑秩序相呼应。学院美术馆,威尼斯。吕克·瓦埃杜(Luc Viatour)摄

运动。虽然人文主义以古典研究、宫廷礼仪、精英教育以及艺术、建筑与文学领域的文化运动等形式延续下来,但是它的能量被耗尽,并被宗教改革、反宗教改革(重新确认罗马天主教会的原则与结构,一定程度上是对新教教义的发展做出的反应)的宗教、社会与政治经验以及艺术与建筑的巴洛克风格所改变。

进一步阅读书目:

Aston, M. (Ed.). (1996). *The Panorama of the Renaissance*. New York: Thames & Hudson.

Braudel, F. (1981). *Civilization and Capitalism in the Fifteenth to Eighteenth Century: The Structure of Everyday life*. New York: Harper & Row.

Braudel, F. (1982). *The Wheels of Commerce*. New York: Harper & Row.

Brown, A. (1999). *The Renaissance* (2nd ed.). London: Longman.

Hale, J. R. (1994). *The Civilization of Europe in the Renaissance*. New York: Atheneum.

Hartt, F. (1994). *A History of Italian Renaissance Art* (4th ed.). New York: H. N. Abrams.

Jensen, D. (1992). *Renaissance Europe* (2nd ed.). Lexington, MA: D. C. Heath.

Kelley, D. R. (1991). *Renaissance Humanism*. Boston: Twayne Publishers.

King, M. (1991). *Women of the Renaissance*. Chicago: University of Chicago Press.

Nauert, C. G. (1995). *Humanism and the Culture of Renaissance Europe*. Cambridge, U. K.: Cambridge University Press.

Scammell, G. V. (1989). *The First Imperial Age: European Overseas Expansion, 1400 – 1715*. London: Unwin Hyman.

Tracy, J. D. (1990). *The Rise of Merchant Empires: Long Distance Trade in the Early Modern World, 1350 – 1750*. Cambridge, U. K.: Cambridge University Press.

Welch, E. S. (1997). *Art and Society in Italy, 1350 – 1500*. Oxford, U. K.: Oxford University Press.

肯尼斯·巴特莱特（Kenneth R. Bartlett）文

赵挹彬 译，黄艳红 校

Revolution—France　法国革命

财政危机与多年的封建压迫是导致法国革命（1789—1799）的诸多因素中的两个，这次革命被巴士底风暴、处死路易十六以及恐怖统治打上了深刻的印记。尽管革命废除了基于出身的法律特权，确保了宗教自由，但它的遗产却含糊不清；它的成果应当放到苦难的语境中加以考察，这些苦难来自告发、清洗、处决以及战争。

引发法国革命的诸多麻烦开始于"七年战争"（1756—1763），在这场世界范围的斗争中，法国在北美和印度的殖民地被大不列颠夺走，在欧洲大陆，法国也败在了不列颠强有力的德意志盟友普鲁士王国的手下。战争支出迫使国王路易十五（1710—1774）向其人民开征新税；既然贵族属于王国中最富有的臣民，国王遂拒绝把他们排除在外，这就冒犯了他们历史悠久的财政特权。吊诡的是，这项政策有助于对国王的臣民进行平等主义教育。通过这种一视同仁的做法，国王教导贵族把自己视为平等之人。起初贵族只想维护自己的特权，然而当他们发现王权在税收问题上毫不妥协时，他们就要求在政府中拥有话语权，因而回应了盎格鲁-美利坚的"无代表不纳税"的原则。在这个过程中，他们逐步削弱了绝对主义，或者说国王不受制约和制衡的统治权，并为共和主义的政府提供了空间。

走向立宪君主制

除了"七年战争"的财政危机引发的政治论争之外，败于英国之手也激发了复仇的欲望，这种复仇情绪弥漫于宫廷以及公共舆论的无形法庭。1776 年的美国革命提供了期待已久的机会。华盛顿将军在约克镇的胜利（1781）——如果没有法国在陆地和海上的支持这是不可能的——给予法国头号对手以重创。然而，这场胜利如同前一场战争的失败一样代价高昂。尽管路易十六（1754—1793）的财政大臣雅克·内克（Jacques Necker）设法让国家的金库看上去似乎很充实,但在他的继任者查理·亚历山大·德·卡隆(Charles Alexandre de Calonne)任内,形势已经很清晰,法国正濒临破产。卡隆主持召开显贵会议(Assembly of Notables),这是一个精挑细选的由贵族、教士和少数富有的平民组成的团体,该团体被寄望支持他的计划,建立一个拥有更广泛的参与者的政府,以期换来特权阶层分担更多的税收负担。这项计划还包括在某些省份选举产生议会,它是对绝对主义的一个心照不宣的放弃。但是,显贵会议仍不认为自己有资格支持这些革命性的措施,它转而要求国王组织一个更令人尊重和更具代表性的机构来达成此目标:三级会议。1788年夏天,不安情绪到处弥漫,国王召集的这次会议于1789年5月在王朝首都凡尔赛开幕。

让-皮埃尔·路易·洛朗·乌埃尔(Jean-Pierre Louis Laurent Houel,1735—1813)的《攻占巴士底狱》(*Prise de la Bastille*)

2148 三级会议由来自传统的三个等级或阶级——第一等级(教士)、第二等级(贵族)以及第三等级(平民)——的各省代表团组成。然而三级会议自1614年就再未召开过,之后日益强大的绝对主义王权成功压制了这种对王室权威历史悠久的监督。结果三个等级应该如何集会、讨论和投票已不甚清楚。绝大多数贵族赞成1614年的程序,即三个等级分厅议事、按等级投票。但是很多第三等级的成员认为这是一种褫夺权利的方式,因为拥有特权的贵族和教士经常一起投票反对第三等级。为了纠正这个不公正,一些平民倡议按人头投票(三个等级作为一个整体),且"第三等级翻番";换言之,第三等级代表名额增加一倍,这将在第三等级与其他代表团之间形成平等态势。更激进的建议来自西耶斯(Sieyes)修士,作为一位同情第三等级的教士,他鼓动第三等级代表与三级会议决裂并宣布自己组成国民议会。西耶斯争论道,第三等级包括了99%以上的法国人口,从事着最有用的工作,相反,特权等级人数很少且是寄生阶层,因此第三等级应当制定法律以治理国家。尽管一开始绝大多数代表都不情愿采取如此激进的姿态,但贵族的拒不妥协以及国王拒绝打破僵局,使得第三等级越来越赞同西耶斯的提议。

制宪会议与第一部宪法

6月17日,第三等级的一批代表接受西耶斯的建议,宣布自己组成国民议会,并自称是唯

一般而言年轻人都充满反叛精神,但通常又很讨厌反叛。
——拉·罗什福科-李昂库尔(François la Rochefoucauld-Liancourt,1613—1680)

一有资格制定国家宪法的团体。他们邀请其他等级的代表加入,但是只能作为代表国家的公民,而非为自己等级代言的代表。严格地说,这是法国大革命中真正的革命行动,因为如此行事尚无合法先例(随后 1789 年 7 月 14 日巴黎人民掀起的巴士底风暴展示了群众怒火的力量,这对第三等级代表和旧制度的捍卫者都造成威胁,但是它本身并非革命行动)。6 月 20 日,国民议会发现会议大厅大门紧锁,遂前往一个最方便可用的空间,即一个室内网球厅。在此代表们发出著名的誓言:不为法国制定出宪法就绝不解散。几经犹豫,国王接受了这个挑战,但命令另外两个等级的代表加入国民议会,以便形成一个更为保守些的机构——较之最初第三等级的国民议会有可能形成的机构而言。

确实,国民议会,也称制宪会议,制定了一部非常不民主的宪法,此项工作于 1791 年 9 月完成。通过为选举权设定严格的财产资格限制,以及担任公职的更高的资格限制,代表们确保了普罗大众对统治他们的法律没有什么发言权。妇女、仆役、流动工人以及奴隶(在 1794 年 2 月获得解放之前)都被排除在政治参与之外。法律制定者的歧视性措施与他们平等主义的修辞——尤其是 1789 年 10 月通过的《人权与公民权利宣言》——之间的矛盾加剧了人民的骚动。结果,在立法机构着手进行法律革命的同时,在巴黎和其他城市的街道上,在广大农村地区,一次人民的革命风起云涌。

尽管制宪会议试图对革命进行限制,并且在一个本质上属于立宪君主制的体制中让国王居于首要地位,但路易十六并不喜欢革命。惹怒他的尤其是革命对教会财产实行国有化(这是支持新纸币政策的权宜之计),以及把教士整合进国家公职体系并要求他们宣誓效忠国家。因此他安排与家人逃往奥属尼德兰(今天的比利时),那里的保王派势力会保护他,直到革命被镇压下去。他在靠近边境处被国民卫队的民

兵逮捕,并于 1791 年 6 月 22 日回到巴黎。他的逃跑企图更是让立宪君主制的观念丧失信誉,并促使激进派决定把他们的国家变成共和国。

对外战争与国内国民公会

国王逃跑未遂之后,脆弱的君主制又苟延残喘了 1 年多一点的时间。在为国家制定宪法的誓言实现之后,制宪会议解散,1791 年 10 月选出了立法议会。当它致力于国内重大事务时,却越来越被国际事务缠身。一伙激进的"爱国者"试图对奥地利和普鲁士开战,因为这两个国家窝藏流亡的保王党,并对法国的革命形势发表敌对声明。这些革命者在宫廷保守的保王派中找到了貌合神离的同盟,但他们鼓动战争是出于截然不同的目的。后者希望奥地利和普鲁士战胜法国军队,很多法国军官在革命爆发时流亡国外。因此,1792 年 4 月,国王要求立法议会即时开会,向奥地利宣战;随后几个月,其他一些好战的欧洲国家也卷入战争。

战争深刻地改变了革命。这不仅是因为革命者利用外国军队的威胁迫使公民卷入爱国主义狂热之中,军队动员也造成一种不稳定的状态:武装起来的人们可以把武器对准真正的或者假想的国内威胁。随着外省志愿者涌入巴黎为奔赴前线做准备,他们碰到了城市革命中最为激进的参与者。他们聆听演说,阅读"无套裤汉"(即没有富人时髦装饰的人)的报纸,在迎击奥地利军队之前他们准备先向贵族开战。那些最激进的革命者确信,不管是国王还是议会都不能带来自由与平等;现在他们拥有了武器,于是在 1792 年 8 月 10 日发起了暴动。

在与国王的私人卫队一场血战之后,起义者获胜。王室成员被捕,立法议会——现在它害怕被它召来采取行动的力量——于是废除了不民主的 1791 年宪法,号召选举新的立法机构,即国民公会。尽管妇女仍然被排除在选举权之

外——实际上法国妇女 1946 年才获得选举权——1792 年的选举在现代世界历史上第一次实行了"一(男)人一票"的原则。

共和国诞生

不幸的是,这一朝向民主的戏剧性运动未能解决这个国家的政治难题。在王权垮台与国民公会第一次会议之间的一个半月中,即将卸任的立法议会与自封的市政府即公社(Commune)松散地统治着法国。9 月的第一周,为了防止奥地利军队开进巴黎,以及潜伏于城市监狱中的盗匪对革命者迫在眉睫的屠杀,自封的法官们主持对 1 000 余名囚犯进行了司法屠杀,其中很多教士唯一的罪行就是拒绝向国家进行强制性的宣誓。令人担心的外国军队入侵没有发生,巴黎也平静下来,新当选的国民公会于 9 月 22 日清晨宣布法国为共和国,但是,国民公会首先遇到的是国王命运的棘手问题。在 1792—1793 年的一场各持己见的争论过后,1793 年 1 月 21 日路易十六被送上断头台;断头台被广为赞颂为人道的斩首工具,因为在大革命前,斩首处决是赋予上层社会的特权,而更痛苦的处决则是普通人的命运。

对很多国内外观察家而言,这一弑君行为使得大革命越过了底线。对于法国西部旺代地区虔诚的天主教徒而言,杀害国王——上帝选他来统治王国——不仅不公正,简直就是亵渎神明。部分是由于这种暴行,革命政府发现自己在旺代陷入了长期的内战,这场内战至少将会导致 10 万人被屠杀。而法国其他地区的内战,尤其是南方,则主要起因于主张中央集权的雅各宾派与倾向去中央集权化的"联邦党人"之间的冲突;前者希望由巴黎主宰统治全国,后者则为外省寻求更大的自治。双方都支持共和国,反对王权,但是他们彼此之间斗争的残酷堪比革命派与保王派之间的斗争。

恐怖统治

对外战争连同国内战争为革命者最严酷的法律提供了依据。由于相信叛国者遍地皆是,国民公会通过了一系列法律,剥夺了政治案件中嫌疑人的正当辩护程序,并导致成千上万起司法屠杀,这就是所谓的恐怖统治。然而这一暴政的发展并非只是一项自上而下的政策,它植根于大众的恐惧与仇恨之中。1793 年 9 月,在一次暴动中——这些暴动是大革命的标志——武装的群众要求惩治"叛国者",后者被指控大发国难财,囤积粮食,而此刻人民却在忍饥挨饿。国民公会做出回应,宣布"恐怖是今天的口号"。从制度上说,恐怖统治集中于救国委员会(Committee of Public Safety)。该委员会由 12 人组成,在技术程序上他们要对国民公会负责,但是在 10 个月中他们控制了国民公会。马克西米连·罗伯斯庇尔(Maximilien Robespierre,1758—1794),该委员会中最声名狼藉的一员,自己也走上断头台——他的敌人预感到自己将性命难保,遂在国民公会揭发他,并成功地指控他犯有叛国罪。1794 年 7 月 28 日,罗伯斯庇尔死后不久,恐怖统治的法律机构被废除。在不到 1 年中至少有 1.4 万人成为它的受害者。

翌年,国民公会通过了一部新宪法,即《共和三年宪法》。(革命者创建了一部新历法,始于 1792 年 9 月共和国的成立。)该宪法取消了男子普选,恢复了政治权利的财产资格限制。它还通过一个 5 人执行机构(督政府)与两院制议会来分散权力,二者彼此互不负责,僵持不下就成为不可避免的结果。在督政府统治时期(1795—1799),启动重大政治变革的唯一方法就是策划政变,因此文官与将军结盟。随着法国在与欧洲对手的战争中扭转了早期的败局,并开始征服意大利、德意志和低地国家的大片土地,这些将军的影响力剧增。拿破仑·波拿巴在共和八年

2151

雾月十八日(1799 年 11 月 9 日)政变中推翻了督政府,当上新一任独裁政府的第一执政(后来登基称帝);但在军人参与的一系列反宪政冒险中,他只是最后和最成功的一例。

持续的遗产

法国大革命留下了充满歧义的遗产。它彻底废除了基于出身的法律特权,保证了宗教信仰自由(法国是欧洲第一个承认犹太人和外邦人享有公民平等的国家)。而其他成果则较为脆弱。除国民公会的选举之外,革命的法国未能提供真正的民主,财产资格限制以及政治恐怖氛围阻塞了人民的发声渠道。拿破仑在 1803

年恢复了 1794 年废除的奴隶制,直到 1848 年革命期间才永久废止。更有甚者,民主制局限于男性,不过广义而言,内在于革命思想的平等原则成为妇女参政运动与法国女权主义的核心特质。另外,大革命的成就应该置于因揭发、清洗、处决和战争而导致的痛苦与损失的背景中加以考察。是否可以通过较少暴力色彩的方式取得革命的成就,换言之,革命本身是否必要,曾经并且仍然是一个争论颇多的话题。不管人们的立场如何,大革命无疑为其后的两个世纪投下了长长的阴影,不只在法国,在全世界亦如此。如果不是因为法国大革命,革命原则的支持者及保守派——他们的意识形态产生于阻挡革命的决心当中——也就不会存在。

进一步阅读书目:

Andress, D. (2006). *The Terror: The Merciless War for Freedom in Revolutionary France*. New York: Farrar, Straus, Giroux.

Blanning, T. C. W. (1997). *The French Revolution: Class War or Culture Clash?* New York: St. Martin's Press.

Hanson, P. R. (2009). *Contesting the French Revolution*. Malden, MA: Wiley-Blackwell.

Jones, P. M. (1995). *Reform and Revolution in France: The Politics of Transition*, 1774–1791. Cambridge, U. K.: Cambridge University Press.

Sagan, E. (2001). *Citizens and Cannibals: The French Revolution, the Struggle for Modernity, and the Origins of Ideological Terror*. Lanham, MD: Rowman & Littlefield.

Stone, B. (2002). *Reinterpreting the French Revolution: A Globalhistorical Perspective*. Cambridge, U. K.: Cambridge University Press.

Tackett, T. (1996). *Becoming a Revolutionary: The Deputies of the French National Assembly and the Emergence of a Revolutionary Culture*. Princeton, NJ: Princeton University Press.

罗纳德·谢赫特(Ronald Schechter) 文

赵挹彬 译,黄艳红 校

Revolution—Haiti　海地革命

海地革命开始于 1791 年,以 1804 年海地共和国建立为结束。这是历史上唯一一次以建立一个独立国家为成果的奴隶起义。海地共和国是美洲的第二个共和国(在美利坚合众国之后)。

2152

海地是加勒比海的一个小岛国,面积约占海地岛的 1/3。1492 年哥伦布宣布它属于西班牙,成为其殖民地。土著印第安人很快就因疾病和恶劣的奴隶制而灭绝,被从西非贩卖而来的奴隶取而代之。1679 年海地岛被分为法属区和西属区,法属殖民地称为圣多明各。圣多明各很快成为法国最富庶的殖民地,大量的奴隶在种植园劳作,生产蔗糖、咖啡、可可、靛蓝、烟草、棉花、剑麻和其他农作物,并全部输往法国。革命爆发时,殖民地人口包括约 2 万白人、3 万自由有色人种(其中很多是非洲与法国血统的混血)、50 万黑人奴隶,以及至少 1 万"马龙人"(Maroon,生活在山区聚居地的逃亡奴隶)。奴隶人口 10 倍于非奴隶人口。

传统上认为海地革命开始于 1791 年 8 月 21 日,但是起义的源头要早得多,并且很复杂。首先,殖民地人民在效忠法国的问题上已经分裂。1791 年之前若干年,很多白人和自由有色人种已经越来越对法国统治,尤其是法国对经济的控制——所有进出口贸易都与法国进行——感到失望。但是,两个群体在是否效忠法国的问题上还是有一些分歧,有些人仍然坚决支持法国统治。其次,海地的奴隶制尤为严酷(其他殖民地的奴隶很害怕被送往此处),奴隶暴动时有发生,逃往山区马龙人聚居地的奴隶数量每年递增。第三,1789 年法国大革命唤醒了法国殖民地,在海地产生了自由的呼求。最后,海地奴隶发展了一种属于自己的乡村文化,其核心是他们的宗教(伏都教:vodun)与扩展家庭。尽管经常被描绘成巫术,伏都教曾经且仍然是一种宗教,有自己的信仰、仪式与宗教专家。

历史上所称的这场革命开始于一个伏都教仪式,其中一名伏都教神父布克曼(Boukman)和其他几人被认为是起义领袖。血腥暴烈的起义致使黑奴反抗白人种植园主。法国的干预失败了,白人和黑白混血人逃往北部。1796 年,宗教医疗术士杜桑·卢维杜尔(Toussaint Louverture,约 1743—1803)控制了北部,恢复了秩序,并开始某些经济活动,海地进入了一个相对平静的时期。1801 年拿破仑派遣其妹夫查尔斯·勒克莱尔(Charles Leclerc)率领 3.4 万人的部队开赴海地。这支军队也未能重新控制殖民地,尽管卢维杜尔被带往法国并于翌年牺牲。其后 3 年是动荡、叛乱、屠杀和全面内战的岁月。1804 年 1 月 1 日,一位新

亚努阿里·苏克多尔斯基(January Suchodolski, 1797—1875)的《圣多明各战斗》(*Battle at San Domingo*,未注明日期)。圣多明各奴隶起义最终导致了 1804 年海地共和国的诞生

我的祖父是一位伏都教神父。我大部分生活都是精神性的。我闭上眼睛就能看见我来自何方。

——威克里夫·金(Wyclef Jean, 1972—　)

2153

TOUSSAINT READING THE ABBÉ RAYNAL'S WORK.

杜桑·卢维杜尔在阅读法国历史学家纪尧姆·雷纳尔(Guillaume Raynal)修士的著作,后者论述了殖民主义对土著的影响

德萨林遇刺,导致南北内战重新爆发,其间,亨利·克里斯托弗(Henry Christophe,1767—1820)掌权。克里斯托弗推行独裁统治,断断续续地战斗到1820年他自杀身亡。

暴动、屠杀和内战岁月让海地陷入凄惨境地。至少有15万人在革命中丧生。新生的国家一贫如洗,种植园和种植园制度被摧毁。土地被分配给私人农场主,但是很多农地面积太小,没有经济效益。共和国很短命,随之而来的是

一系列独裁统治:1843至1915年之间海地更换了22任领导人。绝大多数居民仍旧赤贫,而北方一小撮富豪精英统治了这个国家。混血人种逃到北方,控制了贸易,对进出口商品课税。

世界列强——美国、英国、西班牙和法国——的敌意使得海地的局势难以改观,它们仍然从奴隶贸易中获益,并把海地成功的起义视为对其强制劳动制度的威胁。美国的看法是对的,美国很多奴隶起义就是以海地的起义为榜样。海地还成为以下争论的焦点:解放奴隶是否明智,从前的奴隶是否具有自我管理的能力。政治不稳定以及脆弱的经济致使海地仍然是农业国(甚至进入21世纪后仍然如此),而欧洲和美洲其他国家已经实现了工业化。

1838年,在海地同意向法国支付150万法郎之后,法国承认了海地,但这使得海地脆弱的经济雪上加霜。1862年美国承认海地;在海地经历长期的政治不稳定之后,美国在1915至1934年间占领了该岛。之后几十年又出现了一系列脆弱的政府。1957至

2154

1986年这个国家处在杜瓦利埃(Duvalier)家族的独裁统治之下。自此,尽管有或者由于(取决于不同的视角)美国的干预,海地仍然贫穷,政治仍然很不稳定。然而,尽管有很多严重问题,海地发展出一种丰富的艺术和文学传统,并得到全世界的公认。在2010年1月毁灭性的地震之后,海地人民继续向世界展示了他们的生命力,并重建他们的国家与生活。

进一步阅读书目:

Bryan, P. E. (1984). *The Haitian Revolution and its Effects*. Kingston, Jamaica: Heinemann.

Fick, C. E. (1990). *The Making of Haiti*. Knoxville: University of Tennessee Press.

Oriol，M. (1992). *Images de la Revolution a Saint-Domingue* (Images of the Revolution of Saint Domingue). Port-au-Prince，Haiti：Editions Henri Deschamps.

Prioce，R.，ed. (1996). *Maroon Societies：Rebel Slave Communities in the Americas*. Baltimore：Johns Hopkins University Press.

大卫·列文森(David Levinson) 文

赵挹彬 译，黄艳红 校

Revolution—Mexico 墨西哥革命

2161　　墨西哥革命(1910—1920)有多重起因：精英们发现自己的政治权威衰落，变得日益孤立；农民与工人面临经济衰退和饥荒的艰难困苦；政权许诺了民主，但它本身是独裁的；最后是经济民族主义的兴起。革命的胜利成果之一是超过25%的国有土地归还给了农民和农业工人。

20 世纪初，一股政治动荡的浪潮席卷了世界大部分地区。动荡的主要中心——1905 年的俄国和伊朗，1898 和 1911 年的中国，以及 1910 年的墨西哥——都是古代文明中心，它们正经历从悠久的手工工业和农业生产体系向现代资本主义与外国影响的急剧转变。在墨西哥，在动荡之前的岁月里，外国资本家得到绝大多数国内精英的支持，控制了通信、交通、军事、采矿、木材，以及纺织工业，而这两大集团以前就控制了大量村属的农业用地和牧场用地。与此同时，政府镇压了民众反抗，以牺牲大众阶层的利益为代价，极大地强化了专制权力。

　　这一新的精

英混合体以牺牲农业工人为代价来促进商业生产，而这些农业工人原来享有广泛的土地使用权，这一权益已经延续数百年之久。该精英联盟重新组织了农民和农业工人，把他们从商业化程度较低的村社和商业地产、小矿场以及工匠的作坊转移到更大的资本主义企业。外国出生 2162

墨西哥革命期间，约 1911 年 3 月 9 日，墨西哥起义者从一座山上用来复枪瞄准射击。美国国会图书馆

1913 年 2 月 9 日,共和国前总统弗朗西斯科·马德罗(Francisco I. Madero)与菲利克斯·迪亚兹(Félix Díaz)将军的军队一起离开人民宫。前景中,一名死去的士兵趴在街道上。美国国会图书馆

的监工(比如工头之类的低层管理人员)垄断了地方权力,享受着相当于工人 20 倍的工资,而经理(那些掌管整个种植园、矿场或者其他企业的人)的收入则相当于工人的 200 倍。国外受训的工人也享受优惠待遇,如单独隔离的居住环境、不平等的工资,以及不同的工作任务。

墨西哥革命有多重起因:省级与地方精英发现自己的政治权威被削弱且日益被孤立;农民与工人面对经济衰退以及更为灾难性的饥荒而非被许诺的幸福安康——他们的希望破灭了;政权日益增强的专制独裁本质,而非众望所归的民主制的发展;以及经济民族主义的兴起。革命开始于 1910 年 11 月 20 日,彼时,来自北方科阿韦拉州(Coahuila)一个富裕之家的弗朗西斯科·马德罗,号召全体墨西哥人起义,推翻独裁统治。他许诺政治民主、法律平等以及土地改革。

在反对独裁者波菲里奥·迪亚兹(Porfirio Díaz)的斗争中涌现出 3 个主要团体。第一个团体先是以马德罗为代表,后来则是以科阿韦拉州长韦努斯蒂亚诺·卡兰萨(Venustiano Carranza)、索诺拉州寡头阿尔瓦罗·奥布莱贡(Alvaro Obregon)以及普鲁塔尔科·埃利亚斯·卡莱斯(Plutarcho Elias Calles)为代表。该团体由地区精英组成,为了以下诉求而联合起来——联邦主义、地方与州的权力以及民族主义,以寻求在他们自己、全国政府以及外国势力之间有一个更为平衡的权力分布。第二个团体由农业工人的领袖埃米拉诺·萨帕塔(Emiliano Zapata)、弗朗西斯科·潘乔·比利亚(Francisco "Pancho" Villa),以及其他很多人组成。农村民众占人口 80％,在私有化过程中,眼见他们享有的土地所有权从 25％降到 2％,他们的领袖试图让土地回归村社。第三个团体包括劳工组织的

2163

领袖,其中很多人是无政府主义者。革命期间他们创立了拥有 15 万人的世界工人之家(Casa del Obrero Mundial),旗下共有 5 000 名战士和超过 500 名战地女护士。他们要求工人在工厂进行自我管理,农民获得土地,并削弱外国资本家的影响力。这 3 个团体与旧制度捍卫者之间的争执导致了错综复杂的内战。

马德罗掌权

到 1911 年春,支持马德罗的农业工人和农民掀起声势浩大的起义,他们取得了地方权力,起义规模日益扩大。迪亚兹很快辞职,并警告说"马德罗放虎出笼,且看他能否驾驭之"。1911 年后期,马德罗掌握了权

1914 年,武装的士兵列队站在弗朗西斯科·潘乔·比利亚将军在华雷斯的司令部门前。美国国会图书馆

力,他与埃米拉诺·萨帕塔领导的农村革命者在墨西哥中南部的甘蔗种植园开战。马德罗拒绝交还已私有化的土地,拒绝恢复地方政府。于是,1913 年 2 月,军队策划了一次政变(golpe de estado)并杀害了马德罗。这一刺杀导致了全国范围的内战。起义者把马德罗变成圣人并重新召集民众。起义迅猛扩展,在北方尤为得力;在那里,他们可以向美国商人出售充公的牛群来购买武器。与此同时,美国总统伍德罗·威尔逊向墨西哥独裁者维克托利亚诺·韦尔塔(Victoriano Huerta)将军提供武器,直至 9 月。

1913 和 1914 年,比利亚派(Villistas),即以奇瓦瓦州(Chihuahua)和杜兰戈州(Durango)为中心的武装运动,在城镇精英、牛仔、矿工、伐木工人领导下形成声势,起义者支持农业改革和政治自由,反对债务劳役制(一种奴役形式,劳工被束缚于某地,而雇主控制着他们尚未偿还的账单)和隔离制度。同时,科阿韦拉、索诺拉和锡那罗亚州(Sinaloa)支持马德罗的精英们在科

阿韦拉州前州长韦努斯蒂亚诺·卡兰萨的麾下重新聚集。卡兰萨跟马德罗一样支持政治自由主义。1913 和 1914 年初期,比利亚的队伍向南挺进,直至他们控制了北方绝大部分地区。随后,1914 年 4 月,美国武装力量占领了维拉克鲁斯州(Veracruz),导致惨重的民众伤亡。夏季,军政府垮台;但是同年 11 月美国军队决定支持卡兰萨,新一轮内战又开始了。由中产阶级和工人阶级领导的萨帕塔派和比利亚派与卡兰萨和北部精英领导的力量对峙。

这时革命迈出了关键性的一步:卡兰萨队伍的军事司令阿尔瓦罗·奥布莱贡许诺墨西哥革命成为世界无产阶级革命的第一步,从而获得了世界工人之家的支持。卡兰萨的队伍组织不力,装备很差,只好逃到维拉克鲁斯州。在那里,1914 年 11 月 23 日,美国将军弗里德里克·方斯顿(Frederick Funston)为他们提供了弹药与武器。到 1914 年底,奥布莱贡麾下的部队超过 2 万人,他们自称"立宪主义者",因为他们准

2164

作为整体来看，墨西哥是一个大城市；而且，科尔特斯(Cortés)所言不虚，它的情势奇妙之极。
——爱德华·伯奈特·泰勒(Edward Burnett Tylor, 1831—1917)

这张册页展示了波菲里奥·迪亚兹(Porfirio Díaz)将军的全身照，他身着军装，向左侧身。文字表达了对迪亚兹的同情，称之为墨西哥的民族英雄，并请求他从巴黎回国。美国国会图书馆

备恢复 1857 年的自由主义宪法。在奥布莱贡的队伍挫败比利亚派和萨帕塔派之后，他允许世界工人之家的活动分子在他们占领的所有城市组织工人运动。

乾坤倒转

1915 年 1 月立宪主义者和比利亚派武装在厄尔·艾巴诺(El Ebano)交战，战局向有利于立宪主义者的方向发展。奥布莱贡利用世界工人之家的几千名"红色连"骑兵，使用美国提供的现代化大炮和机枪摧毁了比利亚派。同时，卡兰萨宣布了一项农业改革计划，旨在削弱人们

对比利亚派和萨帕塔派的支持。1915 年春天，比利亚派和立宪主义者在塞拉亚(Celaya)和莱昂(Leon)展开了革命期间最大规模的战役。奥布莱贡的大炮和机枪的火力给了比利亚派以致命打击。比利亚派的队伍分散成游击队，很多战士复原回到北部小城镇和乡村。虽然转化成游击战状态，比利亚派仍然是一支政治力量；他们制定农业改革法、没收大地产，并颁布劳动法以规范北部的采矿和木材工业。

1916 年，卡兰萨巩固了他的权力。他解散了世界工人之家及其 35 万成员和"红色连"旗下超过 4 000 人的部队。世界工人之家在公众游行中扛着红黑两色旗帜，宣称其目标是工人控制生产；1916 年春天，它进行了一次总罢工，使墨西哥城陷入瘫痪。但是，到夏天，军队在第二次罢工中镇压了世界工人之家。在北方，比利亚开始处决美国公民；3 月，他突然袭击新墨西哥州的哥伦布，此举导致威尔逊总统派兵入侵，这就陷卡兰萨于叛国者的境地。美国将军约翰·"黑杰克"·潘兴(John "Blackjack" Pershing)未能抓捕比利亚，而摆在卡兰萨和奥布莱贡面前的议程则更为复杂了。

1917 年 2 月，来自社会各群体的代表团颁布了一部新宪法，满足了绝大部分人的期望。它规定：自然资源、疆界和海岸线属于国有；实行男子普选；实行农业改革和农业工人阶层的地方自治；工业工人的公正待遇将作为政府的基本目标。革命废除了种姓制度，这一制度仍然是大多数拉美国家的特征；向农民与农业工人归还了超过 25％ 的国有领土，包括大部分最好的土地；为土著居民开办学校教育；创立了文官政府制度以取代以寡头政治(少数人的政府)为基础的军事独裁，而军事独裁仍然折磨着西半球的大部分地区。

2165

进一步阅读书目：

Cumberland, C. C. (1974). *Mexican Revolution: Genesis under Madero*. Austin: University of Texas Press.

Cumberland, C. C. (1974). *Mexican Revolution: The Constitutionalist Years*. Austin: University of Texas Press.

Hart, J. M. (1978). *Anarchism and the Mexican Working Class, 1860–1931*. Austin: University of Texas Press.

Hart, J. M. (1987). *Revolutionary Mexico: The Coming and Process of the Mexican Revolution*. Berkeley and Los Angeles: University of California Press.

Hart, J. M. (2002). *Empire and Revolution: The Americans in Mexico since the Civil War*. Berkeley and Los Angeles: University of California Press.

Katz, F. (1981). *The Secret War in Mexico: Europe, the United States, and the Mexican Revolution*. Chicago: University of Chicago Press.

Katz, F. (Ed.). (1988). *Riot, Rebellion, and Revolution: Rural Social Conflict in Mexico*. Princeton, NJ: Princeton University Press.

Katz, F. (1998). *The Life and Times of Pancho Villa*. Stanford, CA: Stanford University Press.

Womack, J. (1970). *Zapata and the Mexican Revolution*. New York: Vintage.

约翰·哈特（John M. Hart）文

赵挹彬 译，黄艳红 校

Revolution—Russia　俄国革命

2166　　1917 年的俄国革命是 20 世纪极为重要的事件。它标志着当时世界上最大的国家——沙皇俄国所特有的社会的终结，也标志着第一次大规模努力建设社会主义社会的开始。

对世界上很多受压迫的人民来说，1917 年的俄国革命是希望的灯塔，它预示并承诺资本主义的剥削和帝国主义的占领不一定会继续下去。而对西方绝大多数资本主义社会而言，俄国革命则是一个史诗般的重大威胁——它挑战私有财产、既存社会结构、议会民主以及既有宗教。它在俄国的胜利，在全球共同体当中拉开了共产主义国家与西方资本主义民主社会之间的深刻裂痕。

沙皇俄国的崩溃

俄国革命的第一阶段开始于 1917 年 2 月，它导致末代沙皇尼古拉二世（Nicholas II）退位，这标志着统治俄国几乎 3 个世纪的罗曼诺夫王朝的终结。是什么把沙皇俄国引向了革命的转折点？原因肯定包括俄国社会古已有之的不平等、冲突以及分化——小批土地贵族与广大农民阶层之间巨大的鸿沟；俄罗斯民族对于帝国内其他民族的主导地位；沙皇对所有社会群体的绝对权威。

也许更重要的原因是 19 世纪沙皇们进行的改革，他们试图使自己的国家实现现代化并赶上正在工业化的西方。他们在 1861 年结束了农奴制，但是绝大多数农民的生活并没有得到根本改善。他们促进了工业的极大发展，却没有预见到正在兴起的中产阶级的政治要求，以及受剥削的城市工人阶级方兴未艾的抗议浪潮。尽管进行 2167

了一些不起眼的政治改革并选举了国会（杜马），但沙皇政府极不情愿与其他社会团体分享政治权力。结果出现了各种革命团体——其中很多致力于实现社会主义。它们的活动只是加剧了俄国社会日益增长的紧张。另一方面，第一次世界大战的压力——大量的人员伤亡与经济的崩溃——促发了首都圣彼得堡的民众示威游行。1917 年 2 月，妇女、工人、学生和士兵占领了街道。甚至沙皇最忠诚的支持者也抛弃了他。上述状况导致尼古拉二世放弃了俄国皇位。

社会巨变

俄国君主制垮台后，权力由临时政府掌握，这是一个联合政府，由杜马的自由派领袖和主流社会主义政党——孟什维克（Mensheviks）和社会革命党人的代表组成。尽管新的俄国政府废除了旧沙皇国家的诸多体制，并许诺一部民主宪法，但是它没有能够结束经济混乱，没有把土地分配给农民，而且没有使俄国从第一次世界大战当中解脱出来，这就引发了 1917 年夏季和初秋大范围的社会动荡。越来越多的士兵开小差；农民开始占领他们东家的庄园；城市工人则创建广受欢迎的组织"苏维埃"来处理地方事务，并挑战官方的国家权威；少数民族团体要求自治或者独立。俄国开始分裂，而临时政府则日益丧失信誉。

布尔什维克接管

这种事态为社会主义小党派"布尔什维克"（Bolsheviks）带来了机遇，该党由具有高度纪律性和革命热情的弗拉基米尔·伊里奇·列宁（Vladimir Ilyich Lenin，1870—1924）领导。作为唯一一个与临时政府无关的主要社会主义政党，只有它没有受临时政府的失败所累。因此

布尔什维克的声望迅速攀升，党员人数也剧增，尤其是在大城市和工人与士兵中间。他们的政治方针由列宁起草，远比临时政府的方案更贴近民众的心声。它呼吁立即实现和平，没收地主土地，工人控制工厂，非俄罗斯民族实行民族自决，以及"一切权力归苏维埃"，这意味着推翻临时政府。列宁坚持布尔什维克要从日益失信的临时政府手中接管正式的国家权力。10 月 24 至 25 日夜，苏维埃领导的武装力量控制了圣彼得堡的主要中枢。由于临时政府太不得人心，人们只对布尔什维克所领导的"十月革命"进行了一点轻微的抵制。随后的几个月，在其他很多城市由布尔什维克领导的苏维埃也掌握了权力并加入了革命。

内战

很少有人认为布尔什维克能够保住权力。6 个月之内，布尔什维克党人发现自己陷入了一场残酷的内战且敌人众多——沙皇政权的支持者、支持临时政府的中产阶级自由派，甚至还有很多因布尔什维克单方掌控权力而被触怒的社会主义者。经过连续 3 年艰苦的战斗，布尔什维克在 1921 年步履维艰地走向胜利，最终确立了对俄国（很快将更名为"苏联"）的控制。他们的反对者分化了，其中有些人（一般被称为"白色分子"）想要把地主失去的财产归还给地主。布尔什维克对人民苏维埃的认同、对农民土地要求的支持使他们在争取大众支持方面占据优势。他们把很多下层民众整合进新成立的红军以及地方政府的新部门，这种能力为很多人提供了社会流动的渠道。由于一些资本主义强国——包括英国、法国、美国和日本——曾支持白色分子，共产主义者与这些国家发生过短暂的冲突。俄国建立了世界上第一个社会主义国家。

进一步阅读书目：

Acton，E. (1990). *Rethinking the Russian Revolution*. London：Edward Arnold.

Bonnell，V. (1983). *Roots of Rebellion：Worker Parties and Organizations in St. Petersburg and Moscow，1900 - 1914*. Berkeley and Los Angeles：University of California Press.

Figes，O. (1997). *A People's Tragedy：The Russian Revolution，1891 - 1924*. New York：Penguin Putnam.

Fitzpatrick，S. (1982). *The Russian Revolution，1917 - 1932*. Oxford，U. K.：Oxford University Press.

Lincoln，W. B. (1986). *Passage through Armageddon：The Russians in War and Revolution，1914 - 1918*. New York：Simon & Schuster.

Pipes，R. (1990). *The Russian Revolution*. New York：Random House.

Read，C. (1996). *From Tsar to Soviets：The Russian People and Their Revolution，1917 - 1921*. New York：Oxford University Press.

Rogger，H. (1983). *Russia in the Age of Modernization and Revolution，1881 - 1917*. London：Longman.

Suny，R.，& Adams，A. (1990). *The Russian Revolution and Bolshevik Victory：Visions and Revisions*. Lexington，MA：D. C. Heath.

White，J. D. (2001). *Lenin：The Practice and Theory of Revolution*. New York：Palgrave.

罗伯特·斯特雷耶(Robert W. Strayer) 文

赵挹彬 译，黄艳红 校

Revolution—United States   美国革命

2169　　美国革命在世界历史上意义重大，原因如下：削弱英国地位的机会吸引了法国卷入冲突，而这又触发了法国的财政危机以及随之而来的大革命；这一反抗触发了后来英国殖民政策的改变(至少在白人殖民者占据主导的地方)；《独立宣言》所体现的原则鼓舞了世界各地的革命者和民族主义者。

美国革命发生于 1775 至 1783 年，它激起北美大西洋沿岸 13 个殖民地的民众奋起反抗英国。革命的诱因是，自 1763 年以降，英国采取措施，试图加强对殖民地的控制，这些措施旨在增加英国国库的税收。关于殖民地经济活动的新税收和规章激怒了很多殖民地民众，他们已经习惯了自己半独立的立法机构以及相当大的商业自由。很多爱国社团成立了，领袖们开始援引有关自由以及人民管理政府的启蒙思想。(启蒙是 18 世纪的一次哲学运动，其标志是摈弃以前的社会、宗教和政治思想，并且强调理性主义。)一些特殊问题，比如很多南方种植园主

所欠英国银行的债务，也起了一定作用。1774 年爱国主义的大陆会议召开，并开始讨论独立问题。1775 年在马萨诸塞，武装的民兵组织与英国士兵之间开始短兵相接。那一年夏天，乔治·华盛顿(George Washington)被任命为总司令。

约 1/3 的殖民地居民积极支持接下来为独立进行的斗争，而另外大多数人则选择忠于英国王室(很多保王派——也称"托利党人"——逃往加拿大，并被剥夺了财产)。支持革命的包括弗吉尼亚的种植园主和新英格兰的政治激进派，他们同意英国是共同的敌人，但是对于社会

内森尼尔·柯里尔(Nathaniel Currier)的《波士顿港毁茶事件》(*The Destruction of Tea at Boston Harbor*,1846)。石版画。但与柯里尔的图像描绘相反,倾茶人士很少化装成土著美洲人。美国国会图书馆

改革却持有不同意见。当时殖民地在很大程度上仍然是一个农业社会,很多农场主参加了斗争,还有很多非裔美洲人;实际上,在斗争中第一个牺牲的殖民地居民就是一位非裔美洲水手。1776 年殖民地宣布独立。

与英国军队的战斗在北方和南方打响,英国军队由于得到德国雇佣军的支持,在战斗中经常占据优势。但谨慎的战术以及面对非专业的殖民地队伍时的过分自信束缚了英国人。殖民地人民在数量上占优势——尽管战士的实际人数不多,在编的部队很少超过 1.5 万人。很多民兵不是全日制的战士,而且缺乏训练,资金也是个问题。法国,一定程度上还有西班牙和荷兰为他们提供了资金和武器,1776 年后则提供了直接的军事支援;这些援助在革命的稍后阶段至关重要。

到 1781 年,战斗主要集中在弗吉尼亚,英国将军查理·康华利(Charles Cornwallis)在约克镇(Yorktown)被迫向法美联军投降。散乱的战斗又持续了两年,之后在巴黎签署了和平协定,承认了新生的合众国,其领土南起佛罗里达(被英国割让给了西班牙),北至加拿大,东起大西洋,西至密西西比河。英国害怕如果战争继续下去,英帝国的损失将更为惨重。

意义

美国革命在世界历史上的意义基于几个方面:它属于当时正在进行的欧洲强国之间的殖民地斗争的一部分。看到有望削弱英国的地位,法国因而卷入这场冲突。革命最终导致了后来英国殖民政策的变化,在那些白人殖民者占主导地位的地方,殖民政策变得更加灵活和去中心化。法国在战争上的花费也促发了国内的财政危机,因而不得不召开三级会议来商讨新税,这又导致了 1789 年的法国大革命。

2170

> 反抗理性的人是真正的反叛者,然而那些捍卫理性、反抗暴君的人则拥有比乔治三世"信仰捍卫者"更崇高的称谓。
> ——托马斯·潘恩(Thomas Paine, 1737—1809)

殖民地独立的榜样。《独立宣言》中体现的坚定原则,托马斯·杰斐逊等美国领导人的其他著作,以及根据宪法最终建立起来的国家机构,这些都鼓舞了各地的革命者和民族主义者。(在 1783 年之后一个短暂的混乱时期,美国尝试了一种松散的邦联制;稍后建立的联

革命期间英国军队和美国军队都曾毁坏土著美国人的村庄。这幅图画的是纽约州一个易洛魁村庄被焚烧

邦体制,连同立法、行政、司法之间的监督与制衡,将长期发挥其真正的影响力。)法国革命者发动了 1789 年革命,还有 1830 和 1848 年革命;在 1848 年革命中,他们寻求一种美国式的总统制,尽管这个努力失败了。美国的榜样在海地和拉美的独立斗争(分别发生于 1798 和 1810 年之后)中也赫然耸立,因为它提供了现代第一个去殖民化的榜样。特别应该指出的是,南美解放者西蒙·玻利瓦尔(Simón Bolívar)援引美国的先例,希望建立一个更大的哥伦比亚国,摆脱西班牙的统治以获得自由。

关于美国的影响,美国政治哲学家托马斯·潘恩不无夸张地总结说,这场革命"对全世界的启蒙、对人类之中自由精神传播的贡献,比此前任何事件都更大"。

比较分析

美国革命还值得进行比较分析。它不是一次重大的社会动荡,虽然新一代领袖的确从上一代人手中夺取了权力。尽管提出了革命的原则,北方各州也据此解放了奴隶,但奴隶制并没有从体制上受到打击。为了团结一致对抗英国人,激进的城市领袖如波士顿的萨姆·亚当斯(Sam Adams)受到限制,两性关系的社会结构也没有发生重大变化。这次革命与稍后的法国大革命相比,远没有后者那么全面。跟后来其他地方的独立斗争比较起来,它在政治上的成功异乎寻常,没有衍生出很多革命和拉美独立运动中出现的长期的破坏性后果。出色的领导和在殖民立法机构中获得的丰富政治经验有助于解释这种成功。战后迅速恢复与英国紧密的经济联系,则促进了美国的经济发展。19 和 20 世纪十分常见的"新生国家"难题,在美国却很不明显,尽管革命期间得以弥合的南北分裂很快又会重现。

最后,这次革命对美国本身而言当然是一个奠基事件。革命前只有初步发展的美国民族主义得到极大的促进,根据宪法建立的新政治机构在 18 世纪 90 年代和 19 世纪初的初创阶段取得了很大成功。随着革命的结束,向西部扩张的机会也出现了——最开始出现在中西部和南方腹地。革命并没有让美国成为一个主要的世

2171

界强国;的确,它在很大程度上远离主要的海外　　纷争。但是这个国家确已开始踏上自己的征程。

进一步阅读书目:

Bender, T. (2006). *A Nation among Nations : America's Place in World History*. New York: Hill and Wang.

Dull, J. R. (1985). *A Diplomatic History of the American Revolution*. New Haven, CT: Yale University Press.

Middlekauff, R. (1985). *The Glorious Cause : The American Revolution*, 1763 - 1789. New York: Oxford University Press.

Norton, M. B. (1980). *Liberty's Daughters*. Boston: Little, Brown.

Wood, G. S. (1992). *The Radicalism of the American Revolution*. New York: Alfred A. Knopf.

Wood, G. S. (2002). *The American Revolution : A History*. New York: Modern Library.

彼得·斯蒂恩斯(Peter N. Stearns) 文

赵挹彬 译,黄艳红 校

Ricci, Matteo　利玛窦

利玛窦(1552—1610),一位因其关于中国和西方的专业知识而令人敬仰的传教士,是第一位生活于北京的耶稣会士。他对中国信仰的深刻理解和宽容有助于他的传教工作,也使他的皈依者可以更好地接受天主教。

2175

耶稣会传教士利玛窦在西方与中国交流互动的历史上是一位重要人物。在 27 年的中国生涯中,他只吸引了少数皈依者。然而,利玛窦的确为天主教在"中央王国"(这是对"中国"这一称谓的意译,这一名称可以追溯到古老的时代)的存在奠定了基础,他的学术能力,包括他惊人的记忆力以及对中国语言和哲学的掌握,连同他的数学、制图学和天文学知识,都让很多统治阶层的人对他印象深刻。通过他的翻译,基督教信仰的基础教义得以被介绍到中国,而他自己的著作《天主实义》(*The True Meaning of the Lord of Heaven*)也起了重大作用。他还翻译了欧几里得的数学和逻辑学。利玛窦因其在欧洲和中国之间早期文化关系中的开拓角色而名垂史册。

利玛窦出生于意大利城市马切拉塔(Macerata),并在家里接受了早期教育。1561年他进入一个宗教团体耶稣会社(the Society of Jesus,一般称为耶稣会士)开办的学校,7 年后他离开马切拉塔到罗马学习法律。然而,1571 年,利玛窦放弃了他的法律学业,加入了耶稣会(Jesuit Order)。他在佛罗伦萨和罗马的耶稣会学院接受宗教训练,此外他还在著名学者克拉乌的指导下学习数学和天文学。1577 年,利玛窦离开意大利,在葡萄牙的科英布拉(Coimbra)大学做短暂停留并学习葡萄牙语;之后他到达印度的果阿港。在果阿,他在当地的耶稣会学院教授拉丁语和希腊语,并为获得神职资格继续做准备。1580 年 7 月他被授予神职;2 年后,利玛窦神父被派往中国沿海的澳门,在那里他开始学习汉语。

1583 年,利玛窦接受使命陪同罗明坚(Michele Ruggieri)神父前往中国传播天主教。

2176

一份历史印刷物，描绘的是耶稣会传教士利玛窦（左）和中国学者徐光启（右）。耶鲁大学贝内克珍本和手稿图书馆

他们入居肇庆，这是南方省份两广（广东和广西）总督的驻地；他们小心翼翼地避免不必要的关注，同时努力博取与统治阶层的友谊。罗明坚和利玛窦神父放弃了最初融入中国社会的策略，即穿着佛教住持的黄色袈裟，而是改穿儒家文化精英的传统制服。耶稣会传教士认识到他们需要这一社会阶层的宽容，故而把自己扮成学者、道学家和哲人，而非宗教神父，以便努力赢得他们的接受。

在肇庆期间，利玛窦不仅掌握了汉语基础知识，还掌握了统治阶级的哲学。凭借惊人的记忆力，他能够背诵儒学经典"四书"的段落，以及古代文学与历史典籍的文选，还有成卷的中国哲学典籍。考虑到当时并没有多少可靠的辞典或者语言指南，这是非常了不起的成就。1589

年夏天，利玛窦和罗明坚被一位敌视外国人的官员驱逐，被迫离开肇庆。于是耶稣会神父转移到广州（广东）北部的城镇韶州，在那里待了6年。

在南方居住12年之后，1595年利玛窦获准北上前往中国内地。虽然未能获准进入首都北京，他却在中国中部城市南昌站稳了脚跟。在这里，他继续培养与文人学士的友谊，1597年他被任命为中国教区负责人。1598年秋天，他最终获准陪同一位重要的中国官员前往首都。虽然第一次访问北京很短暂，但是利玛窦确信北京就是汗八里（Khanbalic），也即冒险家马可·波罗在3个世纪之前所描绘的中国（Cathay，意大利语Catai一词的英文写法，是中国的别称）的首都。利玛窦神父相信马可·波罗的华夏和明朝中国一模一样，这种想法几年后被他的耶稣会同事鄂本笃（De Goes）神父所证实——他从印度经由陆路到中国旅行，证实了马可·波罗对该地区描写的准确性。

离开北京后，利玛窦到长江江畔的陪都南京居留，继续学习中国语言与哲学。他还修订了在肇庆时绘制的世界地图的早期版本，这幅极为详细的地图给当地儒家学者留下了深刻印象。在居留中国将近20年之后，利玛窦终于获准前往北京。明朝皇帝感佩于这位耶稣士的礼物，其中包括一幅使用透视技法的绘画，当时中国的艺术家尚未尝试这种技法；两台自鸣钟；一件名为"大西洋琴"的乐器。皇帝允许他永久居住北京，利玛窦人生的最后9年就生活在明朝的都城。

在北京期间，由于精通汉语书面语——这得益于经年的刻苦学习——利玛窦开始翻译欧洲文献以便出版。除了出版他的修订版世界地图，他还主持出版了很多这类文本，包括一本名为《天主实义》（1603）的基督教信仰的综述，欧几里得《几何原本》（*Elements of Geometry*）前 6 册（1607），《畸人十篇》（*The Ten Paradoxes*，1608）。

利玛窦给中国留下深刻印象的不是他的宗教教义，而是他的科学知识——比如他对天文学的掌握以及对日晷、钟表和棱镜的使用等。此外，他愿意为了迎合儒学文化精英传统而调适他的外表与宗教观点，这为后代耶稣会士在中国传教铺平了道路。然而，利玛窦认为儒学仪式的中国实践，或者说"祖先崇拜"，不是宗教行为而是生活习俗；这一观点在一个世纪之后被 1704 年罗马的礼仪训谕（Congregation of Rites)所推翻，这一训谕结束了早期的文化调适与宽容。

进一步阅读书目：

Cronin，V.（1955）. *The Wise Man from the West*. New York：Dutton.

Dunne，G. H.（1962）. *Generation of Giants：The Story of the Jesuits in China in the Last Decades of the Ming Dynasty*. Notre Dame, IN：University of Notre Dame Press.

Gernet，J.（1986）. *China and the Christian Impact：A Conflict of Cultures*. (J. Lloyd, Trans.). Cambridge, U. K.：Cambridge University Press.

Harris，G.（1966）. The Mission of Matteo Ricci，S. J.：A Case Study of an Effort at Guided Cultural Change in the Sixteenth Century. *Monumenta Serica*，25(1)，1-168.

Spence，J. D.（1984）. *The Memory Palace of Matteo Ricci*. New York：Viking Penguin.

Trigault，N.（1953）. *China in the Sixteenth Century：The Journals of Matthew Ricci，1583-1610* (L. J. Gallagher, Trans.). New York：Random House.

Young，J. D.（1980）. *East-West Synthesis：Matteo Ricci and Confucianism*. Hong Kong：University of Hong Kong Press.

罗伯特·约翰·珀林斯（Robert John Perrins）文

赵挹彬 译，黄艳红 校

Rights, Property 财产权

财产(不管是能触摸到的还是智力形态的)的所有和为处置财产而起草的契约，在历史上有很多种形式。考察以下三个群体——狩猎-采集时代(旧石器时代)的狩猎-采集者、农业时代的"定居"社会，工业时代的资本主义社会——表明，财产权跟一个社会的价值观和结构密切关联。

在许多当代流行的政治话语中，"财产"是指现代资本主义私有财产，其主人有权使用和转让这个财产，拒绝他人染指。私有财产通常被视为自然的、人们所希望的或者不可避免的，因为它允许我们去表达或者追求我们的私利，根据我们所拥有的事物去做让我们高兴的事；或者，去给这个线性历史发展的最后阶段确定规范，当代私有财产就是这个历史发展的最高峰。然而，财产和契约的历史表明，财产有不同的形式，而契约只是一种交易。

财产的多样性会提出一些重要的问题。谁能拥有财产？私人财产能被个体、合伙人、公司（在法律上称为"法人"）、家庭、集体、部落和国家拥有。"公共财产"可以开放给特定的一群人使用，如城镇的所有居民。有时，并非是所有个体都可以合法拥有财产。历史上，妇女（或结过婚的女人）、孩子、囚犯和没有公民身份的人没有资格拥有财产。

什么可以作为财产？在什么样的情况下，它可以被使用、可以被转让（例如，通过礼物或者契约转移）？个人财产、工具、房屋和家族墓地经常是由个体或家庭拥有的，在许多社会里它们不能自由买卖，而且必须保留在家庭、行会和全体市民中。土地利用经常受到监管，禁止买卖。一些财产权导致人身依附关系（孩子、妻子、奴隶）；还有些是智力产品，如写成的文章、歌曲和卡通人物。

财产通常与一个社会的价值观和结构密切关联。管理财产的规则和财产的分配影响和反映了经济的增长和衰落、富有和贫穷、政治权力和社会地位以及个人机会和精神资源。这样，毫不奇怪的是，整个历史上，财产权的宣告、运作和竞争伴随着争议和（经常是）暴力。

为了探讨财产和契约的多样性，考察狩猎-采集者、农业民族和工业资本主义社会中的财产例子是很有帮助的。

狩猎-采集者的财产

最早的人类社会是狩猎-采集社会，人们基本上靠打猎和采集大自然提供的物品生活，有时也耕种土地。他们生活在世界的许多地方，不过，他们的定居范围实际上仍然很小。与通常的神话相反，狩猎-采集者有财产观念。例如美洲土著人对个人的、家庭的和部落的财产有一定的理解。一个休伦（Huron）男子可能认为他制造的弓是属于他的，而一个易洛魁妇女可能认为她制作的篮子是属于她的。当然，物质积累对美洲土著人相对来说并不重要，但赠礼的传统对构建和维持一个部族的政治结构是极端重要的。例如，首领分配食物和其他资源给族群的成员——例如在宴席上——是为了确保他们的福利和巩固他的社会政治地位。一个首领宴请另一个首领，或者允许另一个部族在他的地盘上打猎，都是为了巩固部族之间的关系。同样，宗族维持对耕种过的土地和狩猎场的用益权，但不会禁止其他人进入，甚至不会禁止其他人得到非农产品。

此外，每个部落明白它们的领地边界和相

《牵着马和小马的蒙大拿州美洲土著（西克西卡族）女孩》（Native American [Siksika] girl with horse and pony, Montana）。在白人殖民者来到美国西部之前，村庄和部落都能理解其领地界限和其他的领地界限意味着什么。沃特尔·麦克林托克（Walter McClintock）摄

邻部落领地边界意味着什么。这些边界是不固定的，因为部落经常交换领地权。正像研究美国西部的学者威廉·克罗农（William Cronon）所指出的，这些领地交易与其说是经济事件，不如说是外交事件：美洲土著把土地和财物当作可以在市场上交换的商品。因此在美洲土著之间的交易，相比较于欧洲人之间的交易，"与其说是在转让财产，还不如说是在分享财产"。

农学家和土地财产

即使在最远古的时代，一些地方看上去也更适合农业而非狩猎和采集。农业在肥沃的新月地带、中国、印度和尼罗河谷历史悠久。在这些地方，土地财产的界限已经确立，而且在每次洪水季节过去，人们重新根据精妙的几何学原理进行登记。因为一英亩用来耕种或饲养家畜的土地，比一英亩用来狩猎-采集的土地能够多养活 10 到 100 倍的人口。农业实现了食物富余和定居文明，这种文明经常由国王作为统治者，由官僚阶层进行统治，其标志就是法律以及许多跟土地有关的财产权。因为土地缔造了权力，所以它经常不能够自由买卖。因为土地需要耕种，农业工人可能就是奴隶，通过不能改变的农奴契约被束缚到土地上。一些批评家——其中卢梭最为知名——认为，农业财产导致一个富裕有权势的上层阶级，以及一个被压迫（经常是依附的）的、营养不良的劳动阶级——这个阶级为所有人工作，当一种主要作物收成不好时，他们要经受定期发生的饥饿。

其他人在固定的、跟土地有关的农业财产里看到了社会的可能性和目标。在周朝末期，孔子之后的著名哲学家孟子（前 371—前 289）非常怀旧地回顾圣贤统治的黄金时代；他相信，那个社会充满和平、秩序和平等，因为国家基础建立在土地平等分配的原则之上。他期待着一个类似时代的回归，赞成平均土地所有权的井田制的恢复。这样，根据孟子的理想，正像中国汉字所表明的那样，每一个井田包括 1 平方里（约 0.25 平方千米），900 亩。结果井田被分成 9 个

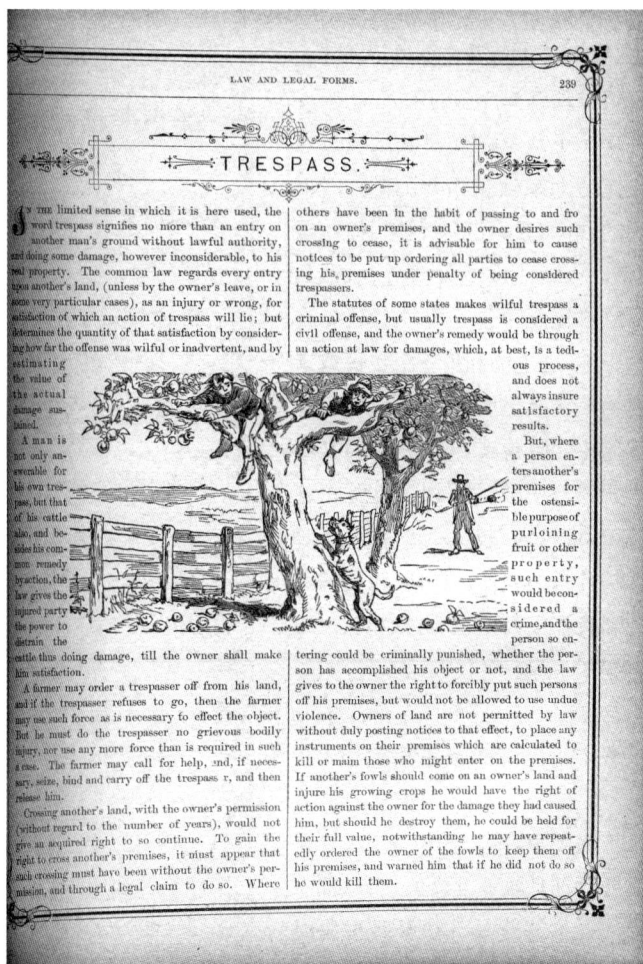

《韦伯斯特实用知识和世界地图百科全书》（*Webster's Encyclopedia of Useful Knowledge and World Atlas*, 1889）上关于"擅自闯入"词条的页面。它是一本关于普通实践知识的书，包括如何提高书写艺术水平、处理法律问题、制造意大利通心粉和奶酪

等份,每一份包括 100 亩。根据这种井田制,周围 8 块土地分给每个家庭,中间一块归国家所有。这样,那 8 个家庭将必须为中间国家所有的地块耕作,作为上交国家税收的一种形式。尽管孟子相信这样一种制度会促进平等,但是这个制度不可避免地要求一种划分成"贵族"(治安官员、行政官员,等等)和"平民"两个阶级的制度。尽管许多学者怀疑孟子提到的井田制的历史真实性,但它对后来的土地改革者来说,是一种非常通行的模式。

同样的景象——阶级和社会群体的多元化——也发生在印度和中世纪欧洲,在这些地方,庄园是主要的经济单位。地主一般被理解为庄园的主人,生活在他庄园土地上的农民必须通过在庄园劳动来偿付租金。耕种时间长的农民有终身有效的耕种权(或"不动产"),庄园主不能违法收回,尽管农民既不能出售他赖以生存的土地,也不能和另一个农民或者自由民交换土地。借助庄园制,封建领主和附庸履行忠诚义务;其中小领主将向较大的领主宣誓军事忠诚,反过来,较大的领主承认和保护前者的领地。这样,相互的义务和责任把大领主、附庸和农民结合在了一起。

贸易、全球扩张和资本主义

在中国、中世纪欧洲,以及许多并非都是农业社会的地方,都有商人在进行贸易。在希腊古典时期,亚里士多德(前 384—前 322)在其《政治学》中把商人的财产和其他人的财产区别开来。亚里士多德说,家庭的主人交换货物(或

者金钱)是为了购买能满足家庭需要的货物。另一方面,商人交换货物是为了在交换中赚取金钱;因此,对商人来讲,交换的目的就是为了获利。在法律、传统和宗教的约束下,商人把货物作为商品从事买卖。约 15 世纪,在统治者的支持下,欧洲商人从事和扩展贸易,在全球买卖商品。随着 17 世纪英国和荷兰商业社会的发展,根据自然或传统,土地本身被视为是不可转让的,但是此时已经可以作为能被买卖的东西。当这些欧洲人到其他社会去殖民的时候,他们带着这样的观念,并把他们的财产观强加给别人。正像洛克讲到的那样,"起初,所有世界都是美

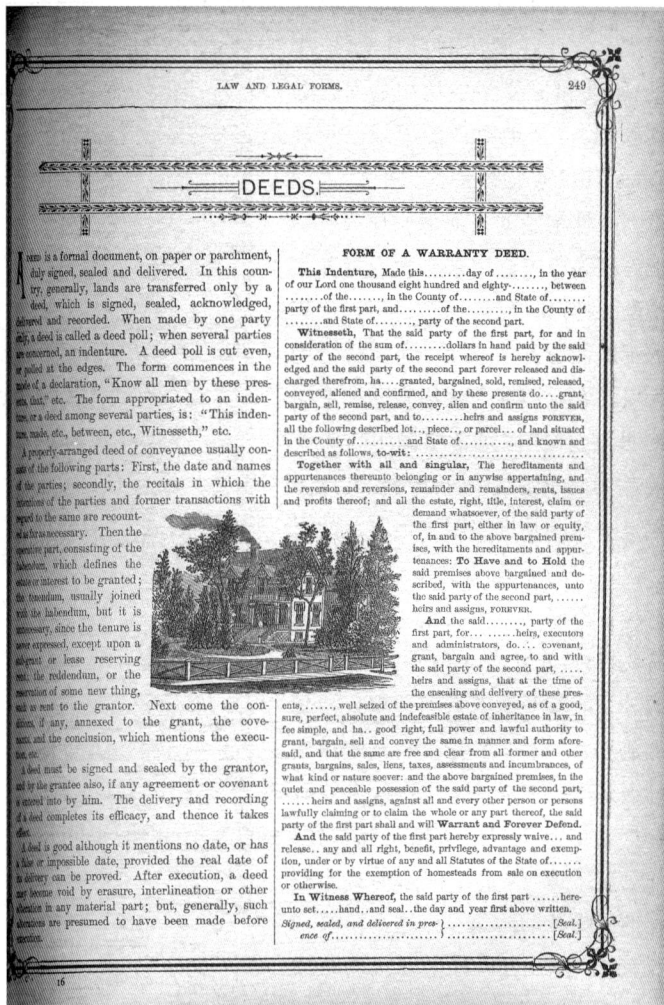

《韦伯斯特实用知识和世界地图百科全书》中描述财产契约的一页

> 财产权不是财产的权力；它们是拥有财产的人的权力。它们是一种特别的人权。
>
> ——大卫·弗里德曼（David Friedman，1945—　　）

洲"，等待着欧洲人去把这些公有的和未开发的土地宣布归为己有，或者等待欧洲人从美洲土著手中购买土地，而那些美洲土著人认为他们将会一起分享使用土地。

2181　　1492 年以来欧洲的不断对外扩张，以及诸如大不列颠等欧洲国家和（随后的）美国的经济统治地位，表明私有财产和自由契约的资本主义实践已经影响到世界大部分地区，或者被接受。英国顶尖的法理学家威廉·布莱克斯通（William Blackstone）爵士在 18 世纪 60 年代曾宣告，"私有财产的绝对性是指一个人对这个世界的外在物品宣称拥有唯一和专有的统治权，对宇宙中任何其他个体有完全排他的权力"。这种话暗含个人对物质世界和行动自由的控制（它忽略了国家对公共物品收税和为公共产品提供资金）。随着 20 世纪企业资本主义的发展，许多个人财产开始作为股份和金融工具的一部分被持有，因此对财产的控制和处理已经转移到企业经理手中，个体股票持有者已经变成一个"几乎完全不参与运作的利润分红者"（Berle 1954）。

　　许多人已经批评资本主义的私有财产。马克思致力于废除私有财产，因为它限制个体和自由，导致人的异化，并使人受到没有人情味的经济法则的束缚。蒲鲁东（Proudhon）也持这种立场，不过他的理由是，财产像偷窃一样扰乱公正。其他批评家，如美国作家爱德华·贝拉米（Edward Bellamy）在《回顾》（*Looking Backward*）中认为，财产国家所有制将会产生一种更有效、更平等，而且享有更多休闲时间的经济。可以想象，关于私人财产是否增进自由、效率、平等和正义的争论仍会继续。21 世纪将可能会产生新的辩论，它们与全球贸易（像"自由贸易"争论扩展到发达国家对私人农业财产的扭曲性补贴之类的问题）、环境问题（正像财产与生态恶化的关系需要审视一样）以及信息社会中的智力财产（或知识产权）有关。

知识产权和版权

　　版权是知识产权的一种，作为一个很好的例子，它可以说明有关财产的持续的争论和变化。在美国，3 种主要的知识产权——专利、商标和版权——保护的是不同的智力财产。一项专利授权给发明者在一个特定的时间内以独有（或垄断）的权力来生产和出售他的发明——通常是 17 年。商标是一个名字、标志、词，或者是一段向消费者表明公司身份的话语，每 10 年必须更新。想想麦当劳的那个黄色大字母"m"，即"金黄色的拱形"。版权是一个作者在法律规定的时间内对其作品的生产和发行所拥有的合法权利——出版或不出版。近年来，这个期限已经扩展到作者有生之年加上去世后 70 年。

　　版权保护作者的表达权，而不是他的思想或者理论。比如，阿尔伯特·爱因斯坦绝不可能对他的相对论拥有版权，因为相对论是一个思想，但是他拥有那些表达相对论的书和论文的版权。尽管许多作者在美国版权局登记他们的著作，但是一个人只要创作了这个著作就足够使他拥有版权。在许多情况下，著作权的拥有者是作品的作者，这个"作者"是首创这个著作的人。这个作者可以通过合同重新指定或者出售版权给另一方。

　　版权法近期因为许多原因受到批评。因为，如同规定许多种类型财产的很多其他法律一样，这种法律倾向于解释什么是侵犯版权。当前，美国版权局把侵权定义为，没有经过版权所有人的明确许可而复制、发行、再现，或者将一部有版权的著作公之于众。但是，如果复制是用来服务非营利的图书馆、档案部门或者教育机构，或被认定是用于"公平利用"，那么就可以从侵权指控中得到豁免。公平利用和版权侵犯之间的界限可能是不清晰的和有争议的，因为法律没有在这两者之间做出明确的区分。

版权法本意是保护作者,禁止他人复制和出售其作品来获利。由于资料共享,即网络对等技术的发展,版权法和它的实施出现了重大变化。诸如《"反电子盗窃"法》("No Electronic Theft" Act, 1997)等法律和 1998 年的《千禧年数字版权法案》(Digital Milennium Copyright Act)认为,重新制作和发行有版权的材料的个人——即使他们没有获利的动机,或者没有意识到他们可能导致的伤害——必须接受民事和刑事诉讼。在 A & M 唱片公司诉纳普斯特公司案(A & M Records v. Napster, 2001)中推定,《家庭录音法案》(Audio Home Recording Act, 1992)——对使用数字或者类似的工具录制音乐供个人使用的个人免于起诉——并不适用于在计算机上重新制作有版权的著作的个人,以及像耐普斯特这样的对等网络公司。尤其是,资料共享看上去在较年轻的网络一代中被普遍使用,这样,美国的全美唱片业协会(Recording Industry Association of America,

[RIAA])逐渐把大学校园中的对等网络作为起诉对象。2003 年 5 月,4 个大学生接受了一场诉讼判决,同意付给 RIAA 从 1.2 万到 1.7 万美元不等金额的费用。尽管对资料共享所采取的判决对资料共享有某种影响,但是版权法、市场和资料共享将对网络对等技术产生何种效应,还有待进一步观察。

新法律的影响已经超越资料分享。因为凡有所创新的著作都有版权,不管是否登记;也因为许多普通著作缺乏一个众所周知的或者容易查得到的版权所有者的记录。许多 1920 年以来的文化著作处于一种不确定的状态。它们可能在文化上或者作为艺术作品很重要、很有价值;也可能因为纸张腐烂或者胶片腐朽而就此瓦解消散。但是,正像经常出现的情况那样,只要它们的作者不明确,就没有人愿意重新印刷或者重新出版它们——甚或以数字形式保存它们——因为版权所有人有可能投诉侵权,即使拥有者并无保存或者出版这个著作的用意。

进一步阅读书目:

Aristotle. (1997). *The Politics of Aristotle* (P. L. P. Simpson, Trans., Vol. 1). Chapel Hill: University of North Carolina Press.

Berle, A. A. (1954). *The Twentieth Century Capitalist Revolution*. New York: Harcourt, Brace, and World.

Blackstone, W. (1979). *Commentaries on the Laws of England*. Chicago: Chicago University Press. (Original Work Published 1765 – 1769)

Congost, R. (2003). Property Rights and Historical Analysis: What Rights? What History? *Past and Present*, 181, 73 – 106.

Critchley, J. S. (1978). *Feudalism*. Boston: George Allen & Unwin.

Cronon, W. (1983). *Changes in the Land: Indians, Colonists, and the Ecology of New England*. New York: Hill and Wang.

de Bary, W. T., Chan, W., & Watson, B. (1960). Molders of the Confucian Tradition. In *Sources of Chinese Tradition*. New York: Columbia University Press.

Ewart, K. (1950). *Copyright*. Cambridge, U. K.: Cambridge University Press.

Harmon, A. (2003, May 2). Suit Settled for Students Downloading Music Online. *The New York Times*, p. A6.

Lessig, L. (2004). *Free Culture*. New York: Penguin Press.

Locke, J. (1980). *Second Treatise of Government* (C. D. Macpherson, Ed). Indianapolis, IN: Hackett. (Original work published 1680)

Marx, K., & Engels, F. (1998). *The Communist Manifesto*. New York: Penguin.

Mencius. (1970). *Mencius* (D. C. Lau, Trans.). Middlesex, England: Penguin Books.

Pennock, J., & Chapman, J. (Eds.). (1980). *Property*. New York: New York University Press.

Rousseau, J. -J. (2004). *Discourse on Inequality*. Whitefish, MT: Kessinger. (original work published 1757)

Schaumann, N. (2002). Intellectual Property in an Information Economy: Copyright Infringement and Peer-to-peer Technology. *William Mitchell Law Review 28*(1001), 1 - 31.

Strayer, J. R., & Coulborn, R. (1956). The Idea of Feudalism. In R. Coulborn (Ed.), *Feudalism in History* (pp. 3 - 11). Princeton, NJ: Princeton University Press.

U. S. Copyright Office. (2003). About Copyright. Retrieved June, 14, 2004, from http://www. copyright. gov

U. S. Copyright Office. (1998). The Digital Millennium Copyright Act of 1998: U. S. Copyright Office Summary (of Pub. L. No. 105 - 304,112 Strat. 2860, Oct. 28,1998).

U. S. Patent and Trademark Office. (2003). FAQ. Retrieved June 14,2004, from http://www. uspto. gov

彼得·斯蒂尔曼(Peter G. Stillman)

贾斯廷·马奥尼(Justin Mahoney) 文

马行亮 译,黄艳红 校

Rivers 河流

地理学家刘易斯·芒福德(Lewis Mumford)的评论——历史上所有伟大的文化都因顺着一条大河这样的自然之路而繁荣起来——在今天已经耳熟能详,因为世界的河流受人类行为的冲击十分显著。污染和栖息地丧失(habitat loss,水利工程学的两种主要负面影响),以及气候变化,对农业、制造业、城市供水和野生动植物保护提出了前所未有的挑战。

根据一般的概念,河流仅指在河道中流动的水(正像其拉丁字根"ripa",即"河岸"所揭示的那样)。更确切地说,河流形成了灌溉系统的主干,从高处往低处输送水、土壤、石头、矿物和营养丰富的碎屑。更宽泛地讲,河流是全球水循环的一部分。它们把降水(雪、冻雨、冰雹、雨水)集中起来,输入湖泊和大海,水在那里再重新开始蒸发,形成云朵。借助重力和阳光,河流塑造它们周围的土地,侵蚀着山脉和岩石,在地球表面形成河漫滩。由于携带着水和丰富的营养品,河流也给鱼、海绵动物、昆虫、鸟、树和许多其他有机物提供了复杂的生态环境。

河流能够以流域面积、径流量、河道长度来衡量,尽管对这些衡量指标基本上没有统一公认的统计学数字。亚马孙河拥有世界上最大的流域,面积约 700 万平方千米,其次是刚果河(370 万平方千米)和密西西比-密苏里河(320 万平方千米)。就径流量来讲,亚马孙河再次位居首位,约每秒 18 万立方米,紧随其后的是刚果河(每秒 4.1 万立方米)、恒河-雅鲁藏布江和长江(每秒 3.5 万立方米)。尼罗河是世界上最长的河流,约长 6650 千米,接下来是亚马孙河(6300千米)和密西西比-密苏里河(6100 千米)。其他流域面积、径流量和长度综合起来规模都很大的河流包括鄂毕河-额尔齐斯河、巴拉那河、叶尼塞河、勒拿河、尼日尔河、阿穆尔河、马更些河、伏尔加河、赞比西河、印度河、底格里斯-幼发拉底河、纳尔逊河、黄河、墨累-达令河和湄公河。两条河流——黄河和恒河-雅鲁藏布江——以每年携带大量的沉积物而出名,这使它们尤其容易发生洪水泛滥。最小的河流也没有一致公认的大小和长度标准,或者流量标准,但是小河流通常叫作小溪、溪流、山涧、小河等。无论是大河还是小河,成为更大规模流域系统一部分的河流

埃德温·洛尔·威克斯(Edwin Lord Weeks，1849—1903)的《恒河上的运水者》(*Water Carriers of The Ganges*，日期不明)。布面油画。恒河是历史悠久的印度教圣地，受到污水和化肥污染的威胁

通常都被称为支流等。

尽管在大小、形态和容量上差别很大，但许多河流都有一定的共同特征。一个典型的河流有山区的源头，它由冰川、融雪、湖泊、泉水和雨水供给。在源头附近，飞快的激流和瀑布寻常可见，这是由于高度上的瞬间落差，以及河流流经的山谷很狭窄的缘故。当河流离开海拔高的地区时，它的速度通常会放缓，它的河道开始蜿蜒曲折、分叉或者像辫子一样迂回。由于它接纳很多支流，它的河漫滩逐渐变宽。当河流到达入口时，它的梯度逐渐变小。它开始流得缓慢，这就使得它携带的一些沉积物堆积在底部，堵塞河道。河流在流入湖泊、大海或大洋之前，沉积物通常形成扇形，最经典的是形成 Δ 形状（希腊字母中的第四个字母）。

决定一条河流每年径流变化状况（水量的季节变化）的只有气候和地理条件，但是，一般而言，雨水滋润着的热带河流比雪水滋润着的温带河流流量更加常年稳定。如果所有或者大部分时间都有水，那么这条河流就是四季不断流的。如果不是这样，那么这条河流就是断断续续的或者昙花一现的。在干旱地区，如果水流冲刷的河道只在很少的情况下才有水，那么它们经常被称为旱谷或者旱沟。对水文学者来讲，洪水这个词是指河流每年径流的最高峰，无论它是否淹没和包围陆地。按照一般的说法，洪水是指河水漫过堤岸。1887 年，黄河的一次大洪水造成大量人员死亡。1988 年，恒河-雅鲁藏布江的洪水一度让孟加拉国超过 2 000 万人流离失所。

人类治理河流

在任何时候，河流都占地球总水量很微小的一部分，但是它和湖泊、地下水和泉水，一起构成人类以及许多动植物主要的淡水源头。因此，河流与定居农业、灌溉庄稼和早期城市生活密切相关。美索不达米亚（意思是两河之间的土地）从苏美尔到巴比伦的那些伟大文明，就是沿着当今伊拉克的底格里斯河和幼发拉底河的冲积平原，于约公元前 4500 年开始出现的。埃及，正像希腊历史学家希罗多德特别推崇地指出的，是"尼罗河的馈赠"。黄河孕育着早期的中华

2185

文明,而印度河造就了西南亚的第一批文化。秘鲁海岸的河谷孕育了安第斯地区的城市生活。"所有伟大的历史文化,"地理学家刘易斯·芒福德略带夸张地说道,"通过沿着伟大河流的自然之路进行的人员流动,以及制度、发明和货物的传播而兴旺起来。"(McCully 1996)

对人类的大部分历史来说,基本不需要河流治理,主要的人类活动是改变河流方向或者拦蓄一部分河水以浇灌庄稼。然而,即使这种适度的改变,也能够产生严重的环境问题。在干旱地区,盐渍化是最常见的问题。如果不能正常地排水,灌溉过的土地会逐渐累积土壤和水中未分解的盐。这些盐分是自然存在的,数量很少,但它们反复积累后,最终将使田地不能种植很多种类的庄稼。河床淤积是农民和牧民们在河谷砍伐森林或过度放牧,无意中导致沿河的过度侵蚀而引起的常见问题。这些淤泥沉淀到河底,抬高了河床,直到超过河岸,从而引发洪水。

古代罗马人、穆斯林和中国的水利工程师对水利有着高深的知识,罗马、巴格达、北京和其他欧亚城市仍旧存在的引水渠、运河和水利工程证明了这一点。但是,作为一门数学科学的水利工程学,首先出现于 1500 到 1800 年之间的欧洲。当意大利工程师通过测量宽度、深度和流速而推演出某个时候河水流量的公式时,重大的突破到来了。此后,水利专家们知道如何更精确地、以比先前更可行的方法成功地"驯服"河流。这些方法包括:治理河岸、河床和水流速度,以利于蓄洪、开垦土地、改善河运。

今天治理河流的方法同过去所采用的方法非常相似——主要是坝和堰的建设、堤岸的加固、河道的疏浚(经常是加宽)——但是材料和技艺在 200 年里已经得到很大改善。现代大坝被设计用来蓄水、控制最小水深(通常跟水闸相连)、发电,或者用来服务所有这 3 项任务。加固的河岸有助于水流在既定的河道里流动,因此减少了洪水的频次,使以前的洪水冲积平原能够服务于农业、建造城市、工业和其他用途。河道疏浚使河流更深,从而使流速更快,而通过减少河流的总长度,它也便利于港口之间的货物流通。总的来说,这些工程使反复无常和随意流动的河流变成一个能量、货物和水("与水库相连的河流")的运输者。当今时代,尼罗河和长江为工业和城市提供电能,而密西西比河和莱茵河

2186

奥托·约翰·海因里希·海登(Otto Johann Heinrich Heyden,1820—1897),《尼罗河和吉萨金字塔》(*The River Nile with the Gizeh Pyramid*,日期不明)。布面油画

> 人不能两次踏入同一条河流,因为河流不是同一条河流,人也不是同一个人。
>
> ——赫拉克利特(Heraclitus,前544—前483)

为公司和消费者运输货物,科罗拉多河和里奥格兰德河(Rio Grande)则为农民和户主们运送水一样。

水利工程的环境后果

河流工程通过开发可耕地、减少洪水、促进贸易和发电来推动沿河经济增长,但是它也对河流环境产生破坏性的影响。问题能够被分成两种相关的类型:破坏河道中水纯度的问题(水污染),以及破坏河道和河流冲积平原生活空间的问题(生境丧失)。两者都导致河道生物多样性的丧失。

河流污染

水污染能被宽泛地分成 3 个种类:以营养为基础的、化学的、热的。最常见的以营养为基础的污染物是排放物,即没有得到治理的人类废水与农业磷肥和氮肥的溢出物。在流进湖泊和河流的时候,这些有机物质成为浮游生物(浮游水藻)的食物,浮游生物是水中分解出的最大的氧气消费者。如果河流水流很慢,如果水藻繁殖规模大或者很频繁,那么河流便出现富营养化(氧气耗尽),这就导致对其他有机物的负面影响——它们需要呼吸分解出来的氧气。波河和恒河就是污水河和肥料河的例子。

最致命的化学污染物包括重金属(锌、铜、铬、铅、镉、汞和砷)和多氯联苯(PCBs)之类的氯代烃类,以及双对氯苯基三氯乙烷(DDT)。这些物质能在生物体内积累,也就是说,它们在从简单有机物转移到更复杂的有机物中时并不发生新陈代谢;随着它们向更上游的食物链转移,它们的浓缩度就更高。默尔西河、莱茵河、哈德逊河、俄亥俄河和顿涅茨克河都是化学工业污染河流的例子。

热污染问题发生在河岸上有许多发电厂的河流中,这些发电厂以核能、煤炭或石油来发电。从冷却设备中排出来的热水人为地提高了河水的温度。较高的温度反过来影响了生活在河床里的物种的类型。罗纳河和莱茵河就是热污染的例子。

世界上许多河流的治理可能很容易被归类为“农业性的”,因为大多数工程项目都是为了土地开垦(治理洪水),水库的大部分水仍然是用来灌溉庄稼的。然而,随着工业化在全球传播,化学污染正在日益成为河流系统最大的威胁。实际上,只有很少的河流仍然完全不受任何工业污染。今天,一条河流的干净和肮脏,与其说经常受其水系内农庄和工厂的多少来决定,不如说更多地由两岸居民的收入来决定。在过去的50 年里,富裕国家向城市卫生系统和工业的净化系统投入资金,使水质有所改善。较贫穷的国家不能承受这些技术和维修费用,只能眼看着其河流继续恶化。

生境丧失

水污染通过杀死有机物和创造一个不适合哺育与繁殖的环境,导致河流出现生物鲁棒性(robustness)。水利工程项目本身要为河流的生境丧失负责,也因此要为生物多样性的下降负责。自然的(“未被驯服的”)河流包括丰富的生态位:源头和支流、主要河道和次要河道、深水河道和河洲、河岸和河床、沼泽和死水潭。河道提供漫长的水流,有机物顺着它漂流,而河沿有通往附近沼泽和河滩的路线,许多有机物在沼泽和河滩能够找到它们哺育和繁殖的场所。河滩孕育着树、灌木丛和芦苇,它们在给其他有机物提供阴凉和保护的同时,也有助于稳固河岸。一条河流的流域拥有一个复杂的生命网络,范围包括从简单的有机物如霉菌、细菌、藻类和原生动物,到更复杂的有机物如扁形虫、蛔虫、轮虫,最后是软体动物、海绵动物、昆虫、鱼、鸟和哺乳动物。

中国长江上的竹筏。柯珠恩摄

水利工程改变一个流域的自然结构，对许多物种有伤害。河坝和河堰堵住河流的径流，这使得有机物充分利用河道的生活空间变得很困难。有洄游习性的鱼受到沉重打击，因为它们的生命循环要求它们从河流的源头游到河流的三角洲，然后再游回来。最著名的例子是，当大坝在河岸上建立起来的时候，鲑鱼就从哥伦比亚河、莱茵河和许多其他河流消失了。加固的河岸有相似的影响：它们隔断了河道和河滩之间的联系，剥夺了许多有机物的哺育场所。因为河流失去自然的河道、河床、河岸、河洲、死水潭、沼泽和河漫滩，它就变成一个单调乏味的、而非丰富多样的生态场所。这尤其会导致河流所维持的物种数量和种类的下降。

除了降低河流生存空间的总量，水利工程还能够引起某些物种的急剧爆发，导致生态失衡。斑马贻贝是一种以丰盛藻类为食、繁殖很快的物种，它已经从其里海老家迁徙到美洲和欧洲的工业化地区的河流，并取代了沿途的软体动物。同样，阿斯旺大坝在20世纪70年代中期竣工以后，蜗牛被致命的血吸虫（寄生虫）感染，并开始在尼罗河新的灌溉运河栖息生存，使埃及农夫和渔夫身体衰弱和死亡。

在过去的30年中，为了回应他们自己行业内的改革家和环保人士（如吉尔伯特·怀特[Gilbert F. White]），水利工程师们想出了新颖的、更精巧的河流治理办法。现在，工作的重点是维护原始河道、加固河床和河堤并清淤。河坝和河堰配有（或改设）鱼梯，以便于鱼的迁徙。更多的河滩保持原样。在一些情况下，河流重新被改造得蜿蜒曲折，从而较好地恢复了河流两岸曾经普遍存在的自然条件。

许多气候学家预测，全球变暖将对全世界的河流系统产生深远的影响。每年春天，诸如阿尔卑斯山和喜马拉雅山这样的高山可能更早地开始积雪脱落。更高的蒸发率可能导致一些地区每年的降水格局产生重大变化。更高的水温

2189

可能让一些鲑鱼和其他冷水鱼类不适于在河流中生活。上升的海平面将可能局部或整体地淹没尼德兰、孟加拉国和其他三角洲地区。尽管对河流的影响因地区不同而不同，但总的说来这些变化将对农业、制造业、城市用水和野生动植物保护提出前所未有的挑战。

进一步阅读书目：

Cowx, I. G., &. Welcome, R. L. (Eds.). (1998). *Rehabilitation of Rivers for Fish：A Study Undertaken by the European Inland Fisheries Advisory Commission of FAO*. Oxford, U. K.：Fishing News Books.

Czaya, E. (1983). *Rivers of the World*. Cambridge, U. K.：Cambridge University Press.

Giller, P. S., & Malmqvist, B. (1998). *The Biology of Streams and Rivers*. Oxford, U. K.：Oxford University Press.

Goubert, J.-P. (1986). *The Conquest of Water：The Advent of Health in the Industrial Age*. Princeton, NJ：Princeton University Press.

Harper, D. M., & Ferguson, A. J. D. (Eds.). (1995). *The Ecological Basis for River Management*. Chichester, U. K.：John Wiley & Sons.

Hillel, D. (1994). *Rivers of Eden*. New York：Oxford University Press.

McCully, P. (1996). *Silenced Rivers：The Ecology and Politics of Large Dams*. London：Zed Books.

Moss, B. (1988). *Ecology of Freshwaters：Man and Medium*. Oxford, U. K.：Blackwell Scientific Publications.

Nienhuis, P. H., Leuven, S. S. E. W., & Ragas, A. M. J. (Eds.). (1998). *New Concepts for Sustainable Management of River basins*. Leiden, The Netherlands：Backhuys.

Przedwojski, B., Blazejewski, R., & Pilarczyk, K. W. (1995). *River Training Techniques：Fundamentals, Design and Applications*. Rotterdam, Netherlands：A. A. Balkema.

Rand McNally and Company (1980). *Rand McNally Encyclopedia of World Rivers*. Chicago：Rand McNally.

马克·克洛克(Mark Cloc) 文

马行亮 译，黄艳红 校

Roads 道路

2190　　　第一批修建的道路是用来方便军队在不平坦的地形中行军的。罗马时代铺设的道路系统的精致程度达到新高峰，然而随着罗马帝国的衰落，它们常年失修。现代道路建设随着汽车的发明开始出现曙光，并发展成今天的街道和高速公路系统构成的复杂网络。

道路已经存在数千年，它使行人和带轮子的交通工具不受距离限制，随意移动。最早建造的道路用于军事用途，因为统治者急于尽快把军队运送到敌人可能出现的地方。但是商人和其他旅行者也立刻从道路中获得便利。逐渐地，和平利用的目的与军事的重要性不相上下，并最终超过军事的重要性。

道路建设并非易事，因为道路经常必须跨越流动的河水和干涸的河床，通常需要专门建设桥梁以确保顺利畅通。在干燥的地面上，雨水侵蚀松软的泥土，形成水坑。如果筑路工人没有铺上平整的石头、压结实的砾石、混凝土、沥青，水坑会迅速变成不可通行的深泥坑。为了使道路表面在任何时段内都完好无损，经常需要排

让·阿瑟兰(Jan Asselyn,1610—1652)的《有着罗马大桥和引水渠遗迹的意大利风景》(*Italian Landscape with the Ruins of a Roman Bridge and Aqueduct*)。布面油画。许多罗马工程壮举,诸如桥梁和引水渠,作为宏伟的遗迹仍然存在;随着罗马帝国的崩溃,罗马道路开始失去维护

长的道路系统;但是后来,运河船只成为长途运输的主要方式,这比陆上运输更便宜,运输容量也更大。此后,道路的重要性在于区域性和短途的运输。在干旱的中亚和西亚地区,当驼队在长途贸易和军事袭击中变成常用的运输工具时,道路建设失去了其早期的重要性。在驼队盛行的时候,有轮子的交通工具变得寥寥无几,以至于在约公元前 100 年之后,连接中国和西亚的丝绸之路甚至只是一个没有改进的商队路线。

水。此外,由于汽车和卡车的发明,道路的弯度和斜坡设计要照顾到高速行驶的交通工具。这有时要求建造隧道、削平山顶和移动百万吨重的石块。

早期道路

据历史学家研究,在现代伊拉克,巴比伦和亚述国王建造了最早的道路系统。他们这样的做法是出于军事目的,约在公元前 1400 年以后,马拉四轮战车成为战场上最重要的工具。后来,波斯建造了所谓的皇家道路,所有的道路都从首都苏萨通向爱琴海海滨,总长度约 2 857 千米(1 775 英里)。公元前 480 年,薛西斯的军队利用这条道路侵入希腊。希腊历史学家希罗多德写道,走完这条道路耗去了 93 天的时间,平均一天约 31 千米(19 英里)。

另外,中国和印度的早期帝国也建造了漫

罗马道路

然而,在地中海周围,罗马帝国很依赖其精心设计的道路系统,它们首先服务于军事,不过对贸易也很重要。道路很标准,有 8 米(26 英尺)宽,路面用多层石头和砾石铺就,驿站的马能够拉动轻装的两轮马车在上面行驶,每天行程 120 千米(75 英里),重装的马车一天足够行驶 24 千米。在顶峰时期,罗马在欧洲、西亚和北非维持约 85 295 千米长这样的道路,主要利用它们给在前线驻扎的军队提供给养。

在非洲撒哈拉沙漠以南地区、澳大利亚和美洲,人力负重是主要的运输形式,因为人的脚就像骆驼的蹄子一样,能够在崎岖不平的地面上行走,所以这里并不需要道路。但是在秘鲁,印加统治者建造了一个足以抗衡罗马帝国的道路系统,这可能是出于军事原因。两条主要的道路从厄瓜多尔向南延伸 3 219 千米(2 000 英里)。

对于回去的我来说，这条路是新鲜的，就像所有的路一样。
——萨拉·奥恩·朱厄特(Sarah Orne Jewett，1848—1909)：《尖枞树之乡》(*The Country of the Pointed Firs*)

一条沿着滨海平原，另一条在内陆经过印加高原。它们通过沿河谷两岸修建的道路相连。印加道路有 7.62 米宽(25 英尺宽)，悬桥跨越峡谷，平整的石头表面更方便人力交通和美洲驼商队行走。

2192

在欧亚地区，罗马帝国的崩溃使道路维护中断，交通很快衰败。东罗马帝国和拜占庭帝国——以君士坦丁堡为中心(后来称为伊斯坦布尔)——主要依靠船只和能航运的河流来运输，从而放弃了在遥远的陆地边界驻扎军队。因此，在东欧，罗马的道路也衰败不堪。约 900 年之后，经济复兴和人口增长促进了贸易的发展，但是长时间以来，欧洲分裂而成的独立王国和诸侯中，没有一个公共权威能够恢复道路系统。地方城市曾做些铺路和改进公共环境的工作，但是大陆上的拖运仍旧是小范围的、缓慢的、昂贵的。在食物和其他生活必需品上，内陆社会几乎是自给自足的。海上航运和顺着北欧平原缓慢流动的河流船只，提供了主要的运输方式。

卡纳莱托(Canaletto)的《大运河：南方的里亚托桥》(*Grand Canal：The Rialto Bridge from the South*，1727)。铜版油画。跨越河流修建道路需要建设桥梁

亨利·阿尔肯(Henry Alken，1785—1851)的《秋天道路上的一辆四马拉大车》(*A Coach and Four on an Autumn Road*，未注明日期)。版面油画

现代系统

约 1650 年以后，私人建设的收费道路路面是石头的，能够运送快捷的四轮马车和沉重的货车，在一些通常并不繁忙的地

区,这种道路证明是有收益的,但此刻情况开始发生变化。罗马式多层石头道路的建设费用昂贵,因此大面积的道路建设就需要找到更廉价的建造手段。1750年以后,法国和英国开始实验,将相对薄的、松软的多层石头和砾石——不到224毫米(10英寸)——铺在普通的土地上,这块土地要比邻近的地面高,并且两边挖沟排水。在英国,1827年,约翰·路登·麦克亚当(John Louden McAdam,1756—1836)被任命为大不列颠城市道路的总测量员,他的名字从此就和廉价道路的建造方法以及此后"麦克亚当"道路的繁荣联系在一起。19世纪30年代开始出现的铁路,很快就淘汰收费道路,成为远途交通运输的主角。

其他欧洲国家和欧洲海外殖民地模仿法国和德国,迅速建造了更廉价的公路,但是仍然不能阻挡火车淘汰收费公路。只是在20世纪20年代,卡车和小汽车开始增多,一个公路建设的崭新时代开始出现。混凝土路面和平整的沥青路面迅速代替砾石公路,减少了尘土,加快了车速。20世纪30年代,意大利和德国率先建设限制进入、中间有隔离带的高速公路,隔离带把相反方向的车流隔开。这成了新的速度和安全标准,并且为德国军事目的服务。1956年以后,美国建造限制进入的州际高速公路,把全国主要城市联结在一起;在那些卡车和小汽车大量存在的地方,相似的快速公路已经大大提高了交通速度。但是随着交通工具的不断增加,经常造成交通拥堵。我们当今的公路系统的重要性将维持多长时间,取决于汽油和柴油的价格和可利用性,以及可替代技术的发展。

进一步阅读书目:

Bulliet, R. W. (1990 [1975]). *The Camel and the Wheel*. New York: Columbia University Press.
Forbes, R. J. (1934). *Notes on the History of Ancient Roads and their Construction*. Amsterdam: Noord-Hollandsche Uitgevers-Mij.
Hindley, G. (1972). *A History of Roads*. New York: Citadel Press.
Moran, J. (2009). *On Roads: A Hidden History*. London: Profile Books Ltd.
Rose, A. C. (1952). *Public Roads of the Past*, 2 vols. Washington, DC: American Association of State Highway Officials.
Rose, A. C. (1976). *Historic American Roads: From Frontier Trails to Superhighways*. New York: Crown Publishers.
Schreiber, H. (1961). *History of Roads from the Amber Route to Motorway*. London: Barrie & Rockliff.

威廉·麦克尼尔(William H.McNeill) 文

马行亮 译,黄艳红 校

Roman Catholicism 罗马天主教

罗马天主教源自拿撒勒(Nazareth)的耶稣基督(出生于前6—公元6年之间,逝世于公元28—30年之间),并把罗马主教(教皇,即彼得的传人)视为教会在人间的可见的领袖。罗马天主教崇拜耶稣,即上帝的儿子以及圣三位一体中的第二位格。这一宗教对西方文明的发展影响深远。

当今，罗马天主教会遍布于 235 个国家和地区，在基督教会中规模最大，拥有 11.47 亿（2007）信众，即世界人口的 17％。信众最多的国家包括巴西、墨西哥、菲律宾、美国和意大利（在美国，罗马天主教包括了 22％的人口，成为最大的宗教团体）。本文只论及罗马（或者拉丁）分支，分为四部分：基本教义、主要历史发展、当代趋势及问题，以及非欧洲地区的罗马天主教。

基本教义

罗马天主教教义基于《圣经》（即旧约和新约中的启示）、传统、教权，教权即教会当局的教化职责。传统使教会能够适应新的现实。它与《圣经》紧密相连，对两者的诠释被视为教权的特权。《圣经》中所示真理的表达有不同的方式，比如历史、预言、寓言故事、讽喻。字面的解释并不需要。贯穿整个基督教时代，在道德教义、礼拜仪式与社会规则方面的修订与调适是罗马天主教教义的特征。这一进程包含变迁与延续、冲突与共识。

罗马天主教的突出特征是统一、神圣、普遍性（catholicity）和使徒特征（apostolicity）。统一意味着超越所有文化和阶级的个人；神圣意指教会本质是神圣的，且不论其成员的罪——无论是个体还是团体的罪；普遍性是指教会的普遍性；使徒特征是指与罗马共享的信仰、神职和圣事。罗马天主教会在其他基督教会中认可其自身的一些元素，它并不要求天主教成为国教，或者享有任何特权地位。它接受宗教信仰自由原则，认为对于任何本着良心善意行事的人而言，救赎都是可能的。

11 世纪教皇格列高利七世（Gregory VII）解除了平信徒在甄选主教时的职责，从而为教会带来了重要变革

罗马天主教会中有着明确的等级制度。作为使徒彼得的继承人，最高首领是教皇。自中世纪以降，教皇由枢机主教团（College of Cardinals）选出，驻地在梵蒂冈城，是罗马中心的一个袖珍主权国。其他主教也被视为使徒的直接传人，绝大多数驻守在地理的和编制的单元，即主教教区。教皇和主教联合成为一个合议团体，但是共治并不能减损教皇的至高无上或者影响教皇在信仰和精神事宜上的绝对无误。

如同教皇对主教是至高无上的，主教在他们负责的教区也是最高权威。一旦确认了他们的正统,主教就任命神父和执事作为他的助手。神父应为男性,并自4世纪始终身不婚。执事也是男性,可以结婚。绝大多数神父驻守在教会辖区,即堂区。除主教、神父和执事外,还有修士和修女,他们是宗教修道团体的成员,通常要起誓守贫、贞洁与服从。

"上帝的子民"不仅包括教士阶层和修士,还有平信徒。不论已婚还是单身,从事世俗的职业和工作,平信徒也被认为应该分担教会的使命。作为世俗的使徒,他们协助主教和神父处理教会事务,但是他们不能单独行动或是反对其宗教上级。尽管第二次梵蒂冈大公会议(Vatican II, 1962—1965)对上述传统有所缓和,而且有更多的平信徒参与进来,但教会仍然是一个权威的等级制机构。

根据特伦托大公会议(1545—1563)的界定,天主教徒获得救赎的神恩渠道是七件圣事:洗礼、告解、圣餐、坚振、婚配、圣秩,以及病人傅油。只有接受圣职的人才有权实施所有七件圣事。罗马天主教其他基本教义是三位一体(三重人格现于一神:圣父、圣子和圣灵)、灵魂不朽、死者复活、根据信仰和善行进行的审判(justification)、身后的报偿或惩罚,以及对圣母玛利亚的特殊崇拜。还有圣人的复活,但是天主教徒被教导不要过度关注圣人。

罗马天主教采取礼拜仪式来呈现,这就是教会的各种仪式和典礼。最重要的敬拜行为是弥撒,包括圣言礼拜和圣餐礼拜。如同罗马天主教的其他方面,礼拜仪式,尤其是弥撒,已经地方化,每个文化的独特性都受到尊重。自第二次梵蒂冈大公会议以来,方言已经普遍使用;虽然格列高利圣咏(Gregorian chant)被视为罗马天主教的恰当做法,其他形式的音乐也被允许使用。

重要历史发展

罗马天主教团体的起始,如同其他基督教团体一样,始于耶稣基督在受难、安葬、复活之后出现在使徒彼得面前显灵。这些使徒像耶稣一样都是犹太人,他们是最初的基督徒。这些早期基督徒与其他犹太人的区别是,他们坚信耶稣是弥赛亚(Messiah),他死而复生。约公元33年前后,圣斯德望(Deacon Stephen)殉道;之后,这些与圣殿保持密切联系的基督徒四散,并在所到之处传播福音。通过保罗(逝于公元67年)的努力,基督教突破了其犹太模式,而且保罗在地中海世界的传教努力使得基督教成为外邦人的宗教。

基督教在罗马帝国内迅速传播。妇女,尤其是寡妇和未婚女性,在异教地区的福音传道中很活跃。不论是作为传道者、执事来分配捐助,或者作为团体领袖研读灵修文学,这些妇女都在早期教会中打下了她们的印记。但是她们的影响只是昙花一现;到3世纪,她们的活动已经受到限制,而且她们逐渐被排除出所有的教会职务。教父的著述贬低妇女。希波的圣奥古斯丁(Saint Augustine of Hippo)认为妇女本质上比男人低劣,并把她们视为淫荡和原罪的象征。

古典基督教的另一项重要发展是"罗马首要地位"这一概念的出现。耶稣尽管在使徒中授予彼得以首要地位,但彼得并没有在罗马建立教皇职位。几乎可以肯定,彼得是在罗马殉道的,所以罗马就成为圣地,对早期基督徒而言可谓新的耶路撒冷。罗马与彼得的联系为罗马主教辖区赢得威望,而罗马是疆域辽阔的罗马帝国的政治和文化中心这一事实又加强了上述威望。在异教时代,比如阿里乌斯教(Arianism)、孟他努主义(Montanism)和佩拉纠派(Pelagianism)时代,罗马主教经常被吁请谴责非正统教义并调解司法争端。

在382年的一次会议上,宣布罗马至高无上地位的首位教皇是达玛苏(Damascus, 366—384年在位)。利奥一世(Leo I, 440—461年在位)制定了教义,宣称教皇对所有的教会拥有全部

2196

权力。随后，到新王国传播福音的教皇传教士又加强了教皇的权威。而东正教的脱离——先是在9世纪，然后1054年最终永久分裂——也强化了教皇的权威。

罗马至高无上的观念中还加上了教皇对世俗统治者拥有至高无上权力的内容。这样，在11世纪，教皇格列高利七世及其继任者结束了封建主与国王对主教和修道院院长选举的控制，但是这个过程带来了罗马天主教的重要变化。世俗和宗教的领域被明确划分，俗界在主教选举中的作用——这要追溯到基督教古典时期——被彻底取消。英诺森三世（Innocent III, 1198—1216年在位）和卜尼法斯八世（Boniface VIII, 1294—1303年在位）统治时期，教皇对整个基督教世界的绝对君主制达到其顶点。在与英格兰的约翰（John of England）的争吵中，英诺森三世宣布世俗权威要依附于精神权威。卜尼法斯八世则走得更远，他在《一圣教谕》（Unam Sanctam, 1303）中坚持，为了得救，每一个人都必须臣服于教皇。

教皇的声明固然过分，但是罗马天主教对西方文明的发展和成就做出了很大贡献。人民主权和有限政府的概念是天主教政治思想的一部分；而对圣事或者神职人员都适用的教会法规，是当时最人性化和平等的法律。在教育领域，先是修道院的学校，后是大教堂的学校和大学，正式学校教育比以往任何时候都更易获得；虽然男性，尤其是那些立志献身神职生涯的人是主要的受益者，然而，直到中世纪盛期，女修道院中富有才华的女性才接受了高水平的教育，并为神学、哲学和文学做出了贡献。

哥特艺术与建筑，但丁与乔叟的宏伟壮丽的作品，礼拜艺术、音乐和戏剧，都受到罗马天主教的启迪。在大学里，托马斯·阿奎那（Thomas Aquinas, 1225—1275）的经院哲学造就了天主教神学与哲学体系，一直延续到20世纪。宗教团体的成员，比如本笃会修士、方济各会修士、多明我会修士等，则提供了社会服务和医疗救助。

卜尼法斯八世建立的宗教裁判所对宗教事务的高压强制，以及对犹太人的迫害，损害了这些成就。中世纪宗教裁判所的残酷，比如动用酷刑逼供以及对信仰异教的人在刑柱上处以火刑，因时因地大为不同。但不论何时何地，它的存在就是恐怖情境。至于反犹主义，从基督教时代开始，生活于基督徒当中的犹太人就遭受敌意，因为他们被认为犯有弑神之罪以及反对弥赛亚之罪。

随着商业和贸易进入中世纪世界，以及这些地区犹太人在基督徒中的比例上升，尤其是货币借贷的增加，对犹太人的攻击也加剧了。犹太人被指控秉性贪婪，从事经济剥削；还有更严重的指控，比如杀害儿童并与撒旦结盟。最严重的迫害发生在1348/1349年黑死病期间，从西班牙来到波兰的犹太人被指控蓄意制造了这场瘟疫。阿维尼翁教皇克莱芒六世（Clement VI, 1342—1352年在位）谴责这次迫害，但徒劳无果；他指出瘟疫同样袭击了基督徒和犹太人社区，并为犹太人在阿维尼翁提供了避难所。

罗马天主教历史上最具创伤性的事件是新教改革，它使得天主教会成为基督教世界多种实体之中的一个。到近代初始时期，文艺复兴、西方教会大分裂（Great Western Schism, 1378—1417，有两三位教皇同时并立）的丑闻、教会中自上而下声名狼藉的道德败坏、迷信行为的盛行，这一切使得知识分子中出现了怀疑主义、普通大众中产生了反教权主义，并鼓舞了各个民族的统治者。路德张贴《九十五条论纲》之后白热化的公开论战，把所有有理由反对教皇制度的人联合了起来；到这个世纪末，路德教派、英国国教和加尔文教派让天主教会失去了半个欧洲的效忠。

特伦托大公会议的召集就是为了应对这次危机。会议采取了一种僵硬的防卫姿态：确定

2197

平和之人比博学之人更优秀。

——教皇若望二十三世(Pope John XXIII，1881—1963)

圣事,尤其是那些遭到新教改革者质疑的圣事;在教皇至高无上之地位、教会等级制结构、赦免、弥撒的性质、教士独身以及传统和《圣经》均为信仰的载体等诸方面都坚持传统教义。

17世纪科学革命期间,教廷当局反对伽利略(Galileo)提出的日心说,并导致对他的谴责(20世纪80年代被教皇约翰·保罗二世撤销)。在启蒙运动当中,一种舆论气候,即支持宗教自由、理性的力量、人间天国的可能性以及自然宗教,统统与天主教的信条背道而驰。法国大革命与拿破仑时代(1789—1815)开启了一个时代,世俗民族主义成为新的宗教。教皇庇护九世(Pius IX,1846—1878年在位)在《谬说要录》(*Syllabus of Errors*,1864)中宣布,几乎所有现代趋势和运动均应受诅咒。这位教皇召集了第一次梵蒂冈大公会议,正式确定了在信仰和道德事务方面教皇绝对正确的原则,让很多天主教神学家、神职人员以及世俗人士大为惊诧。

20世纪早期,教皇庇护十世(Pius X,1903—1914年在位)指责"现代主义",把"现代主义者"逐出教会,并压制自由主义天主教神学家和史学家。其继任者本笃十五世(Benedict XV,1914—1922年在位)则结束了对"现代主义者"的猎逐。他还允许意大利天主教徒充分参与政治,而以前的教皇则禁止此事,因为意大利的统一以教皇国为代价。在极权主义时代,罗马天主教受到意大利法西斯主义、纳粹主义的攻击。

教皇庇护十二世(Pius XII)是一位有争议的人物,他在位期间(1939—1958),第二次世界大战爆发。随着战争的扩大以及纳粹的暴行,尤其是针对犹太人的暴行渐为人知,他肩负期望——为犹太人说话。但在战后,天主教和非天主教圈子中都曾引发激烈争论的话题是,虽然他为犹太人提供金钱并在罗马的宗教场所为他们提供庇护,但他也只是用普通措辞而非专用术语提到对犹太人的种族灭绝。

当代趋势与问题

在教皇若望二十三世(1958—1963年在位)带领下,罗马天主教驶入一片未知的水域。若望二十三世富有同情心且平易近人,他最重要的行动是召集了一次大会,即第二次梵蒂冈大公会议(1962—1965)。面对来自世界各地的3 000名主教和神学家,他在开幕词中宣布:"教会能够也应当顺应世界的需要。"他释放的信息是天主教现代化之意向;在1962年10月到1965年12月之间的4次会期当中,罗马天主教的方方面面都得到研究,以期创造更大的开放性和适应性。

在教会的教令方面,罗马天主教会没有把自己等同于基督的教会,而是宣布基督的教会要靠罗马天主教会"生存"。由于引进了共治(collegiality)——即教皇与主教们分担教会的责任——的概念,某种程度上削弱了教皇绝对正确的原则。更具革命意味的是关于宗教自由、犹太人以及与其他基督教教会关系的教令。宗教自由教令宣布每个人"都有宗教自由的权利"。关于其他宗教的教令宣称、基督的受难 Christ's passion(被钉在十字架上[Crucifixion]的极度痛苦)不能"不加区别地归罪于当时所有的犹太人,也不能归罪于今天的犹太人"。它谴责了"不论何时、来自何处的针对犹太人的仇恨、迫害以及反犹主义的表现"。普世教会主义教令则号召与新教教会对话,以期在神学差异方面达成共识。该教令的重点不在于"回归"天主教会,而在于超越罗马天主教会的有形边界和团体中基督精神的实践。

弥漫于梵蒂冈大公会议的乐观气氛在后梵蒂冈岁月中很快就消散了。在下述问题上,天主教会与新教教会的对话取得了些微进展:教皇的至高无上与绝对正确的原则、圣职授任的本质、《圣经》与传统的关系、圣餐礼(一个纪念仪式或者圣餐变体)的性质以及神意中玛利亚的角色。庇护十二世对大屠杀的"沉默"在很多犹太人圈子里是令人愤慨的,尽管教皇约翰·保罗二世(1978—2005年在位)为教会对犹太人所犯下的罪行一再道歉。

罗马天主教会内部的极端化则日益严重,有些天主教徒认为梵蒂冈会议走得太远,另一些人则反击说会议走得还不够远。教皇约翰·保罗二世的态度总的来说是保守的。在离婚、婚前性行为、避孕、堕胎、同性恋、安乐死这些问题上,传统道德得到确认。妇女在教会中的角色以及教职人员独身则导致了激烈的争论。

20世纪八九十年代,随着传统宗教团体的衰落和神父人数的锐减,妇女开始承担教会的礼拜和行政职务,担任礼拜堂神甫、神学院教师和精神指导者。授任妇女教职的问题不可避免地摆上桌面。为了结束争论,约翰·保罗二世在《宗座牧函司铎圣职》(Ordinatio Sacerdotatis)中明确宣布,教会没有权力任命妇女担任圣职。

撼动罗马天主教会尤其是其美国分支的神父性丑闻,使得神职人员独身问题再次浮出水面。几十年来,为了避免丑闻,主教们把那些曾经性侵儿童的神父调换教区,这在世纪之交已逐渐大白于天下。2002年,梵蒂冈和美国的机构采取了严厉措施清除违法的神父并确保对儿童的保护,但是神父性侵儿童的频发提出了一个问题,即神职人员独身可能是导致这些违规行为的原因。但梵蒂冈否认独身与恋童癖以及(或者)同性恋之间有关联,并重新确认了禁止神父结婚的有效性。2005年4月19日,德国出生的枢机主教约瑟夫·拉辛格(Joseph Ratzinger)当选为教皇本笃十六世(Benedict XVI);约5年之后,神父性丑闻不再主要局限于美国,也出现在梵蒂冈的辖地。在其教皇任内,本来已经聚讼纷纭,而这些论争冒犯了穆斯林、犹太人、英国国教徒以及很多罗马天主教徒。2010年初,本笃十六世及其直接下属被控在他

任德国红衣主教期间,没有向民政当局告发或者处罚卷入性侵事件的神父。

随着21世纪的展开,不和谐以及极端化似乎预示了教会的一场新危机,堪比宗教改革时代的危机。然而绝大多数天主教徒拒绝放弃教会而选择新的身份认同,他们尊重过去,但也在适应社会的需要。

欧洲之外的罗马天主教

直到16世纪,罗马天主教只扩及西欧与中欧。在地理大发现的年代,宗教团体——永远是福音传道的教会先锋——出发到达世界最遥远的角落。最先抵达美洲、非洲和亚洲的传教士是方济各会士和耶稣会士。奥古斯丁教士团成员、多明我会士、加尔默罗会修士(Carmelites)以及其他成员也很快加入。早在1622年,教皇就建立了传信部(the Sacred Congregation for the Propagation of the Faith)。19世纪,老的宗教社团被新社团所加强壮大,比如非洲传教团(the Missionaries of Africa)、圣言传教团(the Missionaries of the Divine Word)等专为到非西方世界传教而建立的团体。有意无意地,这些团体成为西方世界重要元素的扩张渠道。

天主教在拉美(讲西班牙语和葡萄牙语的美洲)获得了最大的成功。自从最初登陆美洲,西班牙王室就肩负教皇命令,把他们的殖民地基督教化。从1573年开始,西班牙建立了传教区(La mision),在那里,印第安土著被安置在传教士的直接照管之下,并由西班牙军队保护。绝大多数传教区都繁荣兴盛,尤其是耶稣会巴拉圭传教区(Jesuit Reductions of Paraguay)和加利福尼亚及美国西南部方济各传教区。土著人民不仅接受了西班牙的宗教,还接受了其语言、文化和占领。结果,土著文化几乎消失了,印第安人遭受非人的对待,尽管政府有着相反的法规,印第安人也进行了强烈的反抗——方济各

2199

会士胡尼佩罗·塞拉（Junipero Serra）和耶稣会士佩德罗·克拉维尔（Pedro Claver）等传教士表达了这些反抗。

西班牙人的统治于 19 世纪早期结束，然而教会，尤其是教阶制度，仍然在社会中维持了主导地位。大众因为教会聚敛财富而逐渐与之疏远，很多拉美国家通过了反教权的立法。教会与国家的争吵以政教分离而结束，然而限制性立法——即使不算迫害——在很多国家继续下来，尤其是在墨西哥。

天主教不得不穷于应对内部的异见与外部的敌意。自 20 世纪 60 年代到世纪末，解放神学分裂了教会。根据这种神学，教会的首要职责是改善大众的社会经济状况。解放神学遭到拉美和梵蒂冈的高级神职人员的反对，他们声称它太迎合马克思主义模式，而且它的基础社团（"人民教会"）是反体制的。

巴西最初是葡萄牙的殖民地，其天主教历史与西班牙语美洲的天主教历史并没有太大区别，虽然天主教巴西分支融合了更多的异教元素。从 16 世纪第一批葡萄牙居留地建立开始，方济各会士和耶稣会士就宣扬福音，同时建立教堂，开办学校和慈善机构。1680 至 1750 年之间，天主教很是繁荣兴盛。在反教权的庞巴尔侯爵（Marquis of Pombal）的政府驱逐宗教团体之后，天主教随之衰落。19 世纪，传教团再次被接纳，但是，巴西的独立，以及随后 1889 年共和主义宪法之下废除教会的国教制，都阻碍了对先前损失进行补偿的努力。20 世纪经济危机和军政府的反复出现，进一步妨碍了天主教会的发展。很多教会人士接纳解放神学以期结束折磨巴西的社会经济不公正。然而，如同在别处，这种神学不得不被抛弃。21 世纪初，约 75% 的巴西人口继续自称是罗马天主教徒，致使巴西拥有世界上最多的天主教人口。整个拉美拥有世界上最大的罗马天主教社区：4.73 亿人口。但是，该地区教会的垄断也受到新教尤其是美国的福音派新教，还有城市化、消费主义和全球化的威胁。

在北美，新法兰西（加拿大）成为天主教地区在很大程度上要归功于方济各会士和耶稣会士的热情，他们随同法国殖民者而来，并与土著建立起真正的纽带。1763 年，法国把加拿大输给英国时，连带的条件是要确保罗马天主教的权利得到保护。该地教会继续发展繁荣；到 2000 年，约 45% 的人口为天主教徒。

在美国，罗马天主教首先由西班牙传教团在西班牙控制的地区，比如西部的加利福尼亚和东部的佛罗里达等地引入。英国殖民地的美洲天主教则脱胎于一个英国天主教徒小团体，他们于 1634 年在马里兰安顿下来。美国天主教会坚守政教分离的原则。其年度主教会议处理美国特有的环境问题，比如移民的同化、理事负责制（trusteeism），以及来自本土主义的威胁。普通天主教徒的慷慨与宗教团体特别是妇女团体的工作，都有助于教会的成功。到 2000 年，它成为美国最大的宗教团体。

在非洲，罗马天主教只能说取得了微弱的成功。欧洲人最先到非洲寻求居留地的时候，北非是坚定的伊斯兰地区。在中部和南部非洲的传教活动则首先由葡萄牙人于 16 世纪启动。奴隶贸易和部落之间的战争成为葡萄牙前哨福音传道的严重障碍。到 19 世纪中叶，随着欧洲帝国主义竞争加剧，绝大多数皈依的土著又回归了异教。19 世纪最后 1/4 的岁月里，白人神父开始带动了另一波福音传道。大部分刚果地区（法国与比利时属地）都皈依了，还有乌干达。但军事政变、部族战争——其中一个部族的天主教徒屠杀另一个部落的天主教徒，还有冷战政治，这一切都摧毁了天主教会的成果。第二次梵蒂冈会议对非洲教会而言是一个混杂的福音。一方面它带来了几乎完全是非洲风格的教阶制度，并且用方言主持弥撒，同时还有传统歌舞。另一方面，那些取代欧洲人的主教倾向于更加

2200

保守，对于类似圣牌和圣水等圣事的轻视，则削弱了先前与传统宗教的联系。到21世纪初，天主教徒构成了全部非洲人口的16％。这些天主教徒大多在安哥拉、刚果民主共和国（前比属刚果）、刚果共和国（前法属刚果）和乌干达。在非洲天主教历史上，值得注意的一点是普遍缺乏文化适应以及在不同领域对罗马天主教准则的偏离，比如教士独身、一夫一妻制以及异教之间的通婚。

在亚洲，天主教在菲律宾取得了最大成功，1565年天主教经由总督米盖尔·德·雷加斯比（Miguel de Legazpi）和奥古斯丁修士团修士引入。通过修士（奥古斯丁修士、方济各修士和多明我修士）与耶稣会士，西班牙文化轻而易举地移植到菲律宾，只在南部岛屿遇到抵抗——该地区自14世纪以降已确立了伊斯兰教。西班牙传教士教给当地人更好的农业和园艺技术，引介艺术与手工艺，并极大地影响了建筑。他们

尊重菲律宾的传统，对菲律宾历史与文化进行了出色的研究，也无意压制他加禄语（Tagalog），这是菲律宾群岛的主要语言之一。尽管几十年来有过外国占领（美国人和日本人）、赤贫与恐怖组织带来的艰难时刻，但到2008年，菲律宾有83％的人口信奉天主教。

在亚洲其他地区，天主教的进展微乎其微。21世纪初，罗马天主教徒只占整个亚洲人口的3％弱。罗马天主教在中国、日本和印度这些国家开辟前哨之所以失败，其原因在于，传教士遇到了古老和骄傲的文明，使得传教士在文化上似乎显得低人一等，且具有潜在的政治威胁。另一个因素是教皇当局未能允许传教士灵活应对亚洲宗教，到头来为时晚矣。

对非欧洲世界罗马天主教的综述表明，它在拉美非常成功，在非洲小有成效，而在亚洲则失败了，除了菲律宾。西方文化的植入程度因时因地而不同。

进一步阅读书目：

Abbott, W. (1966). *Documents of Vatican II*. New York：America Press.

Ben-Sasson, H. H. (1976). *A History of the Jewish People*. Cambridge, MA：Harvard University Press.

Bokenkotter, T. (2004). *A Concise History of the Catholic Church*. New York：Doubleday.

Brown, R. (1994). *Introduction to New Testament Christology*. New York：Paulist Press.

Catholic University of America (Eds.). (2003). *New Catholic Encyclopedia*. Farmington Hills, MI：Gale Press.

Duffy, E. (1997). *Saints and Sinners, a History of the Popes*. New Haven：Yale University Press.

Dulles, A. (1988). *The Reshaping of Catholicism*. New York：Harper and Row.

Encyclopedia Britannica Almanac. (2004). Chicago：Encyclopedia Britannica Press.

Himes, M. (2004). *The Catholic Church in the 21st Century*. Liguori, MO：Liguori Press.

McNamara, J. (1996). *Sisters in Arms*. Cambridge, MA：Harvard University Press.

Reuther, R. (1974). *Religion and Sexism*. New York：Simon and Schuster.

艾丽莎·卡里约（Elisa A. Carrillo）文

赵挹彬 译，黄艳红 校

Roman Empire 罗马帝国

罗马帝国指的是古代罗马文明在共和国之后的阶段,始于第一位皇帝奥古斯都(Augustus)在公元前 27 年的称帝。
帝国的权力中心在古罗马城,其疆域于 117 年前后在图拉真(Trajan)皇帝治下达到顶峰,占领了地中海、黑海、美索不达
米亚周围所有地区,并扩展到不列颠。

罗马源自散布于意大利台伯河沿岸 7 个山
丘的乡村小聚落的聚合,后逐渐发展成一个帝
国的首都。这个帝国包括整个地中海沿岸的领
土,从英伦诸岛延展到阿拉伯半岛。罗马帝国的
权威结合了政治和经济支配与文化和意识形态
的统治,并通过军事力量得以加强。"帝国"这一
概念在英语中的使用源自拉丁语汇"imperium"。

罗马共和国

根据传说,罗马城是由战神马尔斯(Mars)
的一对孪生子罗慕路斯(Romulus)和雷慕斯
(Remus)于公元前 754/前 753 年 4 月 21 日所
建。考古学的证据表明,早在公元前 1500 年牧

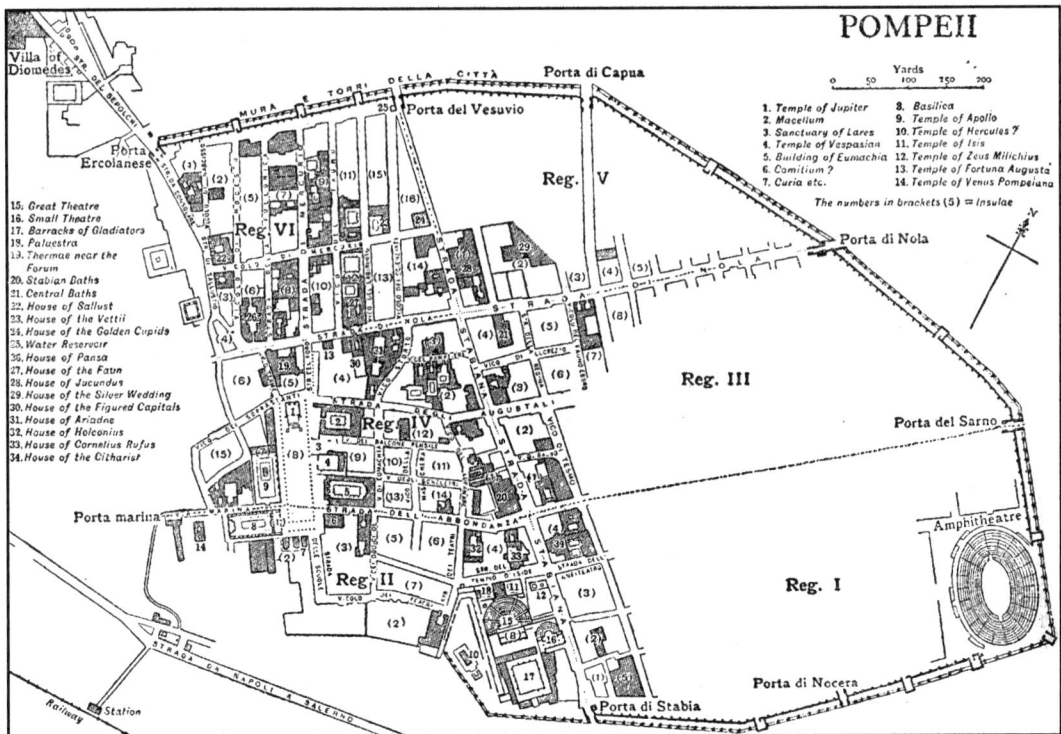

庞贝地图。对这座埋于地下的城市的考古发掘,提供了很多关于古代罗马生活的有价值的信息

民和农民就居于此地,但是,直到公元前 6 世纪才在北方城市(由伊特鲁里亚人在今天的托斯卡纳地区所建)和南方城市(由希腊殖民者在南部意大利和西西里所建)的影响下转变为城市。罗马土生土长的操拉丁语的居民最初在伊特鲁里亚国王的领导下统一起来,约在公元前 500 年把他们的城市建成了一个共和国。共和国的基本法典,即《十二铜表法》(前 451/前 450),界定和保证了所有公民的基本权利与责任,但是国家的制度结构却继续在演变,直至约公元前 300 年。

罗马共和国的高级行政长官是两名执政官,每年选举一次,被赋予民事和军事方面的主要行政权,包括指挥罗马的军队。共和国其他一年一选的官员包括:大法官,监督司法的施行;财务官,监察国家的财政;市政官,维护公共秩序以及城市基础设施(市场、贸易、道路、卫生系统以及国家资助的公共娱乐设施)。每 5 年选出两名监察官,负责对所有公民进行人口及财产普查,并在必要时对国家资源进行重大分配。其中,对公共土地进行分配和建设新的公共建筑最为重要。

监察官还负责监督元老院的成员资格,任命新成员,并剥夺不名誉成员的资格。元老院代表罗马国家的最高权力,监督并诫勉官员的行为,并对国内立法和国家对外关系握有最终裁决权。

元老院与行政官员由贵族主宰,他们是罗马等级制度中的精英。普通公民或者平民,很大程度上被排除在行政权力之外,但是他们可以通过参与一个或两个公民代表大会来对公共事务表达意见。百人团大会包括所有其物质财富足以要求他们为国家提供军事服务的公民。这个选举机构选举执政官、大法官和监察官。公民大会包括所有自由公民,并选举财务官和市政官。该代表大会还选举自己的领袖,即保民官(tribunes),他在国家事务中代表平民利益,并逐渐拥有了非同寻常的权力。公民大会还有权提议、商讨和表决新立法,然而这种立法必须经由元老院批准。

从共和国到帝国

从一开始,罗马共和国就是一个为战争准备的社会,所有合格的男性公民都有责任为国家打仗。元老院有权任命独裁官(dictator),该官员有权在最长 6 个月的时间内施行绝对权力,使国家度过严重危机——通常都是暴力状态。在共和国的头几个世纪当中,战争绝大多数都是防御性的,公元前 390 年一支高卢军队短暂地占领了罗马城,但是在公元前第 3 个世纪,共和国开始扩张为一个疆域广阔的帝国。到公元前 264 年,波河以南的整个意大利半岛都归于罗马版图。罗马和迦太基帝国之间进行的 3 次布匿战争(前 264—前 261、前 218—前 201、前 149—前 146)使得罗马的军事力量和政治主权超出意大利半岛,到达地中海的西边和东边。这一扩张实际上完成于公元前 30 年,它为罗马公民带来财富,使罗马精英有了更广大的机会,这些人作为新获得省份的民事和军事统治者行使政治权力。

扩张还导致了共和国制度体系的崩溃。随着罗马军事行动的扩张,那些富有的公民到遥远的战场上进行长期战斗的意愿减弱了。公元前 107 年,罗马实行志愿兵役制,没有财产的公民(proletarii)可以入伍。跟随成功的将军作战,穷人至少可以赢得经济上向上流动的可能性。指挥官向部下发放的东西包括薪金、战利品、礼物以及从占领的殖民地分割出来的小块土地。所以,毫不奇怪的是,对将军的忠诚取代了对国家的忠诚。

结果,公元前 1 世纪的标志就是一连串的罗马将军之间的内战,争夺对国家的独裁权力。其高潮是尤里乌斯·恺撒和庞培之间(前 49—前

46)以及马克·安东尼与屋大维之间（前33—前30）的冲突。这些战争遍及整个罗马帝国，从西班牙经意大利到埃及，结果就是在罗马国家建立起了永久的君主统治。

元首统治

2204　　尤里乌斯·恺撒打败其对手庞培最后的支持者之后，元老院接受了随之而来的和平，并于公元前44年任命恺撒为终身独裁官。尽管2个月之后他被贵族反叛者刺杀——他们宣称捍卫共和国的制度——但是恺撒在其部队中的声望，却使得那一段不确定的时期没有导向恢复元老院和公民大会的统治，而是导向了一场权力斗争。斗争发生在恺撒的军事指挥权和政治权威的觊觎者之间：他的副官马克·安东尼与其养子屋大维。

　　两个对手之间公开的战争爆发于公元前33年，以马克·安东尼及其盟友克里奥帕特拉（Cleopatra）的自杀而告终，屋大维凯旋回到罗马。公元前28年，元老院任命屋大维为元首（princeps），并于公元前27年授予他一个新称号"奥古斯都"（Augustus），意指他对国家的至高无上的权威。这些新头衔实际上赋予奥古斯都（如同屋大维此后的称谓）以终身独裁官的制度性权力。尽管共和国原有的机构和官职仍然存在，奥古斯都现在却对国家所有方面行使一种永久性统治权，包括元老院、执政官、公民大会、保民官和军队。公元14年奥古斯都去世时，他能够把职位传给指定继承人提比略（Tiberius，14—37年在位）。

　　奥古斯都建立的政府形式被称为"元首制"（principate）。虽然元首的法定权力是绝对的，奥古斯都及其继任者还是允许国家和帝国的很多日常行政由承自共和国时期的官员和机构来处理。在头两个王朝，即朱里亚·克劳狄王朝（Julio-Claudians，14—68）和弗拉维王朝（Flavians，69—96）治下，明显的不稳定并没有损害奥古斯都建立的制度。尽管有时人归之于卡里古拉（Caligula，37—41年在位）、尼禄（Nero，54—68年在位）和图密善（Domitian，81—96年在位）的暴行，元首制的行政结构仍以一种有序有效的方式在继续运行。尼禄统治末期爆发了一场内战，所有的竞争者都自封"奥古斯都"。但没有人考虑过取消这一职务的可能性。

　　总的来说，元首制的头两个世纪为罗马帝国带来了和平与物质繁荣，并于图拉真（98—117年在位）、哈德良（Hadrian，117—138年在位）、安敦尼·庇护（Antoninus Pius，138—161年在位）和马可·奥勒留（Marcus Aurelius，161—180年在位）治下达到顶点。这几位皇帝统治着约5 000万至7 000万人口，他们经由道路、渡槽、海上旅行与贸易，以及共享的帝国文化联系在一起。然而在普遍和平与繁荣的年代，还是有相当数量的人口被安敦尼瘟疫（Antonine plague，

古典时期阿西西（Assisi）地方关于罗马母狼的一幅高浮雕。根据神话，母狼在台伯河岸边救了罗马城未来的建立者双胞胎罗慕路斯和雷慕斯，为他们哺乳而使之恢复健康。克里斯·豪威尔摄

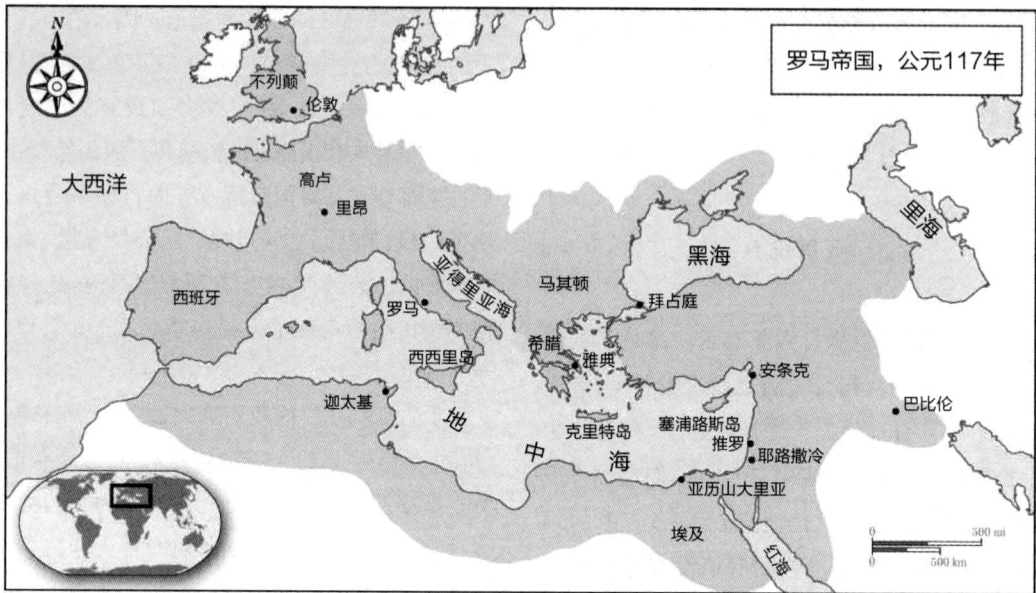

罗马帝国，公元117年

165—180)所吞噬。该瘟疫发生在马可·奥勒留治下，据说这也是他的死因，他在军队里受了感染。这场瘟疫以其姓氏安敦尼命名，而在罗马杰出的医生盖伦(Galen)对传染病进行研究之后，它也被称作"盖伦瘟疫"，自近东塞琉西亚(Seleucia)附近战场返回的战士把它带回了罗马。瘟疫传染了帝国边境内外大量人口，某些地区死亡人口估计达到 1/3。有些估计认为，这场瘟疫在一天内导致 2 000 人死亡，最终导致了几百万罗马人的死亡。死亡率高达 1/10，罗马军队受到这场瘟疫无可避免的严重影响。有人把安敦尼瘟疫的灾难性后果视为罗马帝国兴衰的转折点。

帝国的两种通用语言是拉丁语和希腊语，在元首统治下，很多帝国居民会使用这两种语言。罗马艺术与文学形式的很多灵感来自希腊的榜样，从罗马第一次对希腊建立起军事统治，希腊模式就具有至高无上的影响力。罗马文化成就的第一次繁荣恰巧与公元前 1 世纪共和国的消解同步。然而，罗马文学与建筑所保存下来的大量最优秀的成果是在元首统治下创造的。如果共和国晚期可以引以为荣的有史学家

萨卢斯特(Sallust)、诗人卡图卢斯(Catullus)以及政治家西塞罗(Cicero)；而在元首制下，璀璨星群中最耀眼的有诗人维吉尔(Virgil)、奥维德(Ovid)、贺拉斯(Horace)和尤维纳利斯(Juvenal)，历史学家李维(Livy)、塔西佗(Tacitus)，哲学家和剧作家塞内卡(Seneca)，散文家和传记作家普鲁塔克(Plutarch)，医学理论家盖伦，天文学家托勒密(Ptolemy)，以及角斗场和万神殿的建筑师。然而，如果帝国的繁荣在很大程度上来自罗马和平(Pax Romana，罗马人强加给地中海世界的和平，并以此为他们的帝国主义正名)，它也严重依赖奴隶劳动，这是自公元前 3 和前 2 世纪的征服以来罗马经济的支柱。

危机与恢复

192 年 12 月 31 日，马可·奥勒留的儿子、继承人康茂德(Commodus，180—192 年在位)在一次宫廷政变中被杀害，他是自公元 96 年图密善被刺之后第一位死于暴力的皇帝。康茂德宣称自己是赫拉克勒斯(Hercules)的化身以及身怀绝技的角斗士。他强调，在皇帝的角色中，

现代利比亚西北角的古城萨布拉萨（Sabratha）饰有罗马人物的墙壁。罗马人在 2、3 世纪占有该城。克拉拉·纳特利（Clara Natoli）摄

战士的职能高于一切。在随后的内战当中，所有的竞争者都以得到帝国士兵的拥护来证明自己对皇帝桂冠的争夺是合法的，他们每个人都得到罗马军队中不同队伍的支持。最后的胜者塞普蒂米乌斯·塞维鲁（Septimus Severus，193—211 年在位），就在人民面前把自己表现为军事征服者以确保其头衔。元首体制演变为一个彼此竞争的将军们所统治和争夺的帝国。结果就是显著的经济衰退、政治混乱以及帝国边界的严重不稳定。

军事胜利现在成为帝国权威合法化的唯一方式，皇帝们则随之变得更加好战。随着帝国在数条边界受到持续攻击，战争成为常态，最大的威胁来自北边的日耳曼人和东边的波斯人。皇帝在战场上的失败很容易使他遭到暗杀，而他的将领所取得的胜利则几乎总是危险的。这种情势不利于维持国内秩序与外部的防御，两者都很糟糕。在对罗马领土完整性的威胁当中，最具戏剧性的是帕尔米拉（Palmyra）女王芝诺比娅（Zenobia）的反叛。她曾统治叙利亚、安纳托利亚和埃及，几年之后，即 272 年，败于皇帝奥勒良（Aurelian）手下。211 至 284 年之间，罗马帝国约更换了 20 位皇帝，平均在位 4 年。

在戴克里先（Diocletian，284—305 年在位）治下，局势稳定下来。他固然也是以另一个军事强人的姿态上台的，然而他成功重组了罗马的国家结构，因而使之稳定。他最深远的改革包括把帝国划分为东部（希腊语）和西部（拉丁语）行政区，对罗马经济实行中央计划，以及把皇室成员极大地扩充到行政官僚机构中，取代业已过时的共和国行政官员，并成为军事力量的有效制衡。君士坦丁（306—337 年在位）采用自己的两项革命性的创新，巩固了戴克里先改革的成果。君士坦丁堡（今土耳其伊斯坦布尔）的建立

2206

> 历史不过是人类罪恶、愚蠢与不幸的记录。
>
> ——爱德华·吉本（Edward Gibbon，1737—1794）

为帝国东部提供了一个首都，与罗马有着合法的象征性的平等。把基督教从一个受迫害的宗派转而变成帝国保护的对象，为皇帝们赋予了合法性的新来源，并独立于军队和行政管理机构之外。作为唯一的上帝与唯一的皇帝之间的联结，为帝国统治的神圣制度化的权威提供了有效证明。

戴克里先和君士坦丁的改革从法律上和制度上把罗马国家变为绝对君主制，并为仍然在饱受安敦尼瘟疫折磨的社会带来了文化复兴与经济复苏。神学家希波的奥古斯丁、历史学家阿米阿努斯·马尔切利努斯（Ammianus Marcellinus）、考古遗迹遍布整个帝国领土的别墅（庄园）、无数保存完好的纪念碑式的基督教堂、狄奥多西二世（Theodosius II，408—450年在位）和查士丁尼（Justinian，527—565年在位）治下对罗马法的编纂，这些只是4至6世纪异教徒和基督教徒所取得的艺术、文学和文化知识成就中的几则主要例证。

罗马的衰落

虽然有这些成就，该时期同时还包含了政治的分裂，通常称为"罗马的衰落"。帝国在组织上分为两个行政部分，随着政治上的分裂，还导致了希腊语的东部和拉丁语的西部在语言和文化上日益显著的分裂。4世纪最后几十年，新一波外部入侵开始，以君士坦丁堡为中心的东罗马帝国幸存下来。然而，在5世纪头10年，随着日耳曼首领们在意大利、法国、英格兰和北非建立新王国，西罗马帝国丧失了领土完整和合法身份认同。但是历史学家逐渐倾向于用"转变"而非"衰亡"来描述这一过程。这些新王国的物质和思想文化仍然可看作罗马的文化，而它们的国王则从罗马皇帝那里借鉴政治意识形态、象征与统治仪式，以及行政手段。更有甚者，很多国王或者来自罗马军队，或者本人就是在罗马军队中服役的将军（自3世纪以来罗马军队越来越依赖于外来辅助部队与军官）。最后，476年，罗慕路斯·奥古斯都路斯（Romulus Augustulus）被废黜之后，西罗马帝国不再作为一个单独的实体存在，而君士坦丁堡的皇帝则径直宣称自己及其继承者是整个罗马帝国的合法权威。

东罗马帝国作为主权国家一直存在到1453年，同时为法兰克国王查理曼所复兴的一个罗马帝国提供了原型，该帝国在西欧自800年延续到1806年。君士坦丁堡陷落之后，俄国沙皇和奥斯曼苏丹都分别宣布他们是罗马皇帝的继承人。他们的国家都延续到20世纪。某种意义上讲，罗马帝国也是如此。更重要的是，罗马帝国的观念、象征、制度、法律，几个世纪以来为很多国家和统治机构提供了范例，直到今天亦是如此。这部分地解释了为什么政治家、记者以及学者频繁引用罗马历史事件来阐明当今的社会与政治议题。

进一步阅读书目：

Adcock, F. E. (1959). *Roman Political Ideas and Practice*. Ann Arbor：University of Michigan Press.

Barton, C. A. (1993). *The Sorrows of the Ancient Romans：The Gladiator and the Monster*. Princeton, NJ：Princeton University Press.

Boatwright, M. T. (2004). *The Romans：From Village to Empire*. Oxford, U. K.：Oxford University Press.

Brown, P. (1982). *Society and the Holy in Late Antiquity*. Berkeley and Los Angeles：University of California Press.

Brown, P. (2003). *The Rise of Western Christendom：Triumph and Diversity, A. D. 200 - 1000*. Malden, MA：Blackwell Publishers.

Crawford, M. (1982). *The Roman Republic*. Cambridge, MA: Harvard University Press.

Dodds, E. R. (1965). *Pagan and Christian in an Age of Anxiety: Some Aspects of Religious Experience from Marcus Aurelius to Constantine*. Cambridge, U. K.: Cambridge University Press.

Gibbon, E. (1960). *The History Decline and Fall of the Roman Empire*. Abridged by D. M. Low. Harmondsworth: Penguin.

Gruen, E. S. (1974). *The Last Generation of the Roman Republic*. Berkeley and Los Angeles: University of California Press.

Lane Fox, R. (1987). *Pagans and Christians*. New York: Random House.

Lomas, K., & Cornell, T. (2003). *"Bread and Circuses": Euergetism and Municipal Patronage in Roman Italy*. London: Routledge.

L'Orange, H. P. (1965). *Art Forms and Civic Life in the late Roman Empire*. Princeton, NJ: Princeton University Press.

Pagden, A. (1995). *Lords of all the World: Ideologies of Empire in Spain, Britain and France c. 1500 - c. 1800*. New Haven, CT: Yale University Press.

Scullard, H. H. (1988). *From the Gracchi to Nero: A History of Rome from 133 B. C. to A. D. 68*. London: Routledge.

Syme, R. (1939). *The Roman Revolution*. Oxford, U. K.: Oxford University Press.

Treadgold, W. (1997). *A History of the Byzantine State and Society*. Stanford, CA: Stanford University Press.

Veyne, P. (1997). *The Roman Empire*. Cambridge, MA: Belknap Press of Harvard University Press.

Wells, C. M. (1995). The *Roman Empire*. Cambridge, MA: Harvard University Press.

斯科特·韦尔斯(Scott C. Wells) 文

赵挹彬 译,黄艳红 校

Roosevelt, Eleanor　埃莉诺·罗斯福

埃莉诺·罗斯福(外交家和人道主义者,富兰克林·罗斯福总统夫人,1884—1962)前所未有的活动范围,不管是在与富兰克林·罗斯福总统麻烦不断的婚姻当中,还是在1945年他逝世之后,都使她成为几乎跟她丈夫一样有争议的人物。她长期支持自由事业,比如儿童福利、家庭改革以及妇女与少数种族的平权。

安娜·埃莉诺·罗斯福是她那个时代世界上最受尊敬和最有权力的妇女之一,她是艾略特·罗斯福(Elliott Roosevelt)和安娜·霍尔·罗斯福(Anna Hall Roosevelt)的女儿,美国第26任总统西奥多·罗斯福的侄女。她生长于一个极为重视社会服务的富裕家庭,然而,这个家庭却充满悲剧。埃莉诺9岁时,她的一个兄弟夭折,父母在她不到10岁时便双双离世。亲戚收养了她和她幸存的兄弟。

15岁时,她的家庭送她到伦敦城外一所女子寄宿学校就学。女校长对知识的好奇、对旅行与美德的旨趣唤醒了埃莉诺心中同样的兴趣。3年后,埃莉诺于1902年夏天很不情愿地回到纽约,为同年冬天首次进入社交界做准备。她继承家族传统,致力于社区服务,包括在曼哈顿下东区一个社区中心任教。

埃莉诺回到纽约不久,她的远房表兄富兰克林·罗斯福就开始追求她,他们于1905年3

2209

富兰克林·罗斯福（Franklin D. Roosevelt）和埃莉诺·罗斯福与安娜（Anna）和小詹姆斯（James）的肖像，纽约海德公园（Hyde Park, New York），1908。富兰克林·德拉诺·罗斯福图书馆，美国国家档案馆

尼（Albany），1913年之后在华盛顿特区。总体而言，她发觉看似无休无止的社交负担令人厌倦。1917年美国参加第一次世界大战，这使她能够重拾志愿者工作。她为海军陆战队救济协会和红十字会工作。这些工作大多数时候令人痛苦，但是也使她重新焕发生机并增强了她的自我成就感。发现富兰克林与她的社交秘书露西·莫西（Lucy Mercy）有染，埃莉诺伤心欲绝，向富兰克林提出离婚。富兰克林知道这将毁掉他的政治生涯，并有可能使他失去母亲的财政支援，遂加以拒绝并同意不再跟莫西往来。

他们的婚姻虽然安定下来，但更像是一种出于友情的权宜之计。夫妻二人都有各自独立的活动日程。尽管他们彼此都对对方保持尊重和

月17日在纽约城结婚。1906到1916年间，埃莉诺生了6个孩子，其中一个夭折。富兰克林逍遥自在的方式以及不停地寻欢作乐与她严肃的举止相左，使他们成为奇异却又迷人的一对夫妻。这也为他们的婚姻带来不幸。

富兰克林从政的决定迫使埃莉诺承担起政治家夫人的工作，先是在纽约的奥尔巴

1945年4月29日埃莉诺·罗斯福在"富兰克林·罗斯福号"驱逐舰（Franklin D. Roosevelt）的命名典礼上，纽约市。富兰克林·德拉诺·罗斯福图书馆，美国国家档案馆

> 我认为,所有了解历史,尤其是欧洲历史的人,都会认识到,由某一特殊宗教信仰主导教育或者政府,对人民而言永远不会是一种幸福的安排。
>
> ——埃莉诺·罗斯福(1884—1962)

情谊,但他们的关系已经不再亲密。富兰克林继续与莫西和其他人交往,而且实际上,1945年春天在佐治亚州的温泉城,他是在莫西的陪伴下去世的。

1921年富兰克林患脊髓灰质炎之后决定继续积极从政,而这取决于埃莉诺愿意出手相助,在公众面前继续冠夫姓。这项工作很符合她投身重要事业的愿望。她加入了妇女工联(Women's Trade Union League),并成为纽约州民主党的积极分子。她开始研究国会记录并学习评估投票记录,同时作为妇女投票联盟的立法事务委员会成员参加辩论。

1929年富兰克林成为纽约州州长,埃莉诺以此为契机把政治家夫人的责任与自己对社会事业的兴趣结合起来。他们夫妇在州长府邸共同度过的时光,为1932年富兰克林当选美国总统后埃莉诺的新角色做好了充分的准备。她作为第一夫人的12年中,挑战了当时关于妇女的婚姻角色以及她们在政治进程中的地位的主流观点。作为富兰克林的"耳目",她走遍全国,发表演说,并把公众对于各种方案和社会状况的意见反馈给总统。

埃莉诺·罗斯福前所未有的活动范围,以及她对自由事业比如儿童福利、家庭改革以及妇女与少数种族的平权的支持,都使她成为几乎跟她丈夫一样的争议人物。1939年,"美国革命之女"拒绝一位非裔美国歌剧演员玛丽安·安德森(Marian Anderson)在华盛顿宪法大厅表演,为此埃莉诺退出这个组织,并组织在附近的林肯纪念堂举行了这场音乐会。该事件演变成有7.5万人参与的室外庆典。她捍卫非裔美国人、年轻人以及穷人的权利,有助于把原来疏远政治事务的团体融入政府与民主党。

埃莉诺创设了为女记者定期召开的白宫记者招待会。以前不雇用妇女的通讯社也不得不雇用妇女,以便派出代表到现场采访新闻价值极高的第一夫人。从1936年开始,她为一家报业联合组织的日报撰写专栏"我的一天",并一直持续到1962年她因患某种罕见的肺结核而去世之前的几周。1945年富兰克林去世后,哈利·杜鲁门总统委任她为驻联合国代表;她出任人权委员会主席(1946—1951),并在1948年起草和通过《世界人权宣言》方面扮演了重要角色。她在民主党内一直很活跃,并为1952和1956年民主党总统候选人阿德莱·史蒂文森(Adlai Stevenson)的竞选而工作。

1961年,约翰·肯尼迪总统任命她为妇女地位委员会主席,她担任此职一直到她去世前不久。她一开始并不支持《平等权利修正案》(Equal Rights Amendment),说这实际上对妇女更有害而非有利,但她还是逐渐接受了它。在为联合国和肯尼迪总统工作的时候,埃莉诺多次环球旅行,会见了世界上绝大多数领袖。自始至终,她持续著书作文。她在白宫和之后岁月里的工作树立了一个标杆,成为她的后继者的评判标准。

进一步阅读书目:

Black, A. (1996). *Casting Her Own Shadow: Eleanor Roosevelt and the Shaping of Postwar Liberalism*. New York: Columbia University Press.

Black, A. (1999). *Courage in a Dangerous World: The Political Writings of Eleanor Roosevelt*. New York: Columbia University Press.

Burns, J. M. (2001). *The Three Roosevelts: Patrician Leaders Who Transformed America*. New York: Atlantic Monthly Press.

Cook, B. W. (1992). *Eleanor Roosevelt*, Vol. 1: *1884-1933*. New York: Viking.

Cook, B. W. (1999) *Eleanor Roosevelt, The Defining Years*, Vol. 2: *1933-1938*. New York: Penguin.

Freedman, R. (1997). *Eleanor Roosevelt: A Life of Discovery*. New York: Houghton Mifflin.

Goodwin, D. K. (1994). *No Ordinary Time: Franklin and Eleanor: The Home front in World War II*. New York: Simon and Schuster.

Roosevelt, E. (1961). *The Autobiography of Eleanor Roosevelt*. New York: Harper & Bros.

詹姆斯·刘易斯(James G. Lewis) 文

赵挹彬 译,黄艳红 校

Roosevelt, Franklin Delano 富兰克林·德拉诺·罗斯福

2212　　罗斯福在总统任内(1933—1945)既受爱戴又遭憎恨,他扩大了美国政府的权力;创立了一系列规章并着手改革,要给美国人一个"新政";第二次世界大战期间援助英国,维护了西方自由民主制,也为日后抵抗苏联的野心奠定了基础。

作为詹姆斯和萨拉·德拉诺·罗斯福这一显赫富裕家庭的独生子,青少年时期的富兰克林·罗斯福(1882—1945)过着优渥且备受呵护的生活。在马萨诸塞的贵族学校格罗顿学校(Groton School)求学时,富兰克林培养了一种社会责任感。1904 年他从哈佛大学毕业,进入哥伦比亚大学法学院。但他对自己的学习成绩并不是很上心。1907 年他通过纽约州律师资格考试,便从法学院辍学,在华尔街的律师事务所工作了 3 年。

罗斯福英俊潇洒、开朗可亲,1905 年 3 月 17 日,他娶了一位远房堂妹,羞涩的安娜·埃莉诺·罗斯福。她的叔叔西奥多·罗斯福总统送她出嫁。罗斯福夫妇在纽约社交圈非常活跃,同时他们也花费大量精力帮助家境不好的人。虽然是民主党人,富兰克林很尊崇西奥多的进步主义,很早就决定从政。他从政的第一步就是 1910 年赢得了纽约州参议院一个民主党席位。

通过参与纽约州民主党政治机构的事务,富兰克林很快赢得了改革者的声誉。在 1912 年争论激烈的民主党全国大会上,他

支持伍德罗·威尔逊。威尔逊任命他为海军助理部长。罗斯福从 1913—1920 年担任该职,获

富兰克林·罗斯福和埃莉诺·罗斯福在前往华盛顿特区途中(1935 年 11 月 8 日)。富兰克林·德拉诺·罗斯福图书馆,美国国家档案馆

第二次世界大战期间,美国与盟国领导人在一次国际会议上。美国国家档案馆

赢得民主党内南方势力和进步势力的支持,罗斯福获得民主党的总统候选人提名,并对美国人民许诺实行"新政"。

1932 年 7 月,罗斯福的智囊团,即招募自纽约哥伦比亚大学的顾问团,聚会研究大萧条的原因和解救之道。摆脱了政治竞选的压力之后,他们开始规划新政府的方案,以期缓解经济负担,应对经济崩溃。罗斯福没有为新政提供什么灵丹妙药,但是他的确讨论了资源保护、救济、社会保障以及降低电价。在令人沮丧、死气沉沉的胡佛和生气勃勃充满信心的罗斯福之间选择,民主党选民在 11 月给了罗斯福一个压倒性的胜利。

"罗斯福新政"一直把农业恢复和资源保护作为首要目标。民间资源保护队(Civilian Conservation Corps)和其他土地管理机构致力于恢复被水土流失所毁坏的土地,并在国家公园和森林建立娱乐设施。田纳西河谷管理局(The Tennessee Valley Authority)为数以百万计的人口带来了便宜的电力,其主要目标在于改善该地区居民的生活和工作条件。另外,新政还力求使经济体系合理化,通过《国家工业复兴法》及其公平实施法规,得以暂时结束尖锐的经济斗争。新政还废除了童工制,引进失业保险和社会安全计划以保障退休人员的收入。它鼓励发展工会和国家立法以确立最高工时和最低工资。

并非每个人都支持他的方案。用于救济的紧急经费把上百万美元投入经济中,致使联邦

得了丰富的经验。1920 年罗斯福的盛名加上他的进步主义形象,为他赢得了民主党的副总统候选人提名,与他搭档的是保守的俄亥俄州州长詹姆斯·考克斯(James M. Cox)。罗斯福发起战斗,捍卫威尔逊,支持美国加入国际联盟。虽然民主党惨败,但是罗斯福从未忘记"国联"所代表的理想。

1921 年罗斯福感染了脊髓灰质炎,下肢永久瘫痪。他可以退居家族在纽约的地产海德公园(Hyde Park),但是他拒绝放弃对公职的志向。在埃莉诺和其他人的支持下,他重返政坛。1924 年 10 月,在民主党全国大会上,他的演讲"幸福的战士"("Happy Warrior")广受好评,1928 年他以微弱多数当选纽约州州长。在州长任内他继承西奥多的进步主义传统。其成就包括:公共权力的发展、公务员制度改革,以及社会福利措施,比如救济失业人员。1930 年,罗斯福以压倒性优势再次当选州长,并很快在 1932 年成为政治上较为脆弱的赫伯特·胡佛(Herbert Hoover)不可忽视的竞争对手。由于

2213

赤字创下纪录,虽然他曾许诺平衡预算。如果国会或者法院拒绝他的方案,他就动用他的行政权使之生效。有人指责他引进了社会主义议题,或者是在破坏自由市场的资本主义。他成功地转移了这些批评并赢得了破纪录的四届连任。

20世纪30年代,经济恢复压倒了外交政策。尽管如此,总统还是通过睦邻政策寻求与拉丁美洲改善关系。他一度希望让美国远离1939年9月于欧洲爆发的第二次世界大战。但是当新政的力度开始降低,他就把注意力转向外交事务。阿道夫·希特勒在西欧令人震惊的胜利促使罗斯福决定在1940年谋求第三个任期。通过各种武装英国和苏联的方案,他逐渐把美国推向战争立场。1941年12月7日日本偷袭珍珠港以及第二天德国宣战,结束了美国的中立状态。

第二次世界大战期间,罗斯福和英国首相温斯顿·丘吉尔私下决定了盟国在西方的军事和海军战略。为了防止重蹈第一次世界大战后的覆辙,罗斯福坚持轴心国无条件投降。他非常相信自己的说服能力,相信他能说服苏联领导人约瑟夫·斯大林,并通过新成立的联合国促使苏联合作。

罗斯福在总统任内既受爱戴又遭憎恨,他扩大了联邦政府的权力,从而改变了这个国家。面对资本主义制度崩溃的潜在威胁,罗斯福引进了福利国家政策,部分地通过经济引导实现公共目标。第二次世界大战期间他援助英国,维护了西方自由民主制,这也为日后抵抗苏联的野心奠定了基础。在这个进程中,他还带领民主党争取城市居民、少数族群和工人阶层选民,从而使民主党成为主要政党,并成为20世纪进行自由主义改革的政党。

进一步阅读书目:

Dallek, R. (1979). *Franklin D. Roosevelt and American Foreign Policy, 1932–1945*. New York: Oxford University Press.

Hamby, A. L. (2004). *For the Survival of Democracy: Franklin Roosevelt and the world crisis of the 1930s*. New York: Free Press.

Henderson, H., & Woolner, D. (Eds.). (2009). *FDR and the Environment*. New York: Palgrave Macmillan.

Hoopes, T., & Brinkley, D. (1997). *FDR and the Creation of the UN*. New Haven, CT: Yale University Press.

Jenkins, R. (2003). *Franklin Delano Roosevelt*. New York: Times Books.

Leuchtenburg, W. E. (1963). *Franklin D. Roosevelt and the New Deal, 1932–1940*. New York: Harper and Row.

McJimsy, G. (2000). *The Presidency of Franklin Delano Roosevelt*. Lawrence: The University of Kansas Press.

詹姆斯·刘易斯(James G. Lewis) 文

赵挹彬 译,黄艳红 校

Rubber 橡胶

1760到1940年间,橡胶从一个微不足道的稀奇之物转变成为一个国际性的重要产业。它已经成为现代生活的中心,对战争的发动至关重要。这个转变不是某个国家的独创,靠一国之力难以实现。它是全世界技术进步和商业发展日积月累的结果。

橡胶液,是通过割掉某些树的树皮取得的,克里斯托弗·哥伦布到来之前,在中美洲和南美洲已经使用了约15个世纪。它被制成球和鞋子。尽管哥伦布和随后到来的探险家见过这些橡胶球,但是他们不明白这种陌生的材料有什么价值。法国科学家查理·德·拉·孔达明(Charles de la Condamine)在18世纪30年代去秘鲁探险的时候曾遇到过橡胶,他首次提到过橡胶有制作防水布之类的潜在用途。他称之为caoutchouc(来自当地方言"cahuchu",意思是"流泪的树")。1763年,弗朗索瓦·弗雷诺(François Fresneau),一位生活在法属圭亚那的法国工程师,发现了松脂的价值,即能溶解橡胶。橡胶最初(从1769年以来)被用来擦除铅笔的痕迹。涂有橡胶的布对18世纪八九十年代充气气球的发展至关重要。到1803年,吊杆也制造出来了。19世纪20年代取得两个重大突破。1820年,英国商人托马斯·汉考克(Charles Hancock)发明磨碎机,使橡胶加工流程更加完善;在此后的20多年里,他继续推动该产业革新。同时,苏格兰化学家查理·麦金托什(Charles Macintosh)使用1823年从煤焦油中获取的碳氢化合物溶剂取代弗雷诺的松脂,并把它用作两层布之间的胶。这种防水材料能制造一种更高级的雨衣,并很快以"麦金托什雨衣"闻名于世。1834年,汉考克和麦金托什在曼彻斯特联手创办了查理·麦金托什联合公司,成为该行业内世界领先的橡胶公司。

橡胶的硫化

尽管汉考克和麦金托什取得很多成就,但是橡胶在19世纪30年代仍旧是一个很不可靠的材料。在寒冷的天气里,橡胶(和橡胶布)变得坚硬。然而在炎热的天气里,它的质地会变软,甚至会融化。美国发明家查理·固特异(Charles Goodyear,1800—1860)在1839年找到了解决这些问题的方案。他在加热橡胶时,配上硫黄和白铅粉(用于加速反应),生产一种较硬的物质,能够经受温度上的变化。这个程序固特

一位富裕的橡胶采集者的住所,位于巴西亚马孙河支流马德拉河岸边

异称之为硫化,以罗马火神的名字命名,然后由汉考克照搬过来并进行了改进。

固特异在多大程度上受惠于纳撒尼尔·海沃德(Nathaniel Hayward),以及汉考克的行为是否道德,直至今日仍然有很大争议。然而事情毕竟发生了,硫化成为现代橡胶业的基础。最初,硫化橡胶的用途局限于相对普通的物品上,如靴子、套鞋、气垫等。硬橡胶(Ebonite)是一种通过延长橡胶硫化时间而获得的材料,作为一种早期塑料,它发挥过重要作用,常用来制造箱子和首饰。

1888 年,苏格兰兽医约翰·邓洛普(John Dunlop)改进了充气的轮胎,只是在这之后,橡胶才开始成为一种重要的材料。邓洛普提出两轮橡胶轮胎的概念(橡胶轮胎最初由苏格兰工程师罗伯特·威廉·汤姆森[Robert William Thomson]在 1846 年获得专利)。1895 年,爱德华·米其林(Edouard Michelin)和安德烈·米其林(André Michelin)迈出重要一步,把两轮轮胎用到汽车上,这就确立了橡胶在现代社会中的主要用途。这个行业内几乎所有的领先公司都是在这个时期成立的,包括固特立(1880)、邓洛普(1889)、米其林(1889)、美国橡胶、固特异。美国橡胶由一些较老的公司合并而成,后来重新命名为联合皇家(Uniroyal,1892),固特异和 1898 年的查理·固特异没有关系,而与 1900 年的凡士通(Firestone)有关。到 1910 年为止,美国俄亥俄州的阿克伦城(Akron)已经变成美国的轮胎业中心。

远东的橡胶

当米其林兄弟发明汽车轮胎时,橡胶的唯一来源就是切开亚马孙河谷的野生树所得到的

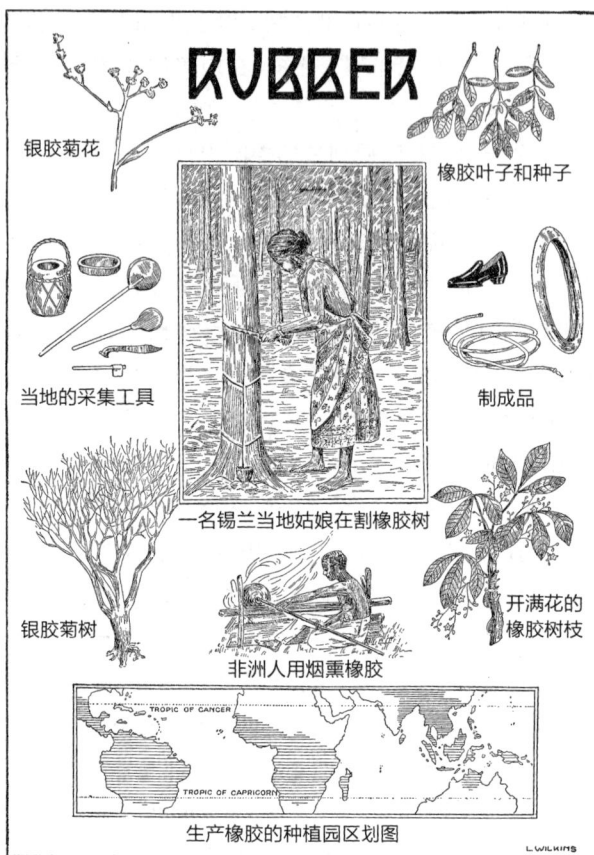

这是一本绘图版百科全书,概括了一个人需要知道的关于橡胶的所有知识。橡胶是殖民时代的一种重要原材料

黏液。对两轮轮胎橡胶日益增加的需求给亚马孙橡胶贸易商带来了财运,这一点通过 1896 年建成的巴西马瑙斯(Manaus)奢华的歌剧院可以看到。但是,如果橡胶树种植得过于稠密就会生发枯萎病,因此在当时和现在,在亚马孙河谷建立橡胶种植园仍然是不可能的。然而,仅仅依靠野生橡胶树的收成明显是无法维持的。解决方案是在马来亚和荷属东印度(现在的印度尼西亚)发展种植园,英国政府在巴西购买种子(那种认为种子是走私过来的流行说法是不正确的),并于 19 世纪 70 年代末在锡兰建立了一些种植园;但是真正的突破是 19 世纪 90 年代在马来亚种植橡胶树,这发生在主要经济作物咖啡价格下降之后。

2216

合成橡胶

工业合成自然界的重要物质是一个大胆的举动,耗费许多年才达到成功。1882 年,英国化学家威廉·蒂尔登(William Tilden)制出最早的合成橡胶,但是,因为它是以松脂为原料做成,费用昂贵并且稀缺,所以并不经济。1910 年橡胶价格上升,英国、德国、俄国和美国试图生产合成橡胶并获得成功。最成功的是拜尔(Bayer)合成的"甲基橡胶",它由丙酮制成,第一次世界大战时被德国人用作橡胶的替代品。1925 年,

人们对合成橡胶的兴趣再次提升,因为英国政府试图限制马来亚和锡兰的出口。20 世纪 30 年代,苏联、德国和美国开始了合成橡胶的生产。1932 年,苏联以酒精为原料制造出一种柔软的合成橡胶,并在雅罗斯拉夫尔和沃罗涅什建立了第一批合成橡胶厂。到 1940 年为止,其产量达到 4 万～5 万吨。1925 年,拜尔兼并巴斯夫公司和赫斯特公司(BASF and Hoechst),形成德国的法本公司(I. G. Farben);该公司研制出一类新的合成橡胶,叫共聚物(Copolyrners),其中一种适合制造轮胎,另一种能够防油,可以用作衬垫和汽油软管。1933 年纳粹掌权后,热衷于用这些合成橡胶来代替天然橡胶。10 年内,法本公司已经成立了 3 家工厂,德国正在制造着上千吨的合成橡胶。战争结束后,从德国工厂得来的信息(就苏联而言,就是那些被流放的化学家)有助于美国和苏联工业的技术发展。

美国创建该行业的意图最初一直是犹豫不决的,但是在"珍珠港事件"之后,美国被切断了与远东种植园的联系,于是该行业迅速发展。许多美国生产的合成橡胶是在美国政府的监控下生产的,称为"GR-S"(政府橡胶-苯乙烯),是以石油为基本原料制成的。但是它们中有一些是以玉米做成的酒精为原料制造而成,这是为了平息吵吵嚷嚷的农场游说团。1950 年 6 月,朝鲜战争爆发,这个第二次世界大战后使用许多植物制造橡胶的决定更被证明是合理的,因为在朝鲜战争前天然橡胶的价格突然飙升。这期间,生产技术也取得进步,低温聚化和掺入矿物油使 GR-S 可与天然橡胶相媲美。因此在 1953 至 1955 年期间,橡胶产业被国会批准私有化。

橡胶液通过切割一些树的树皮获得。克里斯托弗·哥伦布到来之前,在中美洲和南美洲已经使用了约 15 个世纪

现代橡胶产业

20 世纪 50 年代初期,西德采用美国以石油为基础原料的技术来生产合成橡胶。接下来的 10 年里,合成橡胶工厂在英国、意大利、法国、日本,甚至在巴西这个天然橡胶的原产地遍地开花。约在 60 年代,合成橡胶已胜过天然橡胶。尽管日益受到来自日本的竞争,但是美国在合成橡胶业领域仍旧保持着领先地位。然而,在轮胎制造方面,美国人没有认识到子午线轮胎的重要性,而在 1949 年米其林已经研制出子午线轮胎。

1973 年的石油危机对美国工业有严重影响。因为原油的价格上涨了 4 倍,美国合成橡胶的生产受到打击。20 世纪 70 年代,子午线轮胎(只能用天然橡胶制造)能减少汽车燃油的消耗,销量飙升。但当时,凡士通的子午线轮胎被证明是不安全的,必须召回。20 世纪 80 年代,阿克伦城的所有工厂都已关闭,固特异和联合皇家公司合并轮胎业务,然后把联合经营权卖给米其林,凡士通被日本公司普利司通接手。自从 20 世纪 70 年代石油危机后,天然橡胶和合成橡胶

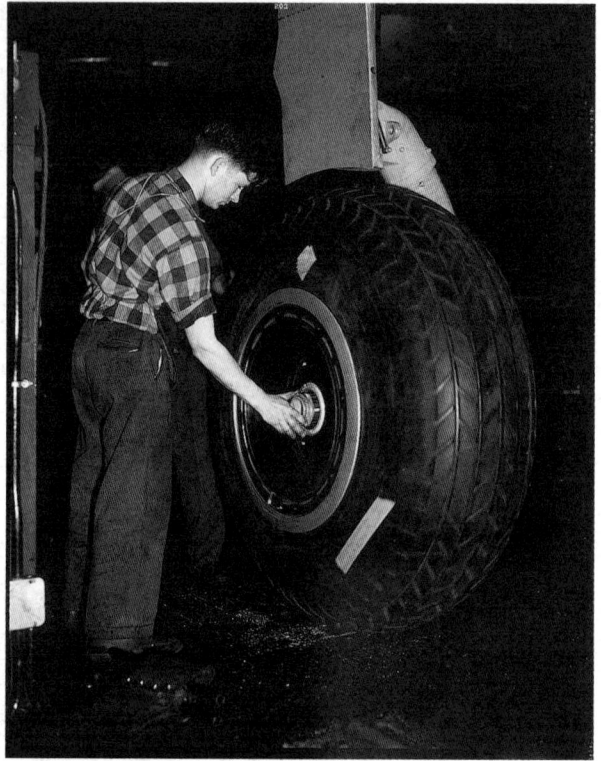

韦洛鲁·恩(Willow Run)机场的一位工人在检查一架运输机的着陆轮胎。美国国会图书馆。霍华德·霍勒姆(Howard R. Hollem)摄

步入不平衡但长久共存的局面。现在看来,两者中任何一个都不可能消失。无论如何,只要我们使用汽车、坐飞机或者在路上行走,橡胶仍将是至关重要的材料。

进一步阅读书目:

Barlow, C. (1978). *The Natural Rubber Industry: Its Development, Technology and Economy in Malaysia*. Oxford, U. K.: Oxford University Press.

Blackford, M. G., & Kerr, K. A. (1996). *BFGoodrich: Tradition and Transformation, 1870-1995*. Columbus: Ohio State University Press.

Coates, A. (1987). *The Commerce in Rubber: The First 250 Years*. New York: Oxford University Press.

Dean, W. (1987). *Brazil and the Struggle for Rubber: A Study in Environmental History*. Cambridge, U. K.: Cambridge University Press.

French, M. J. (1990). *The U. S. Tire Industry: A History*. Boston: Twayne.

Herbert, V., & Bisio, A. (1985). *Synthetic Rubber: A Project that had to Succeed*. Westport, CT: Greenwood Press.

Korman, R. (2002). *The Goodyear Story: An Inventor's Obsession and the Struggle for a Rubber Monopoly*. San Francisco: Encounter Books.

Loadman, J. (2005). *Tears of the Tree: The Story of Rubber—A Modern Marvel*. Oxford, U. K.: Oxford

2219

University Press.

Love, S. (1999). *Wheels of Fortune: The Story of Rubber in Akron*. Akron, OH: University of Akron Press.

Morris, P. J. T. (1989). *The American Synthetic Rubber Research Program*. Philadelphia: University of Pennsylvania Press.

Morris, P. J. T. (1994). Synthetic Rubber: Autarky and War. In S. T. I. Mossman & P. J. T. Morris (Eds.), *The Development of Plastics* (pp. 54-69). Cambridge, U. K.: Royal Society of Chemistry.

Schidrowitz, P., & Dawson, T. R. (1952). *The History of the Rubber Industry*. Cambridge, U. K.: Heffers, for the Institution of the Rubber Industry.

Slack, C. (2002). *Noble Obsession: Charles Goodyear, Thomas Hancock and the Race to Unlock the Greatest Industrial Secret of the Nineteenth Century*. New York: Hyperion.

Weinstein, B. (1983). *The Amazon Rubber Boom, 1850-1920*. Stanford, CA: Stanford University Press.

彼得·莫里斯(Peter Morris) 文

马行亮 译,黄艳红 校

Rumi 鲁米

13世纪的神秘主义诗人鲁米(1207—1273)生活在当今的土耳其,用波斯语写作,宣扬普世主义、对人类怜悯、宽容。由鲁米创立的托钵僧修会——苏非派莫拉维支派(the Mevlevi Sufi)演唱他的诗歌并伴舞,以此来与真主欢乐相会。他的著作被翻译成许多语言,继续启迪着伊斯兰核心地带及其他地区的人们。

贾拉尔·丁·阿尔-鲁米(Jalal ad-Din ar-Rumi),以名字"莫拉纳"(Mevlana,是阿拉伯语"Mawlana"的土耳其语形式,意思是"我们的导师")著称于世,在伊斯兰教精神世界和全世界的宗教诗歌方面,是最家喻户晓的人物。他创建自己的苏非派,以其名字"莫拉纳"著称。苏非派莫拉维支派在西方被称为跳旋转舞的托钵僧,他们以土耳其的科尼亚(Konya)为根据地,鲁米就葬在那里。这个派别有独特的宗教仪式,包括音乐和一种特殊的旋转舞蹈,旨在增强对真主的凝思的效果。

鲁米出生在当今阿富汗的大夏(Balkh)。他的父亲是著名的法学家和布道者,还是一位神秘主义的苏非派,能够把人们所理解的知识(如法律)和圣训与深奥难懂的学识(如信仰和实践)结合在一起。在鲁米约12岁的时候,他的家庭因为担心蒙古人而逃离大夏,当时蒙古人正在逼近这个城市。在去往麦加的路上,他们游历了大部分伊斯兰世界。在麦加朝拜之后,他们定居在科尼亚,在那里他们受到塞尔柱王朝统治者的热情欢迎。

鲁米接受过正规的伊斯兰教教育,注重《古兰经》、圣训(先知穆罕默德的箴言)、阿拉伯语语法、宗教法、法学原则、《古兰经》注释、历史、逻辑、哲学、数学、天文学和其他科目。由于他父亲的缘故,他也变得对苏非派的实践和专业知识非常熟悉,尽管是非正式的。

1231年,鲁米24岁时,他父亲去世了。由于其渊博的学识得到承认,鲁米继承父亲的教师职位,进行宗教研究,并向科尼亚人民布道。1232年,苏非派的布尔汉·丁·提米蒂(Burhan al-Din Tirmidhi)来到科尼亚,他是鲁米父亲的

1913

信徒。这时,鲁米开始按照苏非派的神秘主义方式接受正式的培训。鲁米和提米蒂联合起来,一直持续到1240年提米蒂去世。

接下来的4年里,鲁米继续作为布道师和伊斯兰法学哈乃斐派(the Hanafi School)的法学博士开展活动。他还继续他的苏非派活动,本身也成了导师,这意味着他打通了苏非派修行的各种环节,最终看到了神秘的真主安拉。他的苏非派实践看上去对他的外部社会生活(作为传统学者、法学家及其民族的宗教顾问)没有太多影响。

1244年,所有这些将要发生变化,因为当时一个具有非凡魅力的神秘人来到科尼亚,走进了鲁米的生活。这个人的名字叫大不里士的沙姆斯·丁(Shams al-Din of Tabriz),其为人所更熟悉的名字是沙姆斯-大不里士(Shams-i Tabrizi)。鲁米在诗歌中描述了这次影响重大的相遇,反映了那些革命性影响的方面。

鲁米的老师沙姆斯-大不里士,在鲁米的诗歌《为沙姆斯-大不里士而作的诗选集》(*Diwan-e Shams-i Tabriz-i*)插画中的肖像。约1502—1504。法国国家图书馆

2221
　　我是这个国度清醒的苦修者,我过去习惯在讲堂上布道——但是命运使我成为为你鼓掌的爱人;我的手过去总是拿着《古兰经》,但现在却拿着爱情的酒瓶;我口中曾满是赞颂,但现在它将只会吟唱诗歌!(Chittick 1983)

作为朋友和精神信徒,鲁米与沙姆斯的关系十分密切。一位著名的学者曾提到沙姆斯对鲁米的影响:"他从一个清醒的法理学家转变成一个对真主的神秘之爱欣喜若狂的颂扬者。可以说,没有沙姆斯,可能就不会有鲁米。"(Chittick 1983)这个说法只有些微的夸张;的

确,如果两人没有见面,这个世界将可能失去我们见识过的所有时代最畅销的诗歌。

约在1247年,沙姆斯销声匿迹,可能被鲁米的追随者杀死,这个追随者嫉妒他对他们导师的影响。鲁米永久地失去了他敬爱的老师和同伴,完全没有了亲人。但是在鲁米的生活里,尽管沙姆斯的身体不再存在,在鲁米的心灵和思想里,沙姆斯作为一个虚幻的存在变得不可磨灭了。从这一年起直到1273年鲁米去世,他停止布道工作,转而不间断地写诗歌,其中许多是波斯的加萨抒情诗(Ghazals),或曰爱情诗;在诗中,他经常提起失去沙姆斯后的痛苦。鲁米经常

用沙姆斯的名字激发人们的想象，把后者当作真主神圣的爱的化身。沙姆斯这个词意思是"太阳"，通过这个词的激发，鲁米既用它来指代他的朋友，又用它来指代"太阳中的太阳"，即万能的神——它是真正值得爱戴的主和终极实在。

他的主要作品有《为沙姆斯-大不里士而作的诗选集》，由约 4 万多首加萨抒情诗和四行诗组成；还有《对句》(Mathnawi)，包括约 2.5 万首诗句，大部分是说教诗。他的大部分作品被翻译成多种西方语言，译本随处可见。这些作品奠定了他作为诗人和思想家的威望：盛赞普世教会，怜悯人类，在其优美诗歌中呈现的宽容。

实际上，鲁米已经成为当代美国最畅销的诗人，他的诗歌继续鼓舞着伊斯兰教核心地带以及以外的传统苏非派、新时代的宗教献身者和西方其他献身神秘主义的践行者。苏非派莫拉维支派由鲁米创立，直到今天仍然存在，其信奉者在全世界表演风行于他们中间的"民族舞"。此外，在某些圈子里，鲁米已经成为宽容怜悯的伊斯兰教的代名词；这个伊斯兰教，对那种充斥媒体的更激进的伊斯兰教来说，是一种急需的解毒剂。这样一个多面的遗产证明，人类具有独特的才能，能够以明白而雄辩有力的言语来表达基本的关怀。

进一步阅读书目：

Arberry, A. J. (1963). *Tales from the Masnavi*. London: George Allen and Unwin.

Chittick, W. C. (1983). *The Sufi Path of Love: The Spiritual Teachings of Rumi*. Albany: State University of New York Press.

Nicholson, R. A. (1950). *Rumi, Poet and Mystic*. London: George Allen and Unwin.

Schimmel, A. (1978). *The Triumphal Sun*. London: East-West Publications.

阿斯马·阿夫萨鲁丁(Asma Afsaruddin) 文
马行亮 译，黄艳红 校

S

Sailing Ships 帆船

2231

在几乎整个人类历史中,水路运输是远距离运送货物和人员最有效的方式,尤其是在能借助风帆控制风力来推动船只前行时。直到 19 世纪蒸汽船只出现,依靠风力的帆船在远距离运输中的统治地位才算终结。

帆船至少可以追溯到古代埃及人和腓尼基人时期,尽管在更早的时候,人们可能使用过更小的帆船。小船由芦苇、皮革和木头做成,是独木舟之类的木制小船的最初样式。早期的普通帆船基本都是由木板做成的,木板要么是通过卯榫联结在一起,要么是以互相重叠的方式联结在一起(塔接式建造),用钉子或销固定。帆由织物(棉花、亚麻或者大麻纤维)做成,不过早期埃及的一些帆是由纸草纤维和其他草类编织而成。早期的许多大帆船也配备有桨,故而能在没有风的时候提供可选择和更方便的动力。早期的船只是大三角帆船(横帆)。这种方式比配备三角帆的现代船桅装置提供了更多的帆动力,但可操纵性更差。实际上,直到 19 世纪蒸汽作为船动力的技术出现之时,利用风力在河流和大海上航行仍是远距离运送人员(以及随身必带的物品)最便利的方式。

古代—公元 400 年

自 20 世纪中叶后水下考古取得进展以来,人们对帆船的认识已经大大丰富,学者们得以对历史上各个时期的船只遗存进行研究。对于水上运输工具来说,考古学上最早的物证是一个桦木做的桨,年代约是公元前 6000 年,发现于英国的一个史前野外遗址。对大帆船来说,最早的证据是在智利挖掘的一个典型的带帆的筏子。木筏与桅杆、帆绑在一起,这可能是史前最初形态的带帆的水上运输工具。皮艇,由缝在一起的动物皮做成,基本上只存在于地球北端的文化中,尤其是在因纽特、爱尔兰和俄罗斯北部的社会中。因纽特的单人划子和木架蒙皮船(由兽皮覆盖木框架做成的没有船舷的小船)基本上都是用桨划的,尽管有证据表明也使用帆。爱尔兰的大型号的克勒克艇(curragh),由牛皮做成,曾把早期的爱尔兰旅行家运送到赫布里底群岛(Hebrides)、设得兰群岛,甚至冰岛。芦苇小船主要使用于南太平洋、美洲以及伊拉克南部的马什阿拉伯人(Marsh Arabs)地区。独木舟技术在全世界无处不在,但是在南太平洋地区,大型号的独木舟有弦外支架,支架上除了桨外还有帆。许多学者相信,这些技术使得人们有可能在南太平洋上来回迁移。

更大型号的船只在许多地方,包括埃及、英格兰和中国,分别被独自建造出来,这归功于厚木板造船的技术。最早的证据来自埃及,在那里,大船由杉木板紧密相连做成,但是其内部没有骨架或者龙骨。因为尼罗河独一无二的运输条件,人们能借助水流顺水而下,也能借助帆逆流返回。现存最早的埃及小船是基奥普斯(Cheops)时期的皇家船只,1954 年发掘于大金字塔旁边的墓坑,可以追溯到公元前 2650 年。许多艺术性很强的绘画描绘了埃及船,包括一些航海轮船的特征。这些绘画上总是出现帆和划桨手。约公元前 1500 年,哈特舍普苏特女王(Hatshepsut)命令建造一支拥有大型船只的舰队,并在非洲东海岸航行。其建造标准与尼罗河的船只一样,即拥有很多划桨手、一个很大的桅杆和船舵。关于这次

2232

《扬帆远航的冈夹船》（*Canja under Sail*），是一幅插图，来自一本旅行书，书的内容是如何去发现尼罗河源头。索姆伯格黑人文化研究中心/手稿、档案和稀有珍本部（Schomburg Center for Research in Black Culture/Manuscripts, Archives and Rare Books Division）

航行的记录，以图画的形式保存在位于戴尔-艾尔-巴哈瑞（Deir-el-Bahari）的神庙里。

1982 年，研究者在水下发现一艘早期黎凡特（东地中海沿岸的诸国家）的海上商船的遗骸，位于土耳其海岸的乌鲁·巴兰（Ulu Burun），时间可以追溯到公元前 1350 年。它比当时的埃及船只还要结实，有庞大的骨架和牢固联结在一起的厚木板。埃及壁画也反映过克里特文明和迈锡尼文明里那样的船只，它们在设计上同埃及船一样，但是只有帆，没有划桨手。

古代最伟大的水手腓尼基人驾驶船只在地中海上驰骋。有证据表明他们也曾在非洲和法国的大西洋海岸游弋。在形式上，他们的商船具有横帆并经常配备两列划桨手，比埃及船只更接近克里特的船只。希腊人发展出一种特制的高速战船，即三层桨战船（一艘桨帆并用的大木船，配置有三列桨、一个帆和一个巨大的攻城锤，攻城锤位于船头吃水线的地方），能毁坏和

击沉敌人的船只。它有一个桅杆和横向的帆，但是战争期间划桨手可以操纵和控制船只。公元前 480 年，希腊人在萨罗尼加湾（Saronic Gulf）的萨拉米斯之战（Battle of Salamis）中曾使用三层桨战船，那时候，雅典人击败了庞大的波斯舰队，赢得了波斯战争。

研究者在地中海和黑海发现了大量的罗马商船，有 400 多艘残骸。罗马商船都是靠帆做动力，用来运输各种货物，有酒、橄榄油、大理石和谷物。大部分商船有一个或两个桅杆，主桅杆上悬挂横帆，有时也会悬挂三角帆。第二个桅杆在主桅杆前面，配备有更小的操纵帆，被称为"阿特门"（artemon）。这些是中型船只，能运载约 300 吨（公制）的货物。在 1、2 世纪的罗马商船队中，给人印象最深的是运输船（navis oneraria），它把埃及和北非的谷物运送到罗马港口奥斯蒂亚（Ostia），有时一次航程可以运送 1 200 吨（公制）的货物。

最早的用厚木板做成的北欧船，可以追溯至公元前 1217 年至前 715 年。它们是相对较小的河船，约有 14 米长，被叫作"菲利比船"（Ferriby）和"布里格船"（Brigg），发现于英国约克郡的亨伯河，采用复杂的木板缝合联结技术制成。在亚洲，这种木板建造技术最早可以追溯到公元前 50 年。约茨普林（Hjortspring）船发现于丹麦的沼泽地里，可以追溯到公元前 300 年，由厚木板做成。其船体用绳索固定，有多层重叠的列板（前后相连的用作船体的长方形厚木板或薄金属板）。专家认为这样的小船就是斯堪的纳维亚塔接技术（厚木板重叠）的前身。所有这些船都表明，人们把外壳建造放在第一位，没有把结构建造放在第一位。这将会成为中世纪盛期的建造标准。

拜占庭船只沿袭希腊-罗马的建造技术，包

上海黄浦江上漂浮的中国式平底帆船。琼·利博得·科恩(Joan Lebold Cohen)拍摄

括木板的卯榫联结技术。20 世纪 60 年代，乔治·巴斯（George Bass）发掘的亚细·阿达船（Yassi Ada, 7 世纪）证明了这点。已知的最早塔接船，即尼达姆船（the Nydam boat, 310—320），是北欧船，约 23 米长，双船头，具有罗马历史学家塔西陀所提到的 1 世纪晚期斯堪的纳维亚船的特征。这些早期的斯堪的纳维亚船是用桨的，而不是用帆做动力的。直到 7 世纪，帆才被引入斯堪的纳维亚。随着帆的引进，真正的维京时代开始了。斯堪的纳维亚航海家在整个北海和波罗的海驰骋，可能还到北美洲和黑海这样远的地方去冒险。在维京人劫掠停止以后很久，即 1066 年，诺曼人利用斯堪的纳维亚式长船（长桨的船）入侵英国。

在 12 世纪，属于汉萨同盟（最初由德意志自由邦组成的商人同盟）的北欧城镇，开始建造一种新式帆船。这种柯克船（cog）具有很高的船舷，用来运载货物。柯克船包括被称为"船楼"的高层建筑，被置于船头和船尾，用作弓箭手和枪

炮手的房子，以保护船只，免受劫掠。单桅杆、横帆，在船尾中心线有一个大船舵，因此柯克船只需要很少的船员来操控。到 12 世纪，由于有了水力锯木厂，机器锯开的廉价厚木板的生产有了可能，这种厚木板可以代替人力劈开的木板。由于这种厚木板供应充足并可资利用，大型船只出现了；配备多个桅杆的更大型的柯克船也建造出来了。到 15 世纪，塔接法建造技术让位给木板紧密相连的技术，这对内部构造很重要。

1350—1700

威尼斯的加莱船（Venetian galley），船长幅度在 39 到 50 米之间，经常配有两列划桨手和大三角帆，从 9 世纪末起风行于中世纪的地中海。威尼斯人从 14 世纪开始建造"大加莱船"——更大、更长的船，装备有两个桅杆，用于商业和人员往来。在 16 世纪期间，一种新的地中海船只出现了，即加莱赛船（galliass）。它是一种被设计来

2234

塞缪尔·阿特金斯(Samuel Atkins，1780—1810)的《拉姆斯盖特港口的航运》(*Shipping In Ramsgate Harbour*，年代未定)。蒸汽轮船的出现意味着帆船作为贸易和交通工具行将消亡。水彩，棕墨色，铅笔画

服务战争的大型船只，既有桨又有帆，船员达700人。1571年，在希腊的科林斯海湾爆发的勒班陀(Lepanto)战役中，6艘加莱赛船投入作战，为击败奥斯曼土耳其的舰队做出了贡献。1588年，加莱船和加莱赛船也是西班牙无敌舰队的组成部分。

15世纪中叶卡拉克船(carrack)的发明，缘起于北方和南方造船业的联合影响。卡拉克船由威尼斯和热那亚的造船厂建造，是对柯克船进行大范围改造后制成的，配置三、四或五个桅杆，以及各种帆，包括横帆和三角大帆。多重桅杆和联合索具使卡拉克船容易控制，比传统设计的船速度更快。另一项革新是在建造时以结构优先，木板钉到结构上。卡拉克船是那个时代最大的商船，能运载362吨(公制)的货物，但是到16世纪为止，其运载量达到了907吨(公制)。1509年，英国国王亨利八世开始建造一个有"大船"(great ships)组成的舰队，包括两艘大型卡拉克船。两者都被武装起来，配备炮台。玛丽·罗斯号

(Mary Rose)的残骸被发现的时候，人们找到了2 000支成捆的箭。卡拉沃船(caravel)比卡拉克船更小、更轻，也出现于15世纪，可能是西班牙或者葡萄牙建造的。卡拉沃船基本上用于商业，但是由于意大利热那亚的克里斯托弗·哥伦布、葡萄牙的瓦斯科·达·伽马和巴尔托洛梅奥·迪亚斯(Bartolomeo Dias)的功绩，人们基本上都知道其用于伟大的航海探险。

16世纪期间，日渐增长的跨洋贸易促进了跨洋轮船的发展，如加伦船(galleon)等。加伦船有三到四个桅杆，既有横帆又有三角大帆，但是比加莱船要短，也并不像卡拉克船那样庞大和笨重。它有高高的船舷和放置大炮的船楼。10世纪的时候，中国也在发展大型跨洋帆船。13世纪期间，威尼斯旅行家马可·波罗曾记述其在中国长期停留期间，看见过4个桅杆的商船。1973年，一艘13世纪的大型船在中国湖州被发现，约35米长，船体有龙骨和双层厚杉木板。明朝的文献记载，1405到1433年，郑和乘坐一艘

航行的船上没有民主，你无法召集会议讨论你们将要驶向哪里，只能询问他们什么时候愿意缩帆休息。
——斯特林·海登(Sterling Hayden, 1918—1986)

120 米长的有 9 个桅杆的大船远洋航行，然而研究人员没有发现这类船只。1550 年，因为朝廷禁止海外贸易，中国的造船业突然衰落。

1592 年，荷属东印度公司成立，推动荷兰人走向远途贸易的前沿，并使葡萄牙人黯然失色。装有 3 个桅杆的荷兰长笛船(Dutch flute)直到 18 世纪仍是风行的运货船只，很快，英国、德国和斯堪的纳维亚都建造这种船。它是一种很窄的商船，之所以这样，部分原因是规避与船宽度相关的税。英国和法国的贸易公司也成立起来，作为对荷兰海军实力做出的回应，它们也拥有自己的舰队和自卫部队。17 世纪，科学走进造船厂，尤其是在法国，受到高等教育的海军设计师应用数学来设计轮船。约 1670 年，在船头的庞大船楼开始缩减以减轻重量。

17 世纪，大型远洋舰队在战争中开始走上前线。1704 年，英国占领直布罗陀海峡，这是英国舰队的伟大成功之一，使英国能够控制地中海的出口。18 世纪期间，战舰的建造和(全套)装备成为核心问题，因为欧洲强国之间的竞争集中在海上，即探险、殖民和海战。除了大型战舰外，护卫舰也成为英国和法国海军舰队的重要成员，它是由便于操纵的狭窄商船改造而成。

1750 年，英国的北美殖民地的造船厂发展出一种全新样式的船只，即纵帆船；它是一种只有两个桅杆的小型快船，可以用来捕鱼和贸易。独立战争期间纵帆船被用于军事，海军用它来保护商船免受袭击以及突破封锁。后来，纵帆船被用在非洲和美洲之间的奴隶贸易，尤其是在 1820 年之后，那时候奴隶贸易已经被世界上的许多政府宣布为非法。1794 年，美国海军草创之始，就是依靠 6 艘这样的船只，其中一艘名为"U. S. S. 宪法号"的船现在仍然停泊在波士顿。

18 世纪，欧洲船只采用更长的桅杆和艏三角帆(放在通常从前桅杆头上伸出来的支索上三角帆)；艏楼和艉楼都消失了，没有任何痕迹；艉楼甲板延伸到船舵和操作机械处，使船员能够待在船里面。1760 年，英国人在船底的木板上铺上薄铜板，以减少船壳腐蚀及附着的寄生生物。

19 世纪，英国东印度公司的大商船崭露头角(East Indiamen，船宽 12 米，长 50 米)，它在英国建造，用来运送货物，但不追求速度——中英之间往返航程需要 1 年。1820 年，快速横帆船(Clipper Ships)首次现身美国，最初用来服务于中国茶叶和鸦片贸易，但很快被英国造船厂改造。最快的英国快速横帆船之一"卡蒂·萨克号"(Cutty Sark)保存在英国格林尼治的干船坞里。它建成于 1869 年，长 64 米，航行速度能达到 17 节，以快速在英国和中国上海之间往返而闻名。

帆逐渐消失（1850 年至今）

1838 年，跨大西洋定期的航行开始采用蒸汽动力后，只有同中国的远距离贸易仍旧使用帆船，因为蒸汽机不能携带足够的煤炭以航行到中国并返航。1869 年，随着埃及苏伊士运河的开通，蒸汽船开始在同中国的贸易中使用，这标志着帆船统治时代的结束。20 世纪初，帆船大部分只用在帆船训练和游艇上，并很快成为奢侈而非快速的象征。

进一步阅读书目：

Anderson, R. , & Anderson, R. C. (1977). *The Sailing Ship: Six Thousand Years of History*. New York: Arno Press.
Bass, G. F. (Ed.). (1972). *A History of Seafaring Based on Underwater Archaeology*. New York: Walker and Co.
Bauer, K. J. (1988). *A Maritime History of the United States*. Columbia: University of South Carolina Press.
Casson, L. (1971). *Ships and Seamanship in the Ancient World*. Princeton, NJ: Princeton University Press.
Casson, L. (1991). *The Ancient Mariners*. Princeton, NJ: Princeton University Press.

Chapel，H.（1967）. *The Search for Speed under Sail，1700-1855*. New York：Norton.

Cipolla，C.（1965）. *Guns，Sails and Empires*. New York：Barnes & Noble.

Evans，A. C.（1994）. *The Sutton Hoo Ship Burial*. London：British Museum Press.

Gale，N. H.（Ed.）.（1991）. *Bronze Age Trade in the Mediterranean*. Oxford，U. K.：Oxford University Press.

Gardiner，R.（Ed.）.（1993）. *Sail's Last Century*. London：Conway Maritime Press.

Gould，R.（2000）. *Archaeology and the Social History of Ships*. Cambridge，U. K.：Cambridge University Press.

Irwin，G. J.（1992）. *The Prehistoric Exploration and Colonization of the Pacific*. Cambridge，U. K.：Cambridge University Press.

Jobe，J.（Ed.）.（1967）. *The Great Age of Sail*（M. Kelly，Trans.）. Lausanne，Switzerland：Edita Lausanne.

Levathes，L.（1994）. *When China Ruled the Seas*. Oxford，U. K.：Oxford University Press.

Martin，C. J. M.，& Parker，G.（1988）. *The Spanish Armada*. New York：Norton.

Morrison，J. S. & Coates，J. F.（1986）. *The Athenian Trireme*. Cambridge，U. K.：Cambridge University Press.

Souza，D.（1998）. *The Persistence of Sail in the Age of Steam*. New York：Plenum.

Unger，R. W.（1980）. *The Ship in the Medieval Economy，600-1600*. Montreal，Canada：McGill-Queens University Press.

乔丹·凯尔曼（Jordan Kellman） 文

马行亮 译，黄艳红 校

Saladin 撒拉丁

2237　　12 世纪晚期，撒拉丁（1137/1138—1193）曾统治埃及、叙利亚和巴勒斯坦；他军事才能高超，信仰虔诚，为人慷慨正直，受到中东伊斯兰世界的尊敬。因为这些品质，在西方中世纪文学中，他被塑造成一个传奇人物。今天，对阿拉伯人来说，他仍然是一个接近于传奇的历史人物。

艾尔·马利克·纳西尔·优素福·伊本·阿尤布·撒拉·丁（Al-Malik al-Nasir Yusuf ibn Ayyub Salah al-Din，"公正无私的信念"）或者撒拉丁，几乎彻底摧毁十字军在耶路撒冷建立的王国；他在埃及、叙利亚、伊拉克北部和也门创建了一个短命的阿尤布王朝（Ayyubid）。很多人认为他是高贵、虔诚和勇武等美德的典范。

撒拉丁出生在提克里特（Tikrit，在今天的伊拉克）一个库尔德人家庭，这个家庭为塞尔柱苏丹的宫廷服务，塞尔柱苏丹统治着这个地区的大部分。后来，他的父亲去为北叙利亚的统治者伊马德·丁·赞吉（Imad al-Din Zangi）服务，被授权管理黎巴嫩的巴勒贝克（Baalbek）领地。欧洲基督教十字军的第二次东征非常不幸，没有成功；此后，赞吉的继承人努尔丁（Nur al-Din）占领大马士革，实现了其父亲的野心，即统一叙利亚的 3 个大省：阿勒颇、摩苏尔和大马士革。12 世纪 60 年代，撒拉丁陪着叔叔去执行一系列反对埃及法蒂玛王朝（Fatimid）的任务。埃及是遏制十字军王国的关键地区，赞吉担心此地正在沦为法兰克人的保护国。在执行这些任务的时候，撒拉丁表现得非常突出。在执行最后一次任务的时候，其叔叔丧命，他就尽量控制叙利亚的军队，任命自己为法蒂玛哈里发的维齐尔（vizier）。在获得马利克·纳西尔（al-Malik al-Nasir，"真主任命的胜利之王"）的头衔之后，他成为埃及的实际统治者。在经过一系列军事战役巩固自己的地位之后，1171 年他废黜了法蒂玛哈里发。

欧洲商人提供最优良的武器,加速了他们自己的失败。

———撒拉丁

《埃及王撒拉丁》,见于不列颠图书馆一份 14 世纪的手稿

的进攻,这个王国进入了混乱分裂的时期。1187年 7 月 4 日,在接近太巴列湖(Lake Tiberias)的哈丁角(Horns of Hattin),撒拉丁从巴勒斯坦和西叙利亚扫清法兰克人的势力;但收复推罗(Tyre,位于黎巴嫩南部的海岸)的行动失败了,给对手留下了一个登陆点,使他们有机会发动第 3 次十字军东征(1189),参加的国王有英国的理查一世、法国的奥古斯特·菲利普二世。法兰克人在艰苦地围攻了 2 年之后,占领阿克(Acre,位于现今以色列北部海岸,距离推罗 60 千米)。这时,双方签署了一个新的条约,撒拉丁准许基督教徒到耶路撒冷朝觐。6 个月以后,1193 年 3 月,撒拉丁去世。

撒拉丁能够成功统一叙利亚的军事集团,有赖于许多因素,最大的因素要数他的个性,他有着伊斯兰教徒和阿拉伯人的优秀美德:军事技术高超、勇敢、信仰虔诚、慷慨大方、正直无私。他在处理与法兰克、拜占庭和穆斯林的关系时,运用了巧妙的外交技巧,使他能够集中精力。圣战的意识形态宣传有助于唤起叙利亚及其他地

2238　　这些成功使努尔丁颇为苦恼,他计划重新明确对撒拉丁的权威,但是在他展开行动之前却在 1174 年去世。接下来的 12 年中,经过一系列的军事和外交活动,撒拉丁成功获得对大马士革和阿勒颇的控制权,强迫摩苏尔服从他的权威。这就有了充足的、有保障的人力可资利用,于是撒拉丁能够针对耶路撒冷王国发动一次决定性

在第 3 次十字军东征后,双方签订的一项新条约准许基督徒到耶路撒冷朝拜。在这幅图里,撒拉丁正在接见索尔兹伯里的主教

方人民的政治支持。他很幸运地得到了很能干且非常忠诚的下属的帮助，包括他的首相和理论提倡者卡迪·法迪勒(al-Qadi al-Fadil)——此人作为埃及的总督，曾主持与理查一世的著名谈判。撒拉丁倾向于让家族成员担任重要的政治职位。

这些优秀的个人品质使撒拉丁在伊斯兰世界充满魅力，促使中世纪的小说作家把他视为一个重要的人物、一个异教徒的美德模范，以及一个充满矛盾的人物。而文学作品总是能把这种矛盾理顺，说这是因为他有一位信仰基督教的母亲、秘密改宗和其他因素。在伊斯兰世界的当代作家，诸如巴哈丁(Baha'al-Din)，把虔诚然而奉行实用主义并拥护圣战的撒拉丁描绘成一个更现实、毫无疑问也更理想化的人物，表明这样的形象在人们的意识中仍旧继续产生共鸣。

撒拉丁建立的阿尤布王朝，基本上是由一系列他的亲戚和继承人统治的公国组成。最重要的公国是埃及；撒拉丁之后，它由阿迪尔(al-'Adil)及其子卡米尔(al-Kamil)统治，在13世纪的十字军东征中幸存下来，直到1250年被马穆鲁克王朝(Mamluks)取代。阿尤布王朝存在时间最长的一支统治着阿勒颇，直到1261年该城被蒙古人攻占。

进一步阅读书目：

Baha' al-Din, & Richards, D. S. (2001). *The Rare and Excellent History of Saladin*；*Being the al-Nawadir al-Sultaniyya as'l-Mahasin al-Yusufiyya of Baha' al-Din Ibn Shaddad*. Aldershot, U. K.：Ashgate Publishing.

Ehrenkreutz, A. S. (1972). *Saladin*. Albany：State University of New York Press.

Humphreys, R. S. (1977). *From Saladin to the Mongols*；*The Ayyubids of Damascus*. Albany：State University of New York Press.

'Imad al-Din, Baha al-Din, & Gibb, H. A. R. (1973). *The Life of Saladin*；*From the Works of 'Imad Ad-Din and Baha' Ad-Din*. Oxford, U. K.；Clarendon Press.

Jubb, M. A. (2000). *The Legend of Saladin in Western Literature and Historiography*. Lewiston, NY：Edwin Mellen.

Lev, Y. (1999). *Saladin in Egypt*. Leiden, The Netherlands：Brill.

Lundquist, E. R. (1996). *Saladin and Richard the Lionhearted*；*Selected Annals from Masalik Al-absar Fi Mamalik Al-amsar by Al-Umari*. Bromley, U. K.：Chartwell-Bratt.

Lyons, M. C., & Jackson, D. (1982). *Saladin*；*The Politics of Holy War*. Cambridge, U. K.：Cambridge University Press.

布里安·凯特罗(Brian A. Catlos) 文

马行亮 译，黄艳红 校

Salinization　盐渍化

盐渍化是指盐在土壤中累积的过程。长久以来，它一直是为维持农业产量而必须面对的一项世界性挑战。在自然和人工的生态系统里，盐渍化控制着植物界和动物界，它决定着地球表面、地下和大气中水的循环和分配。

盐渍化是一个自然和人为的过程，具体而言就是可溶解的盐在土壤中聚集起来的过程。

盐进入土壤系统，主要发生在盐溶解于地表水和灌溉水、从大气中形成沉积，以及在矿物质风化时。当水分蒸发和蒸腾(水分被植物摄取)离开土壤时,盐分就会浓缩在土壤里。排水缓慢的黏性土壤比排水迅速的沙性土壤更容易盐渍化。盐分浓度一般沿地表水流和地下水流的方向而逐步增加;就是说,从高地到地势低的洼地逐渐增加。盐渍化影响着地球上许多主要的生物地球化学循环,即生物圈内生物和非生物之间化学元素和成分的循环。

土壤中占优势的盐分是氯化物和硫酸盐,它们总体上与钠、钙、镁、钾取得平衡。盐分高的土壤被称为"盐化",那些钠盐成分高的土壤被称为"碱化"。钠盐尤其会带来土壤物理、化学和生物方面的问题。过多的钠盐,尤其是如果钙浓度很低时,会有很高的pH值(超过9),并使其营养成分(如磷、铜、铁、硼、锰和锌)缺乏的问题更加严重,从而导致植物损伤的情况发生。

碱分高对土壤的物理和化学性质也会产生有害影响,导致土壤和有机物质分解成单个微粒,而不能保持絮凝(也就是很多土壤有机物质微粒形成的宽状物吸附在一起)。散状的含钠高的土壤,就像分散的土块颗粒阻塞土壤气孔一样,对摄取水分来说完全是障碍。钠导致的分散化也减少了土壤中空气流动的速度。含钠量高的土壤容易形成水涝,使根部和微生物活动所需要的氧气供应紧张。只有那些耐盐的植物和微生物能够适应盐渍化的土壤。

植物根部的耐盐程度差别很大。容易集聚和耐受盐分的植物叫"盐土植物",包括耐盐的草、灌木,以及沙漠、海滨和盐沼地自然生长起来的物种。许多庄稼不是"盐土植物",对盐敏感度非常高,包括许多蔬菜、玉米、水稻、燕麦和小麦。耐盐或者能从盐土性中受益的庄稼包括甜菜、海枣、菠菜、加州西蒙得木(Jojoba)和大麦。

盐渍化土壤的地理分布

盐渍化主要发生在干燥、半干燥和半湿润地区。盐渍化土壤在湿润地区并不普遍,因为降水足以分解和过滤掉土壤中过多的盐分,把它们带入地下水,最终汇入海洋。有些盐渍化土壤仅仅发生在湿润的海滨,因为那里的海水时常淹没着土壤。

表1 盐化和碱化土壤的五大洲分布图

	盐渍化土壤	碱化土壤	碱/盐比例(千平方千米)
非洲	535	270	0.5
亚洲	1949	1219	0.6
澳大利亚	386	1999	5.2
北美洲	82	96	1.2
南美洲	694	596	0.9

资料来源: Naidu, R. Sumner, M. E. & Rengasamy, P. (1995). *Australian sodic soils*. East Melbourne, Australia: CSIRO

盐渍化的重要性可以根据全世界含盐分高的土壤面积来描绘(参看表1)。目前全世界15亿公顷可耕地中,1/4到1/3是盐化或碱化土壤,这个数据说明盐渍化对世界粮食生产的影响。含盐量在灌溉过的耕地中是一个重要问题。盐碱土壤的灌溉土地面积很广,在澳大利亚、印度、巴基斯坦、俄罗斯、中国、美国、中东和欧洲都有分布。在一些国家,盐分严重影响着50%以上的灌溉土地。在未来的几十年里,要想使粮食产量成功提高2倍或3倍,盐渍化将是面临的一个重要问题。

盐碱地的改造

盐渍化是一个潜伏性问题,早期的土壤症状经常被忽略。为了控制盐渍化,对于长期以灌溉为基础的农业来说,需要对土壤进行分析,对整个河流流域的水分和盐分收支平衡(水量)进行仔细监控。这样的监控为整改措施提供技术基础。

为了诊断土壤的盐化情况,必须用水冲洗土壤,然后检测这些水的导电性。土壤水的导电性和水中溶解盐的浓度有关，二者呈线性关系。盐分限制着许多类植物的生长，这一点清楚地反映在土壤的导电性上。碱化情况也能检测出来，其依据是钠和钙的比率。

用高质量（冲淡的）的水稀释，能够根除土壤的盐渍问题，但是碱化土壤的改造并不是一帆风顺的。因为土壤含钠过高容易使土块散碎，大大减少水分流过土壤的速度。所以，如果碱过滤很有效的话，那么土壤中钠和钙的化学成分比率应该降低。钙，尤其是以石膏形式存在的钙，容易聚集或絮凝成土块，使得钠可以被分解，并从土壤中植物根部地带过滤走。然而，碱化土壤的改进需要大量的石膏，有时每公顷需要几千千克。加石膏的成本可能较昂贵，尤其是当灌溉水的唯一水源碱化和盐化程度很高的话。

对高含盐土壤的改进，要求有一套合适的处理系统。许多情况下，生活所排的废水因为太咸（盐分含量高）而不能直接重新利用。此外，在当今的农业体制中，工农业废水也含有其他成分，诸如肥料养分、沉渣和杀虫剂等，所有这些都对水处理有影响。不仅如此，灌溉用的废水经常只是排放到小溪和河流中去，这种方法只会污染和盐化当地的水源。接受这些废水的溪流将逐渐变得更加盐化，下游可能变成不易为人、动物和庄稼使用的水源。对地下蓄水层和河口处则会产生直接的或潜在的严重后果。当今农艺学（农业的分支，处理庄稼产量和土壤管理的关系）最优先考虑的问题是提高灌溉土地中水和盐分估算的准确率。

历史上的盐渍化

盐渍化影响了第一批伟大的农业社会，如苏美尔和阿卡德文化，它们是在底格里斯河和幼发拉底河冲积而成的土地上发展起来的。广阔的农业土地最早在这个地区被开垦出来；在这些河流流域的南部有需要灌溉的谷物、牧草和棕榈树。复杂的运河系统既能用来运输，又能用来灌溉。城市建造起来，文明繁荣发达。随着时间的推移，灌溉土地顺着这些河流向北转移，这经常被解释为南部农业受盐渍化影响而衰落。考古学关于苏美尔文明的记录表明，数个世纪以来，谷物生产发生了转换，从受人喜欢的、对盐分敏感的小麦换成了耐盐的大麦。

古代埃及盐渍化的历史与美索不达米亚的对比反差很大。对盐分的估测、每年洪水泛滥的定时性，使得埃及尼罗河

2242

这是科罗拉多牧场受盐分影响的土壤。从土壤中分解的盐在地表和篱笆桩根部聚集。照片由自然资源保护局（NRCS）提供

沿岸的土地比底格里斯河和幼发拉底河流域的土壤更适宜长期垦殖。尼罗河冲积平原的土地相当狭窄,水分容易流失,不过尼罗河三角洲除外。在大部分河段中,尼罗河河床被冲刷得很深,因此可以确定的是,河水的涨落对流经地域地下水的升降有相当大的影响。因为有高质量的水、可以预测的洪水、土壤肥沃、养分充足、有机物质丰富,由于这些因素神奇地结合在一起,人们认为尼罗河的农业资源是处于接近理想的状态。尼罗河沿岸的盐渍化问题发展得并不严重,以灌溉为主的庄稼持续了约5 000 年。

然而,在过去,盐渍化对其他农业文明造成了压力。其中最严重的一个是亚洲的印度河,在时间上约与古代苏美尔文明相当。印度河地区的灌溉系统明显超过了古代埃及和苏美尔。然而,关于印度河文明的记录相当少,但一些考古挖掘局部地反映了关于它们的传说(例如在哈拉帕)。尽管考古学家认为,灾难性的洪水、地震和土壤侵蚀破坏了这些古代文明,但是盐渍化可能是一个重要的原因。20 世纪,盐渍化给以灌溉为主的农业带来了巨大压力,这种农业在印度河谷占地将近 1500 万公顷。

澳大利亚广袤无垠的墨累-达令河盆地的盐渍化的历史模式,也是很有教育意义的,因为那里大量的土地利用历史资料记录的是当前的土壤和农业生态系统。尽管这个盆地只占澳大利亚总面积的 15%,但是它提供的农业产量在全国总量中远远超过了这个数字所占的比重,其中大多数农业生产依靠灌溉。自从 19 世纪中叶以来,欧洲定居者开始热心于在此拓殖。扎根很深、面积广阔的桉树林被砍伐殆尽,原来的土地上出现扎根相当浅的庄稼,这就是每年都在进行的耕种模式。这种生态系统减少了植物的水分蒸腾(植物对水分的利用),并使更大比例的年降水量从土壤中渗透过去,改进了当地的地下水系统。因为地表下的地下水是含盐的,

大量的可溶解盐已经被带到土壤地表和作物根部。蒸腾蒸发作用(通过植物蒸腾和蒸发作用从土壤中丧失的水分)使盐分浓缩,据估计,墨累-达令河盆地地表以下 2 米的土壤存在盐化地下水,约有 50 万公顷。澳大利亚人把这种情况称为"次生的"盐渍化(即人为影响的);而"自然盐渍化"这个术语被用来指称自然发生的盐化土壤,即与大陆或邻近河口处较干燥地区的盐湖相关联而产生的盐化土壤。

未来的盐渍化

今天,灌溉耕地在 15 亿公顷总耕地中约占3 亿公顷。目前,谷物总产量的约 35% 来自于灌溉系统,而这个比重还有望继续增加。在 20 世纪 60 年代和 90 年代末期之间,灌溉土地以每年3% 的速度在增长。5 个国家约拥有 2/3 的灌溉耕地,它们是中国、印度、巴基斯坦、俄罗斯和美国。其他依靠灌溉土地的国家有埃及、印度尼西亚、伊拉克、约旦和以色列。所有这些表明,将来灌溉农业中水和盐分的管理将会越来越重要,因为全球农业生产已经十分依赖灌溉。然而面临的挑战是,当代灌溉系统的管理相当不理想,尽管实际上还未对未来造成严重的影响。这里用几个例子来解释这些挑战。

印度河流域主要在巴基斯坦境内,是现代世界重要的农业地区之一,有着广阔的现代灌溉系统。在这个盆地中,冲积层和与之相关、原来就有的地下水蓄水层相当深,这是喜马拉雅山脉西部流过来的水。到 20 世纪 90 年代中期,那里有将近 1500 万公顷的灌溉土地;据估计,灌溉河道、农场水渠、田间小沟的总长度超过 150 万千米。早在这个庞大的灌溉系统发展初期,许多农田庄稼根部的地下水含盐情况就经过了检测,到了 20 世纪 60 年代,一个庞大的灌溉项目开始启动,到 90 年代已经惠及整个系统的 1/3。当前,有 200 万至 500 万公顷

2243

的灌溉土地受到盐分的不利影响。这个系统的运作,需要持之以恒、令人难以置信的努力,尤其是因为印度河河道的坡度斜率非常低(例如,斜率只有大约 0.02%),而水流通向入海口的距离达数百千米。

同样,在现代埃及,灌溉农业生态系统中控制盐渍化的挑战已经非常严峻。从古代到 19 世纪之初,尼罗河河谷的人口数量总计有几百万人,其中大多数由以尼罗河灌溉为基础的农业养活。过去的大多数时候,埃及能够出口大量的食物,如今这样的情况不复再现。现代埃及约有 6000 万居民,到 2030 年为止,有望增长到 9000 万到 1 亿。在农产品进口量不断增加的同时,埃及对灌溉土地亦有巨大的需求,以满足国内的粮食生产。在 20 世纪 60 年代建成的阿斯旺大坝,可以有效控制尼罗河洪水泛滥,因此增加了灌溉的机会。另一方面,随着河水得到控制,河水泛滥不再按季节有规律进行,也不再冲刷含盐的土壤。尤其是在尼罗河大三角洲冲积而成的土壤里,盐分已经成为一个越来越常见的问题。目前广泛思考的问题是,将来灌溉农业的发展将需要技术水准很高的排灌工程。

未来的盐渍化问题几乎不会局限在灌溉土地上。在干旱和半干旱气候条件下,降雨的自然循环可能与盐化和碱化土壤的面积扩展和浓度增加有联系。乞力马扎罗山脚下,肯尼亚安博塞利国家公园(Amboseli National Park)的盐化生态系统提供了一个很著名但有很多争议的例子。从 20 世纪 50 年代以来,这个公园的大部分植物已经发生了巨大变化,即从有着金合欢树为主的热带稀树草原变成偶尔有几棵树的耐盐草地和灌木丛为主的地貌。关于这种生态系统的转换,长期存在着一个假说:20 世纪 60 年代该地区降水量增加,含高浓度盐分的地下水升到金合欢树占主导的热带稀树草原的根部区,导致树木大面积枯萎。无论是否能用盐渍化来解释安博塞利国家公园的这种生态转换,它都是一个非常突出的例子,它表明未来数十年或数百年的气候变化可能影响盐分平衡,并导致大面积的盐渍化,从而影响自然生态系统的结构和功能。

进一步阅读书目:

Allison, G. G. , & Peck, A. J. (1987). Man-induced Hydrologic Change in the Australian Environment. *Geoscience*, 87,35 - 37.

Ayers, R. S. , & Wescot, D. W. (1976). *Water Quality for Agriculture* (FAO Irrigation and Drainage Paper No. 29). Rome: United Nations.

Buol, S. W. , & Walker, M. P. (Eds.). (2003). *Soil Genesis and Classification* (5th ed.). Ames: Iowa State Press.

Dales, G. F. (1966). The Decline of the Harappans. *Scientific American*, 214,92 - 100.

Hillel, D. J. (1991). *Out of the Earth*. New York: Free Press.

Holmes, J. W. , & Talsma, T. (Eds.). (1981). *Land and Stream Salinity*. Amsterdam: Elsevier.

Lal, R. (1998). *Soil Quality and Agricultural Sustainability*. Chelsea, MI: Ann Arbor Press.

Naidu, R. , Sumner, M. E. , & Rengasamy, P. (1995). *Australian Sodic Soils*. East Melbourne, Australia: CSIRO.

Rengasamy, P. , & Olsson, K. A. (1991). Sodicity and Soil Structure. *Australian Journal of Soil Research*, 29,935 - 952.

Richards, L. A. (Ed.). (1954). *Diagnosis and Improvement of Saline and Alkali Soils* (Agricultural Handbook No. 60). Washington, DC: United States Department of Agriculture.

Singer, M. J. , & Munns, D. N. (2002). *Soils: An Introduction*. Upper Saddle River, NJ: Prentice Hall.

Soil Survey Staff. (2001). *Keys to Soil Taxonomy*. Washington, DC: United States Department of Agriculture.

Sparks, D. L. (1995). *Environmental Soil Chemistry*. San Diego, CA: Academic Press.

Western, D. (1997). *In the Dust of Kilimanjaro*. Washington, D. C. : Island Press.

Wolman, M. G. , & Fournier, F. G. A. (Eds.). (1987). *Land Transformation in Agriculture*. New York: John
  Wiley and Sons.
Yaalon, D. H. (1963). On the Origin and Accumulation of Salts in Groundwater and Soils of Israel. *Bulletin Research
  Council Israel*, 11G, 105 – 113.

丹尼尔·里克特(Daniel D. Richter) 文

马行亮 译,黄艳红 校

Salt 盐

盐是一种必需的营养成分,但过量消费时就会产生危害。在整个人类历史上,在不同的地方,盐的充足和匮乏都使 2245
之成为一项非常有利可图的商品。1800 年以后,盐的生产在制造业中占有一席之地,用来生产碱、苯胺颜料和人造纤
维。最近,每年的盐生产总量超过一半用于工业。

盐(化学成分为 NaCl)是人类生活的必需品。我们人体的细胞就浸浴在盐溶液中,而且,由于我们通过汗、尿液和唾沫排泄盐分,所以摄取适当比例的盐以维持我们血液中盐浓度的稳定是很必要的。由于其他动物的身体也充满盐分,所以肉类比重高的饮食会提供足够的盐,可以弥补损失,而完全以谷类和其他植物为主的饮食,会因缺乏足够的盐分而无法保持平衡。由此导致的盐匮乏就令人产生了对矿物盐的持久渴求,而不管产盐地在何处。

但是盐也容易使人上瘾。人们习惯于在食物中加盐,于是很快发现没有盐的食物寡淡无味。过多的盐分可以经由肾脏以尿液的形式排泄出去,通常不会伤害身体,但是如果一个人一生吃很多盐,有时会患上很危险的高血压。实际上,对素食者来说食用一些盐是很必要的,但是在今天,或者说数个世纪以来,大多数时候人们在餐桌上食用的盐超过了我们身体的实际需要。

早期历史上的盐

当人们靠打猎和采集生活的时候,他们的饮食中就有肉;这意味着,就他们身体所需来讲,他们所摄取的盐是足够的。但是,约 1.1 万年前,在世界各地的人们开始定居耕种、形成村落时,数量增多的人类在生活所及的范围内狩猎,大多数野生动物很快被猎杀殆尽,从此人类社会开始逐渐主要依靠植物性食物,所以必须找到数量少但必需的矿物盐来作为补充。

庆幸的是,盐很普通。海洋成为地球显而易见的盐库,而沙漠和一些其他内陆区域,也存在盐湖、含盐量高的土地和盐泉。然而,从农民的角度来看,地理因素喜欢作弄他们,给他们制造麻烦,因为在定期降雨和庄稼长势好的地方,盐分完全从地表土壤中过滤掉了,并且汇入溪流,归入大海。因此,在雨水较多的地区,很难或者说不可能找到盐产地。

在新石器时代人们是如何处理这个问题的,我们完全不得而知。从早期文明幸存下来的

欧仁-阿列克谢·吉拉尔代（Eugène-Alexis Girardet，1853—1907）的《沙漠中的盐商队》（*Salt Caravans in the Desert*，时间不确定），布面油画

书面记录也没有提到盐。但是我们知道，在新石器时代，像宝石、贝壳、燧石和黑曜石这样珍贵耐用的物品可以贩运到数百英里之外，而在约公元前5000年，驴开始被驯化，从而使得有组织的商队贸易成为可能。此时陆地上的贸易交流变得有规律，辐射半径也增大了。因此，我们有诸多理由相信，从农业人口第一次开始感到急需供应盐的时候，盐和其他消费品如调节情绪的药也参与了远距离贸易交流。

在西南亚，最初种植的是小麦和大麦，最便利、最丰富的矿盐源头是死海海滨。位于约旦河边的杰里科（Jericho）遏制着通往死海最方便的道路，故它成为考古学家发现的最早的有防御工事的遗址，这应该不是巧合。杰里科的防御工事约兴建于公元前8000年，其统治者凭借路过的旅行者以实物形式上缴的捐税而变得非常富裕，这对维持这个要塞贡献很大；那些旅行者从此经过就是到死海海滨收集盐的。

关于其他早期农业中心的长途盐运贸易，就没有任何值得一提的信息了。但是中国和非洲种植粟的农民，南亚种植块根作物和水稻的农民，墨西哥种植玉米、南瓜属作物和豆类作物的农民，秘鲁种植马铃薯和昆诺阿苋的农民，在饮食上都与西南亚种植大麦和小麦的农民一样，或者比后者更需要补充矿物盐。这是因为，种植谷物的农民比其他地区的农民拥有种类更加丰富的驯化动物，因此他们可以拥有更多的肉食，交通条件也更好些。

约公元前3500年前，当我们所谓的文明带来国家、城市和迥异的专门职业时，盐贸易就在明显增长，仅仅因为规模扩大的人口继续依赖农民种植的庄稼就可以这么说。但是很长一段时间，很少有或者没有任何考古证据能证明这种盐运输和盐贸易。

然而，我们能够揣测的是，在陆地表面无法通过浓缩获得盐的地方，人们很快学会怎样去开发贮藏在大海和大洋中丰富的盐。这需要人工来建设浅浅的海水池，然后让太阳的热量蒸发海水，直到盐浓缩，不再分解。发现这个技术并不难，因为在海滨的天然池塘里，夏天池水蒸发，盐就自然堆积在一起。因此，顺着合适的、温暖干燥的海岸线，人工建造池塘并进行护理就可能多次获得盐。地中海和印度洋海岸尤其适合生产盐。我们能够推测，由于这种技术日益为人熟知，所以为有需求的农民创造出足够的盐实际上是一种有意识的行为。一旦用镐和铁铲挖好一个合适的浅池，并封闭好海水入口，剩下的就只是需要耐心来生产矿物盐了。

作为贸易商品的盐

2247

在地中海海滨，蒸发海水取盐的实践之所以产生，乃是由于农业传播的缘故。后来，当农业传播到欧洲北部的时候，那里的气候比较湿润，蒸发过程较慢，天气非常冷，雨水太多，无法通过蒸发来生产盐。相反，首先是小贩，然后是船只，开始把盐从地中海运输到北方陆地。在中世纪，盐贸易的记录开始出现。直到那个时候，欧洲北部的人主要依赖从地中海盐场进口盐。

对印度洋和太平洋海岸的盐生产，我们知之甚少。不过仍旧可能的是，海水蒸发制盐的实践在气候允许的范围内传播得很广；并且，要么通过小贩贩卖，要么通过相邻国家的农民以礼物互赠而跨国家流动的方式，供应需要盐的内陆农民。在美洲的玛雅人和阿兹特克人那里，存在有组织的盐贸易，有时候盐也用于宗教仪式。但是，普通人如何获得盐，我们无从知晓。墨西哥和秘鲁有气候干燥的地区，那里的地表就有盐可取，可能没有必要通过蒸发海水制盐。在非洲也同样，内陆盐的储量丰富。罗马时代的记录显示，撒哈拉沙漠地表有盐层，从那里可以开采盐并分销。当 300 年以后骆驼商队开始向北和向南运输盐时，那里的盐就成为西非统治者的重要财富来源。

总体上，早期的农民在那个时候能够获得维持体液内最低限度的含盐量所必需的少量的盐。他们消费的盐来源多种多样，有时是当地产的，有时是从远方运来的，但几乎没有留下什么考古或者书面记录。分配每个人需要的少量的盐不需要特别费劲和专门组织；通过船只或者商队大规模地运输盐仍旧属于个别情况。

在中国汉朝，情况开始发生变化。公元前 119 年，汉武帝致力于恢复帝国财政，开始垄断盐和铁的经营，以便以人为制造的高价把这些生活必需品卖给臣民。这好像是强权政府首次产生对盐收税的想法，然而，实际上这并没有成功，因为中国官僚体制不能有效控制盐的多重发售渠道——无论在沿海还是内陆。然而对盐收税实在是太有诱惑力，因而难以放弃这项政策，因为盐是每个人都需要的东西。而且，如果政府官员能够成功垄断盐的供应，那么富人和穷人都须花重金来购买它。

在中国，当盐的生产技术开始向地下盐矿开采转变的时候，对盐进行有效垄断变得切实可行了。一个重大突破发生在唐朝，约 780 年，对盐开征的新税用于维持运河，以及连接长江和黄河的交通系统，这给帝国首都前所未有地提供了南方的食品和其他资源。

内陆省份四川的地下盐矿开采越来越有效，产量也越来越大，这使对盐收取重税变得可能，从而使盐成为帝国财政的一个重要来源。盐矿开采技术很复杂，设备安装代价很大。因此，地下开采盐矿很容易被垄断。大致情况是这样的：中国四川的工匠们知道怎样去开采地下盐床：钻井，把水灌入井内融化盐，再把饱和的卤水抽上地面。然后他们通过一系列的盐锅来蒸发卤水，使不同质量的矿物盐沉淀下来，这比海水（盐只占海水重量的 3％）制盐要快，质量要高。唐朝以及以后历朝历代对盐的管理变得尤其复杂，政府控制着整个国家的盐的生产、运输和销售，并且还在离海岸较近的地区降低价格，以便与海盐的非法制造商竞争，因为政府根本不能够彻底消除非法制造。

这样，盐的生产和销售成为中国政府税收的一个重要来源，有助于接下来数个世纪中国的政治凝聚力的维系。四川盐开采的规模、技术和效率是别的地方不可匹敌的。实际上,在1780年以后蒸汽机导致英国曼彻斯特和伯明翰崛起之前,四川应该是地球上最大的工业区。

印度和欧洲政府模仿中国,试图对盐课税。但是蒸发制盐的盐场数量众多,傍海而设,政府垄断很难强化,而且盐税不受欢迎,一直处于次要地位。而在中欧,奥地利的萨尔茨堡(Salzburg)及其附近的地下盐床接近地表,哈布斯堡王朝(1273—1918)依靠对盐课税变得日益强大。同中国的一样,这些盐来自地下。法国君主试图东施效颦,但是由于法国海岸线充斥着私人经营的盐场,垄断食盐价格成效不大。即使在内陆省份,尽管那里盐税得到强力推行,但是未课税的食盐走私行为仍旧不能被阻止。盐税在各地不受欢迎,直到1789年法国大革命爆发,国民议会废除了这项税收。

再往东,在波兰的克拉科夫(Cracow)附近,也存在纯度极高的地下盐床,其顶部的土质非常干燥,以至于用镐和铲就能开采,从而留下大面积的地洞。今天这些洞穴仍处于地下数米深的地方。14世纪,来自威尼斯的盐商发现(或许是扩大和重新组织开发)了这些盐矿。从6世纪威尼斯建成以来,对威尼斯人来说盐贸易就非常重要,因为亚得里亚海附近海岸的气候尤其干燥,非常适合地中海式的蒸发制盐。数个世纪以来,威尼斯人(并与其他地中海海上民族竞争)给北欧供应盐;即使波兰的盐生产规模扩大,地中海的制盐和向北方的出口也没有受到影响。

尽管人们并不确定,但是波兰盐场很可能降低了波罗的海沿岸和荷兰一带盐的价格并增加其销量。只有对盐价的认真研究能够明确告诉我们发生了什么,但是有理由相信,14世纪,越来越多的廉价盐开始充斥波罗的海地区。因为那个时候的欧洲渔民开始远洋航行,进入大西洋,他们在捕获的鱼身上撒盐以维持新鲜度,

这样可以储存数天或者数星期,直到他们返航,把捕获物运上海岸。与哈布斯堡王朝不一样,很可能是由于波兰政府太软弱,不能垄断盐矿开采,因此盐价由市场来决定。而如果真是这样,那就意味着盐的低价,因为波兰盐矿开采比较容易,产量容易增加,维斯瓦河的航运价格也不贵。我们可以明确的所有事实是,在约14世纪中叶以后,盐的价格相当便宜,渔民能够买到和大量使用,在波罗的海、北海和大西洋沿岸随处可见盐,这是前所未有的。一些盐来自波兰,一些来自传统的地中海盐场,地中海盐场主能够通过建造更多的蒸发盐池来扩大生产,就像波兰的盐矿主那样容易。荷兰(和其他国家的)船只来来往往运送盐,维持着各地盐的市场价。

历史意义

制盐的历史对世界史来说非常重要,而且能更进一步解释为什么是欧洲人而不是日本人发现了美洲。因为即使渔民通常讲不清楚他们捕鱼的地方,但是我们有充分的理由相信,在哥伦布开始著名航行之前的数十年,对大西洋远海的探险把欧洲渔民带到了大浅滩(Grand Banks)和纽芬兰海岸。可以明确的是,和葡萄牙人对非洲海岸的探险一样,他们的航行积累了关于风、洋流的知识,还有其他技巧,这些对跨洋航行都是必需的,结果欧洲航行者在1492和1522年之间取得了辉煌的成就。

而相同的情况并没有发生在北太平洋,那里的日本渔民虽然有船,质量同欧洲的一样好,但是他们缺乏大量廉价的盐,因此只能局限在海岸附近,这样可以在一两天之内把捕获物送到市场上。一旦缺水,鱼会很快腐烂,因此,从买卖鱼的地方跨洋去捕鱼,正像约1450年欧洲人开始做的那样,在没有足够和廉价的盐保存捕获物的情况下是没有意义的。因此,日本渔民失去了在美洲海岸捕获鲑鱼和其他鱼类的机会,

让所有人都有工作,享有面包、水和盐。

——纳尔逊·曼德拉(Nelson Mandela, 1918—2013)

当然也就没有发现美洲。

因此,人们可以认为,欧洲日益扩大的盐的供应和前所未有地允许远洋捕鱼,推进了世界历史向远洋航行和殖民发展,这是人类接下来500年所取得的最主要成就,深深地重新整合了世界的人口、经济和政治。如果是这样的话,这当然可以视为盐对人类生活所产生的最大影响。

约在1800年以后,食盐的官方垄断和课税制度逐渐弱化或者消失。这不仅发生在大革命时期的法国,也发生在其他欧洲国家和亚洲。例如,在印度,英国努力维持盐税却从来没有成功过,直到20世纪30年代,当莫汉达斯·甘地因为制造海盐不纳税而被关进监狱时,抗议盐税才成为他动员社会舆论反对英国统治的方式。甚至在中国,从1774年开始,一系列长时间的反抗运动,到1850至1864年期间的太平天国运动达到高潮,这期间盐业管理机构遭受严重的干扰。

凡是食盐更充足、更便宜的地方,不论盐业垄断的成败,也不论生产和销售是否得到改进,人们都用盐来保存肉类和其他食品,包括鱼。这大大丰富了世界许多地方的食品供应。欧洲波兰和德国的情况尤其突出,因为从14世纪以来,除了腌制的火腿和香肠以外,由卷心菜腌制的泡菜提供了冬季严重缺乏的维生素。

终于,约从1800年开始,人类消费食盐和用盐储存食物的传统方式都逐渐消失了,至少在规模上是这样,因为到这个时候,化学家们学会了怎样在各种工业生产中利用盐。盐成了一种成分,用以制造各种产品,如碱、苯胺燃料、人造纤维和无数的其他化工新产品。盐最近的一个用途是用来融化冬天道路上的积雪和冰。结果,在公元第2个千禧年临近的时候,盐的年产总量的一多半用于工业,约有2.25亿吨。因此,说起来有点奇怪的是,世界各国政府不再关注对廉价和充足的盐课税了。

进一步阅读书目:

Adshead, S. A. M. (1992). *Salt and Civilization*. New York: St. Martin's Press.

Bergier, J. (1982). *Une Histoire du sel* [A History of Salt]. Fribourg, France: Presses Universitaires de France.

Ewald, U. (1985). *The Mexican Salt Industry 1560–1980*. Stuttgart, Germany: Gustav Fischer.

Hocquet, J. (1978–1979). *Le sel et la fortune de Venise*. Lille, France: Université de Lille.

Multhauf, R. P. (1978). *Neptune's gift: A History of Common Salt*. Baltimore: Johns Hopkins University Press.

Verlag. Litchfield, C. D., Palme, R., & Piasecki, P. (2000–2001). *Lu Monde du sel: Mélanges offerts à Jean-Claude Hocquet*. Innsbruck, Austria: Berenkampf.

Vogel, H. (1993). *Salt Production Techniques in Ancient China: The Aobo Tu*. Leiden, Brill.

威廉·麦克尼尔(William H.McNeill) 文

马行亮 译,黄艳红 校

Sasanian Empire　萨珊帝国

2250　　萨珊帝国(224—641)的国君们创建了一个重要的帝国，囊括伊朗高原，以及中非部分地区(似应为中亚部分地区而非中非。——译者校注)、阿拉伯半岛和美索不达米亚的部分地区。他们的艺术才华和文化创造力影响着他们的邻居，他们的历史对同一地区后来崛起的伊斯兰王朝而言是重要的背景参照。

在7世纪萨珊帝国的权力鼎盛期，这个帝国控制着安纳托利亚(土耳其半岛)、叙利亚、巴勒斯坦和埃及，还有伊朗、中非、阿拉伯半岛和美索不达米亚的部分地区。萨珊王朝是丝绸之路的重要组成部分，丝绸之路控制着欧亚的丝绸和其他奢侈品的贸易。萨珊帝国建立了最受人认可的货币体系，尤其是以德拉哈姆(drahm)而知名的银币。

阿尔达希尔一世的崛起

萨珊王朝崛起于波西斯省(即当今的法尔斯省，位于伊朗西南部)，那里延续着波斯人的生活习惯，充满着对过去历史的怀念。阿尔达希尔一世(Ardashir I, 224—240年在位)是伊什塔克尔城(Istakhr)的女神阿娜希塔(Anahita)圣火堂一个祭司的儿子。在公元第3世纪的头10年，这个地区名义上的统治者——帕提亚的万王之王阿尔达班六世(Artabanus VI)，正忙于应付罗马人和击败王位争夺者，所以阿尔达希尔能够征服这个省份。到阿尔达班六世能够转身对付突然崛起的波斯人的时候，阿尔达希尔已经聚集起一支强大的力量，主要由波斯贵族组成。224年，阿尔达希尔击败阿尔达班六世，自己加冕为万王之王。他发行的硬币是这样称呼自己的："阿尔达希尔，伊朗的万王之王，是神的后裔。"这样，"伊朗"这个名字首次被用来指代伊朗高原。

沙普尔一世和先知摩尼

阿尔达希尔的儿子沙普尔一世(Shapur I, 240—270年在位)，取得多次军事胜利。他杀死一个罗马皇帝(Gordian，戈尔迪安)，囚禁了一个罗马皇帝(Valerian，瓦勒良)，并使第三个罗马皇帝纳贡称臣。他的军队抓获许多罗马人和日耳曼人(哥特人)士兵，让他们在宫廷里担任工程师、手工艺人和苦役。这种罗马的影响在波西斯省的毕沙普(Bishapur)可以清晰看见。沙普尔一世留下几篇很长的碑文和一些石刻浮雕，以见证他的辉煌和权力，即作为万王之王，他不仅统治着伊朗人，而且还统治着非伊朗人。这意味着，当时就有很清晰的概念，哪些土地是伊朗的，哪些是伊朗之外但又归萨珊帝国统治的。

在沙普尔统治期间，先知摩尼(Mani，约216—274)出现在美索不达米亚地区。他来自帕提亚的一个贵族家庭，信奉一种融杂的诺斯替教，包含琐罗亚斯德教、佛教、印度教和基督教的元素。摩尼教的核心是两个原则，即光明和黑暗。光明王国就是精神王国，而黑暗王国就是肉体王国。世界历史被划分为3个时期：第一时期，两种原则互相分离；第二时期，它们混在一起，原因是黑暗王国袭击光明王国，捆绑住了光的粒子；第三时期，互相分离的理想状态重新回来，黑暗王国最终被摧毁。这一宗教就叫摩尼教，它在商人中十分流行；最终，它沿着丝绸之路

2251

《巴赫拉姆和印度公主们在黑色的阁楼里》(*Bahram and the Indian Princess in the Black Pavilion*)，微型水粉画（约 16 世纪），以萨珊国王巴赫拉姆五世(Bahram V)的故事为基础创作，这个故事来自 12 世纪纳扎米(Nezami)写的《五卷诗》(*Khamsa*)

司们策划逮捕摩尼，然后杀死了他。摩尼的追随者四散逃往中非和中国。

萨珊帝国时期的琐罗亚斯德教

琐罗亚斯德教是萨珊人信奉的宗教，也是 3 世纪以来这个帝国的官方宗教。尽管其他琐罗亚斯德教的神灵如密特拉(Mithra)和阿娜希塔也被人膜拜，但是实际上萨珊人只是阿娜希塔圣火堂的看护者。在碑文中，他们称自己"崇拜马兹达"。这意味着阿胡拉·马兹达(Ahura Mazda，中古波斯语[Ohrmazd])是最高神。根据琐罗亚斯德教的经典《阿维斯塔》(*Avesta*)，社会分为不同阶层，3 个重要的圣火堂也建造起来：为祭司所用的阿杜尔·伐朗拜格(Adur Farranbag)圣火堂；为武士所用的阿杜尔·古什纳普(Adur Gushnasp)圣火堂；为农民所用的阿杜尔·伯仁米尔(Adur Burzenmihr)圣火堂。许多较小的圣火堂也在整个帝国建造起来，在那里，祭司们讲经布道，履行必要的仪式。

3 世纪以来经常被提及的是，有两位祭司创建了琐罗亚斯德教的国教地位和等级制度。第一位是托萨尔(Tosar 或者 Tansar)，据说他收集了所有与《阿维斯塔》相关的传统典籍，编撰了阿尔达希尔一世期间一个权威的《阿维斯塔》版本。另一位琐罗亚斯德教史上的关键人物是科迪尔(Kerdir)，他调查过整个帝国，创建了其认为合适的新琐罗亚斯德教并传播这些教义。他表彰那些接受其教义的祭司，惩罚那些反对其教义的祭司。他提到曾迫害过帝国境内的其他宗教团体，包括基督徒、曼达派成员、佛教徒、印度教徒和摩尼教徒。他挑唆逮捕并处死摩尼。

他还修建许多圣火堂，其追随者相信，他为了搞清楚天堂和地狱以及怎样进入前者而避免落入

2252

传播开来。沙普尔一世虽然是琐罗亚斯德教徒，但他允许摩尼在整个帝国自由传教，这招致了琐罗亚斯德教徒的怨恨。在沙普尔死后，祭

后者,曾经去过死者的世界。科迪尔的一生横跨好几代萨珊国王,在3世纪下半叶他获得了绝对权威。

第4和第5世纪: 战争与革命

4世纪初期与罗马人的战争对波斯人来说是灾难性的。国王纳尔西斯(Narses,293—302年在位)在数次重大战争中屡屡败给罗马人,甚至失去了整个后宫,因此他被迫耗费重金来赎回整个后宫。然而,在宗教事务上,纳尔西斯看起来能够削弱科迪尔和祭司的权力,再次抬高了女神阿娜希塔的地位。到了4世纪,沙普尔二世(Shapur II,309—379)为纳尔西斯的失败报仇,有能力击败罗马人。他也能击败阿拉伯部族,这些部族曾经袭击和劫掠帝国的东南省份。这充分证明了其在伊斯兰文学中的名号"肩膀穿孔器"(Piercer of shoulders,阿拉伯语是 dul al-aktaf)。

到了5世纪伊斯特格德一世统治期间(Yazdegerd I,339—420年在位),聂斯脱利教(Nestorian,波斯的基督教)在萨珊首都泰西封(Ctesiphon)出现。伊斯特格德一世迎娶了萨珊帝国的犹太大拉比的女儿,她生养了下一代万王之王巴赫拉姆四世(Bahram IV,388—399年在位)。[①] 这些行为给人的感觉是,这个帝国属于信奉各个宗教的人,即只要他们缴税,他们就是帝国的一分子。

同样是在5世纪,喜波萨利第人(the Hepthalites)从东面攻击萨珊,同时萨珊人还必须在西南和西面同阿拉伯人和罗马人作战。到5世纪末和6世纪初为止,在卡瓦达一世(Kavadh I)统治时期(488—496、499—531),社会经历了一场革命。当时采邑贵族势力很大,免于税收。根据对《阿维斯塔》的新解释,马兹达克帮助国王卡瓦达削弱了采邑贵族的权力,在人民中重新分配他们的土地,而新产生的小土地贵族成为社会的支柱。支持较早期状况的神职人员的权力也遭到削弱。

霍斯劳一世及其改革

卡瓦达的儿子霍斯劳一世(Khosrow I,531—579年在位)击败他的兄弟,取得王位。他做的第一件事情就是与罗马交好,确保边界安全。然后他开始抓捕和迫害马兹达克及其追随者。一旦这位国王能够削弱神职人员和贵族的权力,他就能够再次恢复帝国秩序。然而霍斯劳一世并没有把土地归还给贵族,而使较小的土地贵族成为社会和税收的支柱。霍斯劳一世普查全国的土地,创立了一种新的税收制度,不仅对土地征税,而且对出产物征税,要求每年分3次缴纳。他还把帝国分成4个行政区,一个在东北,一个在东南,一个在西南,一个在西北。军队也被分成4个部分,对应负责每个行政区的防卫工作,试图与来自各个方向的侵略军队作战。

在宗教方面,《阿维斯塔》及其评注(《赞德》[the Zand])由值得信任的神职人员指导,他们的解释获得了国王认可。《阿维斯塔》及其解释的最终版得以确定。《列王记》(Khudy-nmag)讲述伊朗的历史,是王室的编年史,也是在霍斯劳一世统治期间完成。霍斯劳鼓励学术研究,邀请拜占庭帝国的哲学家来波斯为其撰写关于亚里士多德哲学和其他学科的著作。霍斯劳还派人到印度寻求关于天文学、逻辑学和智慧文学的书籍。霍斯劳的大臣乌祖格密尔(Wuzurgmihr),甚至在后萨珊时期(伊斯兰教)也因智慧而家喻户晓。这个时候,国际象棋和十五子棋这样的游戏也从印度引入伊朗。马球成为王室特有的运

2253

---

① 这段话有误,伊斯特格德一世在位时间为399—420年,他的继任者应为巴赫拉姆五世,在位时间为420—438年。——译者校注

动项目,并在霍斯劳一世时期盛行。还有,霍斯劳的宫廷以财富而闻名,他的王冠是如此之大、如此之重,以至于必须悬挂在天花板上。

第 6 和第 7 世纪: 伊朗

霍斯劳二世(590—628 年在位),一个精力充沛的统治者,曾征服过埃及,围困过君士坦丁堡;但是拜占庭皇帝希拉克略(Heraclius)能够发动反攻并打败波斯。霍斯劳二世宫廷的财富成为以后伊斯兰时期的遗产。他对其亚美尼亚裔妻子希琳(Shirin)的爱情在小说和史诗中都有提到,正像他的宝马沙布第兹(Shabdiz)一样。在他统治期间,演员和音乐家获得声望,尤其是作曲家兼演员巴尔巴德(Barbad)和女歌唱家纳克萨(Nakisa)。萨珊帝国时期的艺术表现可以在塔格·布斯塔坦(Taq-e Bustan)和贝希斯敦(Bisitun)的历史遗迹里找到,那是一个永远不会完成的不朽石雕,看上去像是计划好的。

在霍斯劳二世之后,他的儿子、孙子和女儿们陆续登上王位。众所周知的是,女王布伦(Boran,630—631 年在位)在父亲死后曾尽力恢复对父亲时代的记忆,让这个纷乱的帝国秩序井然。女王阿扎米度克斯特(Azarmiduxt),即布伦的姐姐,也统治过一段时间。她们的统治证明了这样的事实,女人是被允许统治萨珊帝国

的。然后,一系列远方的亲戚来竞争王位,最后以伊斯特格德三世(Yazdegerd III,632—651 年在位)继位告终,他是萨珊帝国最后一任国王。那个时候,阿拉伯穆斯林的军队已经出发上路,他们在 3 个重要战役中击败了萨珊帝国。伊斯特格德三世尽可能集中力量来与侵略者作战,但是他在呼罗珊被一个地方领主杀害,这个领主不想支持这个浪迹天涯的国王。他的子女们逃到中国寻求帮助。8 世纪时,他的孙子甚至还希望重新占有伊朗。但是,那个时候,伊朗已经发生变化,一个新的统治力量马尔万(the Marwanids)掌握了政权。

萨珊帝国在世界史上的遗产

萨珊的许多生活习惯延续给了伊斯兰世界,包括马球、国际象棋和十五子棋等游戏。印度和伊朗的智慧文本,以及关于统治方式和行为方式的手册,从中古波斯语翻译为阿拉伯语。伊朗的行政实践成为伊斯兰教行政体制的主要特征,萨珊银币成为伊斯兰银币的标志。9 世纪,随着阿拔斯王朝(Abbasid)的垮台,当地政权争夺伊朗高原统治权,萨珊帝国遗产竟成为意识形态竞争的主要因素。这个事实表明,萨珊帝国在伊朗及其周边地区人民的记忆中的重要性,以及其经久不息的影响力。

进一步阅读书目:

Bivar, A. D. H. (1969). *Catalogue of the Western Asiatic Seals in the British Museum: The Sasanian Dynasty.* London: British Museum Press.

Frye, R. N. (1984). *The History of Ancient Iran.* Munich, Germany: Beck.

Frye, R. N. (1986). *Heritage of Ancient Persian.* Costa Mesa, CA: Mazda Publishers.

Frye, R. N. (Ed.). (1973). *Sasanian Remains from Qasr-i Abu Nasr.* Cambridge, MA: Harvard University Press.

Göbl, R. (1971). *Sasanian Numismatics.* Brunswick, Germany: Klinkhardt and Biermann.

Harper, P. O. (1981). *Silver Vessels of the Sasanian period.* New York: Metropolitan Museum of Art in Association with Princeton University Press.

Skjaervo, P. O. (1983). *The Sasanian Inscription of Paikuli.* Wiesbaden, Germany: Dr. Ludwig Reichert Verlag.

Wiesehöfer, J. (1996). *Ancient Persia.* London & New York: I. B. Tauris.

Yarshater, E. (1984). *The Cambridge History of Iran: The Seleucid, Parthian, and Sasanian Periods: Vol. 3*

2254

(Books 1 – 2). Cambridge, U. K.: Cambridge University Press.

Zaehner, R. C. (1956). *The Teachings of the Magi*. New York: MacMillan.

Zaehner, R. C. (1961). *Dawn and Twilight of Zoroastrianism*. New York: G. P. Putnam's Sons.

塔拉杰·达亚易（Touraj Daryaee） 文

马行亮 译，黄艳红 校

Science—Overview 科学概述

像所有有效的知识体系一样，科学的基础是归纳：仔细的经验观察与总结概括的尝试。像所有知识体系一样，科学也会被证伪，也会面临突然出现的新事实的考验，并会产生可能推翻现有的定论的新知识形式。现代科学与早期知识体系的区别在于智力活动的范围；在这个范围里，科学观念产生并接受检验。

英语单词"科学"派生自拉丁单词"scire"，是"知道"的意思。在许多语言中，"科学"这个词语或者类似意思的词语表意非常广泛，意思是"一个系统的知识体系，指导我们与世界的关系"。这就是类似"社会科学"这样短语中存在的意思。这一类的知识体系有许多。所有具有大脑的动物都拥有，而且能够利用外部世界结构化的知识，因此，在原则上我们可以说，动物也依赖于某种形式的科学。

从狭义上讲，"科学"这个词是指关于物质世界的独特知识系统，它于最近 500 年才出现在欧洲，其基础是现代社会的技术成就。许多社会拥有复杂的技术，许多社会有丰富缜密的宗教和哲学体系，但是现代科学最独特之处是其理论已被用来开发异常强大和高效的技术。正像最近一项研究表明的那样，"对其他知识来说，现代科学不仅仅是一种思想构建——它既能够从智力上掌控自然，又能够从实践上掌控自然。尽管经验性的技术是每一个主要文明的特征，然而运用成体系的科学知识改变我们的自然环境（通过服从自然来征服自然，就像弗朗西斯·培根所说的那样），是仅由欧洲人完成的

创造"（Cohen 1994）。从这个意义上讲，科学是现代社会理解世界的独特方式。因此，要理解现代世界，我们必须理解科学。

"科学革命"的观念——思考世界的方式发生根本性转变——对如何看待世界历史上科学的角色至关重要。尽管普遍接受的看法是，现代科学的根源能够追溯到古典希腊和美索不达米亚时期（当然，现代科学思想存在于从中国到中美洲许多不同的社会中，甚至在旧石器时代的某些思想中也有），但是普遍的观点认为，现代科学在 16 和 17 世纪科学革命时期才出现，而且它的出现标志着思想上的根本转变。正如一项研究所指出的："科学革命代表着世界史的一个转折点。到 1700 年，欧洲的科学家已经推翻亚里士多德和托勒密的科学观和世界观，欧洲人在 1700 年——其他人则在 1700 年后不久——就生活在一个完全不同的知识世界里，这与他们 1500 年时候的祖先完全不同。"（McClellan and Dorn 1999）接下来的几个世纪里，那场革命改变了人与物质世界的关系以及人对物质世界的观念。

但是，科学作为一种革命性的新知识提出了

> 就科学中的问题来说,一千个人的权威抵不过一个个体的谦虚推理。
>
> ——伽利雷·伽利略

该书页摘自一本非常著名的光学专著,著于奥斯曼苏丹穆拉特·伊本·塞利姆(Murāt ibn Selim)统治时期(1574—1595),以基本知识(直射、反射、折射以及阴影的长度)开头

一些复杂的问题。现代科学与较早期的知识体系真的不同吗?为何它能赋予现代社会影响物质世界的神奇力量?现代科学真的像某些人所宣称的那样,提供了一个描述现实的最优方式吗?

现代科学的独特之处何在?

回答这个问题并不容易。而尤其困难的是,与较早时期的知识体系相比,如何证明科学对世界的描述更准确。

一些关于现代科学功效的最早解释宣称,科学明确的特征是对物质世界仔细客观的观察。尽管许多较早的思想体系主要依赖宗教启示,或者依赖较早期作家和思想家的传统权威,从而使这些解释大行其道,然而科学家尽量把所有偏见置之一旁,不带偏见地直接观察世界。为了确保观察的客观性和准确性,他们设计出严密的、而且有时是复杂的实验方法。然后他们利用观察的结果,运用逻辑归纳方法,对现实的本质得出总体假设。

这样,科学理论由于建立在仔细观察和严密逻辑的基础之上才发挥作用,这解释了为什么它能够相当准确有效地描述世界。伽利雷·伽利略(Galileo Galilei,1564—1642)经常被认为是运用新实验方法的典型,他通过新近发明的望远镜观察太阳和行星,并让圆球在斜面上滚动来研究重力的影响。同时,艾萨克·牛顿(Isaac Newton,1642—1727)成功地用公式来表达运动定律,这经常被作为有可能根据仔细观察得来的信息进行直接归纳的典型例子。17世纪英国自然哲学家(当时的术语,现在我们可以称为科学家)弗朗西斯·培根(Francis Bacon,1561—1626)可能是第一个系统描述归纳法的人,但是关于现代科学本质的相似看法在今天仍然可以大量列举出来。例如,这里有一个关于科学如何运作的现代定义:"科学家提出理论,然后借助观察和实验得来的证据评估这些理论;科学最独特的地方是缜密和系统的方法,其观点建立在借此而得出的证据基础之上。"(Worrall 1998)

归纳派对现代科学的看法有很多正确的地方。尽管仔细的经验观察的例子在所有人类社会中都能找到,但在这之前,从来没有这么多的科学观察如此系统、如此仔细,从来没有自然科学家尝试过如此缜密地构建关于现实本质的普遍理论。不幸的是,归纳的方法不能保证科学理论的正确性。首先，很清楚的是，当我们接受信息时，我们的思想在形塑和重组它，因此我们从来不能完全把观察和理论化分开，理论化的先决条件是用最简单的逻辑来归纳的方法。

但是最基本的问题是逻辑上的。归纳使我们从对局部世界的观察推出对整个世界的理论。然而，没有任何观察能够囊括所有现实，因此归纳涉及一个跨越式的观念，即我们能直接观察到的这小部分现实典型反映了整个现实。尽管依赖建立在大量经验证据基础上的理论才有意义，但是归纳从来不能得出明确无误的结论。（伯特兰·罗素有个著名的例子，即会推理的火鸡仔细观察，它两条腿的主人每天如何在特定时间给它提供食物，正当火鸡将要做出食物总是在同一时间出现的总体假设的时候，它的主人杀死并烹煮它来过圣诞节。）作为一个结论，建立在归纳基础上的结论总是有局限的，有时是最根本的局限，因为新的观察结果又会出现。这样，通过仔细观察遥远行星的位置和运动，利用亨利埃塔·勒维特（Henrietta Leavitt，1868—1921）关于各种星体的著作，埃德温·哈勃（Edwin Hubble，1889—1953）证明宇宙远不是稳定和永恒的，而实际上是不断膨胀的。

20世纪，奥地利裔英国哲学家卡尔·波普尔（Karl Popper，1902—1994）提出，他所希望的是为科学提出更可靠的辩护词。他认为，科学通过"证伪"的过程向前发展。正像他指出的，尽管任何通过归纳得出的理论的正确性不可能被证明是正确的，但是可能的是，某些理论可以被证明是错误的。因此波普尔认为，科学应该得到信任，不是因为它的结论绝对正确，而是因为它由一些已经经过缜密检验但还没有被证伪的理论组成。最著名的一个可以被证伪的理论或许是阿尔伯特·爱因斯坦提出的那个观点，即重力对光有影响。可以通过观察从遥远星体传来的光在太阳旁边经过时是否弯曲来检验这个观点。这个观点在1919年一次日食的时候顺利得到验证，但是让波普尔感兴趣的是，爱因斯坦的观点充满了风险：它本来可能被证伪。波普尔认为，诸如马克思主义这样的意识形态以及诸如历史这样的学科不能算作科学，因为它们不能推出可以足够精确证伪的假说。

不幸的是，尽管波普尔区分科学与其他知识形式的尝试被证明并不恰当，科学史专家还是发现，科学家们有时会十分执着于过时的理论，或者仅仅对理论做些微调，以避免被证伪。由于对找到证据证明科学理论的正确性感到绝望，一些科学哲学家放弃了这一努力。历史学家托马斯·库恩（Thomas Kuhn，1922—1996）对实际科学中的主观性和党派性深有感触，他提出，现代科学明确而主要的特征是，每一个科学领域内的科学家看起来在学科的核心理念上是一致的。他认为科学是按照一定的范式或者说核心理念组建的，就像牛顿运动定律或者自然选择理论。这些范式一旦确立，就很少受到严密程序的检验；而在波普尔看来，这些检验是理所当然的。相反，大多数时候，在许多科学家的著作中存在强烈的信念元素。但难以置信的是，库恩认为这种对核心理念的信念解释了科学研究的有效性。不像历史学家对他们学科的基本原则意见不一，科学家们忠诚于一系列理论。库恩认为，这解释了为什么他们比历史学家更能合作、能更为有效地进行研究。例如，生物学家在自然选择的范式里研究，知道任何看起来威胁到自然选择基本理论的观察结果都是重要的，因此这样的问题吸引着许多研究者，最终他们的工作能够导致支持核心范式的新视角。

但并非一直如此。库恩承认，在极端的情况下，积累起来的新资料和新观点可能推翻既存的范式。19世纪末期，许多物理学家断定"以太"存在，认为它是一种普遍的媒介，借助它，所有物理变化得以发生。不幸的是，美国物理学家阿尔伯特·米切尔森（Albert Michelson，1852—1931)和爱德华·莫利(Edward Morley，1838—1923)关于光速的实验看上去证明了以太并不存在——尽管以太本来应该减缓与以太流动方向相反的光束的速度，但是光速在各个方向都是一样的。这些反常现象促使爱因斯坦意识到，牛顿的范式必须修正。因此，库恩在科学的正常时期和科学革命之间做了区分。正常时期进程是缓慢的，有时甚至很乏味，这个时候，科学家们不断充实这个公认的范式；而科学革命时期，一个既定范式被打破，一个新的范式重新建立。

尽管库恩的观点是一种有关科学如何运作的更为实际的描述，但是并没有对科学观念的正确性提供强有力的支持，也没有使科学解释更有力度。因为人们很容易指出，其他的知识体系，包括各种形式的宗教，都存在一系列核心理念，它们被接受、被认可，有时又被彻底颠覆。对一些人来说，我们所讲的所有关于科学的内容，看起来好像就是它善于解决那些现代社会中需要解决的问题。关于科学的工具论认为，科学理论是否正确并不重要，重要的是这些理论是否有效。科学最好不要被认为是对现实的或多或少正确的描述，而应被视为一个工具——与石斧和计算机一样的思想工具。或者，采取一个更确切的类比，它就像是一个现实的地图，就像迈克尔·波兰尼（Michael Polanyi）所写的那样，"所有理论都可以被视为一种时间和空间得到延伸的地图"。同样，托马斯·库恩也认为，科学理论"提供一幅由成熟的科学研究详细解释细节的地图，并且由于科学太复杂和多种多样而不能随意研究。这幅地图同观察和实验一样，对科学的继续发展是必需的"（Kuhn 1970)。像所有知识体系一样，科学提供了有关现实世界某些方面的简化了的片面地图，但它不是现实本身。

科学能够准确地描述现实，维持这个观念的最后一次努力是哲学家希拉里·普特南（Hilary Putman，1926—2016)提出的平淡而令人愉悦的观点。普特南认为，如果理论有效，那么对这个事实最简单的解释就是承认理论提供了对现实世界最好的描述。就这一点来说，现代科学的成就给它自己正了名。正像普特南提出的那样，"现实主义（即相信科学准确地描述这个世界的信念）的确凿观点是，唯一的哲学就是不将科学的成功视为神迹"（Psillos 1999)。

任何缜密地定义现代科学特征的方式显然不可能找到，这意味着科学可能与其他类型的知识系统并非像经常提到的那样不同。所有知识系统，甚至来自动物的，都提供了现实的地图，对外在现实进行或多或少的准确指导。或许，正像历史学家史蒂芬·夏平（Steven Shapin）所争

这个雕塑呈现的是中国早期的发明——罗盘。这个勺状的指针由磁氧化物做成。在从中国到中美洲的许多古代社会中，以及现代科学中都能找到

辩的那样,科学革命并不像人们曾经认为的那样,明确地带来认识论的突破。许多17世纪的科学家充分意识到,他们的观念与中世纪和古代世界那些观念存在承继性。实际上,牛顿像那个时代许多其他科学家一样,一直在研究炼金术,尽管他奠定了许多人所认为的真正的科学基础。甚至科学革命的观念也是一个现代观念,1939年,这个术语首先由哲学史学者亚历山大·柯瓦雷(Alexandre Koyré)发明。

　　20世纪的发展进一步模糊了现代科学和其他类型的知识体系之间的区分。量子物理学和混沌理论已经表明,现实本身比人们曾经认为的更为混沌不清。这个结论迫使科学家们放弃19世纪的希望,即达到对现实的机械般完美描述的希望。结果,科学与社会科学之间的不同,看来不像曾经表现出来的那样截然分明。这对历史上的学科,如天文学和生物学来说尤其正确。尽管这些领域的专家们尽量描述过去发生的变化,但是他们也面临着同历史学家们相同的尴尬。与把结论建立在反复试验的基础上不同,他们像历史学家一样,通过随意留存到现在的碎片来重建一个消失的过去。

　　正像科学和其他现代学科之间的界限已经模糊一样,下述观念,即科学是一种截然不同的知识,已经变得很难坚守。仔细地观察会促进技术创新,这是许多人类社会的特征,尽管关于现实本质的一般理论仍然存在于许多宗教中。归纳派和证伪派的论据都不能证明科学的正确性,充其量,他们突出这个实用主义的事实,即科学理论有效是因为它们与任何较早期的知识体系相比是建立在更广泛的一系列观察结果之上。同样,它们也遵从特别缜密的真理验证。

　　这一系列的论据意味着,我们在审视现代科学在人类生活中的历史地位时,应把现代科学作为世界历史进程中形成的人类诸多知识体系中的一个。从这个角度来看,一个令人惊奇的问题是,长期以来,人类知识体系是如何必须

吸收越来越多的信息的。尽管在细节上越来越繁杂,但把信息集中整合成有内在关联之理论的任务,是如何要求对观念进行更为严格的检验,并形成越来越普适、抽象的理论的。这样一来,现代科学的主要典型特征或许在于它的范围。

　　正像安德鲁·谢拉特(Andrew Sherratt)所指出的:"智力革命……主要在于适合越来越大规模人群的思维方式的出现……这种转换能力力求超越文化的接受标准,并在科学500年来的发展过程中清晰呈现出来……"因为科学是一个真正全面的知识体系,所以它尽力解释更大容量和种类的信息,并且相对于任何较早期的知识体系来说,它对这些信息经过了更严肃的真理性检验。

　　这个方法可能有助于解释现代科学的其他两种典型特征:有助于我们控制环境的惊人能力和谨慎避免拟人化的解释。在人类历史的大多数时期,知识体系与特定的社会密切联系,只要它们对这些社会面临的问题提供足够的解释,它们的可信度就不容挑战。但是,它们的局限性很容易由突然出现的新问题、新观念和新威胁而暴露出来。这就是整个美洲所发生的情况,在欧洲征服者到达之后,他们的观念破坏了当地既存的知识体系,就像他们的疾病和军事技术有效地破坏现存的权力结构一样。因为人类信息网络的范围变大,那些把信息整合成有内在联系的系统的尝试要求排除文化特殊论,鼓励依靠抽象的一般概念,这些抽象概念能容纳更多、更广的信息,能打动更多的听众。诺伯特·埃利亚斯(Nobert Elias, 1897—1990)在关于不断变化的时间概念的优美文字中写道,"双重运动——社会一体化的规模越来越大,社会内在联系的链条越来越长——与具体的认知变化紧密相连,在那些认知变化中,有一种朝向更高水平的概念综合的趋势"(Elias 1998)。这种变化在宗教的历史中清晰可见。因为宗教体系正覆盖越来越大的范围,所以那些地方神越来

么多的知识。结果,所有人类知识体系都吸收了数代人的许多个体的知识,这就能够解释,为什么他们能比动物更有效地运用那么广泛的知识。

　　这意味着,某种程度上说,即使最古老的人类知识系统也拥有归纳和抽象的特质,这些特质经常被视为现代科学的独特标志。似乎常见的情形是,狩猎-采集者的知识体系依赖于这种假设:现实充满不同种类的有意识的、有目的的存在物,他们有时出现的古怪行为解释了这个世界的不可预测性。泛灵论看上去在广泛传播,或许在小规模的狩猎-采集社会中司空见惯;并且把泛灵论的核心观念视为归纳现实本质的企图也不无道理。但是狩猎-采集时代(旧石器时代)与现代科学共同分享的并非这一个特质。我们有充分的理由来推论,狩猎-采集社会存在关于其环境的大量的经验知识,并且以长期坚持的仔细观察为基础。现代关于狩猎-采集社会的人类学研究已经表明,环境对狩猎-采集者来说那么重要,以致他们可能拥有范围相当广泛的确切知识,例如关于某些动植物的生活习性和潜在实用价值的知识。考古学的证据也展示出这样的迹象,即通过更系统的尝试来归纳现实。乌克兰和东欧的骨雕可以追溯到 3 万年前,看上去记录了天文学的观察结果。总的说来,狩猎-采集社会的知识体系拥有的许多理论和实践知识,我们很容易将它们与现代社会联系起来。然而,无可否认的是,狩猎-采集社会的科学缺乏现代科学的解释力和普适性。如果想想这些小规模社会群体中积累的有限信息,而且人们也很少有机会去检验这些观念是否为真理,那就不会感到惊奇了。

　　随着农业技术能够支持范围更大、人口更稠密和类型更多样的社会,信息和观念开始在囊括成百万而非成百的个体的社会中交流。公

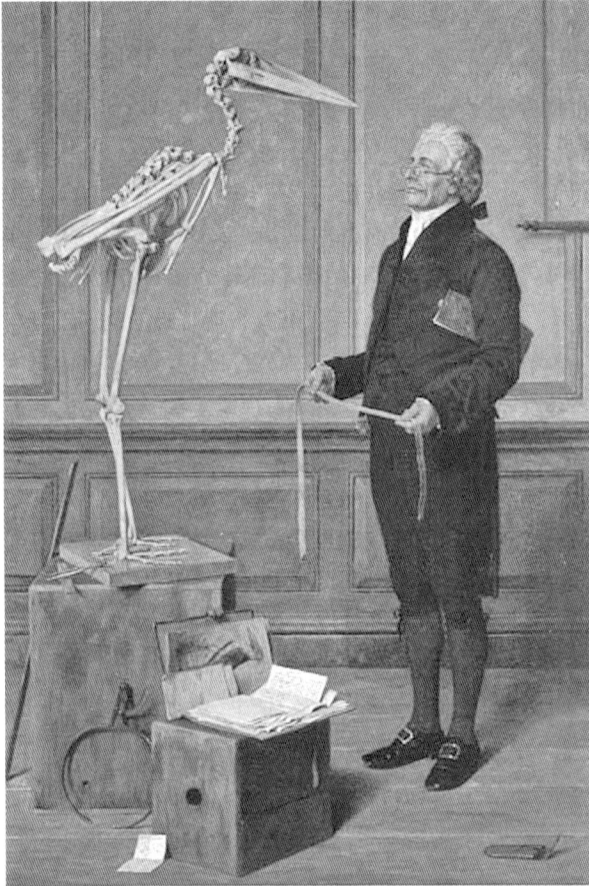

亨利·斯塔西·马科斯(Henry Stacy Marks)的《科学就是度量》(*Science is Measurement*, 1879)。油画。科学家的学说基于对证据的细心而系统的分析之上

越被普世神代替——普世神宣称比他们取代的地方神覆盖范围更广,拥有更普遍的权力,行事风格更合乎法律、更有预见性。神本身开始被抽象的非人的力量代替,如重力在所有社会中看上去都有,而不管地方宗教和文化信仰是什么。

科学的出现和进展

　　动物世界的知识体系是个体性的,每个个体必须构建自己的现实地图,很少得到同类其他成员的指导。人类集体地构建他们的知识体系,因为他们能够比其他动物更有效地交换那

> 性格的温柔，心灵的美好单纯，在那些能思索抽象学理和科学细节的社会中随处可见。
>
> ——拉齐斯（al-Razi，864—930）

元前 4000 年末期美索不达米亚和埃及出现最早的城市文明以来，商业和知识交流的网络已经向大范围和多类型的地区扩展。美索不达米亚和埃及可能与从西地中海海岸（或许是新石器时代的欧洲）延伸到苏丹、北印度和中亚的网络有某种接触，这就是某些作者所描写的第一个世界体系。

历法知识尤其重要，它可以整合各类大规模人群的农业活动、市场和公共礼仪活动。最早的历法是从许多种地区体系中提取出估测时间的一个单独体系，它把时间估测基础建立在重要天体运行的一般规律上。这可能是为什么天文学的细致观察出现在美索不达米亚、中国、中美洲（它的历法可能是农业时代最为准确的），甚至那些更遥远的地方如英国（正像斯通亨奇巨石阵［Stonehende］所见证的那样）或复活节岛。同样，数学的发展意味着人们在寻求一种普遍有效的计算原则。这部分是由于修建复杂灌溉系统和金字塔那样的大型纪念性建筑，以及需要准确记录储藏货物。在美索不达米亚，一个六十进制的计算体系发展起来，复杂的数学运算有了可能，包括平方和倒数。

公元前第 3 和第 2 个千年，欧亚商业和信息交流网络前所未有地深入。到公元前 2000 年，中亚已有的贸易城市与美索不达米亚、北印度和中国有联系，从而把欧亚广袤的区域连成一个松散的交流网。在公元前第 1 个千年晚期，货物和观念开始定期沿着丝绸之路从地中海输送到中国，反过来也一样。这些交流网络可能有助于解释这个时期大一统的宗教要求的形成，如琐罗亚斯德教、佛教和基督教。

这些发展对知识体系的影响，在古典希腊时期的思想史中表现得最为清晰。对整个人类而言，或许在那个时候，知识体系第一次有了一种新的理论概括的要求，就像哲学家们尽力构建总的原则来描述现实世界一样。历史学家希罗多德的著作已经表明，希腊人对各种不同的

观念和影响敞开胸怀，兴味盎然——它们来自北非、埃及、波斯、印度和干旱草原的游牧社会。希腊社会开怀容纳的观念数量和种类，反映了希腊的地理位置，以及希腊商人、探险家和移民——部分是迫于人口过多的压力——在地中海和黑海沿海不同地方开发和殖民的角色。面对大量的新信息，希腊哲学家着手清除那些地方独特的观念，留下那些普遍正确的观念。米利都的泰勒斯（约前 625—前 547）经常被视为第一位希腊自然哲学家，他对地震和洪水等现象做出了解释；这些解释是普遍适用的，完全没有现实中由有意识的实体控制的观念。

希腊的自然哲学不仅努力理解现实的方方面面，而且要抽象出现实的本质。这一点在希腊的数学和柏拉图的理念论中表现得最明显。柏拉图认为，透过现存世界的不完美，我们有可能获得现实世界的完美知识。希腊哲学家尤其喜欢检验新观念，这种特性或许是不可避免的，因为这样的社会面临着新型知识的突然注入。在苏格拉底的对话中，这种检验观念的严密是显而易见的；那些观念反复受到苏格拉底尖锐、反讽的逻辑（古代的证伪概念）的检验，只有那些最强有力的观念才能过关。许多社会发展出数学计算和天文观察的神秘方法，而且，一些像中国的宋朝这样的社会还发展出冶金学、水力学和财政学，这些学问直到 20 世纪仍无法超越。但是它们很少有对新观念的开放度，对检验新观念的兴趣也不像希腊人那样大。

其他社会以相似的方式对更多不同的新观念开放。或许因为相似的原因，美索不达米亚和埃及也可以算作科学观念的先锋，它们都相对容易接近非洲、印度和地中海。或许中世纪伊斯兰教的广泛对外接触能解释伊斯兰社会的重要角色：它既沟通印度和地中海世界的观念（如零这样的数学概念），又保留和发展了古代希腊的科学观念。即使在美洲，可能由于美洲的人口规模和对许多不同地域文化的开放性，美洲人可能在公元

前第 2 个千年期间发展出了复杂的历法制度。

科学革命时期的欧洲很明显也适用这个模式。中世纪欧洲社会对新观念表现出了异常的开放性,还表现出一种同古典希腊时期相似的探索精神。到中世纪末期,欧洲的对外交往从西方的格陵兰扩展到东方的中国。然后,当欧洲航海家与东方的东南亚和西方的美洲建立密切的联系时,他们突然发现自身处在第一个全球性信息交流的网络之中。16 世纪世界的一体化,形成整个人类历史上商业和知识交流网络最革命性的扩展。关于航海和天文、关于新型人类社会和新神灵、关于奇特作物和动物种类的种种观念,开始在空前的范围内交流。因为欧洲人突然发现自己身处这些庞大和不同类型的信息网络中央,欧洲成为世界上第一个需要把全球信息整合成具有内在一致性的知识体系的地区。16 世纪,欧洲哲学家努力弄懂这股突然袭来的新信息狂潮,大部分新信息破坏了既存的确定性。像希腊人一样,欧洲思想家面临着分清昙花一现和持续稳定的挑战,而要做到这一点,必须设计新的方法以观察和检验这么多信息和理论。正是这样,观察和实验的技巧出现了,后来它们被视为科学方法的本质。

科学革命时代的思想家不仅发展出研究世界的新方法,他们还创建了新的宇宙观。新观念建立在 3 位天文学家研究成果的基础上,他们分别是尼古拉·哥白尼(Nicholas Copernicus, 1473—1543)、第谷·布拉赫(Tycho Brahe, 1546—1601)和约翰内斯·开普勒(Johannes Kepler, 1571—1630)。哥白尼是第一位现代天文学家,他提出地球可能围绕太阳运动;布拉赫仔细的天文观察为哥白尼的理论提供了基础性经验;开普勒的计算表明,如果假设天体的运动轨迹是椭圆而非圆形,那么新模式的宇宙更合乎实际情况。伽利略使用新发明的望远镜来证明天体像地球一样表面充满裂痕;这个观察结果提供了那种迷人的可能性,即天体可能与地球服从于同样的规则。牛顿为这种认为两者一致的重要观念给出了答案,即证明地球和天体——非常小和非常大的——遵守相同的运动基本规律。这说明有这样一种可能性,即宇宙作为一个整体,按照一般的抽象法则而非神的指令而运动。伽利略发现数以百万计的新星体,这也暗示宇宙可能比人们所认为的更大;同时,安东尼·范·列文虎克(Anthony van Leeuwenhoek, 1632—1723)是显微镜学的先锋,他证明,微观世界与现实的一致性比人们想象的要多。综合起来,16 世纪和 17 世纪的理论迫使着去除人类中心论,并对上帝控制宇宙的角色产生怀疑。这样一来,许多人很自然地担心新科学可能有损宗教信仰。

自从 17 世纪以来,推动科学革命的全球信息交流不断加速,并影响世界上越来越多的地

2263

20 世纪 20 年代,美国总统沃伦·哈丁(Warren G. Harding)搀扶着居里夫人走下白宫台阶

9位科学家在中亚的天山山脉通过望远镜观察日食（1907）

区。新科学在启蒙时代（17和18世纪）威望尤其高，并鼓励着越来越多的研究者利用科学革命的技术和假设去研究这个世界。18和19世纪，科学研究催生了强有力的新理论，涉及多个领域，如医药（病菌理论）、化学（原子理论和元素周期表）、电磁研究（电磁学的统一理论）、能量学（热动力理论）、地理学和生物学（自然选择）。

创建科学协会和期刊、在大学里介绍科学进程、企业创建研究实验室，都推动着科学研究。而后两项均是在德国率先进行的。"科学家"（scientist）这个词首次在19世纪40年代使用。同时，研究现实的科学方法的传播，以及科学理论范畴的日益拓展，开始在医疗、制造业和战争等领域产生重要的技术革新。尤为重要的革新发生在交通运输和通信领域，诸如火车和飞机的发明、邮政服务的出现、电报、电话以及如今的互联网。因为这些革新拓展了视野，加快了信息交流的步伐。

20世纪，一系列融合18和19世纪科学精华的新科学理论出现。爱因斯坦的相对论表明，空间和时间不是绝对的参考结构。同时，量子理论表明，在微观世界，现实并不像较早期理论假设的那样，按照预想的机械方式运动。大爆炸理论自从20世纪60年代以来统治着人们关于宇宙的观念，它表明宇宙远不是永恒的和无限的，而是有数十亿年的历史。同时，板块构造地质学为地理学的理论统一以及地球形成和进化的详细历史提供了基础。在生物学方面，1953年，弗朗西斯·克里克（Francis Crick, 1916—2004）和詹姆斯·沃森（James Waston, 1928— ）描述了DNA结构，他们的著作奠定了现代进化理论和现代基因技术的基础。同时，科学研究的领域在扩展，因为政府和企业开始对特别研究项目提供资助，有时是为了实现国家目标，如曼哈顿计划设计了第一批原子武器。

展望

近期的学术研究表明，把现代科学视为同所有其他知识体系根本不同的看法是错误的。像所有有效的知识体系一样，现代科学建立在归纳的基础之上，即建立在仔细观察后反复归纳经验的基础之上。像所有的知识体系一样，它服从于证伪，服从于可能推翻现实明确性的、突然出现的新现实或者新信息。现代科学与较早期知识体系真正的典型区别在于科学观念产生和检验的知识领域的范围。现代科学的解释力，以及它的抽象度和普适性，反映了它企图熔炼信息的数量和多样性，以及真理检验的严密性。全球的科学观念都服从于这些真理检验。

在过去的两个世纪里,科学从欧洲的心脏地带传播到俄罗斯、中国、日本、印度和美洲。今天,它成为一项全球性的使命,对现实的解释塑造着全世界受教育人们的世界观。推动最初科学革命的新信息流远没有消减,而是随着交流步伐不断加速;整个世界更加一体化,它在不断扩展。21世纪初期,科学制造新方法来掌控物质世界,这种力量,不论好坏,都没有显示出消减的迹象。科学已经让我们人类前所未有地掌控着这个世界,而我们如何聪明地利用这种控制能力,则仍需拭目以待。

2265

进一步阅读书目:

Chalmers, A. (1982). *What is this Thing Called Science?* (2nd ed.). St. Lucia, Australia: University of Queensland Press.

Christian, D. (2002). Science in the Mirror of "big history". In I. H. Stamhuis, T. Koetsier, C. de Pater, & A. van Helden (Eds.), *The Changing Image of the Sciences* (pp. 143 - 171). Dordrecht, *The Netherlands: Kluwer* Academic Publishers.

Elias, N. (1992). *Time: An Essay*. Oxford, U. K.: Blackwell.

Floris Cohen, H. (1994). *The Scientific Revolution: A Historiographical Inquiry*. Chicago: University of Chicago Press.

Frank, A. G., & Gills, B. K. (Eds.). (1992). *The World System: Five Hundred Years or Five Thousand?* London: Routledge.

Gellner, E. (1991). *Plough, Sword, and Book: The Structure of Human History*. London Paladin.

Huff, T. E. (2002). *The Rise of Early Modern Science: Islam, China, and the West*. New York: Cambridge University Press.

Jacob, M. C. (1988). *The Cultural Meaning of the Scientific Revolution*. Philadelphia: Temple University Press.

Kuhn, T. S. (1970). *The Structure of Scientific Revolutions* (2nd ed.). Chicago: University of Chicago Press.

McClellan, J. E., & Dorn, H. (1999). *Science and Technology in World History: An Introduction*. Baltimore: Johns Hopkins University Press.

McNeill, W. H. (1998). History and the Scientific Worldview. *History and Theory*, 37(1),1 - 13.

McNeill, W. H. (2001). Passing Strange: The Convergence of Evolutionary Science with scientific history. *History and Theory*, 40(1),1 - 15.

Mokyr, J. (1990). *The Lever of Riches: Technological Creativity and Economic Progress*. Oxford, U. K.: Oxford University Press.

Psillos, S. (1999). *Scientific Realism: How Science Tracks Truth*. London: Routledge.

Salmon, W. C. (1984). *Scientific Explanation and the Causal Structure of the World*. Princeton, NJ: Princeton University Press.

Shapin, Steven S. (1996). *The Scientific Revolution*. Chicago: Chicago University Press.

Sherratt, A. (1995). Reviving the Grand Narrative: Archaeology and Long-term Change. *Journal of European Archaeology*, 3(1),1 - 32.

Wilson, E. O. (1999). *Consilience: The Unity of Knowledge*. London: Abacus.

Worrall, J. (1998). Science, Philosophy of. In E. Craig (Ed.), *Routledge encyclopedia of philosophy* (Vol. 8, p. 573). London: Routledge.

Ziman, J. (1978). *Reliable Knowledge: An Exploration of the Grounds for Belief in Science*. Cambridge, U. K.: Cambridge University Press.

Ziman, J. (2000). *Real Science: What it Says and What it Means*. Cambridge, U. K.: Cambridge University Press.

大卫·克里斯蒂安(David Christian) 文

马行亮 译,黄艳红 校

Scientific Instruments　科学仪器

2266　　　所有科学仪器都有一个独特的品质：它们被制造出来，用于研究自然世界或者告诉其他人自然世界的面貌。一些学者（以及面对着摆满指南针的陈列室的博物馆馆长，还有教堂司事）经常说，我们对物体的特质、使用目的以及使用者失去了兴趣。他们还讲到，这些参数经常因文化不同而发生变化。

我们认为自己知道"科学仪器"是什么。别忘了，全世界的科学博物馆骄傲地展示着所谓"科学"活动的物质遗存。科学仪器包括星盘和浑天仪、化学实验用的玻璃仪器和通风柜、望远镜和钟表。它们被用在实验室、教室、太空、海上、地下，还有许多其他地方。在尺寸上，它们从大型物体，如日内瓦的欧洲核子研究组织（CERN）的粒子加速器，到只能借助显微镜观看的最小的纳米技术设备。它们可能看起来让人着迷，如 18 世纪欧洲天文观察台的镀金的黄铜望远镜；或者它们可能让人误以为是装满集成电路的、不起眼的、功能性的、小巧的黑匣子。所有这些仪器的特征是，它们被制造出来都是为了研究自然世界，或者说是为了告诉别人自然世界的面貌。这是世界上许多文化的普遍做法。然而这些展览的管理者有时遇到的问题是：如何确定什么东西应该囊括进"科学仪器"中，从而确定应该收集什么。德博拉·沃纳（Deborah Warner），华盛顿史密森协会的负责人，在一篇名为《科学仪器是什么？它是什么时候成为仪器的？为什么？》的论文中探讨"科学仪器"这个术语不断变化的意思，并断定这个术语是有问题的。她说，它不应该延续原来的用法，而应该用当代的术语代替，以囊括那些正在被研究的仪器。

阿尔伯特·范·黑尔登（Albert van Helden）和托马斯·汉金斯（Thomas L. Hankins）为一本名为《仪器》的论文集写过序言，其中也讨论过"科学仪器"这个术语的模糊性。他们提出"科学"和"仪器"这两个术语的内在模糊性可能是存在的。他们认为，我们应该看到这些仪器的不同用法和使用背景，而不是列出一个单子，指出哪一类物件将算作科学仪器。他们列出仪器的 4 种用途。首先，范·黑尔登和汉金斯指出，仪器能够确定权威和解决争议——仪器是从事科学研究的人说服别人并相信他们的观念有效的工作的一部分。第二，和第一个用途有关联，范·黑尔登和汉金斯指出，仪器被造出来是为了受众，即更广泛的社会，包括赞助人和支持者——他们对从事科学研究的人的活动感兴趣。第三，范·黑尔登和汉金斯提出，仪器的一个用途是，通过形象地和有教育意义地使用一些物品，在自然科学和流行文化之间充当桥梁。第四，范·黑尔登和汉金斯指出，当仪器被用于研究有生命的东西时，它们的功能发生变化。在这 4 种用途中，没有一个表述明确指出人们使用仪器来探索自然世界，但是这种用途是暗含在其他 4 种用途中的，即仪器提供了观察、理解和向别人讲述自然世界的方式。

近期科学知识社会学方面的著作已经表明，（西方）科学研究者和他们使用仪器的实际情况是，相对于第三人称、被动态的文章来说不太客观；而后一文章总是说会有读者相信他们的结果。技巧和默认的知识的重要性越来越大，尤其在仪器的使用上。因此，如果在西方较充分的科学研究调查案例中我们能学到更多的关于人们使用某种实物来找到自然界本质的方法，那么在其他世界文化中，我们甚至有更多要学的 2267

东西。

海伦娜·塞林（Helene Selin）作为《非西方文化的科学、技术和医药的历史百科全书》（*Encyclopedia of the History of Science, Technology and Medicine in Non-Western Cultures*）的编辑相信，通过研究非西方文化的科学，我们必须接受的是，每一种文化都有自己定义和预测自然事件的科学，并且就其文化来讲，每一种科学都是合理的。她主张我们自己的科学也是其文化的一种反映，文化在科学发展的每一步都如影随形。

范·黑尔登和汉金斯承认在科学仪器上许多学术焦点都是西方的，因此提出："考察非西方社会中的仪器可以得知，它们的用途和目的不甚明确，并且给我们提出警告。这反映出，西方科学中的仪器功能肯定是更加复杂的……"

他们建议，我们应该考察科学仪器在人类思考自然世界时是如何工作的——实物所发挥的不同作用。在塞林看来，我们必须考察她所谓"科学"——人们思考和曾思考自然世界的方式——的不同框架里仪器是如何工作的。

对实物怎样被使用、被谁使用以及为什么目的被使用的关注提醒我们，应弄清楚那些在功能上看起来类似，但与人类及其活动在多种不同的方式上有关的实物。例如，18 世纪欧洲的航海依赖于航海图，并依赖于测量太阳和星星在地平线以上的纬度和北极的方向——这些活动与指南针和水手使用的罗盘等仪器有关。若转向南太平洋的马绍尔群岛，我们将发现由棍棒做成的航海图，标注着环礁（由围着潟湖的礁组成的珊瑚岛）和岛屿、海浪和洋流，以及用星盘测定的方向。但是马绍尔的岛民们使用这些实物的方式和欧洲人使用航海图和指南针的方式完全不同，最明显的不同是马绍尔的岛民并不随身携带航海图和星盘出海。岛民们在海员培训时使用航海图，而不是在航海实践中使用它们——一些人把航海图和星盘记在心里，

利用心里所记忆的具体实物模型进行航海。

文化背景

当科学仪器从一个文化转移到另一个文化中时，其功能也会发生变化。16 和 17 世纪，耶稣会传教士到中国访问，希望通过劝说皇帝相信他们的天文仪器和观察结果来说服皇帝皈依天主教。这些耶稣会士把随身携带的丹麦天文学家第谷·布拉赫设计的天文仪器设计图交给中国铁匠，让他们根据这个设计制作仪器，尽管它有中国式的看台和底座。这些新仪器取代了北京天文台 13 世纪的天文仪器。在对中国明朝的天文仪器的研究中，撒切尔·迪恩（Thatcher Deane）认为，它们作为皇帝授受于天命的象征，比作为观察工具更有用。阿兰·查普曼（Allan Chapman）对耶稣会士在中国传教的研究表明，他们不需要使用最先进的仪器设计图，因为他们的角色重在传教而非天文观察。这样，当耶稣会士使用的仪器（和设计思想）在中国而非在欧洲落户的时候，这些仪器的地位略微发生变化。耶稣会士希望这种结合最终会导致中国皇帝的皈依，但是中国人乐意选择这些传教士提供的明显有用的东西，因此他们没有接受后者在宗教上的引导，而是接受其天文和仪器知识。

耶稣会士企图说服中国人相信欧洲天文学（更广泛一点说还有宗教）思想的先进性，这为我们提供了科学仪器在宗教改宗方面也有用武之地的例子。但是，正像技术史学家迈克尔·阿达斯（Michael Adas）所描述的那样，尽管存在这样的事实，即科学好奇心是 15 世纪以来欧洲人探索世界的主要动力之一，但是早期的探险者和西班牙征服者并没有经常使用科学知识并把它当作一种衡量他们优越于原住民的方式；这种情况是在"科学种族主义"出现之后才有的。即使如此，大城市和复杂的科学仪器仍被视为评估一个文明"发达"程度的手段。随着帝国和殖

2268

民主义加快步伐,"科学"同"魔术"和"迷信"分离开来,这使科学和技术在西方占据了统治地位。由于对非西方文明的科学和医药知识的兴趣重新高涨,这个知识体系现在正在慢慢得到剖析。

在殖民主义的发展中,科学仪器的作用是复杂的。例如,浏览一下地图绘制中使用的仪器便能发现,地图制作是一种策略,供殖民当局划定从而控制其所占领的土地。关于具体情况,我们略微知晓一点,例如美洲土著如何用地图表示世界,但我们经常没有或者很少有证据来确信仪器对他们研究自然世界有什么关系。塞林警告说,不要把缺乏证据当作缺乏活动。塞林认为,很明显,太平洋岛国或者美洲的数学家同中国或者中东更著名的人一样富有技巧。

幸存的书面文献在许多方面都是事关欧洲大陆的,尤其是关于战争和殖民主义的。由于这个事实,实物的研究变得更加重要,因为它们能够提供关于人及其科学活动的知识;这些知识没有书面记录,因此在证据有点单薄甚至完全丧失的情况下,它们能够为研究者所用。

问题

这些个别的例子表明,人们利用仪器考察自然世界的方式是多样的,一些学者研究它们的方式也是多样的。仪器在许多方面都涉及潜在的科学体系和实践。因此,在我们把科学仪器作为世界史的一部分来考察时,沃纳、范·黑尔登和汉金斯所指出的问题会在诸多方面隐约出现。最后,当"科学"这个门类有可能囊括所有方式(通过这些方式,人们检测、预测、向其他人讲述自然世界)时,"科学仪器"就需要清点一下了。这个术语充满了西方使用理性和非理性方法探索自然世界的理想,它很难融于其他民族思考天空、岩石或者大海的方式。地上的一个棍棒可能就是一个棍棒,但是如果有人使用其阴影来测量时间或季节的长短,那么这个棍棒就变成日晷或者一种日历了。那么,我们应该把它称为"科学仪器"吗?博物馆在其科学仪器中应该收藏那个棍棒吗? 如果这种做法可行的话,那么,关于这个棍棒被使用的方式等信息应该被记录下来、以确保实物和实践的联系不被遗忘吗?

一些实物可能总是被划为科学仪器,如模拟天体结构和运动的浑天仪。然而,即使这样本质上明显属于科学仪器的东西,与其说用于严格的"科学"目的,不如说用于象征性的或者宗教目的。其他物件可能只是暂时拥有"科学仪器"的地位,

2269

这是一幅钢笔素描透视图,对象是 20 世纪初期巴黎天文台的设备

如地上的棍棒。这里,我们已经脱离科学仪器最初的明确定义而走得更远了。这个最初的定义由苏格兰物理学家詹姆斯·克拉克·麦克斯韦(James Clerk Maxwell)提出,即"为做实验所需要的所有东西都叫作器具。一个器具被制造出来,专门用于做实验,它就叫仪器"(Maxwell 1876)。

或许为了迎合一些博物馆馆长,我们已经走得太远,因为允许此类物件临时拥有"科学仪器"的地位,将会有大量的远远没有被收集被研究的实物。如果严格按照这个定义,那么像沃纳这样的馆长在决定什么能算作科学仪器,因而什么物件可以收集方面,甚至会有更多的问题。有些人感兴趣的是人类如何看待自然世界以及物件和仪器如何跟那种活动发生联系,但他们不太受制于保护和储存的实际问题。或许,这样一种宽泛定义的问题更少,甚至可能是有益的,因为它把我们的视野引向不同的方法,人们凭借这些方法去理解自然世界以及仪器在这些活动中扮演的各种角色。

进一步阅读书目:

Bud, R. , & Warner, D. J. (Eds.). (1998). *Instruments of Science: An Historical Encyclopedia*. New York: Garland Publishing.

Chapman, A. (1984). Tycho Brahe in China: The Jesuit Mission to Peking and the Iconography of European instrument-making Processes. *Annals of Science*, 41, 417 – 444.

Clerk Maxwell, J. (1876). General Considerations Concerning Scientific Apparatus. *The Kensington Museum Handbook* (pp. 1 – 21). London: Chapman and Hall.

Harley, J. B. (2001). *The New Nature of Maps: Essays in the History of Cartography*. London: Johns Hopkins University Press.

King, D. A. (1987). *Islamic Astronomical Instruments*. London: Variorum Reprints.

Needham, J. , Gwei-Djen, L. , Combridge, J. H. , & Major, J. S. (1986). *The Hall of Heavenly Records: Korean Astronomical Instruments and Clocks 1380 – 1780*. Cambridge, UK: Cambridge University Press.

Pyenson, L. , & Sheets-Pyenson, S. (1999). *Servants of Nature: A History of Scientific Institutions, Enterprises and Sensibilities*. London: HarperCollins.

Selin, H. (Ed.). (1997). *Encyclopedia of the History of Science, Technology and Medicine in non-Western Cultures*. Boston: Kluwer Academic.

Turner, A. (1987). *Early Scientific Instruments: Europe 1400 – 1800*. London: Sotheby's.

Turner, G. P. E. (1998). *Scientific Instruments, 1500 – 1900: An Introduction*. London: Philip Wilson.

Van Helden, A. , & Hankins, T. L. (Eds.). (1994). *Instruments*. Chicago: Osiris.

Warner, D. (1990). What is a Scientific Instrument, When did it Become one, and Why? *British Journal for the History of Science*, 23, 83 – 93.

凯瑟琳·伊戈尔顿(Catherine Eagleton) 文

马行亮 译,黄艳红 校

Scientific Revolution　科学革命

2270　　科学革命标志着约 1550 到 1700 年期间，整个欧洲在思想、信仰、文化组织和制度组织方面发生的意义深远的变化。西方科学在这 150 年间，要比之前的 1400 年，即自希腊内科医生盖伦关于解剖学的著作和希腊天文学家托勒密关于行星运动的著作问世以来，取得的成就还要大。

历史学家通常以波兰天文学家尼古拉·哥白尼（Nicolaus Copernicus，1473—1543）及其著作《天体运行论》（*De Revolutionibus*）作为科学革命（即 1000 多年来西方科学取得最辉煌成就的时期）的开端，而以英国数学家和物理学家艾萨克·牛顿（Issac Newton，1642—1727）及其著作《自然哲学的数学原理》（*Philosophiae Naturalis Principia Mathematica*）作为该时期的结束。

在哥白尼和牛顿之前，人们按照希腊哲学家亚里士多德的观念看待世界。亚里士多德认为，世界由四大要素组成，即土、水、气和火。亚里士多德的世界是按照等级划分结构的，其中，有生灭的月下界和恒星天之间存在清晰的界限。对那个时代的头脑来说，亚里士多德的哲学能回答最重要的天文学和宇宙论问题。因此，许多世纪以来，人们没能找到非常充足的理由来驳斥他。他的自然哲学尽管有少许修改，但仍延续了差不多 2000 年。在西方世界，它既被知识分子又被"劳动"阶级、既被异教徒又被基督徒接受。

然而，在科学革命期间，西方思想开始逐渐发生变化，一些科学家——刚开始是一小批，此后是大量作者——出版著作，挑战亚里士多德哲学。根据法国历史学家亚历山大·柯瓦雷（1892—1964）的看法，科学革命期间发生了两个基本变化：先前的宇宙观被破坏，空间被用几何图形来表示。"（现代科学的创建者）必须破坏一个世界，并用另一个代替它。他们必须重建我们的智力结构，重新论述和革新其概念，发展一条通往存在的新路径，一种新的知识概念，以及一种新的科学观念。"（Koyre 1968）

科学革命期间，世界变成一个无限开放的宇宙，没有任何等级。它能够用希腊人欧几里得的几何学来表述。天体现象和地球现象现在可以用相同的物理法则来呈现。

此外，科学家并不满足于仅仅描述自然现象，他们走得更远，进而研究自然的秘密，解释自然是如何运转的。随着他们向这个目标迈进，他们需要比纯粹的哲学争论更强有力的工具，为此他们利用数学和实验方法。

这样一个过渡并不轻松，其过程亦非坦途。很多时候，在过渡中发挥重要作用的科学家丧失了热情，怀疑过，犹豫过。例如艾萨克·牛顿，曾经满怀激情地投身于炼金术（一个中世纪化学方法，用以让贱金属化成黄金）；德国天文学家约翰内斯·开普勒不得不诉诸其强大的内心力量，把来自泛灵论（其教义为：有机物发展的本源是非物质的精神）的想法转到我们今天所谓"机械论"的想法上。机械论坚持自然进程是机械的、确定的，能够通过物理学和化学的原理来解释。

此外，科学革命并非仅仅是一些伟大头脑的成就，虽然那些头脑酝酿出新的理论和发现，使它们成为公认的准则，并为更广更多的受众所理解。学术性的协会也扮演着重要的角色，其中包括伦敦皇家学会（the Royal Society of London，1692）、巴黎科学院（the Academy of

圣约翰大教堂中的哥白尼像,波兰托伦(Torun),约1580

Sciences in Paris, 1666)、圣彼得堡学院(the St. Petersburg Academy, 1729)和丹麦皇家科学院(the Royal Academy of Sciences in Denmark, 1742),它们是让这些新理念合法化的机构。大学继续支持亚里士多德的哲学,因而是更为保守的机构。

在科学革命期间,思想家们也开始把知识按理性系统进行梳理。例如,生物学方面,瑞典植物学家卡尔·林奈(Carolus Linnaeus, 1707—1778)发明了林奈分类体系,把所有已知的生物按类归为一个系统,归类的准则是它们形态上(与形状和结构相关)的联系。化学方面,在18世纪下半叶期间,当英国科学家亨利·卡文迪什(Henry Cavendish)和约瑟夫·普里斯特利(Joseph Priestley)发现气体的时候,一个理解化学制品和元素的新系统就诞生了。医学方面,医生们开始认识到,人体是一个自然系统,像一架机器,按既定的规律运行。疾病只是意味着这架机器坏了。病理学开始出现,内科学开始把疾病——从病中恢复——视为一个理性的过程。

哥白尼

天文学家尼古拉·哥白尼勇敢地宣称地球并非固定在宇宙的中心,它每天绕轴心运行一圈,每年绕太阳(以太阳为中心)运行一周。这样的论断与传统、古代权威、大学和教会的看法截然对立。

尽管相关的论点在古代就有人提出过,如希腊毕达哥拉斯派哲学家菲洛劳斯(Philoalaos,活跃于前475年前后)和希腊天文学家阿里斯塔库斯(Aristarchus,前320—前250),但是哥白尼是第一位以数学为基础、运用几何学来证明"日心说"的人。

然而,数十年来哥白尼的理论没有解决重要的天文学问题,如行星轨道和引力。

伽利略

意大利天文学家伽利雷·伽利略(Galileo Galilei, 1564—1642),是第一位用公式表示自由落体定律的科学家。根据这个定律,一个球体在没有摩擦力的情况下,从一定高度是持续不断加速降落的,而且降落高度与降落所需时间的平方有关。伽利略在1604年用公式来表示这个定律,并于1632年在其著作《两大主要世界体系的对话》(*Dialogo sopra I due Massimi Sistemi del Mondo*)中公开发表。1638年,他在《围绕与机械学和位移有关的两种新科学的演讲和数学证明》(*Discorsi e Dimostrazioni Matematiche intorno a due nuove scienze attenenti alla Mecanica e I movimenti locali*)中详细解释了这个定律。

传统看法认为,伽利略通过在比萨斜塔进

2272

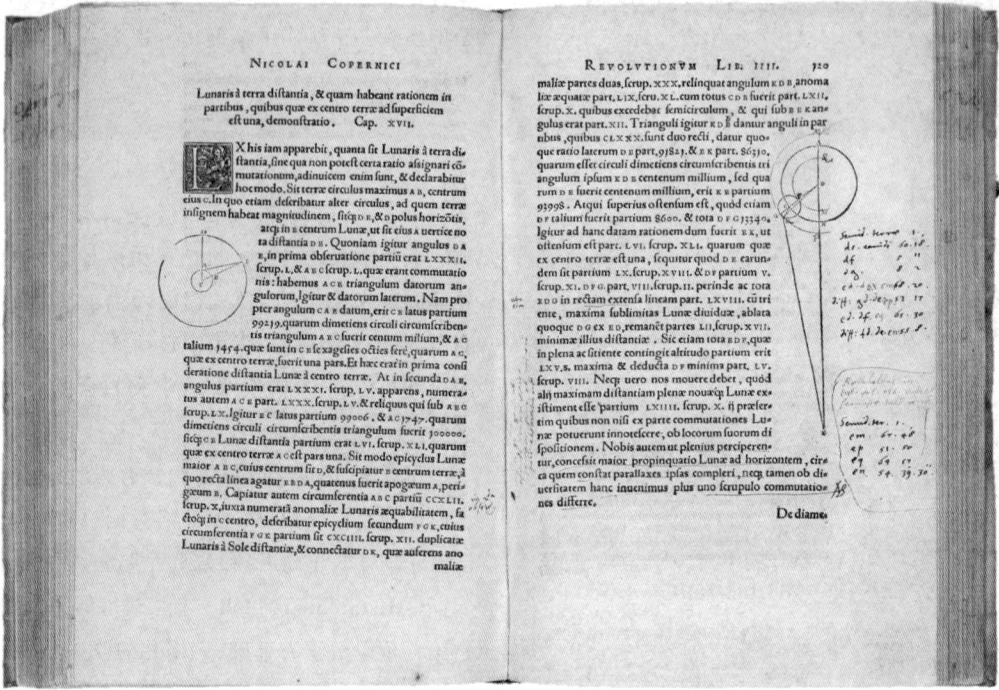

该页面选自哥白尼的著作《天体运行论》。耶鲁大学贝内克珍本和手稿图书馆

行实验，证明了这个定律的正确性，但是历史学上没有完全充分的证据来支持这种传统看法。相反，他是利用一块倾斜的木板来进行实验的，木板经过加工以使摩擦力最小化。

此外，伽利略详细阐释惯性的概念，并以一个公式来表达，接近于牛顿后来提出的惯性定律公式。

伽利略也是使用望远镜观察天体的第一批科学家之一。他送给威尼斯总督一个望远镜，这是他的第一批望远镜中的一个；总督请求在帕多瓦大学为其设立终身教授职位，并支付双倍薪水。

伽利略关于月球表面和木星卫星的观察结果发表于 1610 年的《星际使者》(Sidereus Nuncius)中，这些结果支持哥白尼体系。然而，当时许多科学家对这些观察结果有争议，怀疑凭借望远镜进行这样观察的可行性。

为了赢得这些怀疑者的支持，伽利略使用了一个聪明的策略。他把其著作和望远镜送给贵族成员，以求获得他们的支持。但是天主教会最终迫使伽利略放弃哥白尼体系。传统说法是，在宣布放弃这一体系之后，他低声喃喃道："但它还在转动。"

开普勒

1596 年，天文学家约翰内斯·开普勒出版《宇宙的秘密》(Mysterium Cosmographicum)。当他意识到他关于水星和土星运行的理论是错误的时候，他开始尽量提高观察的准确性。为此，1600 年他开始成为丹麦天文学家第谷·布拉赫的助手，布拉赫当时正对天空中的恒星和行星进行定期观察。当 1601 年布拉赫去世时，开普勒已经拥有了大量的天文观察记录。从这些观察记录中，开普勒用公式总结出著名的三大天文学定律：(1)行星的轨道是椭圆形的，其

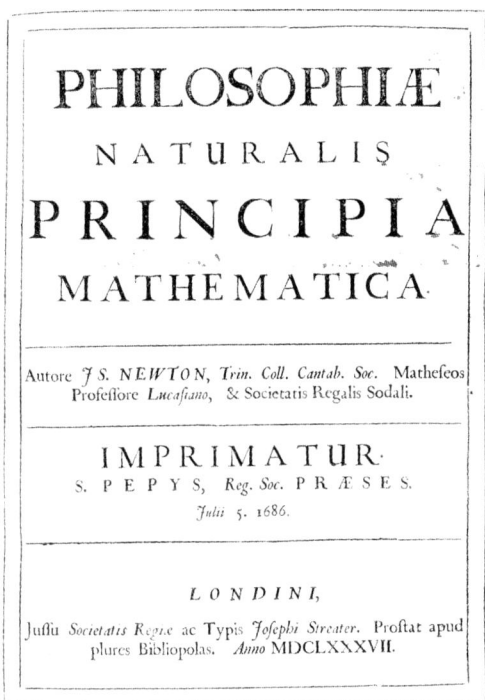

艾萨克·牛顿爵士《自然哲学的数学原理》标题页，剑桥，1713。耶鲁大学贝内克珍本和手稿图书馆

中一个焦点是太阳。（2）一个行星和其卫星的连线，在相等的时间段内扫过的区域面积相等。（3）一个绕轨道运行一周的行星，其时间的平方与轨道半长轴的立方成正比。

前两个定律 1609 年发表在开普勒的著作《新天文学》（*Astronomia Nova*）中，这本书表明开普勒正在从泛灵论向机械论思想过渡。

牛顿

艾萨克·牛顿对科学革命的贡献颇多，包括机械力学体系和万有引力定律。其《自然哲学的数学原理》可能是有史以来最有影响力的著作。它囊括了运动定律（为经典力学奠定基础）和万有引力定律。许多学者还相信牛顿创立了微积分。

机械力学概念是 17 世纪科学思想的主流。这个概念最重要的代表是勒内·笛卡儿

（René Descartes，1596—1650）。他认为世界上物质无处不在，并提出涡流理论来解释天体的运行。他相信按以太形式存在的物质微粒围绕太阳和其他行星做涡流运动。尽管科学将证明笛卡儿的理论不充分，但是他的贡献是重要的，因为最终没有任何人会引用超自然力量来解释物理现象。

这些进展为下一个决定性的阶段——综合性的新世界观——做了必要的铺垫。这种新观念最显赫的奠基人是牛顿，他相信行星的轨道由一种核心力量决定，力量的大小与距离的平方成反比。

许多人通过阅读那些所谓的牛顿物理学普及者的著作，间接地了解牛顿的思想。即使在今天，读懂《自然哲学的数学原理》仍然有难度。各种论断和定理的证明都依靠传统的几何方法，这在牛顿那个时代的科学共同体框架中是可靠

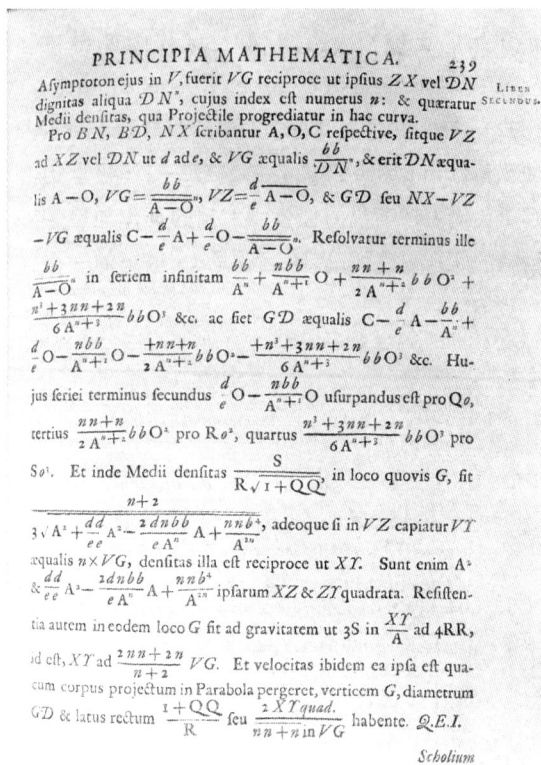

牛顿的《自然哲学的数学原理》阐述了经典物理学的三大定律：惯性；作用与反作用；力学第二定律

驱动天才或者说启发他们作品的，不是新观念，而是他们对已经说过但说得还不够充分的观念的痴迷。

——欧仁·德拉克洛瓦（Eugene Delacroix，1798—1863）

性的必然要求。

《自然哲学的数学原理》阐述了经典物理学的 3 个基本定律：惯性原理、作用与反作用原理、第二力学定律。根据第二力学定律，加速度同加在物体上的力成比例。此外，牛顿解释了万有引力定律，认为万有引力决定了行星的轨道。在另一本著作《光学》（Optics，1704）中，牛顿展示了他对光的认识。该书的典型特点是坚持实验方法。

荷兰数学家克里斯蒂安·惠更斯（Christian Huygens，1629—1695）和德国哲学家、数学家莱布尼茨（G. W. Leibniz，1646—1716）对牛顿的许多论断持反对意见，但是这些反对意见并没有削弱牛顿著作日益广泛的接受程度。

传播

许多历史学家认为，直到 18 世纪，科学革命才开始广泛传播。例如，荷兰工程师彼得·范·穆森布罗克（Peter van Musschenbroek，1692—1761）和意大利哲学家弗朗西斯科·阿尔加罗蒂（Francesco Algarotti，1712—1764）承担起了传播牛顿学说的任务。牛顿的著作与启蒙运动的联系很密切；启蒙运动是 18 世纪的一次思想运动，其标志是拒绝传统的社会、宗教和政治观念，强调理性。

其他人如法国文人贝尔纳·丰特内尔（Bernard Fontenelle，1657—1757）则支持这种观念：新的科学方法能应用在政治学、伦理学和社会学上，并能以理性的方式决定人类的行为。在这个基础上，丹尼斯·狄德罗（Denis Diderot，1713—1784）和让·勒龙·达朗贝尔（Jean le Rond d'Alembert，1717—1783）编纂了著名的法国百科全书。

18 世纪末，科学革命的主要物理学理论在许多国家传播，如西班牙、葡萄牙、巴西和希腊，因为保守派放弃了对新世界观的抵抗。

作为这场转变的结果，在 18 世纪的最后 25 年中，法国发生了另外两场革命。一个是政治上的，它导致 1789 年的《人权和公民权宣言》的颁布；一个是科学上的，它把化学从炼金术的实践中解放出来，变成一门真正的科学。法国化学家安托万·拉瓦锡（Antoine Lavoisier，1743—1794）在两场革命中都扮演了重要角色，即第一场革命的反对者和第二场革命的领导者。

对于我们今天所谓的"西方文明"，科学革命是至关重要的。它的智力成果是人类寻求牢牢掌控自然的体现。

进一步阅读书目：

Applebaum，W.（2005）．*The Scientific Revolution and the Foundations of Modern Science*．Westport，CT：Greenwood Press.

Cohen，F. H.（1994）．*The Scientific Revolution*．Chicago：University of Chicago Press.

Fermi，L.，& Bernadini，G.（2003）．*Galileo and the Scientific Revolution*．Mineola，NY：Dover Publications.

Field，J. V.（1993）．*Renaissance and Revolution：Humanists，Scholars，Craftsmen and Natural Philosophers in Early Modern Europe*．Cambridge，U. K.：Cambridge University Press.

Hall，R. H.（1989）．*The Revolution in Science 1500 - 1750*．New York：Longman.

Jacob，M.（1988）．*The Cultural Meaning of the Scientific Revolution*．Philadelphia：Temple University Press.

Jayawardene，S. A.（1996）．*The Scientific Revolution：An Annotated Bibliography*．New York：Garland.

Koyre，A.（1968）．*Metaphysics and Measurement：Essays in the Scientific Revolution*．London：Chapman & Hall.

Lindberg，D. C.，& Westman，R. S.（1990）．*Reappraisals of the Scientific Revolution*．Cambridge，U. K.：Cambridge University Press.

Osler，M. J.（2000）．*Rethinking the Scientific Revolution*．Cambridge，U. K.：Cambridge University Press.

Porter, R., & Teich, M. (1992). *The Scientific Revolution in National Context*. Cambridge, U. K.: Cambridge University Press.

Rosen, E. (1984). *Copernicus and the Scientific Revolution*. Malabar, FL: Krieger.

Sarasohn, L. T. (Ed.) (2006). *The Scientific Revolution*. Boston: Houghton Mifflin.

Shapin, S. (1996). *The Scientific Revolution*. Chicago: University of Chicago Press.

乔治·维拉哈基(George N. Vlahakis) 文

马行亮 译，黄艳红 校

Script Decipherment 解读文字

解读文字就是推想出解释一种不再使用和完全被遗忘的字体的方法。最为人所知的是楔形文字和象形文字的解读。最近(2008)解读的是卡利亚(Carian)字体：这是公元前第 1 个千年的下半叶，从安纳托利亚南部到整个埃及的卡利亚雇佣军的手写字体。

2276

对一种需要解读的字体来说，它首先一定是已经不再使用，并且完全被遗忘的——包括它支撑的整个文化。不管用它来书写的语言能幸存与否，或者与其有关联的字体可能仍旧在使用，但是字体本身才是关注焦点。这样说来，伊特鲁里亚语言不需要解读，因为它的字母介于希腊文和拉丁文之间，不存在什么问题。同样，当一个不知名的埃及墓被发现时其铭文也不需要解读，因为它所用字体的秘密在近 200 年前就已经被揭晓。解读文字的工作都是独立进行的，尽管接下来数代学者可能要花费几十年时间去完善它。

闪米特语的辅音字母

第一次成功的文字解读来自让-雅克·巴泰勒米(Jean-Jacques Barthélemy)，他实际上是在 1754 年花了一整夜就完成了解读。此人是一名神父和古典学者，是法国国王路易十五的古币收藏家。探险家在巴黎展出从古代城市帕尔米拉(Palmyra)带回来的简短铭文的完好拓片，它们是用希腊语和帕尔米拉语(Palmyrene)写成的。很容易推断的是，这两种语言表达的内容一模一样。通过比较专有名词，那些不常见字母的读音也得以辨认出来；而且事后，人们看到这种文字和语言与古叙利亚语(Syriac)——阿拉姆语(Aramaic)非常相似，而阿拉姆语与基督教文献密切相关。接下来的几年里，巴泰勒米还得以解读更古老、与古钱币和碑文有关的阿拉姆人和腓尼基人的文字(腓尼基人的语言与希伯来语紧密相连，而且同阿拉姆语一样是西北闪米特语)。但不幸的是，从历史学家的眼光来看，这些东西主要是随葬品，无一例外地非常简短，不能提供更多信息。爱德华·吉本(Edward Gibbon)在《罗马帝国衰亡史》(1776)中就没有使用它们，例如在论述帕尔米拉衰落和其女王芝诺比阿(Zenobia)的时候(第 11 章)。巴泰勒米本人花费 30 年时间来准备一部以流浪汉为主题的道德说教小说《年轻阿纳卡西斯的历程》(*The Voyage of Young Anacharsis*，讲述 4 世纪

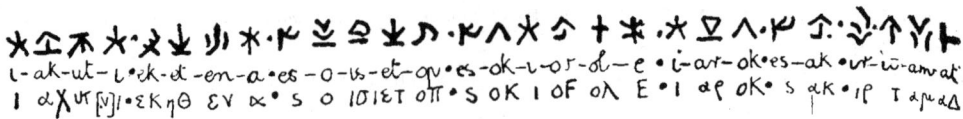

一个公元前 4 世纪的塞浦路斯语碑铭，下面附希腊语的音译

中叶一个在希腊及其周围流浪的充满幻想的弗里吉亚人），该书于 1788 年出版，但书中也没有提到那些碑铭。

直到 19 世纪的下半叶，探险者和考古学家才开始接触到篇幅较长的碑铭（主要是编年和题献性质的），这些碑铭提供了与《圣经》故事不同的说法。第一个最长的、很长时间里也是最早的碑铭是米沙碑铭（Mesha inscription，发现于 1868 年，摩押语 Moabite，非常像希伯来语），它令人费解地提到一两位国王；西罗亚水道碑铭（the Siloam Tunnel，发现于 1880 年，希伯来语）使《列王纪下》（20：20）中提到的两位国王有了更清晰的面貌。一些小阿拉姆王国的阿拉姆语碑铭散布在地中海的东北角。保存完好的一处碑铭发现于 2008 年，它可能改变了我们关于这些作者是如何理解灵魂概念的看法。这些碑铭提供了几乎所有能直接了解到的关于这些缓冲国的信息，这些缓冲国位于先后兴盛的亚述帝国、埃及帝国和赫梯帝国之间。

安东尼·艾萨克·西尔韦斯特·德·萨西（Antoine Isaac Sylvestre de Sacy）在 18 世纪 80 年代对帕提亚帝国和萨珊帝国的中古波斯语碑铭的解读没有太多成就。通过它们的硬币和稀少的碑铭，除了国王的名字和他们不断变化的统治地域之外，我们所知甚少。半个世纪后，埃米尔·罗迪格（Emil Rödiger）对南阿拉伯语（"西米亚里特语"［Himyaritic］）的解读文字也没有给历史学家提供多少信息。牵涉 4 种语言的碑铭，尤其是塞巴语的，数量很多，其中一些历史悠久，但是几乎不可能确定日期；它们与其说跟国家大事有关，不如说跟当地水利工程有关。

楔形文字

到目前为止，最重要的解读——不仅在可供利用的数量上，而且在质量上——是复杂的楔形文字碑铭。由于拓片非常准确，这个时代随丹麦探险家卡斯滕·尼布尔（Carsten Niebuhr）从波斯波利斯（Persepolis）回归，并于 1772 年发表其成果而到来。每一篇波斯波利斯铭文以 3 种形式出现，面貌均不相同。很容易推测，这 3 种语言代表相同的文本。解读的关键一步是由德国的高中教师格奥尔格·弗里德里希·格罗特芬德（Georg Friedrich

第八章

世界和众神创世的历史 A 版

埃及象形文字。本图表和后面的图表用以说明铭文解读和翻译，摘自《世界和众神创世的历史》（*The History of the Creation of the Gods and of the World*）

Grotefend)迈出的,他在1802年推测,每一个样品中最突出的可能是波斯帝国(阿契美尼德)的主要语言;碰巧的是,它也是3种语言中最简单的。由于有德·萨西文本的指导,他希望找到像"薛西斯,伟大的国王,大流士的儿子,伟大的国王,希斯塔佩斯(Hystaspes,他不是一个国王)的儿子"这样的程式化语言——这些名字可以从希罗多德的希腊语中得知。实际上,他找到重复的模式,而且他对伊朗的诸种语言有足够的了解,从而能为研究专家们指出方向,使一些印欧语研究的领军人物,包括另外两个丹麦人,拉斯姆斯·拉斯克(Rasmus Rask)和克里斯蒂安·拉森,在接下来的数十年里能够完全解读成功。

最终的结果表明,波斯波利斯铭文虽然对政治史意义不大,但神学和帝国意识形态则较为清晰地呈现了出来。唯一的准编年史铭文规模巨大,由大流士一世命人雕刻在伊朗贝希斯敦附近的一个悬崖上,后来被一个在巴格达任职的军事外交官克服巨大困难,冷静地将它拓印了下来,这开启了历史学家们之间无休无止的争论。由于出版时间为1848年,故时间太晚而对楔形文字的解读用处不大;罗林森(Rawlinson)关于古代波斯的著作重复着上一代人格罗特芬德的论述,他看上去对此毫不知情。3种阿契美尼德王朝官方语言中的第二种,现在知道是埃兰语,但我们对其仍旧所知甚少(最初的解释来自另一位丹麦人韦斯特加德[N. L. Westergaard])。第三种语言——曾经解读过的最复杂字体——是真正的历史幸运儿。尽管人们通常相信该解读工作是由罗林森完成的,19世纪末他的那些同事尤其这样认为。现在清楚的是,这项工作是由爱德华·辛克斯(Edward Hincks)完成的;他是爱尔兰教会(安立甘宗)的神父,父亲是贝尔法斯特大学教授,知名度很高,弟弟是19世纪50年代加拿大总理。他的著作主要在19世纪40年代末期的《爱尔兰皇家学

会会刊》(*Transactions of the Royal Irish Academy*)上发表。

辛克斯获得的第三种字体的铭文材料被当作珍奇之物,并从美索不达米亚带到英国。它们经常以其所有者的名字来命名,即贝利诺石碑(Bellino Stone)或印度之家碑铭(India House Inscription),或者已被探险家们发布出来,包括一份著名的长碑铭,用凡湖(Lake Van)附近一种叫乌拉尔语(Urartian)的语言写成。在解读工作中,这些碑铭中反复出现的符号,成为一个重要的工具,尽管它们在拼写上略微不同(如以此来适应不同的地区)。这些符号之所以重复出现,是因为这些长篇铭文为年鉴,是以某个国王的统治年代为固定顺序来排列记载大事的。美索不达米亚铭文的语言(和第三种波斯波利斯语的变体)很快被确认为闪米特语,它现在被称为阿卡德语。(Akkadian,主要使用于苏美尔人的同一种书写体系,也使用于阿卡德语、印欧语系的赫梯语、不太为人所知的乌拉尔语及与其相关联的哈利语、前面述及的埃兰语,还有其他只有少数几个单词被记载下来的语言。)辛克斯真诚地回应时人的关注,他有关一种古代遗存——所谓的撒缦以色的黑方尖碑(Black Obelisk of Shalamaneser)——的最早出版物,率先在那些献祭者中间认出了一个《圣经》人物的名字,即"暗利家"的耶户——以色列国王(《列王纪上》16:16-28)。

整个19世纪40年代,奥斯丁·亨利·莱亚德(Austen Henry Layard)为大英博物馆,保罗·埃米尔·博塔(Paul Emile Botta)为卢浮宫主持美索不达米亚(古尼尼微城)的第一批遗址的挖掘。莱亚德的运气非常好,碰到的是一个宫殿和一个面积很大的图书馆,图书馆是亚述国王亚述巴尼拔(Assurbanipal)的,宫殿的墙壁布满引人注目的浮雕和繁多的文字。这些东西大部分都被用船运回伦敦;而图书馆里的楔形文字泥版,即成型的泥块,上面有用尖笔写成的带

创世

kheperu	em per	em	re-ā	ān
万物生成	生成	从	我的嘴	不

kheper pet	ān	kheper ta	ān	qemam
存在的天	不	存在的大地,	没有	被创造的

satat	tchetfet	em bet	pui
地球上的万物 (即植物)	动物	在位	那;

thes - nā	ām - sen	em	23. Nu
我唤起它们	从		努(即最初的水中深渊)

em enen	ān	qem-nā	bet	āhā-nā
从一种静止状态	没有	我发现	一个地方	我能够站立

āmi	khut-nā	em	ābt-ā
在那里	我施了法	在 (或者靠)	我的心

senti-nā	em Maā	ari-nā	āru	nebt
我留下种子	在……之中马特 (并且)我做	分支	每一个

uā-k[uā]	ān	āshesh-nā	em Shu	ān
我是孤独的	(因为)没有	我吐出	以舒的形式	没有

2279　有楔形凹口的文字,构成了大英博物馆展品中无与伦比的核心藏品。(伊拉克博物馆可能拥有更多的泥版,因为它是这个国家数百年来挖掘的所有东西的保管地。但是 2003 年春天博物馆遭抢掠,这清楚地表明,它们远没有完成编目,而且藏品可能遭受的损失仍然没有得到全面的评估。)由于这里是皇家图书馆,物品清单可能倾向于具有永久保存价值的东西——文学、科学文献和历史文本。最初,至少整个 19 世纪末期,《圣经》成为亚述学研究的新领域。关于洪水的神话在很多细节上与挪亚洪水的故事(《创世记》6—8)一致,这令人惊奇;《汉谟拉比法典》(发现于 1902 年)的一些条文与《出埃及记》第 20—22 章几乎句句一样;还有诸如此类的情况。这个时代以"巴别塔和《圣经》"争论为顶峰。这时,在德国皇帝出席的一次公开演讲中,亚述

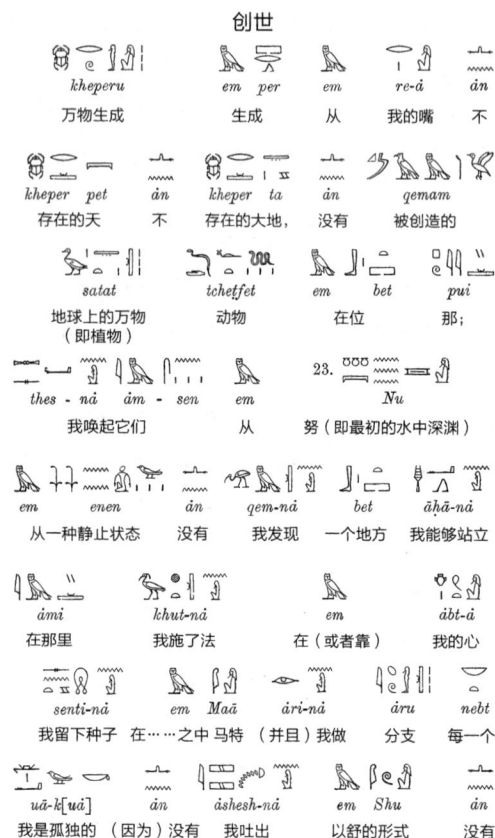

学家弗里德里希·德里兹赫(Friedrich Delitzsch)宣布,基督教神学的核心能够从一个巴比伦圆柱形印章中看出来。

此后,世俗亚述学逐渐盛行。到今天,经过一个半世纪的挖掘,上万份脆弱的世俗文件——商业记录、个人信件、财产转让记录——重见天日,引起很多专家的注意。这些小泥版之所以幸存下来,原因在于,只要不被弄湿或者被挤压,它们就不会损坏。根据这些小泥版,2 000 年丰富的图画和更多的文明成果能够被重新构建起来。

象形文字

与美索不达米亚丰富的材料相比,下一个最重要的文字解读工作,即埃及象形文字的解读,其价值看来真是微不足道。纪念碑浮雕与坟墓上的雕刻和绘画,反映了贵族们的兴趣(基本上是丰功伟绩和永久救赎)。纸草书非常重要,跟主人一块儿被禁闭在不渗水的坟墓里(这笔思想财产大部分是宗教方面的,日常生活方面的不多)。此处一个重要的名字是让-弗朗索瓦·商博良(Jean-François Champollion),他来自法国格勒诺布尔,他的研究工作可能是以英国人托马斯·扬(Thomas Young)的见解为基础的。对于研究而言,仅有罗塞塔石碑(Rosetta Stone)是不够的。碑中象形文字部分唯一保留的国王名字是托勒密,它周围有涡旋花饰,所以可以识别;尽管如此,直到在运到英国的方尖碑上找到克里奥帕特拉的名字时,学者们才得以把发音和符号对上号。但商博良的真正见地在于,他认识到象形文字实际上记录的是发音而不是神秘的象征符号,而且古老的埃及语有迹可循,因为现代科普特语仍旧用于埃及基督徒的礼拜仪式中。他的研究结果在 1822 年首次发表。

对历史学家来说,埃及语的解读直到 20 世

2280

创世

tef-nā	em Tefnut	ān	kheper	ki
我分泌出	泰芙努特，	不	存在	另一个

24.

āri-nef	ḥenā-ā	senti-nā	em ābt-ā tches-ā
和我一起行动的	我形成本原	在我自己的心里（或者借助我自己的意志）	

kheper	āsht	kheperu	nu	kheperu
（并且）那里生成了	许多事物	成为	生成的万物的	

em	kheperu	nu	mesu	em
从	生成的万物	的	诞生	从

kheperu	nu mesu-sen	ānuk pu	hat-ā
生成的万物	它们的诞生	我，甚至我	结合

em	khefā-ā	tataāt-nā	Col. xxvii. 1.	em
和……一起	我握紧的手	我投入……的怀抱		和……一起

khaibit-ā	kher-nā	em re-ā	tches-ā
我的影子	我播撒种子	进入我的嘴里	我自己的

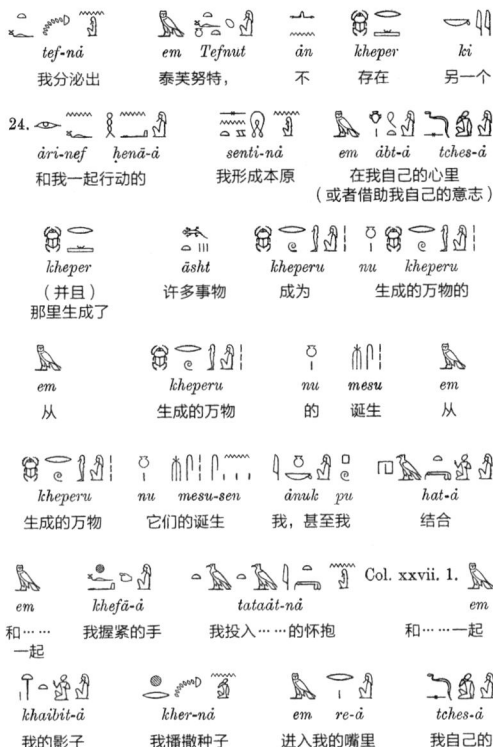

1 I.e., I had not sent forth from my body the emanation which took the form of Shu, nor the moisture which took the form of Tefnut.

注：从我的身体中没有生成风神舒，也没有生成雨水之神泰芙努特

纪到来时才真正取得成功，当时美国人詹姆斯·亨利·布雷斯特德（James Henry Breasted）有计划地考察了尼罗河河谷，复制、翻译和出版了所有他能找到的历史铭文。但是这种"丰功伟绩"对历史学家用处不大，他们期待更具体的细节，并对相反的观点持开放态度。尽管对埃及的研究早一代人起步，但学者们对埃及政治史的认识仍旧滞后于对很多使用楔形文字地区的政治史的认识，尽管一些年鉴（主要是阿卡德人和赫梯人的）补充了埃及本土的文本。

东地中海的碑铭

20 世纪的字体解读，在重要性上能与帕提亚语和萨珊语的解读相提并论的是"赫梯语"象形文字的解读（实际上它们记录了与其关联的

卢维语［Luvian］的信息），该语言约在公元前1500 年之后在安纳托利亚地区使用了1 000 年。在走过 50 年的误区之后，盖尔布（I. J. Gelb）为解读工作奠定了坚实的基础，许多其他学者的工作则开始于 1931 年。

同时，一种辅音字母由三位独立研究者解读了出来。这种文字 1929 年发现于叙利亚海岸的古城乌加里特（Ugarit），在发音上与大家熟悉的腓尼基文字相近，在写法上则是用楔子按进泥土里，与美索不达米亚楔形文字相近。能够鉴定年代（挖掘还在继续）的语料库总数只有 1 000块多一点，但是它们中间多是外交文件，能说明公元前 14 世纪黎凡特的情况。更加让人感兴趣的是许多直接影响了《圣经》的文本——正像一些早期美索不达米亚的材料一样。乌加里特语是希伯来语的直系祖先，而且该语言所提到的迦南人的上帝和宗教实践——不用说那些诗歌体——与《圣经》中许多先前晦涩难懂的段落非常一致。

最近的解读内容是线性文字 B，它从属于西方文明，写在爱琴海南部和西部地区几个遗址的泥块上。这种泥块首次发现于克里特岛的克诺索斯（Knossos），发掘工作始于 1900 年左右，随后在迈锡尼和大陆其他地方都有发现，此类遗址可以追溯到公元前 15 世纪。字体解读的一个障碍在于这样的前提假设：它一定代表前希腊民族的语言。在经过很多基础性研究之后，1952 年，迈克尔·文特里斯（Michael Ventris）洞察到线性文字 B 不是类似于伊特鲁里亚文字，或者我们了解更少的东西，它肯定是希腊语的一种早期形式。对手头材料翻译的结果令人失望：它们只是一种经济文件；可能这种文字没有记下其他什么内容，因为面积广大、精雕细刻的宫殿墙壁上没有文字。该解读工作的重要性在于，它证实了希腊语在这个地区的存在要比人们推断的早几个世纪。（19 世纪 70 年代，乔治·史密斯［George Smith］和莫里兹·施密特

创世

àshesh-nà	*em Shu*	*tefnet-nà*
我释放事物	以舒的形式	我释放湿气

em Ṭafnut	*àn*	*àtef-à*	*Nu*	*satet-sen*
以特芙努特的形式	说	我的父亲	努	他们使弱

maat-à	*em-sa-sen*	*tcher*	*henhenti*	*uau-sen*
我的眼睛	在他们后面	因为	在2个赫恩蒂时期里	他们行进

er-à	*em-khet*	*kheper-à*	*em*	*neter*	2. *uā*	*neter khemt*
从我这里	在……之后	我变成	从	神	一个神	三个

pu	*er-à*	*kheper-nà*	*em ta pen*	*ḫāā*
那是	从自身 而出	（并且在……后）我生成	以 土地 这	被唤起的

àref	*Shu*	*Ṭáfnut*	*em*	*enenu*
因此	舒	（和）泰芙努特	在	死水

un-sen	*àmi - f*	*àn-sen*	*nà*	*maat-à*
他们曾在那里，		它们带给我		我的眼睛

em khet-sen	*em-khet*	*àref*	*sam-nà*	*āt-à*
在他们的历程。在……之后		因此	我已经联合	我的帮手

创世

rem-nà	*her-sen*	*kheper*	*reth*	3. *pu em*
我哭泣	对他们	［并且］生成	男人和女人	从

remu	*per*	*em*	*maat-à*	*khāru-s*
泪	流出来	从	我的眼睛	他发怒

er-à	*em khet*	*i-s*	*qemi-s*	*àri-nà*	*ket*
对我	在……之后	它它来	（并且）发现	我已经制造了	另一个

em	*àst-s*	*ṭebi-s*	*em*	*khut*	*àru-nà*
在	它的地方	（我）赠与它	用	力量 （或者辉煌）	我已经制造的。

sekhenti	*àref*	*àst-s*	*em hrà-à*	*em-khet*
已经接近	因此	它的地方	在我的脸上	此后

àref	*heq-s*	*ta pen*	*er*	*tcher - f*	*kher*
因此	它统治	大地	这	达到 它的整个地域。	降落

en at-sen	*àu uabu-sen*	*tebui-s*
他们的时间（或者季节）	到他们的植物上，	我赠与他

thet-s	*àmi-s*	*per-nà*	*em*	*uabu*
用他已经拥有的东西	在他里面	我到来	从（或者以……的形式）	植物

［Moriz Schmidt］已经解读出塞浦路斯字母表，表中的希腊语是用塞浦路斯语来表示的，希腊字母大约是在这个时期被创造出来：公元前 8 世纪。材料虽然很匮乏，但一份年代上似乎要早几个世纪的铭文表明，希腊字母与线性文字 B 存在联系。）

所有字体解读中，最近的工作是由 20 世纪 90 年代的伊涅斯克·阿迪亚戈（Ignacic Adiego）完成的，即解读众所周知的、被称为卡利亚语的字体。它在南安纳托利亚的卡利亚和整个埃及都有发现。在这些地方，公元前第 1 个千年的后半期，卡利亚雇佣兵胡写乱画，留下了字迹。其他安纳托利亚语是用与希腊字母相像的字母写成的，即赫梯语和卢维语后来的近亲，但是卡利亚语看起来不是这种模式——这些字母读起来好像同希腊字母发音相同。英国埃及学家约翰·拉伊（John Ray）的研究认为，在埃及语的涂鸦中，卡利亚语名字的拼写可以像埃及语拼写中相应的名字一样去读。依靠这个研究成果，阿迪亚戈用与希腊语不同的读法来读这些字母，发现卡利亚语是印欧语系中的另一种安纳托利亚语。

南亚和中亚的铭文

让我们把目光转向东方，那里的 3 种亚洲文字已经消失得如此彻底，以致需要解读。头两种是婆罗米语（Brahmi）和比其年代稍早一点的前身伽娄士悌文（Kharoshthi），分别在 1837 和 1838 年为詹姆斯·普林赛普（James Prinsep）解读。婆罗米语是南亚和东南亚一系列文字的祖先，存在于公元前 3 世纪中叶，与印度的阿育王同时代。婆罗米语使阿育王发布的命令为人所知，他命令佛教徒学会用不同的普拉克里特语

2281

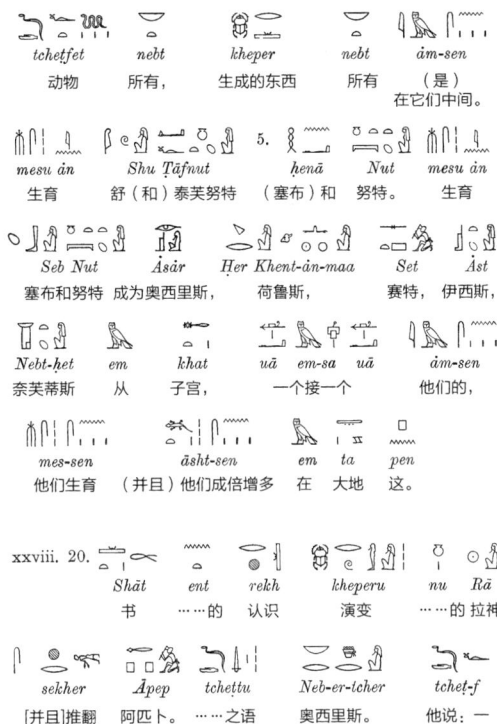

tchetfet	*nebt*	*kheper*	*nebt*	*âm-sen*
动物	所有，	生成的东西	所有	（是）
				在它们中间。

mesu ân	*Shu Tāfnut*	*henā*	*Nut*	*mesu ân*
生育	5. 舒（和）泰芙努特	（塞布）和	努特。	生育

Seb Nut	*Âsâr*	*Ḥer Khent-ân-maa*	*Set*	*Âst*
塞布和努特	成为奥西里斯，	荷鲁斯，	赛特，	伊西斯，

Nebt-ḥet	*em*	*khat*	*uā em-sa uā*	*âm-sen*
奈芙蒂斯	从	子宫，	一个接一个	他们的，

mes-sen	*āsht-sen*	*em*	*ta*	*pen*
他们生育	（并且）他们成倍增多	在	大地	这。

xxviii. 20.

Shāt	*ent*	*rekh*	*kheperu*	*nu*	*Rā*
书	……的	认识	演变	……的	拉神

sekher	*Âpep*	*tchettu*	*Neb-er-tcher*	*tchet-f*
[并且]推翻	阿匹卜。	……之语	奥西里斯。	他说：—

阅读（Prakrits，普拉克里特语是早期印度雅利安人的口语，数个世纪以来，使用梵文书写并不普遍）。婆罗米语为大量种类繁多的印度铭文的解读奠定了基础（这些铭文较晚期的形式仍旧能够为梵学家识别）。伽娄士悌文字是印度西北犍陀罗的语言所使用的。这两种文字沿着丝绸之路传播，相关的文本既有世俗的文本，又有能深入了解佛教发展的文本。婆罗米语逐渐被一些伊朗语，以及印欧语系中消失的吐火罗语所采用。

其他的亚洲解读文字，如土耳其语或者鄂尔浑语（Orkhon）符文，1893 年由威廉·汤姆森（Vilhelm Thomsen）完成。在对大批铭文进行研究之后，他证明 18 世纪蒙古存在讲土耳其语的人，不过很少。这种文字能被解读的关键在于附有汉字的意译。

其他地方的铭文

一个重要的解读文字工作让我们认识了古代西半球仅有的书写体系：公元前 9 世纪中美洲的玛雅象形文字（许多比其更早、外形与它很接近的图形文字也为人所知，但是它们仍不为人所知或者知之甚少）。在这一工作中，重要的名字有尤里·克诺罗索夫（Yuri Knorosov）和弗劳德·劳恩斯伯里（Floyd Lounsbury）——一个是苏联人，一个是美国人，他们分别在 1952 和 1973 年发表了研究成果。玛雅纪念碑标记有城市统治者一生的重要日期，对它们的解释有助于弄清楚编年和仪式。具体研究仍在继续。

一些铭文可以识别，如古代意大利的伊特鲁里亚语、埃及南部的麦罗埃语（Meroitic）、最古老的西班牙伊比利亚语，尽管它们的语言仍旧模糊不清。有 3 种铭文资料相当丰富，是有可能解读的，如古代爱琴海地区的线形文字 A、伊朗的原初埃兰文字，以及印度河谷的哈拉帕文字，但是这些文本只能提供经济方面的资料。中美洲的各种文字也有待解读。但是，我们不能指望像费斯托圆盘（Phaistos Disk，发现于克里特岛）或者朗格朗格（rongorongo，复活节岛）那样未经确认的图画体系能够被解读，即使它们是语言的书写方式。

进一步阅读书目：

Adiego，I. J.（2007）．*The Carian Language*．Leiden，The Netherlands：Brill．

Briant，P.（2002）．*From Cyrus to Alexander：A History of the Persian Empire*（P. T. Daniels，Trans.）．Winona Lake，IN：Eisenbrauns．（Original work published 1996）

Bühler，G.（1980）．*Indian Paleography*．New Delhi，India：Munshiram Manoharlal．（Original work published 1904）

Chadwick，J. (1967). *The Decipherment of Linear B* (2nd ed.). Cambridge，U. K. : Cambridge University Press.

Christian, D. (1998). *A History of Russia，Central Asia and Mongolia : Vol. 1. Inner Eurasia from Prehistory to the Mongol Empire.* Oxford, U. K. : Blackwell.

Dani, A. H. (1986). *Indian Palaeography* (2nd ed.). New Delhi, India: Munshiram Manoharlal.

Daniels, P. T. (1988). "Shewing of Hard Sentences and Dissolving of Doubts": The First Decipherment. *Journal of the American Oriental Society，108* ,419 – 436.

Daniels, P. T. (1995). The Decipherments of Ancient Near Eastern Scripts. In J. M. Sasson, J. Baines, G. Beckman, & K. S. Rubinson (Eds.), *Civilizations of the Ancient Near East* (Vol. 1, pp. 81 – 93). New York: Scribner's.

Daniels, P. T. , & Bright, W. (Eds.). (1996). *The World's Writing Systems*. New York: Oxford University Press.

Hallo, W. W. , & Younger, K. L. , Jr. (Eds.). (2003). *The Context of Scripture : Canonical Compositions ，Monumental Inscriptions and Archival Documents from the Biblical World*. Leiden, The Netherlands: Brill.

Iversen, E. (1993). *The Myth of Egypt and its Hieroglyphs in European Tradition*. Princeton, NJ: Princeton University Press. (Original work published 1961)

Larsen, M. T. (1996). *The Conquest of Assyria : Excavations in an Antique Land 1840 – 1860*. London: Routledge.

Lounsbury, F. (1989). The Ancient Writing of Middle America. In W. M. Senner (Ed.), *The Origins of Writing* (pp. 203 – 237). Lincoln: University of Nebraska Press.

Melchert, H. C. (Ed.) (2003) *The Luwians*. Leiden, The Netherlands: Brill.

Oppenheim, A. L. (1977). *Ancient Mesopotamia : Portrait of a Dead Civilization* (rev. ed.). Chicago: University of Chicago Press.

Parkinson, R. (1999). *Cracking Codes : The Rosetta Stone and Decipherment*. London: British Museum.

Pope, Maurice. (1999). *The Story of Decipherment : From Egyptian Hieroglyphs to Maya Script* (rev. ed.). London: Thames and Hudson.

Reading the Past : Ancient Writing from Cuneiform to the Alphabet. (1990, reprint). London: British Museum; Berkeley and Los Angeles: University of California Press. (Reprinted New York: Barnes & Noble)

Robinson, A. (2002). *Lost Languages : The Enigma of the World's Undeciphered Scripts*. New York: McGraw Hill.

Salomon, R. (1998). *Indian Epigraphy : A Guide to the Study of Inscriptions in Sanskrit , Prakrit , and the other Indo-Aryan Languages*. New York: Oxford University Press.

Schele, L. , & Friedel, D. (1990). *A Forest of Kings : The Untold Story of the Ancient Maya*. New York: Morrow.

Schele, L. , & Mathews, P. (1998). *The Code of Kings : The Language of Seven Sacred Maya Temples and Tombs*. New York: Scribner.

Van De Mieroop, M. (1999). *Cuneiform Texts and the Writing of History*. London: Routledge.

彼得·丹尼尔斯(Peter T. Daniels) 文

马行亮 译,黄艳红 校

Secondary-Products Revolution 次级产品革命

"次级产品革命"这个术语源自 20 世纪 60 至 80 年代对这个问题的关注,即农业实践中的革新是否由生态机遇和日益增长的人口密度引发,或者,日益复杂的社会和集权化是否使这些革新成为可能。21 世纪的人类学理论家们采取平衡的视角来包容这两种观点。

2284

最近 1 万年里,人类状况最根本的变化毫无疑问是农业的出现,考古学家维尔·戈登·柴尔德(Vere Gordon Childe,1892—1957)用"新石器革命"这个术语来概括它。在世界上的某些地方,种植作物使人口史无前例地急剧增加,使农村社会开始出现。最迅速的发展发生在西亚肥沃的新月地带——连绵的山脉与地中海东岸平行,环绕着由底格里斯河和幼发拉底河灌溉的平原;约公元前 4000 年左右,城市生活在这里初现端倪。随后的事件,柴尔德用"城市革命"这个术语来概括,它是人类历史上第二个决定性的转折点;它之所以发生,是由于内部交流和资源集中的规模越来越大。

当人们开始种植谷物和豆类蔬菜的时候,接下来迅速发展的阶段关涉家禽饲养。最初,家庭饲养的动物(绵羊、山羊、牛和猪)仅仅被看作一种俘获来的肉类供应。只是到了后来,它们可以作为役畜和牛奶及肉类等产品供应者的潜力才被发掘和利用起来。例如,早期不同种类的绵羊都有很多的毛,但是只有少量的羊毛制品,而最初牛的饲养只生产少量的牛奶。然而,到最早的城市社会出现时,不仅牛被用来牵引车辆和犁,而且像驴这样的新物种也已经被驯化为驮畜,用以运输物品。很快,其他动物物种也加入进来,包括用来运输的马和骆驼;船也出现了,用来运输货物,其中一些配备有帆。新品种的农作物逐渐开始种植,最值得一提的 3 种作物是橄榄、海枣和葡萄,它们能生产如油和富含糖分的液体之类的东西,适合发酵;同时,牛奶和羊奶被大规模地用来制作酥油(净化的黄油)和奶酪。此外,绵羊的羊毛培育已经出现,支持着纺织行业,纺织品成为最古老城市的主要输出品之一。很明显的是,人类关系变得越来越复杂和多样化,新物种不断被驯化,动植物的价值不再仅仅是提供热量,而且还提供副产品;结果,人类与作物和家畜的关系也越来越复杂和多样化。从这些关系中产生的消费和技术模式(包括酒精、犁、马、轮子和穿羊毛衣服),使人存身其中的社会(包括最早有文字的文明)拥有独特的征象,并对世界其他地区产生影响。为了识别这种本质性的农业变革,尤其是这些革新对邻近地区如欧洲和草原地带(并且最终影响到中国和美洲)的影响,按照戈登·柴尔德的说法,第三个"革命"的标签就使用开来:西方旧大陆的次级产品革命。

2285

在探究中提出因果问题是必要的。农业实践上的革新是自然而然,或者至少是因对生态机会和日益增大的人口密度回应而产生的,然后使越来越广的贸易范围和更加复杂的社会安排成为可能吗?或者因果关系应该倒置过来,即日益复杂的社会和集权化使革新的实验和利用成为可能?连续几代的人类学理论家给出了不同的答案。20 世纪 60 至 80 年代("次级产品革命"这个术语在此期间才开始形成)曾强调生态的作用,现在则让位于社会压力和人类主体的作用。一个平衡的观点将包容这两种看法,即一方面认可生态环境的可能性和束缚,另一方面认可消费模式的文化维度,以及都城的形成和生产规模等经济因素。实际上，两者之间可能还有更复杂的互动，即物质和社会关系的协同进化。

我们可以从地区生态的独特性讲起。在非洲和欧亚两洲、地中海和印度洋的结合部，物质上和精神上都产生了革新，这并不是偶然的。这里的居住环境呈现多样化，包括高原和低地、森林和沙漠、草原和内陆海；这些差异既维持了动植物的独特性，又促进了它的专业化和彼此间的交流。长期的混合农业有助于各种尝试和地区特色的形成。近期的证据表明，到公元前6000 年，牛奶产品一直在使用，或许同陶器的使用一样早（陶器在使用牛奶时是非常重要的）；而同样的时间段可能意味着，伊朗西部已经在培育产羊毛的绵羊。牛可能已经用来踩踏谷物，甚至用来牵引打谷锤。野生橄榄、葡萄和海枣的使用，在其自然生长地可能一样古老。

尽管如此，还有一个可以理解的变化，它与公元前 4000 年期间最早的城市的出现有关。在这种环境里，我们能够首先看到驴用作驮畜，一对耕牛用来牵引打谷锤、犁和实心轮的车，还有大量的（培育羊毛的）绵羊和奶牛。这样的活动，有些反映在最早的文字即泥块上的象形文字上，它们记录了美索不达米亚庙宇中心的商品运输。新的生产规模可能有助于先前小规模的地方专业化达到产业化的商品生产规模，其中一些商品被用来出口；这种生产和消费模式在这个地区内外传播，刺激了进一步的调整和实验，例如马和骆驼的首次使用。从这个观点讲，18 世纪英国工业革命和与之伴随的农业革命有着惊人的相似（就像柴尔德察觉的那样）。正是在这个背景下，即从"城市革命"的农业维度来看，次级产品革命得到了很完美的解读。

进一步阅读书目：

Adams, R. M. (1981). *Heartland of Cities: Surveys of Ancient Settlement and Land Use on the Central Floodplain of the* Euphrates. Chicago: University of Chicago Press.

Barber, E. J. W. (1990). *Prehistoric Textiles: The Development of Cloth in the Neolithic and Bronze Ages with Special Reference to the Aegean.* Princeton, NJ: Princeton University Press.

Burmeister, S. (Ed.). (2004). *Rad und Wagen: der Ursprung einer Innovation. Wagen im Vorderen Orient und Europa.* [Wheels and Wheeled Vehicles: The Origin of an Innovation. Wheeled Vehicles in the Near East and Europe]. Mainz, Germany: Philipp von Zabern.

Childe, V. G. (1936). *Man Makes Himself* (The Library of Science and Culture, No. 5). London: Watts & Co.

Frank, A. G., & Gills, B. (Eds.). (1993). *The Modern World System: Five Hundred Years or Five Thousand?* London: Routledge.

Goodman, J., Lovejoy, P. E., & Sherratt, A. (Eds.). (1995). *Consuming Habits: Drugs in History and Anthropology.* London: Routledge.

Levine, M. Renfrew, C., & Boyle, K. (Eds.). (2003). *Prehistoric Steppe Adaptation and the Horse.* Cambridge, U. K.: McDonald Institute Monographs.

Piggott, S. (1983). *The Earliest Wheeled Transport: From the Atlantic Coast to the Caspian Sea.* London: Thames & Hudson.

Sherratt, A. (1997). *Economy and Society in Prehistoric Europe: Changing Perspectives.* Edinburgh, U. K.: Edinburgh University Press.

Shortland, A. J. (Ed.). (2001). *The Social Context of Technological Change: Egypt and the Near East, 1650 – 1550 bc.* Oxford, U. K.: Oxbow.

安德鲁·谢拉特（Andrew Sherratt）文

马行亮 译，黄艳红 校

2286

Senghor，Léopold　利奥波德·桑戈尔

利奥波德·塞达尔·桑戈尔(1906—2001)是20世纪的一位非洲诗人和政治家，生活在塞内加尔和法国。他的著作掺杂着历史变动时期法国、美国、加勒比海和非洲的思想，并推动了非洲的政治、文学发展，以及以"黑人认同"(Negritude)著称的思想运动。

非洲诗人、政治家和思想家利奥波德·塞达尔·桑戈尔出生在塞内加尔的若阿勒(Joal)，是巴西勒·迪奥戈伊·桑戈尔(Basile Diogoye Senghor)和妮莱恩·巴库姆(Gnylane Bakhoum)的第5个孩子。根据家族传说，在出生的那个时刻，他就被先前生活在猴面包树上的伟大神灵附体了。在他出生的时候，这棵树折断，倒在地上。这样，人们相信神灵已经找到新的主人。他的家人总是以出生时的名字"塞达尔"来指称他，他看起来命中注定要成为一个伟人。他7岁之前生活在塞雷尔人(the Serer)的母系部落中，跟着妈妈一起长大。他的童年使他思考相互竞争的家庭权力问题：母亲、舅舅和父亲。他很快就懂得，每一个人都有适合自己的生活，而且，想要生活和谐就必须约束自己的意愿。7岁那年，他进入了父亲的国际贸易世界，接触到传教士，接受法国体制的教育。他很快就对传统的欧洲和非洲，以及新的欧洲和非洲有了更多的了解。他学会了平衡多种责任和忠诚。这种平衡为其作为法国政治家和非洲领导人的生涯做了铺垫。

巨大的失望或许培养了他成为诗人和政治家的激情。当一个种族主义神父没有推荐桑戈尔到神学院学习的时候，他感到生活彻底完了。但是当有另一个上神学院的机会来临时，他的反应是："我感到，在那里我将不能得到黑非洲解放所必需的武器。"(Vaillant 1990)他继续在巴黎和塞内加尔的达喀尔(Dakar)接受教育，用诗歌和散文作为刚萌芽的思想的宣泄口。他的

第一首诗创作于20世纪30年代末非洲殖民统治盛期。尽管他用法语——殖民国的语言写诗，但是他以成为黑人而感到光荣。他的诗歌赞美过非洲妇女的美丽、非洲土地的韵律、非洲的不同文化，包括音乐、艺术、诗歌、宗教和政治。在他的诗歌里，他拒绝欧洲文明给非洲和非洲人划定的附庸地位。他的诗歌跨越非洲、欧洲和美国的边界，为人广泛阅读和讨论。

在非洲生活期间，桑戈尔遇到艾梅·塞泽尔(Aimé Césaire)，这个人将成为他终生的朋友。这次会面对他来说是另一个转折点。通过塞泽尔，桑戈尔被介绍给巴黎的加勒比海移民、黑人知识分子领袖，接触到哈莱姆文艺复兴(Harlem Renaissance)及其思想、音乐和文学。对美国黑人发展的研究使桑戈尔对非洲人产生希望。作为黑人认同运动的联合发起人，桑戈尔致力于让非洲身份充满尊严、骄傲和荣誉。该运动的基本目的是以黑色为美，反对世界大背景下的种族不公正和歧视。利用文学和诗歌，桑戈尔努力重建黑人文化，树立黑人的正面形象，黑人认同运动坚持黑色有一种特殊的社会品质并充满人性。

1948年，在成功地成为诗人、出版许多著作、合办文化期刊《当下非洲》(*Présence Africaine*)之后，桑戈尔返回塞内加尔，专职从事政治活动。他的经历为他做了充分的准备，他是一个完美的政治家。他公开提出广泛的意识形态目标。他很睿智，长于处理各种事务，保持着一个伊斯兰国家里身为基督教徒的领导者所必

> 我一直留意在我的文字背后倾注思想和情绪。对文字纯粹的乐感我有一种习惯性的怀疑。
>
> ——利奥波德·桑戈尔(1906—2001)

需的平衡能力。他推动非洲社会主义,接受德国政治哲学家卡尔·马克思的思想:人不应该和其劳动产品分离。他相信人有自然权利,应始终是自由的文化人和创造者。他积极推动法兰西帝国在西非统治的终结,并承担了重要角色。1960 年,他被选为塞内加尔独立共和国第一任总统;在 1981 年退休之前,他在这个位置上工作了 20 年。作为一个诗人、黑人认同运动的联合发起人、法兰西学院的第一位黑人成员、塞内加尔第一位总统,利奥波德·塞达尔·桑戈尔致力于文化的沟通。

进一步阅读书目:

Grinker, R. R., & Steiner, C. B. (1997). *Perspectives on Africa: A Reader in Culture, History, and Representation*. Cambridge, U. K.: Blackwell.

Hymans, J. L. (1971). *Léopold Sédar Senghor: An Intellectual Biography*. Edinburgh, U. K.: Edinburgh University Press.

Irele, A. (1990). *The African Experience in Literature and Ideology*. Bloomington: Indiana University Press.

Manning, P. (1999). *Francophone sub-Saharan Africa, 1880 - 1995*. Port Chester, NY: Cambridge University Press.

Miller, C. L. (1990). *Theories of Africans: Francophone Literature and Anthropology in Africa*. Chicago: University of Chicago Press.

Mudimbe, V. Y. (1988). *The Invention of Africa: Gnosis, Philosophy, and the Order of Knowledge*. Bloomington: Indiana University Press.

Vaillant, J. G. (1990). *Black, French, and African: A Life of Léopold Sédar Senghor*. Cambridge, MA: Harvard University Press.

洛娜·利克·朱卡斯(Lorna Lueker Zukas) 文

马行亮 译,黄艳红 校

Sex and Sexuality　性与性别

2289　　性问题已经成为文明内部和文明之间相互作用的核心问题。早期的宗教和法律条文试图规定、控制或禁止性行为,如征服民族和国家那样。有些文明按照刻板的分类来看待性关系——同性/异性,主动/被动——但是世界上的许多文明曾经拥有、或有时保留更加复杂的性别和性分类系统。

性别(Sexuality)是一个非常新的词,它约在 1800 年左右进入英语和大多数其他西方语言中。在古代希腊语、中世纪拉丁语及其他许多早期语言中,没有关于"性"(Sex)或"两性"的(Sexual)特定的单词,以至于它们没有以这种方式对想法或行为进行定义或者分类。然而,每个人类文明都形成了有关性行为的规范,并对遵循这些规范提供积极的影响,同时摒弃负面的影响。世界历史经常作为文明之间相互交流以及文明内部传统创造的历史来讲述。性问题始终位于这两个进程的核心。

世界上所有的宗教和大多数土著民族信仰

体系规范着性行为，并将性行为视为道德系统的一个组成部分。这开始于早期的神圣文本，如吠陀圣歌或希伯来《圣经》，并一直持续到今天。当时，诸如公开的同性恋神职人员被授予圣职或妇女以适当形式蒙面等问题造成的宗教团体的区分，远远多于在神学问题上的分歧。许多宗教为神职人员和教友设立了不同的性行为标准，祭司、僧侣、男女隐修者和其他宗教人员保持永久性或暂时性的贞洁作为他们的神圣标志。信众们也在宗教朝觐或其他强烈的心灵体验时期，遵循独特的性规则。

自创立之初，最早的书面法典以及各项法律制度就包括涉及性关系和性行为的法律。例如，约公元前 1750 年于古巴比伦颁布的《汉谟拉比法典》（Hammurabi's Code of Laws）规定，性关系将被视为婚姻关系（由此生育的孩子可以继承财产），并明确了通奸、乱伦的定义及其后果，离婚的必要步骤，以及各种类型的性侵犯的后果。当时的民族、国家和地方法律法规也有这样的条文。

文明之间的接触可能会采取军事战役或航海贸易的形式，但持久的接触往往带来规范群体间性关系的法律。于 17 世纪征服明王朝并建立清王朝的满族统治者，禁止满族人和汉族人通婚。在约同一时期的弗吉尼亚殖民地，根据 1691 年的州法令，英国人或其他白人被禁止同任何黑人、黑白混血儿或印第安人通婚。那些忽视或无视这些法律的性关系，特别是来自占主导地位的族群的男性同被征服或从属族群的妇女之间的性关系，常见于征服、殖民主义、军事占领等情形，但这些通常不被视为婚姻。

涉及婚姻和其他性接触的法律和规范使各个群体互有区别，同时维护了文明内部的等级结构；这是因为，当权者的婚姻对象被其所在的社会认为"地位与之相仿"。例如日本德川幕府时代（1600—1868）的 4 个法定地位的群体——武士、商人、农民、部落民（一个被排斥的少数民族，通常做一些被人视为肮脏的工作，例如处理死尸和屠宰）被禁止相互通婚；在欧洲的许多国家，统治者（至少在理论上）如果和平民结婚，就失去了继承王位的权利。除了明确的法律规定，通过建立和培养传统及其他形式的内化控制机制，群体间的性关系同样受到限制。如果孩子在很小的时候就被灌输哪些人是不予考虑的结婚对象，以及缺乏作为一个性伴侣的吸引力，那么，文化界限的保存就不单独依赖于法律或强力。社会有时允许男性精英同非精英女性结婚或（更经常地）与非精英女性保持非婚性关系。但尽管如此，他们会对这种结合所生的孩子施加各种限制。相反的情况则是非常罕见的，因为在几乎所有的社会里，精英女性的性活动受到最严密监控。因此，社会定义的类别差异，诸如人种、国籍、民族、种姓、贵族身份和社会阶层，通过性的限制而得以保留，因为如没有这一限制的话，这些区别几乎就会消失。这些限制是依照性别而分类的，女性的经验与男性的不同。

类别和规范的文化差异

因此，性问题是世界历史的核心问题。而且，像人类生活的所有其他方面一样，从历史和文化而言，性也是一个变化中的议题。包括现代西方文明在内的一些文明，区分性取向主要依据"对象选择"。如果一个人向往或已经同被认为是相同性别的人发生性关系，那么这个人就是同性恋；如果后者是不同性别的人，那么这个人就是异性恋。其他一些文明区分性取向则主要根据男性在性行为中扮演的角色。如果他在另一个人的生殖器里插入某物——通常是他的阴茎，那么不管另一个人是何性别，他都扮演着具有优越性的积极作用，而扮演被认为是被动角色的人因此处于劣势。

两种分类方式都是采用二分法——同性恋和异性恋、主动的和被动的——但是世界上的

2290

许多文明曾拥有或者有时继续保留更为复杂的性别和性分类系统。在澳大利亚、西伯利亚、北美洲、亚马孙河流域、大洋洲、中亚和南亚、阿拉斯加和苏丹，某些人被视为既不是男性也不是女性，或既是男性也是女性，或以其他方式超越了二元的性别和性分类。在某些情况下，这些人从身体上说似乎是雌雄同体的，无论是出生使然或是阉割的结果，在别人看来，他们的独特性或双性同体是一种纯粹的文化现象。在某些文明中，这些人从事性活动、保持持久抑或临时的性关系，而在其他的文明中，这些人则没有这种情况。

这些人的性别和性取向非常复杂且多变，但是他们通常承担特殊仪式或宗教的角色，正如基督教与佛教中独身的教士、僧侣和修女所从事的工作。在苏拉威西岛（Sulawesi，印度尼西亚的一部分）南部，当地人认为，被称为比苏（bissu）的祭司主持特殊的仪式可以提高和保持统治者的权力和生育能力——它被概念化为白色血液，作为超自然的液体在皇家贵族的身体里流淌。人们将比苏与雌雄同体的造物神联系在了一起；他们可能是女性，但更多时候是男性身着女性的服装并且完成女性的任务。在印度北部，神圣的"双性同体"在人类世界的化身被宗教禁欲主义者称为"希吉拉"（Hijra）——阳痿或被阉割的男人献身于女神巴户刹拉·玛塔（Bahuchara Mata），他们被视为有能力赐予生育能力的人，因此为新婚夫妇和新生男婴祝福。在波利尼西亚的社会里，马胡斯（mahus）主持某些被认为属于女性特质的仪式，阿曼的撒尼特（xanith）也扮演这样的角色，尽管如此，这种状况是暂时的，这些人最终会同女人结婚。

最著名的第三性分类的例子发现于某些美洲原住民群体当中。当欧洲人第一次遇到他们的时候，以为他们是同性恋者，称他们为"贝达切斯"（berdaches），源于阿拉伯语"男妓"一词。这个词还可以在旧的学术文献中找到，但现在

的首选术语称之为"双灵人"。虽然欧洲人专注于自己的性取向，双灵人（他们通常是但并不总是男性形态）区别他人的地方更多地体现在服饰、工作和宗教角色上，而不是他们的性活动。在众多的群体中，双灵人实际上被视为具有第三性别的人，因此，在一些情况下，双灵人和男性之间的性关系或许并不被理解为"同性恋"；双灵人被视为兼有男性和女性灵魂的人，以至于他们可以周旋在男性和女性之间，以及神和人的世界。

欧洲人将双灵人归类为同性恋者，实际上他们使用的说法是鸡奸者，这凸显了文明接触过程中的一个常见问题。在某种文化内部，性的分类和规范往往是如此根深蒂固，以至于其看起来很合乎"自然"。这不是来自人类所做的决定带来的结果，而是天命或"自然法则"的结果。其他文化的性行为应该适合现有的体制；如果它们做不到，它们就会被判定为不正常或离经叛道，并且可以作为一个征服的理由。"非自然"性行为成为不同于自身群体的一个标准特征，表明他们完全是"他者"。古代雅典人在讲述亚马孙人时，说后者除了以生育为目的的短暂接触外，是一群自由生活的人。近代早期西欧人将土耳其人视为一群好色之徒，尤其是苏丹及其大臣懒洋洋地躺在寝宫里，身边还围绕着许多年轻漂亮的女子。19世纪的英国官员认为孟加拉人缺乏男子汉气概，相比英国人，他们更加瘦弱、身上的体毛更少。

现代化之前的性取向

尽管性问题处于文化传统和群体间接触的核心地位，但一直到20世纪80年代，有关性倾向的研究经常被轻视，并被视为学术研究的一个富有争议或边缘的领域。如今性的历史已经成为一个蓬勃发展的学术领域，但在特定地区和特定时期它会受到更多的关注。

当性本能受到挫折，不能被平息时，我们发现它会经常在宗教那里寻找和发现替代品。
　　　　　　　　　　——理查德·冯·克拉夫特-艾宾（Richard von Krafft-Ebing，1840—1902）

古代雅典就是其中之一，它历来被视为西方文明的根基，并留下了许多的资源，尤其是关于受过良好教育的男性精英对性的态度。古代雅典两个最重要的哲学家柏拉图和亚里士多德都对性激情的力量表示怀疑；他们警告说，性激情会令人不能专注于理性和对知识的探求。两位哲学家都称赞爱是理智的和无性的，这种爱的类型仍被称为柏拉图式的（无论是柏拉图还是亚里士多德，他们关注的都只是性会影响男性，而不是它会对女性带来什么影响）。柏拉图发展了一种人类和世界的二元论观点，认为看不见的理念王国远远超过可见的物质世界，人的思想或灵魂被困在肉体中。这种心灵、肉体的分裂是一个性别的概念，男性更多地同心灵联系在一起，而女性则更多地同肉体联系在一起。女性的身体同样被认为比男性更多地受到性生殖器官的影响。柏拉图将子宫描述为一种动物，自由地徜徉在体内，并会导致生理和心理问题（这就是为什么"歇斯底里"一词和"子宫切除术"一词都具有相同的希腊词根）。心灵、肉体的分裂并非由柏拉图提出，但他对该概念的接受和阐述促使其成为西方哲学的一个重要组成部分。亚里士多德关于心灵、肉体的分裂反映在生殖过程（他称之为生育）中。在他看来，男性为此提供"主动因"，女性则只是"材料"。

在古典时代的雅典，同一个通常结过婚的年长男人保持等级性的指导关系，是青少年公民在成年期接受预期培训的一部分（在雅典，只有男性可以成为公民）。年长的男人是"主动的"

艺术家描绘的古代希腊和古代罗马神话人物的特征影响了西方文明中的性观念（反过来也受后者的影响）。奥拉齐奥·简提列斯基（Orazio Gentileschi）的油画《丘比特和普塞克》（*Cupid and Psyche*，1628—1630）。圣彼得堡冬宫

或敏锐的伙伴，而年轻人则扮演"被动"的角色。青少年和成年男子之间的这种关系在文学与艺术中得到赞美，部分是因为雅典人认为完美仅可能存在于男性。完美的身体是年轻男性的身体，完美的爱情是一个年轻男人和年长男人之间的爱情，而不是一个男人和一个不完美的女人之间的爱情；一旦青少年成长为成年人，这种爱情应该变成理性的和柏拉图式的。在雅典，实际的性关系在多大程度上接近那种理想状态是很难讲的，因为大多数的资料是规范性的、理想化的或虚构的。

古代中国也是一样，终身性别身份基于个人性伴侣的性别基础之上，这种观念其实并不牢靠，虽然在某些时候存在男性终身参与其中的男同性恋亚文化。对此最好的研究对象是宋代官员、知识分子和戏子之间的同性恋。直到1644年清朝建立时，男同性恋尚未被禁止。

然而，性活动可能会导致生育，显然，这是国家关注的一个问题。宋代新儒学运动中，受过良

好教育的官员着重强调异性吸引力的破坏性力量,并视其具有很强的摧毁力,以至于个人无法独立驾驭它。为了让男人和女人分开并维持家庭内部的秩序,就需要建立壁垒、法律和强大的社会制裁。在中国的许多地区,中上层阶级的妇女越来越深居简出,甚至农民房屋都建立了围墙,被廉价雇来当仆人的男童和女童需要在墙外干活。隔离女性还通过缠足的方式加以实现——缠足的起源尚不清楚且充满争议,当时的官方文件很少谈起它。然而,缠足却经常出现在色情文学中,缠足后的尖状小脚被想象为莲花——一个性感的形象,蹒跚行走的小脚女人被认为可以润滑她们的生殖器,从而提高她们的性能力。这种性能力只限于她们所依附的男人。然而,对于未缠足,则被视为性自由的一个标志。

2293　　　第三个充分研究的领域是近代早期的殖民主义。欧洲人关于探险和旅行的叙述几乎总是讨论土著人单薄的衣衫,这被看作后者无法控制性欲的一个标志。炎热的气候——我们可能会把它看作影响服装选择的主要因素——本身被视为可以导致更强烈的性欲和自律的下降。到了18世纪,欧洲著名的思想家如亚当·斯密和大卫·休谟把世界划分为三个气候/性区域:热带、温带、寒带(这些词仍然保留着两层含义——气候/性)。他们与许多其他欧洲作家和政治家担心热带气候会影响士兵和官员的道德及健康,并设计了各种方案,以防止前往殖民地担任帝国职位的欧洲人完全"本土化",采用土著的礼服和习俗。他们也把这种气候/性方案与文明的进步联系在一起;在炎热的地区,炎热使人们昏睡和淫荡,而温带气候(如英国的气候)鼓励生产效率和纪律、节制性生活、尊重妇女。

　　"本土化"方面最令殖民当局关注的是与土著人发生性关系,这并不奇怪。如上所述,所有的殖民国家都管制这类性接触。土著人往往被女性化;与雄浑阳刚的征服者相比,土著人被描述或表现成软弱和被动的,或他们被超性化了——视为兽性和贪婪(或有时两者兼有)。种族等级划分开始与性道德联系在一起,尤其对女性而言,白人妇女代表着纯洁,而非白人女性代表着淫荡。消除这种成见是非常困难的,需要花费很大的努力。例如,在20世纪早期的美国,非裔美国女性小心翼翼地隐藏她们生活中性和性感的方面,刻意尊重历史学家达琳·克拉克·海因(Darlene Clark Hine, 1998)所谓的"伪装的文化"。

　　在殖民地世界,性和种族的类别都被看作由不变的宗教说教所支撑的道德分类,它决定什么是"自然的"以及什么是"不自然的"。因此,同性关系被定义为一种"违反自然的罪过",并经常与其他性犯罪如通奸或乱伦一起在教会法庭上接受审判。在18世纪,这种自然与神之间的联系强度开始减弱,但自然设定的界限的重要性只会被强化。

现代的性取向

　　许多学者认为,18世纪末到20世纪初的几种发展趋势创造了一个完全不同的"现代的"性倾向,不过大多数相关研究都聚集于西方世界。其中最重要的是性的基本范式经历了从宗教到科学的转变。欧洲教会法庭和欧洲殖民地有关道德方面的案例越来越少,作为异常的性欲和性行为已不再被视为犯罪,而是被看作退化或倒错。它们仍然是"不自然的",但任何的纠正或预防都是通过受过科学训练的专业人员来完成,而不是依靠牧师或神父。在对新兴的性科学的理解方面,最重要的专业人员是医生。性越来越被视为健康的一个方面,通过医生对自然世界的理解来确定哪些是正常的、哪些是异常的,而不是通过神的裁决。

　　西方国家的政府试图促进一个健康的社会,以此作为增强国家实力的一种方式,任何有损于此的事情逐渐成为官方和公众经常关注的对象。手淫、卖淫、癔症、色情、性病都被视为性问题和健康问题,有些则被视为更加极端的行为,如虐待狂、恋物狂、受虐狂、暴露狂、色情狂、"性倒错"——一个 19 世纪关于同性欲望的常见术语。在德国内科医生和精神病学家理查德·冯·克拉夫特-艾宾(Richard von Krafft-Ebing)的里程碑式著作《性精神病态》(*Psychopathia sexualis*,1886)中,对各种各样的性异常进行了标识,这是新兴的性医学专业的第一部重要研究。

手淫是与男孩和男人特别相关的一件事情;太早或太频繁地溢出精子可能会使他们变得虚弱无力,无法成为优秀的士兵和工人。一名在肯尼亚的英国士兵罗伯特·巴登-鲍威尔(Robert Baden-Powell)于 1908 年创建了童子军,明确地培养他认为英国男孩正确的男子汉美德,以避免他们手淫、娇气、体质虚弱和同性恋。他认为,这些特质在英帝国的非白人臣民以及英国工业城市的居民当中特别常见。如果他们不通过充满活力的体育锻炼和户外生活来加以抑制,巴登-鲍威尔和许多作家、医生、政治家和教会领袖预测,种族退化,甚至种族自杀将不可避免地发生。

观看色情作品也可能使人变得虚弱,因此,新的性科学观十分关注性念头、性欲望以及性行为。自 15 世纪中叶印刷术开始发展以来,色情文学一直占据欧洲印刷品市场的重要份额,然而,它没有因其涉及性的内容而受到法律的禁止。直到 19 世纪中叶,随着相关法律的出台,例如英国议会在 1857 年通过的《淫秽出版物法》(Obscene Publications Act),这一状况才发生彻底改变。

因此,卖淫也首先被看作对男人以及民族健康的一种威胁。欧洲和英帝国的妓女以及那些涉嫌为钱出卖肉体的妇女均需提交性病检查报告,可是她们的客户无须如此,因此以这种方式控制疾病传播的努力是徒劳的。卖淫通常被视为一种不可避免的罪恶,它是对下层社会男人强烈性需求的一种可悲的妥协——但肯定要好于手淫或同性恋。这个时代(工业革命高潮时期)的评论家常用工业或机械隐喻谈论性,并将性冲动描述为像蒸汽通过发动机或水通过管道那样在人身体里流动。这种性的液压式模型使他们担心,如果男人没有一个发泄的渠道,会对他产生怎样的影响。这样的"压制"会像管道或引擎被封闭后那样引起爆炸吗?

当他们担心压制及其后果的时候,性学专家也经常将注意力转向同性欲望,这种欲望最初被称作"倒错",而"同性恋"一词是由匈牙利法官本克特(K. M. Benkert)于 1869 年发明的,并逐渐成为常见的术语。在 19 世纪,个人常常以充满激情的方式表达同性欲望,但这些通常被视为"浪漫的友谊",女性尤其希望将其作为成长的一个组成部分,而不是一种离经叛道的标志,即使她们一生都是如此。例如,基督教青年会(YMCA)作为一个基督教青年的运动开始于 1848 年的英国,其组织内部的年轻未婚男子期望通过彼此眷恋来加强他们的性格和品质——心灵的结合会为神带来更大的爱。历史学家们一直在争论,这样的友谊是否应该被贴上同性恋的标签,因为当时它还没有成为人们头脑中的一个概念。然而,当同性欲望被医学化为性变态的一种形式时,人们改变了对它的态度,女孩之间或男孩之间的亲密行为越来越受到人们的猜疑。到了 20 世纪 20 年代,基督教青年会的官方声明谴责同性之间的相互吸引,提倡一种"肌肉基督教",让人集中关注篮球(基督教青年会发明的)、游泳、其他体育运动,以及"正常"的异性恋关系。

在 20 世纪早期,同性欲望在欧洲和北美表现得不如在更早时期那样公开,但是它日益频繁地与同性亚文化的个人联系在一起,更多地成为一种身份而非简单的行为。历史学家们已

2294

我们都很清楚这个国家存在男同性恋问题，当然它是件小事；但我们确信，英格兰没有一个女同性恋。
——英格兰的约瑟夫·张伯伦爵士（Lord Joseph Chamberlain of England，1836—1914）

经发现了同性恋亚文化和同性恋团体，其标志是特殊风格的着装、行为、俚语以及聚会场所。早在17世纪，它们在欧洲城市中的男性当中发展起来；然而，到了20世纪这些现象才变得更加普遍，而且更经常涉及女性和男性。

在20世纪，异性恋也成为一种身份——一种永久的性取向，最终成为法律和医学上的术语，以及现代西方的自我概念的一个重要组成部分。"异性恋"一词最初被性学家用来描述那些单纯为娱乐而经常进行非生育性活动的不同性别的人，因此，它是一种变态，不过是温和的变态而已。这一术语后来被越来越多地用于那些对异性具有吸引力的人，这种吸引力的正常发展包括身体和心理健康的问题。"正常"的异性恋的发展也是由性别决定的，这是奥地利精神病学家西格蒙德·弗洛伊德（Sigmund Freud，1856—1939）最著名的观点。弗洛伊德发展了这样一种概念，即人类的行为在很大程度上是由始于婴儿期未解决的性冲突塑造的；女孩主要忍受着阴茎羡妒情结（认识到缺少她们兄弟身体拥有的器官），而男孩主要忍受着恋母情结（那种杀死自己的父亲，让他们可以拥有自己的母亲的愿望）。弗洛伊德的观点曾遭到他人猛烈的抨击，批评者有时包括他过去的同事。不过，这些观点的影响力已经超越了心理学的领域，对诸如文学、艺术和教育等领域也有着广泛的影响。

这些对性观念与性行为的科学研究和医学研究，导致对性问题产生了两个看似矛盾的观点。一方面，个人对性伴侣或性行为的选择日益被视为一种作为同性恋或异性恋的性身份永久取向的反映。而在另一方面，同性恋和其他类型的性欲倒错被定义为身体或心理疾病，可通过药物、手术或精神分析来治愈。畅销书和学术性书籍就如何实现一个健康的性生活问题给了读者很多的建议，以此努力防止性欲倒错并治愈它。

有关性及其与性别的关系的矛盾观念和意见分歧，贯穿了整个20世纪。美国精神病学协会（the American Psychiatric Association）出版的《精神疾病诊断与统计手册》（Diagnostic and Statistical Manual of Mental Disorders，简称DSM）的头两个版本将同性恋列为精神疾病，但在20世纪70年代将其从这个名单中剔除。一些医学研究人员研究了同性恋基因和大脑结构的差异，然而，有些人批评他们的研究结果在逻辑上和方法论上存在缺陷——受性别概念的影响，他们仍以一种女性化的方式看待同性恋男子。（20世纪的大多数同性恋研究，大体上同大多数的医学研究那样，专注于男性。）与此同时，在许多地区禁止基于性取向的歧视，这在很大程度上是始于20世纪70年代的同性恋权利运动的结果。许多人（包括一些同性恋人权斗士）认为，性取向、性别认同，甚至性别身份完全是由社会建构的，可以或应该被随意改变、适应和调和。他们声称，"性取向"和"性别认同"事实上已经成为现代性观念的一个组成部分。然而，这样的概念正如柏拉图的"子宫游移"学说，对后现代世界来说已经过时了。他们赞美历史上和当代的双灵人的实例及其他形式的非二元性别和性类别。

"现代的"和可能被称为"后现代主义的"性倾向往往被视为西方的发展状况，世界其他地区的一些群体则将其视为文化帝国主义的另一个例子。然而，在一些地区，一些个人和群体已经开始调和传统的土著第三性类别以及最近形式的同性恋或变性人身份，主张对那些植根于自身文化的独特的性倾向要给予宽容甚至赞美，而不是简单地输入西方的性观念。与此同时，在许多宗教传统里，包括基督教、犹太教、印度教和伊斯兰教，激进者只认可异性婚姻，并且支持扩充规范性关系的现行法律。很显然，性问题作为文明内部和文明之间的冲突点，并没有失去其影响力。

进一步阅读书目：

Ballantyne，T.，& Burton，A.（Eds.）.（2005）. *Bodies in Contact：Rethinking Colonial Encounters in World History*. Durham，NC：Duck University Press.

Boswell，J.（1981）. *Christianity，Social Tolerance and Homosexuality：Gay People in Western Europe from the Beginning of the Christian Era to the Fourteenth Century*. Chicago：University of Chicago Press.

Bullough，V.（1995）. *Sexual Attitudes：Myths and Realities*. New York：Prometheus.

Crompton，L.（2003）. *Homosexuality and Civilization*. Cambridge，MA：Belknap Press.

Dean，C.（1996）. *Sexuality and Modern Western Culture*. New York：Twayne.

D'Emilio，J.，& Freedman，E.（1997）. *Intimate Matters：A History of Sexuality in America*. New York：Harper and Row.

Foucault，M.（1990）. *The History of Sexuality：Vol. 1. An Introduction*（R. Hurley，Trans.）. New York：Random House.

Greenburg，D.（1988）. *The Construction of Homosexuality*. Chicago：University of Chicago Press.

Gustav-Wrathall，J. D.（1998）. *Take the Young Stranger by the Hand：Same-Sex Relations and the YMCA*. Chicago：University of Chicago Press.

Herdt，G.（1994）. *Third Sex，Third Gender：Beyond Sexual Dimorphism in Culture and History*. New York：Zone Books.

Hinsch，B.（1990）. *Passion of the Cut Sleeve：The Male Homosexual Tradition in China*. Berkeley：University of California Press.

Hodes，M.（1999）. *Sex，Love，Race：Crossing Boundaries in North American History*. New York：New York University of Press.

Katz，J. N.（1995）. *The Invention of Heterosexuality*. New York：Dutton Books.

Keuls，E.（1985）. *The Reign of the Phallus：Sexual Politics in Ancient Athens*. New York：Harper and Row.

Masterson，L.，& Jolly，M.（1997）. *Site of Desire，Economies of Pleasure：Sexualities in Asia and the Pacific*. Chicago：University of Chicago Press.

McClintock，A.（1995）. *Imperial Leather：Race，Gender，and Sexuality in the Colonial Contest*，London：Routledge.

Nye，R.（Ed.）.（1999）. *Sexuality. New York*：Oxford University Press.

Pflugfelder，G. M.（1999）*Cartographies of Desire：Male-male Sexuality in Japanese Discourse，1600 - 1950*. Berkeley：University of California Press.

Phillips，K. M.，& Reay，B.（2002）. *Sexualities in History：A Reader*. New York：Routledge.

Porter R.，& Teich，M.（1994）. *Sexuality Knowledge，Sexual Science：The History of Attitudes to Sexuality*. Cambridge，U. K.：Cambridge University Press.

Stanton，D.（1992）. *The Discourses of Sexuality：From Aristotle to AIDS*. Ann Arbor：University of Michigan Press.

Stearns，P. N.（2009）. *Sexuality in World History*. New York：Routledge.

Wiesner-Hanks，M.（2000）. *Christianity and Sexuality in the Early Modern World：Regulating desire，Reforming Practice*. London：Routledge.

Williams，W. L.（1986）. *The Spirit and the Flesh：Sexual Diversity in American Indian Culture*. Boston：Beacon Press.

梅里·威斯纳-汉克斯（Merry E. Wiesner-Hanks）文

王超 译，黄艳红 校

Shaka Zulu　夏卡·祖鲁

2297　　当欧洲一些国家开始侵犯非洲主权之时,夏卡·祖鲁(1787—1828)已经创建了一个具有强大军事和经济实力的非洲王国。夏卡的良好天资和别具一格的领导力,使其于 19 世纪初在撒哈拉以南的非洲建立起最强大的王国。

19 世纪初,夏卡·祖鲁国王将祖鲁族的人口增加到了约 300 万,与此同时,祖鲁王国的面积也达到了数千平方千米。通过与欧洲人进行贸易,他积极参与到新兴的全球经济中,同时,他在军事上的才华改变了非洲的战争艺术。

夏卡的母亲兰迪(Nandi)是兰格尼(Langeni)氏族的女子,她与一位弱小的祖鲁氏族首领辛赞格科纳(Senzangakona)私通生下了夏卡。随着夏卡的孕育,他的母亲被迫成为辛赞格科纳的第三房妻子。这种婚姻结合很不稳定,兰迪和她的儿子从未被祖鲁部族接受。兰迪和她的儿子以及刚出生不久的女儿一同被送回娘家部族。兰迪回到兰格尼部族被夫方要求退还聘礼,这让兰迪和她的孩子蒙受了耻辱。他们被族人排斥,夏卡也经常成为人们取笑、奚落的对象。在夏卡 15 岁时,他的母亲在姆特泰瓦(Mthethwa)部落联盟找到了安家之所。这个部落联盟形成于 19 世纪初期,当时,生活在图盖拉(Tugela)河和蓬戈拉(Pongola)河之间(现在位于夸祖鲁-纳塔尔省,[KwaZulu-Natal])的几个小的恩古尼(Nguni)氏族部落的首领,在丁吉斯瓦约(Dingiswayo)首领的领导下组成部落联盟。夏卡在那里逐步成长为一个强大而又自信的领导者。

夏卡 23 岁那年,被首领丁吉斯瓦约挑选进入姆特泰瓦部落联盟中最好的军团。夏卡在军队中找到了生活的激情和归属,他很快成长为一个优秀的军事战略家。在发展他的军事战略的过程中,夏卡设计了新型的武器,并且改进了战斗策略。他用短柄宽刃矛代替长柄投掷矛。

夏卡·祖鲁的写生肖像画,1824。他手持长柄投掷矛和重型盾牌站立

他延长生牛皮盾的长度,使其能完全覆盖战士的身体。他还设计了一个攻击阵型,让他的军队能够从中路进攻敌人,同时从侧翼包抄,对敌人进行多面攻击。增强型盾牌帮助战士们来阻挡敌人投掷出的长矛,这样可以使他们可以近身刺杀敌人。夏卡坚持军队训练,他将军队训练到能够每天赤脚跑 80 千米。这给他的军队在攻击

打击敌人应一劳永逸,使其不再成为一个部落,否则他还会对你发起致命一击。

——夏卡·祖鲁(约 1787—1828)

范围和攻击速度上带来优势。夏卡还发明了全面战争的概念:为了防止报复而彻底歼灭敌人。以前的战争是凶猛和勇敢的一种展示,然后给予认输的敌人以宽恕。夏卡制定了一种极富侵略性的战斗风格,并且坚持要么完全顺从,要么种族灭绝式的胜利。

夏卡是一位具有革新力的领导者。他组建了特定年龄的军团,他们生活在永久性军事定居点,并且常年履行职责。适婚年龄的女孩在这些城镇里被组成女子军团。这些女子提供支援和农业劳动力。当一个军团的服役期满,抑或特别勇敢和战功赫赫,他们结束军役后可以娶女子军团里的女孩为妻。夏卡自己从未结过婚。他不愿生儿育女,担心儿女有一天会挑战他的权威。当没有战斗任务时,他的军团便会猎杀大象和河马,为夏卡与葡萄牙人在德拉瓜湾进行的象牙贸易提供货源。夏卡也和英国人和荷兰人进行贸易,为了促进贸易,夏卡授予他们纳塔尔附近的土地。

作为一名姆特泰瓦部落联盟的武士,夏卡回到他母亲的部落,将那些幼时曾侮辱过他以及排斥他母亲的人统统杀死。在首领丁吉斯瓦约的帮助下,夏卡取得对祖鲁氏族的控制权。

此外,当丁吉斯瓦约于 1818 年去世之时,夏卡成为姆特泰瓦部落联盟的首领。他立刻开始扩张他的帝国,他征服了许多新的领土,创造了一支庞大的军队,并将越来越多的周边部落纳入祖鲁民族。由夏卡、他的将领以及因他而流离失所的人发动的战争,最终导致大规模的移民和致命的后果。受到夏卡攻击的人们变得无家可归,在寻找新家园的过程中,这些人开始发动攻击,取代其他地区的人们。曾位于现今南非和坦桑尼亚之间的氏族部落无一能幸免于这种痛苦。与此同时,经常发生的干旱致使农业生产越发困难。在可以收获所播种的作物之前,人们常常流离失所。人们为寻找一个安居之处而四处飘泊。这或许会被视为是非洲南部的第一场难民危机。

当夏卡的母亲于 1827 年去世的时候,夏卡遭遇了感情上的崩溃。他服丧 1 年,并执意要求本族人服丧,还杀死了数千名未对其母亲的死表现出足够悲伤的人。1828 年,夏卡被同父异母的兄弟丁冈(Dingane)刺杀。但是,在他死后,他所创造的国家抵御欧洲殖民主义长达 50 年,今天的祖鲁人在南非仍然是一支被公认的政治力量。

进一步阅读书目:

Afigbo, A. E., Ayandele, A. E., Gavin, R. J., Omer-Cooper, J. D., & Palmer, R. (et al.). (1992). *The Making of Modern Africa*: Vol. 1. *The Nineteenth Century*. New York: Longman.

Atkins, K. E. (1993). *The Moon is Dead! Give Us Our Money!*: *The Cultural Origins of an African Work Ethic*, *Natal*, *South Africa*, *1843 – 1990*. Portsmouth, NH: Heinemann.

Brockman, N C. (1994). *African Biographical Dictionary*. Santa Barbara, CA: ABC-CLIO.

Curtin, Philip, Feierman, S., Thompson, L., & Vansina, J. (1995). *African History from Earliest Times to Independence*. New York: Longman.

Falola, T. (2002). *Key Events in African History*: *A Reference Guide*. Westport, CT: Greenwood Press.

Gilbert, E., & Reynolds, J. T. (2004). *Africa in World History*: *From Prehistory to the Present*. Upper Saddle River, NJ: Pearson/ Prentice Hall.

Morris, D. (1965). *The Washing of the Spears*: *The Rise and Fall of the Great Zulu Nation*. New York: Simon & Schuster.

Omer-Cooper, J. D. (1966). *The Zulu Aftermath*: *A Nineteenth-century Revolution in Bantu Africa*. Harlow, U. K.: Longman.

Ritter. E. A. (1995). *Shaka Zulu*: *A Biography of the Founder of the Zulu Nation*. New York: Penguin.

Shillington, K. (1987). *A History of Southern Africa*. Harlow, U. K.: Longman.

Sparks. A. (1991). *The Mind of South Africa*. New York: Ballantine Books.

Warren, P. R. (1999). *Landscape Transformations and the Archaeology of Impact: Social Disruption and State Formation in Southern Africa*. New York: Kluwer Academic Publishers.

洛娜·利克·朱卡斯(Lorna Lueker Zukas) 文

王超 译,黄艳红 校

Shamanism　萨满教

2300　　　萨满教是一种意识形态以及一组涉及灵魂交流的技术和仪式。萨满仪式与一个信仰体系密切相连,因此,它们总是在其所处的宗教或社会背景下被世人所认知。主持仪式的萨满往往被视为治病术士、占卜者、透视者,或是拥有魔法或精神力量的人。

萨满教是一种独特的社会角色和心理活动的复合体,一个能够体现宗教生态观念的仪式专家被称为萨满。"萨满"一词来自西伯利亚通古斯族语(Tungus,鄂温克族[Evenk])的"aman"一词,经由俄语而成英语的"Shaman"。学者们对欧亚大陆和美洲的萨满教的研究很深入,研究范围从芬兰的萨米人(Saami,拉普人[Lapps])一直延伸到南美洲南端火地群岛的亚马纳人(Yamana,亚格汉人[Yaghan])。学者们还在澳大利亚原住民、东南亚和大洋洲发现萨满教。但非洲的萨满教较为少见,在那里,灵魂附体和精神通灵似乎更为普遍。

萨满教研究有多种方法和路径,其中包括人类学、考古学、比较宗教、民族医学、历史学、语言学、史前史、心理学和民俗学等。

历史和分布

一些学者声称某些古代遗产中存在萨满教,如在法国南部和西班牙北部的洞穴壁画中发现的清晰可辨的旧石器(觅食)时代和狩猎文化中。例如,旧石器时代晚期的三兄弟(Les Trois Freres)洞穴(约公元前14000年)中包含的三兄弟巫师,其中一个著名的、被涂成黑色的人物俯瞰雕刻有狩猎动物的画廊,他被解释为是动物的主人——一个萨满。

西伯利亚是萨满教的经典地域,来自西北萨米(拉普)的萨满教在这里发生了相当大的变化,我们只能通过1180年最早记录的历史资料加以了解,如通过中亚突厥语族(例如,雅库特语Yakut[萨哈Sakha]、图瓦语[Tuvins]和哈卡斯语[Khakass]),蒙古族的语言(例如蒙古族和布里亚特语Buryat),通古斯语族(例如埃文基语Evenki[通古斯Tungus];甚至是满语[Manchu]),古亚细亚诸语言(例如楚科奇语[Chukchi]和科里亚克语[Koryak]),以及爱斯基摩-阿留申语族(Eskimo-Aleut group)的资料。萨满教同样发现于欧亚大陆南部的尼泊尔和印度,以及整个东南亚地区。马来西亚半岛的北部和南部阿斯里语族的萨满教(巴帖克[Bateg]、特莫[Temoq]、舍弥来[Semelai]和塞马克巴里[Semaq Bri]),在形式上与在整个西伯利亚发现的萨满教非常类似。波利尼西亚神话也充分证明了萨满教的主题和宇宙的图像。

萨满教分布于整个美洲,这同样表明萨满教不仅非常古老,而且起源于欧亚大陆。大量狩猎民族越过位于西伯利亚和阿拉斯加之间的白令陆桥,将萨满教带入美洲。在遥远的智利南部巴塔哥尼亚高原,公元前 11000 到前 8000 年之间的史前古器物被考古学家在费尔洞穴中发掘出土。我们在这里同样发现了萨满教。在狩猎驼马的奥纳族(塞尔克南人)和狩猎海洋动物以及沿岸觅食的亚马纳族(亚格汉)当中,它因 19 世纪末 20 世纪初的种族灭绝战争而消亡。在智利中北部,我们发现马普切萨满教几乎展现了所有西伯利亚萨满教的特征。尽管没有证据显示约公元前 10000 年的原始定居者与该地区历史上著名的文化之间存在文化上的连续

2301

将已经吸收的疾病灵魂放入灵魂船内,特莫萨满帕农·本·古丹姆(Pak Loong bin Gudam)准备将疾病灵魂送回它天上的家乡

性,但萨满教在整个南美和北美文化中的广泛传播,无疑表明它的传入发生在很早之前。进入北美的倒数第二波移民或许可以通过语音学的证据揭示,现今只有西伯利亚中部凯特人讲的叶尼塞语系与北美的纳-德内语系有关,两个文化区域都受到过萨满教的熏陶。这个最近的发现进一步加深了我们对极地或环北方的文化统一体的理解,而学者们对此早就认识到了。

萨满和萨满情结

萨满是一个有远见的人、治疗师、歌手、诗人、心醉神迷的灵魂旅行者、心灵歌者(能够把死人的灵魂带到冥国)、他或她的社会群体与精神世界之间的中间人、占卜师、献祭者。萨满是生活和灵魂命运方面的专家。在仪式开始阶段,他们的灵魂经受阵痛,他们的病人受折磨的灵魂在仪式中得到治疗。这些特点构成了一种情结,它经常成为一个社会心理的核心,因此,萨满教被认为是许多西伯利亚和极地周围民族的宗教,以及马来西亚半岛特莫、舍弥来,以及塞马克巴里原住民(Semaq Bri Orang Asli,"土著")文明的宗教。然而,在许多其他的文明里,萨满教只是更具包容性的宗教世界观的一个维度;在这种情况下,智利的马普切人和中亚的乌兹别克人将它更恰当地确定为一种信仰系统。

萨满是一个通过获取深邃的超越世俗世界的知识,进而能够打破日常生活常规的人。萨满教已被定义为一种幻觉和出神的技术,包括萨满的灵魂到天空或阴间的魔幻飞行(Eliade 1964)。通常在仪式最开始的时候,萨满通过获取前瞻力而被赋予进入这个世界的力量。这些力量在每一个用于疗愈、占卜、祭祀以及其他对群体福利十分重要的各种仪式的表演中,得到恢复并增强。这些力量体现在萨满的宇宙论经验,对那些提供知识和向导的熟悉的守护精灵的控制,以及在幻想仪式过程中保护萨满高度

一位萨满仪式的助手涂抹着橡皮虎模型，它的灵魂将伴随特莫萨满到达世界的边缘

不稳定的、脆弱的灵魂。萨满的意识转换状态的范围十分宽广，从一些西伯利亚萨满的癫狂状态到马来西亚特莫萨满对幻觉中的美妙世界的安静遐想。在拉科塔族（Lakota）圣人黑麋 9 岁的时候，急性病发作，他通过登上强大的祖父在云山的住所获得了富有远见的力量。他将其祖父视为"世界的力量"，拥有四个方向、天上以及地下的力量。

萨满通灵通常是在晚上进行的。在许多萨满教社会，夜间不意味着没有日光，而是完全不同的另外一种类型的现实。在几乎所有这类社会中，萨满是一个夜间活动的人、一个出现在黄昏后的现实世界中的专家。对于特莫人而言，甚至季节也在晚上暂停了，区分白昼世俗世界的特征在日落时转换到了另一个维度。

在世界各地，加入萨满这个职业有多种多样的形式。在一些西伯利亚社会里，萨满学徒不由自主地经历一次被可怕的恶魔或邪灵肢解。萨满身体的重构使其焕然一新，精神上重生的身体赋予萨满超常的技艺。死亡和复活的主题同样发生在美洲。相反，特莫萨满学徒知道自己被选中，是当他在一个清醒的白天与一位身着红衣的年轻美貌女子的灵魂邂逅之时。接着，萨满学徒的特莫山之旅由一位萨满师父发起，在夜间仪式表演过程中将一面镜子——一面"奇幻的镜子"——置入新萨满学徒未唤醒的第三只眼，为萨满学徒的灵魂提供力量，帮助他们观察和访问所有的宇宙区域。这些对于治愈、保持热带雨林的肥力及繁衍能力非常必要。

在整个南美热带地区，烟草兴奋剂和致幻剂，例如卡皮木植物（死藤水），可用于产生幻想经历。虽然烟草只是在几个世纪前被引入，但它同样被一些西伯利亚和特莫萨满用于诱导意识发生改变。通过摄入迷幻蘑菇诱发神情恍惚状态，也广泛存在于西伯利亚。

在整个欧亚大陆和美洲的许多文明里，击鼓被用于拥抱灵魂的超感觉世界。特莫萨满教激烈的敲鼓动作，可持续好几个小时（如本文作者所经历的那样），用以诱导催眠的意识状态。仪式参加者所经历的一种昏昏欲睡的状态如同暂时失去他们的灵魂，仿佛跟随着萨满在天上的随从旅行。

所有萨满存在的理由几乎都是为了治病。萨满利用他或她的幻觉力量搜索丢失灵魂的位置，或者将患病的灵魂从饱受痛苦的身体中剔除。拯救一个迷失的灵魂意味着，萨满或者萨满灵魂的盟友需要到上面或下面的世界旅行。虽然萨满的专门技艺是治疗程序的关键，但治疗几乎总是一个公共活动，往往是一部紧张的社会剧。

萨满是杰出的歌手和诗人。无论是西伯利亚萨哈萨满的狂喜的呼喊，还是马来西亚的塞马克巴里、舍弥来以及特莫萨满的漫长精神旅途的史诗,抑或是火地岛亚马纳萨满的喃喃低语,几乎所有的萨满都是通过歌唱来口头表达自己的经验。在一些社会中,如南美洲的特莫和辛纳,歌唱是萨满的力量的主要表现。事实上,对于特莫人而言,"歌唱"一词是一种误称,只有没有能力的萨满才唱"歌",而强大的萨满发出干净和清晰的声音产生幻觉经历。特莫萨满的歌声充满了动物和鸟类精灵及守护灵的叫声。一个美妙的例子就是图瓦萨满以"Shu-De"方式歌唱。

萨满的世界观

萨满的活动在某种宇宙结构内展开,这种结构便于萨满的灵魂或精神从人类社会和自然界所处的中层世界,到达他们祖先、精灵和守护灵、神灵、动物的主人、死者和病人的灵魂经常居住的上层和下层世界。一个多层(通常有三层)的世界是由一个位于世界中心的垂直结构——世界之轴连为一体,它被想象成一棵树、一座山、一根柱子、一道彩虹,甚或一条从上层世界流淌下来的河水,通过日常生活中的中层世界,到达死者的下层世界,如在西伯利亚埃文基族狩猎和放牧驯鹿的针叶树林地带。

在仪式表演中,萨满的宇宙被象征性地表现在仪式场地的结构和功能以及萨满的服饰和乐器如鼓或铃铛上。这种被投射到世界中心的仪式化的微观世界,体现了核心象征形式,即通过赐予不同的力量,萨满能够得到灵魂和神灵的帮助去造访仪式成功所必需的遥远地方。

> 萨满的服装本身就构成一个宗教的显圣物和宇宙论;它不仅揭示出一个神圣的存在,而且还有宇宙的符号和心灵的旅程。仔细研究之后便可发现,它清晰地揭示了

萨满教的体系,正如萨满神话与萨满技术展现的那样。(Eliade 1964)

鄂温克(通古斯)萨满仪式显示出其萨满教世界观与仪式场所的结构之间的关系。仪式所用的圆锥形帐篷要么是一个改造过的家用帐篷,要么是一个由氏族男性亲属在表演前几天专门建造的帐篷。普通帐篷用于寻找丢失的驯鹿或预测未来的仪式,以及作为萨满斋戒、大量吸烟并激发幻觉梦境等主要仪式的预备场地。

主要的仪式表演是为了将死者的灵魂引导至阴间,给祖先的灵魂提供食物,以及驱除患病的灵魂。在举行仪式的帐篷里,放置在炉旁的一个落叶松树苗通过烟孔显露出来,帐篷周围环绕着一圈小的栅栏围墙,还有一些平台和雕刻,它们代表世界的结构,这种设计用以协助萨满的动物双灵——他的哈尔古——到下层世界旅行。萨满从帐篷里朝东可以看到双排木刀、猎熊用的矛,以及鲑鱼和梭子鱼精灵及守护灵的木制雕像。萨满的鼓(由落叶松木材制成的)和鼓槌经常被想象为独木舟和桨,萨满通过它们在萨满的氏族河里旅行。在帐篷入口的前方是"darpe"——一组根部朝上的新鲜的落叶松树苗,以及代表上层世界的萨满人物雕像。在帐篷西方的"onang"结构,代表死者的下层世界,由枯死的树木建成,展现的是根部朝下被截断的落叶松;在上层世界里,落叶松从天穹的土壤中向下生长,而在下层的世界里,它们向上生长。落叶松树通过排烟口突显出来,象征着世界树将三层世界结合在了一起。在仪式表演中,萨满的灵魂爬上了宇宙树,并随他上升至上层的世界。

同样,在马奇坦(machitan)或治疗仪式中,智利马普切祭司或萨满伴随着歌唱和打鼓声,爬上她所制作的神树,通常是一根显示她的神灵雕像的大杆子。在澳大利亚中部,原住民萨满通过爬杆来表示灵魂上升;马来西亚的特莫萨

2304

满,手持装饰着小鸟和水果的世界树模型在病人旁边跳舞,象征着他的灵魂上升。拉科塔黑麋萨满也将强烈体现赋予生命的世界树形象与他的族群福祉紧密地联系在一起。

当今的萨满教

在苏联时期,西伯利亚的萨满遭到迫害和监禁,数以千计的萨满因此丧命。自俄罗斯联邦成立以来,随着图瓦等地族群的重新出现,萨满教已经呈现出显著的复苏。在俄罗斯南部图瓦共和国的首都克孜勒,萨满已经开办了一家诊所,萨满教和佛教在这里友好共存。在过去的几年中,许多民间团体带着具有萨满教灵感

的节目表前往国际比赛场馆巡回表演,人们还制作了许多关于萨满教的纪录片。美国土著萨满前往蒙古国,在蒙古萨满的指导下深化他们的呼喊。其他地方的萨满教正承受着巨大压力,不仅是来自传教活动,也来自全球化;这些压力对少数民族的语言和文化构成了严重的威胁。

在西方国家,萨满教令许多人极度着迷。这种新的形式被称为"新萨满教",它试图选择性地将土著萨满教的某些方面与从新时代精神到超个人心理学的一系列关怀整合在一起。新萨满渴望超越现代性,在更具包容性的精神、心理以及个人、社会和全球福祉的生态视野内构建认同。

进一步阅读书目:

Anisimov, A. F. (1963). The Shaman's Tent of the Evenks and the Origin of the Shamanistic Rite. In H. N. Michael (Ed.), *Studies in Siberian Shamanism*. Toronto: University of Toronto Press.

Balzer, M. M. (Ed.). (1990). *Shamanism: Soviet Studies of Traditional Religion in Siberia and Central Asia*. New York & London: M. E. Sharpe.

Blacker, C. (1975). The *Catalpa Bow: A Study of Shamanistic Practices in Japan*. London: George Allen & Unwin.

Dioszegi, V., & Hoppal, M. (1996). *Shamanism in Siberia* (Bibliotheca Shamanistica 2). Budapest, Hungary: Akademiai Kiado.

Eliade, M. (1964). *Shamanism: Archaic Techniques of Ecstasy* (Bollingen Series 76). Princeton, NJ: Princeton University Press.

Faron, L. C. (1968). *The Mapuche Indians of Chile*. New York: Holt, Rinehart & Winston.

Grim, J. A. (1983). *The Shaman: Patterns of Siberian and Ojibway Healing*. Norman: University of Oklahoma Press.

Halifax, J. (1979). *Shamanic Voices: A Survey of Visionary Narratives*. New York: E. P. Dutton.

Halifax, J. (1982). *Shaman: The Wounded Healer*. London: Thames & Hudson.

Harner, M. (1982). *The Way of the Shaman: A Guide to Power and Healing*. New York: Bantam Books.

Hultkrantz., A. (1992). *Shamanic Healing and Ritual Drama: Health and Medicine in Native North American Religious Traditions*. New York: Crossroad.

Kendall, L. (1985). *Shamans, Housewives, and other Restless Spirits: Women in Korean Ritual Life*. Honolulu: University of Hawaii Press.

Langdon, E. J. M., & Baer, G. (Ed.). (1992). *Portals of Power: Shamanism in South America*. Albuquerque: University of New Mexico Press.

Mumford, S. R. (1989). *Himalayan Dialogue: Tibetan Lamas and Gurung Shamans in Nepal*. Madison: University of Wisconsin Press.

Narby, J., Huxley, F. (EDs.). (2001). *Shamans Through Time: 500 Years on the Path to Knowledge*. London: Thames & Hudson.

Neihardt, J. G. (1972). *Black Elk Speaks: Being the Life Story of a Holy Man of the Oglala Sioux*. New York: Pocket Books. (Original work published 1932)

Nowak, M., & Durrant, S. (1977). *The Tale of the Nisan Shamaness: A Manchu Folk Epic*. Seattle: University of

2305

Washington Press.

Ruhlen, M. (1998). The Origin of the Na-Dene. *Proceedings of the National Academy of Sciences USA*, 95, 13994 – 13996.

Salchak, B. (1994). Kham (Shaman Ritual). *In Shu-De*: *Voices from the Distant Steppe*. Compact Disk No. 2339 – 2. New York: New World Records Ltd.

Seaman, G., & Day, J. S. (Eds.). (1994). *Ancient Traditions*: *Shamanism in Central Asia and the Americas*. Niwot: University Press of Colorado.

Thomas, N., & Humphrey, C. (Eds.). (1996). *Shamanism*, *History*, *and the State*, Ann Arbor: University Press.

Waley, A. (1973). *The Nine Songs*: *A Study of Shamanism in Ancient China*. San Francisco: City Lights Books.

彼得·莱尔德(Peter F. Laird) 文

王超 译,黄艳红 校

Sheep and Goats 绵羊和山羊

公元前 8000 年左右,在安纳托利亚和伊拉克,绵羊和山羊成为最早被驯化的动物。它们成为整个文明的焦点,因为畜牧民族会把他们的全部身心投入照料羊群上。在《圣经》和希腊神话中,两种动物都具有隐喻意义——耶稣是神的羔羊;狄俄尼索斯逃往埃及时化为一只山羊——这反映了它们的某种动物本质:绵羊性情温和,山羊性情暴躁。

家养绵羊的祖先是摩弗伦羊(mouflon,赤盘羊[*Ovis orientalis*]),人们仍然可以在撒丁岛、塞浦路斯以及地中海或大西洋海岸附近其他岛屿的荒凉山区发现它们。这些羊可能很凶猛,却不是野生品种,只是在遥远的时代就已逃脱人类的控制。不过,有好几种羊从来没有被驯化过,主要是因为它们不容易被牧养。这其中就包括发现于落基山脉的美国大角羊(*Ovis canadensis*,加拿大盘羊);这种羊虽然野性十足,但它为纳瓦霍人和其他的美国土著部落提供的羊毛可以用来制造复杂的编织物和色彩鲜艳的毛毯。

约在公元前 8000 年,绵羊和它们的近亲山羊(*Capra aegargus*,野山羊)最初在安纳托利亚和伊拉克一同成为最早被驯化的动物。绵羊的驯化是一个循序渐进的过程,这可能源自狩猎者为控制狂奔的兽群所做出的种种尝试。在公

带角的多赛特羊(Dorset sheep)在菲利普斯堡庄园(Philipsburg Manor)与其他农场动物的互动,这家 1750 年的农场于纽约沉睡谷(Sleepy Hollow)重建。博里亚·萨克斯(Boria Sax)摄

元前 3000 年,家畜集中圈养已经遍及中东、中欧和西亚。这些动物成为整个文明的焦点,因为畜牧民族会把他们的全部身心投入照料羊群上。例如,部落无法建立永久的定居点,因为当一个

2306

黑面苏格兰羊偶尔会和汽车共用道路。在外赫布里底群岛的哈里斯岛,羊几乎可以随意自由地行走。琳达·萨克斯(Linda Sax)摄

地区的植被被耗尽时他们必须迁徙。

随着人类数量的增加以及人类被迫放弃狩猎-采集的生活方式,牧民和农民之间的竞争愈演愈烈。这种竞争在《圣经》故事里亚伯和该隐兄弟身上得到体现。亚伯是一个牧羊人,他将一只羊献祭给耶和华(上帝);而该隐从事耕种,他献祭的物品是水果和蔬菜。当时,耶和华只青睐亚伯的献祭,该隐因此发怒并杀死了他的兄弟(《创世记》第4章)。

社会组织

2307　　　为了获得食物而驯化动物的一个结果,是它能够使人们积累大量的财富,这导致社会分化日益加深。在圣经的《旧约》和其他古代世界的书籍中,成群的牲畜被当作衡量财富的尺度。在公元前7世纪吕底亚出现的最早的硬币上面就印有食用动物的图像,其价值是用牲畜来衡量的。

希伯来人曾是个畜牧民族,其中羊的饲养尤其重要。重要的《圣经》人物,包括亚伯拉罕、雅各、摩西和大卫,都是

牧羊人。一个牧羊人和他的羊群的关系为许多《圣经》经文中的仁慈领导提供了一个重要的隐喻。现在称作“主祷文”的赞美诗便是一个很好的例子,它是这样开篇的:

> 耶和华是我的牧者,
> 我必不至缺乏。
> 他使我躺卧在青草地上,
> 领我到可安歇的水边……
> (《诗篇》23:1-4,耶路撒冷译本)

如同《圣经》中所描述的那样,希伯来人的社会有一些类似羊群的组织。在这些组织里,通常拥有唯一的领导者;除此之外,全体成员

胡贝尔(Hubert)和扬·范·艾克(Jan Van Eyck)的《羔羊的崇拜》(The Adoration of the Lamb,来自完成于1432年的根特祭坛画的部分细节)。天使、先知和教皇都跪在象征耶稣的献祭羔羊的面前

《圣经》里该隐和亚伯之间致命竞争中的羔羊图像：上帝对亚伯的羔羊祭品的喜爱，胜过对该隐谷物祭品的喜爱

是相对平等的。人类学家们已经发现，这种模式具有半游牧民族的一般特性，而不同于具有复杂的权力和身份等级制的农业社会。

《新约》中延续了绵羊的隐喻意义。施洗者约翰第一次见到耶稣时就说："看哪，神的羔羊，除去世人罪孽的。"（《约翰福音》1：29）在《启示录》中，"羔羊"被反复用来指基督。

像其他的近亲动物例如狗和狼一样，绵羊总是和相对凶猛、独立的山羊形成对比。在诸神同撒旦交战期间，希腊神狄俄尼索斯在逃亡埃及的时候化身为一只山羊。源自希腊悲剧的酒神节的高潮部分就是向神献祭一只山羊。

然而，也许是因为与希腊和埃及的异教神有关，犹太教和基督教的传统往往把山羊视为恶魔。耶稣在最后的审判中谈到了将绵羊与山羊分离开来（《马太福音》25：31－46），这是一种将正义与恶魔分离开来的隐喻。在中世纪的欧洲，基督经常被描绘成一只羔羊，而魔鬼则被描绘成有角的山羊。

工业社会

为了给羊和其他牲畜提供草场，近东和欧洲的大片森林遭到砍伐。过度的放牧大大减少了地中海地区的土壤肥力，致使像古代希腊和美索不达米亚这样的古代文明衰落了。为了饲养珍贵的美利奴绵羊——由摩尔人于 12 世纪引入西班牙的一个品种——人们随后以相同的方式砍伐了曾覆盖西班牙中部大部分地区的森林。雨水随后将表层土壤冲刷掉了，这给西班牙的农业造成了巨大的破坏。

学者们通常将新石器时代开始的农业革命

2308

> 每个人都能说出他有多少山羊或绵羊,但说不出有多少朋友。
> ——马尔库斯·图利乌斯·西塞罗(Marcus Tullius Cicero,前 106—前 43)

和 18 世纪启动的工业革命视为人类社会的两大革命性变化,在这两场革命中羊均发挥了重要作用。当英国农场主罗伯特·贝克韦尔(Robert Bakewell, 1725—1795)——一位养羊专家,开创了科学的饲养方法后,现代牧业由此拉开了序幕。这使人们饲养出来的羊能够产出更大数量和更多品种的羊毛。1764 年,苏格兰人詹姆斯·哈格里夫斯(James Hargreaves,约 1720—1778)发明了珍妮纺纱机。这种机器帮助人们在机械化的纺织行业中开发羊毛制品,这为迅速扩展到其他制造业领域的大批量生产技术提供了一个样板。

新技术创造了前所未有的羊毛需求量,反过来也导致英国和欧洲大陆的传统社会发生巨大变化。18 世纪末和 19 世纪初,为了腾出土地养羊,英国的许多佃农被迫离开他们祖传的土地,现在我们经常称之为"公地的悲剧"。反过来,这导致了快速的城市化,以及越来越多的人移居到了美洲。

一个浪漫的形象

牧羊人一直受到诗人的赞颂,因为他为人

们提供了和大自然的亲密接触以及允许沉思的机会。约在公元前 8 世纪中叶,希腊诗人赫西俄德谈到,当他正在放羊的时候,是如何受到了缪斯的启示。在近代早期,日益增长的城市化创造了一个向往农村生活的怀旧情结,牧羊人成了诗意文学中最受欢迎的人物形象。在由西班牙人米格尔·德·塞万提斯(Miguel de Cervantes, 1547—1616)创作的小说《堂吉诃德》的结尾,梦幻般的英雄对骑士生活的理想已经幻灭了,决定成为一个牧羊人。法国王后玛丽·安托瓦内特(Marie Antoinette, 1755—1793)在一个乡村农场打扮成牧羊女,她来这里为的是逃避法国宫廷的阴谋。然而,这种被贵族所珍爱的牧羊人和牧羊女的理想形象,与那些以羊为生的人的现实生活相去甚远。

合成纤维织品已经越来越普及,羊毛工业在经济上变得不那么重要了。然而,在 1996 年,当一只名叫多利(Dolly, 1996—2003)的羊成为首个被成功克隆的哺乳动物时,羊成为人类社会另一次潜在剧变的一个重要的组成部分。

进一步阅读书目:

Attenborough, D. (1987). *The First Eden：The Mediterranean World and Man*. Boston：Little, Brown.

Caras, R. A. (1996). *A Perfect Harmony：The Intertwining Lives of Animals and Humans throughout History*. New York：Simon & Schuster.

Clutton-Brock, J. (1999). *A Natural History of Domesticated Animals*. New York：Cambridge University Press.

Fournier, N., & Fournier, J. (1995). *In Sheep's Clothing：A Handspinner's Guide to Wool*. Loveland, CO：Interweave Press.

Franklin, S. (2007). *Dolly Mixtures：The Remaking of Genealogy*. Durham, NC：Duke University Press.

Sax, B. (2001). *The Mythical Zoo：An encyclopedia of Animals in World Myth, Legend, and Literature*. Santa Barbara, CA：ABCClio.

博里亚·萨克斯(Boria Sax) 文

王超 译,黄艳红 校

Shinto 神道教

日本的神道教活动已经发展了好多个世纪,或许早在公元前 4 世纪就已经开始了。它因受佛教和中国宗教东传扩散的影响而变得十分独特。在当代日本文化中,神道教仍然保留的一个特征是神,即居住在天上或地上作为自然界中神圣力量的存在。

神道教指的是一种始于 6 世纪的宗教信仰和宗教活动。有人认为,在亚洲大陆的外来宗教传统传入之前,它就已经在日本获得了发展。作为罕见的历史例外,日本人并没有试图将神道教向国外传播,他们认为这是他们的文化传统和特征的基础。人们可能会得出这样的结论:神道教对世界历史的影响已经很小了,然而事实并非如此。神道教深刻影响了日本与其他文明的互动。此外,它仍然是当代日本主要的宗教和文化制度。

现代以前的神道教

神道教到底是什么时候出现的? 现在很难给出明确的答案。神道教没有创始人,也没有宗教经文的传统。最终被确认为神道教的那些元素已经发展了好多个世纪,大概从公元前 4 世纪一直持续到 6 世纪。在此期间,宗教仪式专家将崇拜的神灵称之为神道。事实上,神道的字面意思是神明之路。而英语中"神灵"一词被普遍接受为与神道教的神相对应。在神道教中,神这一概念无法进行任何简单化的翻译。一位 18 世纪的学者对神道教做出了这样的解释:

我还不知道 Kami 这个词的含义。然而,总的来说,Kami 这个词首先是指出现在古代文献中的天上和人间的神,同时也是他们所崇拜的神庙里的神灵……它还包括诸如飞禽、走兽、树木、植物、海洋、山脉等等。在古老的用法中,任何不同寻常的、拥有超级能量的,或是令人敬畏的事物都被称为 Kami。(Motoori Norinaga, quoted in Tsunoda, 1958)

直到 7 世纪,日本还没有出现整合程度较高的国家。与之相反,各个部落牢牢控制着各自的领地。历史学家认为,其中的一个部落首领设法

两个神道教护身符。马克·麦克纳利(Mark McNally)摄

说服其他的强大部落，说他有和神灵进行沟通的能力。在 5 和 6 世纪，这个氏族的世袭首领与其他氏族结成部落联盟，日本史上首个名为大和的国家由此诞生了。占主导地位的部落领袖成为这个国家的最高统治者和日本"天皇"。氏族同神灵之间的联系意味着神道教同这个新兴的统治家族联系在了一起。例如，最重要的三个神社是象征着皇权统治的宫殿。作为祭祀天照大御神——太阳神和皇族的神圣祖先——的主要地点，伊势神宫是非常重要的神社，自 17 世纪以来它每 20 或 21 年重建一次。特定的神道教仪式与皇室家族紧密相连，比如新天皇登基通常是在伊势的神社里进行。

在这个早期阶段，神道教的制度和教义上的特征尚缺乏连贯性，它的仪式和活动还主要局限于氏族内部的社会及政治精英。日本社会的其他部分也有自己的崇拜方式，它们在 19 和 20 世纪才被神道教所吸收。在与 538 年传入日本的佛教的相互对比和区别中，神道教的教义变得更加明确。百济王国的朝鲜僧侣们将佛经抄本随身带到了日本，他们中的很多人作为教师定居日本。与日本的神道教不同，佛教拥有一个创立者，并有佛经以及释经传统。日本的

贵族精英都深深地着迷于佛教，它在教义和修行方面的复杂性远远超过了神道教。佛教的"法术"也似乎优于神道教的法术，正如一些佛教僧侣的草药和治疗知识所证明的那样。在 6 世纪，佛教信徒和神道教祭司之间展开了竞争，也就在这一时期，神道教开始发展出真正的制度认同。

虽然神道教始终与朝廷保持着密切的联系，但佛教在圣武天皇（701—756，715—749 年在位）时期的 745 年，曾一度非常接近国教的地位。此外，在 11 世纪，随着易于理解以及更以信仰为基础的佛教学派的传入，佛教开始对普通民众产生更大的吸引力。在大多数情况下，神道教的首领忽视了平民崇拜者。

两部神道

在日本的古典和中世纪时期（7—16 世纪），神道教经历了两个重要的发展阶段。第一个阶段始于 9 世纪，出现了一种名为两部神道的秘传神道教——一种秘传佛教和神道教的混合物——它将某个神道教的神与某个佛教的神等同起来。在这方面，神道教的神被视为佛教神的化身，所以后者优先于前者。在两部神道中，神道教教义的空白处补充了佛教的教义。直到 15 世纪，两部神道在教义神道教的世界中占据着主导地位。

吉田神道

由于两部神道的神学强调佛教，一位神道教的祭司吉田兼俱（1435—1511）对它表

日本神社。与日本皇室机构持续到今天的紧密关系，有助于神道教维持自己的尊严和权威。
马克·麦克纳利摄

示了不满。吉田兼俱扭转了两部神道混合主义的层次结构，并为神道教引入了新儒学的价值观和学说，结果被称为吉田神道（Yoshida Shinto）。尽管在 17 世纪之前还存在着其他的佛教-神道教的混合物，然而，吉田神道逐渐与皇室建立起紧密的联系，其祭司成为皇室宗教仪式的专家。

神道教与近代日本

在近代早期，约从 1600 年到 1870 年，希望将所有外来影响从神道教中清除出去的学者和知识分子们为神道教学术开辟了新的领域。这些本土学者（日文为 Kokugakusha）认为，神道教必须净化其与佛教长期存在的联系，因为后者是一个外来的宗教信仰。而强调新儒学的吉田神道同样是有问题的，因为新儒学是一个从中国传入的学说。本土主义者认为，他们的任务是将外来教义污染物从神道教中清除出去，并用真正的本国教义和价值观取代它们。他们认为，经过对日本古典文学，尤其是 8 至 13 世纪创作的文学作品进行细致和全面的考察，就可以发现这些教义。根据本土主义者的说法，一旦神道教被有效地净化，就可以成为维护一个真正独特的日本文化的坚实基础。他们认为，这是纠正其社会问题的唯一途径。与此同时，近代早期的本土主义者认为，神道教缺乏明晰的教义正是其独特而有价值的特征之一。他们认为，无须管理日本人民的行为，因为神已经赐予日本人民自我调节的内在能力。神

道教另一个被本土主义者呼吁关注的方面是日本神道教对自然的敬畏，它对于当代日本神道教仍然十分重要。自然美景如山脉、岩石和瀑布都被认为拥有自己的神。为了纪念神的存在，人们建立了一个以鸟居（牌坊）为标志的小型神社——由两个支撑柱和一个横梁搭建的像门一样的结构。

1868 年，日本武士统治时期结束，天皇在理论上恢复了实际的权力，这时神道教被赋予新的文化和政治权力。神道教祭司主张，新政府应该仿照 1192 年武士统治出现之前存在的政治模式。虽然复兴古典时期皇权政府的种种努力遭到摒弃，取而代之的是创建类似于欧洲列强的政府，但是，神道教祭司的宗教仪式被政府官员在建立国教的运动中保留了下来。日本知识分子认为，欧洲国家在物质和技术上的成功在某种程度上植根于其宗教价值观的力量。

他们认为日本人有必要确定自己的价值观，而摆在他们面前的问题是，他们是否要将日本改造成像西方国家那样的一个强大国家。经过激烈的争论（主要是与佛教徒），神道教祭司成

2313

纪念一个神的几个小神社，神社的表现物是鸟居（牌坊），即由两根柱子和一根横梁组成的像门一样的结构。马克·麦克纳利摄

功地创建并采用了国家神道。因此，神道教成为推动日本现代国家形成的一种工具。

在 20 世纪三四十年代，国家神道的信徒积极支持这种观点，即主宰亚洲其他地区是日本的使命。在第二次世界大战中，当战争局势不利于日本的时候，日本组建了特别攻击队，其中最有名的是驾驶飞机撞击敌舰的自杀式飞行员。由于希望这些飞行员可以扭转日本的军事败局，日本人称他们为"神风特攻队"，"神风"意指 13 世纪曾摧毁蒙古侵略军战舰的台风，当初这场台风似乎是对神道教祭司的祷告的回应。正如神曾使日本免遭蒙古人铁蹄的践踏，人们希望它也能够将日本从同盟国的炮火中拯救出来。

在战后时期，神社所产生的争议超出了日本的疆界。19 世纪末建造的东京靖国神社最初是为了纪念那些在 1868 年为天皇推翻幕府统治而牺牲的军人的灵魂。后来，它开始供奉包括中日甲午战争（1894—1895）、日俄战争（1904—1905）和第一次世界大战中为日本战死的军人。在战后时期，那些在第二次世界大战中为日本战死的人也被列入供奉的对象。包括首相在内的日本政府领导人曾多次正式参拜靖国神社。这引起朝鲜、韩国以及中国人民的强烈愤慨，他们觉得这是在祭拜那些在非正义和侵略战争中死去的战犯，同时显示出日本所谓反省战争的言论是极其虚伪的。

当代神道教

战后占领日本（1945—1952）的盟军长官坚持认为，日本应该废除国家神道。虽然天皇制被允许保留，但神道教本身固化为两种主要形式。第一，作为国家神道的继承者，神道教表现为围绕天皇和皇室的一系列仪式活动，但被清除了战前的意识形态。其他从传统发展出来的活动与皇室没有直接的联系，它们是由许多日本民众开展的一些积极活动，以此来纪念一些

重要事件，如童年的里程碑、即将到来的成年时代，特别是婚礼。

神道教也以其他方式体现在普通大众生活中。在当代日本，净化仪式可谓司空见惯。纯洁和污秽的隐喻是神道教的中心主题。许多日本人聘请神道教祭司对个人、住所和物品进行驱邪，以达到净化的目的。建筑工地在建设完毕向公众开放之前通常要被清洁。为了祈求神的保护，许多日本人从神社购买护身符——为了诸如学业上的成功之类的愿望。在高中或大学入学考试前夕，学生将写有他们渴望学业成功的纸条绑在神社的树枝上。在日本各地，人们全年都在参与通常由当地神社组织的节日活动。

若把神道教描述为一种参与性而非信仰方面的宗教，可能并不准确。有一些信徒只遵守神道教惯例。而绝大多数日本人既遵守佛教惯例又遵守神道教惯例，他们表现出了一些日本学者所形容的一种"心理共存"现象。例如，在家里同时供奉神道教神龛（kamidana）和佛坛的家庭并非罕见。后者对于祭拜祖先和最近去世的家庭成员来说尤为重要。

神道教与世界历史

虽然神道教一般不被认为是世界上最重要的宗教之一，但它曾对世界历史产生过深刻的影响。它曾作为战争和侵略的借口而背负骂名。1570 年，战争领袖丰臣秀吉（Toyotomi Hideyoshi, 1536—1598）上升为日本最强大的武士，赢得帝国摄政王的称号。在写给果阿的葡萄牙总督的一封信中，他通过援引神道教列举了日本在世界上的特别之处："我们的国家是神的国度，神是思想。神在印度指的是佛教，在中国指的是儒教，在日本指的是神道教。了解神道教就是了解佛教和儒教。"（quoted in Tsunoda, 1958）丰臣秀吉明确表示，他的统治是神和天皇

2314

的旨意,他自己被看作一个现世神。在被授予
神道教的制裁权后,丰臣秀吉于 1592 年下令入
侵朝鲜,其终极目标是灭亡中国。丰臣秀吉的
逝世使其征服计划搁浅,但在此之前日本军队
在朝鲜造成了相当大的破坏。然而,丰臣秀吉
在日本被神化,后来被敬为神道教的神。

如前所述,在 20 世纪 30 年代,神道教同样
让日本走向了军国主义和帝国主义的道路。独
特的"日本魂"(大和魂)所谓的日本人先天的优
势,助长了日本对其他弱小民族的蔑视态度。

但神道教也以一种更为积极的方式促进了
现代国家的出现,培养了地方和社区的归属感。
持续至今的日本神道教和日本天皇制的紧密联
系,有助于保持它的权力和威严。即使没有一
以贯之的教义传统,神道教作为日本文化认同
的基石已经有 1 000 多年的历史了。

2315

进一步阅读书目:

Akio, A., & Shigemichi, T. (Eds.). (1972). *Kinsei Shinto-rot zenki Kokugaku* [Early Modern Shinto Discourse and Early Nativism]. Tokyo: Iwanami Shoten.

Breen, J. (1991). "Shinto and Christianity: The Dynamics of the Encounter in Bakumatsu Japan". *Transactions of the Asiatic Society of Japan (Fourth Series)*, 6(6), 49 - 60.

Breen, J., & Teeuwen, M. (Eds.). (2000). *Shinto in History: Ways of the Kami*. Honolulu: University of Hawaii Press.

Devine, R. (1981). Hirata Atsutane and Christian Sources. *Monumenta Nipponica*, 36(1), 37 - 54.

Earhart, H. B. (1982). *Japanese Religion: Unity and Diversity*. Belmont, CA: Wadsworth Publishing Company.

Fujitani, T. (1996). *Splendid Monarchy: Power and Pageantry in Modern Japan*. Berkeley and Los Angeles: University of California Press.

Hardacre, H. (1989). *Shinto and the State, 1868 - 1988*. Princeton, Nj: Princeton University Press.

Harootunian, H. D. (1988), *Things Seen and Unseen: Discourse and Ideology in Tokugawa Nativism*. Chicago: University of Chicago Press.

Maruyama Masao. (1961). *Nihon no Shisô* [Japanese thought]. Tokyo: Iwanami Shoten.

Maruyama Masao. (1974). *Studies in the Intellectual History of Tokugawa Japan* (M. Hane, Trans.). Princeton, NJ: Princeton University Press.

Matsumoto Sannosuke. (1972). *Kokugaku seiji shiso no kenjyu* [Studies in the Political Thought of Nativism]. Tokyo: Miraisha.

Motoori Norinaga. (1997). *Kojiki-den*, Book One (A. Wehmeyer, Trans.). Ithaca, NY: East Asia Program, Cornell University.

Nelson, J. (1996). *A Year in the Life of a Shinto Shrine*. Seattle: University of Washington press.

Nelson, J. (2000). *Enduring Identities: The Guise of Shinto in Contemporary Japan*. Honolulu: University of Hawaii Press.

Nosco, P. (1990). *Remembering Paradise: Nativism and Nostalgia in Eighteenth-century Japan*. Cambridge, MA: Council on East Asian Studies, Harvard University.

Ono Sokyo. (1962). *Shinto: The kami way*. Rutland, VT: Tuttle.

Ooms, H. (1985). *Tokugawa Ideology: Early Constructs, 1570 - 1680*, Princeton, NJ: Princeton University Press.

Shinto jiten [Shinto Encyclopedia]. (1999). Tokyo: Kobundo.

Teeuwen, M. (1996). *Watarai Shinto: An Intellectual History of the Outer Shrine in Ise*. Leiden, The Netherlands: Research School, CNWS.

Tsunoda, R., de Bary, W. T., & Keene. D. (Eds.). (1958). *Sources of Japanese Tradition* (Vol. 1). New York: Columbia University Press.

马克·麦克纳利(Mark McNally) 文

王超 译,黄艳红 校

Sikhism 锡克教

2316　锡克教是一种结合印度教和其他传统教理的折中信仰。它是由第一代祖师那纳克（Guru Nanak，1469—1539?）在印度旁遮普地区创立的。锡克教徒已经迁移到了世界上的许多地区，并且建立了大型社区；他们强调要尊重其他信仰，强调社会责任感，并高度重视人类的平等。

锡克教是 15 世纪兴起于印度次大陆旁遮普地区的一种宗教。该教的创始人是那纳克祖师，他于 1469 年出生于塔尔万迪。那纳克祖师原本是一个印度教徒，在创造他那独特的灵性启示时，他借鉴了一系列的宗教影响。他早年通过做账房谋生，但他被吸引到了宗教生活当中，并开始了一系列的朝觐之旅，所到之处都是伊斯兰教和印度教的重要圣地。他似乎去过瓦拉纳西（Varanasi，贝拿勒斯〔Benares〕），去过印度的最南端，还去过麦加。在这次漫长的朝觐之旅之后，那纳克祖师搬到旁遮普地区的卡尔塔尔普尔村，在那里他聚集了一批信徒。在他生命的最后时刻，那纳克祖师选定一个名叫列纳（Lehna）的人为他的继承人。从那时起，列纳被称为安格德祖师（Guru Angad）。

根据教义，那纳克祖师是锡克教的宗教创始人，但他的精神继承人发扬了教义。在安格德祖师之后还有 8 位其他的锡克教师尊，最后一位祖师是死于 1708 年的戈宾德·辛格（Gobind Singh）。一些锡克教祖师的教义与一些印度教和伊斯兰教教士的教义最终被汇集成为权威性的圣书——《古鲁·格兰特·萨哈卜》（Guru Granth Sahib）。十大锡克教祖师的姓名和生卒时间如下：那纳克祖师（1469—1539?），安格德祖师（1504—1552），阿马尔·达斯祖师（Guru Amar Das，1534—1581），罗姆·达斯祖师（Guru Ram Das，1534—1581），阿尔琼祖师（Guru Arjan，1563—1606），哈尔戈宾德祖师

（Guru Hargobind，1595—1644），哈尔·拉伊祖师（Guru Har Rai，1630—1661），哈尔·克里香祖师（Guru Hari Krishen，1656—1664），得格·巴哈杜尔祖师（Guru Tegh Bahadur，1621—1675），戈宾德·辛格祖师（1666—1708）。戈宾德·辛格祖师决定他是最后一位祖师，从那时起，锡克教的圣书——《古鲁·格兰特·萨哈卜》成为祖师。

宗教信仰

锡克教是一神教，它注重个人和神的关系。锡克教的圣书强调神在宇宙中创造道德统一性或旁遮普人的宇宙秩序产生的影响。人类的目标应该是尽量按照道德原则生活，与此同时，要避免利己主义或专注于自我。如果每个人努力尝试坚持这种生活方式，然后得到神的恩典，很可能会获得救赎。锡克教徒也可以使用一种重复神的圣名的冥想形式来帮助实现救赎。有时会用旁遮普语"自然"一词来描述救赎的状态，以表明个人与神的融合。

在一个锡克教社区，礼拜通常集中于谒师所。这是一个集体礼拜的地方，那里存放着一本《古鲁·格兰特·萨哈卜》。锡克教徒十分崇敬这部圣书，因为它被认为是神向人类揭示其教诲的主要方式之一。圣书存放在一个大祈祷室的一端，当礼拜在那里进行时，男人坐在一边，女人坐在另一边。在谒师所的礼拜可能包括读几段《古鲁·格兰特·萨哈卜》，伴随着音乐唱圣 2317

当恢复和平的一切努力被证明是无效和无用时，刀光剑影便是合法的，开战也是合理的。

——戈宾德·辛格祖师（1666—1708）

歌，以及精神上的对话。

礼拜结束后，通常会有一个公共聚餐或给所有人分发食物。这种社会习俗是由锡克教祖师建立的，目的是为了强调人人平等。在当时的印度，有许多与食物相关的禁律，这涉及一个人属于哪个种姓。锡克教祖师们认为，这些都是不合时宜的；为了强调锡克教徒之间没有社会分化，于是创立了给所有人分发食物的惯例。那纳克祖师反对奢靡的宗教仪式，这反映在锡克教相对简单的礼拜上。锡克教没有刻意试图使人们成为其信徒。然而，锡克教徒对他们自身的信仰非常自豪，他们也对其他信仰表示尊重。

发展历史

锡克教在一个冲突频发的时代兴起于印度北部，由于旁遮普地处从北方入侵印度的天然路线上，这里的局势就更加严峻了。在这一历史时期，锡克教祖师目睹了发展中的锡克教社区和入侵印度的穆斯林之间断断续续的冲突。锡克教徒认为，在一定程度上，为了生存，需要在军事上保卫他们的社区。不过在这一时期，他们同莫卧儿帝国的关系非常友好。例如，阿马尔·达斯祖师是与莫卧儿皇帝阿克巴（Akbar，1556—1605年在位）同时代的人。这两个人很可能在非常友好的氛围下会过面。另一方面，阿尔琼祖师可能是因为政治冲突疏远了皇帝贾

汗季（Jahangir，1605—1627年在位），随后遭到处决。奥朗则布皇帝（Aurangzeb，1659—1707年在位）有一段时间曾严格遵守伊斯兰教教义。这与锡克教徒发生了冲突，第9任锡克教祖师得格·巴哈杜尔最终被处决。他的儿子戈宾德·辛格祖师成为锡克教社区的首领，他为锡克教带来的巨大变化对锡克教徒产生了长期的影响。除了将锡克教圣书设定为祖师之外，他还创立了卡尔萨（Khalsa），即正式被承认为锡克教徒的社区。卡尔萨的成员往往可以通过5个特征辨认出来：他们不剪头发；他们佩戴发梳以保持头发的整洁；他们身佩短剑；他们在手腕上佩戴钢手镯；他们穿短衣裤。这些习俗给了锡克教徒作为一个团体的凝聚感。

锡克教的影响

虽然在锡克教徒和穆斯林之间有一些持续不断的冲突，但是锡克教社区设法维持自我认同感。如今，锡克教徒移居到世界各地并建立起

2318

一个锡克教徒家庭穿过一座泰晤士河上的桥梁。随着锡克教徒开始在许多国家生活，创建于印度的锡克教现在已经成为一个世界性的宗教

庞大而又成功的社区,例如在加拿大和伦敦。锡克教曾强调过的一些原则对世界信仰团体而言很有价值,他们强调要尊重其他的信仰,强调社会责任感,并高度重视人类的平等。

进一步阅读书目:

Cole, W. O., & Sambhi, P. S. (1978). *The Sikhs: Their Religious Beliefs and Practices*. London: Routledge & Kegan Paul.

Gill, D. (2003). *World Religions*. London: Harper Collins.

Jain, N. K. (1979). *Sikh Religion and Philosophy*. New Delhi, India: Sterling.

Mcleod, W. H. (1968). *Guru Nanak and the Sikh Religion*. Oxford, U. K.: Oxford University Press.

Mcleod, W. H. (1997). *Sikhism*. London: Penguin.

Sambhi, P. S. (1989). *Sikhism*. Cheltenham, U. K.: Stanley Thornes.

Singh, H. (1985). *Heritage of the Sikhs*. Delhi, India: Manohar.

Singh, T. (1964). *Sikhism: Its Ideals and Institutions*. Calcutta (Kolkata): Orient Longmans.

Talib, G. S. (1999). *An Introduction to Sri Guru Granth Sahib*. Patiala, India: Panjabi University.

保罗·奥利弗(Paul Oliver) 文

王超 译,黄艳红 校

Silk Roads 丝绸之路

2319   丝绸之路是一个复杂和不断变化的陆路贸易线路网,数千年来它将中国、印度和欧亚大陆西部联系在了一起。它的存在保证了欧亚大陆的历史具有一种潜在的连贯性,尽管各地区之间存在着巨大的文化差异。

19 世纪末,德国地理学家费迪南·冯·李希霍芬(Ferdinand von Richthofen)第一次使用"丝绸之路"这一称谓,以向这种闪闪发光的轻盈织物致敬;丝绸曾是他们那里最有名和最具异国情调的商品。然而,丝绸之路所承载的远不止是丝绸,它在欧亚大陆的各大农业文明之间也传递着语言、技术、艺术风格、货物,甚至是疾病。在 19 世纪末,学者们开始意识到丝绸之路的重要性。在被称为大博弈的国际竞赛中,俄国和英国互相排斥对方在中非①的影响力。对于俄国和英国官员而言,中非似乎是一个遥远的闭塞落后之地,但由于战略位置重要,将它变成殖民地的时机已然成熟。然而,当欧洲和俄国的士兵、外交官以及学者开始侦察中亚土地的时候,他们发现,一些由古代城市支撑的繁荣的贸易路线曾交汇于这一区域。其中一些城市早就消失在沙漠中了。在 20 世纪,几代考古学家、历史学家和语言学家承担起重现这些失落世界的古老贸易路线的艰巨任务。

对于世界历史学家而言,长距离的交易线路是非常重要的。威廉·麦克尼尔(William H. McNeill)认为,不同地区间的思想和技术交流可

---

① 此处和下一处的"中非"似应为"中亚",原文有误。——译者校注

能是世界历史上所有最重要的变化的引擎之一。作为连接地球最大陆地上的主要人口中心之间最持久的交通纽带，丝绸之路被视为人类历史上最重要的长距离贸易路线之一。有关丝绸之路的研究已经表明，欧亚历史的构成不只是由美索不达米亚、埃及、欧洲、印度、东南亚和中国各自的历史所组成。相反，几千年来，丝绸之路确保了这些地区并没有完全分离。正如马歇尔·霍奇森(Marshall Hodgson)早在20世纪50年代所指出的："从古代起一直到至少是两三个世纪前为止，历史生活不断跨越非洲-欧亚文明区；该区域最终形成了一个不可分割的整体。"(Hodgson 1993)

地理与丝绸之路的早期历史

丝绸之路连接欧亚大陆不同地区的独特方式，可通过欧亚大陆大范围的地理区域来解释。欧亚大陆由两个截然不同的区域组成。我们将它的西部、南部和东部边缘称为欧亚大陆的外围，那里存在着几个次大陆半岛，相互间被大海和山脉所部分隔离；由于这些地区盛行南风且雨水丰沛，因而农业十分兴盛。所以，在美索不达米亚、印度和中国这些地区，约5000年前就已出现欧亚大陆最早的农业文明。欧亚大陆外围不同部分之间的联系是非常微弱的，以至于每个区域都形成了自己的文化和科技风格。再往北，20世纪由苏联控制的地区（我们可以称之为欧亚内陆），气候条件更加严酷、更加干燥。这些地区除了现代乌克兰和中亚部分地区外，都几乎无法从事农业生产，直到最近几个世纪才出现了一些城镇。这个基本没有农业的巨大区域与主要的农业文明分离开来。

然而，缺乏农业并不意味着欧亚内陆地区的历史是一潭死水。从约公元前4000年起，基于利用驯养动物的游牧生活方式开始在欧亚内

一个中国墓葬中出土的文字拓片显示，丝绸之路沿线使用波斯文、阿拉伯文和中文三种语言

陆的草原地区传播。到了公元前2000年，游牧民族在从匈牙利到蒙古边界的区域放养牲畜。在公元前1000年，畜牧业也传播到蒙古和中国东北的部分地区。随着畜群迁徙并大部分时间骑在马背上的游牧民族，比农民更善于迁移，而且是大范围的来回移动。然而，对于游牧民族来说，种植和存储谷物不是件易事。因此，绝大部分游牧民族同农业社区在草原的边缘地带进行货物贸易，他们用畜牧产品换取农产品和城市手工生产品。就这样，游牧民族逐步创立了影响深远的交换系统，该系统被交替运用于从西伯利亚到印度以及从中国到地中海的贸易中。随着畜牧业的传播，曾被视为跨欧亚大陆交流障碍的欧亚内陆开始成为一个新的交流渠道。这些联系的广泛性，可以通过印欧语从黑海北部某处被广泛传播到了新疆(中国西北)、印度、美索不达米亚和欧洲地区揭示出来。几乎可以肯

定的是，这是由那些操十分相近的语言的游牧群体的扩散造成的。

沿丝绸之路贸易的早期证据来自所谓的设防的奥克苏斯文明（Oxus Civilization 或称阿姆河文明）。它是一个设防的农业和贸易城市群，这些城市约在 4000 年前建于现代阿富汗、土库曼斯坦和乌兹别克斯坦之间边界地带。在这里，考古学家发现了中国的丝绸、来自印度和美索不达米亚的货物，以及来自草原的陶器和装饰物。考古证据显示出一种城市商人和草原牧民之间的合作模式，这种模式一直延续到了现代。最后，出现了复杂的贸易系统，沙漠商队有时由数百人组成，经常是由城市中的商人出资并提供城市手工产品和地方特产。至少在公元前 1000 年左右，也许更早，沙漠商队可以在一个特殊的驿站停留，这种被称为商队馆驿的地方是由当地统治者或商人建立的，有时还构筑防御工事。商队馆驿提供住宿、维修车间、食品以及有关前方路途的信息。在驿站之间，商队经常穿过由游牧民族控制的土地，后者将提供保护（以很高的代价）和向导，同时交换诸如毛皮和马匹等货物。如果没有途经地的游牧民族的允许和合作，丝绸之路就不可能发挥作用。

丝绸之路并不是连接欧亚大陆不同农业区域的唯一交换网络。早在公元前 3000 年，海上航线就帮助连接了美索不达米亚和印度河流域文明；在 1000 年，跨越南方各海洋的贸易变得越来越重要。然而，几千年来，丝绸之路是所有跨欧亚大陆交换系统中最庞大的系统。

鼎盛时期的丝绸之路

在公元前最后一个千年的末期，丝绸之路的重要性日益增加，那时，主要的农业帝国开始从南方、西方以及东方拓展它们的疆域。约在公元前 529 年，波斯阿契美尼德王朝的创始人居

鲁士一世（Cyrus I）侵入游牧民族的领地，后者被称为马萨格泰人（Massagetae），居住于现代的土库曼斯坦。虽然居鲁士被马萨格泰女王托米丽司（Tomyris）所杀，但是他的继任者却建立了一个覆盖今日土库曼斯坦和乌兹别克斯坦大部分地区的松散霸权。两个世纪之后，马其顿国王亚历山大三世（亚历山大大帝）征服了中亚的大部分地区。一个世纪之后，中国皇帝汉武帝派出名为张骞的特使出访同一地区，张骞由此踏上了 14 年史诗般的旅程，然而他的绝大部分时光是作为游牧民族匈奴的俘虏度过的。他回来时带回了有关中亚财富的热情报道，而关于费尔干纳出产华丽的"汗血"宝马的描述给皇帝留下了特别深刻的印象。汉武帝向西方派出一支军队，要求分享过境中亚的财物，从此汉武帝对新疆和中亚产生了浓厚的兴趣。像居鲁士和亚历山大那样，汉武帝发现，他必须同该地区的游牧民族领袖争夺丝绸之路的控制权，他开始了一场争夺新疆控制权的竞赛，其间也获得过成功。

再往西，罗马的伟大对手帕提亚（Parthia，约前 238—约公元 226）是由一个游牧民族王朝所建立的国家，它控制着丝绸之路的西端。帕提亚的统治者维护着其对通往地中海贸易的垄断权，并且努力防止罗马商人采取其他路线通往印度。尽管没有一个大国可以永久地促使当地游牧民族放松对丝绸之路的控制，但是它们的干预确实刺激了贸易。的确，在公元前 1 世纪，货物交换的证据非常充分，许多学者认为，这是丝绸之路首次真正获得蓬勃的发展。在公元前 53 年的卡莱（Carrhae，今哈兰 Haran，位于土耳其的东南部）战役中，帕提亚军队使用的丝绸旗帜就来自中国；从约公元前 100 年起，中国开始从费尔干纳进口战马；在位于蒙古国北部地区诺彦乌拉（Noin-Ula）的匈奴墓葬中，考古学家发现了来自中亚和叙利亚的纺织品；在中国阿勒泰山区的巴泽雷克草原墓葬中，他们已经发现波斯

在丝绸之路沿线城市撒马尔罕，一位纺织品商人在向人们展示丝绸、棉布、毛织品和地毯（20世纪初）

地毯。

在2、3世纪，中亚被贵霜帝国（the Kushan Empire）统治；约在公元45年，最初来自新疆东部的游牧民族王朝的统治者建立了贵霜帝国。贵霜帝国同欧亚内陆的游牧民族、地中海世界、印度和中国进行贸易；所有这些地区都影响了贵霜帝国的文化。例如，贵霜帝国的宗教传统包括来自草原地带的神、琐罗亚斯德教、希腊神话和佛教，但也受到耆那教和毗湿奴教的影响；而其他的宗教传统，包括景教和儒家思想的元素，也出现在贵霜帝国境内。在6和7世纪，丝绸之路沿线的货物交流尤为活跃，当时的中国唐代对于西方的影响异常开放。这些影响包括来自波斯的音乐和艺术风格，以及伴随着商队从印度传到中国的佛教。

强大有力的草原帝国的创立也刺激着丝绸贸易，而这些帝国是由拥有突厥血统的王朝所统治，它们都对长途贸易感兴趣。在6世纪末，突厥首领室点密（Ishtemi，552—约576年在位）同来自中亚贸易城市的粟特商人密切合作，并派出了远至君士坦丁堡的贸易代表团。我们知道至少有一次是由名叫齐马克奥斯（Zemarkhos）的拜占庭官员领导的回访使团，或许到达了粟特在新疆的都城。

穆斯林地理学家穆卡达西（Al-Muqaddasi）在985年左右记录的账目，使人们了解到公元第一个千年中沿着丝绸之路运送的各种商品：

来自铁尔梅兹（Tirmidh）的肥皂和阿魏（一种具有强烈气味的树脂草本植物）；来自布哈拉（Bukhara）的柔软面料、祈祷毯、用于覆盖旅馆地板的纺织品、铜灯、泰伯里薄绢（Tabari tissues）、马肚带（在拘禁的地方编织的）、乌西曼亚纺织品（来自埃及小镇乌西曼亚 Ushmunayn）、油脂、羊皮、涂抹在头上的油膏……来自花剌子模的黑貂皮、白鼬毛皮（一种白色的毛皮）、貂的白毛皮、草原狐狸皮、貂皮、狐狸皮、海狸皮、带斑纹的野兔皮以及山羊皮；还有蜡、箭、桦树皮、大皮帽、鱼胶、鱼牙齿（指的或是海象的长牙，被雕刻成刀柄或被碾碎用作药物）、海狸香（从海狸身上获取，用作香料或药物）、琥珀、精制的马皮革、蜂蜜、榛子、猎鹰、剑、铠甲、哈兰吉木、斯拉夫奴隶、牛和羊。所有这些来自保加尔，但花剌子模也出口很多葡萄、葡萄干、杏仁饼、芝麻、条纹布织品、地毯、毛毯布、用作皇家礼物的绸缎、一种由丝质经线和棉质纬线织成的织物、锁、aranj纺织品（可能是棉花）、只有最强者可以拉开的弓、棉花、rakhbin（一种奶酪）、酵母、鱼、船（后者同样由铁尔梅兹出口）。从撒马尔罕出口的银色织物（simgun）和撒马尔罕的材料、大型铜制容器、艺术高脚杯、帐篷、马镫、马笼头和皮带……来自沙什（Shash，现代的塔什干）马皮材质的高马鞍、箭筒、帐篷、兽皮（进口自突厥以及已鞣熟的）、斗篷、祈祷毯、皮革斗篷、亚麻籽、良弓、劣质的针、出口到突厥的棉花、剪刀；来自撒马尔罕出口到突厥的绸缎，名叫 mumarjal 的红色织物、sinizi 布（Sinizi Cloth，来自法尔斯地区，尽管亚麻原产地在埃及），许多丝绸和丝绸面料、榛子和其他坚果；来自费尔干纳和白水胡城的突厥奴隶、白色织物、武器、剑、铜、铁；来自塔拉兹（塔拉斯）的山羊皮……（Barthold 1977）

²³²³

　　沿丝绸之路的交通从未像 13 世纪那样更具活力，当时蒙古帝国几乎控制了从中国到美索不达米亚的整个贸易网络。与大多数游牧民族一样，蒙古统治者重视和支持长途贸易。虽然蒙古帝国首都哈拉和林远离欧亚大陆的任何一个伟大的农业中心，但是它却短暂地成为欧亚大陆最国际化的城市之一。欧亚大陆上所有最伟大的宗教都在这里相互碰撞，包括佛教、景教、伊斯兰教、道教、儒教，以及仍然具有活力的草原传统。意大利商业公司为前往蒙古和中国中原地区的商人出版了特殊的旅行指南；中国官员为波斯的蒙古统治者担任顾问；穆斯林商人管理中国的税收体系。

　　欧亚大陆的文化和技术通过丝绸之路实现融合，这有助于解释欧亚大陆技术和商业的早熟，这种早熟使其遇到美洲和太平洋地区的人类时具有了毁灭性的优势。包括骑马在内的游牧技术以及诸如指南针和火药等的中国发明曾沿着丝绸之路传往欧洲，这使欧亚大陆的殖民者拥有了一个决定性的优势。

　　然而，正如威廉·麦克尼尔指出的，流行病通过丝绸之路相互传播也同样重要。黑死病几乎可以肯定是通过丝绸之路从中国传入欧洲的。然而，在这之前，不同的农业文明之间的类似流行病相互传播已经发生过好几次了。例如，在 2、3 世纪，肆虐于罗马帝国部分地区的瘟疫也可能是通过丝绸之路传入的。如麦克尼尔所认为的，这些流行病的相互传播有助于解释，当欧亚大陆的人类最终遇到美洲和太平洋地区的居民时，为什么会在流行病以及科技和军事上拥有优势：在美洲人口稠密的地区，诸如天花之类的欧亚大陆疾病传入后，其人口下降的幅度可能高达 90％。

丝绸之路的衰落

　　蒙古帝国在 14 世纪衰落之后，其他贸易路线开始变得更加重要，而丝绸之路的相对重要性开始下降。更多拥有良好机动性的船只定期往返于遍布全球的新海上航线；游牧民族的军事力量受到了枪支和大炮的挑战；在 19 世纪，蒸汽机开始在草原地区取代马和骆驼。与此同时，随着农业人口开始在日后成为莫斯科公国和俄罗斯的土地上定居，贸易向西和向北转移。今天，中亚仍然是充满活力的跨欧亚贸易区，但是丝绸之路只是众多不同交换系统当中的一个，它们将欧亚大陆和全球变成一个统一系统。这使得人们很容易忘记，它是约在 4 000 年前连接西伯利亚森林居民、草原游牧民族和中国、印度、波斯及地中海农业文明的主要路线。正是由于丝绸之路的存在，从爱尔兰到印度的居民都在讲印欧语，从斯里兰卡到日本的人们都在信奉佛教，诸如火药、印刷术和指南针等发明成为欧亚大陆共有遗产的一部分。丝绸之路赋予了欧亚大陆一部统一的历史，这有助于解释为什么在最近的几千年里，欧亚大陆社会在世界历史中发挥着主导作用。

进一步阅读书目：

Abu-Lughod, J. L. (1989). *Before European Hegemony: The World System A. D. 1250 – 1350*. Oxford, U. K.: Oxford University Press.

Adas, M. (Ed.). (2001). *Agricultural and Pastoral Societies in Ancient and Classical History*. Philadelphia: Temple University Press.

Barfield, T. J. (1993). *The Nomadic Alternative*. Englewood Cliffs: Prentice Hall.

Barthold, W. (1977). *Turkestan Down to the Mongol Invasion* (4th ed.: T. Minorsky, Trans.). London: E. J. W. Gibb Memorial Trust.

Bentley, J. (1993). *Old World Encounters: Cross-cultural Contacts and* Exchanges *in pre-Modern Times*. New York: Oxford University Press.

Christian, D. (1998). *A History of Russia, Central Africa and Mongolia: Vol 1. Inner Eurasia from Prehistory to the Mongol Empire*. Oxford, U. K.: Blackwell.

Christian, D. (2000). Silk Roads or Steppe Boads? The Silk Roads in World History. *Journal of World History*, 11 (1), 1 – 26.

Drege, J.-P., & Bührer, E. M. (1989). *The Silk Road Saga*. New York: Facts on File.

Franck, I. M., & Brownstone, D. M. (1986). *The Silk Road: A History*. New York: Facts on File.

Franck, A. G., & Gills, B. K. (Eds.). (1992). *The World System: from Five Hundred Years to Five Thousand*. London: Routledge.

Hodgson, M. G. S. (1993). The Interrelations of Societies in History. In E. Burke III (Ed.). *Rethinking World History: Essays on Europe, Islam, and World History* (pp. 3 – 28.). Cambridge, U. K.: Oxford University Press.

Hopkirk, P. (1980). *Foreign Devils on the Silk Road: The Search for the Lost Treasures of Central Africa*. Oxford, U. K.: Oxford University Press.

Khazanov, A. M. (1994). *Nomads and the Outside World* (2nd ed.). Madison: University of Wisconsin Press.

McNeill, W. H. (1997). *Plagues and Peoples*. Oxford, U. K.: Blackwell.

McNeill, W. H. (1991). *The Rise of the West: A History of the Human Community*. Chicago: University of Chicago Press.

Rossabi, M. (1999). The Silk Roads: An Educational Resource. *Education about Asia*, 4(1), 16 – 20.

Whitfield, S. (1999). *Life along the Silk Road*. Berkeley & Los Angeles: University of California Press.

大卫·克里斯蒂安(David Christian) 文
王超 译，黄艳红 校

Silver 银

从古至今，银一直影响着人类文明和历史。银币促进贸易，影响贸易商品的类型，改变社会结构，并且导致战争。16 世纪，人们发现了新的开采和提炼技术，并在"新世界"发现了银矿，这影响了那里的文化。自 1900 年以来，白银的工业用途已经取代了其作为货币的用途。

白银是一种广泛分布于地壳中的稀有金属元素，人们通常可以在混杂着铅、铜和锌的矿石中发现它。在纯质状态下，白银质软且易被刮擦，所以宜于制作珠宝和餐具的是白银合金。纯

银是所有金属中最好的电导体和热导体,这使它广泛应用于电子产品中,以至于现代工业对白银的年需求量超过了其年生产能力。从历史上看,白银主要用于铸币、装饰品和餐具。

对古代文明的影响

一般来说,制作硬币是迄今为止最重要的人类事务。最早的硬币出现在吕底亚王国(前680—前547,位于今土耳其),由黄金和白银的混合物制成。后来,波斯帝国时期(前550—前330)铸造了纯金的硬币。一枚波斯金币可以支付一个雇佣兵整整一年的薪水。但是,这种硬币太过珍贵,以至很少用于日常的买卖。事实上,波斯国王也不怎么使用金币,以至于这些金币堆积在其宝库里,直到马其顿的亚历山大三世摧毁了其帝国,并瓜分了其金银财宝。

白银比黄金更常见,所以银币更便宜;在公元前6世纪,希腊城市开始发行比波斯金币体积更小的银币。这使得日常的买卖比以前盛行的易货交易更加简便,因为后者要求买卖双方在达成交易之前提供同等价值的现货。这样一来,市场交易变得更为普遍,农村人口也可定期进入市场,而不是靠他们在本地种植和饲养的产品生存。

希腊农民很快发现,利用他们的土地生产葡萄酒和橄榄油而非种植粮食,可以将这些产品出售给商人,而商人用船将其运到国外,再换回粮食、木材和其他原材料。这对希腊社会和文明产生了深远的影响。首先,贸易条件对希腊的橄榄油和葡萄酒生产商有利。他们出口换回的粮食数量多于其在国内自己种植所能获得的粮食产量。因为,葡萄树和橄榄树的茂盛生长需要特殊的技能和有利的环境,而谷物可以在任何地方种植,且最好是种植在比希腊农地更肥沃的土壤中。其次,葡萄和橄榄的收获季节是秋末,在夏季基本上不需要人们照料。这使得拥有土地的希腊农民可以充分参与战争和其他公共事务。他们确实成了公民兼士兵的理想类型,因此,希腊可以动员参与公共行动的人数占其人口总数的比例要高于其他地方。

其结果就是使希腊成为一个更富有、更清闲以及更强大的社会,这超出了希腊岩石地区和并非十分肥沃的土地本来可以维持的水平。他们成功抵御了由波斯国王薛西斯一世率领的强大军队的入侵(前480—前479),这证明了他们所取得的成就的高度。正当银币撑起了希腊

2326

加拿大安大略省科博尔特地区(Cobalt)的一个银矿矿脉被切削成了一个悬崖,它影响了尼皮辛矿和工厂产业。该厂于1932年关闭。纽约公共图书馆

的经济时,在阿提卡的劳里昂(Laurium)被偶然发现的银矿矿脉又使希腊人在薛西斯军队发动攻击的前夕得以扩充他们的战舰。这些银矿山都是由奴隶进行开采,且归国家所有。公元前483年,一位名叫地米斯托克利(Themistocles)的雅典政治家说服雅典公民大会使用他们新的白银财富来扩建海军。因此,当波斯人出现时,雅典由三层划桨战船组成的舰队已经从70艘增加到200艘。如果没有劳里昂的银矿,这将无法实现。而如果没有新的雅典三层划桨战船,希腊人在萨拉米斯战役中就不可能打败波斯人;这次战役致使薛西斯军队无法从本国获得足够供应,迫使他将绝大部分的士兵撤离了希腊领土,剩下较小规模的军队在次年的陆战中也遭遇失败。

在三层划桨战船上划船,需要的仅仅是一支强大的后备军,这赋予了那些无财产的雅典公民在战争中扮演一个新的重要角色的机会,尽管这些人没钱配备盔甲。结果,在随后的几十年里雅典出现了民主政治。此外,舰队可以对所有雅典公民进行军事动员,这使雅典在约一个世纪的时间里一直是希腊的一个强大城邦,并且支持了一个空前绝后的文学艺术的辉煌时代。鉴于白银在维持雅典强大的过程中发挥的重要作用,或许最好称之为白银时代;然而,人们通常把它叫作黄金时代,而且不太可能会改变这一叫法。

马其顿国王以及波斯帝国的征服者亚历山大大帝(前336—前323年在位)在其短暂而又辉煌的生涯中,将希腊的影响向东传播到了印度边境。在各种创新举措中,亚历山大和他的继任者通过建立城市以及引入小型银币,将市场关系范围扩大到了整个西亚和埃及,但没有将佃农变为公民和士兵。地中海与印度洋地区财富的增长和长途贸易,增强了货物交易。

然而,希腊的衰落部分是因为滥伐森林以及随后水土流失破坏了农田,还有就是因为许多居民外出到西亚的一些新城市和埃及谋生。

主要原因则是,当葡萄酒和橄榄油出口产业扩展到意大利南部,随后传播到西班牙的时候,希腊面临着日益激烈的竞争。橄榄树和葡萄树向西扩张,支撑着地中海沿岸地区共同消费品的大范围流通,并在公元前30年和公元165年之间的罗马帝国时期达到顶峰。

像以前那样,橄榄油和葡萄酒生产者享受着有利的贸易条件,而谷物和原材料供应商处于不利的地位;然而,两者均呈现繁荣之态,一直到165至180年之间传染病灾害的爆发——约有1/3的人口因此丧生。另一次致命的流行病爆发于251至266年间;然后,北方蛮族的入侵和内部社会动乱的破坏力到处扩散,且常常伴随着饥荒。

罗马帝国的人口在君士坦丁(312—337年在位)时代得到了部分的恢复;尽管帝国的西部省份仍处于贫困状态,保留下来的城市如同一个个空壳,自给自足的农业使征税变得难以操作且效率不高。古典地中海城市社会以及以白银为主的货币已经从西方消失了;不过,幸存于东方的东罗马或拜占庭帝国生存了1000多年。

公元1500—1800年的影响

当城市和贸易在西欧得到复苏的时候,白银货币和黄金一起再次促进了贸易交换,德国矿工在搜寻银矿和其他金属矿时,学会了如何开挖矿井和深井排水,由此白银生产在欧洲变得日益重要。然而,尚没有关于他们的技术究竟是在何时以及如何得到发展的记录。这一情况直到1556年才被改变,当时,一位名叫格奥尔格·鲍尔(Georg Bauer)——更经常地被称为格奥尔格·阿格里科拉(Georgius Agricola)的德国人出版了一本名叫《论冶金》(*De re metallica*)的书,详细描述了他们的技术。直到当时,还没有关于白银在其他地方是如何被开采的记录,虽然我们知道日本在16世纪就开始大规模生产白银了。

2327

一名佩戴白银腰带的纳瓦霍部落成员的历史插图。纽约公共图书馆

旧世界的白银开采很快就被美洲的白银开采所碾压，当时西班牙人在墨西哥发现了丰富的银矿石，而在玻利维亚安第斯山脉的波托西发现的银山尤其重要(1546)。西班牙人在墨西哥和玻利维亚招募了成千上万名土著人开采新发现的银矿，并且还引入了一种新的高效精炼法，将银矿石和汞一起加热。

波托西和墨西哥的白银产量是如此惊人，以至于输往西班牙和中国的白银到处扰乱现行的市场价格，引发全球性的通货膨胀，并于17世纪30年代达到顶峰。此后，波托西最富有的银矿逐渐消失；与此同时，水银的短缺也致使白银产量大幅下降。到那时为止，新世界的白银已

经使西班牙的物价翻了两番，相似的物价上涨从欧洲蔓延到了亚洲，一直到中国；由于明朝将货币由铜币换成银币，通货膨胀的破坏作用在中国被进一步放大。

被称为"小冰河期"的气候突变在17世纪40年代达到极点，并造成了经济萧条，导致通货膨胀和随后白银供应的减少。长达90年的通货膨胀促使各地地主和政府提高了地租和税金。那些支付款项的人确信，极度的贪婪和猖獗的腐败达到了前所未有的程度。没有人明白为何在购买几乎相同数量的货物时需要支付更多的银币，而且使卖家可以在销售同样货物时提高要价并捞取更多的钱。寒冷潮湿的天气致使农作物减产和食品价格上涨，给数以百万计的人带来名副其实的苦难。在17世纪30年代，白银产量的突然下降对商业交易活动产生了同样的破坏性影响。

在这种情况下，宗教和政治动荡成为普遍

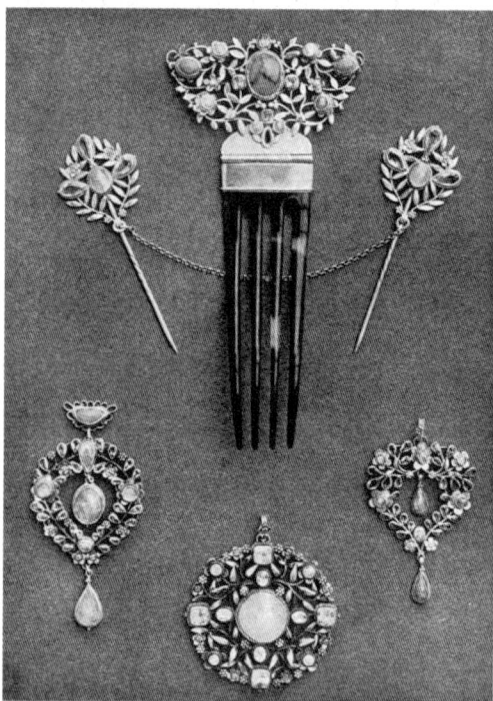

阿蒂斯·加斯金(Arthur J. Gaskin)和加斯金(G. C. Gaskin)1914年设计和制作的银首饰镶嵌着各种猫眼石、珍珠、水晶、绿松石。纽约公共图书馆

2328

现象。在欧洲，德国的"三十年战争"(1618—1648)造成的后果尤为严重。然而，英国的内战(1640—1660)和法国的投石党运动(the Fronde，1648—1653)也反映出，美洲白银及其流通量锐减引发的价格波动进一步加剧了社会紧张。再往东，奥斯曼帝国的苏丹于1648年被废黜，继任者是一个年仅10岁的男孩，而随后的无政府状态一直延续到了1656年。在中国，明朝在历经多年的动乱之后于1644年覆灭，满族人随后建立了清朝。

中国吸引了全世界的白银，因为它是欧洲人、日本人和其他外国人换取中国丝绸、瓷器和其他产品时唯一可以提供给中国的商品。白银被直接横跨太平洋从墨西哥运到菲律宾，然后进入中国；此外还通过欧洲和印度洋到达中国。由于中国自身的白银产量（主要在云南）不足，因此中国人也需要进口白银，以此作为他们的货币。白银供应中断在引发推翻明朝的动乱中发挥了怎样关键的作用，相关的学术争论仍在继续。

自19世纪以来的影响

在随后的几个世纪，人类事务受到白银的影响没有从前那样强烈。因为这种金属的供需变得更加均衡了。一些银矿被消耗殆尽，但人们又发现新的银矿，全世界的白银使用在缓慢地增长。1859年，在美国内华达州发现的康斯托克矿就像一座地方性波托西银矿，其产量在1876年达到高峰。在19世纪剩下的时间里，西部人试图让白银像黄金一样支撑着美国的美元纸币。1893年的经济衰退成为1896年总统大选的一个核心问题。然而，民主党候选人威廉·詹宁斯·布赖恩(William Jennings Bryan)在谴责银行家及其同伙把国家钉死在"黄金的十字架"上后，遭遇竞选失败，在1900年的第二次竞选中又再次遭遇失败。

这是白银在政治中最后一次发挥重要作用。在21世纪，白银在工业和电子上的使用远超于它在硬币上的使用。因为现代"银币"只是在颜色上呈现银色，它是由更廉价的金属制成的。安第斯山脉生产的银矿石仍比其他任何地方都要多，但波托西和康斯托克银矿都被完全耗尽了。珠宝、烛台、叉子、勺子和其他熟悉的银制品继续不时地被熔化，并和以前一样以新的样式进行重铸。

2329

进一步阅读书目：

Hamilton，E. J. (1934). *American Treasure and the Price Revolution in Spain，1501 - 1650*. Cambridge，MA：Harvard University Press.

Herodotus. (1987). Book Seven. In D. Grene (Trans.)，*The History* (pp. 466 - 556). Chicago：University of Chicago Press.

Kindleberger，C. P. (1989). *Spenders and Hoarders：The World Distribution of Spanish American Silver，1550 - 1750*. Pasir Panjang，Singapore：Association of Southeast Asian Nations Economic Reserch Unit，Institute of Southeast Asian Studies.

Koenig，L. W. (1971). *Bryan：A Political Biography of William Jennings Bryan*. New York：Putnam.

Richards，J. F. (Ed.). (1983). *Precious Metals in the Late Medieval and Early Modern World*. Durham，NC：Carolina Academic Press.

威廉·麦克尼尔(William H. McNeill) 文

王超 译，黄艳红 校

Sima Qian 司马迁

2330 　　司马迁(约前145—前86)是中国首位真正的历史学家。尽管其他人此前编辑过早期的历史著作,但大多采用国家编年或文献和轶事汇编的形式,司马迁是首位以自己名字撰写中国历史的人。他于公元前2世纪所著的史书——《史记》在随后的2 000多年里为中国历史学家提供了一个典范。

　　《史记》是首部由汉代太史司马迁独自撰写的中国官方的历史著作。我们所知司马迁生平的大部分信息来自《史记》的最后一章,其中包括他的自传。我们由此得知他的父亲司马谈(卒于公元前110年)是汉武帝(前140—前87年在位)时期的一位太史令。司马迁在年轻时期就接受了古典教育并广泛游历。他在20岁时进入朝廷担任近侍郎中。最终,他继承父职太史令,那是一个将文献保存与解释自然现象结合在一起的职位;同样重要的是,这给了他进入皇家图书馆的机会。那个时候,他的父亲已经开始撰写一部历史著作,司马谈在其临终之际嘱托他的儿子继承其业。司马谈究竟完成了多少撰写工作目前尚不清楚,但继续并完成了这部从上古传说到其所处时代的中国通史的是司马迁。

　　除了《史记》之外,司马迁现存的著作还包括写给朋友任安的一封书信,信中解释了他在被称为"李陵事件"中的表现。李陵是汉朝的一员大将,他率领他的军队深入中国西北边界外匈奴游牧部落的领地。当他的军队被敌人包围和打败后,他向敌军投降,这激起了汉武帝的愤怒。那些几天前还称赞李陵的朝廷官员现在都对其进行谴责。而司马迁为李陵辩护的做法得罪了汉武帝,因而被判处宫刑。其他人或许会选择自杀而不是遭受阉割,但司马迁不情愿地接受了这一羞辱性的惩罚,为的是可以有时间完成他的历史著作。

　　《史记》包含130篇:记录早期王朝以及汉代皇帝统治的十二本纪;与封建国家(周代帝国以前的自治国家及汉帝国内部半独立的王国)重大事件相关的十表;关于礼、乐、音律、历法、天文、封禅、水利、财用的八书;关于不同世袭家族(这些人效忠于封建君主)的三十世家;以及七十列传。"列传"是一些传记章节,通常将2~3个彼此相熟或在某种程度相类似的人(例如哲学家老子和韩非子)的传记结合在一起。列传还包括合传,如《刺客列传》《儒林列传》《循吏列传》《游侠列传》《佞幸列传》《龟策列传》《货殖列传》。此外,其中6个列传描述了生活在中国边界的不同的游牧民族。

　　司马迁在大多数章节结尾都会附上简短的评论,通常以"太史公曰"作为引语。另外,他的解释性评论不够充分;至少在其对早期历史的解释中,他大量地借用了已经存在的记录。不管怎样,这使得一些人将司马迁视为一位剪辑加粘贴的历史学家。然而,其历史著作不同寻常的结构让他有相当大的回旋余地,可以通过他的编辑来塑造读者的看法。例如,孔子绝对不是一个封建诸侯,而司马迁将其列入"世家"中的一章——这是他显示孔子重要性的一个标志。当一些人在其他人的传记中被提到时,他们的个人信息可能会以直言不讳的方式呈现。

　　《史记》中包含着浩如烟海的信息量;这部巨著分散、重叠的结构,意味着关键人物的一些细节可能会分散在几个章节中。这是一部无法一次性完全掌握的巨著,若以它的最初形式——被书写在成千上万个竹简上面——来理解就更

2331

良药苦口利于病,忠言逆耳利于行。

——司马迁

加困难了。然而,司马迁的文学风格和大胆创新启发了以后的历史学家。他的作品成为首部"标准的历史",至今已经有 26 部这样的著作;虽然随后的史书与《史记》不尽相同,它们将关注点限定在单一的王朝内,而且许多作者得到了官方的资助。然而他们都继承了司马迁的"本纪""书""列传"(由于帝国变得更加中央集权化,所以"世家"被省略了)等基本模式。

从我们今天的角度看,《史记》是司马迁所处时代政治形势日趋巩固的一种重要的文化表达。正如汉朝皇帝曾将天底下所有事务掌控在他的手中,司马迁因此试图将中国所有的历史、地理和文化汇集在一本书中。司马迁本人认为,虽然他自己在生活中遇到过失败和耻辱,但他写作的主要目的是为了子孙后代。就这种抱负而言,他肯定成功了。

进一步阅读书目:

Durrant, S. W. (1995). *The Cloudy Mirror: Tension and Conflict in the Writings of Sima Qian*. Albany: State University of New York Press.

Hardy, G. (1999). *World of Bronze and Bamboo: Sima Qian's Conquest of History*. New York: Columbia University Press.

Sima Qian. (1958). *Ssu-ma Ch'ien: Grand Historian of China*. (W. H. Nienhauser, Jr., et al., Trans.). New York: Columbia University Press.

Sima Qian. (1993). *Records of the Grand Historian* (B. Watson, Trans.). New York: Renditions-Columbia University Press.

Ssu-ma Chi'en (Sima Qian). (1994). *The Grand Scribe's Records*. (W. H. Nienhauser, Jr., Ed.; W. Cao, S. W. Galer, W. H. Nienhauser, & D. W. Pankenier, Trans.). Bloomington: Indiana University Press.

格兰特·哈代(Grant Hardy) 文

王超 译,黄艳红 校

Slave Trades 奴隶贸易

当农业社会越来越需要保卫土地和边界的时候,便产生了奴隶贸易的源头。随着帝国的不断扩张,奴隶贸易自身也在不断激增。1443 至 1870 年间,跨大西洋奴隶贸易及其臭名昭著的中间通道诱捕了约 1 100 万人。历史学家提醒说,仅在使用奴贩船记录中得到的这些数字,遗漏了那些向非洲沿岸转运站行进途中死去的数百万人。

奴隶贸易始于农业社会的开端。随着狩猎-采集者变为农民,他们至少暂时地安定下来,开始保卫他们的土地以免受游牧民族和其他农民的侵犯。随后而来的战争产生的囚犯,成为胜利者使用的强迫劳动力。一个地区爆发越多的战争,就意味着可以获得更多的奴隶,而通过出售奴隶可以换取食品、铜,后来还有钱。在美索不达米亚、雅利安人迁入后的印度、中国的周朝以及希腊的城邦里,奴隶贸易都是真实存在的。例如,在美索不达米亚南部的苏美尔地区,这种劳动力被经常用于维护灌溉渠道以及建造金字塔形的庙宇。直到外族入侵之时,埃及和哈拉帕

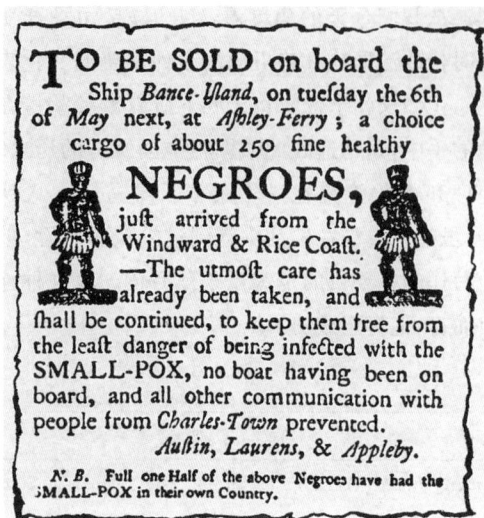

为新来的奴隶担保身体健康的一则广告。美国国会图书馆

（位于今巴基斯坦的印度河河谷）的奴隶数量很少；为应对外部入侵，它们的社会比以前更好战。中国和印度的奴隶数量要少于美索不达米亚和希腊。在亚洲的东部，强大的中央政府保留奴隶制主要是为了自己，那些拥有的农民数量多于实际需要的政府将很少一部分人判为完全的动产（除地产和与不动产相关的物品之外的一项有形财产）。

奴隶制和奴隶贸易在各帝国之间传承。随着雅典、马其顿亚历山大三世（亚历山大大帝）以及随后罗马的扩张，地中海世界见证了被奴役的人群数量的不断高涨。囚犯的家人如果无法支付或筹备赎金，

那么该囚犯很快就会被出售和转售。奴隶贸易也曾出现在今西欧的高卢和不列颠。由于元老院的政策，地中海奴隶贸易中心从罗得岛转移到了面积更小但更易到达的提洛岛，进而转移到更加便利的罗马城。此外，正如历史学家凯斯·布拉德利（Keith R. Bradley）所指出的，"据古代希腊地理学家斯特拉波所说，海盗和绑架提升了提洛岛奴隶贸易的潜力，使其一天能卖掉成千上万个奴隶，其交易量主要由罗马的需求量决定"。美洲的奴隶制规模较小，早在哥伦布到来之前，奴隶贸易就已得到发展。玛雅城邦将战败的对手变为奴隶，并把一部分奴隶最后作为献给神的祭品。在安第斯山区的莫奇卡部落，精美的陶器艺术再现了庆祝战争期间使敌人沦为奴隶的实况。

美洲孤立于洲际间的接触，因此也远离了长途奴隶贸易，在 1000 年，非洲成为一个大规模的人口贩卖以及骆驼驯化的中心。公元 800 年之后，伊斯兰教被传播到了撒哈拉沙漠以南的地方。跨撒哈拉沙漠的商队贸易主要通过出口黄金换取一些盐这样的基本商品，同时也传播

2333

这幅描绘罗马奴隶市场的插图展现了来自疆域辽阔的罗马帝国不同地区的人民

一幅 19 世纪末期的版画插图，标题为"开罗的奴隶市场"

真主的信仰，并将俘获的妇女和儿童当作仆人和妾卖到阿拉伯哈里发统治的领地。与随后的跨大西洋奴隶贸易相比，这种跨撒哈拉的奴隶贸易的规模还是比较小的。但不幸的是，在葡萄牙人来到非洲西部海岸之前的几个世纪里，西非人已经对贩卖人口的概念习以为常了。

一神教加强了奴隶贸易，并为之提供了依据，特别是在非洲以及基督教国家和伊斯兰国家之间的边界附近地区，如伊比利亚（今西班牙和葡萄牙）。十字军和伊斯兰圣战将敌人视为可支配的财产。

进入 2 世纪以后，当欧洲西部的罗马帝国日益衰落，西欧的奴隶制度和奴隶贸易也同样衰落并最终消失。封建制度和农奴制度的出现最终为统治精英提供了廉价和可靠的劳动力资源。农奴制度支撑着本地的自给农业；而在黎凡特（地中海东部沿岸地区）及其周边地区则继续实行奴隶制，以支撑用于出口的大面积种植业。约在 800 年左右，历史学家菲利普·柯廷（Philip Curtin）所称的"种植园综合体"与美索不

达米亚的阿拉伯蔗糖种植主，开始使用非洲和本地的战俘进行劳作。这种综合体逐渐向西蔓延到了黎凡特，然后到了塞浦路斯、克里特岛、西西里岛，接着是大西洋的岛屿如加那利群岛，再到圣多美，最终到了巴西。奴隶贸易也随之向西传播，它为获利丰厚的甘蔗种植园提供受胁迫的国外劳工，为了赚取利润，这些种植园需要大量工人在面积很大的种植园里耕作。然而，奴隶贸易从南到北、从西到东都得到了发展。如前所述，撒哈拉以南非洲为阿拉伯哈里发控制的地区——无论是在科尔多瓦、耶路撒冷、摩加迪沙或德里——提供妾和仆人。然而，这些奴隶数量仅是全球奴隶数量当中的一小部分。在君士坦丁堡（今伊斯坦布尔）于 1453 年被攻陷之前，欧洲人一想到奴隶，通常会认为他们是穆斯林、蒙古人和俄罗斯人在黑海附近打仗所俘获的斯拉夫人。事实上，"奴隶"一词来源于中世纪与斯拉夫人相关的强制劳动。更广泛地说，在 1500 年之前，印度洋与其阿拉伯和穆斯林商人拥有全球最大的世界贸易量和奴隶贸易量。在 1500 年

2334

之后,大西洋及欧洲商人和非洲合作伙伴逐步成为世界贸易以及奴隶贸易的中心。

新世界

欧洲人创造的"新世界"是建立在获取强制劳动的基础上的。哥伦布甚至很早就意识到,他必须创造财富,而不是仅仅从美洲本土文化中窃取。快速且源源不断地创造财富的计划需要大量艰苦的劳动,但几乎所有来到美洲的探险家和殖民者都不想从事这种劳动。他们起初试图以一种寄生的方式将美洲土著人当作奴隶来使用,然而,哥伦布的船队所带来的传染病使劳动力资源锐减。非洲奴隶由于国际贸易往来而适应了欧洲的疾病,他们逐步代替患病和垂死的美洲土著人,特别是在沿海、热带和疾病丛生的区域。他们主要种植甘蔗和其他有经济价值的农作物。然而,将非洲的劳动力输送到美洲还需要花费一些时间。

从 1500 到 1650 年,奴隶贸易并不是西非沿岸的主要活动,后来才变成这样的。葡萄牙最先开启了欧洲同西非王国之间的接触,其目的主要是为了获取黄金,较小程度上是为了得到胡椒、象牙和豹皮。15 世纪 80 年代,加纳的埃尔米纳城堡(Elmina Castle)开始成为一个贵金属和其他外来奢侈品的贸易中心(贸易和转运的中转中心),但它最终成为一家出口奴隶的工厂。1637 年,它被荷兰人接管。到 1700 年,瑞典人、勃兰登堡人、丹麦人、英国人、法国人以及荷兰人已经在西非沿岸建立了类似的工厂,而在这之前他们主要从事黄金贸易。当像海岸角城堡(Cape Coste Castle)这样的竞争对手抢走越来越多生意的时候,埃尔米纳城堡自身就变得没有那么重要了。

由于欧洲各国政府的垄断商试图与非洲国家进行一对一的排他性贸易而不需要任何一方的中间商介入,奴隶贸易因此成为一种最受争

议的重商主义的资本主义的典型。例如,与西班牙签订合同的阿先托斯(asientos)被委托为美洲殖民地提供所需的奴隶,尤其是被欧洲人认为最适合繁重田间劳动的青年男性。自 1518 年开始,西班牙王室授权其所青睐的公司(通常为葡萄牙公司)为引入青年男性定额支付费用。女性(在西非从事大部分的农活)、儿童和老人仅作为完成合同规定的定额中的一小部分。除西班牙和葡萄牙之外的其他欧洲国家意识到非洲的奴隶制是殖民地唯一可行选项后,也建立了自己的奴隶贸易垄断组织。在 17 世纪 60 年代投资失败之后,英国议会在 1672 年委托自己的皇家非洲公司专门从事奴隶贸易。议会仅限伦敦商人参与其中。尽管这为伦敦地区的商人带来前所未有的财富,但是这项限制参与的政策激怒了其他港口如布里斯托尔的商人,而且后者成功地说服政府于 1698 年终结了这一垄断权。

这张插图来自一本美国传教士的书,它展示的是非洲人沦为奴隶的场景;值得注意的是,当时并没有白人贸易商出现

然而，直到 18 世纪 40 年代皇家非洲公司被先后并入各家特许公司之前，它始终是奴隶贸易业务的主要参与者。当时，从奴隶贸易获取的实际利润比人们想象中的少一些。一些商人将其对中间通道（非洲奴隶被贩卖到美洲的航线）的投资提高了 3 倍，但那是人们谈论的例外而不是通则。日常开销、人员的不断更替以及由船上叛乱和恶劣天气引发的不可预见的危险，通常会将收益降低到标准的 10%，这与普通商业投机的收益率相符。因此，仅凭奴隶制和奴隶贸易自身产生的收益是不足以使英国成为世界上第一个工业国的。然而，它们足以增强一个日益成熟的消费社会所需要的需求。不管怎样，当这种贸易在 18 世纪处于鼎盛时，英国在将非洲奴隶出口或转运至美洲的贸易中占据着主导地位。在 1713 年的《乌得勒支和约》签订之后，英国人还获得了西班牙帝国的阿先托斯及其工厂和市场。"基尼"是一种大面额的英国金币，它的名字便源于几内亚海岸奴隶贸易的暴利本质。

枪炮

然而，即使是拥有海军优势的英国，很大程度上也依赖于非洲各地政府和精英们，后者出于欲望和私利而参与到寻求自身利益的活动中。苏丹的桑海帝国在 1591 年瓦解之后，加剧了西非政治上的进一步碎片化，产生了 300 多个微型国家以及更多的无国家状态的社会。反过来，这为葡萄牙将枪炮引入该地区后引发诸多领土和宗教战争创造了条件。特别是在 1650 年之后，枪炮的准确性和耐用性被大幅提高，当地的统治者希望拥有更多的枪炮。为了得到这些枪炮，统治者起初用黄金购买，随后大多通过出售附近部落或邻国的囚犯换购。再往南，刚果王国的一位国王恩金格·姆本巴（Nzinga Mvemba）试图利用葡萄牙人来对付国内的反对派和周边的竞争对手。为了巩固这个联盟，他

和他的家人甚至改信基督教。当然，刚果内部和外部的这些战争产生了许多囚犯，提升了葡萄牙人对这个国家的兴趣和干预度，而这远远超出了刚果国王最初的需求。这位国王转而同葡萄牙人对抗，但为时已晚。在葡萄牙人巧妙地介入刚果贸易之后，刚果国王无法阻止内战为其国家带来的长期影响——饥荒和奴隶贸易。欧洲人也需要非洲人的帮助，部分是因为他们还没有为应对这种疾病环境做好准备。西非沿岸大多数的水手和代理商再也没有回过家，去享受他们从奴隶贸易中获得的微薄收入。因为黄热病和疟疾对欧洲雇员的生命是一种威胁，所以欧洲的政府和自由职业者更倾向于选择非洲和黑白混血的（黑人和白人祖先混合孕育的后代）承包商，后者可以在非洲内部贸易的岗位上健康地工作。

总体而言，1443 至 1870 年间，跨大西洋奴隶贸易及其臭名昭著的中间通道诱捕了约 1 100 万人。历史学家们仍在争论奴隶数量的精确数值，然而，数值上的差异很大程度上是由于历史学家在应该从什么时间点开始计算奴役时间这一问题上存有分歧。1969 年，菲利普·柯廷利用奴隶船和档案记录出版了首部证据充分的论著，力图计算出跨大西洋奴隶贸易到底奴役了多少人。最近其他学者指出，如果历史学家只使用显示有多少奴隶登上通往中间通道的贩奴船的记录，会遗漏那些在向非洲沿岸转运站行进途中死去的数百万人。历史学家约瑟夫·米勒（Joseph C. Miller）指出，从安哥拉的奴隶贸易情况来看，在最初被抓获的人群中，实际上只有 64% 的人可以活着到达去往新世界的罗安达奴隶监狱。尽管事实本身十分可怕和残酷，但是中间通道确实只是一个中转环节；从行进小道到运奴船的过程中死亡频发，进入美洲成为奴隶后死亡率更高，特别是在奴隶身处甘蔗种植园和贵金属矿山的死亡陷阱之后。据米勒估计，18 世纪末期，在安哥拉被抓获的人群中，有 2/3 的

2336

2337

为奴隶的母亲不可能养育自由的人民。

——玛格丽特·桑格(Margaret Sanger, 1879—1966)

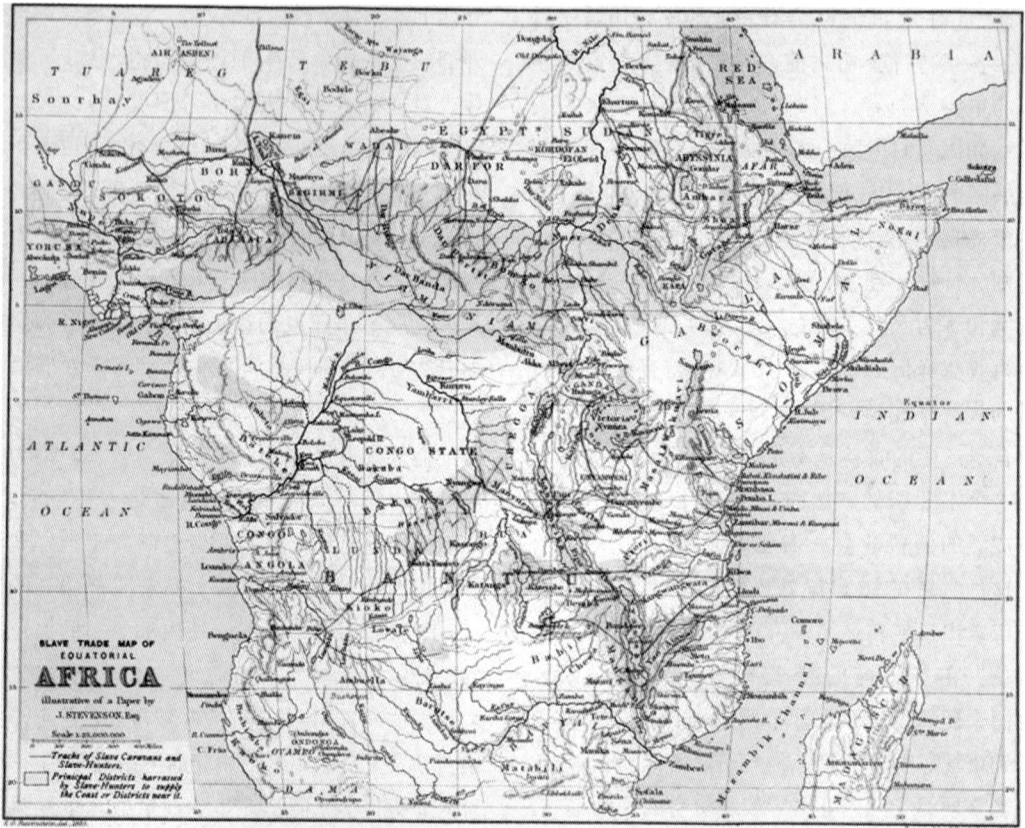

赤道非洲的奴隶贸易地图,阿蒂斯·康华利·马丹(Arthur Cornwallis Madan)绘制,1887。纽约公共图书馆

人作为巴西种植园里的奴隶只干了 4 年活便死去了。

人口统计学

在 19 世纪,奴隶日益由男性青年构成,且更多地来自非洲南部地区。正如大卫·埃尔特斯(David Eltis)和大卫·理查德森(David Richardson)最近所得出的结论:"来自非洲的强制移民潮的统计学特征发生了改变。在 17 世纪,强制移民潮中男性、女性以及儿童的比例大致平衡。到了 19 世纪,男性和儿童占强制移民潮中的绝大多数。"(Eltis and Richardson 2003)

身为学者和活动家的沃尔特·罗德尼(Walter Rodney)发出了这样的谴责:这种用于出口的被奴役妇女的相对缺乏,虽然使西非和

中非避免了人口和经济的完全崩溃,但它未能减轻当地长期的欠发达状态。用枪支换取奴隶,再用奴隶为世界市场生产成瘾性食物的三角贸易,使非洲的国王和精英沉迷于欧洲的武器和制成品,因而抑制了除奴隶贸易之外的本地工业的成长和扩展。当奴隶船不再到这里来时,当地首领就会匆忙寻找合适的替代物。

事实上,在欧洲国家和美国分别于 1807 和 1833 年开始废除跨大西洋奴隶贸易和奴隶制之后,奴隶贸易的主要市场再次与非洲内部、伊斯兰世界和印度洋盆地联系在了一起。虽然巴西和古巴的种植园在其他种植园社会已经停止输入奴隶之后,仍然继续长期进口奴隶,但事实上,1800 年之后,从数量和频率上说,奴隶贸易的大部分增长都在非洲内部——因为圣战的不断扩大,奴隶卖主也已经开始寻找替代市场。最令人

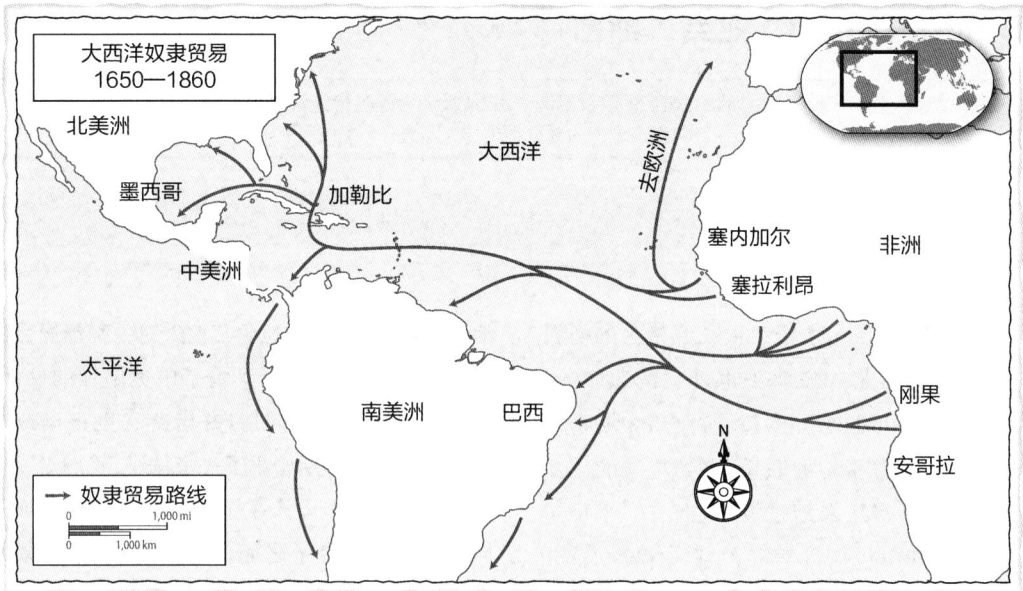

迷惑的是，19 世纪末期，欧洲帝国主义在非洲和亚洲最致命的殖民化浪潮，因为其努力消灭奴隶制和奴隶贸易而被部分合理化了。而相应地，当今国际社会强烈反对奴隶交易，一个最明显的例子就是，苏丹境内的种族灭绝战争和奴役俘虏受到了国际社会的强烈谴责。

进一步阅读书目：

Bradley，K. R. (1989). *Slavery and Rebellion in the Roman World*，140 B. C. - 70 B. C. Bloomington：University of Indiana Press.

Burkholder，M. A. , & Johnson，L. (2001). *Colonial Latin America* (4th ed.). New York：Oxford University Press.

Curtin，P. D. (1990). *The Rise and Fall of the Plantation Complex*：*Essays in Atlantic History*. Cambridge，U. K. ：Cambridge University Press.

Eltis，D. , & Richardson，D. (2003). West Africa and the Transatlantic Slave Trade：New Evidence of Long-run Trends. In G. Heuman & J. Walvin (Eds.), *The Slavery Reader* (pp. 42 - 57). London：Routledge.

Harris，J. E. (1998). *Africans and their History* (2nd ed.). New York：Meridian.

Klein. H. (1999). *The Atlantic Slave Trade*. Cambridge，U. K. ：Cambridge University Press.

Manning，P. (2003). Why Africans? The Rise of the Slave Trade to 1700. In G. Heuman & J. Walvin (Eds.), *The Slavery Reader* (pp 30 - 41). London：Routledge.

Miller，J. C. (1988). *Way of Death*：*Merchant Capitalism and the Angolan Slave Trade*，1730 - 1830. Madison：University of Wisconsin Press.

Mintz，S. W. (1985). *Sweetness and Power*：*The Place of Sugar in Modern History*. New York：Penguin Books.

Northrup，D. (Ed.). (1994). *The Atlantic Slave Trade*. Lexington，MA：D. C. Heath Company.

Thomas，H. (1997). *The Slave Trade*：*the Story of the Atlantic Slave Trade*，1440 - 1870. New York：Simon & Schuster.

Thornton，J. (1992). *Africa and Africans in the Making of the Atlantic World*，1400 - 1680. Cambridge，U. K. ：Cambridge University Press.

查理·霍华德·福特（Charles Howard Ford）文
王超 译，黄艳红 校

Smith, Adam 亚当·斯密

2339 　　亚当·斯密(1723—1790)是 18 世纪著名的启蒙经济学家,他被认为是近代经济学理论和资本主义原则之父。他的《国富论》一书的广博性确保了其在经济学领域中的重要地位持久不衰。

　　1723 年,亚当·斯密出生在苏格兰的柯科迪(Kirkcaldy),是一位海关审计员的遗腹子。作为一位守寡母亲唯一的孩子,亚当·斯密同母亲保持着非常密切的联系,直到母亲的生命走到尽头。斯密从未结过婚,但拥有一个稳定的朋友圈,其中包括哲学家大卫·休谟(David Hume)和历史学家爱德华·吉本(Edward Gibbon)。

　　在家里度过了他的早年岁月之后,1737 年,亚当·斯密在他 14 岁的时候被格拉斯哥大学录取。在格拉斯哥度过 3 年硕果累累的学习生活之后,他赴牛津大学求学,但这段经历令他有点失望。像同时代的苏格兰知识分子那样,亚当·斯密发现牛津大学不仅排斥苏格兰人,而且停滞、乏味,通常不适合促进智力活动。然而,他在牛津大学待了 6 年,比起同时代的人,他对牛津的批评要少一些。这些年里,他的学习涵盖了数学、希腊语、拉丁语、道德哲学和其他科目。1746 年,他回到了柯科迪和他母亲的身边,他陪伴母亲长达两年,其间一直待业。

　　1748 年,亚当·斯密成功地成为爱丁堡大学的一名讲师。1751 年,他成为逻辑学教授;一年后又成为道德哲学教授,他在这一职位上工作了 12 年。在此期间,他写了首部重要著作——《道德情操论》(*Theory of Moral Sentiments*),并于 1759 年出版,该书获得学术界极高的评价。论著是在他的大学讲义的基础上形成的;基于"同感"(fellow-feeling)的概念,他将研究重点集中在普通人的道德方面。粗略地说,"同感"是我们想象其他人对一种情况做出回应的感受,由此感受其情感中更温和的一面。这种感觉使人产生同情,并借此产生正当或其对应面。亚当·斯密举了一个例子,我们对一位其子被杀害的男人产生了同情。我们同情或同样感受到他的丧子之痛,正如我们想象如果那是我们自己儿子时的感受,我们自然会赞成他寻求正义与复仇的愿望。在这种情况下,正确的行动是寻求正义,对亚当·斯密而言,这其中就包括以一种普通受众普遍认可的方式复仇。它会在其他人的身上引起正义感,因为同情感使他们感到有一种正确的回应,在这种情况下就是正义和复仇。如果这个人的儿子不是被杀,而是死于不治之症,一般受众会像之前那样对他的丧子之痛表示同情;然而,当医生没有做错任何事情的时候,如果这个人想看到医生被绞死,人们一般会产生不满的情绪。所以,正义感取决于受众对特定情况的一种恰当的回应。因此,正确的行为通常是一种会使人们自然产生正义感的行为,而错误的行为是那种通常会引起公众不满的行为。

　　1764 年,亚当·斯密放弃了大学里的教席;在他两年的欧洲之旅——主要是在法国和日内瓦期间,他成了年轻的布克莱(Buccleuch)公爵的家庭教师。这给了亚当·斯密与法国众多著名哲学家见面的机会,例如杜尔哥(Turgot)、卢梭(Rousseau)、伏尔泰(Voltaire),并且参加了由巴黎贵妇举办的著名的沙龙(据说其中的一位贵妇爱上了他)。

2340 　　这次旅行的初始阶段并不太顺利。在法国都兰地区的 9 个月里，亚当·斯密没有找到思想上的刺激，于是开始写一本新书来打发无聊的时间。这部著作历经 10 年才出版，却成了他永久的遗产——《国民财富的性质和原因的研究》（*An Inquiry into the Nature and Causes of the Wealth of Nations*），通常被称为《国富论》（*Wealth of Nations*）。《国富论》是一部真正的原创作品，抑或仅是参加巴黎沙龙期间经济思想的一个有机汇编，这个问题人们还在争论。当然，亚当·斯密结识了法国重农主义和重商主义经济理论的捍卫者和批判者，前一种理论最初是由蓬巴杜夫人的宫廷御医魁奈（Quesnay）创立的经济学理论，倡导土地和农业是真正的财富的唯一基础，亚当·斯密随后的批判至少很可能受到了已然很流行的批评理论的启发。

　　1766 年，回到英国的亚当·斯密对伦敦进行了为期 6 个月的访问，然后回到苏格兰。在那

亚当·斯密的画像，创作于 1805 年。美国国会图书馆

里，他继续撰写他的著作《国富论》，还写了一些其他小部头的著作，并对新版《道德情操论》进行了修订。在那些年里，尽管他试图寻找一个新的教师职位或在东印度公司担任一个职务，但是到头来亚当·斯密没有担任任何正式的职务。

　　1776 年，《国富论》正式出版了，他的理论和写作的质量获得了普遍的赞誉，这将亚当·斯密推向了学术前沿。从《道德情操论》到《国富论》，亚当·斯密是否改变了他的人性观，这一点还有待商榷。他在后一部著作中明确指出，个人利己主义是人类行为——特别是经济行为的基本动机；而在前一部作品中，关于个人利己主义是否是道德行为的唯一基础，其观点的表述较为模糊。那些认为《国富论》的观点来自法国哲学家的人对这一讨论特别感兴趣。不管亚当·斯密的理论观点是否可被视为原创，我们必须承认的是，他的著作给了那些观点最清晰的条理化的表述，并把它们从专业讲坛带到了普通读者面前。

　　亚当·斯密主要关注诸如劳动分工、个人利己主义作为经济学的主要原则、国家财富是由生产能力而非黄金储量（以一种粗略的形式引入国民生产总值的概念）来代表、自由市场、真实价格理论、租金理论以及市场力量原则等主题。总之，他描述了今天被称为资本主义经济制度的理论基础。值得注意的是，他的劳动分工理论没有考虑新的工业革命，而是完全基于人力劳动。他最著名的例子是扣针工人的实例。他解释说，一个人如果独自完成制作一个扣针的所有流程，他每天最多能生产 10 个扣针；而 10 个人进行合作，并将流程中的每一个环节由专人生产，每天就可以生产 48 000 个扣针。这种专业化的优势十分明显，然而，亚当·斯密的一 2341 个特点是他也注意到了专业化的劣势，并且指出，工人们最后会变得无聊并丧失同他们工作的联系感，而这也是近一个世纪之后卡尔·马克思论述的一个问题。虽然他关于专业化、个人

我们之所以能吃上饭，并不是因为屠户、酿酒师和面包师的仁慈，而是他们出于自身利益的考虑。我们唤起的是他们的利己心，而不是他们的仁慈心；不是我们之所需，而是他们之所要。

——亚当·斯密

利己主义、国家财富和市场力量的理论已经被人们普遍接受，但有关实际价格由生产或获取一个商品所付出的劳动决定，以及租金是基于使用和合理的利润等理论通常被认为是混乱的，他自己也承认这一事实。但是，总体而言，《国富论》被认为是第一部详尽的现代经济理论著作，该书的广博性已经确保了其在经济学领域中的重要地位持久不衰。

1778 年，亚当·斯密被任命为苏格兰的海关专员，该职位使他获得了一笔能够过上舒适生活的薪水；加上亚当·斯密过去的学生布克莱公爵给的津贴，这让他在经济上更加自由。亚当·斯密在其晚年主要将时间用于修订他早期的作品，尤其是《国富论》；同时他还与同时代的人参与讨论。1784 年，与他一起度过生命中大部分时间的母亲去世了；这使他感到凄凉，健康状况也每况愈下。1790 年，他出版了他最后的一部作品——新版的《道德情操论》，在此之后他很快便去世了，按照他自己的意愿，几乎所有未出版的手稿全部被烧毁。

进一步阅读书目：

Aspromourgos, T. (2008). *The Science of Wealth: Adam Smith and the Framing of Political Economy*. New York: Routledge.

Evensky, J. (2007). *Adam Smith's Moral Philosophy: A Historical and Contemporary Perspective on Markets, Law, Ethics, and Culture*. New York: Cambridge University Press.

Fitzgibbons, A. (1995). *Adam Smith's System of Liberty, Wealth, and Virtue*. Oxford, U. K.: Clarendon Press.

Haakonssen, K. (2006). *The Cambridge Companion to Adam Smith*. New York: Cambridge University Press.

Kennedy, G. (2008). *Adam Smith: A Moral Philosopher and His Political Economy*. New York: Palgrave Macmillan.

Muller, J. Z. (1995). *Adam Smith, in His Time and Ours: Designing the Decent Society*. Princeton, NJ: Princeton University Press.

Rae, J. (1985). *Life of Adam Smith*. London: Macmillan.

Raphael, D. D. (2009). *The Impartial Spectator: Adam Smith's Moral Philosophy*. New York: Oxford University Press.

Rasmussen, D. C. (2008). *The Problems and Promise of Commercial Society: Adam Smith's Response to Rousseau*. University Park: Pennsylvania State University Press.

Ross, I. S. (1995). *The Life of Adam Smith*. Oxford, U. K.: Clarendon Press.

Ross, I. S., & Mossner, E. C. (Eds.). (1977). *The Correspondence of Adam Smith*. Oxford, U. K.: Clarendon Press.

Smith, A. (1790). *The Theory of Moral Sentiments* (6th ed.). London: A, Millar. (Original work published 1759)

Smith, A. (1904). *An Inquiry into the Nature and Cause of the Wealth of Nations* (5th ed.). London: Methuen. (Original work published 1776)

Vaggi, G., & Groenewegen, P. (2003). *A Concise History of Economic Thought*. New York: Palgrave Macmillan.

Werhane, P. H. (1991). *Adam Smith and His Legacy for Modern Capitalism*. New York: Oxford University Press.

玛塔·埃博森(Martha EBBESEN) 文

王超 译，黄艳红 校

Social Sciences 社会科学

社会科学的学科通常包括人类学、经济学、政治学和社会学——尽管心理学和历史学有时以模糊形态进入社会科学当中。然而，社会科学和历史学，尤其是世界历史，是天然的合作伙伴，因为它们研究相同的现象：人类集体生活。

当代大学的学术和教学被组织成不同的学科，这些学科往往被组合在一起，成为一套全面的学科类型。在美国，学科类型经常被分为自然科学、社会科学和人文科学。社会科学通常包括人类学、经济学、政治学和社会学，但是它们之间的学科界限并不是固定的。心理学位于自然科学和社会科学之间的边缘地带；历史学则时而被归为社会科学，时而又被纳入人文科学当中。例如，在 18 世纪的美国，一些关于债务契约劳务方面的文章可能会出现在一个经济学的杂志上，也可发表在政治学、社会学或历史学的杂志上。与此同时，每一个社会科学的学科包括许多分支学科，每一个分支学科都有自己的期刊、学术会议以及自己的范式。

在所有的社会科学中，似乎只有历史学可以追溯到古代。但这是具有某种欺骗性的，因为社会科学在确定其现代的名称之前，早就以某种形式存在了，历史学在 19 世纪也经历了一次转变。例如，早在"社会科学"一词被创造出来之前，亚里士多德、孟子、李斯和马基雅维利就已成为政治科学家了，而现代历史学的方法只能追溯到 19 世纪。

自然科学

社会科学作为现代学科是在自然科学之后出现的，并且模仿了自然科学。在英语中，单独使用"科学"一词通常是指自然科学，这往往使得社会科学必须为其有资格被称为科学而进行辩护，尽管在其他语言中没有类似现象。社会科学在两个方面最能被人们所理解：作为自然科学的模仿者以及与自然科学形成对照。

在人类从类人猿彻底脱离之前，就已经获得了关于自然和同类的知识。公元前的最后一个千年，世界上各个有文字的文明纷纷发展出更为系统化的知识。尽管阿拉伯人、巴比伦人、中国人、埃及人、希腊

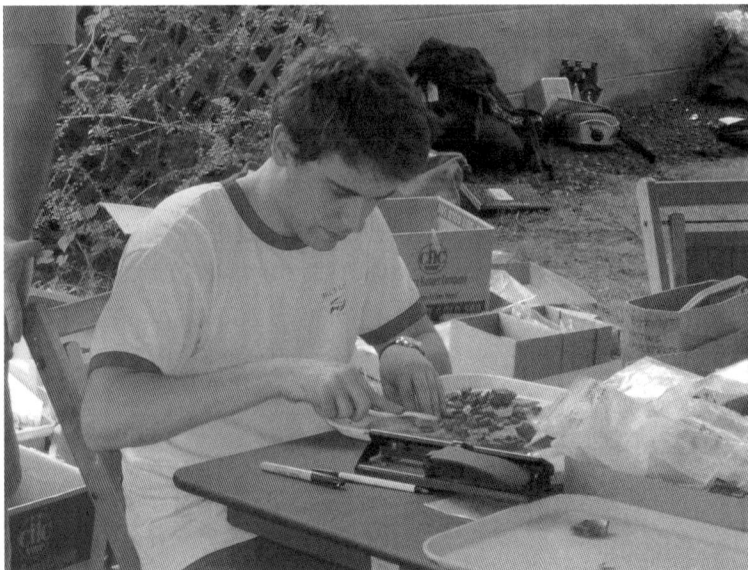

一位人类学专业的大学生正在对从考古遗址出土的各种文物进行分类。他是一个研究小组的成员，他们研究的对象是 18 世纪新英格兰地区传统的农业技术和社会生活

人和其他族群取得过巨大成就,但是直到 17 世纪的科学革命之前,现代形式的自然科学尚未出现。

现代自然科学两个显著的特点是其研究方法的高度一致性和知识创造的快速发展。科学家们在关于各自领域中已知的事物、存在的问题、解决这些问题的方法和途径、如何得出解决方案等方面基本上是一致的。这种共识现在通常被称为"范式",这一术语是由科学史家、科学哲学家托马斯·库恩(Thomas Kuhn)在其《科学革命的结构》一书中创造出来的。

社会科学一般不会在这种共同达成的范式内进行研究。如果世界上出现了一种新的疾病,科学家们通常可以找出其产生的原因、它是如何传播的,以及采取某些措施防止其进一步传播。与此相反,当爆发战争时,社会科学家之间的共识度要低很多,而他们用于解释战争的方法则要多很多。

从自然科学到社会科学

牛顿成功提出万有引力定律给 18 世纪的思想家们留下了深刻的印象,他们不断试图创造一种类似的人类社会科学。哲学家大卫·休谟立志要成为他称之为"道德科学"的"牛顿",而 19 世纪早期的空想社会主义者傅立叶(Charles Fourier,1772—1837)认为他是心理学的"牛顿"。这些"牛顿"中最成功的是现代经济学的创始人亚当·斯密。1776 年,他出版了《国富论》,该书致力于阐述人类社会的商品流通。在斯密看来,货物流通的动力源于私利,正如引力是天体移动的力量源泉。

自然科学在 19 世纪不断增长的成就,强化了人们对社会科学的追求。对于新兴的社会科学而言,奥古斯特·孔德是最著名的宣传者。孔德认为,人类的思想经历了几个阶段,最后一个是科学阶段。不同领域到达科学阶段的时间不同。孔德认为现在轮到社会学了,这一术语

是他为新兴的社会科学而创造的。人们通常认为孔德主张社会学模仿物理学,但孔德并不认为所有的科学只有一种方法。事实恰恰相反,孔德认为,每一个科学领域必须发展其自身的研究方法。物理学采用的是数学的方法,生物学也有其自身非数学的方法,他主张社会学必须发展另一种研究方法。

自然科学与社会科学之间另一个重要的区别是,社会学家不同于物理学家和生物学家,他们可能会在无意中改变其所研究的人类。当一名昆虫学家研究蚂蚁之间的战争时,无论他研究什么,都不会影响蚂蚁进行战争的方式和时间;然而,当政治学家和社会学家研究人类的战争时,其结果可能会改变人的行为,甚至会否定该研究的结果。

职业化与专业化

在 19 世纪,科学变得越来越专业化、职业化和机构化。男性,而且几乎总是男性,成为全职的物理学家、化学家或者生物学家。大学设立了各个院系,单一学科的专业期刊问世,随着 20 世纪的进展,分支学科成倍增加。无论是理论的还是实践的科学知识迅速增长。科学已成为现代工业文明的一根支柱。社会科学遵循与自然科学相同的进程,到 19 世纪末,社会科学各个领域——人类学、经济学、政治学、心理学以及社会学,已经实现了我们现在通常在高校院系所见到的机构形式。

人类学

人类学通常被分为体质人类学和文化人类学。研究所有不同人类群体体质特征的体质人类学家,一般拒绝将种族作为一种生物类别,而是更专注于复杂的遗传变异。这对历史学家而言是非常有用的,例如,DNA 证据可以帮助追踪

社会科学善于对曾经发生过的灾害做出解释。

——克劳德·比塞尔(Claude T. Bissell, 1916——　)

那些缺乏文献证据的人类迁徙。

对于文化人类学家而言,文化包括了人的行为学习的所有方式。他们在研究"原始"人的文明——小型的无文字社会——方面最为人所知。在他们众多的发现当中,揭示了生活在这些简单社会中的人的生活方式是很复杂的。在20世纪的下半叶,随着孤立的小型社会变得稀少,人类学家开始使他们的方法适应更加现代的社会,人类学对"文化"一词的定义进入常用语言当中,如"拉丁文化"或"企业文化"。

文化人类学家的研究发现令世界史学者产生了极大的兴趣,后者关注从一种社会类型到另一种社会类型的发展。通过观察现今或不久之前的狩猎-采集者,历史学家可以窥见生活在农业发展之前的所有人类是如何生活的。通过阅读独立的园艺社会和较大的酋邦的相关研究,历史学家可以发现更加复杂的政治体随着主权单位的变大是如何发展的。

经济学

正如亚当·斯密所说,经济学是关于商品和服务如何流通的研究。大多数经济学家研究市场或资本主义经济,其中的商品和服务交换在很大程度上是自发的。即使经济学家研究的是非市场的现象,例如税收和政府服务,但他们使用的是改编自研究市场的方法。在社会科学中,经济学与自然科学最为相像。经济学家广泛地使用数学运算,其大部分工作是在一致认可的范式内进行的。

经济学通常分为微观经济学和宏观经济学。微观经济学是关于个人物品的市场和个体经济行为的研究,包括个人和公司。宏观经济学通常是在国家层面对整个经济体进行的研究,但包括国际经济学。对于历史学家而言,宏观经济学与其更加相关,他们经常需要在他们的研究中涉及对经济问题的探讨。

在确立已久的经济史学科中,历史学和经济学实现了交叉;该学科是经济学和历史学的一个分支学科。经济史学家运用经济学和历史学的方法,对人类过去最重要的方面之一——经济变迁进行研究。

发展经济学研究的是一些国家如何变得比其他国家更为发达,因而具有更高的生活水平;它是一个相关的分支学科。它提出的问题不仅对全世界的穷人至关重要,而且对于了解过去两个世纪的世界是如何发展的,也十分重要。

不幸的是,关于经济发展的必要和充分的原因,经济学家们还没有达成共识。经济史学家可以告诉我们英国是如何成为首个工业化国家的,但在为什么是英国而不是法国或中国成为首个实现工业化的国家这一问题上,他们的意见并不一致。

政治学

政治学研究的是人们如何被管理或管理自身,它可以追溯到古代中国的孔子和孟子,以及古代希腊的柏拉图和亚里士多德。这些古人关注的是国家如何运作,更重要的是他们关注于国家应该怎样运作。研究这些问题的传统被一些为人熟知的作家所继承,如尼科洛·马基雅维利(Niccolo Machiavelli, 1469—1527)、约翰·洛克(John Locke, 1632—1704)以及詹姆斯·麦迪逊(James Madison, 1751—1836),这些政治理论的后代继承者继续在政治学的领域内工作,其分支学科被称为政治哲学。顾名思义,政治哲学在方法和内容上接近于哲学。它也接近于思想文化史,但还是有区别的。政治哲学家和思想文化史学家可能会考虑同样的问题(例如詹姆斯·麦迪逊),然而政治学家倾向于观察麦迪逊能够向我们讲述一些什么样的政治,而历史学家将试图表明麦迪逊的思想是那个时代的产物。现代政治科学出现在19世纪末。正如其名称所暗示的，许多新的政治学家想使该学科更具科学性。他们希望这门学科目的更明确、更具经验主义色彩，以便能够更好地研究现实运作中的国家。大多数当代的政治学家都服膺这个传统，认真研究民主国家当今政治的各个方面，包括投票行为、游说的影响，以及国家和地方政府的关系。一些政治学家使用数学方法；但正如其他的社会科学一样，政治学在其学科内部就怎样才是科学的政治学问题存在着激烈的争论。对于世界史研究而言，政治学最重要的分支学科是政治哲学、国际关系和比较政府。

心理学

心理学是对心理和大脑的研究，既属于社会科学，也属于自然科学。虽然心理学关注的是个人而非群体，但它被认为是一门社会科学，因为个人是嵌入一个或多个群体里的。像其他社会科学家那样，心理学家应用他们所学的知识去解决人类的问题，其范围从精神疾病到职业选择；心理学家的大部分工作是在大学之外进行的。心理学的许多方面引起历史学家的兴趣。关于权威人格的研究能够使人们了解独裁者及其追随者；有关压力对个人和群体的影响的研究可能有助于解释历史情势。社会心理学的一些研究结果表明，为何人类群体有时是邪恶的，有时是无私的。历史学的分支学科心理史，采用心理学的洞察力来解释重要历史人物的个性，如马丁·路德、莫汉达斯·甘地和阿道夫·希特勒；以及分析政治运动。对于世界史专业的研究者而言，一个有趣和有争议的问题是：人的心理随着时间的推移改变了多少？历史学家和心理学家在这一问题上都存在分歧，即人类现在的心理是否或在哪些方面不同于200或2000年前的心理。在这方面，心理学与人类学的交叉使我们可以探究人的心理在何种程度上是文化的产物。

社会学

社会学是对人类群体的研究——从很小的群体到非常大的群体。与通常研究小型传统社群共同体（Gemeinschaft）的人类学家不同，社会学家倾向于研究相对非个人化的现代城市化社会（Gesellschaft）。他们研究这些社会的诸多方面，从婚姻到官僚制度再到社会流动。在19世纪，社会学的创始人制定了宏大的历史理论。这种原始社会学的主要从事者是孔德（"社会学"一词的创造者）、将社会学普及化的社会达尔文主义者赫伯特·斯宾塞（Herbert Spencer，1820—1903）、卡尔·马克思（Karl Marx，1818—1883）以及阿列克谢·德·托克维尔（Alexis de Tocqueville，1805—1859）；这些思想家都在解释历史变化，主要是欧洲的历史变迁，虽然使用的术语不同，但大体上都是进化的一般理论。在19世纪末，由于法国人埃米尔·涂尔干（Emile Durkheim，1858—1917）和德国人马克斯·韦伯（Max Weber，1864—1920）等人的著作，社会学成为一门学科；他们保留了广阔的历史视野却抛弃了他们前辈有趣但未经证实的宏大理论。韦伯的名著《新教伦理与资本主义精神》便是运用社会学阐释历史趋势的一个典型例子，它展现了新教的心理状态是如何促成资本主义兴起的。

19世纪目睹了人类无数次理解社会问题的努力：贫困、犯罪、种族、社会冲突等等。与此同时，人们开始采用更系统的方式来研究这类问题，如政府开始发布更系统的统计数据。在20世纪，社会学成为一门专业，社会学家开始为社会研究，尤其是社会问题，制定了更加严谨的方法。随着社会学在20世纪的发展，它能够与经济学形成对照。经济学家认为，社会是由众多理性的个体组成的，每一个个体都试图最大化她或他个人的福祉。对于社会学家而言，经济往来固然很重要，但其感兴趣的是人们是如何嵌入

2346

更广泛的社会交往中的。经济学家通常认为，自由个体之间的自愿交换是互惠互利的。但社会学家强调，自由交换并非那么自由，因为它们受到各种社会条件的限制，例如不平等的权力和社会规范。社会学家强调，这些人并非因为他们个人的不足而贫穷或"离经叛道"。社会学家感兴趣的是这一事实，即一些个人和团体拥有更多的支配权力以及在其社会里获得物质和心理优势。毫不奇怪，社会学家事实上经常批判社会。

天然的合作伙伴

社会科学和历史，尤其是世界历史，是天然的合作伙伴，因为两者研究相同的现象：人类集体生活。但不幸的是，很多时候它们被分割成各自独立的学科。这部分要归因于现代学术的高度专业化。因为即便是追踪一门学科的主要发展都是很困难的，如果是追踪好几门学科，则超出了任何人的能力。研究领域之间的互动也很困难，因为不同的学科在研究人类如何互动方面有着十分迥异的方式。但是对于世界史学者而言，学习和运用所有的社会科学方法仍然十分重要。

进一步阅读书目：

Cohen, S. (1972). *Folk Devils and Moral Panics*. London: MacGibbon & Kee.

Comte, A. (1842). *Cours de Philosophie Positive*. Paris: Bachelier.

Durkheim, E. (1933). *The Division of Labor in Society* (George Simpson, Trans.). New Youk: Macmillan. (Original work published 1893)

Elias, N. (2000). *The Civilizing Process* (Rev ed.). Oxford, U. K.: Blackwell.

Erikson, K. T. (1966). *Wayward Puritans*. New York: Wiley.

Coudsblom, J. (1977). *Sociology in the Balance*. Oxford, U. K.: Blackwell.

Khaldûn, I. (1958). *The Muqaddimah: An Introduction to History*. London: Routledge & Kegan Paul.

Mann, M. (1986 - 1993). *The Sources of Social Power*. Cambridge, U. K.: Cambridge University Press.

Nisbet, R. (1969). *Social Change and History: Aspects of the Western Theory of Development*. New York: Oxford University Press.

Skocpol, T. (1979). *States and Social Revolutions*. Cambridge, U. K.: Cambridge University Press.

Spencer, H. (1988). *The Study of Sociology* (14th ed). London: Kegan Paul. Trench.

Wallerstein, I. (1974 - 1989). *The Modern World-system*. New York: Academic Press.

Weber, M. (2001). *The Protestant Ethic and the Spirit of Capitalism*. New York: Routledge. (Original work published 1904)

Wolf, E. (1981). *Europe and the People without History*. Los Angeles/Berkeley: University of California Press.

丹尼尔·克伦伯特（Daniel Klenbort）文
王超 译，黄艳红 校

Sociology　社会学

2347 法国哲学家奥古斯特·孔德(Auguste Comte, 1798—1857)创造了"社会学"一词,并把它定义为对社会的系统研究,他认为由此积累的知识将有助于引导和改善社会发展。他提出的不是"蒙昧阶段—野蛮阶段—文明阶段"的"三阶段规律",而是人类知识的三个发展阶段:神学、形而上学和科学。

如果社会学一直忠于它的起源,那么它就会比现在更有可能成为世界历史研究的中心。如同大多数大胆言论一样,人们很快就要对其加以限定。按照时间顺序或地理位置,对广阔的知识传统真正的开端进行准确的描述,这几乎是不可能完成的任务。在地理上,我们必须承认,过去和现在存在着许多不同国家的社会学传统,对历史(更不用说世界历史)的关注并没有占据其核心位置。按时间顺序,比较历史和社会学的一个重要观点——一个社会内部相互关联的制度,类似于一个活的有机体内部相互关联的器官,可以追溯到亚里士多德的《政治学》。社会学家也喜欢追根溯源,将他们的祖先追溯至伊本·赫勒敦约1380年发表的《历史绪论》(*Muqaddimah*, 1958);该书经常被描述为"历史哲学",它也是一部最早讨论社会科学的可能性以及世界历史上长时段社会变化的著作,并且引入了一些具有毋庸置疑的社会学意义的概念,如"社会凝聚力"。

先驱

社会学开始从政治和道德哲学的束缚中脱离出来——像人文科学和社会科学的许多其他学科一样——通常被认为始于法国和苏格兰的启蒙运动时期,它在19世纪和20世纪早期通过进化式思考方式而迅猛兴起。通过研究自古典时期以来的历史,孟德斯鸠(Montesquieu)在其1748年首版的《论法的精神》(*The Spirit of the Laws*)一书中对3种政府体制进行了区分(共和政体、君主政体和专制政体),他很少根据行使权力的主体以及各自的道德品质,而更多是根据如何行使权力以及产生适应不同类型社会的各个政体的原因。从历史角度来讲,社会学的其他

奥古斯特·孔德、赫伯特·斯宾塞、卡尔·马克思:现代社会学的若干奠基人

在所谓的社会科学中,你唯一能说的事情是:有些做了,有些没做。

——凯文·斯鲁普三世(Kevin Throop III,20 世纪)

先驱还包括亚当·弗格森(Adam Ferguson,1723—1816)和孔多塞侯爵(Marquis de Condorcet,1743—1794)。弗格森强调人们在社会中彼此相互依赖,在其《文明社会史论》(*Essay on the History of Civil Society*,1767)中,他追溯了人类从"蒙昧阶段"到"文明社会"的"文雅"("公民社会"的理念在 20 世纪末期再次得到广泛重视)的发展。孔多塞的《人类精神进步史表纲要》(Sketch for a Historical Picture of the Progress of the Human Mind,1795)同样通过 10 个连续性发展阶段追溯了人类社会的整个发展进程,从"蒙昧阶段"(当时的人类和动物差不多少)到一个平等和开明的未来愿景。弗格森和孔多塞关于人类进步的连续性观点,为许多 19 世纪的社会进化理论树立了一种模式;在此模式下,人类社会从蒙昧阶段历经野蛮阶段走向了文明阶段。

奥古斯特·孔德——三阶段规律

孟德斯鸠、弗格森和孔多塞只是社会学的"先驱",至少在字面上如此,因为人们还没有发明"社会学"这个词。创造这一术语的荣誉可能属于奥古斯特·孔德。孔德也许比以往任何人都更清楚(除非后者是伊本·赫勒敦),他关注的是一门社会科学的可能性,这种对社会的系统研究和由此产生的知识积累,将有助于引导和改善社会的发展。他把这门科学称为"社会学"。在那个时候,社会科学还没有被划分成许多不同的学科(人类学、考古学、经济学、政治学、心理学以及社会学本身),所以必须明白的是,社会学对孔德而言意味着整体上的社会科学,包括世界史研究。他提出了"三阶段规律",但它不是原始—野蛮—文明的三阶段论,而是人类知识发展的三个阶段。在每个阶段,不同的普遍原则占据主导地位,人们以这种方式寻找对他们所居住的自然界和人类社会的种种解释。

在漫长的神学阶段,人们通过神和灵魂提供解释。随后是一个形而上学阶段,通常以诸如"理性"这样抽象的方式提供解释。这个过渡阶段很明显是以欧洲的文艺复兴和启蒙运动为模板。最后,现代世界正在目睹一个实证的或科学的阶段出现。在 19 世纪初,"positif"一词在法语中几乎是"科学"的同义词。孔德用它来表示对过去思辨哲学的排斥,这种哲学经常采取提出命题的形式,但此类命题不能以可观察的事实进行验证。但是,实证主义哲学的创始人孔德绝不是后来被讽刺为原始实证意义上的实证主义者。他不相信科学知识单凭观察就可以获得;观察必须在理论思想的指导下进行,但是理论必须根据观察结果而进行适当修正。知识总量是通过理论综合和实证材料观察这两种思维活动的相互作用而逐步增长的。三阶段规律与孔德的"科学等级"概念是相联系的。纵观主要知识领域的历史,他认为,实证阶段或科学阶段已经首先在数学领域(它在那个时代被误认为是一个实验学科)实现,紧跟着是天文学、物理学、化学、生物科学;等级的顶端和最后发展的是社会学这门新学科。在等级结构中位于更高等级领域的知识不能被降到较低等级,而是代表着一种更高层次的综合;科学阶段在较低层次的实现,是形成较高层次科学阶段的先决条件。在孔德看来,天文学在古代就步入了科学阶段;物理学和化学在最近已被置于科学的基础地位;生物科学在其有生之年正经历着快速的发展。在科学等级中每前进一步,不仅代表着人类理解能力的增长,也代表着其控制力的增强——首先是对物质,接着是对有机物,最后是对社会力量。在工业社会中,社会学已经到达科学阶段;社会事务被人们加以研究,然后进行科学的规制。孔德将这种观点封装到了他的口号里——"了解是为了预见,预见是为了能够采取行动"。尽管在孔德大量的作品中,无意义的话占据了相当大的篇幅,但是,孔德的这些核心思想包含着一个有效的内核,即它仍然与了解世界历史有关。

孔德的影响在赫伯特·斯宾塞的作品里体现得尤为明显;斯宾塞将它和最新流行的进化论思想结合在一起,产生了一个宏大的人类社会形态的比较-历史分类学。在美国,社会学的发展(例如,通过威廉·格雷厄姆·萨姆纳William Graham Sumner,1840—1910)受到斯宾塞的强烈影响,埃米儿·涂尔干同样如此(当然还有孔德的影响)。在学生用的教科书中,涂尔干、卡尔·马克思和马克斯·韦伯,现在通常被描述为现代社会学学科的三位创始人(一些有趣的非社会学观点在某种程度上削减了他们的重要性,认为他们都是站在巨人的肩膀上)。尽管他们三位都在继续着他们前辈的主要关注,即了解人类社会的长期发展状况,但当20世纪走到尽头的时候,他们作为这一学术兴趣的主要创立者却越来越不重要了,这真是件令人费解的事。第二次世界大战后的几十年里,见证了各种被称为发展不可知论(Wittfogel 1957)、当下中心主义(Goudsblom 1977)的传播,以及社会学向当下的退却(Elias 1987)。之所以会出现这种发展趋势,可能部分是因为社会学专业奉行一个功利主义标准,即认为它的成果应为纠正当代社会弊病服务。但它也有更深刻的思想根源。

退回当下

事实上,在维多利亚时代以及在20世纪初的几十年,有一种广泛流传且未加批判的假设,即新的"文明化"工业社会优于其他的生活方式——尤其是欧洲人在他们的殖民地以及美国人在他们西进扩张过程中所遇到的土著——后来这种信念导致社会学家们不加批判地全面拒绝(人类学家甚至更强烈地反对)社会进步的理念,以及关于长期社会发展的进程和阶段的所有研究。纳粹时代的种族灭绝政策是对那种把人类分为优等和劣等的最可怕的威胁性警告。卡尔·波普尔爵士(Sir Karl Popper,1945、1957)和罗伯特·奈斯比特(Robert Nisbet,1969)在政治专制和"历史的必然规律"的追求之间建立了知识联系,这一度使发展观成为许多社会学家的一个禁忌。

然而,向当下的退却早就已经开始了。第一次世界大战后,一种被称为功能主义的人类学方法兴起,这与布罗尼斯瓦夫·马林诺夫斯基(Bronislaw Malinowski)和拉德克利夫-布朗(A. R. Radcliffe-Brown)紧密相关;它对社会学产生了强烈但又明显滞后的影响。功能主义对社会的研究,将社会作为在某个特定时间内诸多相互依存的"单元"组成的统一系统。在第二次世界大战后的20年里,功能主义对社会学的影响达到顶峰;这一时期,塔尔科特·帕森斯(Talcott Parsons,1902—1979)在美国社会学中占据主导地位,而美国的社会学在世界上独领风骚。在人类学中,功能主义已经开始作为野外工作的一个方法论法则:这是对维多利亚时代具有进化论思想的人类学家的一种反叛,这些学者在解释无文字社会的习俗时,总是诉诸"推测中的历史",尽管他们对自己研究的社会的过去基本上没有可靠的证据;而与推测相比,寻找在田野里能够实际观察到的模式间的共时性关系,可以让人类学家更好地了解它们过去的起源。可以稍加思考的是,同样的非历史的方法,如何才能吸引那些研究拥有大量关于过去发展的文字记录的社会学家。到20世纪60年代末,社会学中的功能主义流派在衰退,然而借助法国结构主义的影响力,发展不可知论随后得到强化,其最初的灵感来自语言学的转变——从历时研究转变为由费尔迪南·德·索绪尔(Ferdinand de Saussure,1857—1913)开创的共时研究。在所谓的后结构主义者米歇尔·福柯(Michel Foucault,1926—1984)那里可以看到相同的思考方式,它甚至影响了皮埃尔·布迪

2350

厄(Pierre Bourdieu，1930—2002)的社会学；在社会学领域，这两位法国知识分子的领军人物吸引了世界各地的众多追随者。福柯展现给我们一个关系重大的悖论：他表面上是研究历史的变迁过程；但仔细推敲后可以发现，福柯描述的是一种静态的"话语"统治，这种话语通过未曾被解释的历史断裂而奇妙地被新的统治性话语取代。

历史社会学

到 20 世纪末，对历史的关注在社会学界得到明显复苏。虽然历史社会学现在普遍被看作众多边缘性的兴趣或分支学科之一，但在这门学科的众多创始人那里，情况倒不是这样。对世界历史的兴趣，或者说对非常长时段的社会变迁的兴趣，更是边缘中的边缘了，无论在社会学家还是在历史学家中都是如此。(此外，有时很难将具有历史思维的社会学家和具有社会学思维的历史学家区别开来。)两种类型的历史社会学之间可以进行有效的区分。第一种可以简单地称为过去社会学，它的社会学概念和理论是用来研究那些生活在过去某些特定时期的人群。这类研究与对生活在当代人群进行的研究基本上是相同的。与一般的当代社会研究相比，它仅仅是文献形式的证据所占比重更大一些；这是基于一个实际的原因，即死人不能填写问卷调查或者回答采访者的问题。而与这种过去的社会学相对照，其他的社会学家试图识别和解释长期结构化的发展过程。

这种区分并非一成不变的。例如，诺伯特·埃利亚斯(Norbert Elias)所有作品中最受历史学家推崇的《宫廷社会》(*The Court Society*，2006)一书，涉及一个定义相对严密的时间和地点(法国大革命之前一个世纪的法国和它的王室宫廷)，但他将基本关注点更多地放在发展的一般过程上面。更不用说，学术价值也是一个区分方式。许多历史社会学最好的例子是过去社会学的实例。一个过于简单的说法是，它们的推动力是比较的而不是发展的。

试图进行或要求进行比较的规模差异巨大。在天平的一端，可以提到两本广受赞誉的书——凯·埃里克森(Kai T. Erikson)的《任性的清教徒》(*Wayward Puritans*，1966)和莉奥诺·达维多夫(Leonore Davidoff)的《最适合的社交圈子》(*The Best Circles*，1973)，它们分别研究新英格兰殖民地的越轨行为和 19 世纪伦敦上流社会的行为。它们是过去社会学的典型例子。然而，它们的价值却不取决于这样一个事实，即它们是对过去的研究：实际上，它们有助于了解群体的越轨行为和同族结婚的状态，而无须考虑时间。为便于比较，时光之矢也可以被反转：在研究过去时，对当下的研究可能也会是令人兴奋的。例如，斯坦·科恩(Stan Cohen)的现代经典著作《民间恶魔与道德恐慌》(*Folk Devils and Moral Panics*，1972)——一部关于英国摩托车手和小型摩托车手两个敌对团体之间的战斗以及公众对他们的反应的研究——可能会令那些对过去的女巫进行过大量热情研究的历史学家们在读后从中受益。

但在一个更加宏观的社会学的范围中，过去社会学其他的例子有巴灵顿·摩尔(Barrington Moore)的《民主和专制的社会起源》(*Social Origins of Dictatorship and Democracy*，1966)和西达·斯考切波(Theda Skocpol)的《国家与社会革命》(*States and Social Revolutions*，1979)。他们明确着手研究在不同时期、不同社会的类似事件。通过选取少数的事件，他们试图对过去、现在和未来的类似情况进行概述。然而，从长远来看，他们提出不出任何关于社会发展的理论。

那些将研究兴趣集中于构建长期发展过程模式的社会学家，更属于少数中的少数。他们当中就包括著名的伊曼纽尔·沃勒斯坦(Immanuel Wallerstein)，他的著作《现代世界体

2351

系》(1974、1980、1989)实际上是针对大卫·李嘉图(David Ricardo)那种明显不受时间影响的"比较优势法则"寻求一个历史反证而做的巨大尝试。沃勒斯坦事实上提供了"路径依赖"原则的一个长期例证;他指出,随着时间的推移,起初在社会和经济体之间相互依赖关系的微小不平等性,是如何被放大成今天所谓"北方国家"和"南方国家"之间的巨大差异的。另一个例证则是诺伯特·埃利亚斯,他的巨著《文明的进程》(英译本 2000 年/德文版 1939 年出版)提出了一种国家形成理论;这种理论是以对公元第 2 个千年的西欧进行的研究为依据,他将这种理论同个人经历心理结构的变化(或状态)联系起来,即人们在几代人的时间内变得越来越受制于国家机器的暴力垄断所施加的社会约束。查理·蒂利(Charles Tilly)的著作同样以国家的形成过程为研究中心。亚伯拉罕·德·斯瓦安(Abram de Swaan)的《照管国家》(In Care of the State,1988)一书,展示了英国、德国、法国、美国以及荷兰 500 多年的义务教育、收入补贴和公共卫生政策发展是如何遵循类似的顺序的;因为在不同的国家,风险集体化的进程推翻了迥然不同的意识形态的假设。迈克尔·曼(Michael Mann)的著作《社会权力的来源》(The Sources of Social Power,1986、1993)追溯了整个人类历史进程中权力的经济、思想、军事和政治基础之间的变化关系。另一个大型的知识工程是兰德尔·柯林斯(Randall Collins)的著作,它们通常被描绘成"社会学理论",实际上是复制了马克斯·韦伯的社会学理论,代表性的著作包括《韦伯的社会学理论》(Weberian Sociological Theory,1986)、《哲学社会学》(The Sociology of Philosophies,1998)以及《暴力:微观社会学理论》(Violence:A Micro-sociological Theory,2008)。最后需注意的是,当马克思主义学说最不受人欢迎的时候,马克思主义学者对长期的变化过程仍保持着社会学的兴趣。佩里·安德森(Perry Anderson)的《从古代到封建主义的过渡》(Passages from Antiquity to Feudalism,1974,a)以及《绝对主义国家的系谱》(Lineages of the Absolutist State,1974,b)便是弘扬那种传统的经典之作。

也许在回应其学科盛行数十年的当代中心主义的思想倾向时,历史社会学家已经表现出显著的方法论自我意识。在这方面做出过显著贡献的是:查理·蒂利的《大结构、大过程、大比较》(Big Structures,Large Processes,Huge Comparisons,1984);关于历史社会学(Coleman and Fararo 1992)理性选择理论的相关性的大规模辩论;由戈德索普(Goldthorpe)挑起的关于历史社会学的整个"科学"基础的辩论(1991、1994;cf. Hart 1994,Mann 1994);小威廉·休厄尔(William H. Sewell)的《历史的逻辑》(Logics of History)以及由亚当斯(Adams)、克莱门斯(Clemens)和奥尔洛夫(Orloff)共同编纂的论文集(2005)。

在重大事件出现并可能被证明是世界历史的一个转折点时——以 2008 年的金融崩溃为标志——对长时段过程的关注可能正在回归到社会学关注的中心。特别是,美国的世界霸权必将衰落的普遍预测,定会引起人们从长时段的角度对美国进行研究,例如《美国的文明进程》(The American Civilising Process,Mennell,2007)这样的著作。

2352

进一步阅读书目:

Adams, J. , Clemens, E. S. , & Orloff, A. S. (Eds.). (2005). *Remaking Modernity:Politics,History and Sociology.* Durham,NC:Duke University Press.

Anderson,P. (1974a). *Passages from Antiquity to Feudalism.* London:NLB.

Anderson, P. (1974b). *Lineages of the Absolutist State*. London: NLB.

Cohen, S. (1972). *Folk Devils and Moral Panics*. London: MacGibbon & Kee.

Collins. R. (1986). *Weberian Sociological Theory*. Cambridge, UK: Cambridge University Press.

Collins. R. (1998). *The Sociology of Philosophies*. Cambridge, MA: Belknap Press.

Collins. R. (2008). *Violence: A Microsociological Theory*. Princeton, NJ: Princeton University Press.

Coleman, J. S. , & Fararo, T. J. (Eds.). (1992). *Rational Choice Theory: Advocacy and Critique*. London: Sage.

Comte, A. (1842). *Cours de Philosophie Positive*. Paris: Bachelier.

Davidoff, L. (1973). *The Best Circles*. London: Croom Helm.

De Condorcet. M. -I. -A-N. D. M. (1955). *Sketch for a Historical Picture of the Progress of the Human Mind*. London: Weidenfed & Nicolson. (Original work published 1795)

De Montesquieu, C. S. B. (1949). *The Spirit of the Laws*. New York: Hafner. (Original work published 1748)

De Swaan, A. (1988). *In Care of the State*. Cambridge, U. K. : Polity Press.

Elias, N. (1987). The Retreat of Sociologists into the Present. *Theory, Culture and Society*, 4(2-3), 223-249.

Elias, N. (2000). *The Civilising Process* (rev. ed). Oxford, U. K. : Blackwell. (Original work published in German in 1939)

Elias, N. (2006). *The Court Society* (E. Jephcott, Trans.). Dublin, U. K. : University College Dublin Press. (Original work published in 1969)

Erikson, K. T. (1966). *Wayward Puritans*. New York: Wiley.

Ferguson. A. (1767). *A History of Civil Society*. Edinburgh. U. K. : A. Millar.

Coldthorpe, J. H. (1991). The Uses of History in Sociology: Reflections on Some Recent Trends. *British Journal of Sociology*, 42(2), 211-230.

Coldthorpe, J. H. (1994). The Uses of History in Sociology-A Reply. *British Journal of Sociology*, 45(1), 55-77.

Goudsblom, J. (1977). *Sociology in the Balance*. Oxford, U. K. : Blackwell.

Hart, N. (1994). *John Goldthorpe and the Relics of Sociology*. British Journal of Sociology, 45(1), 21-30.

Khaldun, I. (1958). *The Muqaddimah: An Introduction to History*. London: Routledge & Kegan Paul.

Mann, M. (1986-1993). *The Sources of Social power*. Cambridge, U. K. : Cambridge University Press.

Mann, M. (1994). In Praise of Macro-sociology-A Reply. *British Journal of Sociology*, 45(1), 37-54.

Mennell, S. (2007). *The American Civilizing Process*. Cambridge, U. K. : Polity.

Moore, B. , Jr. (1966). *Social Origins of Dictatorship and Democracy*. Boston: Beacon Press.

Nisbet, R. (1969). *Social Change and History: Aspects of the Western Theory of Development*. New York: Oxford University Press.

Popper, K. R. (1945). *The Open Society and its Enemies*. London: Routledge & Kegan Paul.

Popper, K. R. (1957). *The Poverty of Historicism*. London: Routledge & Kegan Paul.

Seward, W. H. , Jr. (2005). *Logics of History*. Chicago: University of Chicago Press.

Skocpol, T. (1979). *States and Social Revolutions*. Cambridge, U. K. : Cambridge University Press.

Spencer, H. (1988). *The Study of Sociology* (14th ed.). London: Kegan Paul, Trench.

Tilly, C. (1984). *Big Structures, Large Processed, Huge Comparisons*. New York: Academic Press.

Wallerstein, I. (1974, 1980, 1989). *The Modern World-System*. New York: Academic Press.

Wittfogel, K. A. (1957). *Oriental Despotism: A Comparative Study of Total Power*. New Haven, CT: Yale University Press.

史蒂芬·门内尔(Stephen Mennell) 文

王超 译，黄艳红 校

Socrates 苏格拉底

古代希腊哲学家苏格拉底(约前470—前399)对寻求知识的可靠性、举例说明和追求道德操守方面颇感兴趣。有关苏格拉底日常生活和教学的主要资料信息来源于他的两个学生柏拉图和色诺芬。他们二人都撰写了关于苏格拉底的对话录;作为对话录的中心人物,苏格拉底同各种各样的人进行交谈,他十分推崇这种教学方法。

苏格拉底出生在雅典开始成为帝国的时刻;他随着雅典帝国的成长而长大;他在雅典同斯巴达进行的漫长而残酷的战争中幸存下来,这场战争摧毁了雅典的国家力量;他目睹了雅典最终的失败;他被一个新的民主制度杀害,这种新的民主制度试图在旧的民主制度的废墟中实现自我重建。

在大部分时间里,虽然苏格拉底一直担任城市富家子弟的教师,但他拒绝收取学费。他以那些云游思想家和演说家(智者)的传统方式进行教学,这些人对自然世界的思索和疑问意味着真正试图了解事物的结构和秩序。这些智者的风格是用演绎法推理,而不是以经验为基础;他们专注于对现实的描述。这样的人以做巡回教师谋生,他们的声誉之所以受损,主要是因为他们既收取学费,又接受富人的赞助。

至少从表面上看,苏格拉底并不属于这一传统,他既不四处云游(他一生都在雅典),也不收取学费(尽管他很贫困)。此外,他对寻求描述自然世界没有太多兴趣,因为他喜欢探索知识

雅克-路易·大卫(Jacques-Louis David)的《苏格拉底之死》(*The Death of Socrates*，1787)。布面油画。在大卫的新古典主义绘画中,当苏格拉底伸手去接将会杀死他的毒堇汁碗的时候,他还在从容地发表关于灵魂不死的演讲。美国大都会艺术博物馆

> 未经检审的人生不值得去经历。
>
> ——苏格拉底

的可靠性、举例说明和追求道德操守。而且，他并不是通过讲解进行教学，而是通过对他的主题进行不懈的追问。对于苏格拉底而言，从本质上讲，哲学是对话而不是说教。

几十年来，苏格拉底过的几乎是完全传统式的生活。作为一个雅典公民，他的财产足以支撑其在雅典军队中担任重装步兵（全副武装的步兵自备所有的装备）。作为一个战士，他在战斗中脱颖而出。他在伯罗奔尼撒战争期间有着卓越的表现，参加过三次血腥的战役：波提达战役、安菲波利斯战役以及代里恩战役。根据一个广泛流传的故事，在波提达战役中，他救过才华横溢的年轻政治家亚西比德（Alcibiades）一命。当时，亚西比德既是他的学生，也是他的忠实伙伴；但出人意料的是，亚西比德并非他的恋人。

苏格拉底娶了粘西比（Xanthippe）为妻，后者为他生了两个儿子。他也履行了一个公民的其他职责。在惨绝人寰的阿吉纽西（Arginusae）战役之后的日子里，苏格拉底担任了雅典公民大会的陪审官。在这次皮洛士式（Pyrrhic）的胜利中，雅典舰队战胜了斯巴达海军，但是战争结束后，一场暴风雨阻止了获胜的雅典人返回战斗地点搜救落水的伤亡人员。其结果是，海军将领们全体受到指控；这一诉讼虽然极受欢迎，但是违反了雅典的法律。苏格拉底对这一提议投了反对票，但没有得到支持。最后全体海军将领被判有罪并被处死。

苏格拉底再一次展示他的个人诚信，是在雅典于公元前 404 年战败和建立一个狭隘的亲斯巴达体制（"三十僭主"）之后；他拒绝了逮捕一个被控犯有政治罪的公民的请求。尽管他公开表示拒绝与僭主合作，但在他们下台、民主制恢复之后，他也从来没有完全摆脱政治猜疑，因为其中一些僭主曾经是他的学生。苏格拉底的学生——尤其是亚西比德和克里底亚（Critias）——的政治活动，以及他本人的反传统的教学，导致他在公元前 399 年被指控不敬神。这意味着，指控他是因为他将新神引进雅典；更重要的是，他腐蚀了青年的头脑。结果法庭判其有罪，他被判处死刑，并通过服用毒堇汁来执行。

我们对苏格拉底的生平和教学的主要资料信息来源于他的两个学生柏拉图和色诺芬。他们二人都撰写了关于苏格拉底的对话录，作为对话录的中心人物，苏格拉底同各种各样的人进行交谈。奇怪的是，柏拉图和色诺芬笔下的苏格拉底是完全不同的人，有着不同的观点和说话方式。反过来，他们所描绘的苏格拉底的形象也完全不同于阿里斯托芬（Aristophanes）在其剧本《云》中呈现的滑稽讽刺的苏格拉底形象。

不管苏格拉底的思想是否被柏拉图或色诺芬如实展现，抑或两个人都没有做到，苏格拉底仍颇具影响力，无论是在他的专注点方面还是在他的方法方面。这些可由如下事实反映出来：在苏格拉底之前，那些专注于了解自然世界的智者被称为"前苏格拉底哲学家"；他在教学中使用的辩证法通常被称为"苏格拉底式发问"。苏格拉底自己没有任何著述，因此，他的教学只能通过别人的作品来领会。不管他是否的确是这么打算的，现在回想起来，它似乎是完全合宜的。

2354

进一步阅读书目：

Annas，J. (1986). Classical Greek Philosophy. In Boardman，J.，Griffin. J.，& Murray，O. (Eds.)，*The Oxford History of the Classical World* (pp. 237 – 238). Oxford，U. K.：Oxford University Press.

Taplin，O. (1990). *Greek Fire：The Influence of Ancient Greece on the Modern World*. New York：Atheneum.

比尔·利百特（Bill Leadbetter）文

王超 译，黄艳红 校

Sokoto Caliphate 索科托哈里发国

2355

在约近一个世纪(1808—1903)的时间里,西非索科托哈里发国在撒哈拉以南苏丹语地区和西非森林地带以北的大部分地区,发展出一种特殊的伊斯兰教统治形式。尽管其国家在英国的统治之下得以延续,更温和的领导人也愿意服从英国当局的统治权,但是,索科托的创立者乌斯曼·丹·福迪奥(Usman dan Fodio)信奉的伊斯兰教政治传统在尼日利亚北部地区依然存在。

乌斯曼·丹·福迪奥(1754—1817)成功发动圣战之后所形成的、最初由其亲属领导的西非索科托哈里发政权,试图建立一个政教合一的国家,以此将乌斯曼的部族,也就是富拉尼人(Fulani)统一起来,并增强他们对其他社会,尤其是对以前统治该地区的豪萨城邦的政治霸权。

圣战的起源

作为一名富拉尼族教师的儿子,乌斯曼·丹·福迪奥在今尼日利亚北部地区的古兰经学校与各种各样的教师(shaykhs,阿拉伯语:教师,或者豪萨语中的"shehu")一起学习。随着知识的增长,他在苏非派穆斯林中的声誉也日益高涨;那些穆斯林忠于该地区很受欢迎的伊斯兰教苏非派卡迪里教团兄弟会。他逐步在当地居民中集聚了一批追随者,并吸引了众多信徒。在布道的过程中,他逐步将忠诚的穆斯林应该遵循的正道,与他认为盛行于该地区穆斯林豪萨统治者中堕落的宗教实践进行对比。

随着他声名远播以及追随者数量的增长,戈比尔(Gobir)地方的豪萨统治者——一个名义上的穆斯林——竭力禁止他进一步讲学。等到乌斯曼的追随者和国家之间爆发冲突时,这种情况随之恶化了;表面上看,对穆斯林的奴役问题导致了 1804 年的战争。在那时,乌斯曼·丹·福迪奥开始发表一系列的声明,鼓励整个地区的穆斯林率先逃离他所描述的迫害,他写

了一些宗教和政治小册子来解释自己的立场,表述了他对正统的伊斯兰教统治的观点。最终,乌斯曼被其富拉尼族的追随者推选为哈里发,他随即宣布对拒绝遵守他所描绘的纯正伊斯兰方式的统治者发动"剑之圣战"。

国家的建立

1808 年,武士们努力征服了戈比尔,并且很快把注意力转向了该地区的其他豪萨城邦。许多曾对这些国家及其统治者心怀不满的人前来投靠乌斯曼,以寻求乌斯曼对他们努力的认可。对那些他认为具有正当理由的人,乌斯曼赐予一面旗帜,宣布他们发动的战役得到了他的支持。然而,他拒绝宣称自己为马赫迪(救世主)——很多苏非派穆斯林认为马赫迪会将信仰从诸多挑战中解救出来。

乌斯曼·丹·福迪奥在人情世故以及信 2356 仰方面表现出同样的睿智;他承认,他在战争以及国家管理方面都不擅长。他将这些任务交给了他的弟弟阿卜杜拉·本·穆罕默德(Abd Allah bin Muhammad)和他的次子穆罕默德·贝洛(Muhammad Bello, 1781—1837)。他们是进一步的军事行动的组织者,是随后对索科托国家结构进行分权化的领导者。每个被征服的豪萨城邦都会分配给一名埃米尔管理;他们在乌斯曼的权威下根据伊斯兰法典进行统治,如果他们偏离这条道路,他们就会遭

到免职。据估计,在 19 世纪初,索科托是非洲大陆上最大的国家。

乌斯曼·丹·福迪奥的支持者继续谋划将国家进一步扩大。在乌斯曼于 1817 年去世之后,国家管理权传给了穆罕默德·贝洛;在父亲的遗产的基础上,贝洛以索科托的苏丹身份继续统治。另外,作为一个受过教育和受人尊敬的伊斯兰传统的阐释者,乌斯曼的许多著作中继续保持着建立国家时的传统并做了扩充,使企盼马赫迪拯救的苏非派信仰成为国家的正统思想。

内部问题

然而,在 19 世纪中叶,索科托遇到了许多困难。向西征服博尔努城邦的种种尝试从未获得成功。博尔努的统治者在写给穆罕默德·贝洛的一封信中提到反抗的理由,即索科托的军队不仅攻击了致力于改革信仰的民族,而且还奴役在那里抓获的穆斯林。(穆斯林并不禁止奴隶制,这在许多伊斯兰社会都有实践,但奴役穆斯林同胞普遍令人难以接受。)索科托获得的大部分财富来自奴隶制,无论是作为奴隶贸易的

奴隶供应商,还是依靠奴隶劳动力在其种植园里劳作以及照看牲畜。这些奴隶当中的一部分肯定是穆斯林。

这些做法困扰着一些索科托的宗教领袖,但通常似乎只是轻微地干扰了维持一个伊斯兰国家的目标。政治当局更加重视镇压国内边疆的众多叛乱,以及应对索科托精英的内部争斗和各地准自治省份的埃米尔之间的王朝斗争。这些争端通常通过传统的军事手段得以解决,因此,在不经意间,这种方式削弱了国家的现代化倾向。在任何情况下,索科托都会被怀疑是一个保守的神权国家。

英国的征服

在 19 世纪初,虽然索科托哈里发国是非洲最具活力的政治实体之一,然而,到了 20 世纪初,它变得远远不如之前那么有活力。1900 年,弗里德里克·卢加德(Frederick Lugard, 1858—1945)被任命为英国北尼日利亚附属保护国的高级专员,在他执政期间,索科托面临着一个无法轻易应对的挑战。卢加德不赞成通过或可避免战争的外交方式解决问题,反而宁愿选择征服的方式。他主观地认为这种方式会受到豪萨人和较为贫穷的富拉尼人的欢迎,他相信这些人对腐败和偏离伊斯兰法典的现象深恶痛绝。但是,他低估了信仰的本质和力量,即便是在普通居民当中。

当认识到英国即使要付出巨大的代价,也会一个接一个地征服各酋长国的时候,当时的苏丹阿泰荷鲁·丹·阿赫马杜(Attahiru dan Ahmadu, 1902—1903 年在位)同众谋士就采取何种最佳路线进行辩论。然而,1903 年 3 月,英国人在索科托城击败了他装备不良的军队,实际上终结了哈里发国的独立,这迫使他付诸行动。苏丹在逃亡麦加的途中聚集了所有的追随者(令英国官员吃惊的是他的追随者很多),以避

2357

免臣服于他们眼中的异教徒侵略者。英国军队沿着他们的行军路线继续追踪，1903 年 7 月，在一场被一些评论者形容为不必要的战斗中，苏丹及其绝大部分的追随者被英军杀害了。

这个国家继续在英国的统治之下延续，更温和的领导人也愿意服从英国当局的统治，然而，乌斯曼·丹·福迪奥所信奉的、在索科托独立统治的一个世纪之中付诸实践的伊斯兰教政治传统，依然保留在尼日利亚北方的政治文化中。20 世纪末，当英国统治的影响力减弱后，当地伊斯兰传统重新出现在其土地上，严格遵守伊斯兰法典的影响一直持续到了 21 世纪。

进一步阅读书目：

Clarke, P. B. (1982). *West Africa and Islam: A Study of Religious Development from the 8th to the 20th Century*. London: Edward Arnold.

Crowder, M. (1968). *West Africa under Colonial Rule*. Evanston, IL: Northwestern University Press.

Fisher, A. G. B., & Fisher, H. (1971). *Slavery and Muslim Society in Africa*. Garden City, NY: Doubleday.

Hiskett, M. (1984). *The Development of Islam in West Africa*, London: Longman.

Hiskett, M. (1994). *The Sword of Truth: The Life and Times of Shehu Usuman dan Fodio* (2nd ed.). Evanston, IL: Northwestern University Press.

Last, M. (1967). *The Sokoto Caliphate*, London: Longman.

Levtzion, N., & Pouwels, R. (Eds.). (2000). *The History of Islam in Africa*. Athens: Ohio University Press.

Lewis, I. M. (1980). *Islam in Tropical Africa*, London: International African Institute.

Shagari, S. U. A. (1978). *Uthman dan Fodio: The Theory and Practice of His Leadership*. Lagos, Nigeria: Islamic Publications Bureau.

梅尔文·佩吉(Melvin E. Page) 文

王超 译，黄艳红 校

Songhai 桑海

2358　　西苏丹桑海帝国(The Songhai Empire)汇聚了以尼日尔河为生的人群；到 10 世纪，该帝国在沿河两岸及其毗邻区域得到蓬勃发展。在 16 世纪，桑海的廷巴克图城(Tombouctou)成为一个伟大的学术中心，那里有数以百计的古兰经学校和许多饱学之士。1591 年，它因受到摩洛哥军队的侵略而丧失了独立。

在西苏丹，桑海帝国(Songhay/Songhai)是继瓦加杜帝国(加纳，繁荣于 1000 年)、马里帝国(繁荣于 13 世纪中叶至 15 世纪中叶)之后的第三个大帝国。桑海帝国由许多不同的人群构成，他们从尼日尔河及其毗邻的土地上获取生计。被称为索尔科(Sorko)的渔民建造和操作内河船只及独木舟。果乌人(Gow)狩猎鳄鱼和河马之类的江河动物。被称为铎(Do)的族群在河岸附近的肥沃土地上耕作。所有这些人一起被称为桑海人。桑海帝国是由建立于 10 世纪的加奥王国发展而来。到 15 世纪下半叶，该帝国沿尼日尔河两岸不断扩张，这条河沿一条大曲线从西向东流经整个帝国。在其鼎盛时期，桑海帝国的疆域从现今毛里塔尼亚南部和马里西部边境萨赫勒地区的纽罗，一直延伸到了今天尼日尔共和国的阿加德兹。1591 年，这个西苏丹国家在历经 800 多年的各种存在形式之后，因受到摩洛哥军队的侵略而丧失了独立。

学术研究和来自尼日尔河套的证据

在 16 世纪，桑海帝国尚处在鼎盛时期，廷巴克图是一个伟大的学术中心，那里有数以百计的古兰经学校，有许多饱学之士进行各种主题的写作。直到最近，有关摩洛哥人入侵桑海帝国最受推崇的历史资料，是 17 世纪廷巴克图的历史学家伊本·穆赫塔尔(Ibn al-Mukhtar)撰写的《探索者编年史》(Ta'rikh al-fattash)以及阿卜杜勒·拉赫曼·萨迪(Abd al-Rahman al-Sa'di)撰写的《苏丹编年史》(Tarikh al-sudan)。约翰·汉维克(John Hunwick)在《廷巴克图与桑海帝国》(Timbuktu and the Songhay Empire，1999)一书中将原文翻译成了英文。有关桑海帝国历史的另一个新的重要资料，是早在 1013 年就开始篆刻在墓碑上的大量铭文。德·莫莱亚斯·法里亚斯(P. F. de Moreas Farias)在其《马里共和国的阿拉伯中世纪铭文》(Arabic Medieval Inscriptions from the Republic of Mali，2003)一书中，对这些铭文进行了翻译和研究。法里亚斯对廷巴克图编年史(the Timbuktu chronicles)的历史准确性提出了令人信服的质疑。汉维克和法里亚斯的著作对于研究桑海帝国的历史是必不可少的。

加奥王国

除了被统称为桑海人的人群之外，撒哈拉沙漠中骑骆驼的桑哈迦人(Sanhaja)在尼日尔河套地区也十分常见。桑哈迦人在当地被称为图阿雷格部族，他们定居于尼日尔河左岸一个被称为加奥的地方，或如北非贸易商所称的考考(Kawkaw)地方。到 10 世纪，加奥的桑海首领将其发展成一个小的王国，控制着生活在商路沿线的人民。墓碑铭文中提到了两个早期的桑海王朝，也许表明了同时性的区域政权。最早被称为穆鲁克(Muluk)的王朝至少可以追溯到 1083 至 1084 年，王后或许分享了权力，并被冠以女王的头衔。另一个王朝的统治者被称为扎(Za)或扎维(Zuwa)，廷巴克图编年史关于有 32 代扎维的提法值得商榷(所谓的第一个名叫阿拉亚曼[Alayaman]的扎维似乎是完全虚构的)。750 至 950 年期间，加奥日益成为跨撒哈拉货物贸易的一个重要的南部终点站。黄金、盐、奴隶、可可果、皮革、椰枣和象牙等贸易品带来了税收收入，所有进出帝国的货物都要被征税。由于贸易繁盛，加奥成为桑海帝国的首都。最近的证据表明，马里在 13 世纪末至少间歇性地控制着加奥，并将这种控制权一直保持到 15 世纪上半叶。在马里称霸期间的某一时期，一个新的王朝开始掌权，其统治者采用了"桑尼"(Sii)(Sonyi 的缩写词，一个曼丁词)的头衔。苏莱曼·达玛(Sulayman Dama)是最早对桑尼进行历史记录的人，他在 1464 年之前的某个时候进攻过马里的麦马省。

桑尼·阿里·贝尔

桑尼·阿里·贝尔(Sii Ali Beeri，1464—1492 年在位)将加奥王国的疆域向西一直扩大到了尼日尔河套地区，并将其发展成为桑海帝国。桑尼·阿里拥有一支数量庞大、纪律严明的军队，其中包括骑兵和一支运送部队的内河舰队。他的帝国扩张包括对廷巴克图和杰内的征服，并使它们成为继加奥之后第二个和第三个最重要的帝国城市。桑尼·阿里赢得了他所参与的每一场战役，执政长达 28 年之久；1492 年，桑尼·阿里在一次军事行动的返回途中死去。

阿斯基亚·穆罕默德大帝

2360 1493 年,桑尼·阿里的儿子阿布·巴克尔·道(桑尼·巴鲁[Sii Baru])在一场战役中被穆罕默德·阿布·巴克尔·杜尔(Muhammad Abu Bakr Ture)打败。后者是一个新王朝的创建者,他被冠以人所熟知的"阿斯基亚"的头衔,该头衔自 13 世纪上半叶以来就成为桑海帝国军队的一个军衔。阿斯基亚·穆罕默德虔诚地信奉伊斯兰教,减轻了城市穆斯林人民的痛苦,后者曾不时遭到桑尼·阿里的严酷对待。阿斯基亚对伊斯兰教的虔诚也有助于他的个人威信和权力。当他在 1497 至 1498 年去朝觐时,开罗(并不是经常提及的麦加)的阿拔斯哈里发称呼他为西苏丹哈里发(忠诚的指挥官)。作为桑海最伟大的统治者之一,阿斯基亚·穆罕默德强化和扩展了由桑尼·阿里创建的帝国。他创造了一支专业的全职军队,创建了桑海骑兵部队,桑海的控制力远远超出了尼日尔中部领土的范围。在阿斯基亚·穆罕默德大帝(Askia Muhammad the Great,1493—1528 年在位)统治下,他的名字逐渐为人熟知,而桑海帝国建立的附属领地扩大到北至撒哈拉沙漠的塔阿扎盐矿,西达马里帝国从前的领土,东抵阿加德兹的图阿雷格苏丹国。帝国变得如此庞大,以至于其军队被一分为二,一部分驻扎在西部省份的廷巴克图,一部分设在东部省份的加奥。阿斯基亚·穆罕默德年迈之时双眼失明,并于 1529 年被他的儿子废

黜,不过他一直活到了 1538 年。

我们知道阿斯基亚·穆罕默德的各位妻子和妾所生的 37 个儿子的姓名,尽管人们认为他有更多的儿子。这些孩子大多是同父异母的兄弟,他们长大成人后开始为争夺权力而反目。从阿斯基亚·穆萨(Askia Musal,1529—1531 年在位)开始,穆罕默德大帝之后的 4 个阿斯基亚统治期间以血腥的权力斗争为特征,并以阿斯基亚·伊沙克一世(Askiya Ishaq I,1539—1549 年在位)即位而告终。

阿斯基亚·达乌德和他的儿子们

在桑海最伟大的统治者中,阿斯基亚·达乌德(Askiya Dawud,1549—1582 年在位)被排在第三位。他指挥了许多军事远征,在他统治的 33 年里,当重要的职位出现空缺时,他任命自己的儿子填补这些职位,因此,阿斯基 2361 亚·穆罕默德其他儿子的后代被从高级职位中排除出去。从他执政以后,所有的桑海统治者都是阿斯基亚·达乌德的后裔。然而,当他在 1582 年去世时,他的儿子们为争夺权力再次爆发战争。

一位身着桑海帝国时代锁子甲衬衫的现代武士骑在马上。尼日利亚卡诺([Kano], 1965)

除了体弱多病的阿斯基亚·穆罕默德·哈吉（Askiya Muhammad al-Hajj，1582—1586 年在位）之外，阿斯基亚·达乌德的儿子们延续着阿斯基亚·穆罕默德后代统治时期所展现出的殊死的权力斗争。1588 年，在穆罕默德·巴尼（Muhammad Bani，1586—1588 年在位）统治期间，两个帝国官员在廷巴克图的卡巴拉港口发生的血腥冲突引发了一场内战，这削弱了桑海军队，并使帝国更易受到外部的侵袭。1588 年，阿斯基亚·伊沙克二世（Askiya Ishaq II，1588—1591 年在位）开始掌权，正是在他统治期间桑海帝国遭遇了最为惨重的失败。

1591 年摩洛哥的入侵

1590 年，在一个诡计多端的桑海逃亡奴隶——自称是阿斯基亚的兄弟——的怂恿下，摩洛哥苏丹穆莱·艾哈迈德（Mulay Ahmad）写信给阿斯基亚·伊沙克二世，提出各种要求，其中一条是向塔阿扎盐矿征税，该地区是桑海和摩洛哥两国中间有争议的领土。阿斯基亚·伊沙克二世的回信带有挑战的味道；作为回应，苏丹艾哈迈德派遣了一支远征队进攻桑海。1590 年底，一支由 4000 名骑兵和步兵组成的摩洛哥军队出发，许多士兵还携带着前镗装填弹药的火器。这支远征军由朱达尔·帕夏（Jawdar Pasha）率领，他是一个具有西班牙血统的伊斯兰皈依者，也是一个阉人。1591 年 3 月 12 日，摩洛哥和桑海军队之间的决战发生在汤迪比（Tondibi）附近，此地在尼日尔河流域加奥城以北 48 千米处。桑海军队在战争中损失惨重，在

一支英勇的后卫部队的掩护下，桑海军队跨过尼日尔河向后撤退，其后卫部队一直在拼死战斗。

阿斯基亚·伊沙克二世为摩洛哥入侵者献上 10 万块金子和 1000 个奴隶，条件是他们离开桑海，撤回马拉喀什。当苏丹穆莱·艾哈迈德听说朱达尔·帕夏倾向于接受求和献礼时，他用马胡德·帕夏替换了朱达尔·帕夏；马胡德·帕夏在 1591 年底击败了阿斯基亚·伊沙克二世。逃亡到古代桑海人的故乡后，伊沙克被废黜，让位于穆罕默德·加奥，但后者被背信弃义的穆罕默德·帕夏谋杀了。在穆罕默德·加奥的一个兄弟努赫统治期间，桑海继续采取游击战术抵抗摩洛哥的占领。两年之内，他们对穆罕默德·帕夏和他的军队成功发动了几次小规模战斗。由于未能击败努赫，穆罕默德·帕夏最终放弃了，并返回廷巴克图，但桑海人始终无法恢复他们的帝国。

今日马里的阿玛

摩洛哥侵略者在桑海所有的主要城市，包括加奥、廷巴克图和杰内，建立了永久性的军事要塞。阿拉伯语中的"射手"一词是"al-rumah"，这是对摩洛哥火枪手的称呼，因此占领军被称为鲁马（Ruma）。在一代人左右的时间里，鲁马失去了与摩洛哥的联系，到 1700 年左右，他们的后裔中已几乎没人能够讲阿拉伯语。在桑海语中，鲁马演变为阿玛（Arma），这个词逐渐被用来称呼摩洛哥统治精英的后裔。阿玛仍然在马里共和国的杰内、廷巴克图和加奥三座城市中形成一个社会阶层。

进一步阅读书目：

Farias，P. F. de M.（2004）. *Arabic Medieval Inscriptions from the Republic of Mali：Epigraphy，Chronicles and Songhay-Tuareg History*. London and Oxford，U. K.：Oxford University Press/British Academy.

Gibbal，J. -M.（1994）. *Genii of the River Niger*. Chicago：University of Chicago Press.

2362 Hale，T. A.（1990）. *Scribe，Griot，and Novelist：Narrative Interpreters of the Songhay Empire*. Gainesville：University of Florida Press.

Hunwick，J.（1999）. *Timbuktu and the Songhay Empire：Al-Sacdi's Ta'rikh al-Sudan down to 1613 and other Contemporary Documents*. Leiden，Netherlands：brill.

McIontosh，R. J.（1998）. *The Peoples of the Middle Niger：The Island of Gold*. Malden，MA：Blackwell Publishers.

Saad，E. N.（1983）. *Social History of Timbuktu*. Cambridge，U. K.：Cambridge University Press.

Stoller，P.（1989）. *Fusion of the Worlds：An Ethnography of Possession among the Sonhay of Niger*. Chicago：University of Chicago Press.

Stoller，P.，& Olkes，C.（1987）. *In Sorcery's Shadow：A Memoir of Apprenticeship among the Songhay of Niger*. Chicago：University of Chicago Press.

大卫·康拉德（David Conrad）文

王超 译，黄艳红 校

Space Exploration　空间探索

2363　　对更多的知识和理解的追求——就像冷战时期美国和苏联之间的竞争一样——推动了无人及载人飞船领域的现代太空竞赛；然而，人类自史前时代就已经认识到太阳系的能量。先进的技术以及私人企业精神的不断增长，为新的探险和新领域的开辟提供了可能。

　　自从人类首次在月球上行走，天空已经向人类精神招手示意，并且激发了人类的想象力。太空戏剧已经迷住了 4 万代的男男女女。从史前时代起，天空及其天体已经在世界各地的神话与宗教中扮演着关键角色。早期的美洲人，包括墨西哥南部的阿兹特克人和北美西南部的阿那萨齐人（Anasazi），将太阳、行星、恒星和月球的运动用于历法和农业，并崇拜化身为太阳和月亮的神灵。类似的宗教趋势出现在每个大陆的整个古代世界，直到一神论开始传播为止。几乎每一个世界文化都崇拜天空的某些方面。因此，虽然古人掌握的宇宙知识很少，但他们已经认识到天空的力量。

　　到中世纪和近代早期，占星术，或认为恒星和行星的运动塑造了个人、国王、王朝和帝国命运的信仰，影响了政治领导人和农民的决定。

直到 17 世纪的科学革命，恒星和行星作为遵守一般性定律的物理实体的观点，才被有影响力的人物接受。对于人类而言，太空旅行要成为现实，开普勒、牛顿和伽利略的工作首先是必须预测太空物体的运动和特征。

太空旅行和火箭技术的早期发展

　　直到 20 世纪，太空旅行才变得可行。作为所有太空旅行基础的火箭技术，始于俄罗斯的康斯坦丁·齐奥尔科夫斯基（Konstantin Tsiolkovsky，1857—1935）和美国的罗伯特·戈达德（Robert Goddard，1882—1945）进行的火箭开发工作。中国人曾在 1232 年利用火药发明了一种火箭武器，它最终被全世界技术先进的社会所采用。在 18 和 19 世纪，许多先驱者曾改善火箭作为武器的效力。然而，只有沙皇俄国的齐奥尔科夫斯基被人们尊称为"航天之父"。虽然他处理了火箭作为星际旅行工具的诸多方面的问题，但他最重要的贡献是关于实现飞入地球轨道及随后飞往更远空间所需的推进剂和火箭的设计。特别是，他讨论了功能强大的、可控的液体推进剂的可能性，例如氢气和氧气，以及多级火箭。尽管齐奥尔科夫斯基准确地预言了许多未来的发展，但其著作在他有生之年并没有被人们广泛地阅读。

美国物理学家罗伯特·戈达德的工作也涉及多级火箭和液体推进剂。1926 年，在马萨诸塞州奥本地方的一个农场，戈达德使用液化的氧气和汽油，将首个液体推进火箭以每小时 60 英里的速度发射升空。他继续进行他的实验，1935 年的一次发射达到约 300 米（1000 英尺）高度以及约 1 126 千米（700 英里）的时速。尽管他是个天才，并得到美国政府的一些财政支持，但沉默寡言和低调的戈达德并没有为美国的太空计划做出直接的贡献。然而，他的沉默寡言为特兰西瓦尼亚和德国的火箭及太空旅行梦想者赫尔曼·奥伯特（Hermann Oberth，1894—1989）铺平了道路；他与戈达德进行了通信交流。与齐奥尔科夫斯基一样，奥伯特既处理详细的工程问题，又处理有关空间探索的更广泛的问题。他还参与了向大众传播火箭知识的工作，在德国各地宣讲太空旅行的可能性。20 世纪二三十年代，欧洲和美国的各种火箭协会，其中包括工程师和梦想家，在一起建造火箭，推进他们有关太空旅行的一般知识。

军用火箭技术和富于想象力的远见

与此同时，苏联领导人在齐奥尔科夫斯基的思想基础上，于 1928 年成立了由年轻的工程师瓦伦丁·格鲁什科（Valentin Glushko，1908—1989）负责的一个军事组织：一个气体动

力学实验室（GDL），负责建造固体燃料的战争火箭。1931 年，苏联领导人管制了另一个重要的组织——喷气推进研究小组（在苏联被称为GIRD），该小组关注更强大的液体燃料火箭。喷气推进研究小组由几名关键性的苏联工程师和航天爱好者组成，他们梦想去月球以及更远的地方。政府资助了这个研究小组以及气体动力学实验室。苏联太空计划背后的决策者谢尔盖·科罗廖夫（Sergei Korolev，1906—1966）是喷气推进研究小组中最狂热的一名成员。在这个时代，科罗廖夫专注于火箭飞船和锻炼自己的组织能力。通过喷气推进研究小组的努力，苏联在 1933 年发射了它的首枚液体燃料火箭。它的成功促使苏联领导人对将火箭技术应用于武器装备方面产生了更大的兴趣。最终，苏联领导人把喷气推进研究小组和气体动力学实验室合并成一个单一的组织 RN-II，它为火箭技术的发展做出了进一步的贡献。

在德国，国家同样出于军事目的而笼络航天爱好者。这些人当中最引人注目的是维尔纳·冯·布劳恩（Werner von Braun，1912—1977），他将在美国的太空计划以及德国的火箭计划中起至关重要的作用。冯·布劳恩出生于一个显赫的家族，他在太空飞船旅行协会中十分活跃。他于 1932 年加入德国陆军军械部，从事射程大于先前任何火炮的液体燃料火箭的研究。1937 年，该研究小组搬至邻近波罗的海的一个新的试验场——佩内明德（Peenemunde）。冯·布劳恩作为一名管理者和工程师是很有天赋的，他是火箭研制计划的主持人。

虽然纳粹领导层对这项计划的支持飘忽不定，但冯·布劳恩和他的同事取得了进展，因为他们梦想着未来前往月球和火星旅行。V－2/A－4 火箭或"复仇武器"于 1942 年底首次发射，它比先前的任何火箭都强大得多，直立高度几乎有 15 米，重达 28 000 磅，飞行高度达到了 60 英里，并且携带着重型炸弹。它以液化氧气和无

看得远是一回事,去那遥远的地方是另一回事。

——康斯坦丁·布朗库西(Constantin Brancusi, 1876—1957)

水乙醇为燃料,并且具有先进的制导和控制系统。该型火箭是许多美国火箭的始祖,包括将人类首次送上月球的强大的"土星5号"。在希特勒的奴役下,工人们制造了用于第二次世界大战的绝大部分V-2导弹。虽然武器并不是很精确,但受害一方几乎无法对其进行防御。1944年9月,希特勒对位于英格兰南部和被解放的欧洲地区的一些目标发射V-2火箭进行轰炸。虽然这些武器具有很大的威力,但是它们对战争结局的影响微乎其微。

空间探索与冷战

随着第二次世界大战后美国和苏联之间冷战的不断加剧,无论是美国人还是苏联人,都在利用纳粹德国军用火箭开发团队的幸存者。斯大林的火箭计划于1947年得到批准,旨在生产洲际弹道导弹(ICBM)。苏联军队虽然通过SS-I和SS-II火箭重建了V-2火箭,但是苏联的航空工业远离了火箭技术。苏联首个洲际弹道导弹SS-6/R-7的建造初衷是为了携带沉重的苏联核弹头。然而,该导弹最重要的一次飞行发生在1957年10月4日,那时,它发射的第一颗人造卫星"伴星1号"(Sputnik I)进入地球轨道。当苏联人民沉浸在一片欢乐的气氛之中时,美国民众则陷入极大的震惊。如果苏联人能够发射卫星飞越美国领土,难道他们就不能将核武器发射到美国吗?为什么美国没能成为首个成功发射人造卫星的国家?尼基塔·赫鲁晓夫(Nikita Khrushchev, 1894—1971)在1958年继任斯大林出任苏联总理后,意识到了人造卫星的象征意义。全世界的看法是,苏联在科学和技术方面已经超过了美国,这意味着它具有了军事上的优势。

当美国人惊慌失措之时,德怀特·艾森豪威尔总统(Dwight D. Eisenhower, 1890—1969)却很镇定,他了解美国在中程导弹、小型化核武器、靠近苏联的基地以及侦察机领域具有优势。苏联人造地球卫星"伴星1号"发射后仅过了1年,冯·布劳恩的军用火箭开发团队通过改进版的红石(Redstone)火箭——木星-C号,成功发射了美国的第一颗人造卫星"探险者1号"(Explorer 1)。1958年10月1日,艾森豪威尔宣布成立美国国家航空航天局(NASA),它以较小的国家航空咨询委员会(NACA)为基础。尽管军事部门希望在航天的竞技场上开拓出属于自己的空间,但他们不是20世纪60年代备受瞩目的载人航天计划的负责人。

既然苏联已经在太空领域打败了美国,NASA的第一使命便是率先将人类送入太空,该项目被称为"水星计划"。1959年4月9日,NASA负责人

一个古老的天文台遗址,位于墨西哥的奇琴伊察。克里斯·豪威尔摄

基思·格伦南（T. Keith Glennan）公布了首批即将在"水星计划"中的 7 位美国宇航员的姓名。美国媒体和公众对"水星-宇宙神 7 号"陷入狂热之中，他们认为 7 人中的一人将是历史上首位绕地球轨道飞行的人。美国人将镜头中的军事试飞员视为太空战士。然而在苏联，苏联太空计划的主要设计师赫鲁晓夫和谢尔盖·科罗廖夫，也已下定决心要使俄罗斯人率先进入太空。事实上，苏联也赢得了这场特殊的竞赛。1961年 4 月 12 日，宇航员尤里·加加林（Yuri Gagarin）在一个新的 A-1 火箭顶部的"东方号"飞船里被发射进入地球轨道。美国对这则新闻反应强烈，NASA 的管理者和工程师加速了"水星计划"的步伐。

美国的首位宇航员是小艾伦·谢泼德（Alan B. Shepard Jr）。他那不到 15 分钟绕地

1969 年，巴兹·奥尔德林（Buzz Aldrin）面对美国国旗站在登月舱附近的月球表面。美国国家航空航天局

球轨道一圈的飞行，是由冯·布劳恩设计的军用红石火箭于 1961 年 5 月 5 日发射升空送入地球轨道的；虽然它无法与苏联的成就媲美，但它确实让美国回到了太空竞赛当中。然而，具有34 吨推力的红石发射器并没有能力把载人飞船送入地球轨道。为了这个目标，NASA 使用了具有 163 吨总推力的美国空军阿特拉斯洲际弹道导弹。

登月竞赛

谢泼德航天飞行后不久，约翰·肯尼迪（John F. Kennedy，1917—1963）总统于 1961 年5 月 25 日向国会发表了一个轰动性的声明。他呼吁在 60 年代末以前实现人类登月并使其安全返回地球。肯尼迪的声明加速了太空竞赛，因为它让 NASA 觉得其对国家的重要性和紧迫性日益增强。该机构继续进行"水星计划"，但它加速了其月球登陆计划——"阿波罗计划"的发展。1961 年 12 月，NASA 宣布"双子星计划"，准备将两个宇航员长期送入地球轨道。"双子星计划"将测试许多阿波罗号宇宙飞船所使用的技术，其中包括两个航天器的交会、两个航天器的对接以及太空行走。

1962 年 2 月 20 日，NASA 用"水星"飞船"友谊 7 号"将宇航员约翰·格伦（John H. Glenn）成功送入地球轨道。这次飞行在宇航员、飞行控制器和飞船方面需要投入更多的精力，必须完成关键动作以确保宇航员可以存活数小时。"水星计划"又继续进行了 3 次太空飞行，最后一次是 1963 年 5月 15 日戈登·库勃（Gordon Cooper）成功绕行地球 22 圈。"水星计划"已经实现其主要目标，即将人类送入地球轨道并使其成功地返回地球。

1962 年 6 月，NASA 宣布月球轨道交

会(LOR)将作为阿波罗的任务模式。通过月球轨道交会的方式,具有 750 万磅推力的冯·布劳恩"土星 5 号"火箭将推动载人航天器、供应服务模块和登月舱飞向月球。一旦进入绕月轨道,登月舱会与指挥舱和服务舱分离,载着两名宇航员到达月球表面,而指挥舱的驾驶员留在月球轨道。登月舱本身就有两个阶,一个上升阶和一个下降阶。当宇航员们完成他们在月球表面的探险后,他们将下降阶置留在月球上,通过上升阶返回月球轨道并与指挥舱对接。当接近地球时,上升阶和服务舱都会被抛弃,只有指挥舱将返回地球。虽然 NASA 最初认为这种方法太危险,但它节省重量的优势以及每个组件可以为特定目的而独立设计的事实,最终使其被认定为最可行的方式。月球轨道交会任务模式几乎决定了阿波罗发展的各个方面,从人员培训到航天器的设计,再到航天器的机动系统。

　　1965 年 3 月 23 日,"水星计划"宇航员加斯·格里森(Gus Grissom)和"新九"宇航员约翰·杨进行了首次"双子星"飞船飞行任务。而以"水星号"太空船为基础的"双子星"飞船体型更大,拥有许多更复杂的系统,使其能够执行机动、会合和对接任务。随后,双子座飞船将与对接舱进行对接,后者事实上是阿特拉斯火箭上节中空部分装备的对接通道。然而,1965 年 3 月 18 日,科罗廖夫给了美国又一次打击,阿列克谢·列昂诺夫(Aleksei Leonov)当时进行了历时 12 分零 9 秒的首次太空行走。列昂诺夫及其同伴宇航员帕维尔·别利亚耶夫(Pavel Belyayev)搭乘"东方 2 号"(Voshkod 2)飞船绕地球飞行,该飞船是加加林乘坐的东方 1 号飞

2367

船的升级版。1965 年 6 月 3 日,爱德华·怀特三世(Edward H. White III)搭乘"双子星 4 号"飞船进行了美国的首次太空行走。然而,从此以后,美国在载人航天飞行方面的成绩不断超越苏联,一直到登陆月球。

　　1965 年 3 月至 1966 年 11 月间,美国共进行了 10 次"双子星"太空飞行。当美国创造了一个又一个太空纪录的时候,没有苏联宇航员绕地球飞行。1965 年 10 月,"双子星 6 号"飞船与"双子星 7 号"飞船交会,随"双子星 7 号"飞船的机组人员在地球轨道上度过了两个星期。两个航天器首次实现成功对接出现于"双子星 8 号"飞船时期,由尼尔·阿姆斯特朗(Neil Armstrong)和大卫·斯科特(David Scott)共同驾驶。该计划的最后一次飞行,"双子星 12 号"飞船解决了太空行走存在的许多内在问题,并帮助改进了飞行技术以及航天技术。随着双子星计划的结束,航天飞行已经开始运营,虽然还不是常规业务,但许多"阿波罗"所需的技术已经被磨炼得极为精准。

　　虽然"双子星计划"在太空中经历了许多次侥幸脱险,但 NASA 首个重大灾难发生在地面上。1967 年 1 月 27 日,在肯尼迪航天中心的一

航天飞机从佛罗里达州梅里特岛肯尼迪航天中心发射升空。美国佛罗里达州州立图书馆和档案馆

次常规的地面测试中，"阿波罗 1 号"指挥舱起火，3 名船员加斯·格里森（Gus Grissom）、埃迪·怀特（Ed White）以及罗杰·查菲（Roger Chaffee），因吸入有毒气体而窒息死亡。研究表明，线路故障是火灾的直接原因，NASA 和承包商北美航空公司都不曾完全理解所有的组件必须在一个复杂的系统中共同工作。NASA 和北美航空公司的许多人认为，火灾使他们对可能出现的问题有了新的认识，这实际上有助于"阿波罗"的成功。悲剧动摇了公众对阿波罗的信心，然而，受纪念约翰·肯尼迪的鼓舞，美国人继续支持该项计划。

现在的阿波罗飞船——"阿波罗 7 号"的内置有了很多变化，飞船的指挥和服务舱于 1968 年 10 月 11 日被运载火箭送入地球轨道进行测试。同年 12 月 21 日，"土星 5 号"运载火箭将"阿波罗 8 号"飞船的指挥舱和服务舱成功地送入绕月轨道，而此前苏联已经成功地将一个无人驾驶航天器——"探测器 5 号"送入月球轨道。卫星照片显示，苏联的 N-1 登月火箭可能很快就会准备好将宇航员送上月球。阿波罗计划的高潮是"阿波罗 11 号"任务，1969 年 7 月 16 日，指挥员尼尔·阿姆斯特朗、登月舱驾驶员巴兹·奥尔德林和指挥舱驾驶员迈克尔·科林斯（Michael Collins）乘"阿波罗 11 号"飞船飞往月球。在这次发射的两周前，苏联的 N-1 登月火箭在发射台上发生了爆炸；事实上，这等于给登月竞赛画上了句号。1969 年 7 月 20 日，阿姆斯特朗和奥尔德林在月球上着陆，约有 10 亿人通过电视直播观看了这一盛况。在数千名工人、管理人员和工程专家的支持下，阿姆斯特朗、奥尔德林以及科林斯达到了肯尼迪的目标，并且实现了千百年来的梦想。

随着"阿波罗"全面投入运作，该计划的重点已经转移到月球科学探测上。除了"阿波罗 13 号"飞船之外，随后的科考任务利用新设备在考察月球的地质构造以及历史方面取得重大发

现，这些任务中使用了新的装备，如月球车。"阿波罗"的最后一次任务——"阿波罗 17 号"飞船于 1972 年 12 月 19 日溅落。宇宙飞船上的宇航员从太空拍摄了首张地球全景照片，它突出地显示了地球的脆弱性和相互关联性。

现在回想起来，美国人先于苏联人抵达月球不足为奇，尽管苏联在早些时候取得过一些成就。1966 年，谢尔盖·科罗廖夫的与世长辞决定了苏联登月计划的命运：资金不足，资源过于分散在许多设计局中。其结果是设备越来越少、测试越来越少、技术越来越弱。美国的太空计划从蓬勃发展的经济中获益匪浅，主要是因为其在第二次世界大战后拥有比苏联更为强大的地位。美国国家航空航天局与能够建造太空硬体设备的航空公司签订合同，政府和私营企业在美国所形成的强有力的伙伴关系，都有益于太空计划的实施。

超越月球

火星探测在苏联（后来的俄罗斯）、美国、欧洲和日本的太空计划中一直占有重要地位，20 世纪 60 年代以来，大量的探测器和无人航天器已经被送向火星或直接发射到火星上。人类已经通过"水手 10 号"（Mariner 10）和"信使号"（MESSENGER）探测器访问了水星；"水手 10 号"在 1975 年，"信使号"在 2008 年 1 月以飞掠的方式进行了水星探测。第三个水星探测器预计在 2020 年抵达水星。像火星一样，人类已经向金星发射了许多探测器，首个金星探测器是美国于 1962 年发射的"水手 2 号"探测飞船（Mariner 2），但飞行数量最多的是苏联的"金星"号探测器（Venera craft）。自 1973 年起，人类就已经通过 NASA 一系列自动化的宇宙飞船对木星进行了探测，除了环绕木星轨道的"伽利略号"探测器（Galileo craft）外，这些探测器中的绝大部分已经飞越了木星。土星也只是由

NASA 的无人航空器访问过,其中包括飞越土星的"先驱者 11 号"(Pioneer 11, 1979)、"旅行者 1 号"(Voyager 1, 1980)、"旅行者 2 号"(Voyager 2, 1982),以及于 2004 年进入预定轨道且很可能运行至 2010 年的"卡西尼号"(Cassini mission)。天王星只被"旅行者 2 号"探测过,"旅行者 2 号"在 1986 年 1 月最接近天王星;同样,"旅行者 2 号"是唯一造访过海王星的探测器,它在 1989 年实现了对海王星的飞越。

太空竞赛之后

随着在太空竞赛中获胜以及缓和时代的到来,美国对大规模的太空计划的政治意愿消失了。20 世纪 70 年代的太空实验室临时空间站项目利用了"土星 5 号"火箭的残余部分,并且积累了在太空生活和工作的知识。在 1975 年的阿波罗-联盟测试计划(Apollo-Soyuz test project)中,"阿波罗号"和"联盟号"宇宙飞船在地球轨道实现交会和对接,标志着空间探索领域的首次重大合作。

在 20 世纪 70 年代后期,美国国家航空航天局完成了航天飞机的发展计划。航天飞机原本被指望成为一个定期往返永久性轨道空间站的空中巴士,但由于美国国家航空航天局减少了预算,它无法维持下去。一家私营公司建造了航天飞机舰队,1981 年 4 月 12 日,随着"哥伦比亚号"航天飞机发射升空,这支航天飞机舰队开始了它的初次航行。在近 30 年的服役期间,航天飞机已经部署军事卫星,承载了许多科学实验,将哈勃太空望远镜送入太空,并且帮助建造了国际空间站(ISS)。然而,航天飞机计划的两个重大灾难——1986 年 1 月 28 日"挑战者号"的爆炸以及 2003 年 2 月 1 日"哥伦比亚号"返回地面时解体——凸显了经常性进入太空产生的问题;航天飞机计划创立之初就一直备受该问题的困扰。在这两个事件里,专家们指责美国

国家航空航天局官本质上是个官僚机构;自阿波罗时代起,它已经变得越来越僵化。

米哈伊尔·戈尔巴乔夫(Mikhail Gorbachev)执政时期发起的"公开性"政策(policy of glasnost)意味着,可以公开讨论苏联太空计划的成功和失败。该政策确实有助于"和平号"空间站(Mir space station, 1982—2001)的成功,它是世界上第一个长期在太空工作和生活的轨道结构。装配最新版本的"联盟号"宇宙飞船后,空间站证实了长期太空居住的可行性,它在运行期间还接待过一些美国的宇航员。苏联的解体虽然对俄罗斯的太空计划造成了困难,但为俄罗斯的太空飞行开辟了新的商业机遇。

国际航天合作

自从超级大国间的太空竞赛结束后,许多其他国家也开始参与到空间探索领域。欧洲主要国家于 1980 年加入了欧洲航天局。该机构为俄罗斯、美国以及共同的合作者提供关键的卫星和科学仪器。此外,该机构已经生产了许多商业用途的发射器。日本的一些集团,包括日本宇宙开发事业团(NASDA),也开始在太空的尖端技术方面取得进展。与欧洲和日本的太空计划相比,中国的太空计划虽然较为年轻且不够全面,但它也在 2003 年 10 月 15 日成功地将人类送入太空。

国际空间站(ISS)的建设开始于 1994 年,虽然美国国家航空航天局全面负责该项目,但主要部件由俄罗斯、欧洲航天局和日本宇宙开发事业团生产制造。由于成本超支以及延期耗费了美国国家航空航天局的大量预算,国际空间站曾饱受批评。然而,国际空间站已经承办了许多重要的研究,特别是在医药领域,并为人类提供了一个在太空生活和工作的永久性场所。

2369

空间探索的未来

当前,有关空间探索的讨论中有两大主题:人类登陆火星的可行性,以及太空旅行的广泛私人化和民主化。多年来,各种类型的航天爱好者一直为载人火星任务进行游说。然而,没有重大的政治动力,例如在冷战时期抢苏联风头的需要,美国领导人就看不到资助这一探险的理由,而美国以外的其他国家在不久的将来尚不具备足够的财力开展这项任务。乔治·布什(George W. Bush,1946,2001—2009 年执政)宣布,在接下来的 20 年里建造一个带有火星登陆装置的永久性月球基地的计划,然而,即使精打细算,如果没有强有力的国家介入的话,这将是难以完成的。2010 年,在巴拉克·奥巴马(Barak Obama)总统执政后的第二年,据一些传言称,美国未来载人航天飞行计划将被废弃,但这些传言遭到了严厉的批评(尤其是来自美国国家航空航天局),直到奥巴马重启了这些计划,其中包括 2030 年的火星登陆。

第一个私人资助的航天飞行器——"太空船 1 号"(Space Ship One)是由美国航空航天工程师伯特·鲁坦(Burt Rutan,1943—　)于 2004 年 6 月 21 日设计的,它鼓舞了许多希望为载人航天拓展商机的企业家。通过使用"太空船 2 号"——一架可重复使用的亚轨道太空飞机——维珍银河公司(Virgin Galactic)打算在 2010 年将游客送入太空。其他的私营航空公司,如毕格罗航天公司(Bigelow Aerospace),已经发射了两个空间站模块——"创始 1 号"和"创始 2 号",并且计划建造一个绕地球轨道运行的太空旅店。空间探索技术公司(SpaceX)的"猎鹰 1 号"——一种液体推进轨道载荷火箭,已经进行了两次成功的飞行:"猎鹰 9 号"于 2010 年 6 月发射升空。谷歌月球 X 奖宣布为首个私人资助的登月计划提供 2 000 万美元,这在一定程度上加快了私人的空间探索。不过,这里有一个空间探索的普遍愿望和谁会成为第一个的奇妙需求。

现有的航天技术是极其昂贵的,而且太空旅行充满了危险。目前这些因素阻碍了空间探索的即刻获利和向所有人开放。当然,如果你有足够多的钱,俄罗斯太空计划一直愿意将付费乘客送入太空。但只要潜心研究的科学家和工程师继续寻求解决推进器、航天器控制、以及人类的长期太空生存等方面的问题,那么所有空间探索的可能性——无论是在地球轨道还是在星际空间——就会接近于我们的掌控范畴。

进一步阅读书目:

Aldrin, B. (1973). *Return to Earth*. New York: Random House.

Bainbridge, W. S. (1976). *Spaceflight Revolution*. New York: Wiley.

Bilstein, R. E. (1989). *Orders of Magnitude: A History of the NACA and UASA, 1915–1990* (NASA SP-4406). Washington, DC.: U. S. Government Printing Office.

Bromberg, J. L. (1999). *NASA and the Space Industry*. Baltimore: Johns Hopkins University Press.

Carter, D. (1988). *Final Frontier: The Rise and Fall of the American Rocket State*. New York: Verso.

Cernan, E. (1999). *Last Man on the Moon: Astronaut Eugene Cernan and America's Race for Space*. New York: St. Martin's Press.

Chaikin, A. (1994). *A Man on the Moon: The Voyages of the Apollo Astronauts*. New York: Viking.

Collins, M. (1989). *Carrying the Fire: An Astronaut's Journeys*. New York: Farrar, Straus.

Harford, J. (1997). *Korolev: How One Man Masterminded the Soviet Drive to Beat America to the Moon*. New York: Wiley.

Kauffman, J. L. (1994). *Selling Outer Space: Kennedy, the Media, and Funding for Project Apollo, 1961–1963*. Tuscaloosa: University of Alabama Press.

Kranz, E. F. (2000). *Failure is not An Option: Mission Control from Mercury to Apollo 13 and beyond*. New York: Simon and Schuster.

Lambright, W. H. (1995). *Powering Apollo: James E. Webb of NASA*. Baltimore: Johns Hopkins University Press.

Launius, R. (1994). *NASA: A History of the U. S. Civil Space Program*. Malabar, FL: Krieger.

Launius, R. D. , & McCurdy, H. E. (Eds.). (1997). *Spaceflight and the Myth of Presidential Leadership*. Urbana: University of Illinois Press.

Logsdon, J. M. (1970). *Decision to Go to the Moon: Project Apollo and the National Interest*. Cambridge, MA: MIT Press.

Lovell, J. , & Kruger, J. (1995). *Apollo 13*. New York: Pocket Books.

Mailer, N. (1970). *Of a Fire on the Moon*. Boston: Little, Brown.

McCurdy, H. E. (1997). *Space and the American Imagination*. Washington, DC. : Smithsonian Institution Press.

McDougall, W. (1985). *The Heavens and the Earth: A Political History of the Space Age*. New York: Basic Books.

Murray, C. A. , & Cox, C. (1989). *Apollo: The Race to the Moon*. New York: Simon and Schuster.

Neufeld, M. (1995). *The Rocket and the Reich*. New York: Free Press.

Roland, A. (1985). *A Spacefaring People: Perspectives on Early Spaceflight*. (NASA SP – 4405). Washington, DC. : U. S. Government Printing Office.

Sagan, C. (1980). *Cosmos*. New York: Random House.

Sagan, C. (1994). *Pale Blue Dot: A Vision of the Human Future in Space*. New York: Random House.

Shepard, A. B. , & Slayton, D. K. (1994). *Moon Shot: the inside Story of America's Race to the Moon*. Atlanta, GA: Turner.

Siddiqi, A. (2000). *Challenge to Apollo: the Soviet Union and the Space Race, 1945 – 1974* (NASA SP – 4408). Washington, DC. : U. S. Government Printing Office.

Wolfe, T. (1979). *The Right Stuff*. New York: Farrar, Straus.

克里斯蒂安·斯塔尔(Kristen Starr) 文

王超 译,黄艳红 校

Spanish Empire 西班牙帝国

2371　　在首个全球化时代(约 1400—1800),西班牙帝国成为理解世界历史的一个重要组成部分。它在鼎盛时期将势力范围拓展到了全世界;西班牙帝国的官员和臣民中的许多人从未踏足过欧洲,他们的活动建立和维护了这一时期数量可观的经济、政治、军事和文化网络,并在其领土上生产了一些全球商业中很受欢迎的产品。

　　"西班牙帝国"这一概念已经变得越来越有争议了。在首个全球化时代中,西班牙作为一个实体,从未以一个管理海外帝国、为宗主国的利益而创造和维持的政治单位出现过。与之相反,在 19 世纪初期以前,在一个单一的王朝统治下,一个疆域辽阔的复合君主制将各个领地联系在一起,其中包括 1580 和 1640 年之间的葡萄牙王国。当一位新的君主——查理四世(Charles IV, 1748—1819)登基的消息最终于 1790 年传到马尼拉时,仍然引人注目,民众发出

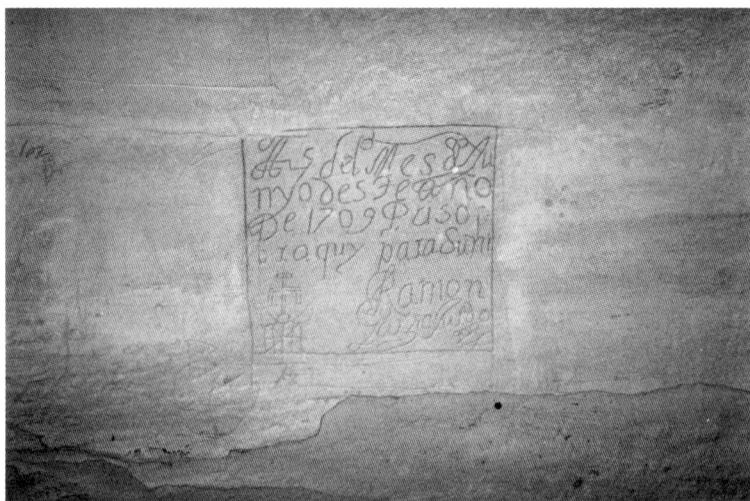

一位西班牙旅行者于 1709 年在新墨西哥中部峡谷的石壁上刻下的一段文字

了"卡斯提尔,卡斯提尔"的欢呼声,而一个新组建的西班牙国家的领导人只是在 1837 年才决定通过特别法管理其剩余的海外领土。

史学争议

两种思想观点推动了关于这种复合君主制历史的绝大部分真正有争议的辩论。首先,大量现代国家是从西班牙领地完全或部分独立而产生出来的,由此产生的民族主义史学,包括现代西班牙的史学,都把这个实体表述为一个推定的帝国。这个帝国派生出的各民族国家的历史学家从不同的本地视野出发,以这样的方式描绘帝国:它既证明代价高昂的独立战争具有合理性,又解释了 19 世纪严重的经济和政治难题。第二,为了给地理上十分凌乱的主题构建一个条理化的叙述,一些历史学家将首个全球化时代的"西班牙"描绘为一个发展中的中央集权国家,它的实力在任何时候都是由它在制定政策时的自主性以及塑造社会的能力所决定的,而其他国家对这一目标的挑战可以作为了解这个君主制历史的一个有效路径。

为了保存西班牙王室在广阔的卡斯提尔领

地上的管理记录,皇家宇宙论家胡安·巴蒂斯塔·穆尼奥斯(Juan Bautista Muñoz, 1745—1799)说服国王于 1781 年在塞维利亚建立了宏伟的西印度综合档案馆。部分是因为这种资料,史学家们十分关注君主制行政管理网络,其中包括各种宫廷官员和委员会、皇家总督、省长、高级专员、裁判庭和法官、贸易和税务官员以及主要的市政议会之间的交互作用。对行政管理相互作用的强调,产生的印象是一个比真实情况更为单一的、王权控制下的系统。当更多的注意力放在以下这些方面的联系时,就会出现不同的印象;这些方面包括家族网络、修会或教会管理体制、投资者、管理者以及农业和矿业工人(奴隶和自由人)、面对难以置信的障碍而组织庞大商业网络的商人,以及大千世界中生产和走私的欺诈和秘密网络。有关妇女的角色研究,只是在过去的几十年里有了少量的成果。一般而言,对于其他伊比利亚王朝领地的研究,仍远远落后于对卡斯提尔的研究。

西班牙君主国的领地

传统上说,这一复合君主制的历史按时间顺序,上起"天主教君主"斐迪南(Ferdinand)和伊莎贝拉(Isabella)这两个表亲于 1469 年的婚礼,下至最后一支驻美洲大陆的波旁军队于 1824 年 12 月 9 日在阿亚库巧(Ayacucho,今秘鲁)附近的溃败。在这两个事件之间,这个君主制王国的领土范围发生了很大的变化;这些事件不断影响着其统治区域间的互动模式,有时可以使它们发生重大转变。1474 年,伊莎贝拉

2372

(1451—1504)在其兄长去世当年继承了卡斯提尔的王位，其疆土已经涵盖了加那利群岛；当斐迪南的父亲于 1479 年去世后，斐迪南（1452—1516）获得了阿拉贡的王位。阿拉贡王国是一个复合君主制王国，它包括伊比利亚半岛的阿拉贡王国、瓦伦西亚王国、加泰罗尼亚公国、塞尔达尼亚郡、比利牛斯山脉北部的罗塞洛、马略卡岛王国、撒丁岛王国以及西西里岛王国。经过 10 多年的战斗，格拉纳达的伊斯兰酋长国于 1492 年 1 月 2 日投降，并且成为卡斯提尔王国的领土。当特拉斯塔马尔分支的统治者于 1504 年死去时，斐迪南将那不勒斯王国并入阿拉贡王国，1512 年，他征服了伊比利亚的纳瓦拉王国，并在 1515 年将其并入卡斯提尔王国。到这时，卡斯提尔王国的疆域在加勒比地区已有明显拓展，这是克里斯托弗·哥伦布和那些冒险家 4 次海外探险的结果，他们为了寻找财富而被吸引到这一地区。

伊莎贝拉去世后将卡斯提尔王国的王位留给了她的女儿胡安娜（Joanna，1479—1555）和胡安娜的丈夫哈布斯堡王朝的腓力（Philip，1478—1506），腓力是神圣罗马帝国皇帝马克西米连一世（ Maximilian I，1459—1519）和尼德兰及莱茵河西岸弗朗什-孔泰地区统治者的儿子。由于胡安娜的精神病症状和她死后日益的政治动荡，人们废除了斐迪南作为阿拉贡的统治者和胡安娜在卡斯提尔摄政王的身份，胡

安娜的大儿子与哈布斯堡王朝的查理·腓力（Charles Philip，1500—1558）成为伊比利亚王国共同的统治者。当他的祖父去世时，查理被选为神圣罗马帝国皇帝，史称查理五世，他将阿拉贡和卡斯提尔王国、哈布斯堡莱茵王国和尼德兰，以及欧洲中部王朝领地的命运联合在一起，尽管后者最终被让给查理的弟弟斐迪南。

查理五世统治时期的扩张

随着 1521 年击败阿兹特克人，查理在位时期卡斯提尔王国的疆域得到极大的扩展。1532 年开始对印加的征服及一系列漫长的远航的目的，是把美洲到菲律宾群岛之间浩瀚的太平洋变为卡斯提尔王国的地盘。以墨西哥城和利马为首都的新西班牙的总督辖区生产了全球约80％的白银，中国和南亚对白银的需求特别高。米兰的统治者弗朗西斯·斯福尔扎（Francesco Sforza）去世之后，查理控制了米兰公国，他由此获得了一个重要的金融和生产中心。他于 1497

由西班牙人设计的带有天主教堂和政府大楼的中心广场，位于墨西哥瓜纳华托（Guanaxuato）。这是西班牙征服后乡土建筑发生变化的典型代表

年开始征服梅利利亚（Melilla），将一些北非飞地并入其领土。

　　传染病、战争给美洲人带来了可怕灾难，经济和政治制度的崩溃以及强制劳动的恶劣环境，促使多明我会修士巴托洛梅·德·拉斯·卡萨斯（Bartolomé de Las Casas，1474—1566）和其他伊比利亚作家在经济政策、宪政思想、人权和国际关系领域形成深刻的思想。这些为 18 世纪具有美洲特征的自由立宪运动的发展提供了一个重要的思想渊源，它们在第二个全球化时代为重塑世界政治史奉献良多。

反叛、扩张和竞争

　　在查理的儿子腓力二世（1527—1598）统治时期，这个全球君主制的内部事态发展，基本上是由以下 3 个因素决定的：16 世纪 60 年代后期发生在其尼德兰领地上的反叛，菲律宾群岛的马尼拉发展成美洲的白银生产和中国对该产品巨大需求之间的连接点，以及腓力于 1580 年成功地宣称由母系获得葡萄牙的王位。荷兰人的叛乱以及由此引发的 80 年的军事冲突一直延续到 1648 年，尼德兰联合省成为一个强有力的商业和政治对手。到 17 世纪中叶，阿姆斯特丹已成为欧洲在世界经济活动中的金融中心。1571 年，阿卡普尔科（Acapulco）和马尼拉之间出现的定期的商业交流，使卡斯提尔政府对浩瀚的太平洋地区产生了更广泛的兴趣，并且明显促进了中国移民、商人、产品涌向菲律宾。葡萄牙的王冠带来的不仅是对卡斯提尔邻近的伊比利亚王国的统治，而且更重要的是对葡萄牙在欧洲以外的广阔领土的控制。

　　查理五世和腓力二世在欧洲和地中海的战争，给哈布斯堡王朝的财政资源造成了巨大的

埃尔南·科尔特斯（Hernán Cortés），阿兹特克帝国的征服者，为卡斯提尔国王获取了墨西哥的大部分地区

压力。西班牙全球领土之间遥远而脆弱的商业联系，以及君主作为改革后罗马天主教军事堡垒的角色，使西班牙和葡萄牙在全球经济中成为荷兰、英国和法国新教徒干预和攻击的目标。在腓力的儿子和孙子——腓力三世（1578—1621）和腓力四世（1605—1665）统治时期，问题进一步恶化。荷属东印度公司（Verenigde Oost-Indische Compagnie，VOC）使用了与葡萄牙人相似的方法，以确保占据欧洲与印度洋和东亚贸易的较大份额，荷兰人其他的商业利益在于，不断加大对全球经济的另一个组成部分——大西洋奴隶贸易的控制；此外，荷兰人还接管了巴西东北部地区的蔗糖生产，并在加勒比海和北美地区获得了立足点。在荷兰人获得如此巨大的成功之后，英国和法国的贸易集团在全球范围内也变得更加活跃。自全球经济开始以来一直都十分重要的走私贸易在世界各地明显增加

2374

了,因为商人和官员试图避免专制的王国政府没收其黄金和其他商品;对于西班牙王国而言,王国政府完全面向军事行动的财政和货币体制摊子太大,无法运转。

除荷兰独立战争之外,西班牙君主国发现自己卷入了与波旁王朝统治下复兴的法兰西君主国的竞争中,而最终为之付出的代价是丧失了比利牛斯山脉北部的阿拉贡地区、弗朗什-孔泰地区以及南尼德兰的一些领土。然而,欧洲君主国的冲突集中爆发于可怕的"三十年战争"(1618—1648),这场战争主要发生在神圣罗马帝国的领土上,执掌帝国的哈布斯堡王朝的皇帝则是西班牙统治者的堂兄。面对精英支持的削弱、暴动、逃税以及无处不在的欺诈,腓力四世最宠信的奥里维瑞斯伯爵(the Count-Duke of Olivares,1587—1645)不断地将更多的行政职权纳入马德里的皇家机构和官员手里,进一步疏远其他的地区行政机构和官员;但面对普遍违抗命令的现象,王室要实现其目标变得越来越困难。不满情绪最具破坏性的表现发生在1640年,那时伊比利亚哈布斯堡王朝正面临着加泰罗尼亚的反叛,直到1653年才在该地区重新恢复统治。在布拉干萨王朝(Braganza dynasty)的统治下,葡萄牙的独立在1668年被予以承认,那时腓力四世的王位已由一个体弱多病的婴儿继承,后者在位时被称为查理二世(1661—1700)。

波旁王朝和美洲独立

查理二世死去时没有直接继承人,西班牙君主国究竟是由一位奥地利分支的哈布斯堡家族成员统治,还是由法国波旁王朝的国王路易十四(Louis XIV,1638—1715)来领导,这场抉择与较量引发了一场真正的全球性战争。1713年签订的《乌得勒支条约》终于结束了漫长的西班牙王位继承战争,该条约虽将西班牙王位授予波旁王朝路易十四的孙子——腓力五世(Philip V,1683—1746),但剥夺了后者对南尼德兰和意大利领地的继承权,撒丁岛除外(那不勒斯和西西里岛随后被王朝收回)。一个多世纪以来,在美洲和菲律宾的克里奥尔(Creole)精英们获得了对王室和教会机构更大的控制力与影响力,他们经常违反现行法规,尤其是在18世纪中叶两次重大的世界性战争(1740—1748,1756—1763)期间,当时西班牙君主国陷入了困境;18世纪下半叶,英军于1762年夺取了哈瓦那和马尼拉。波旁王朝的大臣们认为,这些领土需要更多的监督管理,其经济需要进行改革,以便为他们的防御产生更多的收益。

富有的克里奥尔人被排挤出由伊比利亚半岛殖民宗主国任命的行政职务,消费产品被广泛征收消费税;对原住民的劳动控制受到了挑战,而这样做的目的是要将这些居民引入货币经济中,使他们的购买可以被征税。王权没有发挥其传统角色,即协助克里奥尔精英们来维持后者不成比例的生产份额与政治权威;与之相反,王权日益被许多克里奥尔精英们视为一个专制和不稳定的实体,尤其是在美洲原住民、城市平民和非洲奴隶中发动了几次具有重大意义的暴动之后,克里奥尔人的主张似乎进一步被证实了——波旁王朝的政策使得少数"开化者"的统治陷入危险境地。在与革命法国爆发的数次冲突中,英国的海上成就暴露了西班牙君主国与其海外领土之间联系的脆弱。1808年,拿破仑任命自己的哥哥为西班牙国王,这一事件引发了美洲殖民地的独立起义,复辟的波旁王朝国王斐迪南七世(Ferdinand VII,1784—1833)为应对战后伊比利亚半岛领地上的贫困和政治动荡付出了太多的精力,以至于无力控制古巴、波多黎各和菲律宾之外的其他海外领土。

2375

研究面临的挑战

虽然西班牙各个领地的法律和行政制度影响了各自的历史,但是经济的、宗教的、下层的以及秘密的交往互动创造了另类的历史,它们在形成如此辽阔的殖民地集团(以及西班牙君主国)的复杂现实方面具有决定性。最后,每一个地方的历史基本上是由与其他不断变化的地区间多变的关系塑造的,在研究人员设法整合这些多元和多维的互动网络之前,我们将无法充分理解推动这种君主制历史发展的进程,以及在第一个全球化时代里这一君主制所深入融合的世界。

2376

进一步阅读书目:

Altman, I. (2000). *Transatlantic Ties in the Spanish Empire: Brihuega, Spain, and Puebla, Mexico, 1560 – 1620*. Stanford, CA: Stanford University Press.

Bakewell, P. (1997). *A History of Latin America: Empires and Sequels, 1450 – 1930*. Malden, MA: Blackwell Publishers.

Burkholder, M. A., & Johnson, L. L. (2001). *Colonial Latin America* (4th ed.). New York: Oxford University Press.

Cañizares-Esguerra, J. (2001). *How to Write the History of the New World: Histories, Epistemologies, and Identities in the Eighteenth-century Atlantic World*. Stanford, CA: Stanford University Press.

Díaz-Trechuelo, L. (2001). *Filipinas: La gran desconocida (1565 – 1898)* [Philippines: The Great Unknown (1565 – 1898)]. Pamplona, Spain: Ediciones Universidad de Navarra.

Elliott, J. H. (1989). *Spain and its World, 1500 – 1700: Selected Essays*. New Haven, CT: Yale University Press.

Flynn, D. O., Giraldez, A., & von Glahn, R. (2003). *Global Connections and Monetary History, 1470 – 1800*. Aldershot, U. K.: Ashgate.

Frank, A. G. (1998). *ReORIENT: Global Economy in the Asian Age*. Berkeley: University of California Press.

Herzog, T. (2003). *Defining Nations: Immigrants and Citizens in Early Modern Spain and Spanish America*. New Haven, CT: Yale University Press.

Hillgarth, J. N. (2000). *The Mirror of Spain, 1500 – 1700: The Formation of a Myth*. Ann Arbor: University of Michigan Press.

Israel, J. I. (1997). *Conflicts of Empires: Spain, the Low Countries and the Struggle for World Supremacy, 1585 – 1713*. London: Hambledon Press.

Kamen, H. (2003). *Empire: How Spain Became a World Power, 1492 – 1763*. New York: HarperCollins.

MacLachlan, C. M. (1988). *Spain's Empire in the New World: The Role of Ideas in Institutional and Social Change*. Berkeley: University of California Press.

Phelan, J. L. (1967). *The Kingdom of Quito in the Seventeenth Century: Bureaucratic Politics in the Spanish Empire*. Madison: University of Wisconsin Press.

Ringrose, D. R. (1996). *Spain, Europe and the "Spanish Miracle", 1700 – 1900*. New York: Cambridge University Press.

Santaella Stella, R. (2000). *Brasil durante el gohierno espanol, 1580 – 1640* [Brazil during the Spanish Government, 1580 – 1640]. Madrid, Spain: Fundación Histórica Tavera.

Stein, S. J., & Stein, B. H. (2000). *Silver, Trade and War: Spain and America in the Making of Early Modem Europe*. Baltimore: Johns Hopkins University Press.

Suhrahmanyam, S. (1993). *The Portuguese Empire in Asia, 1500 – 1700: A Political and Economic History*. London: Longman.

Valladares, R. (2001). *Camilla y Portugal en Asia (1580 – 1680): Declive imperial y adaptación*. [Castile and Portugal in Asia (1580 – 1680): Imperial Slide and Adaptation]. Louvain, Belgium: Leuven University Press.

Weber, D. J. (1992). *The Spanish Frontier in North America*. New Haven, CT: Yale University Press.

欧文斯(J.B. Owens) 文

王超 译,黄艳红 校

Spices 香料

2377　　香料贸易——特别是胡椒、肉桂和丁香——将世界的西部、南部和东部地区的多元文化汇聚在一起。这种香料贸易刺激了第一个全球化时代(约 1400—1800)以及经济全球化的开端;在这场运动中,世界上某一个地区的行为会对另一个遥远大陆的人群和事件产生很大的影响。

　　香料是什么? 香料通常被定义为热带植物的芳香部分,它可以是根、树皮、花或种子。除香

彼得罗·隆吉(Pietro Longhi) 的《香料店》(*The Spice-Vendor's Shop*, 1752)。布面油画。佛罗伦萨学院美术馆(Galleria dell'Accademia, Florence)

子兰、红辣椒和多香果之外,所有的香料都来自亚洲。许多人将香草和香料视为同一类植物。其实,香草完全不同于香料。香草是一种没有木茎且在每个生长季节结束时都会死去的植物。大多数香草的调味和药用价值源自它们的叶子。

　　尽管所有的香料在世界历史中都扮演着某种角色,然而,对全球贸易和文化互动影响最大的香料是红辣椒、黑胡椒、肉桂、丁香和肉豆蔻。

古代的香料

　　在古代世界,横跨印度洋、东至现今印度尼西亚、北至中国的香料贸易每天都在进行着。西方世界对香料几乎一无所知,他们所了解的是充满想象力的故事:鸟儿用肉桂筑巢,以及"丁香岛"(印度尼西亚的特尔纳特岛[Ternate]、蒂多雷岛[Tidore]、莫蒂岛[Moti]、马基安岛[Makian]以及巴占群岛[Bacan])的居民永远

不会衰老。在亚洲,海上贸易由季风驱动;在冬季,季风将货船吹向西南方;在夏季,季风则将货船吹向东北方。几个世纪以来,西方对经由亚洲的东西方香料流动知之甚少。

在中国,公元前 2 世纪汉朝的历史记录标识了一种名叫黑胡椒的植物,人们认为它来自中国的西部,但更有可能是源自印度,在那里,黑胡椒来自马拉巴尔海岸的西南部地区。另外,在中国汉朝,来自现今越南的肉桂首次被写入中国的历史记录当中。丁香出产于摩鹿加群岛,中国人和印度人都热衷于丁香贸易。在印度,丁香约在公历纪元伊始出现在文学经典《罗摩衍那》当中。在中国,丁香被认为是一种口气清新剂,人们在会见汉朝皇帝前使用它,因此得名为"鸡舌香"。

在西方,罗马人是最早使用东方香料的人。贸易商和中间商运载着黑胡椒从印度到红海,进入埃及后跨越地中海。当罗马在这一方向扩大其帝国领土的时候,香料也从中东流入欧洲。罗马人喜欢把黑胡椒作为他们主要的烹调香料,而丁香则主要应用于熏香和香水。

中世纪的香料

中世纪香料受到几个事件的影响。首先是罗马帝国到 500 年已经衰落,并失去香料贸易网。其次是穆罕默德在 570 年的诞生和伊斯兰教的迅速崛起,到 1000 年,伊斯兰教向北扩展至西班牙的南部,向东扩张到马来半岛。最后,在 11 世纪初,罗马天主教会的规模和权力已经得到增长,并开始寻求扩大其影响力。这些事件结合在一起,致使伊斯兰对阿拉伯半岛和东印度群岛贸易路线的控制力上升,而天主教教会则组织十字军,试图从伊斯兰教信徒手中夺回圣地。

十字军东征在西欧的一些民族当中带来了凝聚力,而西方十字军在中东的跨文化经历改变了他们对食物以及如何准备和食用食物的看法。正如无花果、椰枣、柠檬和橙子那样,胡椒、肉豆蔻、丁香和小豆蔻等香料进入十字军的日常饮食,为西方人单调的口味带来了一场革命。

一旦东方世界的香料在意大利港口城市威尼斯和热那亚为人见识过,这两座城市便成为东方香料进入西方的通道。欧洲正在改变它的口味,然而,东方的阿拉伯和伊斯兰世界却控制着香料的航路。

大航海时代的香料

"大航海时代"作为一种西方/欧洲人的表述,涉及欧洲沿海/大陆以及不列颠诸岛。自 15 世纪后期起,葡萄牙、西班牙、尼德兰、英国,一定程度上还包括法国和丹麦,在世界的两个地区——南亚和东南亚争夺香料市场。随着这些国家间展开激烈竞争,对香料的追求导致了首次"全球性"的战争。

这一切都始于葡萄牙和瓦斯科·达·伽马,这个葡萄牙航海家于 1498 年抵达印度西部马拉巴尔海岸的卡利卡特,开始寻找黑胡椒。在与印度统治者产生误解并遇到其他困难之后,瓦斯科·达·伽马还是载着一船黑胡椒返回葡萄牙。他所获悉的一件事情便是阿拉伯、穆斯林和波斯商人所控制的香料流通网必须被打破。1500 年之后,葡萄牙人继续前往印度,很快在果阿等地方建立了基地和造船设施。在 1503 和 1540 年间,葡萄牙将其获得的大部分胡椒供应给了欧洲,但从未能打破早已存在的香料行业的垄断。在 16 世纪的剩余时间里,葡萄牙人转移到东方以获取其他香料,例如肉桂、豆蔻和丁香。他们的帝国在不断扩张,但他们所占香料市场的份额却很小。

在 16 世纪 90 年代,荷兰加入香料竞争的行列,并从亚洲带回一小船黑胡椒。1601 年,荷兰人组建一支大型舰队,创建荷属东印度公司来巩固他们的成果,并将他们的精力放在驱逐葡萄牙人上。在整个 17 世纪,他们成功夺取了香料群岛及其肉豆蔻和丁香,接着控制了马六甲海峡。最终,锡兰(今斯里兰卡)及其肉桂贸易落入荷兰人手中。当时的一首荷兰歌谣这样唱道:

> 无论在哪里,利润引导我们,
> 到每一个大洋和海岸,
> 出于利欲,
> 我们探索广阔的世界港口。

这些歌谣没有讲述香料竞争创造的整个历史,它不仅包括葡萄牙、荷兰、英国、西班牙和法国之间的竞争,还包括同香料生产地居民之间的跨文化关系。为了获取香料以及扩大经营性的贸易网,血腥的相遇是通常的规则。菲利普·费尔南德斯–阿姆斯托(Felipe Fernandez-Armesto)在其《开拓者》(*Path finders*,2006)一书中概述了欧洲人与本土人的相遇:"他们开始的时候相互拥抱,接着相互辱骂,最后以屠杀告终。"

工业化时代的香料

到 19 世纪,荷兰人已习惯于维护他们在东印度群岛的香料帝国。香料市场已经被建立并加以维护。在拿破仑战争期间,英国曾短期内控制了这个香料帝国;然而,为了将重心放到南亚,英国最终放弃了香料帝国。法国人则成功地将丁香从东印度群岛移植到了东非,由此产生了一种广泛的奴隶制度,该制度一直持续到 19 世纪末。

在 19 世纪初,一个新的地区进入了香料贸易网络。这一切都始于美国东北部马萨诸塞州的塞勒姆港。一个富于创业精神的船长乔纳森·盖姆斯于 18 世纪 90 年代航行至东印度群岛。经过两次航行之后,他带着一船黑胡椒返回塞勒姆港,这使他获得了 700% 的利润。竞争由此拉开序幕。为获得胡椒,其他的塞勒姆港船只往返航行于苏门答腊岛。历史记载讲述了他们在马六甲海峡南部水域的冒险经历。他们曾多次遭遇马来西亚的本地人及被称为短剑(creese)的致命波浪纹匕首。

19 世纪后期,蒸汽动力等技术进步带动了船运业发展,使它们能够以更快的速度和更高的效率漫游世界。像托马斯·库克(Thomas Cook)这样的企业家创建了能够进行全球旅行的旅行社。交通速度的提高,不仅使香料可以被更快地运到市场,也使人们接触到香料的来源以及它们在烹饪中的使用方法。英国在这一时期控制着南亚,在咖喱以及其他菜肴方面,印度烹饪对英国社会的影响至今依然强烈。

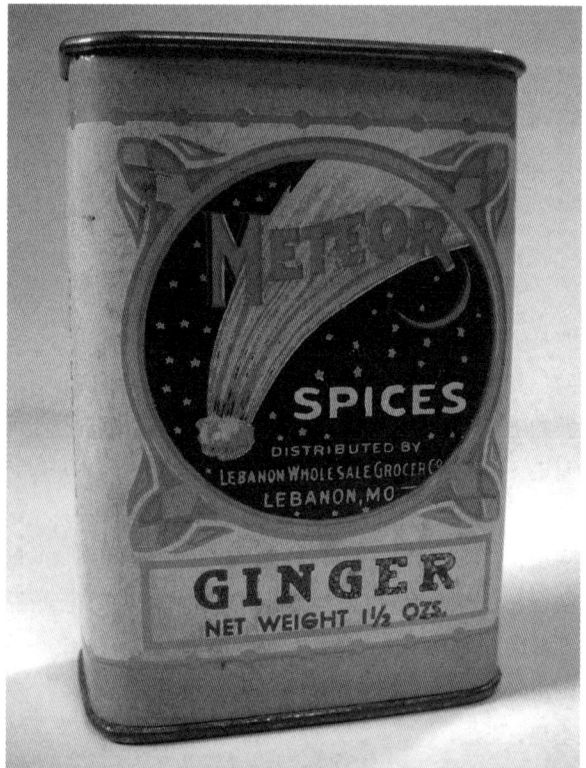

来自 20 世纪 30 年代的"流星牌"香料罐,产于莱巴嫩,密苏里州。托德·富兰克林(Todd Franklin)摄

20世纪及之后

在我们当今的时代,香料贸易已成为一项非常固定的生意。直到印度尼西亚爆发革命之前,荷兰人控制着东印度群岛香料贸易的某些方面。然而,陆上的中国人、马来人以及其他南亚和东南亚的民族继续着他们的贸易网,仿佛欧洲人从未到达过东方。在20世纪,欧洲和美洲出现了许多香料公司。每一个公司都拥有自己的印度或东南亚的供应商网络。

在20世纪后期,一家于19世纪末在马里兰州巴尔的摩市创立的美国香料公司——味好美(McCormick),开始成为一家重要的全球香料公司。它成功的秘诀就是派公司员工到所需香料的原产地,从而建立了自己的基地和贸易网。味好美公司不仅创建了贸易网,还建立了全球不同香料源的运营方式,既控制香料的收集,又确保它们的质量。今天,味好美公司控制了许多欧洲香料公司,尽管这些公司还保持着其传统的名称。

香料的使用在过去的半个世纪已发生显著的改变。在此之前,人们购买某几种香料为他们的家常菜调味。在最近几十年中,所购买的绝大多数香料被大型跨国食品公司用于调制加工食品,之后在全球范围内的超市出售。

现在,香料成为许多全球美食以及许多菜肴的组成部分,用诸如以红辣椒这样的香料调味已经传遍世界各地,并在多种文化的饮食习惯中占有一席之地。现在,人们可以发现,世界各大洲的餐厅所提供的菜肴,在探索新异、刺激的烹调香料的过程中,融合了不同文化、不同美食以及不同传统的香料口味。

进一步阅读书目:

Corn, C. (1998). *The Scents of Eden: A Narrative of the Spice Trade*. New York: Kodansha International.
Czarra, F. (2009). *Spices: A Global History*. London: Reaktion Books.
Dalby, A. (2000). *Dangerous Tastes: The Story of Spices*. London: British Museum Press; Berkeley: University of California Press.
Fernandez-Armesto, F. (2006). *Path Finders: A Global History of Exploration*. New York: W. W. Norton.
Keay, J. (2006). *The Spice Route: A History*. Berkeley: University of California Press. .
Milton, G. (1999). *Nathaniel's Nutmeg: Or, the True and Incredible Adventures of the Spice Trader Changed the Course of History*. New York: Farrar, Straus, and Giroux.
Turner, J. (2004). *Spice: The History of a Temptation*. New York: Knopf.
Welch, J. M. (Ed.). (1994). *The Spice Trade: A Bibliographic, Guide to Sources of Historical and Economic Information*. Westport, CT: Greenwood Press.

弗雷德·恰拉(Fred Czarra) 文

王超 译,黄艳红 校

体育和音乐已经成为通用的语言。

——菲利普·奈特(Philip H. Knight, 1938—)

Sports   体育

2381   现代的体育概念主要是指有组织和有竞争性的体育活动,例如板球、篮球、乒乓球、高尔夫球或足球,但不包括娱乐活动,例如散步或打猎。因此,它忽略了诸如桥牌、象棋或扑克等游戏活动。这种对体育的宽泛定义反映出人类对运动具有普遍的热情。

体育活动是以人体生理和对运动的热爱为基础的,而这些皆是人类与生俱来且陪伴终生的。像散步和游泳这些娱乐活动,以及许多体育消遣如狩猎、钓鱼、滑冰、滑雪和帆船的普及,就证明了这一点。"运动"一词源自中古英语,具有玩耍、嬉戏或自娱自乐的含义。然而,在现代的用法中,运动包括竞争的元素、身体力量和规则。在这个意义上,运动主要是指有组织的活动,如板球、篮球或足球,但不包括娱乐活动,如散步或狩猎。它同样忽略了诸如桥牌、象棋或扑克这样的游戏活动。广义的运动包括娱乐活动和游戏,而狭义的运动仅限于竞技体育。

将体育视为文化表达的一种形式是很有用的,它体现了文化的历史和特征。与文化表达的其他表现形式一样,体育诉诸情感和美学。此外,如同所有的艺术,较大的经济、政治、技术、宗教以及社会问题都可以在体育中得到观察。正如社会史学家雅克·巴赞于1954年对美国的观察:"那些想了解美国人内心和思想的人最好学习棒球、比赛规则和比赛的实际情况,首先可以通过观看一些高中球队或者小城市球队的比赛来进行了解。"(Barzun 1954)体育社会学家斯坦利·艾岑(D. Stanley Eitzen)已经更新了这一观察:"所以,棒球代表我们是一个内在导向的、田园的和个人主义的社会。由于我们渴望回到平静的过去,棒球依然受到欢迎。"

没有任何证据表明,体育对于人类生存来说是必不可少的。虽然一场特定的体育比赛可能会点燃激情,甚至引发一场骚乱,然而还没有关于运动可以引发或结束战争的实例。例如,在现代奥林匹克运动会时期,已经爆发了两次世界大战、一次冷战以及许多地区冲突。体育没有推动世界经济的发展,也没有决定过外交政策,没有足够的证据表明它们在学校里是必不可少的科目。然而,有关艺术和体育在创造多面、有趣味的个人的有效性方面,却存在着很多传闻中的证据。例如,体育赛事可以穿透社会中的所有分隔进对话;散见于语言中的一些体育隐喻有:"目标命中""公平竞技场""(雨后)场地泥泞的三柱门区""扔毛巾"。体育是一个普遍现象,可以在所有时代、所有人群中找到它们,这意味着应对其进行跨文化比较研究,这有助于明确体育对人类的意义。

影响体育的诸要素

地理、职业、宗教、娱乐、性爱和战争都曾影响过体育运动。地理环境对体育产生的普遍影响很容易被人们理解。例如:在寒冷的气候中人们发明了滑雪和滑冰,那些生活在水边的人对划船和游泳情有独钟。在炎热的沙漠气候中,要警惕不要过度暴露身体。早在公元前5世纪,希腊历史学家希罗多德就曾说过,中东地区的人们用衣服将自己的身体全部包裹起来,并且认为裸体是可耻的行为。然而,值得注意的是,尼罗河流域的古代埃及人裸体摔跤,或仅穿一条轻薄的缠腰布。在地方上,地理因素涉及体育馆或运动场地的位置以及它们对人类生活的影

2382

如果你要玩，在开始前决定三件事情：游戏的规则、风险和退出的时间。

——中国谚语

20世纪末，篮球成为世界上最受欢迎的一项运动。图为中国上海的年轻人正进行一场篮球比赛（2003）

响。例如，古代希腊人十分重视利用体育场馆来激发他们的体能和智能，现代的美国大学也在其校园里专门留出活动空间用作体育场。

职业性激发了如牛仔竞技这样的体育活动；在这项竞技中，牛仔们在观众面前炫耀他们在套索、给牲畜打烙印以及捕捉野马方面的技能。宗教对玛雅球类运动以及米诺斯的跳牛有着显著的影响，并且已经成为现代运动员的灵感之源。在尼尼微寺庙雕刻的人群场景中、在古代埃及的头饰上以及在当代的娱乐体育节目电视网（ESPN）——一个24小时播放体育广播的电视频道里，我们都可以看到娱乐性的体育活动。在古代希腊和罗马专门为战车比赛建造的战车竞赛场遗址中，以及为角斗士搏斗建造的罗马竞技场遗址中，我们可以看到更多的证据。这就如同美国城市为吸引"大联盟"球队的加入而建造新的体育场一样。

体育的情欲本质一直是一个禁忌的话题，然而，情欲在古代希腊的艺术中却表现很明显，特别是在用于贸易的陶器上装饰有运动中的赤裸的运动员图像。古代埃及人则在他们的墓墙上描画裸体的杂技演员和运动员。现代体育运动如花样滑冰、体操、游泳、跳水以及健身，所有这些暴露人体的运动都具有未曾言明但很明显的情色内容。

然而，对体育而言，最重要的灵感来源一直都是战争。在古代奥林匹克运动会（前776—前393）中，大多数的技能测试具有战斗用途。其中最明显的一个是投掷标枪，不过，参赛者也赛跑、跳远、拳击、摔跤、掷铁饼、比赛战车以及骑马。古代奥运会中最受欢迎的一项赛事是古希腊式搏击，这是一种摔跤和拳击的组合形式，几乎没有任何限制。两位参战者一直进行搏斗，直到有人投降为止。在公元前564年，一位名叫阿拉康（Arrachion）的古希腊式搏击手在一个回合中被扼死，但他靠使对手脚趾脱臼而赢得比赛。虽然阿拉康死了，但是裁判在他的尸体上戴上胜利的花环。古代奥运会的最后一项赛事是一场赛跑比赛，运动员在比赛中穿着盔甲拿着盾牌，向战争在体育中的重要性表示最后的致敬。

在美国土著人的比赛中也可以看到战斗的影响。东部林地中的印第安人玩一种球类运动，该项运动是长曲棍球比赛的原型。艺术家乔治·卡特林（George Catlin，1796—1872）在19世纪30年代观察了一场乔克托人的比赛，比赛中有六七百位参赛者试图将一个小球投掷到设置在相距约250米以外的球门里。他们使用一米长且尾端带有网状箍的棍子接球和投球，棍子并不触碰球。比赛中有大量的奔跑、大声呼喊，球打在人的脸上和小腿上，战斗一直持续到攻入100个进球才宣布结束。之后，获胜者索取他们的赌注，每个人喝一口威士忌，这些印第安人便各回各家了。他们把这种游戏称为"巴加特

2383

韦兜网球",它被译成"战争的小兄弟"。

前现代社会中的体育

在欧洲的中世纪(500—1500)时期,上流社会举办比赛是为了保持骑士精湛的战斗技能,而下层民众则练习射箭。为了消遣,统治精英骑着马带着猎鹰外出狩猎,他们还在城堡里打沙狐球;而农民们则在村与村之间进行简陋的足球比赛,玩滚木球、曲棍球,并在马厩玩套环游戏。射箭对英格兰自由民而言是一项体育运动,对于西欧城市资产阶级而言则是一个充满激情的活动。

1275 年,马可·波罗在亚洲旅行途中,记录了忽必烈发起的一个规模庞大、长达一个月的狩猎行动,皇室成员、家族成员以及行政官员均参与其中,他们利用大象、狩猎犬、马以及 1 万名驯鹰者捕捉苍鹭、天鹅、白鹳以及其他的猎物。蒙古统治精英同样玩一种马球游戏——一种从中东到远东尽人皆知的马上游戏。中国皇室妇女也骑着驴或小马玩这种游戏。另一些中国人,包括男女,都喜欢玩蹴鞠游戏,一种类似英式足球的游戏,使用一个内部塞满毛发的球。他们也喜欢一种类似现代沙包球的运动(在一个沙包制造商品牌出现之后,通常称之为沙包球):人站成一圈试着将一个小的鹿皮球踢向空中。此外,自武术于 6 世纪被发明之后,亚洲人出于个人修养和防御的目的练习各种武术。人们对撒哈拉以南非洲在被殖民化之前的体育活动知之甚少,但即便如此,这一地区也有独木舟比赛的例子,当然还包括摔跤比赛,后者在整个非洲地区似乎一直都是一项非常普遍的体育运动。

现代体育

现代体育主要发轫于西方的工业和科学革命时期,当时从农村到城市出现了人口数量激

这幅创作于 1877 年的日本木版画展现了英国式的马球比赛。该画由歌川广重(Utagawa Hiroshige)创作完成

增的现象。英国社会学家诺伯特·埃利亚斯（Norbert Elias）、埃里克·邓宁（Eric Dunning）以及美国历史学家艾伦·古特曼（Allen Guttmann）分析了伴随这一重大的社会转变，以及前现代和现代体育运动之间的差异。埃利亚斯和邓宁提出了一种"文明进程"理论，由此人们学会控制运动时的情绪和攻击性以减少身体损伤。文明进程的例子包括在拳击比赛中使用手套。古特曼提出了现代体育的一系列显著特征：世俗主义、平等（对所有参与者平等的规则）、官僚化（组织控制）、专业化（在一场比赛中特定的地位和角色）、合理化（规则和有效技能的训练）、量化（强调用数字测量）以及保留记录。其他历史学家将宣传和公告的使用加入"现代体育"的特征表中。体育史学家普遍接受了现代体育的这一定义。采用这些特征的过程有时被称为"体育化"。

作为个体积极性、基督教传教工作、体育组织、军事占领和奥运会的结果，西方的体育运动传播到了世界各地。世界上最受欢迎的运动——英式足球，最开始是 19 世纪英国中小学男校的一种游戏。英式足球通过移居海外的英国中小学校长、外出旅行的学生、对足球感兴趣的商人、驻防的士兵以及来访的海员传到欧洲大陆、非洲和南美洲。英式足球和另一项英国运动——板球传遍了整个英帝国；这些运动受到了殖民当局和英国军队的支持，他们利用运动防止人们产生无聊情绪并提高人的身体素质。

在某些情况下，体育爱好者促进了体育的传播。棒球运动就是这种情况，比如斯伯丁（A. G. Spalding，1850—1915）起初是一个职业棒球运动员，后来变成经理并最终成为一支棒球队的总裁，他将球队派到海外推广这项运动。玛丽勒本板球俱乐部作为板球运动的仲裁者，派球队到澳大利亚旅行，最终产生了一项一年两次的国际比赛，名曰灰烬（Ashes）。

基督教传教士受到"强健派基督教"的启发，采用了一种将体育和宗教结合的教法来塑造有道德的人，他们同样将西方的体育带到了非洲和亚洲。强健派基督教的思想促进了乒乓球、网球、田径、足球和篮球运动的传播。这些传教组织中最重要的是无宗派的基督教青年会，该组织于 1844 年在伦敦创立，在 1850 至 1920 年期间，它表现得尤为活跃。它在世界各地的城市中建立分支机构，推动了基督教和田径的发展。通常情况下，它会建造游泳池教人们游泳，建造体育馆教人们打篮球和排球，或者玩一些由基督教青年会教练发

2385

美洲土著以石壁画再现的一场摔跤比赛

明的游戏。1891 年，詹姆斯·奈史密斯（James Naismith, 1861—1939）将经过试验完善的篮球规则综合在一起。篮球比赛不仅在基督教青年会内部受到欢迎，在中小学教育系统中也是如此。就参与者和球迷的数量而言，篮球和英式足球成为世界上最广泛的体育运动之一。

由于缺乏可参照的统计数据，很难对最流行的现代体育运动进行衡量，然而就致力于某一特定运动的国家体育组织的数量而言，处于领先地位的体育运动有英式足球、篮球、网球、田径和排球。稍逊一筹的运动包括美式足球、板球、棒球、橄榄球、滑雪、拳击、柔道、汽车比赛、自行车赛、游泳、乒乓球。从上述名单中我们可以看出，对源于西方的运动的偏爱是显而易见的。一个主要的例外是柔道，它是由日本的嘉纳治五郎于 19 世纪末期结合了几所学校的徒手格斗创立的。第二次世界大战结束后，柔道作为参与性体育项目日益流行，它吸收了现代体育的特征，在 1964 年成为奥林匹克运动会的一个比赛项目。

现代奥林匹克运动会

虽然一些跨国体育比赛非常著名，如美国杯帆船赛（1857）、戴维斯杯网球锦标赛（1900）、莱德杯高尔夫球对抗赛（1927）、亚洲运动会（1951）、英联邦运动会（1930）和世界杯足球赛（1930），但体育全球化最重要的事件始终是始于 1896 年的 4 年一度的现代奥林匹克运动会。法国人皮耶尔·德·顾拜旦男爵（Baron Pierre de Coubertin, 1863—1937）的梦想，就是通过体育竞赛和复兴古代奥林匹克运动会来促进世界和平。1894 年，在巴黎的索邦大学的会议上，他说服了来自 9 个国家的 78 名代表支持他的这一想法，并在雅典举行了第一次赛会。虽然统计数据存有疑问，但第一届奥运会似乎吸引了来自 13 个国家的 311 名运动员参赛，有 70 000 名观众观看了比赛。尽管在第一次世界大战和第二

次世界大战期间没有举办奥林匹克运动会，而且在 1980 和 1984 年由于大规模的抵制而使奥林匹克运动会受到严重干扰，但奥林匹克运动会自 1896 年以来一直存在着。

奥林匹克运动会历来都是展示世界上最优秀的运动员和政治意识形态竞争的橱窗。在 1952 到 1992 年间举办的奥林匹克运动会中，美国和苏联之间的冷战对抗得到了充分的体现，这导致了装备、场地和训练发生技术改进，而此前排除专业运动员参赛的业余原则被删除，并加速了女性参与运动的步伐。美国 1972 年教育法修正案第 9 条要求平等对待学校中的女性运动员，该法案的制定很大程度上是为了使美国的女运动员可以在体育比赛中更好地同苏东阵营的女运动员进行竞争。

体育的商业化

电视赛事广告所产生的巨额资金驱动了体育运动的商业化，创造了诸如拳击天才穆罕默德·阿里、篮球奇才迈克尔·乔丹以及足球界现象级人物大卫·贝克汉姆这样的国际明星。他们代言的产品有助于为体育用品创造一个国际市场，对亚洲的劳动力市场产生影响，并提高耐克等占据全球体育用品和设备主要市场的公司的发展水平。职业体育明星也因此成为一个国际商品。

国际竞争的一个令人不安的方面是，越来越多的运动员开始服用能够提高成绩的兴奋剂，这一趋势开始于 1952 年奥林匹克运动会的苏联举重选手。在苏东阵营解体之前，非法兴奋剂的使用被东德发挥到了极致；它已蔓延至全球，并渗透到低级别的运动员中。这类兴奋剂的使用对公平竞赛的基本概念构成威胁，并且超越了竞技体育，产生了涉及人体生理学改变的问题，这甚至可能会影响对人类的定义。如何解决这个问题将对竞技体育的未来产生深远的影

响。目前,世界反兴奋剂机构(2000)测试和追查非法兴奋剂服用者的工作已经被普遍接受,2008年北京奥林匹克运动会的参赛运动员被证明是相对远离兴奋剂的。

进一步阅读书目:

Baker，W. J.（1988）. *Sports in the Western World*. Urbana：Illinois University Press.

Barzun，J.（1954.）. *God's Country and Mine*（p. 159）. New York：Vintage Books.

Eitzen，D. S.（1996）. The Structure of Sport and Society. *In Sport in Contemporary Society：An Anthology*（5th ed.）（p. 23）. New York：St. Martin's Press.

Guttmann，A.（1994）. *Games and Empires*. New York：Columbia University Press.

Levinson. D.，& Christensen，K.（Eds.）.（1996）. *Encyclopedia of World Sport*. Santa Barbara，CA：ABC-CLIO.

Levinson，D.，& Christensen，K.（Eds.）.（2005）. *Berkshire Encyclopedia of World Sport*. Great Barrington，MA：Berkshire Publishing Group.

McComb，D. G.（2004）. *Sports in World History*. London：Routledge.

Van Bottenburg，M.（2001）. *Global Sports*. Urbana：Illinois University Press.

大卫·麦库姆（David G. McCOMB）文

王超 译,黄艳红 校

Srivijaya　室利佛逝

室利佛逝是一个位于苏门答腊岛东南部的重要贸易国家和佛教文化中心。7 到 11 世纪,室利佛逝发展为一个地区性帝国,并松散地控制着印度尼西亚西部和马来半岛。它的命运同印度洋周边的海上贸易状况紧密相连,后者将东亚和东南亚与中东和东非连接在一起。

2387

受益于苏门答腊岛东南部在海上贸易和文化交流方面的战略地位,古代马来民族在这里创建了室利佛逝。苏门答腊和马来半岛之间的马六甲海峡曾长期是个十字路口,不同的民族、文化和贸易在这里通过或扎根下来。中国南海和印度洋盛行的气候模式有利于朝西南和东南航行的船舶在马六甲海峡相会并交换商品。一些马来人专门从事远程海上贸易。到公元前 3 世纪末,马来水手采购生长于中国的肉桂,该货物很可能被这些马来人带入东非或阿拉伯半岛,然后从那里运送到欧洲。7 到 11 世纪,室利佛逝成为一个松散的联合帝国,帝国的财富及其内部间的联系均依赖于贸易。

印度尼西亚早期的商业和贸易国家

在公元纪年初期,以繁荣的港口为基础的小型海滨贸易国家,已经在马来半岛和苏门答腊岛出现。这些国家在金、锡以及新奇的森林产品资源方面,享有一定的国际声誉。4 到 6 世纪,由于游牧部落联盟间竞争导致的不安全状况和战争,中国和西方国家之间沿丝绸之路跨越中亚的陆路贸易路线被封闭了,海上联系的重要性因此日益增加。正如各个中亚国家由于国际贸易而变得日益重要,一些东南亚国家得益于中国和欧亚大陆西部国家之间海上贸易的增长。

约在 1 世纪初,印度商人和僧侣开始定期沿海上贸易路线旅行,并在东南亚的一些国家安顿下来,他们在那里同当地人联姻,或成为当地望族的顾问。他们带来了印度的宗教、政治和艺术的概念。印度教和大乘佛教在该地区变得十分重要,特别是在上层阶级中。到 800 年,佛教世界吸引了许多不同的国家,从印度次大陆向东一直延伸到了日本,这其中就包括马六甲海峡。东南亚一些受印度影响的王国以农业为主,例如吴哥的内陆高棉王国。其他国家则极度依赖海上贸易,包括马六甲海峡沿岸的各个国家。这些对比鲜明的格局,反映了对当时主流环境的巧妙适应。

苏门答腊岛的商业王国

在整个公元第 1 个千年里,一个复杂且日益一体化的海上贸易体系逐渐形成,它将地中海东部、中东、非洲东海岸、印度与东南亚各国联系在一起。一个受印度文化影响而蓬勃发展的商业变体开始利用这一趋势。

7 世纪后期,这个被称为室利佛逝(这个名字在梵文中的意思是"伟大的胜利")的苏门答腊岛国,开始对马六甲海峡地区许多小的贸易国施加更多的影响,最终形成了一个控制着广阔地区的松散帝国。建立在巨港(Palembang)河口的室利佛逝利用苏门答腊岛的一种天然资源——黄金来巩固联盟。室利佛逝的控制并不是中央集权化的;相反,帝国是一个由许多贸易港口组成的联盟,由一支既从事打击海盗活动又参与海盗活动的海军将它们维系在一起。室利佛逝的国王们与爪哇中部夏伦德拉王朝统治下的强大佛教国家建立起紧密的政治和经济关系,后者是一个高产的水稻种植区。

室利佛逝也是一个重要的佛教仪式和佛教研究的中心,吸引了来自不同国家的数以千计的佛教僧侣和学生。688 年,一位来自中国的佛教朝觐者和受戒和尚义净大师,在印度和锡兰(今斯里兰卡)游学约 20 多年后,在苏门答腊岛中途停留过。室利佛逝宗教活动的活力以及统治者的虔诚给义净大师留下了深刻印象,他建议其他中国佛教朝觐者在到印度之前先在室利佛逝停留几年。

室利佛逝对该地区的国际贸易拥有相当大的权力,并与中国保持着广泛的贸易联系。室利佛逝也成为南印度朱罗(Cola)王国的一个强大的竞争对手,后者是一个极富侵略性的贸易国家。到 11 世纪,与朱罗王国以及东爪哇敌对国发生的毁灭性冲突削弱了室利佛逝对该地区的控制力,室利佛逝的政治中心北迁到苏门答腊岛东

来自南苏门答腊岛巨港瑟贡唐山的一尊石佛雕像,该地是室利佛逝帝国许多遗留文物的故乡。巨港博物馆(Palembang Museum)。克莱尔·霍尔特(Claire Holt)拍摄,纽约公共图书馆

2388

他很快领悟并耐心倾听。他明白手头的事情并且采取行动，但这并非按照自己美好的意愿；他不干涉别人的事情，除非被要求这么做。这就是智者的主要特征。

——选自梵文史诗《摩诃婆罗多》(Mahabharatha)

部的占碑港(Jambi)和巫来由港(Melayu)。最后，位于爪哇、北苏门答腊和马来亚的几个国家变得更有影响力，与中国日益活跃的航运贸易损害了与马来半岛的航运。到了14世纪，室利佛逝已经失去了其大部分的荣耀。

欧亚贸易和伊斯兰教的扩张

在室利佛逝的统治力量日益衰落之际，1000到1500年之间，东南亚和中东之间的印度洋航线变得更为重要，成为一个广泛的贸易网络的中心地带。通过马来亚和印度尼西亚群岛，这个贸易体系将东方的中国、日本、越南和柬埔寨同印度和斯里兰卡联系在一起，然后向西连接波斯、阿拉伯、埃及、非洲东海岸最南端的莫桑比克，以及地中海的东部和中部地区。通过这些贸易路线，印度尼西亚和东非的香料，马来亚和苏门答腊的黄金和锡，印度的纺织品、蔗糖和棉花，锡兰的肉桂和象牙，津巴布韦的黄金，波斯的地毯，中国的丝绸、瓷器、茶叶，被运送到遥远的市场。这些产品中有很多抵达了欧洲，在那里激发了人们想要到达物产丰富的东方的兴趣。

像地中海那样，印度洋也发展成为一个空间单元。没有任何特定的国家可以主导贸易路线。海上贸易路线的活力取决于国际港口城市，诸如波斯湾沿岸的霍尔木兹、今坦桑尼亚的基尔瓦(Kilwa)、印度西北部的坎贝(Cambay)、印度西南海岸的卡利卡特(Calicut)、中国东南部的泉州和广州，以及马六甲海峡沿岸的港口。这些贸易港口成为充满活力的国际贸易和跨国

文化的世界性城市。

海上贸易网络推动了伊斯兰教的扩张和马六甲的崛起。13到16世纪，逊尼派伊斯兰教在东南亚群岛得到广泛传播。一个共同的伊斯兰信仰和贸易关系将摩洛哥和印度尼西亚这样相距甚远的国家连接起来。伊斯兰文化是一支全球化的力量，它控制着非洲和欧亚大陆大部分区域。在14世纪，伊斯兰教在苏门答腊岛北部已经十分盛行了。在马来群岛和印度尼西亚群岛的沿岸国家，一些信仰印度佛教的统治者渴望吸引阿拉伯人和印度商人而接受了新的信仰。后者控制着地区间的海上贸易，并通过伊斯兰教的普世性吸引信徒。

伊斯兰教的传播与马来亚的西南海岸大港口的马六甲的兴起是同步的；在15世纪初，如同之前的室利佛逝，马六甲成为该地区主要的政治和经济力量以及亚洲贸易的汇聚中心。马六甲同时也成为伊斯兰教在马来群岛和印度尼西亚群岛扩张的主要基地，伊斯兰教取代了原来的佛教和印度教，在室利佛逝的腹地同样如此。像室利佛逝一样，马六甲在国际贸易中也发挥着至关重要的作用。来自亚洲各地的商人迅速将这个港口变成该地区重要的贸易中心以及印度洋海上贸易网的重要连接点。渐渐地，马六甲如同室利佛逝一样建立起一个松散的帝国，控制着马来亚和苏门答腊岛东部的许多沿海地区。今天，只有少数遗址和文物能够令人回想起曾经辉煌的室利佛逝，然而其最大的港口巨港今天已是印尼一个繁荣的石油工业中心，该港口绝大部分居民是穆斯林。

2389

进一步阅读书目：

Hall, K. R. (1985). *Maritime Trade and State Development in Early Southeast Asia*. Honolulu: University of Hawaii Press.

Heidhues, M. S. (2000). *Southeast Asia: A Concise History*. London: Thames & Hudson.

Kathirithamby-Wells, J., & Villiers, J. (Eds.). (1990). *The Southeast Asian Port and Polity: Rise and Demise*. Singapore: Singapore University Press.

Lockard. C. A. (2009). *Southeast Asia in World History*. New York: Oxford University Press.

Marr, D. , & Milner, A. C. (Eds.). (1985). *Southeast Asia in the 9th to the 14th Centuries*. Singapore: Institute of Southeast Asian Studies.

Shaffer, L. N. (1996). *Maritime Southeast Asia to 1500*. Armonk. NY: M. E. Sharpe.

Tarling, N. (Ed.). (1992). *The Cambridge History of Southeast Asia: Vol. 1*. Cambridge, U. K.: Cambridge University Press.

Taylor, J. G. (2003). *Indonesia: Peoples and Histories*. New Haven, GT: Yale University Press.

Wolters, O. W. (1967). *Early Indonesian Commerce: A Study of the Origins of Srivijayo*. Ithaca, NY: Cornell University Press.

Wolters, O. W. (1970). *The Fall of Srivijaya in Malay History*. Ithaca, NY: Cornell University Press.

State Societies, The Emergence of　国家社会组织的出现

2394　　经过数千年靠驯化动植物和存储剩余农产品维持的村落生活之后,在旧大陆(美索不达米亚、埃及和印度河流域)和新大陆(在墨西哥玛雅地区和秘鲁安第斯山区)出现了各自独立的早期国家社会组织。

在旧大陆和新大陆,最早的国家社会组织从村落族群发展而来,这些族群从事能够带来农业剩余的劳作以及动植物的驯养。虽然它们在很多方面存在差异,但它们通常被视为高度分层的社会,这个社会有生活在农村的农民和城镇里的居民、贵族和奴隶、商人、祭司、工匠、精英和农民。在史前时代,尽管地区之间发生过一些接触,但最早的国家社会组织的形成与演变(一个快速而非渐进的过程)是相互独立的。

大部分早期国家并没有广阔的疆土;相反,它们是由一些政治独立的城市(或城市国家)组合而成,这些城市拥有共同的文化传统并且作为"同等政治体"彼此互动。最早的城市其实并不小,占地面积达到数平方千米,而且城市里居住着数万人。这些城市是艺术和信息记录的创新中心,其中包括最早的文字,我们可以在一些(并非所有的)最早的城市和国家里发现它们;它们包含大量用于仪式的纪念物,如金字塔、庙宇、宫殿、广场和大型艺术作品。建筑师们设计这些纪念物是为国王和神服务的,工匠和商人的产品使这些纪念物更加丰富了;有数以千计的劳工参与建造这些纪念物,而他们的生存和生计有赖于社会的最高层。

在旧大陆,最早的城市和国家约公元前3200年在美索不达米亚和埃及出现,约公元前2600年在亚洲的印度河流域出现,约公元前1700年在中国的北方出现。在新大陆,最早的城市和国家约500年在南美洲秘鲁沿海地区和安第斯山脉中部地区出现,约200年在中美洲低地的玛雅地区(墨西哥和中北美洲)出现。约200年,在中美洲的高原地区,蒙特阿尔班和特奥蒂瓦坎的城市和国家出现。最新有关最早的国家起源的考古和历史研究,已经大大改变了学者们对这些社会的看法。

旧大陆

在亚洲西南部的美索不达米亚地区,最早和最知名的城邦是乌鲁克(Uruk),在公元前3200年,其城市面积达到了约3平方千米,并且

拥有约 2 万居民。而在此前的几百年间,美索不达米亚地区只有一些规模不大的村落兴盛一时,这些村落的人口数量只有几百。世界上最早的文字发明于乌鲁克,这改变了先前的信息记录系统。最早的泥板文书主要记录一些同庙宇和宫殿往来的交付和支付的经济记录。然而,文书中 15% 的内容包括等级、职业、城市的列表以及树木、石头甚至神的名称。总而言之,最早的文字是伴随着早期学校和抄写员教学材料的产生而出现的。

2395　　　乌鲁克城的主体部分是寺庙、仓库、国库,以及其他用于仪式的建筑物和广场所处的区域。人们创造了新的艺术形式,从大型石刻花瓶到绘有微型场景和铭文的小型圆筒图章。这些图章沾满湿黏土,盖在板上或陶瓷制品上,以标明商品的所有权或对交易负责。如同美索不达米亚地区的其他城市,乌鲁克在公元前 4000 年末期以及公元前 3000 年初期只是一个有限区域的中心,包括两到三个小镇、几个小村庄和小农庄。城邦(微型国家)的首都容纳了美索不达米亚地区的绝大部分人口;伴随着大城市的发展,乡村人口在持续大幅度地减少。尽管这些城市的文化都是独特而普遍的美索不达米亚文化,但城市和城邦之间不存在政治上的统一。直到早期微型国家出现之后几乎 1000 年,美索不达米亚地区才实现了政治上的统一,不过,由于美索不达米亚城市恢复了其古老的自治权,这种统一并没有持续多久。

埃及与美索不达米亚地区虽然在地理上邻近,并且在史前时代一直与后者保持接触,但埃及是一个完全不同的国家。埃及并不是一个政治上独立的城邦国家,早在约公元前 3200 年就实现了国家统一,其北部地区(下埃及)和南部地区(上埃及)结合形成了一个单一的国家,并在随后 3000 年的大多数时间里仍保持着统一。埃及的统一是有道理的,因为埃及主要是位于沿尼罗河两岸的长条地带和尼罗河三角洲地带。尼罗河可预测和可靠的洪水,不仅提供了所需用水,而且还有肥沃的淤泥,这些都是农业生产的基础。

经过数千年的小村庄阶段之后,公元前 4000 年末期很快出现了城镇体系,上埃及地区最早的城镇赫利奥波利斯(Hierakon polis)的面积达到了将近 3 平方千米,与同一时期乌鲁克的规模大致相等,但人口没有那么稠密,只有近 1 万人。埃及最早的文字象形文字几乎完全不同于美索不

在乌鲁克的台阶式地形上建造阿努神庙(白庙)。乌鲁克是位于美索不达米亚的一座古老的苏美尔古城。一件根据威廉·希舍姆·欧沃尼(William Heysham Overend)原版创作的木版画的复制品。纽约公共图书馆

达米亚的文字,尽管这两种文字差不多在同一时期出现。埃及最早的文本主题主要是歌颂埃及王权,与土地经济毫不相关。埃及人从一开始就表现出对政治秩序和政治稳定的强烈意识,而秩序和稳定是由国王和诸神保障的。

墨西哥的特奥蒂瓦坎古城遗址可能是古代新大陆最大的城市。阿图罗·德尔芬(Arturo Delfin)摄

在经历了长时期的农耕村落阶段之后,印度河流域的城市(位于今巴基斯坦和印度北部)迅速地出现了。约在公元前 2600 年,最著名的城市摩亨佐·达罗(Mohenjo Daro)和哈拉帕(Harappa)处于全盛时期。这两座城市的规模都在 2 平方千米左右,拥有超过 3 万的居民。至少还有 6 座其他的重要城市曾经存在于印度河及其许多支流以及另一条重要河流的沿岸,而这另一条重要的河流现在已经完全干涸了。像美索不达米亚地区的城市一样,印度河流域的城市具有政治上的独立性,尽管这些城市的物质文化具有独特的共性。这些城市间共享着同样的陶器装饰、标准度量衡的使用以及印度河流域的手写体。

摩亨佐·达罗是一座精心构造的大都市。其仪式中心包括各种各样的结构,例如大殿和神圣洗池。城市的住宅区与仪式中心是彼此分离的,前者包括奢华或简陋的房屋、发达的管道设施以及广阔的林荫大道。印度河流域的商人为获得贵金属抵达内陆地区,他们也到海外经商,最远抵达了波斯湾,人们已经在那里发现了他们独特的度量衡。约在公元前 1900 年,印度河流域的文明消失了;这是因为大城市已经发展到极限,即在确保乡村生活持续下去的同时,乡村农民已经无法支撑城市的发展了。印度河流域的手写体,包括绘在印章和陶器上的符号,要比美索不达米亚地区的任何文字或者埃及的文字少得多,而且仍没有被成功释读。

在公元前 3000 年末期,其特征将延续数千年的中国北方平原的小村庄出现了,这些村庄的居住区很大,但人口规模适度。这一地区最早的城市和国家出现在公元前 2000 年初期。约在公元前 1700 年,二里头的面积达到了 3 平方千米,城中约有 4 万居民;郑州在公元前 1500 年达到了相同的规模;在公元前 1100 年,安阳可能已经拥有了 10 万居民。这些城市是由单独的仪式区、墓地、手工生产区和住宅区构成。这些城市都是首都地区,它们试图控制自然资源和贸易路线。直到公元前 3 世纪,这些区域才实现统一。

研究人员已经在安阳墓园里发现了一些王室陵墓。它们是令人印象深刻的地下构筑物,通过坡道进入墓室,其内部藏有丰富的青铜器、玉器以及陪伴王室成员进入来世的家臣尸体。研究人员还发现了"甲骨"。这些骨头是一些牛肩胛骨和龟壳,骨头上刻有中国已知最早的文字。

因此,我们呼吁埃多(所有的埃多人)听从我们的警告:学会让自身的利益服从于整个社会的利益;在把自己视为这个派别或那个社会的成员之前,首先要视自己为ovbiedo(埃多的孩子)。只有这样,你内在的力量才会显露并持续下去……

——奥巴·埃勒迪瓦(Oba Erediauwa, 20世纪)

安阳人将骨头扔入火里,通过解释骨头产生的裂痕来预测王室成员的成功或失败。最早的城市和商王朝消亡之后,中国历经了各种各样的政权和战争,最终实现了统一。

新大陆

在中美洲低地地区,最早的城市和国家于公元纪年初期出现在玛雅地区。然而,在之前的两个世纪里,大型城市和巨大的仪式建筑群已经出现了,例如埃尔·米拉多尔(El Mirador)遗址。不过,埃尔·米拉多尔没有独特的玛雅文字,因此,我们对曾经建造宏伟金字塔和庙宇的统治者毫不了解。在约公元前1000年,玛雅地区最早的村庄才出现,所以该地区向国家形态的过渡速度要远远快于任何旧大陆的相关例子。

最早的玛雅城市非常庞大。蒂卡尔(Tikal)古城的纪念性建筑和广场、仪式堤道和住宅区等核心区域的面积不小于16平方千米,它的外围结构延伸得更远。蒂卡尔的人口数量不少于5万人。其他城市的规模和人口数量与蒂卡尔相当,但是也有一些比它们小的城市。尽管如此,所有的城市都拥有玛雅城市的特征——仪式结构、金字塔、堤道、雕刻石柱(石板或石柱)。诸如蒂卡尔的一些城市能够控制它们的竞争城市,但像卡拉科尔(Caracol)这样的大城市经常成为蒂卡尔的竞争对手。玛雅象形文字起源于3世纪——然而,根据最近的发现,或许还有一些更早的初期形式——记录了王朝的历史、联盟和战争。在公元第1个千年的最后几个世纪里,位于危地马拉南部低地的大多数玛雅城市基本上被遗弃了;但位于北部低地的墨西哥玛雅城市适应了新的环境并生存了下来。

在墨西哥南部的中美洲高地,蒙特阿尔班(Monte Alban,位于今瓦哈卡州)和特奥蒂瓦坎地区最早的城市和国家距离墨西哥城不远,出现于公元前1世纪和公元1世纪。作为三峡谷地区的首府,蒙特阿尔班坐落在一个易守难攻的山上。它一开始有1.6万人,在750年崩溃之前,它的人口增长到约3万。特奥蒂瓦坎可能是古代新大陆上最大的城市。200年前后,它的面积达到了20平方千米,估计有12万居民。

特奥蒂瓦坎的仪式建筑群包括600座金字塔,其中最大的位于"亡灵之路"的侧面。虽然特奥蒂瓦坎和玛雅有着广泛的接触,但奇怪的是,特奥蒂瓦坎却没有文字系统用以记录其复杂的交易和管理。蒙特阿尔班的居民使用一种数量有限且未被解读的文字,然而,这种文字似乎与玛雅文字无关。特奥蒂瓦坎的崩溃引人注目。一场大火(显然是由一个不明身份的个人或团体所为)摧毁了沿"亡灵之路"的建筑物,但纵火的目的并不是要让大火吞噬城市的居民区住宅或者手工生产区。这个遗址被随后的阿兹特克人所崇拜,今天它已被人们所占用。

在南美洲秘鲁的北部沿海地区以及安第斯山脉中部地区,前者最早的城市和国家出现于公元最初的几个世纪,而后者最早的城市和国家出现于约6世纪。虽然这两个地区有所不同——前者除了依靠灌溉种植玉米之外,还需要利用海洋资源;而后者拥有马铃薯、藜麦(一种苋属植物,它的种子可以用作食物)和玉米的农业体制——但是它们拥有相似的发展路线。最早的聚居区是仪式中心,后来城市出现了。在沿海地区,最早的国家出现在莫希河谷(Moche Valley),那里精心构建的坟墓在1世纪被第一座城市所取代。

安第斯山脉中部的两座城市蒂瓦纳库(Tiwanaku)和瓦里(Wari)出现于约600年,并且逐步形成了壮观的规模——约6平方千米。在这两个地方,瓦里的人口更为稠密,约有3万居民。它们是区域影响力的中心,秘鲁南部的瓦里曾经建立起一个帝国,其疆域一直延伸至海岸以及北部的内陆地区。这两个地方在公元第1个千年的最后几个世纪里崩溃了。瓦里在许

2398

多方面预示了印加的崛起,它创建了一个帝国体系、独特的行政组织结构、道路系统以及最早的结绳文字(打结的绳子),结绳是一套复杂的记录系统(尽管它还不是一种文字形式)。

在全球范围内,当最早的国家出现的时候,人口被吸引到聚居区,并将其转变为城市,随之而来的周围乡村的人口不断减少。最早发展起来的城市,是作为免受邻国入侵的军事防御要地,或作为重要的朝觐地,或在环境上有利于农业生产之地,以及(或者)成为贸易和交通线路上的要地。各个城市及其国家所控制的领土面积存在很大的差别。一些国家的面积很小——城邦国家经常与其他的城邦国家并存——而另一些国家则拥有广阔的领土,例如埃及;国家要么集中在能够控制其全部疆土的单个城市,例如特奥蒂瓦坎或瓦里。

对人类文明而言,最早的城市和国家的生活方式没有回头路可走。较大的国家和帝国的出现、贸易和战争的增加,以及社会生活的创新步伐呈指数增长,通常是以不可预知的方式发生的。

进一步阅读书目:

Cowgill, G. (1997). Start and Society at Teotihuacán, Mexico. *Annual Review of Anthropology*, 26, 129 - 161.
Kemp, B. (1989). *Ancient Egypt: Anatomy of a Civilization*. London: Routledge.
Liu, L., & Chen, X. (2003). *State Formation in Early China*. London: Duckworth.
Moseley, M. (2000). *The Incas and Their Ancestors* (2nd ed.). London: Thames and Hudson.
Pollock, S. (2000). *Ancient Mesopotamia: The Eden that Never Was*. Cambridge, U. K.: Cambridge University Press.
Possehl, G. (2002). *The Indus Civilization: A Contemporary Perspective*. Walnut Creek. CA: Altamira.
Scarre, C., & Fagan, B. (2003). *Ancient Civilizations* (2nd ed.). Upper Saddle River, NJ: Prentice Hall.
Sharer, R. (1994). *The Ancient Maya* (5th ed.). Stanford. CA: Stanford University Press.
Trigger, B. (2003). *Understanding Early Civilizations*. Cambridge, U. K.: Cambridge University Press.
Yoffee, N. (2004). *Myths of the Archaic Slate: Evolution of the Earliest Cities, States, and Civilizations*. Cambridge, U. K.: Cambridge University Press.

诺曼·约菲(Norman Yoffee) 文

王超 译,黄艳红 校

State, The 国家

2399 国家是为了组织大量人群协同工作而发展起来的。第一个统治者宣称拥有人们所崇拜的诸神的权能,并且建立军队来捍卫他们的领地。作为文明的基本单位,国家建造了城市和道路,建立了市场和货币体系,征服新的土地,并且发动战争,所有这些都是以自我保护以及保护人民的名义进行的。

几乎在任何地方,人们都得缴税并遵守独立主权国家强制执行的法律。然而,在绝大多数时候,人们生活在无国家的状态下。几千年来,小群狩猎者、采集者以及最早的食品生产者生活在没有统治者、官员、租金、税金、保护、开支以及服务的时代,而这些都是国家带给后人的产物。

国家与城市一同出现。国家最大的优点是

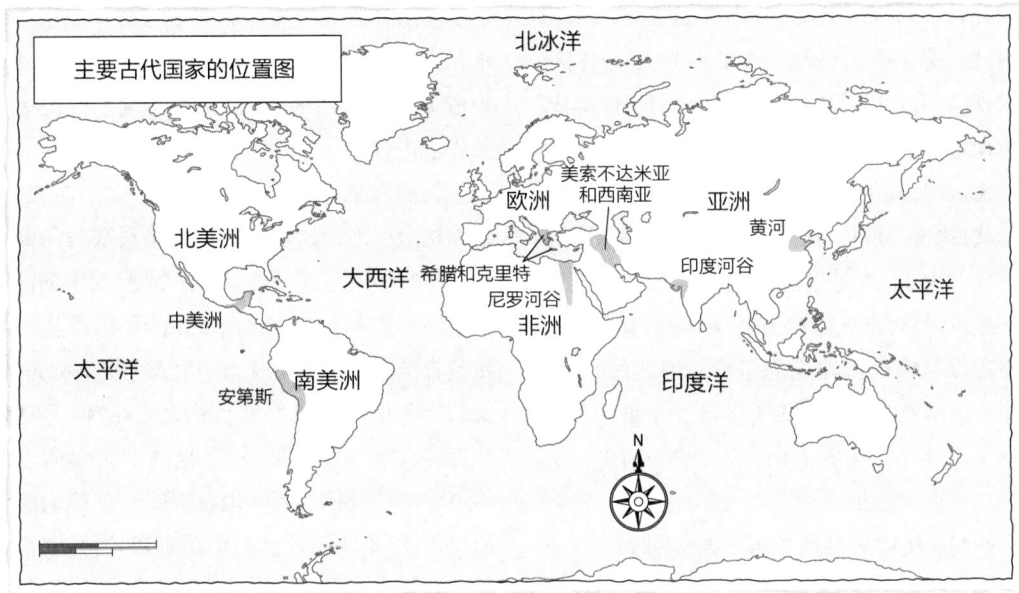

主要古代国家的位置图

可以组织大量人群从事共同的工作。这使得各国可以侵占内部组织较差的邻国以扩大其疆域。直到今天，只有少数与世隔绝、无国家的人群生活在新几内亚的内陆、亚马孙和东南亚的热带雨林以及非洲的沙漠地带。

早期的统治

人们对国家是如何产生的这一问题所知不多。那些让历史学家们能够了解过去的文字记录，是为了记录税务支付而发明的，文字只是逐渐地被用作其他用途。我们知道，在美索不达米亚南部的苏美尔地区（今伊拉克），最早的城市出现在约公元前 3500 年，祭司是最早的统治者。他们声称自己侍奉神灵并与其交流，他们认为，神灵控制着天气、收成以及自然和人文环境的所有其他方面。祭司总是说服民众将部分收成献给神灵，以确保它对农作物的保护，这也许是应对灾难的一种谨慎的保险形式。但在实践中，这意味着民众要把粮食、羊毛和其他有价值的物品当作税金交给神的仆人——祭司。祭司利用一部分税金养活一批工人，让后者建造了巨大的神庙来供奉神灵；并通过向神灵祭献食物、饮料以及他们能够想到的所有其他慰藉方式，以博得神灵的欢心。部分税金也用于支付祭司自身的生活开支，以及从其他人那里收集谷物并做税务记录的人的生活开支。祭司也使用额外的食物来供养男女工匠，这些人生产精美的毛料衣物，并将它们披在神像上；工匠们将剩余的衣物与四面八方的外地人进行交易，而作为回报，他们为神庙提供了神庙仪式所需的大量珍贵物品。

为了尽全力让神灵满意，苏美尔祭司在距离较远的不同民族间调动了大规模的共同协作。新技术成倍增加，如何取悦神灵的新想法也是如此；不久之后，苏美尔神庙和城市的财富和辉煌是任何其他地方都无法匹敌的。然而，显赫的财富很快就吸引了远方的入侵者。因此，为了成功击退这些外来进攻，祭司很快就需要训练有素的战士，并给他们装备金属武器和护具。

一个不稳定的联盟

公元前 3000 年以后，大规模的城墙建设与

2400

神庙建设之间展开了竞争；当决定需要采取何种措施来确保人员财物安全的时候，武士们很快就同祭司发生了冲突。随着时间的推移，战争愈演愈烈。苏美尔的城市开始形成互相竞争的联盟，并且相互争斗。到阿卡德王国的萨尔贡时代（约前 2360—前 2305），首位征服者开拓了广阔的领土，武士们已经在国家事务中获得主导地位；但为了巩固权力，军事统治者仍然需要祭司以确保获得神灵的帮助。因此，武士和祭司之间不稳定的联盟成为随后几个世纪美索不达米亚地区治国方略的特点，随后的大部分世界历史也是如此。

帝国的统治者长期受困于两大难题。一个是保护自己的权威免受竞争者的挑战，后者要么是心有不甘的臣民，以及（抑或）相邻的国家和民族。另一个是在不引起太多地方反抗的情况下，选择有能力的官员征收赋税、执行法律以及服从指令。保存可靠的记录、褒奖那些辅佐统治者的人以及清除低效或不忠的臣属是统治者的一项全职工作，少数高级官员则同统治者日复一日地讨论着应该怎么做。总的来说，统治者和为其服务的文职和军事官员构成了一个不稳定和竞争状态的组合。国内斗争和对外战争带来永无休止的动荡，这些构成了传统史学的骨干内容。

长期以来，在阿卡德王国的萨尔贡时代，美索不达米亚地区出现的武士和祭司权力的混合一直是文明的范式。可以肯定的是，沿不同的路径通往帝国霸权的其他早期文明，往往从一开始就将军权和神权集合到一个人手里。例如，埃及的第一位法老美尼斯自称是永生神，并且领导着首次统一埃及的军队，他的继承者们也仍然声称自己是神。同样地，依靠天命（他们统治的神圣性）来统治社会的中国皇帝，通过亲自参与宗教仪式来保持权威；与此同时，他们也掌控着庞大的军队，有时他们亲自指挥军队，但更多的时候是通过属下将领。直到 1945 年，日本天皇仍自称是太阳女神的后裔，尽管在日本历史的大部分时间里，统治日本的地方武士首领和部落首领并没有太多考虑当朝天皇的意愿。同样，在美洲大陆，祭司的权力最初似乎是至高无上的，然后像在旧大陆那样，以非常类似的方式

一块纪念乌尔纳姆（Ur-Nammu）——约公元前 2000 年美索不达米亚乌尔国王的石碑，显示他接到命令建立金字形神塔。美国国会图书馆

逐步受到军事首领的挑战。不过，来自美洲大陆的信息非常匮乏，因为可读的文本要比想象中少得多。

在地中海东海岸腓尼基人居住的一些地方、古代希腊以及意大利的部分地区，一些小型城邦国家出现于约公元前 800 年。它们最初由国王统治，然而在许多希腊城市以及后来的罗马，选举产生的任期一年的行政官最终取代了世袭的统治者。此后，当选的行政官以一种不稳定和不断变化的方式，与公民-士兵大会以及富裕的土地所有者构成的参议机构分享权力；这种情况直到公元前 31 年才宣告结束，罗马皇帝奥古斯都在那一年将地中海沿岸的国家合并成一个统一的帝国。

宗教的影响

古代希腊和罗马的城邦具有一定的特殊性，因为它们很少关注神职人员和宗教，它们依靠的是兼职的平民军队。然而，这种背离文明范式的情况最终发生了改变，罗马军队逐步成为全职和专业军队（前 107）。而君士坦丁大帝使基督教合法化后，神职人员的重要性日益提高，他的继任者们使基督教成为国家的官方宗教（379）。

当先知穆罕默德提出了一个有关天命的新启示，以纠正和取代犹太教和基督教前辈时，伊斯兰教便强化了宗教在国家事务中的作用。在西亚、整个北非和西班牙（634—732），阿拉伯人对罗马和波斯帝国所取得的一连串胜利似乎证明，穆斯林、犹太教徒和基督徒所崇拜的神偏爱穆斯林。尽管如此，基督教还是幸存了下来，主要在欧洲。传教士将基督教向北传播到日耳曼和斯拉夫民族当中，这一过程大致在立陶宛统

莱昂·科涅（Leon Cogniet）的《赫里奥波里斯之战》（*Battle of Heliopolis*，约 19 世纪），布面油画。这次战斗标志着拜占庭帝国在埃及统治已临近末日，并成为穆斯林征服的一种模式；这一征服一直延续到 1669 年

治者于 1378 年接受天主教之后才完成。穆斯林也继续在各条战线促使当地人皈依伊斯兰教——将伊斯兰教向北传播到土耳其，向东传入印度和东南亚，以及东非和西非。奥斯曼帝国苏丹穆罕默德在 1453 年征服了君士坦丁堡，消灭了罗马帝国最后的残余，直到 1669 年，穆斯林在欧洲仍然处于发展状态。在我们这个时代，穆斯林和基督徒之间的对抗仍然影响着国际事务，宗教对人类思想和情感的控制仍然很大。

发动战争

到 1000 年以后，世界各地的国家通常在国王和皇帝的统治之下，这些帝王将大部分的精力

《财产税之死!》赋税随国家的出现而"诞生";虽然赋税不受欢迎,但是它们对国家的成功而言是不可或缺的

用于发动战争并准备击退进攻。巨大的资源直接用于建造坚固的城堡和带城墙的城市。罗马人和中国人试图通过建造城墙甚至数百英里长的城墙,来保护面临威胁的边疆地区。在长达数个世纪的时间里,攻击和防御都需要越来越复杂的手段和物资,收集足够多的金属以及寻找能工巧匠制造最佳的装甲和武器,通常是世界各地敌对国家极为关注的问题。制造越来越强大的武器以及构筑相应的防御工事,使得技术成为整个文明世界最不稳定的方面。对于取得军事胜利来说,训练士兵有效使用这些武器也是十分重要的。在某种意义上说,这种努力得到了回报,国家向越来越多人类居住的世界扩张势力,尽管敌对国家所带来的威胁仍然和以前一样巨大。

国家修建道路以加快军队到达战场的速度,这对商业也非常有用。人们利用具有开创性的造船新技术来制造特殊的军舰。通过组织粮食运输以确保粮食供应,以及安排战车比赛和大众娱乐的其他庆典活动,国家也偶尔试图安抚中心城市的民众。然而,国家主办的照顾穷人和病人的福利服务——在当今非常重要——是很罕见的。虽然宗教机构做了一些填补缺口的事情,然而,私人家庭和仁慈的邻里才是负责为穷人提供所需的各种帮助的主体。

货币和贸易

从一开始,在国家事务中,军事上的优先考量被一个长期存在的问题困扰,即如何征集足够多的原材料和能工巧匠来制造其所需的武器。尤其是,人们通常不得不在偏远地区开采和提炼金属矿石,然后将其运送到城市并由那里的工匠打造成武器。统治者和士兵无法亲自监管这一生产过程。相反,他们依靠为工资和利润而忙碌的商人以及本地的供应商。约公元前550年,铸币的发明推进和加速了武器制造方面的货物和服务交换,同时也扩大了和平市场的范围与影响。经过一段时间以后,国家发现用货

> 国家是台缓慢运转的庞大机器。
>
> 菲利普·詹姆斯·贝利(Philip James Bailey, 1816—1902)

币而不是实物方式收税更加方便；于是，银行家和商人所运用的货币权力，日益强大到足以影响甚至最强大的国家。

从马其顿的亚历山大征服各国(前334—前323)，一直到罗马共和国的结束，货币力量在国家事务中的证据，在地中海东部的沿岸地区以及东至伊拉克的地区表现都很明显。此后，作为一种在大量的和远距离人群中协调人类劳动的方式，这种建立在或多或少自愿买卖上的市场关系也是军令和教令的一个有力的补充，偶尔还是竞争对手。奇怪的是，在中世纪早期，当罗马帝国和汉王朝崩溃以后，国家组织的征税减少了，整个欧洲和亚洲的基督教修道院和佛教僧侣在更广泛地传播买卖习惯的过程中发挥了显著的作用。

一个决定性的转变出现在960年之后，当时中国政府开始以货币的方式向普通农民征税，迫使数百万人在下一个世纪的进程中找点东西来卖。他们能做到这一点，因为沿着中国内河和运河的运输廉价而又安全，因此，即便小的价格差异也会对当地专业化生产带来有效的刺激。财富不断增加，发明不断产生，中国的商品和技能很快开始通过陆路传播到草原，并通过海路到达印度和非洲东海岸。即使是遥远的地中海也成为一个商业复兴之地，在这一时期，意大利商人开始与穆斯林商人展开竞争。

因此，加强货币力量对整个欧亚大陆国家及其统治者提出新的挑战。在中国和亚洲的其他国家，银行家和商人仍然不如军事统治者和官员那么强大。然而，在欧洲的一些地区，商人开始管理拥有主权的城邦国家；在这些城市内部，一个触角深远的水路运输系统维持的市场关系所遇到的障碍，要比其他地方少很多。1346年之后，火药武器——最初发明于中国——的广泛传播导致战争的成本越来越高，在欧洲没有任何一个帝国可以像中国在亚洲那样，曾成功地垄断其境内的这种武器市场。

结果，欧洲的国王和城邦很快就发现需要向士兵和武器制造商支付货币。当货币紧缺的时候，特别是在战争期间，它们往往从银行家那里借钱。还款总是很困难，然而拒付国家债务意味着下次将付出更高的代价；与银行家配合最好的国家在战争中具有明显的优势。首先是意大利，接着是荷兰，在1650年之后，英国开创了由此产生的欧洲战争的商业化；而相互竞争的欧洲陆军和海军维持了日益加速和持久的技术变革，到1800年，这些技术变革最终让欧洲国家在全球的优势变得越来越明显。

探索与征服

美洲大陆的发现、殖民和探险深刻地影响了世界的平衡。在首次寻找新大陆的航行之后，西班牙、葡萄牙、法国和英国迅速建立起跨大西洋的帝国。当西方人带入的病毒在美洲印第安人当中造成大规模的传染病死亡事件后，他们将数百万来自非洲的奴隶运送到美洲大陆，让后者在甘蔗种植园劳动，或从事其他艰苦和卑贱的工作。在美洲大陆，新的种族混合群体开始向欧洲供应白银、毛皮、鱼、糖，以及其他有价值的商品；而欧洲的一些帝国进行海战，并不时地派远征军到美洲大陆，来回地改变边界，尤其是在热带的加勒比地区。

约在1750年以后，3个因素开始发挥作用，深刻地改变了传统的治国纲领。第一个因素是大规模应用各种无生命形式的能源——流水，然后是蒸汽和电力，这有利于欧洲的工业化国家在整个非洲和亚洲构建帝国。因此，到1914年，少数几个欧洲国家已经控制了地球上的大部分地区。

第二个因素是始于1776年的美洲大陆，随后在西欧爆发的一系列政治革命，它使全民比以往更加积极地参与政治。由此产生的政治动员的强化也扩大到全球范围。正是在其影响下，殖民地的人民开始挑战并随后推翻了他们的欧洲殖民统治者；因此，到了 20 世纪末，亚洲和非洲的国家再次获得了主权独立。

第三个因素是国家对社会和经济事务干预的大幅扩张。首先是 1792 至 1815 年法国大革命战争期间开始的全民动员。极大程度地扩大军队规模需要提供各种物资，其数量之多史无前例，这对国民经济的改造比以往任何时候都更加彻底。

权力和保护

由于负责整个国家的福利，国家官员扩大了他们的影响力。1883 至 1889 年间，为了使德国工人远离马克思社会主义，并确保他们效忠于新成立的德意志帝国，德国首相奥托·冯·俾斯麦引入疾病和意外伤害保险以及养老金制度，这是一个历史性的创举。到 1918 年第一次世界大战结束之时，其他欧洲主要国家纷纷效仿德国。为了应对 1929 至 1937 年的大萧条，美国通过老年社会保障立法和紧急援助项目，使失业者有工作可做。

从那时起，工业化国家的公众舆论期望和（事实上）要求政府干预越来越多的危机情况——飓风、地震、暴乱、森林火灾、流行病、金融崩溃等——以尽量减少损失和帮助陷入困境的民众。国家曾是残酷无情的税务员，它很少或从未考虑纳税人的意愿和需求，后来却发现自己声称——有时候真的试图——保护每个人免受一切危害。尽管完全成功仍然是不可能的，但在紧急情况下，有组织的国家干预往往可以减少人类的苦难和拯救生命。

然而，与此同时，大规模毁灭性武器——核武器、化学武器和生物武器——的制造，使少数强国具备相互发动攻击的能力，它对人类生活的破坏力和破坏规模比以往更大。我们对其他生命形式的侵犯是由国家实施并得到经济上支持的，这可能会严重破坏全球的生态系统，其后果难以预料。

国家权力并没有停止威胁和保护人类。保护的权力也给了国家破坏的权力。当国家使用其主权来保护自己及其公民的时候，依然可以造成大规模，甚至全球范围的破坏。

进一步阅读书目：

Bendix，R. (1978). *Kings or People；Power and the Mandate to Rule*. Berkeley：University of California Press.

Breuilly，J. (1985). *Nationalism and the State*. Chicago：University of Chicago Press.

Duara，P. (2003). *Decolonization；Perspectives from Now and Then*. London：Routledge.

Geyer，M. ，& Bright，C. (2005). World History in a Global Age. *The American History Review*，100 (4)，pp. 1034 – 1060.

Heater，. D. (2004.) *Citizenship；the Civic Ideal in World History，Politics and Education* (3rd ed.). Manchester，U. K. ：Manchester University Press.

Judt，T. (2010). *Ill Fares the Land；A Treatise on our Present Discontents*. New York；Penguin.

Paul，J. A. (2001). *Nations and States*. Retrieved September 10, 2009, from the Global Policy Forum web site：http://www. globalpolicy. org/component/content/article/172/30345. html

Taylor，P. J. (2003). The State as a Container；Territoriality in the Modern World-system. In Neil Brenner, Bob Jessop, Martin Jones, and Gordon MacLeod (Eds.), *State / Space；A Reader*. Oxford，U. K. ：Blackwell Publishing.

Tilly，C. (1975). *The Formation of National States in Western Europe*. Princeton，NJ；Princeton University Press.

Tilly，C. (1992). *Coercion，Capital，and European States，AD 990 – 1990*. Oxford，U. K. ；Blackwell.

2405

威廉·麦克尼尔（William H. McNeill）文

王超 译，黄艳红 校

Steppe Confederations　草原同盟国

草原同盟国具有类似国家的结构,它们规模庞大且军事力量强大;从公元前第 1 个千年到 18 世纪,草原同盟国曾多次出现在欧亚大陆(游牧民族居住的广大地区)。或许最著名的草原同盟国是成吉思汗(Genghis)在 13 世纪建立的蒙古帝国。

2406

从公元前第 1 个千年到 18 世纪,在以游牧民族为主的地区出现了草原同盟。基于这个原因,它们与农耕世界的国家大不相同。要想充分地了解它们,弄清楚这些差异是非常重要的。然而,不管这些差异如何,草原同盟国是如此强大和具有影响力,以至于不将其视作国家似乎是很愚蠢的。本文把草原同盟国看作一种独特的国家类型,并且使用了"草原同盟国"一词,它与"游牧国家"一词可互换使用。

早在公元前第 4 个千年,游牧民族可能就已经生活在欧亚大陆的草原地区。正如考古学家安德鲁·谢拉特(Andrew Sherratt)研究证明的那样,游牧民族独特的生活方式可能是由技术变革导致的,它使放牧者能够更有效地利用家畜,不仅利用它们的肉和皮,而且还有它们的"副产品"——它们的牵引力、羊毛、牛奶和粪肥。当动物还活着的时候,人们就可以利用这些"副产品",因此"次级产品革命"极大地增加了牧人可

用资源的数量和种类,这使得整个群体的生活必需品几乎完全来自他们的牲畜。畜牧业使游牧群体能够利用过于干燥而无法种植的干旱草原,进而使人们在辽阔的干旱草原地带定居下来;这片区域延伸至美索不达米亚,横跨北非进入东非。最强大的草原同盟国曾经出现在满洲和东欧之间的大草原上。在这里,虽然绵羊、骆驼、牛、山羊和牦牛是不同地区畜群的重要组成部分,但是最有声望的动物是马。

游牧的哈萨克家庭在格洛德纳草原(Golodnaia Steppe,),1911。谢尔盖伊·米哈伊洛维奇·普罗库丁-古斯基(Sergei Mikhailovich Prokudin-Gorskii)摄。美国国会图书馆

草原同盟国的建立

草原同盟国的出现令人难以理解，因为游牧民族似乎缺乏促进国家形成的那些至关重要的先决条件。畜牧业的生产力要远远低于绝大多数的农耕形式，因此，它在通常情况下只能养活较小规模以及更分散的人群。因为大多数的牧民经常迁徙，他们也没有理由或机会积累大量财富。最后，牧民大部分时间生活在相对自给自足的小群体内，因此，除了在战争时期，他们很少需要由国家提供的组织服务。少量的人口、有限的财富以及高水平的自给自足，使得游牧国家的出现令人感到有些困惑。在这样的条件下，怎么可能会建立起强大的国家？

第一个答案是，牧民拥有的军事优势部分地弥补了其人口和经济上的弱点。游牧的生活方式自然要求人们学会军事技能，因为牧民必须学会如何狩猎——这就需要熟练使用武器——如何远距离定位，特别是在欧亚大陆、亚洲西南部和非洲北部的干旱地区如何骑马。应付大型动物以及草原和沙漠的严酷气候对体力的要求使牧民习惯于饥寒交迫，让他们在战斗中占有优势，而频繁的袭击则提供了常规的军事实践。虽然军事技能主要与男性相关，但它在游牧社会的妇女当中也广泛传播。包括古希腊历史学家希罗多德的"亚马孙人"故事在内的许多记载表明，游牧女子可以成为强大的战士，许多草原的妇女墓葬中包含大量的武器和盔甲。早在公元前第4个千年，游牧族群的军事威力就已经很明显了，因为那一时期的草原墓葬（kurgany）中包含武器以及周边农耕族群生产的商品。有些商品大概是通过贸易获得的，但毫无疑问的是，即使是最早的牧民，也像他们的后代那样，经常使用武力威胁来索取贡品。关于游牧民族生活方式的最早文字记录，都强调了军事技能对牧民的重大意义。公元前5世纪，希

罗多德在其关于斯基泰人的著名描述中写道，斯基泰人的首领组织年度大会，在会上，在过去一年中没有杀死过敌人的那些人会感到羞愧。汉朝史学家司马迁曾这样描写匈奴人："儿能骑羊，引弓射鸟鼠，少长则射狐兔，用为食。士力能弯弓，尽为甲骑。其俗，宽则随畜，因射猎禽兽为生业，急则人习战攻以侵伐。"与农民不同，牧民在发动战争前基本不需要进行训练。

血缘关系在游牧社会的作用可以解释，为何游牧族群能迅速形成大的军事联盟。游牧民族通常以小型群体的形式生活，这些相关个体组成的小群体通过血缘和效忠关系与相邻的群体联系在一起。在制定迁徙路线或处理与相邻家族和部落的冲突问题上，由家族或部族首领做重要的决定。不过，暴力冲突是很常见的，部分是因为牧民的生活方式极不稳定。整个畜群可能会因春季的霜冻或传染病而死去，那些受此类灾害影响的牧民往往不得不偷盗其他牧民的牲畜。当本地首领派骑兵寻求其他游牧族群领袖的支持时，这种冲突可能促使当地快速形成军事联盟，而这些游牧族群首领是靠血缘、友谊、忠诚或过去的义务联系在一起的。

在面临大规模战争威胁的地方，上述机制可以集合起庞大的军队，将广大地区的游牧部族联系起来。希罗多德在其书中说，公元前513年，波斯统治者大流士经由今罗马尼亚和摩尔多瓦侵袭了黑海附近的草原地区，"斯基泰人意识到，他们无法在直接较量中独自抵抗大流士的军队，所以他们派信使到邻邦求助"。尽管并非所有的族群都加入到对抗大流士一世的联盟中，然而，确实有大量的族群联合起来；面对斯基泰人持久、高效的游击战，大流士最终不得不选择撤退。

结成联盟也是为了发动劫掠突袭。正如日后成吉思汗的支持者清楚地表明的，在1190年左右选他为可汗，是期望在他的领导下变得富有："当你成为可汗，我们作为急先锋在众多敌人

2407

2408

的后面疾驰,俘获姿色好的女孩和可敦(也就是首领夫人)、皇宫帐篷……小跑着的美臀阉马,并把他们献给您。"(Christian 1998)

组建高效的军队以应对外部威胁或期望获得战利品是一回事,而创建一个强大到足以征服邻国且稳定到可被视为国家的永久联盟是另一回事。正如政治理论家埃尔曼·塞维斯(Ellman Service)指出的,国家完全不同于较弱的政治制度,因为前者拥有防止按部落分裂的机制。塞维斯认为,"国家是专门用来抑制这种倾向的一种制度"(Cohen and Service 1978)。

在农耕世界,大量的、生产力高的人群所创造的财富流量,可以用来将各地区的首领统一在一个单一的政治制度下,或可用来雇佣军队。然而,游牧族群基本上无法创造剩余财富。因此,要想建立一个稳定的部落联盟,游牧部族首领必须将劫掠突袭的诱惑制度化。为了把不同的部落绑定到一个持久的政治和军事制度当中,游牧部族首领必须确保从邻近的农耕地区获得源源不断的财富。就是这种稳定的索贡机制的创立,促使临时的军事同盟变成相当于游牧民族的国家。虽然通常是强迫"外人"缴纳贡税,但这些贡税在功能上相当于那些维持农业国家的税金。人类学家托马斯·巴菲尔德(Thomas Barfield)曾做过这样的分析,即公元前第1个千年末期,在横跨中国北部的边境地区,人们是如何首次创建了这种稳定的纳贡体系的。这其实是一种系统性的勒索模式。以今蒙古地区为大本营的匈奴扬言要对中原农耕地区发动毁灭性的袭击,除非后者每年向其进贡食品、丝绸以及其他有价值的物品。一位匈奴官员曾经对中原的使节解释道:"你们只要确保给匈奴的丝绸和粮食在数量和质量上符合要求,仅此而已……如果你们上交的货物达到规格且质量上乘,那就没有问题了;但是如果有任何缺额或质量不好,那么到了秋收时节,我们会骑着战马踏平你们的庄稼。"(Christian 1998)只要中

原王朝继续纳贡,匈奴首领就可以赏赐追随者们大量丰厚的礼物,并且保持他们的忠诚度。成功的关键在于威胁的可信度,而只有在大批草原士兵中取得绝对权威的游牧部族首领才能使这些威胁具有可信度。因此,在草原地区,国家构建通常始于一个老练且有魅力的首领所创造的一批非常有纪律的追随者。

建立农耕国家稳定的进贡模式是非常困难的,这也是为什么游牧国家出现的时间要远远晚于首个农耕国家;同时它们也更少见、更脆弱、更短暂:只有极少数游牧国家能维持一代或两代人以上的时间,因为它们严重依赖缔造者个人的魅力和手腕。然而,一旦国家被建立起来,富有远见的首领们可以做大量工作来稳定它们。最自然的举措便是发动新的征服战争,这些战争可以提供更多的战利品,并且可以提醒现有的纳贡国拖欠贡品的危险性。然而,所有成功的游牧族群首领最终发现,他们必须建立与农耕世界类似的持久的官僚和政治体制。甚至在他们成为最高首领之前,最有远见的游牧族群首领常常会建立精锐部队或亲兵护卫;这些都是官僚化的组织,它紧密地与首领结合在一起,脱离了传统的血缘关系结构。这种策略最突出的例子可以在司马迁的著作中找到,其中描述了匈奴联盟的创始人冒顿单于是如何建立起一大批纪律严明的追随者队伍的。冒顿命令他的追随者朝他弓箭所射的任何目标射击,那些拒绝服从指令的人将被处决。他最初拿箭射向自己最喜欢的一匹战马,所有感到恐惧而没有跟着射的人被他杀掉了;随后,他又拿箭射向自己最喜爱的妻子,那些没有跟着射的人同样被杀掉了;然后,他拿箭射向他父亲的战马;最后,他拿箭射向自己的父亲。冒顿单于杀父夺位之后,有意打破追随者之间的血缘关系结构,将他们编入了靠彼此忠诚而非血缘关系组织的10个部落。

在任何成功的草原联盟的最高层,稳定的

2409

关键在于统治家族的内部。至关重要的是确保王位顺利继承以及继任者是一个有能力的首领。这或许是最难以完成的任务；我们可以肯定的是，所有的草原部族首领对此都有过深入的思考，包括成吉思汗和冒顿在内的一些草原部落首领成功地将权力移交给儿子们，后者有足够的能力将其帝国维系在一起。在统治家族的下面，创建了一种将地区首领与国家结合在一起的结构。从冒顿单于开始，所有最有权势的草原族群首领定期组织地区首领商议国事。这些游牧部族的"议会"给他们提供了一个机会，去密切关注潜在的对手，进行初步的人口普查，咨询有关政策，一同进行宗教崇拜，甚至主办类似于奥运会的游牧部族的体育竞赛（现代的蒙古族那达慕大会便是这种竞赛的一个遗存）。在来自农耕世界工匠们的帮助下，成功的草原部族首领还营造宫殿或都城，以展示他们的财富和威望。作为所有游牧族群最成功的首领，蒙古人启用被征服地区的谋士来帮助他们构建复杂的财政系统，使用驿马的快速通信系统以及成文法。当他们开始对农耕世界的资源和商业及官僚技巧变得更加依赖时，一些草原部族的首领，如塞尔柱王朝的统治者、奥斯曼帝国的统治者以及中国的蒙古统治者，最终将他们的都城移到农耕世界，把游牧民族国家转变为传统的农耕国家，只保留了对游牧族群起源的象征性的纪念。

主要的草原同盟国

公元前第 4 个千年，游牧族群首领组建的强大联盟可能在畜牧业出现之后便产生了。当然，考古证据表明，甚至在公元前第 4 个千年初期就出现了游牧族群大范围的军事迁徙。到了公元前第 1 个千年，出现了游牧族群发动大规模攻击的文字证据，例如，西米里亚人与斯基泰人经由今阿塞拜疆入侵美索不达米亚和安纳托利亚的北部地区。到了这个时候，一些草原部落的首领被埋葬在规模庞大、构造复杂的墓葬里，奴隶、马匹和大量的金银财宝作为陪葬品也被埋入坟墓，这些代表了他们的财富和权势。很显然，黑海北岸的斯基泰人曾向今乌克兰和克里米亚的农耕区索取贡品。然而，这个证据并没有表明曾经存在过草原同盟国或者真正的游牧国家，即能够持续向邻近的农耕国家索取贡品的稳定的统治体系。

第一个真正符合这项定义的草原同盟国，是冒顿单于在公元前 2 世纪初于蒙古地区创建的匈奴联盟。冒顿单于知道他的父亲偏爱他的一个弟弟，于是创建了前文所描述的一支纪律严明的队伍，并利用他们推翻他的父亲，除掉了他父亲最亲密的盟友，在匈奴确立了无可争议的霸主地位。随后，他又向两个邻近的大型草原同盟国发动攻击，大肆劫掠，扩大了他的追随者队伍。最后，正当汉朝在中国北方创立之时，他对该地区进行了毁灭性的洗劫，最终战胜了汉朝的首个皇帝汉高祖（前 206—前 195 年在位）。公元前 198 年，高祖与冒顿单于达成了一系列条约；高祖根据条约视冒顿的地位与其平等，答应挑选一个皇室女子嫁给冒顿单于，并且同意每年赠送后者一些"礼物"，包括丝绸、酒、谷物和其他货物。与此同时，匈奴也与其他游牧部族、许多小镇、今新疆和塔里木盆地的村社以及亚洲中部的一些城市建立了朝贡关系。其权威很快就到达中亚，使匈奴国家成为前现代最大的国家之一。同汉王朝的关系对匈奴政权十分关键，只要有这种关系，就给他们带来巨大的财富和威望。这种朝贡关系维持了将近 60 年，直到一个更强大的汉王朝统治者出现。武帝认为匈奴索要的财富太多，进而对匈奴发动了长达数十年的战争。虽然匈奴的力量遭到削弱，而且再也无法成为与汉王朝对等的外交敌手，但匈奴的地区首领在 3 个世纪的大部分时间里保留了重要的权力。

匈奴的历史在接下来的 2 000 年间重复了多次。552 年，一个被称作阿史那的王朝建立了第一个突厥帝国。像匈奴国家一样，第一个突厥帝国是在蒙古地区创建的。这在很大程度上要归功于其创始人土门与室点密兄弟的才能和个人魅力。在帝国创建的 15 年里，其疆域从中国东北地区到达伏尔加河，与欧亚大陆的超级大国——中国的中原政权、波斯和拜占庭进行平等谈判。然而，帝国在创建后的两代人的时间内便分崩离析了，部分是因为统治家族内部的冲突。第二个突厥帝国建立于 683 年，并一直持续到 734 年，尽管它从来没有像其前身那样向西扩张得那么远。第二个突厥帝国被回纥汗国推翻，后者持续了近 1 个世纪，一直到 840 年。

13 世纪初期，一位蒙古族统治者铁木真（约 1160—1227）创建了最大的草原帝国。像冒顿一样，铁木真在凶猛的部落和个人冲突的敌对环境中获得成功。他吸引了一批忠诚可靠、纪律严明的追随者，在 1206 年的地区首领大会中他被推选为大汗或成吉思汗（由"Chinggis Qan"派生出该名称更流行的英语化版本，"Genghis Khan"）。成吉思汗率领蒙古大军武力征服了中国北方和中亚地区。他去世后，他的继任者征服了中国的其他地区、俄罗斯和波斯。在 13 世纪 60 年代，铁木真的孙子忽必烈可汗声称对蒙古、中国中原地区、中亚、俄罗斯和波斯拥有主权，这是有史以来创造的最大的陆上帝国。

在 16 和 17 世纪，另一些的游牧国家在蒙古地区建立起来。17 世纪后期，在蒙古西部地区出现了准噶尔汗国，它在 1758 年被中国的清王朝击垮，或许它可以算是最后一个伟大的草原同盟国。

规模最大且最具影响力的草原同盟国出现在中国西部和北部的大草原，可能是因为在那里它们可以从全球最庞大和最富有的国家勒索钱财。然而，其他草原的同盟国出现在更远的西方。在大草原的西端，最强大的草原同盟出现在匈牙利，在那里它们可以向罗马和拜占庭帝国勒索财富。这些游牧国家中最有名的当数匈奴汗国（5 世纪）和阿瓦尔汗国（6 世纪），尽管一些更早的游牧民族也曾经短暂地从其邻近的东欧农业国家那里勒索财富。虽然匈奴汗国和阿瓦尔汗国从它们的邻国勒索了大量的财富，但是作为主要的大国，它们的存在时间没有超过一代人，这或许是因为匈牙利大草原为庞大的游牧民族军队提供的基地太小。在中亚地区出现了许多强大的游牧国家联盟，其中的一些持续了好几代人。中亚的地理结构使他们无法像蒙古人或匈奴人那样大规模地勒索财富：他们的财富来自该地区许多小的绿洲城邦。中亚地区最强大的草原同盟国贵霜帝国（约 45—约 230）将其力量主要放在农村社区；尽管它起源于游牧地区，但它确实应该算作统治农耕国家的游牧王朝。塞尔柱突厥人也是如此，他们在 1040 年征服了中亚的大部分地区；在一代人的时间之内，他们继续征服了波斯、美索不达米亚和安纳托利亚的大部分地区。

在里海的北部和西部地区，农民的迁徙为俄罗斯新兴国家的出现奠定了基础，这也为游牧族群首领索取贡品创造了新的机遇。7 世纪初，来自突厥阿史那王朝的统治者在里海西部沿岸建立了哈扎尔帝国（The Khazar Empire）。它持续了 300 余年，最终于 965 年被基辅罗斯（首都位于基辅的一个公国）的军队摧毁。哈扎尔帝国的中心地带仍然在里海的北部和西部地区，其统治者始终保留他们的游牧起源意识。哈扎尔帝国向邻近的游牧族群以及今俄罗斯和乌克兰地区的农业地区索取贡品；它也成为国际舞台上的一支重要力量，与巴格达和君士坦丁堡进行平等谈判。哈扎尔帝国的财富来源非常广泛，有来自地方的贡品、贸易税以及高加索和罗斯公国的农业人口税。1237 至 1241 年，罗斯公国被蒙古征服后，成吉思汗的继承人长子术赤(Jochi)建立了一个被称为金帐汗国或钦察汗国的国家。金帐汗国在分裂成为几个更小的国家之前的一个多世纪里，成功地向高加索和罗斯公国地区的其他国家索取贡品；而分裂后的这些汗国都没能成功地建立这种稳定的进贡体系。

世界历史中的草原同盟国

虽然把这些草原同盟国视为国家是合情合理的，但是它们与那些带给我们传统国家图像的农业国家大不相同。由于资源有限，草原同盟国不得不主要依靠外部的收入来源，通过采取武力从与其自身完全不同类型的农业地区索取贡品。尽管游牧生活方式培养出的军事技能使游牧民族在战争中令人生畏，然而，只有在最有权势和最具才能的草原首领的领导下，才有可能建立起稳定的朝贡系统。保持持久的朝贡系统要比发动周期性的劫掠突袭更加困难，这也就解释了为什么只有极少数的游牧民族首领能够成功地创建真正的游牧国家，以及为什么游牧国家的存在时间很难超过两代或三代人。当然，当游牧国家出现的时候，可以向世人证明其非常强大并非常具有影响力。它们是有史以来出现过的一些最大的国家，它们有时会对欧亚大陆的历史产生革命性的影响。

进一步阅读书目：

Barfield, T. J. (1993). *The Nomadic Alternative*. Englewood Cliffs, NJ: Prentice Hall.

Barfield, T. J. (1989). *The Perilous Frontier: Nomadic Empires and China*. Oxford, U. K.: Blackwell.

Christian, D. (1998). *A History of Russia, Central Asia and Mongolia: Vol 1. Inner Eurasia from Prehistory to the Mongol Empire*. Oxford. U. K.: Blackwell.

Christian, D,. & Benjamin, C. (Eds.). (1998). *Worlds of the Silk Roads: Ancient and Modern: Silk Roads Studies*, II. Turnhout, Belgium: Brepols.

Davis-Kimball, J. (2003). *Warrior Women: An Archaeologist's Search for History's Hidden Heroines*. New York: Warner Books.

Di Cosmo. N. (1999). State Formation and Periodization in Inner Asian History. *Journal of World History*, 10(1), 1 - 40.

Di Cosmo, N. (2001). *Ancient China and its Enemies: The Rise of Nomadic Power in East Asian History*. Cambridge, U. K.: Cambridge University Press.

Golden, P. B. (2001). Nomads and Sedentary Societies in Eurasia. In M. Adas (Ed.), *Agricultural and Pastoral Societies in Ancient and Classical History* (pp. 71 - 115). Philadelphia: Temple University Press.

Herodotus. (1987). *The History* (D. Grene, Trans.). Chicago: University of Chicago Press.

Khazanov, A. M. (1994). *Nomads and the Outside World* (2nd ed). Madison: University of Wisconsin Press.

Khodarkovsky, M. (2002). *Russia's Steppe Frontier: The Making of a Colonial Empire, 1500 -1800*. Bloomington: Indiana University Press.

Morgan, D. (1986). *The Mongols*. Oxford, U. K.: Blackwell.

Sherratt, A. (1981). Plough and Pastoralism: Aspects of the Secondary Products Revolution. In E. Hodder, G. Isaac, & N. Hammond (Eds.). *Patterns of the Past* (pp. 261 - 305). Cambridge, U. K.: Cambridge University Press.

Sima, Qian. (1961). *Records of the Grand Historian of China* (B. Watson, Trans.). New York: Colombia University Press.

大卫·克里斯蒂安(David Christian) 文

王超 译，黄艳红 校

2412

Sugar 糖

作为甜味和能量的膳食来源,糖也可以用作黏合剂、稳定剂、糖果和填充剂。在人类历史的大部分时期,糖都是一种奢侈品。西半球制糖工业的扩大导致欧洲的糖品供应大大增加,并降低了制糖的成本;它也将制糖业与奴隶制和种植园农业联系在一起,从而对政治、经济、社会和文化发展产生了持久的影响。

2413

早餐桌上糖罐里常见的白色晶体实际上是纯蔗糖,有机化学把其定义为双糖碳水化合物。其他常见的双糖是乳糖(在牛奶中发现的糖)和麦芽糖。蔗糖是一种光合作用的产物,是氢气和氧气的原子所连接的产物;在复杂的生物化学过程中,绿色植物利用光将空气中的二氧化碳和来自土壤水的氢气结合成氢氧原子构成的碳原子环,水中的氢氧原子通常也是相同的比例(因此称为"碳水化合物")。许多植物的树液中都可以发现蔗糖,它起着储存能量的作用;然而,商业制品——当人们谈及蔗糖时所指的这种物质,主要提取自甘蔗或甜菜。

蔗糖是由两个简单的碳水化合物构成的,在自然界中也很普遍:葡萄糖(也称右旋糖)出现在水果的浆汁、植物的汁液、蜂蜜以及血液当中,果糖(左旋糖)以游离状态出现,尤其是在蜂蜜中。蔗糖易被酸水解,或在酶作用下转化成葡萄糖和果糖。这两种单糖(如此命名是因为它们不能被分解为更小的糖类分子)的化学分子式相同,但原子结构不同,并且可以通过化学反应和生物反应相互转化。水果、新鲜的蔬菜、花蜜、某些植物和树木的汁液的甜味归因于存在不同类型的糖。作为一种糖类,蔗糖也与淀粉联系起来,后者是由葡萄糖分子的长支链构成的另一种能量储存的形式。

多种来源

这些亲缘关系解答了人们为何可以从两个完全不同的植物来源中获得糖:甘蔗是一种生长在热带和亚热带的多年生大型草本植物,对其茎秆的产业开发已经有 2000 多年;甜菜是一种温带的两年生藜属植物,为了获得其根部的糖而对其进行开发的历史仅两个多世纪。它们也解答了最近人们在加工食品和饮料过程中用淀粉甜味剂部分地替代糖。它们还解答了小部分甜味剂的来源,其中一些可追溯至古代,如浓缩的葡萄汁,无花果和椰枣的浆汁,棕榈树、枫树和甜高粱的汁液,以及某些树木和灌木的渗出物。人类已知最早的浓缩甜味剂最终是光合作用的产物。蜜蜂酿蜜和人类将甘蔗或甜菜加工成冰糖,基本上都是做同样的事情——两者都从植物中提取稀释的蔗糖溶液,并通过蒸发多余的水分将它们转换成更易处理和储存的形式。

所有类型的甘蔗都是甘蔗属的变种或杂交种,是禾本科大家族中的一员。它们是否源于印度北部或中国的甘蔗种祖先,这一说法仍有争议;然而,在约公元前 4000 至前 3000 年期间,甘蔗在印度尼西亚东部、新几内亚和菲律宾地区,可能已经成为一种人工栽培的食用植物,最初被人们用于咀嚼。它最终向东横跨太平洋,并从西北方向传入印度,至少自公元前 5 世纪开始,印度人就已经开始制作结晶糖了;此后又从印度通过波斯和地中海盆地传入大西洋海岸;最终伴随着哥伦布的第二次航行,于 1493 年传入新大陆。西半球制糖工业的扩大带来了两个影响。首先,它增加了欧洲的糖品供应,糖不再是一种昂贵的稀有品。即便如此,在 18 世纪早期,

2415

糖

甜菜

糖枫叶

枣椰树

枫叶汁提炼糖

采集糖枫叶汁

葡萄

从甜菜糖浆中分离糖晶体的机器

甘蔗

这张古老的图表展示了糖的来源和生产方法,但它没有表明加勒比海地区的甘蔗种植园在16世纪初被人们认为是有利可图的

据估计英国的人均食糖消费量平均每年只有1.8千克,或每天约一茶匙。第二,它将制糖业与奴隶制和种植园农业联系在一起,其规模远远超过旧大陆以往所见,并带来了持久的政治、经济、社会和文化后果。

另一方面,甜菜——藜科甜菜属下的一个种(红色菜用甜菜、唐莴苣和饲用甜菜都是同一个种),是科学的产物。众所周知,在希腊和罗马时代,这种植物被人们当作一种蔬菜和药物。然而,直到1747年,一位名叫安德烈斯·西吉斯蒙德·马格拉夫(Andreas Sigismund Marggraf,

1709—1782)的德国教授才宣称,从红色和白色的甜菜中提取出了与蔗糖相同的物质。到18世纪末,另一位科学家弗朗茨·卡尔·阿查德(Franz Carl Achard,1753—1821),开始为获取糖而种植白色甜菜,并于1802年在西里西亚开办了世界上首个甜菜制糖厂。在国家的保护下,不断扩大的甜菜制糖业成为19世纪欧洲农业和工业发展的一个重要驱动力。

无论是甘蔗还是甜菜制糖,制糖厂本质上采取的是一系列固-液分离的工序:(1)从纤维和渣状物中提取蔗汁或甜菜汁;(2)净化蔗汁或

> 一切都是奇迹。我们没有像一块糖溶解在浴缸里就是奇迹。
>
> ——毕加索（Pablo Picasso，1881—1973）

甜菜汁,除去非蔗糖物质;(3)将纯化后的蔗汁或甜菜汁浓缩为糖浆;(4)通过进一步蒸发使糖浆中的蔗糖结晶;(5)将蔗糖结晶从糖浆中分离出来。一些高品质的原蔗糖出售给消费者;而绝大部分经过了额外的提纯——现场或在单独的工厂——通过清洗和再溶解蔗糖晶体,并将产生的溶液进一步澄清和脱色。纯净的糖浆随后被再蒸煮,直到结晶或制成液体糖。蔗汁或甜菜汁经过更为彻底的纯化之后,也可以直接制造白糖,现在的一些蔗糖工厂和整个甜菜制糖业就是这么生产的。

甘蔗是多年生大型草本植物,生长在热带和亚热带地区

一种大宗商品

2004 年,世界上有不少于 115 个国家在生产糖,然而,其中 5 个地区(巴西、印度、欧洲联盟、中国和美国)的产量就占据全球白糖产量的 55％左右。全世界每年消费工业化加工的白糖总量约为 1.3 亿吨,相当于人均每年消费约 21 千克。这些白糖约有 3/4 来自甘蔗,其余来自甜菜。此外,约有 1 200 万吨本土类型的甘蔗和棕榈糖是小型乡村企业生产的,主要集中在亚洲和拉丁美洲地区。各国年人均糖消费量的范围从 10 千克到 60 多千克不等,这取决于经济因素以及各民族的习惯和口味。在生活水平较高的地区,糖主要用于加工类的食品和饮料;目前,尤其是在美国,主要由玉米制成的高果糖浆已经成为糖的竞争对手。在 2010 年初,根据《彭博》《商业周刊》和《金融快报》的报道,这一年食糖的产量和需求量的缺口预计为 1 400 万吨(足以制作 3 460 亿罐可口可乐),精制糖在期货市场上的价格一路飙升至 20 年来的新高——30 美分/磅。这是由于巴西(全球最大的生产国)雨水过多,而印度(全球第二大生产国和第一大消费国)雨水不足导致供应中断的结果。

如同淀粉类食物,糖是膳食能量的一个来源,能够提供每克近 4 千卡(约 16 千焦)的能量。因此,它常常被人们指责为“空热量”。从某种意义上说,这种指责是正确的:即使是原糖,也基本上不含矿物质、维生素、纤维或蛋白质,过度食用会导致肥胖。然而,更重要的是,这种指责没有切中要害。马铃薯或米饭可以单独吃一盘,然而即使是一茶匙糖,如果没有将其放入液体进行溶解,也是难以下咽的。糖首先是一种甜味剂,虽然它的这种角色可以由高强度的甜味剂所替代。不过,糖还有其他功能,可以充当黏合剂、稳定剂和填充剂。而糖通过加热变成焦糖,从而形成复杂的颜色和调味物质,在食品制作过程中部分发生转化,由此产生的单糖与其他配方成分发生反应、释放香气并使最后的菜品呈现褐色。例如,这可以增加面包皮的颜色、光泽和风味。众所周知,水果蜜饯、果冻和果酱中的糖也有抑菌作用,高浓度溶解的糖可以抑制腐败微生物的生长。

最终,糖提高了人们对含糖饮料和食物的摄入量,这是糖成为一种大宗消费品的原因所在。

进一步阅读书目:

Blume, H. (1985). *Geography of Sugar Cane*. Berlin: Albert Bartens.

Deerr, N. (1949 - 50). *The History of Sugar*. London: Chapman and Hall.

Galloway, J. H. (1989). *The Sugar Cane Industry: An Historical Geography from its Origins to 1914*. Cambridge, U. K.: Cambridge University Press.

McGee, H. (1984). *On Food and Cooking: The Science and Lore of the Kitchen*. New York: Charles Scribner's Sons.

Mintz, S. W. (1985). *Sweetness and Power: The Place of Sugar in Modern History*. New York: Elisabeth Sifton Books, Viking.

Smartt, J., & Simmonds, N. W. (Eds.). (1995). *Evolution of Crop Plants*. Essex, U. K.: Longman Scientific & Technical.

Timoshenko, V. P., & Swerling, B. C. (1957). *The World's Sugar: Progress and Policy*. Stanford, CA: Stanford University Press.

van der Poel, P. W., Schiweck, H., & Schwartz, T. (Eds.). (1998). *Sugar Technology: Beet and Cane Sugar Manufacture*. Berlin: Albert Bartens.

哈格尔贝格(G.B. Hagelberg) 文

王超 译,黄艳红 校

Sui Wendi 隋文帝

2417 文帝(名叫杨坚,541—604)于 581 年建立隋朝。他作为皇帝的最大成就是实现了中国南北方的统一。作为一名很有能力的管理者,他建造了一个新的首都,减少赋税,并创造了粮仓以防备饥荒。作为一名虔诚的佛教徒,他增加了全国各地的寺院和僧人数量。

自 220 年汉朝灭亡以来,隋文帝再次缔造了中国的统一。在短暂的隋朝以及随后的唐朝,中国成为东亚大部分地区的文化和政治典范。作为一个谨慎而高效的管理者,隋文帝推行了一系列政府管理模式改革,这些措施成为文官考试制度和国家官僚机构的前身,随后的朝代对此都加以充分利用,这种情况一直持续到 20 世纪初。隋文帝在位期间,一种从南亚输入的宗教——佛教在中国兴盛起来,与本土的儒家和道教哲学在塑造中国文化方面扮演了重要角色。为了巩固中国南北方的统一并改善帝国内部的交通和通信,隋文帝开始建造一系列的运河和水道,通常被称为大运河;这项工程将其王国内的两大主要河流——黄河和长江连接起来。隋文帝的儿子隋炀帝(569—617)于 604 年继承皇位后,隋文帝在位时期开辟的繁荣稳定的

玉不琢不成器，人不学不知义。

——中国谚语

局面被中断了，但随后的唐朝是在隋朝开国皇帝奠定的文化、经济和制度基础上建立起来的。

隋文帝是杨坚的帝号，他出生于中国西北古都长安西部的一个贵族家庭。杨坚家族6代人不仅担任该地区突厥-蒙古族统治者的官员，而且还与当地非汉族精英进行通婚。年轻时的杨坚最初在一个佛教寺庙，后来在西魏首都的太学接受教育，他在那里学习了儒家哲学的基本原理。在其父亲的影响下，杨坚13岁的时候便得到了首个小官职。在随后的几年里，他很快得到提拔；当他的父亲在568年去世时，杨坚继承了其父的爵位，成为隋国公和北周宫廷的重要人物。

除了在行政管理方面表现出色之外，杨坚也是一位才华横溢的军事统帅，他在6世纪中国内部的国家之间的战争中已证明了自己。为了回报杨坚在对北齐作战中的忠诚和功劳，北周武帝赋予他上柱国的头衔，并且任命他为中国北方大平原的军事指挥官和行政长官，随后将他的管辖区域又扩大到最新征服的南部地区。武帝于578年去世，继任者是皇太子宇文赟，他也是杨坚的女婿。新的统治者很快被证明是一位喜怒无常的暴君，他罢免了王国中许多最有才能的官员。幸运的是，作为皇帝的岳父，杨坚得以在这些清洗中幸存下来；然而，宇文赟在登基后8个月便宣布退位，并将皇位传给他6岁大的儿子。杨坚的地位开始变得不那么稳固了。580年春，宫廷中的形势更加恶化，退位的皇帝向其妻子和岳父发出死亡威胁。就在那时候，杨坚对统治家族发动了政变。

580年夏末，北周的军队被击败。在取得这次军事胜利之后，杨坚对北周王室进行了大清洗，在此期间，宫廷里约有60个人被谋杀，其中包括杨坚的外孙——年幼的皇帝。581年，隋朝创建于中国的北方，到589年，中国南部所有地区才被平定。

一旦大权在握，隋文帝杨坚便开始巩固自己的权力，并且试图说服他的臣民他没有篡夺王位。隋文帝声称他正在恢复汉朝的繁荣和稳定；他让宫廷学者撰书称赞他的领导能力，并通过向其父亲、祖父，甚至是曾祖父授予荣誉和头衔的方式，拔高他的家世。隋文帝通过向道观和佛教寺庙授予土地和捐献金钱，得到了宗教领袖的支持。隋文帝在位期间也很重视儒家思想，他支持首都的国子监，以此促进帝制儒学的发展。

2418

隋文帝，《历代帝王图》局部，这幅画像由7世纪的画家阎立本创作完成

隋文帝面临的一个最紧迫的挑战是招募官员来管理其日益扩张的帝国。他在位期间推出了一套官员选拔制度，包括由高级官员对少数候选人进行的面试和笔试；这给了那些非贵族家庭子弟上升晋阶的希望。隋文帝不仅认为应该对人才和功绩进行奖励，也意识到了官僚制度内部腐败问题的危害性。为了约束腐败问题，他制定了回避原则，要求官吏不得在本籍任职；因为存在这样一个危险，即如果官吏被安排到家乡任职，他可能会关照他的家人或朋友。为了防止官吏结党营私，所有官吏每 3 年都要调任一次。这些行政改革奠定了随后 1 400 年中国官僚政治的基础。

在各地各阶层民众的支持下，隋文帝得以巩固他的地位，并且征服了最后两个独立王国——梁(587)和陈(589)。除了发动军事行动、支持佛教的发展以及改革官僚机构，隋文帝也进行了大规模的建设项目，旨在巩固中国南北方的统一。为了将中国南方的经济和农业财富向北运到他的首都，并且为部队和通信的传送提供便利，隋文帝开始开凿一系列运河，以便把他的首都与黄河连接起来，并将这条北方的河流与流经王国中心地区的长江连接起来。这项工程从 584 年开始，一直到杨坚儿子统治时期的 605 年才完成；大运河是一个巨大的工程项目，象征着中国重新获得自信和繁荣。

进一步阅读书目：

Bingham, W. (1941). *The Founding of the T'ang Dynasty: The Fall of Sui and Rise of T'ang*. Baltimore: Waverly Press.

Dien, A. E. (1990). *State and Society in Early Medieval China*. Stanford, CA: Stanford University Press.

Fairbank, J. K., & Twitchett, D. C. (Eds.). (1979). *The Cambridge History of China: Vol. 3. Part I. Sui and T'ang China, 589 – 906*. New York: Cambridge University Press.

Hucker, C. O. (1975). *China's Imperial Past: An Introduction to Chinese History and Culture*. Stanford, CA: Stanford University Press.

Pan Yihong. (1997). *Son of Heaven and Heavenly Qaghan: Sui-Tang China and its Neighbors*. Bellingham, WA: Center for East Asian Studies, Western Washington University.

Wright, A. F. (1978). *The Sui Dynasty*. New York: Alfred A. Knopf.

罗伯特·约翰·佩林斯（Robert John Perrins）文

王超 译，黄艳红 校

Sui Yangdi 隋炀帝

隋炀帝(569—617，中国隋朝的第二个皇帝)统治时期的标志是大运河的开凿、宏伟宫殿的建造以及奢侈的娱乐。这些事项的花费，以及远征造成的大量人员伤亡和沉重的赋税，导致了大范围的叛乱、隋炀帝最后的死亡以及隋朝的覆灭。

隋炀帝是杨广的帝号，他是隋朝开国皇帝杨坚（隋文帝）的次子。隋炀帝一直被儒家学者

前人栽树，后人乘凉。

视为一个荒淫的统治者和暴君。605—618 年，隋炀帝在其统治期间不仅继续修建始于他父亲的一项工程——大运河，而且还开始修建他自己的几个重大工程，包括修长城、重建黄河边的洛阳城作为东都、重建长江边的扬州城作为南都。隋炀帝也开始扩大中国对周边地区的控制：他向西派兵征讨中亚地区的游牧民族，向南派兵征讨越南人，向东试图征服朝鲜的高句丽王国。这些战争再加上大量公共工程所需的赋税和徭役，造成了人民普遍的苦难和怨恨，并最终导致王朝的崩溃。

杨广的职业生涯起步很早，13 岁便被他父亲封为晋王和并州总管，这是一个在北部边疆具有战略意义的重要职务。皇帝还安排他的儿子与中国南方前梁政权的一个公主结婚。杨广 20 岁时，奉命率军远征中国南方最后一个独立的国家——陈。这场战役大获成功，同时标志着隋朝统一中国大功告成。杨广平定南方的显赫功绩受到皇帝褒奖，并被任命为扬州总管。除了定期返回首都长安向父母报告之外，杨广在随后 10 年的大部分时间里都待在扬州；在那里，他负责将南方的人口和经济融入新统一的帝国之中。

尽管杨广的家族起源于中国的西北地区，然而，也许是在他妻子的影响下，他越来越喜欢中国南方的文化。在担任扬州总管期间，杨广致力于培养帝国新的南方居民的忠诚度。利用他越来越流利的吴方言以及其婚姻带来的人际关系，杨广成为其臣民的保护者，并获得他们对新王朝的支持。为了化解前陈贵族中的反隋情绪，杨广迎合了他们的宗教信仰，并且命令王室指定的学者重抄内战期间已经损毁的佛经。在其管辖的整个区域内，杨广除了设宴款待本地僧侣和方丈之外，还积极支持修复和建造佛教

隋炀帝，《历代帝王图》局部，这幅画像由 7 世纪的画家阎立本创作完成

寺庙。杨广不仅优待中国南方的主流宗教，还支持在南都建造两个道教寺庙，并且在他的辖区内任命一些之前曾任职于陈政权的儒家学者担任官职。

600 年，杨广有一次回到帝国首都拜见父母期间，他开始相信他的长兄皇太子不适合继承皇位。杨广开始从军事将领和贵族中召集盟友，并且谋划暗算他的长兄。当年年底，他向他的父亲呈交了足够多真实和捏造的证据，导致皇帝下诏废黜了太子。不久之后，皇帝宣布杨广成为皇太子，杨广于是离开中国南方，来到长安担任新的职务。他的母亲于 602 年去世后，杨广承担了帝国大部分的日常管理工作。604 年夏，当他的父亲去世的时候，杨广继承了皇位，史称隋

2421

炀帝。

为了安抚中国北部与中部地区强大的乡绅和贵族家族，并使自己的管理机构更加靠近帝国的东部和南部，隋炀帝将首都东迁至 300 千米外的洛阳城。612 到 614 年间，为了恢复汉朝原有的边界，隋炀帝曾三次试图征服朝鲜北部的高句丽王国，但都以失败告终。如同 615 至 617 年间试图平定中国西北部的突厥人那样，这些远征都未能成功。尽管这些军事行动都失败了，然而隋炀帝沿着帝国的边界建立了许多军事据点，并在政治上对北方草原的较小部落具有一定的控制力。

军事上的失败，再加上开凿大运河、建造都城洛阳以及修筑长城给人民带来的苦难，导致帝国全境发生叛乱。617 年，随着内战的爆发，整个中国出现了众多叛乱者争夺皇位的场景。618 年，隋炀帝被暗杀，由他父亲建立的王朝就此崩溃。中国又分裂成许多小的国家和王国，直到唐朝新统治者于 5 年后才重新统一了中国。

2422 进一步阅读书目：

Bingham, W. (1941). *The Founding of the T'ang Dynasty: The Fall of Sui and Rise of T'ang*. Baltimore: Waverly Press.

Dien, A. E. (1990). *State and Society in Early Medieval China*. Stanford, CA: Stanford University Press.

Fairbank, J. K., & Twitchett, D. C. (Eds.). (1979). *The Cambridge History of China: Vol. 3. Part I. Sui and Tang China, 589 - 906*. New York: Cambridge University Press.

Hucker, C. O. (1975). *China's Imperial Past: An Introduction to Chinese History and Culture*. Stanford, CA: Stanford University Press.

Pan Yihong. (1997). *Son of Heaven and Heavenly Qaghan: Sui-Tang China and its Neighbors*. Bellingham, WA: Center for East Asian Studies, Western Washington University.

Wright, A. F. (1975). Sui Yang-ti: Personality and Stereotype. In A. F. Wright (Ed.), *The Confucian Persuasion* (pp. 47 - 76). Stanford, CA: Stanford University Press.

Wright, A. F. (1978). *The Sui Dynasty*. New York: Alfred A. Knopf.

Xiong, V. C. (1993). Sui Yangdi and the Building of Sui-Tang Luoyang. *The Journal of Asian Studies*, 52(1), 66 - 89.

罗伯特·约翰·佩林斯（Robert John Perrins） 文

王超 译，黄艳红 校

Süleyman 苏莱曼

2423 奥斯曼帝国苏丹苏莱曼一世（1494—1566）军队的出现让欧洲各国不止一次为之颤抖，人们称他为"华贵者"。而在整个伊斯兰世界，他更多地被称为"立法者"，并被认为是体现正义与和谐之最高原则的统治者。因为他具有强大的意志力和许多功绩，苏莱曼被看作历史上最伟大的领导人之一。

作为奥斯曼帝国的苏丹，苏莱曼一世奉行　　的是激进的伊斯兰主义和帝国主义政策。苏莱

所谓的帝国是世界性的冲突和无休止的战争。世界上唯一的乐趣在一个隐士居所之中。

——苏莱曼（1494—1566）

曼对神的虔诚信仰及其在奥斯曼土耳其人的武士传统中的教养，要求他有朝一日率军作战时，应在"战争之地"击败异教徒，并在"伊斯兰之地"向虔诚的信徒颁布法律、提供秩序。苏莱曼的父亲"冷酷者"塞利姆一世（1470—1520），已使奥斯曼帝国的疆域跨越库尔德和土库曼，扩大到今伊拉克的北部地区，并且征服了埃及、叙利亚和阿拉伯半岛，将圣城麦加和麦地那置于帝国的控制之下。

奥斯曼帝国既不是一个世袭君主国，也不是一个选举君主国。尽管如此，在塞利姆于1520年死于癌症的时候，他通过杀害他的兄弟及其后裔，已经为苏莱曼的上台扫清了障碍。

这位年轻的苏丹曾经似乎是一个自信、骄傲和强势的人。据威尼斯大使的描述，苏莱曼通过馈赠礼物的方式奖励他的支持者，并惩罚那些在其上台过程中没有表现出忠诚的人。他赦免了那些涉嫌暗算他父亲的人；最重要的是，他以大量的现金奖励他的亲兵——近卫军。近卫军是一些奴隶士兵，由征集自基督教家庭的儿童组成。这些士兵练习复合弓和火器，为苏莱曼提供了一支强大的军队。这位年轻的苏丹也有一些文化爱好：他写的诗被赋予极高的评价；他委任建筑师希南（Sinan）美化奥斯曼帝国的首都伊斯坦布尔。

以宗教名义发动战争位于苏莱曼的世界观的核心位置，同时也是他对成为奥斯曼国家及其人民的领袖所含意义的主要看法。圣战不仅要让近卫军满意，也要赢得神的眷顾。苏莱曼的臣民拥有共同的信念，即神会赞成这些战争并且赐予虔诚的信徒以繁荣。在他统治初期，苏莱曼在奥斯曼帝国和基督教匈牙利王国间的边境地区不断发动小规模袭击和报复行动，展示了他作为教徒领袖的能力。在1521年2月16日，苏莱曼亲率10万大军离开伊斯坦布尔。40艘土耳其战舰作为支援航行在多瑙河上，1万

尼卡什·奥斯曼（Nakkaş Osman）的《青年时期的苏莱曼大帝》（*Süleyman the Magnificent as a Young Man*，1579）。微型画像。土耳其伊斯坦布尔托普卡普宫博物馆

辆马车运载弹药。苏莱曼的军队最终征服了塞尔维亚的首都贝尔格莱德，这个城市的守军在投降时惨遭屠杀。苏莱曼是否批准了1521年8月18日的这一暴行，尚不得知。贝尔格莱德的大教堂被用作清真寺。正当其国内大肆庆祝这场伟大胜利的时候，苏莱曼还在计划着进一步的征服行动。

在随后的45年里，人们通常可以在苏莱曼军队的最前线发现他。1522年，经过5个月的围攻后，苏莱曼征服了罗得岛——位于地中海的基督教海盗基地。4年后，苏莱曼对匈牙利王国发动了一次大规模突袭；8月29日，在莫哈奇（Mohács）爆发了一场决定性的战役，匈牙利国

2424

王路易二世(1516—1526 年在位)被杀,他的国人被彻底打垮。1528 和 1529 年间,苏莱曼率领他的胜利之师进入欧洲中部的心脏地带,开始围攻哈布斯堡王朝的首都维也纳。这标志着苏莱曼挺进基督教世界达到了最远范围。由于远离补给仓库以及面对出乎意料的顽强抵抗,苏莱曼的部队撤退到了伊斯坦布尔。

波斯萨非帝国是奥斯曼帝国在世界上的另一大竞争对手。萨非帝国采用什叶派伊斯兰教作为国教,其弥赛亚式使命与奥斯曼帝国的逊尼派伊斯兰教相抵触。苏莱曼入侵萨非帝国的领土,并于 1534 年征服了巴格达和伊拉克的大部分地区。南部的也门在 1539 年被攻陷,苏丹的军队还在 1546 年占领了伊拉克南部的巴士拉。然而,伊拉克南部的什叶派部族对奥斯曼帝国进行了顽强的抵抗,该地区从未被完全征服。与此同时,与哈布斯堡王朝重新开始的战争始终让苏莱曼伤脑筋,一直持续到他的执政末期。1565 年,苏莱曼发兵攻打位于马耳他的基督教大本营;随后的围攻遭到惨败,2 万~3 万士兵在战争中牺牲。第二年,苏莱曼在一次率领奥斯曼军队攻打匈牙利哈布斯堡王朝的战役中去世。

苏莱曼统治时期最著名和最持久的成就是在整个奥斯曼帝国创立了一部单一的法典,使伊斯兰法与苏丹的法律相一致;但事实上这并不是苏莱曼自己的成果,而是法学家埃布苏德·艾芬迪的成就。在君士坦丁堡于 1453 年陷落后的数十年以及整个 16 世纪初期,伊斯兰法律专家们慢慢地编纂了苏丹的法律。到苏莱曼统治时期,这项工作已基本完成,苏丹的法律已经大部分正规化,取代了许多地方法律和帝国的习俗。最大的问题是如何将苏丹的法典同伊斯兰法协调起来。作为一名高级法官,埃布苏德利用职权颁布法令——"一位合格的宗教权威回应法律和惯例问题时发布的公告"(Goffman 2002)——使两种法律规范和谐一致。埃布苏德还将哈里发的头衔——意思是整个伊斯兰社会的领袖——添加到苏莱曼的众多头衔之中,使苏丹成为所有穆斯林的最高宗教权威。

在伊斯兰教的传统中,"立法者"苏莱曼常常作为"第二所罗门"被人们铭记;作为一位君主,他体现了一种与《古兰经》相一致的完美的正义概念。对于伊斯兰教信徒而言,苏莱曼的统治时期代表着一个正义与和谐的时期。

2425

进一步阅读书目:

Bridge, A. (1983). *Suleiman the Magnificent*: *Scourge of Heaven*. New York: F. Watts.

Goffman, D. (2002). *The Ottoman Empire and Early Modern* Europe. New York: Cambridge University Press.

Hammer-Purgstall, J. F. von. (1827 - 1835). *Geschichte des Osmanischen Reichs* [History of the Ottoman Turks]. Pest. Hungary: Hartleben.

Imber, C. (1997). *Ebu's-su'ud*: *The Islamic Legal Tradition*. Stanford, CA: Stanford University Press.

Lybyer, A. H. (1978). *The Government of Lite. Ottoman Empire in the Time of Suleiman the Magnificent*. New York: AMS Press.

Merriman, R. B. (1966). *Suleiman the Magnificent*. *1520 - 1566*. New York: Cooper Square Publishers.

乔治·萨特菲尔德(George Satterfield) 文

王超 译,黄艳红 校

Sumerian Civilization 苏美尔文明

约在公元前 3500 年,内陆和航海网络汇集于苏美尔地区(今伊拉克南部);货物、信息和思想的交流产生了地球上的首个人类文明。苏美尔人发明了一种象形文字,我们称之为楔形文字;其他方面的创新也具有不可估量的重要意义,如将神像雕刻成人形的简化概念,以及为备战而进行装备和训练的全职士兵。

2426

约在公元前 3500 年,地球上的首个文明诞生于苏美尔地区。苏美尔位于今伊拉克的南部,底格里斯河和幼发拉底河在此交汇并流经沙漠地区注入波斯湾。要使沙漠地区保持肥沃,灌溉是必不可少的;但这是相对比较容易的事情,因为在洪水期,这两个河流在穿越平坦的沙漠时,两边高岸的淤泥会沉积下来,河水会将淤泥堆积在河床上。因此,在一年中的大部分时间里,这两条河的水位始终高于平原,通过挖通凸起的河岸,河水可以通过灌溉渠和较小的沟渠流到毗邻的田地上。只要数千人合作努力,维护好灌溉渠道,让足够的水流入田地,小麦和大麦就会在肥沃的土壤中旺盛地生长,这样就可以给密集的人口带来繁荣。

连接航海和内陆的网络

可靠和丰富的谷物收成对于城市居民的粮食供给而言是必不可少的,这些居民规划和监督灌溉系统并将导入的河水分流到田地里。然而,苏美尔城市和文明的兴起还取决于同周边民族进行商品和信息的广泛交流。特殊的地理位置使苏美尔成为一个人员汇合之地;在那里,沿印度洋和环阿拉伯海岸航行至红海的海员和陆路的毛驴商队,与沿底格里斯河和幼发拉底河顺流而下的船舶相会。印度洋沿海地区的航行要比苏美尔的兴起早数千年,苏美尔的传说断言,他们从南部的某个地方经由海上来到了苏美尔的这片土地,随后在已经生活在此的"黑头人"中组织进行农业灌溉。然而,当他们的独特文明开始出现的时候,毛驴商队还是相对较新的事物,因为在苏美尔城市开始蓬勃发展之前的约 1500 年时毛驴才被驯化。培育足够多的毛驴携带货品走数百英里需要花很长的时间,而说服当地居民允许毛驴商队越野旅行而不去抢劫对他们来说是有利可图的,则需要花更长的时间。

然而,在约公元前 3500 年,毛驴商队运输得以实现的时候,一种新的交流网出现了,它将印度洋和红海沿岸的居民同西至地中海沿岸、北至大草原、东至今阿富汗地区的西亚居民联系起来。贵重物品、新的知识和技能开始在整个地区传播,其速度比以往任何时候都快得多;苏美尔成为新奇物品和贵重物品的聚集之地。难怪在接下来的 500 年里,正是在这里形成了世界上首个人类文明。像这样的航海网络与类似内陆网络的互动,在世界上是独一无二的。就像位于蜘蛛网中央的蜘蛛一样,苏美尔人能够从中挑选令自己感兴趣的物品;他们开始创造新的事物,他们的一些想法和技巧很快广为流传,并对埃及、印度河河谷和欧亚草原的居民产生了影响。一个文明化进程由此拉开序幕,全人类现在都是其继承者。

2427

但到后来,苏美尔式的灌溉体系使河水在田地里年复一年地蒸发,导致土壤盐分过高以至于谷物无法生长,土地再次变成了沙漠(埃及避免了这样的土地盐渍化,因为那里的尼罗河洪水每年为田地带来大量的新鲜泥沙,当水退却时又将所有溶解的盐带回尼罗河里）。到约公元前 2350 年, 阿卡德的萨尔贡征服了苏美尔的许多城市, 阿卡德语开始取代苏美尔语成为伊拉克南部的共同语言。苏美尔的祭司、统治者、商人、士兵和农民结合在一起创造了苏美尔文明, 并用适当的方式将遗产传给了他们的继承者, 后者生活在幼发拉底河和底格里斯河之间的区域。

楔形文字和考古发现

我们之所以对古代的苏美尔了解很多, 是因为苏美尔人发明了一种很耐久的书写形式: 他们使用削尖的芦苇秆在软泥板上刻写, 然后经过烘烤形成铭文, 我们称之为楔形文字。阿卡德人以同样的方式书写自己的语言, 随着对衰落的苏美尔语日益熟悉, 他们制作了一个很长的单词列表, 把苏美尔文同他们的阿卡德文进行了对照。19 世纪的考古学家挖出了数以千计这样的泥板, 并很快学会了阅读阿卡德文, 因为它是一种与希伯来语和阿拉伯语类似的闪族语言; 然后, 他们利用单词表来学习如何阅读苏美尔语, 就如同当初阿卡德学童那样。经过多年的努力, 人们破译了苏美尔人的语言, 在已知语言中没有与它有亲缘关系的语言。但现在专家们确信可以阅读苏美尔文。自从成千上万的苏美尔文本被破译后, 我们对其社会有了深入的了解。

其他的考古遗迹也向我们讲述了它们自己的历史。在十几座苏美尔城市中都可以发现大堆的泥砖, 这些城市可以为约 1 万～3 万人提供掩护, 公元前 3500 至前 3000 年之间它们出现在幼发拉底河和底格里斯河的沿岸。楔形文字让我们了解到, 这些城市的专业化的祭司在管理和详细制定日常生活的过程中是如何发挥关键作用的; 来自所有苏美尔城市的祭司从一开始就有了意见交流, 这一点是很清楚的。他们首

这幅刻在竖琴音箱上的镶嵌画（来自乌尔, 约公元前 2600 年）, 描绘了一群动物, 包括一只腰间别有匕首的狗。宾夕法尼亚州费城大学博物馆

个伟大成就是简化了无数栖息在移动物上的灵魂聚组成的灵魂世界, 确定了 7 个伟大的神——地球、太阳、月亮、天空、风暴、淡水和盐水, 对所有人和所有事物拥有至高无上的权威; 每个人

2428

的身体有一个自己的灵魂，它在人睡眠的时候漫游（正如梦中呈现的那样），在人死亡的时候会永远地离开人的身体。祭司决定的这7位神在每年元旦会晤，决定下一年会发生什么。因为山上融化的积雪常常会使幼发拉底河和底格里斯河的水位高度超过堤岸从而冲毁灌溉渠道，甚至在极端的情况下会改变它们入海的路径，所以苏美尔人有很多需要操心的地方。显然他们需要神职人员服侍和取悦众神，并在每个新年说服众神保护他们的文明免受灾难的侵袭。

祭司准备取悦神的办法是，在每个城市为一个或多个神建造一个家。它们很快成为伸向天空的巨大庙宇。在一个富丽堂皇的房间顶端，他们为每一个神安放了一尊人形雕像供其栖息，祭司把向众神提供所能找到的最精美的食物、服饰和娱乐作为自己的职责，希望借此使神愿意永久栖居在雕像里并保护这座城市。作为神的特殊仆人，祭司每天通过祈祷与栖居的神进行沟通；并通过解译献祭的动物肝脏上面的标记，以及精确测量太阳、月亮和行星的运动轨迹，来推断出神的意图。

当然，事实上灾害仍在不断发生，这会激发祭司尽更大的努力去取悦众神，向后者提供更稀有、更珍贵的物品，更宏伟的庙宇，以及更繁复的敬拜仪式。这个过程是无止境的，迫使祭司扩大灌溉农业的规模，用以支持精心设计祭祀仪式。他们还管理草原上的羊群，并雇用大批人员纺织细羊毛布料，用作神和祭司自己的衣服。神庙还到处销售剩余的布料，用来交换木材、香、金属、青金石以及洪泛平原缺乏的其他有价值的物品。在苏美尔的城市里，私人家庭拥有一些灌溉地；不过神庙的财产远多于私人的财产，通过不断寻找新的珍宝来取悦众神，祭司不断扩大销售和购买的范围及规模。

在早期，祭司极有可能仿照7位神的做法，同苏美尔的土地所有者协商，争取民众对行动号令的支持——无论是发动一支军事远征军去砍伐树木，修建一条新的运河，抑或建起一堵墙来保护自己的城市不受附近竞争对手或远方入侵者的侵扰。因为随着苏美尔地区财富和人口的增长，一些城市开始为获得用于灌溉的生命之水而发生争执；与此同时，游牧侵袭者想通过武力而非依靠和平贸易的方式，夺取粮食和其他商品。

这个山羊雕塑是由金、银、青金石、铜、贝壳、红色灰岩和沥青制成，它是古代苏美尔乌尔城的皇家陵园中出土的最有名的物品之一。这个塑像经常被称为"陷入灌木丛的山羊"，因为它让人想起亚伯拉罕发现公羊的情景（见《创世记》22：13），他用公羊代替他的儿子作为牺牲献给神。宾夕法尼亚州费城大学博物馆

军事力量

到了约公元前3000年，防御敌人的重要性不断上升，这引发了大规模的城墙建设；而军事指挥官最初被任命指挥单次战役，后来他们的权力逐渐永久化。最终，他们号令职业军人，装备青铜兵器和盔甲，训练他们保持步调一致，面

向敌军排出强大的盾墙。在如何管理城市方面，军事首领有时会与祭司发生冲突，这并不奇怪。祭司和军事首领的不稳定的联盟成为常态。随着时间的推移，军事力量占据了主导地位；武士与神职人员和信徒之间的合作与时断时续的冲突继续影响着随后的文明，一直延续到我们自己的时代。

苏美尔军事首领角色的上升，与西亚草原地区游牧部落和游牧社会的崛起同时发生。底格里斯河—幼发拉底河河谷半干旱边缘地区主要以绵羊和山羊为主，但在广阔的北方草原，牛和马开始支撑起一个更为强大的军事社会。山脚下独立的农业村庄很快就发现，自己夹在文明社会的军队与马背上的草原劫掠者之间；然而，首先要指出的是，苏美尔的成就是如此之高，以至于各个印欧语系的草原游牧民族都借鉴了苏美尔人的宗教元素。结果，雅利安人、希腊人、罗马人、凯尔特人以及之后的日耳曼人所崇拜的神，明显与苏美尔神的原型类似。

从阿卡德的萨尔贡（Sargon of Akkad，约公元前 2350 年）开始，当闪米特语民族掌握了灌溉技术和文明社会的其他技能之后，军事力量往往向底格里斯河—幼发拉底河河谷北部移动。一些领地辽阔的帝国先后侵占了曾经独立的苏美尔城市，直到土壤中的盐缓慢地积聚，致使这些城市遭到遗弃。这样，文明的发祥地再次成为沙漠，不过，由苏美尔城市启动的文明进程仍在不断扩大它的范围和影响力。

显著的贡献

一张苏美尔人成就的简要列表将展示出，他们对随后人类历史发展的贡献是多么重要。文字是苏美尔最伟大的发明。它改变了记录方式，使知识积累和协调工作超越了人类记忆容纳的范围。此外，铜和青铜制成的工具和武器、轮转制成的陶器，以及用于印在储运罐上标注所有权的巧妙雕刻的圆筒图章，最早都出现在苏美尔地区，它们很可能起源于此地。

运河、堤坝、犁、轮式车辆和帆船也是首次出现在苏美尔人的记录当中的，然而，它们中的一些或者全部可能是其他地区的发明。尽管如此，苏美尔人广泛传播了这些意义重大的技术进步。苏美尔的庙宇一度是世界上规模最大、最令人印象深刻的建筑；后来的庙宇和埃及金字塔起初都仿照苏美尔的模式，但采用较小的结构，最后才在规模上超越了它。

最后，苏美尔人创造了一群栖息在人形塑像上的神族，每个神分管着自然界的一部分，神职人员通过宗教仪式和祈祷可与众神进行沟通。这是一个极具说服力的概念，它流传甚广并控制了欧洲和西亚的宗教，直到犹太教、基督教和伊斯兰教出现后才最终将其取代。此外，全职士兵、系统化装备和战斗训练的重要性，是稍后时代的苏美尔人又一项无法估量的重要发明。总之，如果没有古代苏美尔的开创性成就，我们的世界不会发展成现在这个样子。

2430

进一步阅读书目：

Algaze, G. (1993). *The Uruk World System：The Dynamics of Expansion of Early Mesopotamian Civilization*. Chicago：University of Chicago Press.

Bienkowski, P., & Millard, A. (2000). *Dictionary of the Ancient Near East*. Philadelphia：University of Pennsylvania Press.

Crawford, H. (1991). *Sumer and the Sumerians*. Cambridge，U. K.：Cambridge University Press.

Edzard, D. O. (2000). The Sumerian Language. In J. Sasson (Ed.), *Civilizations of the Near East*. Peabody，MA：Hendrickson Publishers.

Kramer, S. N. (1981). *History Begins at Sumer. Thirty-nine "firsts" in Recorded History* (3rd ed.). Philadelphia: University of Pennsylvania Press.

Kramer, S. N. (1998). *Sumerian Mythology* (Rev. ed.). Philadelphia: University of Pennsylvania Press.

Maisels, C. K. (1990). *The Emergence of Civilization: From Hunting and Gathering to Agriculture, Cities and the State in the Ancient Near East*. London: Routledge.

Oppenheim, A. L. (1964). *Ancient Mesopotamia*. Chicago: University of Chicago Press.

Roux, G. (1983). *Ancient Iraq* (3rd Ed.). Harmondworth, U. K. : Penguin Books.

Van de Mieroop, M. (1997). *The Ancient Mesopotamian City*. Oxford, U. K. : Clarendon Press.

威廉·麦克尼尔(William H. McNeill) 文

王超 译,黄艳红 校

T

Taiping Rebellion　太平天国运动

由洪秀全最初推动和领导的太平天国运动(1851—1864)使中国的清王朝受到严峻挑战。数以百万计的人口在随后的混乱中丧生。作为中国历史上最大的起义运动，它成为清王朝发起首次改革运动的一个催化剂，后者试图通过改革来实现帝国的现代化；在第一次鸦片战争与西方列强发生冲突后，清王朝曾在一段时间内拒绝启动改革进程。

太平天国运动发生在一个前所未有的危机时期，清王朝当时正受困于人口数量的爆炸性增长（在两个世纪的时间内增加了近两倍，到了 19 世纪 50 年代超过 4.3 亿人）、政治和社会问题，以及来自西方列强难以应对的挑战；清王朝在第一次鸦片战争中的失败便是一个例证。第一次鸦片战争结束后签订的《南京条约》(1842)规定，广州成为 5 个通商口岸之一，西方对这座城市及其周边地区的影响日益明显。不过，在鸦片战争前，包括美国新教传教士在内的众多传教士就抵达了中国南部的沿海地区。与此同时，上海开放为通商口岸后，削弱了广州作为中国国际贸易唯一枢纽的地位。这样一来，在广州地区受雇于外贸企业的大量工人失去了工作，这导致中国南方累积的社会问题不断恶化。

起源

洪秀全(1814—1864)，出生于客家族群的一户农民家庭，位于广州附近的一个小村庄，他从小就立志成为一名士大夫。由于多次未能通过广州的科举考试，洪秀全深受打击，于 1837 年得了一场重病，一连好几个星期卧床不起，他在此期间产生了幻觉。几年后，他翻阅了一套由中国基督徒梁发(1789—1855)编译的基督教册子——《劝世良言》。洪秀全于 1836 年在广州府试落选之后，美国传教士埃德温·史蒂文斯(Edwin Stevens，1802—1837)将这本册子传给

了他。洪秀全将基督教神学和他的幻觉联系起来，他深信自己实际上是耶稣的弟弟，他被派往地球驱逐中国的恶魔即满族。

在给自己和几个朋友、亲戚浸礼之后，洪秀全开始在他的家乡传教。1844 年初，由于他信仰基督教，丢掉了在乡村学校的教师职务，于是，他与一位皈依者冯云山(1822—1852)一同赴广西一带传教。在广西南部的贫困地区，洪秀全和冯云山在贫苦农民中找到大量狂热的追随者。1844 年末，洪秀全将传教工作交给冯云山，自己返回广东老家，在随后两三年中继续他的宗教研究(在此期间，他曾在广州短暂停留了几个月，在美国教士罗孝全[Issachar T. Roberts，

19 世纪 50 年代，太平布道者散发的一张太平天国领袖洪秀全("天王")的绘画。出自霍格·卡希尔《一个美国冒险家的故事：华尔和太平天国》(1930)

1802—1871]那里学习）；随后，洪秀全撰写了几本宗教册子，用以阐述自己对基督教信仰的理解。19世纪40年代后期，当洪秀全重返广西加入冯云山的传教活动时，冯云山已经在广西紫荆山地区建立了一个数千人的宗教社区。随着社区的扩大以及与地方政府的紧张关系日益加剧，洪秀全和他的追随者开始积极准备发动一场武装起义。

早期阶段（1851—1856）

1850年年底，洪秀全号召发动一场反清起义。1851年1月，他宣布建立太平天国，此后不久又宣布自己是天王。当太平军成为一支众所周知的力量时，他们建立了一个复杂的军事系统，其中男性和女性被分开进行管理，并且强迫把他们所有的财产上交给国库。太平军在广西东部的永安城驻留半年，严格进行国家建设和军事化；随后，太平军在1852年开始向北进入长江流域；清朝军队已经有几十年没有参加过激烈的战斗了，充满激情的太平军势不可挡。1853年春，几十万太平军攻克了中国南方的政治、经济中心——南京。洪秀全把南京作为他的首都，并更名为天京。

攻占南京后，太平军迅速扩大其军事上的胜利。洪秀全派遣了一支北伐军攻打清王朝的首都北京，安排了一支西征军控制长江流域中部地区并保护南京周边地区的安全。尽管北伐军失败了，但太平军成功地扩大了其在长江中下游地区的控制范围。太平天国在被征服的地区设立了具有军事和民事功能的管理机构。太平天国还公布了一个乌托邦式的土地分配计划蓝图——平分土地，但从未付诸实施。此外，太平天国进行了许多社会和文化改革，其中包括禁止吸食鸦片、缠足和卖淫。太平军将儒家思想批判为恶魔的学说，他们将洪秀全的基督教版本作为官方宗教，还使其成为

他们科举考试的基本科目，并鼓励男子（和妇女）参加考试。

太平军声称他们信奉基督教，这令西方传教士兴奋不已，而内战不断扩大的趋势，令身处中国的西方商人感到担忧。这两个群体都呼吁本国的外交官采取行动，到太平天国的首都对叛军进行细致的调查。1853和1854年，英国、法国和美国派使臣到南京调查新政权。西方人对太平天国的宗教深感失望，他们认为这是对基督教的一种巨大扭曲；同样令他们失望的是，叛军在秩序和建设方面缺乏承诺。尽管如此，西方列强没有决定立即对太平军采取行动，因为他们还没有解决自己与清政府之间的冲突。因此，西方列强对叛乱采取了临时中立的态度，但是他们的弦外之音暴露了他们对太平天国的敌意。

1856年，当太平天国达到了鼎盛时期之时，发生了致命的内讧。由于太平天国政权的实际宰相杨秀清（卒于1856年）的权力日益膨胀，威胁到了洪秀全的地位，洪秀全于是派另一位领导人韦昌辉（1823—1856）将其诛杀。后来洪秀全也将韦昌辉处决，因为后者大肆滥杀杨秀清的部属。在这一事件中，数万名太平军遭到屠杀。随后，一位颇有才能和声望的将领石达开（1831—1863）感到自己不再受到信任，于是率领他的军队离开了南京，独立开展反清运动；直到1863年，他被清军围困在四川西部的大渡河，并在那里投降（随后被处决）。

后期阶段（1856—1864）

1856年天京事变的爆发以及之后清军乘机侵占大片地区，使得太平天国运动受到严重削弱。与此同时，清王朝在镇压叛乱的过程中发展了一支强大的军事力量——湘（湖南）军，这支军队的领导者曾国藩（1811—1872）是一位高级官员和著名儒家学者。由于坚持以儒家价

值观来抵制太平天国形式的基督教,曾国藩博得了士绅阶层的强力支持。湘军只在曾国藩的老家湖南进行招募,他们的待遇优厚且受过良好的训练,湘军士兵迫使太平军处于守势。为了打破战场上的僵局,太平军的两位新领导人和优秀将领李秀成(1823—1864)和陈玉成(1837—1862)精心策划了一系列成功的战役,将部队推进到江南的东部地区,一度逼近上海——这座城市自第一次鸦片战争结束后成为一个重要的通商口岸。洪秀全的堂弟洪仁玕(1822—1864)在香港逗留数年后,来到南京,他试图用西方模式改革太平天国的政治和经济制度,以期为垂死的政权注入新的活力。由于太平天国运动的最后阶段面临着严峻的军事形势,洪仁玕的改革议程并没有实现;尽管如此,他的想法得到了 19 世纪后期的改革者的响应。罗孝全最终辗转抵达南京之后,未能说服洪秀全纠正他的宗教;后者当时已经脱离实际,并沉浸在自己的幻想世界里。罗孝全于 1862 年初离开了南京。

1856 至 1860 年,清王朝与英国和法国爆发了第二次鸦片战争(又称"亚罗号战争")。第一次鸦片战争结束后,由于对清政府履行条约义务的含糊态度深感失望,英国为第二次武装冲突设定了更高的目标。4 年的战争不时伴有停战和谈判,英法与中国签订了新的条约,赋予列强更多的权力,其中包括他们的公使进驻北京,开放更多的通商口岸,包括南京和其他几个在战区的城市;太平天国政权因此成为列强获取新条约优惠待遇的一个障碍。第二次鸦片战争结束后不久,清王朝内部发生了一场政变,一位新的统治者上台执政。新领导人慈禧太后(1835—1908)和恭亲王奕䜣(1833—1898)在对外政策上发生了彻底的转变,开始与西方进行合作,这促使西方列强在中国内战中选择站在清王朝一方。当意识到保护英国在中国长远利益的最好方式是保留清朝作为统治政权的局面

时,英国驻华特派和全权公使弗里德里克·布鲁斯爵士(Sir Frederick Bruce,1814—1867)制定了间接干预中国内战的政策;按照这项政策,西方列强应协助清朝打击叛乱活动,并同时诱使清王朝对其政府机构和功能进行强化和现代化。

在 1861 年末,李秀成和他的部下进行了一次东征,占领了宁波(第一次鸦片战争后成为通商口岸)和杭州,并准备进攻上海。太平军威胁到东部的沿海地区,西方列强在那里有很多的商业利益,这成为西方列强开始进行干预的导火索。西方列强与太平军之间的第一次冲突发生在 1862 年初,当时李秀成正率军进攻上海。在此之后,西方列强的干预初具规模,主要是通过外国雇佣兵,即所谓的"常胜军",这支军队由清政府出钱资助,其首领最初是美国的弗里德里克·汤森得·华尔(1831—1862),随后接任的是英国的查理·乔治·戈登(Charles George Gordon,1833—1881)。与此同时,湘军的领导人也积极购买西式武器,并聘请了西方的军事顾问。1862 年后,在湘军和常胜军的联合进攻下,太平军从一座又一座的城市撤退。1864 年 6 月,洪秀全因病去世。一个月后,湘军攻克了南京,从而结束了太平天国运动;尽管如此,残余的太平军继续战斗到 1868 年。

在太平天国运动和这一时期其他叛乱的大规模战争中,约有 2 000 万人因此而丧生。这些战争对长江流域中下游地区造成的经济破坏是非常广泛的。太平天国的基督教没有对中国社会留下任何持久的影响,平定太平天国运动后,清朝政府试图恢复儒家传统文化。与此同时,改革派高级官员,包括三个主要将领曾国藩、李鸿章(1823—1901)和左宗棠(1812—1885)在镇压太平天国的战斗中得到晋升,他们推动清王朝迈出实现现代化的第一步——洋务运动(1861—1895),它明确强调要采用西方的军事技术。在 19 世纪的剩余时间

手握乾坤杀伐权，斩邪留正解民悬。

——洪秀全（1814—1864），选自《斩邪留正》

里，在太平天国运动中形成的英国政策——协助和巩固清王朝——继续作为英国的对华政策，这使得英国在中国采取了一种另类的帝国主义形式，它有别于印度和亚洲其他地区，在那些地方英帝国作为一个殖民国实行单独统治。

进一步阅读书目：

Gregory, J. S. (1969). *Great Britain and the Taipings*. London: Routledge & Kegan Paul.

Jen Y. (1973). *The Taiping Revolutionary Movement*. New Haven. CT: Yale University Press.

Kuhn, P. (1970). *Rebellion and its Enemies in Late Imperial China: Militarization and Social Structure, 1796 - 1864*. Cambridge: Harvard University Press.

Michael, F., & Chang C: . (1966 - 1971). *The Taiping Rebellion: History and Documents*. 3 vols. Seattle: University of Washington press.

Reilly, T. H. (2004). *The Taiping Heavenly Kingdom: Rebellion and the Blasphemy of Empire*. Seattle: University of Washington Press.

Shih, V. (1967). *The Taiping Ideology: Its Sources, Interpretations, and Influences*. Seattle: University of Washington Press.

Smith, R. J. (1978). *Mercenaries and Mandarins: The Ever-victorious Army in Nineteenth Century China*. Millwood, NY: KTO Press.

Spence, J. (1996). *God's Chinese Son: The Taiping Heavenly Kingdom of Hong Xiuquan*. New York: W. W. Norton.

Teng, S. (1971). *The Taiping Rebellion and the Western Powers: A Comprehensive Survey*. Oxford, U. K.: Clarendon Press.

Teng, S. (1950). *New Light on the History of the Taiping Rebellion*. Cambridge, MA: Harvard University Press.

Wagner, R. (1982). *Reenacting the Heavenly Vision: The Role of Religion in the Taiping Rebellion*. Berkeley and Los Angeles: University of California Press.

戴莹琼（Yingcong Dai）文

王超 译，黄艳红 校

Tang Taizong　唐太宗

2442　　太宗皇帝(中国唐朝的第二个皇帝，599—649)是一位仁慈的统治者，他创造了或许是中国历史上最伟大的政府。他鼓励人们批评他的政策，并建立了一个任人唯贤的官僚机构；在外交事务方面，他建立了一系列联盟，并通过签订公平条约赢得拥护。

　　唐朝的太宗皇帝（626—649 年在位）被誉为中国历史上儒家仁义统治理想的典范，他建立了一个世界性的帝国，促进了东亚、中亚、西南亚以及更远地区的文化与贸易传播。高效的管理和他统治时期的繁荣奠定了一个强盛唐朝的根基：他的帝国扩展到了北方草原地区，并控制了中亚的丝绸之路。

帝国

　　唐太宗统治时期,中国的政体、法律和文化(包括儒家思想、诗歌和建筑)扩散到其他的东亚国家,并被融入当地的文化中。日本的大化改新(645 年开始)便是一个例子,日本皇室在这次改革中采用了中国式的中央集权政府、税收制度和法典。与后世王朝的统治者不同,唐太宗还接受了文化的多样性。虽然他采用儒家思想作为国家指导方针,但也尊重老子和道教,支持伟大的僧人玄奘到印度朝觐并将佛经译成中文,还在都城长安建造了聂斯脱利派(景教)基督教堂和琐罗亚斯德教(祆教)寺庙。长安城宏伟的市貌和灿烂的文化吸引了大批的外国使节、商人和神职人员,他们沿丝绸之路或经海路来到长安。来自亚洲各地乃至非洲的来访者,包括突厥人、波斯人、阿拉伯人、日本人和朝鲜人,与中国长安以及南方港口城市的中国人生活在一起。他们的食物、服饰、艺术和佛教成为唐文化的一部分,而中国的丝绸、货物和技术则扩散到了其他地区。

皇帝

　　唐太宗(皇帝的庙号,他出生时的名字叫李世民),出身于中国北方的一个贵族家庭。他的母亲和妻子都是胡人血统,但她们以儒家礼教而闻名,并熟练掌握了中国文学和书法。李世民是隋朝留守李渊的次子。617 年,李渊举兵反叛不得人心的隋炀帝。尽管现代历史学家对这样一种传统描述提出质疑,即李世民在发动起义过程中发挥了关键作用,但他们一致认为,在随后的 4 年中,李世民击败了所有与他争夺帝位的人。在他 24 岁时,他为父亲夺取了帝国,建立了唐朝。

　　李世民善于骑马,是一名杰出的战略家和统帅。然而,他的显赫功劳引发了其与皇太子兄长之间激烈的争斗。626 年,李世民战胜了自己的两个亲兄弟并将他们杀死;李世民 29 岁时登

阎立本的《唐太宗接见吐蕃特使》。水墨设色绢本。左边第二位是吐蕃特使,右边有许多女性侍从环绕在皇帝身旁。北京故宫博物院

基称帝,是为太宗,李渊宣布退位。

官僚政策

自前隋灭亡以来,经过与竞争对手的十多年战争,李世民登基后面临的是一个备受战火蹂躏的国家。为了恢复被战争破坏的土地,唐太宗实行了仁政。他将土地分给农民,并收取相应的赋税(约是收入的1/40)和实物。李世民还减少开支,勤俭节约;为了避免战争,他在执政初期采取了温和的外交政策。唐太宗还下令修订和编纂刑法典:修订后的法典减少了残酷的惩罚,并成为后来中国刑法典的基础。

唐太宗还建立了一个以才能、负责的官员和周密的政策(国家政策在实施前要经过不同官员的制定和审查)为基础的官僚机构。他与宰相们讨论政策,任命官员和将领主要依据他们的能力而不是他们的阶级、种族或私人关系,他举办的科举考试以儒家经典为主。他手下许多最具才能和忠诚度的官员及将领,曾经是过去的敌人或竞争对手的属下。独立的监察官定期会审查官员的表现;这位皇帝绝不容忍任何形式的滥用权力,甚至自己的亲属犯错也绝不姑息。

如果有人认为他的政策和行为存在不妥之处,唐太宗也鼓励大家提出批评意见。他手下最直言不讳的批评家是魏征(580—643),此人曾担任过唐太宗的一个兄弟的幕僚。对于一个最有权势且富有成就的君王而言,倾听不同的意见、坦诚的批评或干预,并不总是一件容易的事情;然而皇帝克制住了自己,并奖赏了那些言之有理、论之有据的批评家。他让魏征伴其左右,并把后者当作自己的一面镜子,让其看到自己的错误。事实上,他相信魏征和其他官员能使他成为一位明君。

到了630年,也就是他登基后的第4年,由后世王朝史官编纂的唐朝正史记录了繁荣的景象——中国人将其称为"贞观之治":"大姓豪猾之伍……无敢侵欺细人。商旅野次,无复盗贼,囹圄常空,马牛布野,外户不闭。又频致丰稔,米斗三四钱。行旅……皆不赍粮,取给于路……行客经过者,必厚加供待。"(Liu 1975)

节俭和良好的民风

除了合理的政策与实践外,繁荣也可以通过国家节约开支和民众的节俭来实现。唐太宗不仅节约政府开支,而且他也禁止皇室宗亲和官员在住宅、马车和服饰上铺张浪费。对于奢华和浪费的做法,他颁布了一项法令禁止贵族和平民举办盛大的婚礼和葬礼。唐太宗把历史上昏君的垮台归咎于奢侈和放纵,其中包括前隋朝的隋炀帝。他认为,"灾难源于淫荡的欲望",以及"如果一个人对骄傲自大和奢华放纵不加以抑制的话,那么他很快就会遭遇危险和毁灭"(Wu 1965)。他还提醒他的官员,受贿会导致他们最终垮台,并且会毁坏他们个人及他们职业的声誉。唐太宗为他的继承人准备了一本统治指导手册——《帝范》,在全书13章中,他用了两章的篇幅来抨击奢华和放纵,认为节俭对于一个良好和持久的国家至关重要。因此,在他20年多年的贞观统治期间,国家繁荣富强,民风纯真质朴,没有绣花长袍或亚麻细布,也没有饥荒问题或衣物短缺问题。

儒家的人生目标

特别是在唐太宗统治初期,尽管皇帝本人以及一些他信任的官员如魏征、温彦博和岑文本有权、有钱又有势,但是他们生活非常俭朴。他们的快乐是什么,他们在生活中追求的是什么?唐太宗曾解释道,谷价低廉,人们的收支有盈余,这种普遍的繁荣令他非常高兴,他甚至放弃了最喜欢的狩猎。《左传》作为儒家著作《春秋》的著名评注之一，将给人以永生或不朽的三种功业描述为：太上有立德，其次有立功，其次有立言。意思是：体现出伟大的美德，做出了巨大贡献（为天下苍生），或留下了具有永恒价值的作品或著作。儒家著作勉励人们为留下一份永恒的遗产而努力，以值得铭记的事迹、言论或德行来改善别人的生活，而不是珍惜物质财富或永久维持个人的物质生活。

唐太宗精通中国经典典籍，他经常与官员们研究和讨论这些著作。他的官员也可以将儒家价值观倒背如流，因为他们要为科举考试准备一个标准版本，并参与了对5部儒家经典评注的大规模审查和汇编。一种重视德行、公众福祉和智慧之作的文化精神，也为唐太宗的政治成就提供了辅助。这些儒家的人生目标有助于在中国历史上产生许多杰出的管理者以及大量

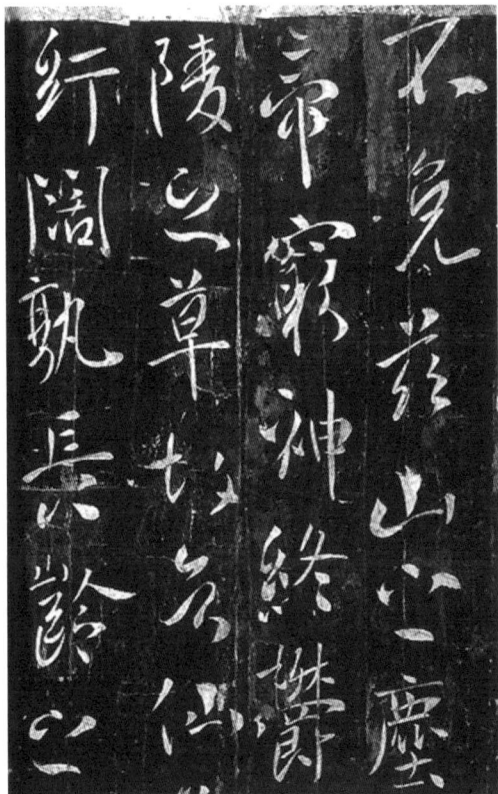

李世民（唐太宗）的《温泉铭》(628)。这位皇帝热衷于收集书法家王羲之的作品，并自己练习书法

优秀的著作，古人已尽最大的努力将这些著作留存给了后人。

国内稳定的发展也与外部威胁的缓解息息相关。唐朝史官关于和平与繁荣的上述言论也实现了，因为唐军于630年击败了突厥军队。

外交事务

在外交事务方面，唐太宗倾向于结盟，并且通过公正和友善相待的吸引力来赢得忠诚。然而，在必要的时候他也使用武力。630年，他派军击败了东突厥（今蒙古），后者经常突袭唐朝的城市，并对唐朝造成严重的威胁。在随后的几年里，唐军征服了更广阔的领土；然而，更重要的是，这确保了中亚部族和王国对唐王朝的归顺，以及丝绸之路周边的和平状态。唐太宗经常把唐朝公主下嫁给部落领袖，以此建立友好的外交关系。当游牧部族首领臣服于唐朝的统治后，唐太宗封他们为总督去管理先前他们独立统治的地区，而很少干预他们的事务。唐太宗允许百姓迁移，在某些情况下会赎回被敌人抓走的游牧族人。尽管唐太宗将武器视为不恰当的工具，不应该被经常使用，但他仍然认为，必须维持足够的武器装备来保卫国家。

艺术和文化

唐太宗喜爱骏马，但他也精通诗词，是一位卓越的书法家。他下令对5部儒家经典进行汇编，并且对它们加以评注，使之成为后世王朝的标准文本。他为玄奘数百本佛经的巨幅译文写了序言，由此迎来了唐代佛教的蓬勃发展。他安排官员撰写了历代王朝的正史，他在这些作品中也写了3篇评注。唐太宗尊崇道教，并声称具有传奇性的道教创始人老子是其王室的祖先，因为老子的姓氏也是李。他广泛的兴趣和开放的态度，为一个国际化和充满活力的唐文化定

2445

下了基调。

遗产

唐太宗于 649 年驾崩,被葬于昭陵,位于一座雄伟的大山之上,这里最终成为 160 多个墓葬群的所在地。其中一些是皇亲国戚的陵墓,但大部分墓葬安葬的是有功之臣,包括十几个游牧将领:唐太宗曾授予有功之臣死后安葬在其陵寝的权利,把他们纳入自己庞大的政治家族。

唐太宗及其官员在中国历史上创造了一个政治传奇。他与政府官员的讨论记录——《贞观政要》,成为唐之后所有后世中国皇帝以及日本和朝鲜的统治者学习的部分帝国课程。它甚至影响了契丹人、女真人和蒙古人。唐太宗体现了儒家仁政的有效性,但他也充分认识到治理庞大帝国的困难性和复杂性。在他的统治时期,唐太宗及其官员仍然保持着警惕,自觉维护良好的统治,并遗赠给了他们的后代。

进一步阅读书目:

Chen, J. (2005). The Writing of Imperial Poetry in Medieval China. *Harvard Journal of Asiatic Studies* 66(1), 57 – 98.

Fitzgerald, C. P. (1933). *Son of Heaven: A Biography of Li Shih-min. founder of the T'ang Dynasty*. Cambridge, U. K.: Cambridge University Press.

Hwa, L. (2009, January). State Building in the Government of Tang Taizong. *Forum on Public Policy*. Retrieved September 19, 2009, from http://www. forumonpublicpolicy. com/summer 08 papers/archivesummer08/hwa. rev. pdf

Liu Xu. (1975). *Jiu Tangshu* [Old Tang History]. Shanghai, China: Zhonghua Shuju. (Original work compiled 940 – 945)

Ouyang Xiu. (1975). *Xin Tangshu* [New Tang History]. Shanghai, China: Zhonghua Shuju. (Original work compiled 1043 – 1060)

Schafer, E. H. (1963). *The Golden Peaches of Samarkand: A Study of T'ang Exotics*. Berkeley and Los Angeles: University of California Press.

Sima Guang. (1972). *Zi-zhi tong-Jian* [Comprehensive Mirror for Aid in Government]. Taipei, China: Shijie Shuju. (Original work compiled 1084)

Twitchett, D. (1996). How to be an Emperor: T'ang T'ai-tsung's Vision of His Role. *Asia Major* 9(1 – 2), 1 – 102.

Wechsler, H. (1974). *Mirror to the Son of Heaven: Wei Cheng at the Court of Tang Tai-tsung*. New Haven. CT: Yale University Press.

Wechsler, H. (1979). T'ai-tsung (reign 626 – 49) the Consolidator. In D. Twitchett (Ed.), *The Cambridge History of China: Vol. 3. Sui and T'ang China*, 589 – 906, Part 1 (pp. 188 – 241). Cambridge, U. K.: Cambridge University Press.

Wechsler, H. (1985). *Offerings of Jade, and Silk: Ritual and Symbol in the Legitimation of the T'ang Dynasty*. New Haven, CT: Yale University Press.

Wu Jing. (1991). *Zhenguan Zhengyao* [Essentials of Government of the Zhenguan Period]. Shanghai: Shanghai Guji Chuban She. (Original wort: compiled c. 707 – 709)

Xiong, V. (2000). *Sui-Tang Chang'an: A Study In the Urban History of Late, Medieval China* (Michigan Monographs in Chinese Studies No. 85). Ann Arbor: University of Michigan Center for Chinese Studies.

华莉莉(Lily Hwa) 文

王超 译,黄艳红 校

Tea 茶

1 万多年前,人们在缅甸、阿萨姆邦(今印度)和中国三国边境地区的三角形丛林地带意外发现茶树后,茶便成为地球上除水之外消耗最多的液体。作为一种商品和饮料,茶对人类的生活和国际关系的各个方面产生了巨大的影响。

2447

茶是一种将山茶属茶树的叶子进行采摘、烘干后制成的饮品。茶叶随后被泡在热水或沸水里。作为一种贸易商品,茶具有很多优点。一方面,它的生产很廉价。茶树所偏爱的亚热带气候在地理上分布于相距甚远的中国中部地区和东非。只需要几片茶叶,便能沏一壶好茶,并且还可以被重复使用。干茶重量轻,易于贮存,因此可以轻易地被运往世界各地;其高价和相对较轻的重量,也让人认为值得这样做。

茶的传播

至少在公元前 1000 年,茶树从金三角的丛林地区移入中国的园地中。到 8 世纪,茶树遍布中国各地。从 9 世纪开始,茶成为与中亚游牧部落进行交易的主要商品。蒙古人和藏人开始大量饮茶,茶块成了当地的通货。从 8 世纪起,日本的佛教僧侣把茶作为一种药用饮料来饮用;在 13 世纪,饮茶习俗传播到了其他地区的居民当中,茶成为一种普遍的饮料。

茶于 17 世纪被引入欧洲。在 18 世纪 20 年代,当与中国直接的帆船贸易开辟后,茶叶价格下降,进口量飙升。到 18 世纪中叶,茶在英国各阶层中被广泛饮用,它还出口到殖民地;征收茶税导致了殖民地发生动荡(在 1773 年的波士顿"倾茶事件"中,愤怒的殖民者将整船茶叶倒入波士顿港),最终导致了美国革命的爆发以及美利坚合众国的建立。

在相当大的程度上,英帝国是围绕着茶建

喜多川歌麿的木版画(浮世绘),约 1801 至 1804 年,表现的是女儿节期间一位女子在品茶会上服侍孩子们。美国国会图书馆

立起来的;英属东印度公司的利润主要基于茶叶贸易,以及印度、中国和英国之间的鸦片、茶叶和白银的三向流动。自 19 世纪 40 年代起,英国将茶引入阿萨姆邦;到 1890 年,该地区已拥有许多大型的种植园以及基于机器生产的工厂。茶叶生产继续不断地扩大和传播,进入印度南部和斯里兰卡。从 20 世纪 20 年代开始,印度人自己才开始大量饮茶。在此之前,几乎所有的茶叶都被出口到英国;与在印度的售价相比,茶叶在

2448

感谢上帝赐予我们茶！如果没有茶，世界会是怎样？它该如何存在？我很高兴，在我出世时就有了茶。
——西德尼·史密斯（Sydney Smith, 1771—1845）

英国可以卖更高的价钱。

因为茶树是种植园里最好种植的植物，它的栽培已经改变了种植地的生态环境，使部落人口变得不稳定，并将几十万人投入到枯燥和悲惨的雇佣劳动当中，但为投资者和茶园管理者创造了巨大利润。例如，在阿萨姆邦，大片的丛林、珍稀植物和许多动物被毁灭。种茶苦力被赶进工厂或进入茶园从事时间长、收入低的劳动。尽管他们的劳动条件慢慢得到改善，但仍然很糟糕。

茶和社会史

虽然制备茶饮很容易，但精心准备可使人喜欢上这项操作和仪式。在东亚，茶通过茶道对社会生活产生了巨大的影响；茶道吸收了一些宗教元素（特别是中国的道教和日本的禅宗佛教），并对美学的不同领域如水墨画、陶艺和建筑等产生了深刻的影响。中国、韩国、日本以及英国的陶瓷发展，都集中在茶碗和其他的茶具上面，它们本身就是非常重要的贸易商品。在当今的日本，精通茶道被认为是具有良好教养的一个标志，而且茶道行业的规模十分庞大。

饮茶改变了性别关系、用餐时间和礼仪。在18和19世纪的英国，它有助于提高已婚妇女的地位。它使英式早餐的肉类摄入减少，并使晚餐的时间推后。在茶的制备和服务过程中，也产生了一种新的礼仪姿态。

今天，全世界约有30亿人每天饮茶。长期以来，茶叶中的咖啡因成分提供的温和刺激受人喜爱，茶也因为能够杀死许多导致水生疾病的微生物而受到人们的高度重视，它的抗氧化作用备受人们热捧。从历史上看，茶已经影响到了政治以及各民族之间和帝国之间的关系。它促进了新型船舶和精巧的工厂设备的发展；茶为大型贸易公司提供资金并激发了文学和哲学创作。茶树的确是一种了不起的植物。

2449

19世纪末，人们在中国茶馆阅读报纸，与人交谈

纳撒尼尔·柯里尔(Nathaniel Currier)的《波士顿倾茶事件》(*The Destruction of Tea at Boston Harbor*，1846)。版画。与柯里尔的形象刻画相反，几乎没有人伪装成美洲原住民将茶叶倒入港口。美国国会图书馆

进一步阅读书目：

Clifford，M. N. (1992). *Tea：Cultivation and Consumption*. London & New York：Chapman & Hall.

Forrest，D. (1985). *The World Tea Trade：A Survey of the Production，Distribution and Consumption of Tea*. Dover，NH：Woodhead-Faulkner.

Goodwin，J. (1990). *The Gunpowder Gardens：Travels through India and China in Search of Tea*. London：Chatto & Windus.

Hobhouse，H. (1985). *Seeds of Change：Five Plants that Transformed Mankind*. New York：Harper & How.

Macfarlane，A.，& Macfarlane，I. (2004). *The Empire of Tea：The Remarkable History of the Plant that Took Over the World*. New York：Overlook Press.

Ukers，W. H. (1935). *All about Tea*. New York：The Tea and Coffee Trade Journal Company.

艾伦·麦克法兰(Alan Macfarlane) 文

王超 译，黄艳红 校

Technology—Computer　计算机技术

2450　　　　长期以来,人类都在寻求通过"技术"(Technology)来帮助他们计算——从史前捕猎者用于追踪牲畜的木棒标记,到第二次世界大战后首台可编程且体积庞大到占据整个房间的商用计算机。在21世纪,计算机的功能已远不止是一种计算工具。一些预言家预测,拥有当前计算能力的桌上电脑在不久的将来会被压缩成纽扣般大小的设备,且成本只有一角钱。

计算机已经使工作、交流和休闲活动发生了改变,将来它也必定会产生同等幅度的变化。多年来,计算机技术一直由美国的一些公司所掌控,因为美国拥有最大的单一市场,且美国政府在军事应用、基础科学以及工程学领域的投入很大。然而,许多国家对计算机技术赖以兴起的技术基础也有贡献;随着万维网的发展,计算机已经成为一个全球现象。

机械计算机的前身

可编程数字计算机发轫于20世纪中叶之前,然而,如要探究那些帮助人们思考的设备的真正历史,则可以追溯到史前时代,那时,人类最初是通过在一根棍子上刻画标记来计算牛群数量,或标记月相出现的时间。在古代,复杂的加法和减法通常是将地面上的鹅卵石排列成堆来完成的,"计算"一词起源于拉丁单词"calculus"(小鹅卵石)。古典文明中目前所知最复杂的计算机是"安提基特拉"(Antikythera)这一卓越的齿轮装置,显然它是被设计用来预测太阳、月亮和行星的运行位置的。该装置是在地中海底部的一艘沉船中发现的,其所处年代被认定为公元前80年左右。

计算一直与数学有着密切联系,苏格兰数学家约翰·纳皮尔(John Napier)于1614年前后发明的对数运算对于实际计算而言是一大进步。通过机械计算装置运算,加法要比乘法更加容易,减法要比除法更加简单。对数将乘法变为加法、将除法变为减法,但必须查阅数本对数表中的数字,这些同样不得不通过手工来计算。从纳皮尔时代一直到1970年左右晶体管电子计算器的发明,一本对数表是工程师和科学家们的标准工具。然而,对数表使用起来很烦琐,因此快速估算法采用了计算尺。计算尺是一个模拟计算的装置,这种带有对数刻度的一组尺子彼此能相互滑动。"模拟"(Analog)这一专业术语指的是在抽象数字和相应的物理距离之间沿着一条线进行类比。

表示数字精确位数的机械式数字计算器也被开发出来,例如,法国数学家和哲学家布莱茨·帕斯卡尔(Blaise Pascal)在1642年发明的数字计算器。一种常见的方法是将一些齿轮互相联锁,每个齿轮都是从0到9十个数位。一段传奇由此诞生了。一位性情古怪的英国男子查理·巴贝奇(Charles Babbage)成为计算机之父,因为他在1835年前后设计了一台机械计算器,可以用穿孔卡片进行编程。科幻作家威廉·吉布森(William Gibson)和布鲁斯·斯特林(Bruce Sterling)写了一部小说,幻想巴贝奇成功地建造了机械计算器,开启了英国科技占主导地位的黄金时代,但社会问题却不断加剧。然而,巴贝奇在现实中的尝试失败了。历史学家多伦·斯沃德(Doron Swade)估计,巴贝奇对电子计算机的发展影响是微不足道的。 2451

第一个使用卡片的综合数字数据处理系统是由美国工程师赫尔曼·霍尔瑞斯(Herman

计算机是无用的,它们仅仅给你答案而已。

——毕加索(Pablo Picasso,1881—1973)

Hollerith)发明的。他在 19 世纪 80 年代开始为他的想法申请专利。到了 1902 年,当他的机器被用来处理 1900 年美国人口普查收集的海量数据时,已经组装了电子继电器,可以做条件式筛选(条件操作)。

大型机时代

第一个或最有影响力的可编程电子数字计算机是哪一个?对此,历史学家们存有相当多的争论。1941 年,约翰·阿塔纳索夫(John Atanasoff)教授和研究生克利福德·贝里(Clifford Berry)在爱荷华州立大学创造了一个演示机,但是他们并没有将其进一步发展。1943 年,在英国,一种被称为"巨人"的特殊用途计算机开始被用于破解德国密码,但它的设计被保密了 30 多年。也许最具影响力的早期电子数字计算机是 ENIAC(电子数字积分计算机),它于 1946 年在宾夕法尼亚大学完成,由物理学家约翰·莫齐利(John W. Mauchly)和工程师约翰·普瑞斯伯·埃克特(J. Presper Eckert)领导的团队完成。

电子数字积分计算机的主要工作是为美国军方准确计算火炮射击表。在第二次世界大战的竞技狂潮中,许多新式远程火炮正在生产过程中,战场上的士兵需要复杂的图表来告诉他们,在不同的情况下如何瞄准击中一定距离内的目标。由于不可能在所有可能的情况下都开炮,因此,从一些发射试验中审慎选择出的数据被用于确定精密的数学计算表。作为罗斯福总统的首席科学顾问,范内瓦·布什(Vannevar Bush)拥有一个体积庞大的机械模拟计算机——微分分析器,它就是为了这个目的于 1930 年建造完成的。在理论上,一台电子计算机应该会越来越快、越来越准确;但它是否充分可靠还是个严重的问题,因为在晶体管发明之前,它是由容易烧毁的真空管建造的。电子数字积分计算机重 30 吨,占地约 167 平方米,包含了 18 000 个真空管。

电子数字积分计算机的数据输入和输出采用的是霍尔瑞斯的打孔卡,这种方法直至 20 世纪 70 年代仍然是标准步骤之一。然而,编程是通过手工设置数百个旋转开关和连接电子部件的插线完成的。莫齐利和埃克特设计了一个可以在其内存中存储程序的后继型号。他们成立了一个小公司,推出了一系列名为 UNIVAC(通用自动计算机)的机器,然后于 1950 年出售给了一家私人公司。这个例子代表了 20 世纪中叶的计算机信息处理技术。由政府资助开发用于军事目的、体积庞大且价格昂贵的大型计算机技术随后转移到民用部门,用于大型企业的财务记录和类似的应用。很多研究工作是在大学里完成的,学校里提供使用的一些大型计算机使科学家们有机会将其应用于许多科学研究。

2452

个人计算机

计算机产业的诞生所涉及的内容与整个计

安提基特拉机械的主要残片(约公元前 80 年)。该机械装置是由 32 个齿轮和刻有黄道十二宫及月球标记的转盘构成的一个复杂的系统。雅典国家考古博物馆(National Archaeological Museum, Athens, No. 15,987)

算机文化的发展一样丰富，它包括编程语言、控制机器的编译器、网络、用户和机器间信息传送的输入—输出设备，以及高校中促使计算机科学和工程学作为一个独特学科出现的新课程。多年来，价格昂贵的数据批处理大型计算机占据主导模式——计算机运行必须做精心的准备，然后置入一个队列等待主机上的时间——虽然有一些实验也可以分时操作，即实验过程中几个人可以同时使用一台计算机。到 20 世纪 70 年代中

电子数字积分计算机程序员在弹道研究实验室大楼 328 室，费城，宾夕法尼亚（约 1947—1955）。选自 K. 肯普夫《军械技术兵种内的电子计算机：历史专记》（*Historical Monograph : Electronic Computers Within the Ordnance Corps* by K. Kempf）日期未定

期，无论是在信息技术公司内部，还是外部的电子产品爱好者中间，个人电脑革命为计算机提供了一个全新的概念。

　　1973 年 4 月，施乐公司（Xerox）的帕洛阿尔托（Palo Alto）研究中心首次对桌面个人计算机的原型机阿尔托（Alto）进行测试。阿尔托创造了很多新技术，后来成为家庭和办公室计算机的标配，包括：鼠标、屏幕上的窗口和图标、带有许多不同字体的桌面打印、图像和动画的结合，以及允许个人在他们的计算机之间来回发送文件的局域网。由于微电子技术的高成本和低性能，施乐公司当时还无法进行技术开发。在 20 世纪 60 年代，英特尔电脑芯片公司的创始人之一戈登·摩尔（Gordon Moore）提出一个概念，后被称为"摩尔定律"，即计算机芯片的性能每隔 18 或 24 个月便会增加一倍。1984 年，当苹果公司将第一台麦金托什（Macintosh）计算机售出后，阿尔托的技术终于投放到了国内市场，不久之后，微软公司推出了视窗（Windows）操作系统。

　　在大型信息技术公司向公众供应个人计算机之前，计算机业余爱好者们就已经开始利用电脑组件组装自己的计算机了，特别是在 1975 年 1 月出版的《大众电子》（*Popular Electronics*）杂志中首次提到了名为"牛郎星"（Altair）的计算机组件。这场技术化的社会运动借鉴了一些 20 世纪 60 年代的文化激进主义元素，迅速席卷了北美和西欧，尽管现在回想起来，很难估计激进主义在多大程度上助推了计算机革命的迅速发展。苹果公司是由两个朋友在一间车库里创建的，比尔·盖茨从大学退学来帮他的童年伙伴们一起组建微软公司，这些都是事实。1977 年，在苹果 II 型计算机问世后的几年里，个人可以编写一个具有商业利益的软件程序，并可成立一个小公司来销售这些软件。然而，20 世纪 80 年代中期以来，最伟大的进步再次需要将大规模的政府拨款与大型企业结合起来。

国际互联网和万维网

国际互联网作为美国高等研究计划署网络

2453

韩国的竞技场定期举办全国最佳视频和电脑游戏玩家的比赛,赛事会被电视直播,竞赛选手像电影明星一样受到追捧

(ARPANET,阿帕网)诞生于1969年,是美国国防高等研究计划署开发的一个研究网络,它将加利福尼亚大学洛杉矶分校、斯坦福研究院、加利福尼亚大学圣巴巴拉分校以及犹他大学的计算机链接在一起。1972年,"阿帕网"首次向公众展示,就在同年,它引入了电子邮件功能。越来越多的教育机构、政府机关以及企业公司开始使用国际互联网,并不断开发新的用途。到20世纪80年代末,它已成为研究工作的一个重要工具,并已开始展现其商业和个人的应用价值。例如,1978年,罗伊·杜博萧(Roy Trubshaw)和理查德·巴特尔(Richard Bartle)在英国埃塞克斯大学编写了第一款网络虚拟游戏,或称"多人地下城"(Multiple-User Dungeon);1989年,艾伦·考克斯(Alan Cox)在威尔士大学学院将自己的游戏版本发布到了国际互联网上。

1990年,蒂姆·伯纳斯-李(Tim Berners-Lee)在位于瑞士日内瓦附近的欧洲核子研究组织的高能物理实验室发明了第一个超文本浏览器,并创造了"万维网"(World Wide Web)这个

词。1993年初,伊利诺伊大学的学生马克·安德森(Marc Andereessen)受到美国国家科学基金会的资助,在国家超级计算应用中心开发出第一个版本的马赛克(Mosaic)浏览器,这个易于使用的浏览器将数以百万计的人引入网络。无论是网景(Netscape)浏览器还是微软公司出品的互联网浏览器(Internet Explorer),都是以马赛克浏览器为基础的;据估计,2002年世界上10%以上的人使用过互联网。

20世纪70年代的大型计算机分时概念已经演变为所谓的客户端-服务器架构。服务器通常是一台大型的专用计算机,储存着集中式的数据库(在公司、大学或政府机构)或直接连接到互联网。起初,客户端是很少或根本不具备自身计算能力的是哑终端,然而今天,连接到服务器并能够访问其资源的是性能强大的个人电脑。最近出现了一种非常独特的互联网模式,被称为"点对点架构"(peer-to-peer architecture)。例如,像纳普斯特(Napster)的音乐文件共享程序通过网络连接个人电脑,在这种架构中每一台电脑同时发挥着服务器和客户端的功能。网格计算的概念不断削弱个人电脑和互联网之间的差别,它将大规模的计算工作分配到许多分布广泛的计算机,或将数据分布在许多文档服务器中。

2454

普适计算时代

今天,计算机几乎无处不在,它已被嵌入到

汽车以及杂货店的结账柜台，或封装为袖珍型的个人数码助理，使得用户可在几乎任何地方发送电子邮件或上网冲浪。计算机已经开始接管传统设备例如电话、电视的角色，而其他设备已经成为计算机的附件，尤其是相机和音乐播放器。但旧的计算形式没有消亡，而是扩大了。现在的儿童玩具已经比过去的电子数字积分计算机具有更强的计算能力，但是，电子数字积分计算机的直接传承者是每秒能做几十万亿次计算的超级计算机。

计算机科学在不断地取得进步，纳米技术或许有望将摩尔定律一直保持到 2025 年；只有当最小的电子元器件被压缩到单个分子大小时，摩尔定律才会停止。在 20 年里，每 18 个月翻一番就意味着提高了 8 000 倍。这将意味着具有当前计算能力的桌面计算机可被压缩成衬衫纽扣般的设备，且成本为一角钱。人们将如何与这种力量打交道？

2003 年，美国政府信息技术研究和发展的跨部门工作组确定了如下一些"重大挑战"，并计划在随后的 10 年里着手应对：

- 科学和工程学的知识环境；
- 通过改进燃烧生产清洁能源；
- 高可信度的基础设施控制系统；
- 改善病人的安全和卫生质量；
- 对于长期的区域气候变化的战略规划；
- 纳米科学技术：探索和利用原子和分子集合体的行为；
- 预测污染物的途径和对健康的影响；
- 实时检测、评估和应对自然或人为的威胁；
- 更安全、更可靠、更高效、更高容量的多式联运系统；
- 预计数字社会中普遍参与的后果；
- 合作智能：将人类与智能技术整合；
- 指尖触发的信息获取；
- 管理知识密集型动态系统；
- 快速实现熟练掌握自然语言；
- SimUniverse(教育计算机模拟)：通过探索学习；
- 普适的虚拟终身导师。

进一步阅读书目：

Austrian, G. D. (1982). *Herman Hollerith：Forgotten Giant of Information Processing*. New York：Columbia University Press.

Bainbridge, W. S. (ed.). (2004). *Berkshire Encyclopedia of Human-computer Interaction*. Great Barrington. MA：Berkshire Publishing Group.

Berners-Lee, T., & Fischetti, M. (1990). *Weaving the Web*. New York：HarperCollins.

Freiberger, P., & Swaine, M. (1999). *Fire in the Valley：The Making of the Personal Computer* (2nd. ed.). New York：McGraw-Hill.

Gibson, W., & Sterling, B. (1991). *The Difference Engine*. New York：Bantam.

Gillies, J., & Cailliau, R. (2000). *How the Web was Born*. Oxford, U. K.：Oxford University Press.

Grudin, J. (2004). History of Human-computer Interaction. In W. S. Bainbridge (Ed.), *Berkshire Encyclopedia of Human-computer Interaction*. Great Barrington, MA：Berkshire Publishing Group.

Interagency Working Group on Information Technology Research and Development (2003). *Grand Challenges：Science, Engineering, and Societal Advances Requiring Networking and Information Technology Research and Development*. Arlington, Virginia：National Coordination Office for Information Technology Research and Development.

Lavendel, G. (1980). *A Decade of Research：Xerox Palo Alto Research Center*. New York：Bowker.

2455

Metropolis, N., Howlett, J., & Rota, G.-C. (Eds.). (1980). *A History of Computing in the Twentieth Century*. New York: Academic Press.

Mollenhoff, C. R. (1988). *Atanasoff: Forgotten Father of Computer*. Ames: Iowa State University Press.

National Research Council. (1999). *Funding a Revolution: Government Support for Computing Research*. Washington, DC: National Academy Press.

Price, D. J. S. de. (1959). *An Ancient Greek Computer. Scientific American*, 200(6), 60–67.

Stern, N. (1981). *From ENIAC to UNIVAC: An Appraisal of the Eckert-Mauchly Computers*. Bedford, MA: Digital Press.

Swade, D. (2000). *The Difference Engine: Charles Babbage and the Quest to Build the First Computer*. New York: Viking.

Waldrop, M. M. (2001). *The Dream Machine: J. C. R. Licklider and the Revolution that Made Computing Personal*. New York: Viking.

威廉·西姆斯·班布里奇（William Sims Bainbridge） 文

王超 译，黄艳红 校

Technology—Firearms 火器技术

11 世纪到 19 世纪 30 年代之间，火器技术的发展十分缓慢，世界各地皆是如此。火器对人类社会影响最深的发展出现在工业化时代，以及这些发展被军队采用之后。今天，私人枪支——从狩猎步枪到手枪、再到准军事武器——的大规模生产对火器的影响已超出军事领域。

火器的历史可以被划分为两个时代：一个是滑膛武器的时代（武器的枪管有一个滑膛孔），这个时代一直到 19 世纪 30 年代为止；另一个是 19 世纪 30 年代之后的快速的技术创新和工业化时代。在第一个时代，我们可以发现技术发展相对缓慢，而且枪械的影响在世界各地的差异相对来说很小。然而，在第二个时代，火器对世界各地的军事实力造成了巨大的差异，对整个社会产生了更为广泛的影响。

1830 年之前火器的发明与传播

火药最早出现在中国的宋朝；具有讽刺意味的是，大概在 11 世纪，它是作为道教炼丹家寻找长生不老药的副产品而被发明的。中国人将其用于生产烟花爆竹，以及战争中由弹射器发射出的炸弹——它在海战中被证明特别有用。火药是经丝绸之路从中国传入欧洲，还是由欧洲人独立发明，对这个问题，历史学家的看法存在分歧。无论是哪种方式，当火药在欧洲被当作发射物后的推动力来使用时，火器就诞生了。火器在文献中的最早描述可追溯至 14 世纪 30 年代。

火药最初被用于大炮。在 15 世纪，手持火器以步枪及其表亲火绳枪（一种便携式手枪，需点火物引火发射）的形式出现了。在下一个世纪，该科技的两种形式不仅传遍了欧洲，也传播到了世界的其他大部分地区。1450 年，土耳其人拥有比欧洲人更精良的大炮，巨型专业化的攻城炮帮助土耳其人在 1453 年攻取了君士坦丁堡，他们同时还派出了一支携带步枪的禁卫军（奴隶）步兵团。莫卧儿人在 16 世纪初就学会了有效地使用大炮，中国的明朝也是如此。1542

年,葡萄牙船只将步枪带到了日本。日本铁匠很快就能制造出和欧洲一样好的步枪,日本将领还开创了在战场上有效使用武器的先例。非洲的一些王国通过贸易换取步枪,然后在 16 和 17 世纪在同等条件下打败了欧洲人的军队,例如摩洛哥和安哥拉本地的军队就做到了这一点;在 17 世纪,美洲土著人在边境战争中也有效地利用步枪来对抗欧洲入侵者。

1830 年之前火器的特点和影响

在这个时代,几乎所有的大炮和手枪都具有某些共同特征。它们都是滑膛武器,因此就单件武器而言,命中率很低。(膛线步枪,即带有螺旋切槽孔的武器已经出现了,但它们装药很慢并且只用于狩猎。)滑膛甚至在重新装填弹药时也费时费力,所以同弓箭相比,它的射击速率很低。18 世纪最好的装备也只能做到一分钟射击 2～3 次。为了在战场上达到更为显著的效果,这些缓慢且命中率低下的枪支必须采用集体射击;即使是小规模战斗,无论是炮兵阵地还是步兵大编队,都要尽可能占据有利地形。但火器有其优势。大炮射击的穿透力远远优于传统的拉应力或者扭力炮(弩之类的装置),火枪同样有很大的穿透力,大量盔甲因此被淘汰。最重要的是,手枪易学易用;几个星期的训练就可以让新兵成为相当高效的枪手,而要精通射箭技能则需好几十年。

火器在这个时代具有的不同影响便来自上述特性。它们的穿透力和易用性结合到一起后,会对骑马的精锐武士产生潜在威胁,他们发现自己和他们的坐骑突然变得更易受攻击。虽然如此,骑兵部队并没有随着火器的出现而失效;事实上,16 和 17 世纪最强大的军队,包括土耳其人、满族人、莫卧儿人的军队,都将草原骑兵的战术机动性与炮兵队和步兵火枪军团结合在一起。然而,火器的使用意味着,草原骑兵无

法单独对非机动性部队构成威胁,尤其是当他们的对手将防御工事和火器结合在一起时。所以,在结束草原游牧民族在欧亚战争中长期扮演的关键角色方面,火药起到了很大的作用;一些历史学家把亚洲这些强国描述成"火药帝国"(Gunpowder Empires),这可能夸大了大炮在综合系统中的真正作用,因为草原骑兵在该体系中还在发挥非常重要的作用。

"火药帝国"的概念同样源于火器对防御工事的影响:它使前火器时代的堡垒失去防护力而遭废弃,从而促进了广泛的对外扩张(至少直到设计出新形式的防御工事来抵御炮火之前)。这样的效果在欧洲一些地区是明摆着的事实;而在其他地方,如印度,防御工事已经承受住火器,所以枪支对于对外扩张而言作用不大。在欧洲,约在 1525 年,一种新的防御工事在意大利出现了。从某个角度看,意大利要塞仅仅是复活了现有的防御技术。但一些历史学家认为,新的防御工事蕴含着"军事革命"的种子(或者就欧洲范围而言,火器对步兵战斗的战术影响)。简要地说,军事革命理论的各种版本都视火药为大规模军队的必备品,要么用于围攻新的防御工事,要么在战场上提供大规模的火力支持。为了支付更大规模的军队的火药花销,反过来又需要政府变得更有组织性。更好的政府和它们规模更大及装备更好的军队把欧洲推上全世界的领导地位。因此,军事革命理论将火器作为促使现代国家出现和欧洲崛起的一个重要因素。这种理论已经引发广泛的争论,简单来说,这是技术决定论的夸大之词。至少一些历史学家在怀疑,近代早期的欧洲是否真的存在军事革命。当然,在 19 世纪以前,世界上没有任何地方仅凭使用火药武器就能获取决定性的优势,原因很简单,因为技术的传播已经非常广泛了。在 18 世纪末,欧洲军队具有的优势基于组织技术,而不是火器技术。由于运输问题,火器能覆盖的范围还很有限。

另一方面，火器特别是大炮和完备的远洋船只加以组合，的确掀起了一场海上革命；不过，由于缺少来自亚洲大国的激烈竞争（更多是出于不同的利益，而非技术壁垒），革命一说仍需加以限定。然而，到 1800 年，有效地开发海洋成为欧洲不断增长的国际影响力的核心。在这方面，欧洲的领导者大不列颠王国可以说开创了第一个"现代"财政-军事国家，且军事工业主要集中在海军。1800 年，拿破仑及其法国革命军将滑膛火器时代的陆战艺术推上一个高峰。

1830 年以来的技术革新

滑膛式火器的第一个巨大变化发生在 1830年。由于发明了带有空心底座的子弹，来复枪能够像滑膛枪一样迅速重新装弹。子弹比线膛孔更小且可以被装满；但是在发射的时候，子弹底座膨胀，填充装膛线。膛线产生的旋转增加了射击精度和射程，在有效条件下几乎翻了三番。骑兵突然失去了在战场上的重要角色，骑兵的攻击变得代价高昂且困难重重。进入 20 世纪，火器技术开始了进一步革新的进程。后膛装填子弹可以让步兵躺着装弹，而且可以更大程度地利用掩体。更好的金属外壳可以制造出更大、更具威力的炮弹。无烟火药进一步提升了隐蔽性。快速多发的射击装置，包括机枪的发明，使两三个士兵具有了拿破仑时代一个旅的火力。类似的改进也影响到体积更大的火器。陆军火炮和海军舰炮见证了空气动力爆炸弹、钢桶和穿甲弹。或许，比任何特定的改进更为重要的是，在枪支制造过程中采用了可互换的零部件，这使得武器制造实现了产业化。武器的批量生产意味着可以更快速地为军队配备新装备，这促使技术发生更快速的变革，很快导致了火器在军事用途以外的广泛商业化。在 20世纪，人们将火器安装在机动车以及能飞上天空的飞机上面；到 20 世纪末期，随着计算机技术

2459

布伦轻机枪出现在一套共计 50 张的香烟卡片集的一张卡片上（现在作为一种有价值的收藏品，类似于棒球卡），被称为"英国的防御"

开始显著地改造火器，弹药变得更加"智能"。

1830 年以后的影响

火器技术发生的这些变化，极大地增强了火器对世界的影响。新技术在欧洲和美国得到开发，火药催生了一系列的战术革命，这一点首次显现在 1864 年弗吉尼亚州彼得堡附近的堑壕战中。首先，几乎所有的变化都有利于战场上的防御。为突破火炮、机枪和步枪防御所做的种种尝试促进了机械化发展，包括在陆地上使用火车及随后的内燃机车运送部队，还有使用飞机运输军队和战斗车辆；这些技术都是为了增强机动性。火力也促进了装甲的运用。装甲先是

瞧！人变成了自己工具的工具。

——亨利·大卫·梭罗（Henry David Thoreau，1817—1862）

用在船上，随后是坦克和其他陆地车辆上。机动性更强的陆海空部队携带越来越多的弹药，不可避免地将战争的影响远远地扩大到传统的战线以外，也越来越模糊了战斗人员与非战斗人员之间的区别。

与滑膛时代的火器技术不尽相同，工业时代的火器技术造就了（并将继续造就）世界各地军事能力的巨大差异。1870 年，一支携带步枪和机枪的欧洲小部队打败了成千上万的土著战士。换言之，火器成为创造 19 世纪帝国主义并将其维持到 20 世纪的支柱。但火器的普及体现在世界性的军火贸易当中，军火贸易推动了后来的意识形态冲突，如冷战，但也有助于在 20 世纪下半叶击败殖民帝国。反殖民运动的领导者（以及后来形形色色的反政府叛乱）利用火器，采用游击战术，给常规部队带来很大麻烦。这些组织的火力也增加了他们伤害平民的能力，这个问题往往会因内战中的种族或民族主义紧张局势而进一步恶化。军控协定主要针对的是大规模杀伤性武器，但在阻止私人枪支的全球性随意流动方面没有采取什么行动。

此外，武器制造的产业化以及私人武器的广泛使用——从猎枪到手枪、再到准军事武器，使得火器的大规模生产带来的影响远远超出了军事领域。鉴于现代火器能赋予个人和小团体潜在的破坏力，大多数有能力的政府试图限制平民获取火器；这个政策的后续发展旨在帮助中央政府解除普通民众的武装，从而对合法使

2460

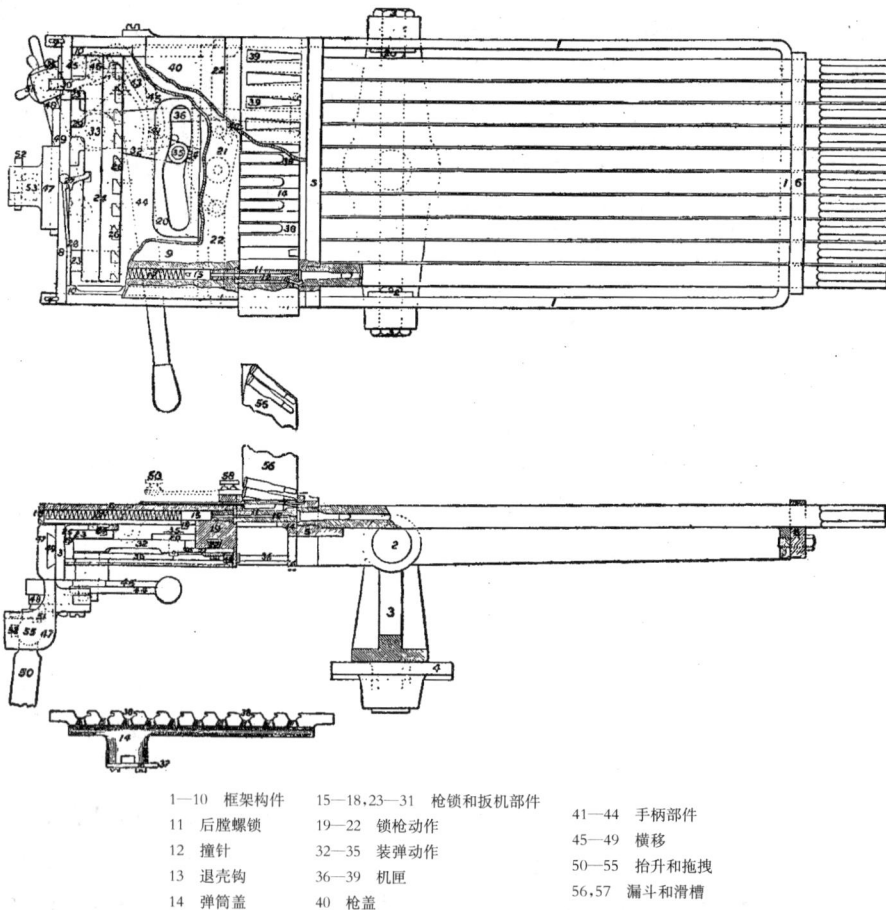

1—10	框架构件	15—18,23—31	枪锁和扳机部件	41—44	手柄部件
11	后膛螺锁	19—22	锁枪动作	45—49	横移
12	撞针	32—35	装弹动作	50—55	抬升和拖拽
13	退壳钩	36—39	机匣	56,57	漏斗和滑槽
14	弹筒盖	40	枪盖		

在这张图解里的早期诺登菲尔德机枪包括一些标准的功能，如锁紧、装弹、横移、抬升和拖拽

用武力保持垄断。然而，弱小或纠纷剧烈的政府被血淋淋的事实证明是无力执行这样的政策的，这往往出现在内战或叛乱期间。美利坚合众国（受到关于第二修正案一些文本的启发）在枪支所有权和枪支使用方面给予的限制历来很小，这导致了高频次的涉枪暴力，以及比采取严格控枪政策的其他工业化国家更高的谋杀率。

与此同时，火器的形象通过电影和电脑游戏在世界各地已经进入主流大众文化，描写枪击凶杀类的影片或电视节目已成为各个媒体的主流。因此，若作为一个案例来研究，火器对世界历史发展的影响，无论是在军事、政治、社会或文化上，其技术的复杂性和相关性，以及在世界历史的各个领域中均可看到的人类社会关系。

进一步阅读书目：

Blackmore, H. (1961). *British Military Firearms, 1650 - 1850*. London: Herbert Jenkins.

Blackmore, H. (1965). *Guns and Rifles of the World*. New York: Viking Press.

Boothroyd, G. (1962). *Guns through the Ages*. New York: Sterling Publishing Company.

Boothroyd, G. (1970). *The Handgun*. New York: Grown Publishers.

Brown, M. L. (1980). *Firearms in Colonial America: The Impact on History and Technology, 1492 - 1792*. Washington, DC: Smithsonian Institution Press.

Chase, K. (2003). *Firearms: A Global History to 1700*. Cambridge, U. K.: Cambridge University Press.

DeVries, K. (1992). *Medieval Military Technology*. Boulder, CO: Broadview Press.

Ezell, E. (1983). *Small Arms of the World: A Basic Manual of Small Arms* (12th rev. ed.). Harrisburg, PA: Stackpole Books.

Francis, P. H. (1961). *The Origins and Development of Firearms and Gunpowder*. London: Broadacre Books (Bradford).

Hayward, J. F. (1962). *The Art of the Gunmaker*. (Vols. 1 - 2). London: Barrie and Rackliff.

Keegan, J. (1993). *A History of Warfare*. New York: Knopf.

McNeill, W. *The Pursuit of Power: Technology, Armed Force and Society since AD 1000*. Oxford, U. K.: Oxford University Press.

Morillo, S.; Black, J.; & Lococo, P. (2009). *War in World History: Society, Technology and War from Ancient Times to the Present*. (2 vols.). New York: McGraw-Hill.

Peterson, H. L. (1961). *History of Firearms*. New York: Scribner.

史蒂芬·莫里洛(Stephen Morillo) 文

王超 译，黄艳红 校

Technology—Overview 技术概述

在人类进化的过程中，我们利用我们最强大的资源——大脑，已经开发并使用了生产工具和生产技能（技术）。为了了解历史，我们必须知道谁拥有什么技术，以及如何使用它们。技术发展史是一部关于大自然力量和人类力量的历史。

2461

人类不会飞翔，不会用牙齿和爪子打斗，不善奔跑、游泳，不会像其他动物那样灵活地攀

爬。然而，通过使用大脑，我们发明出许多工具和技能，使我们获得了控制自然世界的力量，并

让我们能够在地球上几乎任何地方生息发展。

农业之前和农业的萌生

人类与其生产工具共同进化了数百万年。约在 400 万至 250 万年前,生活在非洲的原始南非猿人将河流中的鹅卵石当作天然的斧子,用于打碎动物尸体的骨头。他们的后代——直立类猿人的成员,通过击打石头的两侧制作了手斧;他们还学会了如何控制火。有了这些工具,一些原始人进行大型的狩猎活动,而另一些原始人则采集植物和昆虫。随着工具的使用,他们的大脑体积增大了,而他们的牙齿和颌骨则变小了。

智人约出现在 15 万年以前,是像我们一样的人类。他们制造出多种专业工具,如矛、刮削器和刀片。7 万年前,人类开始制作衣服、房子

和油灯,绘制洞穴壁画,制造乐器和装饰性的首饰。随着狩猎和采集工具与技能的不断进步,他们迁移到以前无人居住的地区,如西伯利亚和美洲。他们还使用船只,这使他们可以跨越宽阔的海洋到达新几内亚和澳大利亚。为了搜寻猎物和植物性食物,他们经常性地迁徙。约 3 万年前,人类学会了用骨针和将弓弦做成的线来缝制衣服。这些技能使他们能够生存于以前无法生存的地区,如西伯利亚。接下来,在公元前 1 万年之后,人类开始使用弓箭捕杀难以捕捉和快速移动的猎物,如鹿和羚羊。

永久定居点伴随着农业的发展一起产生。从约 1.2 万年前开始,在中东的人类开始收割野生小麦和大麦,而且靠播种来促进这些植物生长并清理杂草。为了砍倒树木,他们制造了平滑的双面石斧。通过储存一季又一季的谷物,他们能够停留在一个地方并建造永久性的房屋,首个已知的定居点位于耶利哥,建于约公元前

2462

这柄阿舍利手斧(史前人类制作的一类石制工具)发现于埃塞俄比亚的基比什附近,人们在那里也发现了一些 19.5 万年前的人骨

经过长期的试验,箭头经常从箭根部重新加工和细化。这张照片显示了两类不同尺寸和颈宽的箭头之间的差异。密苏里大学

7350 年。他们也驯养了许多动物：首先是狗，接着是绵羊和山羊，然后是猪、驴和牛。农业的发展在中国和东南亚始于公元前 9000 年，在欧洲始于公元前 7000 年，在西非始于公元前 4000 年，在墨西哥始于公元前 2000 年。在美洲，农业发展启动进程较晚且持续时间更长，因为当地可驯化的野生动植物较少：主要的驯化植物有谷物、豆子、南瓜，主要的驯养动物包括狗、火鸡、豚鼠和骆驼。其他的工具和技能使农业和畜牧业成为可能，包括用于耕地的挖掘棒和锄头、收割谷物的镰刀、承载谷物的篮子和容器，以及圈养动物的篱笆。

向农业和畜牧的转变持续了 2000 多年，在这期间，人们不断地进行狩猎和采集野生食物。依靠种植和饲养业的发展，某一特定区域内可以供养更多的人口，其数量要远高于仅靠大自然的恩赐所养活的人口。然而，一旦他们的人口增长，他们再也无法回到自己原来的生活方式。

水利文明（前 3500—前 1500）

随着农业的传播，生活在河岸边，特别是炎热干燥地区的人们发现，他们可以通过浇灌庄稼获得惊人的收益。灌溉远离河岸的土地，意味着要挖沟渠和建造堤坝。在美索不达米亚（现在的伊拉克）的底格里斯河和幼发拉底河的谷地中，苏美尔人（在公元前 4000 到前 3000 年之间到达这一地区的人）组织大批劳力来进行这些公共工程项目。他们用桔槔（水桶悬挂在平衡杆的末端）将河水提到他们的田地里。在公元前 4000 年中期，由此生产的食物盈余，允许他们的领导人建造城市，创建政府和法律，雇佣工匠、官吏、士兵和商人。城市建造了由自然风干的砖块砌成的金字形神塔和多层庙宇。

在公元前 4000 年末期，基于同样的原因，相同的社会革命爆发于埃及。尼罗河的河水每年淹没河谷。为了抵挡洪水，农民建造堤坝将盆地围起来。一旦土壤被彻底浸透，洪水就会被释放到下游的下一个盆地里。所有这一切需要大量的劳动力。在农闲季节，农民被招募来建造金字塔和庙宇。

灌溉和防洪是其他几个早期文明的关键技术。在中国北方，文明的诞生需要保障耕地免受黄河洪水的威胁。在墨西哥谷地（墨西哥中部），农民通过挖掘运河以及在他们的小块土地上堆积大量富含养分的淤泥，在浅水湖区建造了被称为浮园耕作法（Chinampas）的台田。在秘鲁的沿海平原——地球上最干旱的环境中，农民利用从安第斯山脉流淌下来的河水灌溉他们的土地。秘鲁人建造的城市是由大量石块整齐堆砌而成的雄伟石墙围成的。

早期文明也发展出了其他的技术。妇女纺线和编织精美的布料，其中有出自埃及的亚麻，来自美索不达米亚和秘鲁的羊毛，来自中国的丝绸，以及出自印度和美洲的棉花。陶器匠制作了用于存储和烹饪的罐子。铁匠学会了从矿石中冶炼金属，先是铜，随后是铜和砷或锡的合金——青铜。公元前第 4 个千年，轮式车首次出现在安纳托利亚（今土耳其）和美索不达米亚，并从那里传播到欧亚大陆的其他地方。

铁和马的时代（公元前 1500—公元 1500）

早期文明的精英们都十分保守，但他们无法阻止技术变革以及技术所造成的破坏。公元前 2000 年，在众多散布于整个东半球的创新技术中，我们可以挑出两个带来重大后果的技术：铁的使用和马的驯化。

约在公元前 1500 年，铁在安纳托利亚首次被冶炼出来；相比冶炼青铜，铁需要更多的劳动力和燃料；但与铜和锡不同的是，铁矿几乎无处不在。一旦铁匠学会了通过重复加热来对铁进行回火以及在水中淬火，铁就可以硬到切断青

2463

铜。由于炼铁的成本低,农民和木匠使用的斧子和锯子、供家庭使用的刀子和罐子,都有可能生产出来。

约在公元前 1000 年,铁被传播到了中东地区,然后又从那里传播到了非洲和印度。铁制工具为一些人提供了一个巨大的优势,但其牺牲品不仅包括自然资源,还有技术不够发达的人民。来自尼日利亚—喀麦隆地区的班图语族居民清除了非洲中部和南部的丛林地区,用以发展农业,并逐步逼迫更早的原住民如巴特瓦人(以贬义词"侏儒"为人熟知)和闪族人迁徙到不适合农业开发的森林和沙漠地区。在印度,人们带着斧头涌入恒河流域和德干高原,把森林变成农田。

中国人创造了最先进的钢铁工业。他们不仅会通过锤打和回火来冶铁——如同欧亚大陆和非洲的工匠那样——他们也发明了利用水车驱动冶铁高炉的风箱,能使加热炉的温度达到铁的熔点,这样铁水便可以倒入模具之中。正当中国的中部和南部的居民在进行毁林开垦之时,铁匠们已经学会了使用煤炭加热熔炉。公元第 1 个千年末期,中国已经开始大规模生产铁制工具、武器和家用物品,如铁壶、铁锅、铁刀和铁钟。

与此同时,中东地区的铁匠们学会了制造"大马士革"刀刃(因叙利亚的大马士革而得名),办法是在燃烧的木炭中反复加热铁条,锻锤令其变薄,折叠过来,直到铁变成钢,变得坚硬、锋利和有韧性。这样的过程是非常耗时的,并仅用于制造价格昂贵的刀。

人类首次驯服马始于公元前 3000 年,但在木匠开始建造战车轮子之前,人类只是有限地使用马匹,这种战车由两匹战马牵行,车上载有两人,一人驾驶战车,另一人手持弓箭。公元前 1700 至前 1300 年之间,战车的驾驶者们从北方的草原入侵位于中东、印度和中国的农业文明,并对后者造成了极大的破坏。约在公元前 1200 年,当游牧民族学会了如何骑马射箭的时候,战车反倒过时了。约公元前 1500 年之后,农耕国家增添了骑兵部队,并为其步兵军队配备了铁制武器,依靠武力和军事征服建立了庞大的帝国。亚述人、波斯人和罗马人依次主宰着亚洲的西南部和地中海,与此同时,秦朝和汉朝控制着中国。这些帝国延伸超过几千英里,并通过高效的道路网和邮政服务连接在一起。罗马人特别擅长土木工程;他们的许多道路、建筑物和水渠依然屹立在原地。然而,来自亚洲的草原游牧民族的数量和军事实力不断增强,并定期侵袭农耕文明。2000 年来,欧亚大陆历史中的很大一部分是由农耕帝国与游牧民族之间的争斗构成的。在人类驯化马之后的几个世纪,马还无法用于农业生产,因为如果马牵引过重的负荷,喉-肚带挽具会勒住马的咽喉导致其窒息和暴跳。公元前 3 世纪,马颈轭首先出现在中国,它将负重力落在马的肩膀而不是喉咙上,9 到 11 世纪之间,马挽具被传播到了欧洲。

2464

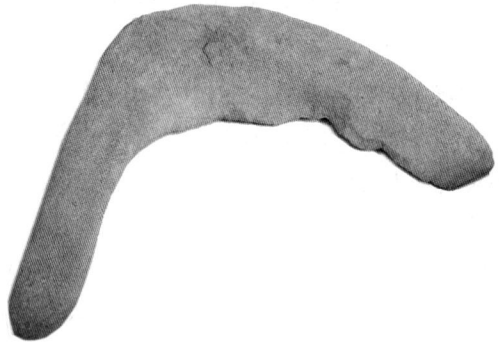

收割用的镰刀来自苏美尔文明,伊拉克,公元前 3000 年,由黏土烧制而成

农业的发展(公元前 1500—公元 1500)

农业在这一时期也发生了改变。当汉人从中国北方迁徙到炎热潮湿的长江流域和中国南方时,他们完善了水资源控制技术。水稻在温暖

的浅水田里生长最好，但需要非常小心地造梯田、犁地、播种、除草、控水和收割，其中大部分工作必须通过人力来完成。除了稻米，中国农民也种植茶树和桑树，用桑树的叶子喂蚕来经营丝绸产业。更密集的劳动投入，换来单位土地不断提高产量。随着人口的增长，中国成为世界上最富有和技术最先进的文明，并产生了如下创新：纸、印刷术、纸币、（随后的）指南针、远洋船只和火药。

从 7 到 15 世纪，中东地区出现了另一种不同类型的农业科技革命。生活在沙漠的阿拉伯人已经驯化了骆驼，可以在马无法承受的干燥地区使用。在 7 世纪，阿拉伯人征服了中东和北非地区。因为具有悠久的经商传统，他们欢迎并保护商人和水手。此外，他们重建了埃及和美索不达米亚地区的灌溉工程，并引进了一些有用的设备如水车（一连串的桶）、坎儿井或地下隧道，用于长距离输送水。他们还将中国的柑橘类水果和印度的糖与棉花传入地中海世界。

农业发展促进了生产工具的创新，如铁犁；图中的农民正在耕种稻田。选自《耕织图》，焦秉贞，1680—1720

欧洲的农业远远落后于中国和中东地区，特别是在 5 世纪罗马帝国崩溃之后。然而欧洲人创造了几个巧妙的发明，使他们能够定居在罗马人认为不适合居住的欧洲大陆西部和北部。其中一项发明是三圃轮作制，即农田在一年中休耕三分之一；它取代了早先农田在一年中休耕二分之一的制度，将生产力提升了50％。另一项发明是马蹄铁，它可以防止马蹄在潮湿的天气中毁损。第三个是将马颈轭做了进一步优化，它能使马拉动更重的货物。欧洲人也迅速将水车和风车作为一种能源来磨面、锯木、碎石以及完成其他任务。在这一时期，就每公顷产量而言，欧洲尚无法与中国或中东地区相比；但上述创新的结果是使欧洲的人均产量位居世界之首。

2465

全球技术互动

远洋船只不仅将人类和贸易货物，同时也将动物和植物从地球的一个地方带到另一个地方。自新石器时代起，驯化植物和动物已经成为必不可少的技术；种植或饲养动植物，并将其转化为食品和纤维，需要知识和技能。从农业诞生伊始，植物和动物已经在东半球内发生了转移，在美洲的情况也是如此，尽管面临着更大的困难。15 和 16 世纪的远洋航行让旧世界和新世界之间的物种发生转移。欧洲人带来了他们的小麦、大米、糖和棉花，带走了许多水果、蔬菜和树木。他们从美洲那里带回玉米、马铃薯和烟草等。葡萄牙人将树薯从巴西带到了非洲和印度尼西亚。

欧洲人也带来了他们的动物。猪和牛开始在美洲大地上肆意奔跑。欧洲人和北美平原印第安人都在使用马。然而，新世界几乎没有可供交换的动物。外部传入的农作物和动物增加了食物供应，造成了全世界人口的增长。在这个进程中，它们加快了对当地环境的转变和对当地动植物的破坏。在 15 世纪,海船和导航的进步导致其他技术向世界各地扩散。让我们考察两个具有全球影响的重要技术:航海和火药。

航海

人类早就学会了在河流、湖泊以及沿海航行。早在几万年前,人类就到达新几内亚和澳大利亚。公元前第 2 个千年,来自东南亚的马来人移居到印度尼西亚,并到达密克罗尼西亚和新喀里多尼亚。另一些人还渡过了印度洋到达马达加斯加。他们学会了通过观察恒星、太阳、月亮的位置以及感知海面波浪来给船只导航。渐渐地,他们依靠装有外伸支架和三角蟹爪形船帆的独木舟冒险进入太平洋,最后到达夏威夷和新西兰。相比之下,生活在地中海沿岸的人们没有发展远洋船只。他们的货船配备了广梁支撑的方形帆,但只能在天气状况良好和顺风的情况下航行。他们的战舰靠桨手划桨推进,并用于撞击和登上敌舰。无论是他们的货船还是他们的战舰,都不适合在大西洋上航行。

季风在夏末和秋季自印度洋吹向亚洲大陆,在冬季和春季又由亚洲大陆吹向印度洋,这

哥伦布船队的圣塔玛丽亚号、妮娜号、平塔号或许是当时流行的轻型多桅帆船中最著名的代表,它们被葡萄牙和西班牙用于探险和贸易。纽约公共图书馆

就使得印度洋适合于定期航行。在公元后的几个世纪中,阿拉伯人、波斯人和印度人建造了单桅三角帆船,它是由椰纤维将柚木板拼接在一起并装配大三角帆或三角帆的小帆船,可以在一定角度逆风航行。印度洋贸易的繁荣令中国人和欧洲人感到羡慕。

在宋朝初期,中国人发展了一种叫作平底帆船的海船;这种海船采用了扁平的底部、竹帆和尾舵。船长们都配备了磁罗盘以及航海图。在 1405 和 1433 年期间,中国政府向印度洋共派出 7 支探险船队。首支探险船队包括 317 艘海船,其中一些海船长 120 米、宽 48 米。中国人拥有当时世界上最大的船只和最强大的舰队,原本可以探索世界上所有的海洋。然而,当与蒙古游牧部落的战争吸引了政府的资源和注意力之时,中国政府便结束了远洋探险并禁止出海航行。

与此同时,欧洲人则在远洋航行方面更为精进。通过将地中海桨帆船与北海圆壳帆船的最佳功能结合在一起,葡萄牙人创造了一种叫作卡拉维尔(caravel)的帆船;这种船拥有方形和三角形船帆以及一个尾舵,一小群船员就可以驾驶它在任何风力下航行。在 15 世纪,他们弄清了大西洋的大气环流形态。依靠这样的船舶和知识,克里斯托弗·哥伦布在 1492 年横渡了大西洋;6 年后,瓦斯科·达·伽马乘船抵达了印度。

火药

人类最早的火药出现在 13 世纪的中国,被用于火焰喷射器和烟花。在 14 世纪,欧洲人和土耳其人开始铸造大炮,可以发射铁炮弹

2466

一列货运火车穿越山丘。纽约中央铁路公司

并能摧毁坚固的城墙。对于如土耳其的奥斯曼帝国、印度的莫卧儿帝国和俄罗斯的沙皇帝国这样的中央集权制国家，火炮赋予其巨大优势。最早建造小型舰炮的是西欧人，在战斗中舰船足以承受大炮射击的后坐力。在拥有这种武器后，西欧人很快控制了印度洋和东南亚海域。

工业时代（1750—1950）

开始于 18 世纪中叶的一系列新技术开始改变我们的世界，我们称之为工业技术。工业化有 5 个显著特征：不断扩大的劳动分工，生产和运输的机械化，来自化石燃料的能源，商品和服务的大规模生产，以及实践知识的扩散。上述每种现象都曾在不同的地方出现过，例如，从 16 世纪起人们就开始大量生产书籍；然而，只有上述 5 个特征全部结合在一起，才能界定为真正的工业化。

工业化开始于英格兰的棉纺织工业，当时人们用流水带动纺纱机，从而可以大规模、低成本地生产布料。与此同时，人们利用储量丰富的煤炭制造廉价的铁。詹姆斯·瓦特（James Watt，1736—1819）利用冷凝器改良了蒸汽机，并于 1769 年申请了专利。这是 18 世纪最伟大的发明，而且它也使英国工业革命区别于所有之前发生的快速转变。在 19 世纪中叶，蒸汽机被用于抽水、驱动机器以及为机车和船舶提供动力。

虽然新的工业技术被扩散到了其他国家，但这种扩散很不均衡。西欧和北美东北部很快开始效仿英国，然而，欧洲的其余部分和俄国却落在了后面，这种情况一直延续到 19 世纪末。虽然印度和拉丁美洲引进了机器和技术，但却没有引进能够减轻对工业国家依赖的工程文化。在所有的非西方国家中，只有日本在 1900 年以前开始了工业化。

与此同时，第二次工业技术的浪潮出现在 19 世纪末 20 世纪初，主要来自德国和美国。发

1879 年，托马斯·爱迪生制造的第一个灯泡在门罗公园公开演示"亮灯"

2467

明家们研发出大规模、低成本生产钢材的方法——而钢在以前是罕见和昂贵的金属——以致钢材可以被用来建造桥梁和建筑物，在使用过后甚至可以被扔掉。基于合成染料产业的德国化学工业将生产范围扩展到肥料、炸药以及许多其他产品。自 19 世纪 30 年代起，人们利用来自电池的电流，通过电报机传送信息。然而在 1860 年以后，发电机产生强大的电流可用于许多其他用途。1879 年，托马斯·爱迪生（Thomas Edison，1847—1931）不仅发明了白炽灯泡，还发明了发电站和配电网络，使产生的电力用于照明和后来的电动机、有轨电车以及其他的应用。1895 年，古列尔莫·马可尼（Guglielmo Marconi）发明了首个无线电报，成为无线电通信的始祖。

1908 年，福特汽车公司出产第一辆 T 型车，它的价格很便宜，甚至工厂里的工人都能买得起。纽约公共图书馆

20 世纪初，人们见证了另外两项技术对人类生活带来的彻底改变。这种改变先产生于工业化国家，随后扩展到世界其他的地区。1886 年，卡尔·本茨（Karl Benz，1844—1929）和戈特利布·戴姆勒（Gottlieb Daimler，1834—1900）将一个内燃机安装在一个"不用马拉的马车"上。1913 年，亨利·福特（Henry Ford，1863—1947 年）开始在流水线上生产 T 型车，这让汽车价格变得如此便宜，以致工人都能买得起。20 世纪 20 年代，汽车在美国已经普及。20 世纪中叶以后，汽车又开始在欧洲普及。

另一个革命性的发明是飞机。1903 年，威尔伯·莱特（Wilbur Wright，1867—1912）和奥维尔·莱特（Orville Wright，1871－1948）兄弟进行了首次动力飞行。不久之后，在大西洋两岸便出现了他们的追随者。从 20 世纪 50 年代起，飞机在全世界范围内成为一种普通的交通工具。

在和平时期，大规模生产带来了棉质衣服、铁路运输、汽车及其他用品的大众消费。但是，工业生产也可以在两次全面和残酷的世界大战以及整个种群的灭绝过程中造成大规模的杀伤。然而，一些国家，如俄罗斯、德国、日本，即使经历过人类历史上最具破坏性的战争、遭受过惨重的损失，也能够迅速重建。工业化向南亚、

莱特兄弟在 1903 年试飞时使用的飞机。美国国家博物馆

中东和拉丁美洲的扩散更加缓慢，在非洲大部分地区甚至还没有真正开始。工业世界仍然是一个排外的俱乐部。

后工业化世界

后工业化并不意味着工业正在走向消亡。与之相反，更多的工厂正在生产比以往更多的产品。然而，我们显然正戏剧性地经历着另一次技术革命，其进程要比先前的农业革命和工业革命快得多。

新技术革命所涉及的很多技术的起源，可以追溯到第二次世界大战。第二次世界大战期间，各国政府都知道获胜的希望取决于新武器和其他军事技术的发明。这样的研究项目耗资巨大。然而，如果各国政府早点依靠私人企业研发新技术，那么研发进程将以原本无法达到的快速率展开。这种认识导致各国政府在第二次世界大战结束后继续长期资助研究。

与战争有关的技术

1942 到 1945 年期间，美国制造的原子弹是第二次世界大战中最具轰动性的发明。第二次世界大战结束后，苏联也制造出了原子弹，并在随后的 20 世纪 50 年代制出威力更大的氢弹。核能并非只能用于制造炸弹。核反应堆被用来发电，并可为潜艇和其他舰艇提供能源。

1957 年，苏联成功发射了人类第一颗人造地球卫星——"伴星 1 号"（Sputnik）。将卫星送入预定轨道的运载火箭是基于第二次世界大战中由德国制造的 V2 火箭。作为太空中成千上万颗卫星的先驱，"伴星 1 号"被送入太空主要是用于军事侦察和监视、传送电视广播以及远程通信。太空时代最轰动的事件莫过于 1969 年的人类登陆月球，它证明了人类在不断提高征服大自然的能力。

电子技术

未来的历史学家无疑会认为，新的电子技术甚至比核武器和火箭技术更具革命性。电视在第二次世界大战前仍处于试验阶段，随后它在 20 世纪 50 年代的美国以及 20 世纪 60 年代的欧洲和日本成为大众消费品。第二次世界大战期间，用于军事目的而得到发展的雷达随后便服务于民用航空、航海和执法。同样，在第二次世界大战中发明的计算机在 1964 年装配国际商用机器公司的 360 系统后，成为重要的商业工具，并广泛应用于银行机构、保险机构和零售行业等。在 20 世纪 70 年代末，苹果公司制造了首批风靡一时的个人电脑，然而它很快就被国际商用机器公司以及许多规模较小的公司超越，这些公司从软件业巨头微软公司那里购买操作系统和应用程序。在 20 世纪 80 年代中期，互联

1946 年 7 月 25 日，在比基尼环礁核弹试验爆炸后产生的蘑菇云

网开始连接世界各地的计算机网络。出现于1990年的万维网使我们能够发送图像和文字,并使互联网更方便使用,以至于很多企业很快就用它来宣传和销售其产品。绝大多数的计算机硬件和软件来源于美国,但电子产品的生产和营销则由日本企业支配。

生物技术

生物技术是另一个得到迅猛发展的技术领域。1953年,詹姆斯·沃森(James Watson)和弗朗西斯·克里克(Francis Crick)发现了脱氧核糖核酸,这是一种为创建生命所需的所有信息编码的物质。他们的发现有望推动农业、医药以及其他领域的发展。20世纪70年代,农学家发明了更高产的杂交水稻、杂交小麦、杂交玉米,以及其他杂交农作物,被称为"绿色革命"。自20世纪90年代以来,转基因生物已经使一些国家及其农民和消费者,面临一个如何权衡眼前利益和未来风险的难题。

技术和未来

人类征服大自然的力量在加速增长。现在,人类有能力实现非凡的成就,但同样也可以对彼此、对地球带来巨大的伤害。计算机和通信技术的进步将很快为那些能够支付得起它们的人提供即时访问每个文本、电影和音乐的服务,并将使强大的政府能够跟踪地球上的每辆车,也许还能跟踪每个人。核能已具备了取代化石燃料的潜力,但核能开发也使制造危险的核武器成为可能,核武器还可能会落入一些亡命之徒手中。生物技术有望改善健康,但也可能以意想不到的方式操控所有的生命形式;克隆是其中一个特别引人注目的新技术,充满了棘手的社会和道德问题。拥有这些技术和其他技术的人还没有意识到它们是一把双刃剑。与此同时,那些占人类总数一半或者一多半没有获得现代技术的人,并没有比1000多年前的人们过得更好。

进一步阅读书目:

Barber, E. W. (1994). *Women's Work：The First 20000 Years：Women，Cloth，and Society in Early Times*. New York：W. W. Norton.

Bray, F. (1986). *The Rice Economies：Technology and Development in Asian Societies*. Berkeley and Los Angeles：University of California Press.

Bulliet, R. (1990). *The Camel and the Wheel*. New York：Columbia University Press.

Casson, L. (1991). *The Ancient Mariners：Seafarers and Sea Fighters of the Mediterranean in Ancient Times* (2nd ed.). Princeton, NJ：Princeton University Press.

Cipolla, C. (1965). *Guns，Sails and Empires：Technological Innovation and the Early Phases of European Expansion，1400 - 1700*. New York：Funk & Wagnalls.

Crosby, A. (1972). *The Columbian Exchange：Biological and Cultural Consequences of 1492*. Boulder, CO：Westwood Press.

Diamond, J. (1997). *Guns，Germs，and Steel：The Fates of Human Societies*. New York：W. W. Norton.

Elvin, M. (1973). *The Pattern of the Chinese Past*. Stanford, CA：Stanford University Press.

Fagan, B. M. (2002). *World Prehistory：A Brief Introduction* (5th ed). Upper Saddle River, NJ：Prentice-Hall.

Finney, B. R. (1994). *Voyage of Rediscovery：A Cultural Odyssey through Polynesia*. Berkeley and Los Angeles：University of California Press.

Gimpel, J. (1997). *The Medieval Machine：The Industrial Revolution of the Middle Ages*. New York：Penguin.

Headrick, D. (1981). *The Tools of Empire：Technology and European Imperialism in the Nineteenth Century*. New York：Oxford University Press.

Headrick，D. (2009). *Technology：A World History*. New York：Oxford University Press.

Hourani，G. F. (1995). *Arab Seafaring in the Indian Ocean in Ancient and Early Medieval Times*. Princeton，NJ：Princeton University Press.

Levathes，L. (1994). *When China Ruled the Seas：The Treasure Fleet of the Dragon Throne，1405－1433*. New York：Oxford University Press.

McClellan III，J. E.，& Dorn，H. (1999). *Science and Technology in World History*. Baltimore，MD：Johns Hopkins University Press.

McNeill，W. H. (1982). *The Pursuit of Power：Technology，Armed Force，and Society since A. D. 1000*. Chicago：University of Chicago Press.

McNeill，W. H. (1989). *The Age of Gunpowder Empires，1450－1800*. Washington，DC：American Historical Association.

McNeill，W.，H. & McNeill，J. R. (2003). *The Human Web：A Bird's Eyes View of World History*. New York：W. W. Norton.

Pacey，A. (1990). *Technology in World History*. Cambridge，U. K.：Cambridge University Press.

Rhodes，R. (1985). *The Heavens and the Earth：A Political History of the Space Age*. New York：Basic Book.

Rhodes，R. (1988). *The Making of the Atom Bomb*. New York：Simon & Schuster.

Stearns，P. (1993). *The Industrial Revolution in World History*. Boulder，CO：Westview Press.

White Jr.，L. (1962). *Medieval Technology and Social Change*. New York：Oxford University Press.

丹尼尔·黑德里克(Daniel R. Headrick) 文

王超 译，黄艳红 校

Telegraph and Telephone　电报与电话

电报与电话是传播媒介，它们以加密信号的方式发送信息。电报传送文字信息，电话则传送语音信息。在 19 和 20 世纪，这两种传播媒介都发展得十分迅速，并且奠定了我们这个时代电子革命的基础。

在 19 和 20 世纪，以加密信号的方式发送信息的技术发展得十分迅速；电报与电话的出现标志着我们今天习以为常的电子通信功能的来临。但事实上，在 18 世纪以前，世界上许多地方的人们都在尝试使用远程视觉信号来示警敌人入侵，即通过使用如烟雾、火焰和镜子等通常只能单向传递的媒介来长距离传送信号。在法国大革命期间，法国发明家克劳德·沙普(Claude Chappe，1763—1805)设计出了一套通信系统：他利用十字架两端木臂上下移动所呈现的位置来表示代码书表的数字、字母或者短语。这些

设备被放置在相距约 5 到 10 千米的高塔上。1794 年，在他们的首条通信线路获得成功之后，法国政府建立了一个遍布法国的通信网，并将其传入邻国。虽然其他国家也建立了类似的系统，但只是在很短的距离内。与此同时，英国的皇家海军军官发明了一套新的标记和代码系统，可以使船与船之间进行双向通信。这是首个能在任何方向长距离自由发送信息的系统。因此，在 1794 年，巴黎的法国政府在几分钟之内就收到了从孔代传来的法军获胜的消息；而在 1805 年，在整个战斗的过程中，身在特拉法加的

需求是发明之母。

——托斯丹·凡勃伦(Thorstein Veblen，1857—1929)

海军上将纳尔逊能够及时获得战况并控制他的舰队。

早期的电报

在 18 世纪末 19 世纪初，许多发明家试图通过带电的金属线来发送信息。电池发明于 1800 年，19 世纪 30 年代发明的电磁铁让这样一个项目成为可能。1837 年，两位英国人威廉·库克(William Cooke，1806—1879)和查理·惠特斯通(Charles Wheatstone，1802—1875)为一套电报系统申请了专利，该系统使用了 6 根电线和 5 根磁针(后来减为两根)来指向刻度盘上的字母和数字。他们的电报系统被安装在英国的铁路沿线。就在同一年，美国人塞缪尔·莫尔斯(Samuel F. B. Morse，1791—1872)为一套点和划的密码申请了专利，它可以通过单根电线发送信号。1844 年，他开设了美国首条电报线，从华盛顿到巴尔的摩。

电报在欧洲和北美很快获得了巨大成功。到 1848 年，密西西比河东部所有的北美城市通过电报线连接了起来。创建于 1856 年的西联公司迅速控制了北美的电报行业。1861 年，西联公司的电报线将旧金山与美国东海岸连接起来，而且该公司还计划建立经阿拉斯加和西伯利亚到达欧洲的陆路电报线路；但在当时，大西洋海底电缆的存在使得再建这样的电报线路已无必要。欧洲各国政府要么开始建设电报网络，要么买下最早的一批电报经营公司。为了连接各个国家的电报网络，一些欧洲国家于 1865 年创立了国际电报联盟，随后又有其他国家加入进来。

对于安全和高效运行的列车而言，电报是如此不可或缺，以至于铁路公司给予电报线路免费的道路用地，以换取电报公司的免费服务。电报是一个很有用的商业工具，它可以传递大宗商品、股票的价格以及其他时效性信息。电报也用于新闻报纸行业，各家报刊竞相从美联社(the Associated Press，1848 年成立)、路透社(Reuters，1851 年成立)以及其他新闻机构购买最新的新闻消息。政府同样使用电报，特别是遇到战争和其他紧急情况的时候。

电报产业在欧洲和北美之外的地区则发展迟缓。欧洲列强的殖民地如印度和阿尔及利亚，在 19 世纪 50 年代建立了它们的第一条电报线，一些拉美国家和奥斯曼帝国也是如此。中国、非洲以及中东的大部分地区的政府，不愿承认这个西方入侵的新形式。环境条件的限制和民众的抵制，经常使电报线路的安装和维护变得十分困难。

后期的电报

直到 20 世纪中叶为止，电报技术不断发展进步。自 1851 年建立横跨英吉利海峡的电报线开始，电报公司纷纷铺设了跨海绝缘电缆。在经历了几次重大失败之后，该项技术最终于 1865 和 1866 年得到了完善，那一时期人们首次成功地铺设了跨大西洋电缆。技术上的成功鼓舞了电报企业家们，促使他们开始在世界其他地区铺设电缆：1870 年，电报线路从欧洲铺到了印度，19 世纪 70 年代初，它又铺到了澳大利亚、中国和拉丁美洲；19 世纪 80 年代，非洲各地也有了电报线路。到了 19 世纪末期，所有大洲和主要岛屿被连接到了一个全球性的电报网络当中，美国西联公司和商业电报公司掌控着北大西洋地区的电报行业，一家英国公司——大东电报公司则支配着其他地方的电报行业。在首轮全球化浪潮中，全球海底电缆网络在促进第一次世界大战前世界经济和国际贸易增长方面发挥了重要作用。该网络同时也具有战略价值，它使英国、法国和美国在第一次世界大战对阵德国时占据了巨大优势。

电报技术的其他进步提高了传输速度并降

2472

克劳德·沙普（Claude Chappe）在 1792 年发明的沙普信号电报，被用于长距离传送信号

低了劳动成本。因此，电报行业在 19 世纪 70 年代引入了多路复用技术，即在同一线路同时发送多个信息；而且，自 20 世纪 20 年代起，自动电传打字机和真空管中继器取代了手工输入和转发信息。传真发送（传真）始于 20 世纪 30 年代。

1858 年，海船试图铺设跨大西洋电缆。1866 年，当一根电缆成功地将爱尔兰和纽芬兰连接在一起时，才取得持久的成功。选自贝恩·迪普那《大西洋电缆》，1959，史密森学会图书馆

然而，有线电报在那时已经远远落后于两个完全不同的技术：电话和无线电。

电话

1876 年，亚历山大·格雷厄姆·贝尔（Alexander Graham Bell，1847—1922）为一种能够将声音和电脉冲相互转化的方法申请了专利，从而可以通过电线传递人的声音。他的发明成为一个产业的基础，现在该技术已将世界各地的人们连接在了一起。

起初，电话网络主要是地方性的，最多是区域性的，因为随着距离的增加，信号传输质量会不断下降。电话的服务费用很昂贵，因为通话必须通过总机接线员在电话交换机上进行切换。

从 19 世纪 90 年代开始，旋转拨号和自动切换技术的出现推动了电话服务业的巨大扩展，且无须增加额外的劳动。在美国和加拿大，许多独立的公司同业界巨头美国电话电报公司（AT & T，成立于 1885 年）展开竞争，尤其是在农村地区。在欧洲，政府通常是通过邮政和电报管理局来提供电话服务。第二次世界大战前，电话在欧洲和北美以外的地区是非常罕见的，通常仅限于政府机关和大型企业。

1915 年，美国电话电报公司在较长距离的电话线路上安装了真空管中继器，使其能够将纽约和旧金山连接起来。十几年之后，人们就可以向海外或海上的船只打电话，尽管所支付的费用非常昂贵。

到 20 世纪中叶，如同之前的电报产业一样，电话产业已经成熟且技术保守。20 世纪 50 年代，美国

2473

途电话服务费用仍然过于昂贵。在欧洲和拉丁美洲，电话服务的费用超出了工人阶级的承受能力。在世界上的其他地方，电话服务是一个商业工具以及城市富人的奢侈品。

随后的一系列技术创新彻底改变了电话行业及其社会影响。铺设于 1956 年的首条跨大西洋电话电缆可以即刻传输十几个电话。该条电话线路的传输能力很快就翻倍。从 20 世纪 60 年代开始，通过大幅增加同时传输的通话数量，卫星及其造价便宜的传输站促使全球电话服务费用变得低廉并实现了全球通话。在陆地上，微波塔大大降低了长途通信费用。在 20 世纪 80 年代引入的光纤电缆技术则可以同时传输成千上万个电话。无论是陆地上还是跨洋的长途电话，都突然变得像本地电话那样便宜。例如，从 1960 到 1990 年，从纽约拨打到伦敦的通话费用，由每分钟 30 美元降低到每分钟 10 美分。

正当电话不断改变全球通信的同时，一系列技术革新也在地方层面改变着电话。随着网络的计算机化，电话可以执行之前无法实现的新功能。按键式拨号、呼叫等待、来电显示、

2474

1892 年，贝尔在纽约通过电话呼叫芝加哥。吉尔伯特. H·格罗夫纳收藏部，美国国会图书馆文印和照片分部

的本地电话服务覆盖了所有的商业业务和绝大多数的家庭业务；然而，对于广大用户而言，长

1865 年，大东方号铺线船甲板的下面存放着巨大的电缆线圈。选自 W. H. 拉塞尔《大西洋电报》，罗伯特·杜德利绘，1865，史密森学会图书馆

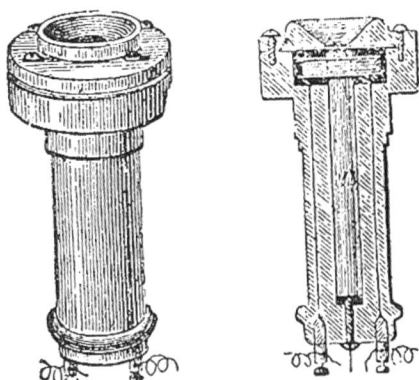

亚历山大·格雷厄姆·贝尔的电话

语音信箱，便是其中的一些创新功能。电话同样也可以作为数据通信设备来使用：人们可以用数字键访问银行账户，或同程序化的自动应答机进行交流。电话线网络也可以通过调制解调器用于计算机之间的数据传输。正如电子技术所有的创新一样，虽然新型电话在发达工业国家的初始成本很高，但随后会迅速下降；对于发达工业国家的居民而言，世界上很快形成了一个巨大且容易访问的网络。然而，世界上绝大多数地区仍被远远抛在后面。例如，今天，曼哈顿拥有比整个非洲还要多的电话线，而在一

些发展中国家，大部分人从未使用过电话。

无线电报和无线电话

无线电技术起初非常不同于有线电报和有线电话技术，然而，无线技术和有线技术很快就相互产生影响，现在它们几乎没有什么区别。虽然以前也有人进行过相关的科学实验，但在1895年，一位具有爱尔兰—意大利血统的年轻人古列尔莫·马可尼（Guglielmo Marconi，1874—1937）成为首个将电磁波作为一种通信手段的人。到了1898年，他能够向40千米以外的地方发送代码信息；1901年，他传送的字母"S"横跨了大西洋。为了与海上船舶进行通信，以及与有线通讯公司在洲际通讯领域竞争，马可尼迅速成立了一家无线电通讯公司。

在第一个10年里，发射机利用电火花来制造无线电波，但很快其他人发明了一种不仅可以传输点和破折号，而且可以传输语音和音乐的设备。其中最重要的一项发明是三极管，或叫真空管，由美国人李·德·弗雷斯特（Lee De Forest，1873—1961）于1907年申请了专利。从1913年起，它被用于长途电话的线路中，然后在第一次世界大战期间又被用于无线电设备中。

直到20世纪20年代中期为止，长途无线电报使用的是长波，需要巨大的高能耗发射器。随后，马可尼和其他研究人员发现，通过廉价的小型发射器产生的短波（200米或以下，或频率超过1500千赫——超过每秒150万次的波周期），仍然可以在全

古列尔莫·马可尼是首个将电磁波作为一种通信手段的人

《塞缪尔·芬利·布里斯·莫尔斯》(*Samuel Finley Breese Morse*),单线电报系统和莫尔斯电码的发明者,约 1845。美国国会图书馆

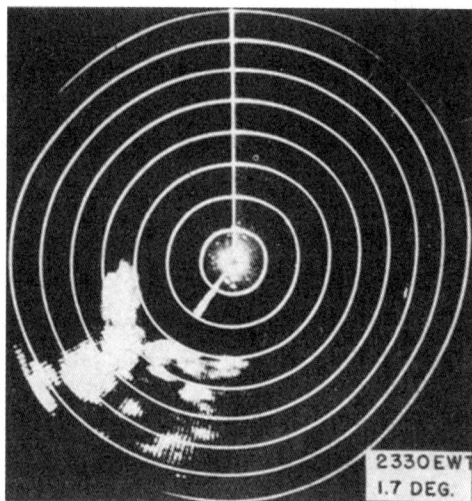

1945 年 8 月,雷达显示在春湖陆军航空部队总部西南方有强烈的雷暴活动和暴雨。美国国家海洋和大气管理局

世界范围内收听到。当有线电缆和长波发射器几乎停止使用的时候,短波通信的范围已可以达到任何船舶、岛屿或偏僻的采矿营地。在第二次世界大战期间,交战双方都利用短波无线电与飞机、军舰、潜艇、坦克甚至是间谍进行通信。

微波无线电(用厘米计算波长,频率超过 1 000 兆赫兹——超过每秒 10 亿次的波周期)不仅应用于雷达,而且,从 20 世纪 50 年代起它成为电话网络中铜缆的一种替换物。正如上面所提到的,微波无线电传输,如光纤电缆,大大降低了电话的成本。

在 20 世纪 90 年代,电脑和微波无线电的结合再一次掀起电话产业的革命。移动电话的发明使人们能够在行走或者驾驶中互相交谈或发送简短文字信息。当手机服务成本降到与有线电话服务成本水平相当的时候,手机在欧洲、北美和日本成为最受欢迎的消费品之一。

电信的未来

特别是自 20 世纪 80 年代中期以来,发生在

1942 年 1 月,在阿拉巴马州塔斯基吉陆军航空兵的基础和高级飞行学校里,队长罗伊·莫尔斯(Roy F. Morse)教导学员如何发送和接收代码。美国政府

电信行业的技术革命震动了业界。以前处于垄断地位的一些电信寡头，如美国和加拿大的美国电话电报公司以及在其他国家的邮政、电话和电报管理局，突然首次发现自身面临着来自一些后起之秀的竞争对手的严重威胁。大量资金涌入新兴行业，导致股市泡沫和带宽通信频道供应的严重过剩；随后在 2000 年，经济开始衰退，许多公司破产。然而，膨胀和收缩是自由市场经济业务扩张的一个非常正常的情形，从长远来看这将对消费者有利。

与此同时，发展中国家发现很难跟上这种发展形势。虽然电话的单位成本低，但是前期投资是非常巨大的，而且计算机网络的安装和维护以及手机系统所需的专业技术超出了绝大多数发展中国家的能力范围。拥有庞大的人口和经济规模的国家，如中国、印度和巴西，通过向某些优势地区和社会阶层提供先进的服务，紧跟发展形势。其他的一些发展中国家则掉队了。因此，电信革命正将许多发展中国家推向比此前更为不利的处境。

如果最近的过去是一个参照的话，那么我们可以期待，21 世纪会像 20 世纪那样带给我们许多惊喜。然而，电话和互联网服务将继续不均匀地渗透到世界上最偏远的地区。或许有一天，每个人都将会同其他人连接到一起。或许随着根据需求随时随地提供视频点播的传入，电信的质量也可能发生变化。然而，与以往的技术革命相比，这些技术奇迹并没有为世界带来更多的和平或者减轻更多的贫困。

进一步阅读书目：

Aitken, H. G. J. (1985). *The Continuous Wave*：*Technology and American Radio*，*1900 - 1932*，Princeton, NJ：Princeton University Press.

Aitken, H. G. J. (1985). *Syntony and Spark*：*The Origins of Radio*. *Princeton*，NJ：Princeton University Press.

Barty-king, H. (1979). *Girdle Round the Earth*：*The Story of Cable and Wireless and its Predecessors to Mark the Group's Jubilee*，*1929 - 1979*. London：William Heinemann.

Dibner, B. (1959). *The Atlantic Cable*. Norwalk, CT：Burndy Library.

Galambos, L. , & Abrahamson, E. J. (2002). *Anytime*，*Anywhere*：*Entrepreneurship and the Creation of a Wireless World*. Cambridge, U. K. : Cambridge University Press.

Headrick, D. R. (1991). *The Invisible Weapon*：*Telecommunications and International Politics*，*1851 - 1945*. New York：Oxford University Press.

Holzmann, G. J. , & Pehrson, B. (1994). *The early History of Data Networks*. Los Alamitos, CA：IEEE Computer Society Press.

Hugill, P. J. (1999). *Global Communications since 1844*：*Geopolitics and Technology*. Baltimore：The Johns Hopkins University Press.

Lebow, I. (1995). *Information Highways and Byways*：*From the Telegraph to the 21st Century*. New York：IEEE Press.

Lubar, S. (1993). *Infoculture*：*The Smithsonian Book of Information Age Inventions*. Boston：Houghton Mifflin Company.

Pool, I. D. (1990). *Technologies Without Boundaries*：*On Telecommunications in a Global Age*. Cambridge, MA：Harvard University Press.

Standage, T. (1998). *The Victorian Internet*：*The Remarkable Story of the Telegraph and the Nineteenth Century's on-line Pioneers*. New York：Berkley Books.

丹尼尔·黑德里克(Daniel R. Headrick) 文

王超 译，黄艳红 校

Television　电视

2478

自从 1930 年代电视成为面向公众的移动声像传播和接收媒介之后,它在世界各地的作用变得日益广泛,要以寥寥几笔来论述这一现象几乎是不可能的。电视技术的源头可以追溯到世界的不同地区;今天,它的文化影响力可以在生活的各个方面感觉到——无论是看电视的,还是不看电视的。

电视(TV)是一种电子传输系统,可以从某个源头接收可视图像和声音,并传送给多个接收者。"电视"一词也指接收和解读电子声像信号的设备。但是电视远不止是一项技术:电视是一种改变了我们在众多生活方面的体验和行为方式的现象。

1936 年 11 月 2 日,世界上最早的全国性公共电视节目——其最早的高分辨节目已在节目表上公布——由位于伦敦的英国广播公司(BBC)的演播室播送。当 BBC 记者伊丽莎白·克伦威尔(Elizabeth Crowell,BBC,2007)宣布"这是来自亚历山大宫的电视直播"(演播室坐落的地方如今已成为著名的地标)之后,一个表演者唱起了下面的小曲儿:

> 空中有双眼睛,从天上巡视我们
> 还有在云霄中聆听的耳朵……
> 所以你无须
> 从幸福的家中外出,
> 世界会尽收眼底。

电视是 19 世纪的人们自信地预测必将在 20 世纪诞生的技术之一,然而,它只是在跨入新世纪的几十年后才投入实际使用,并在 20 世纪下半叶成为一个全球性的现象。电视的出现改变了政治生活;由西方无孔不入的文化影响驱动的一个新的"消费"经济开始依赖于电视。世间之事确实可以"回顾",但电视会导致一种我们现在都生活在其中的次生影像环境。

在 21 世纪,电视正在经历一场技术和制度上的嬗变。在 20 世纪 50 年代和 90 年代之间,电视依赖于电磁频率的稀缺资源,它被组织为一个管制性的基本上是国有化的媒体。在 20 世纪末期,通过成百上千的卫星、有线电缆以及为每一个家庭提供的数字频道,电视转变成一种功能丰富的媒介。通过依靠新技术以及新一代廉价的小型化设备生产,这些新的图像源在接收国之外就脱离了司法管辖。电视曾为人们提供国家认可的文化的精髓;现在,它是国际产业的一个密不可分的组成部分,并且日益超越了政府的控制。

从 19 世纪 90 年代一直到 20 世纪 50 年代,电视的发明者将其视为一种替代广播、剧院或电影院的媒介,是一种传递信息和娱乐的新方式;但是,他们对电视超越那些功能的潜在能力却知之甚少。发明家都没有预料到的是,电视将变成一种"规范"——我们看到的很多节目会设法建议我们应该做什么或不应该做什么。电视已经为我们划定了违法的界限;在大多数日常活动或琐碎的娱乐中,这种媒体如同微妙的指导员,提供了源源不断的经验,从中我们已经获得很多我们身份的本质。 2479

许多人曾尝试过(虽然尚没有人获得成功)从电视影响力的类型中抽象出其本质和性质,但是毫无疑问的是,电视已经改变了我们。几乎自从电视问世后,它便引发了争议。或许,追踪单个节目带来的思想影响比较困难,但不可否认的是,电视放大了时尚和思想变化的过程,有

电视是一种娱乐媒介，它可以让成千上万的人同时听一个笑话，但每个人都在孤独之中。
——艾略特（T. S. Eliot, 1888—1965）

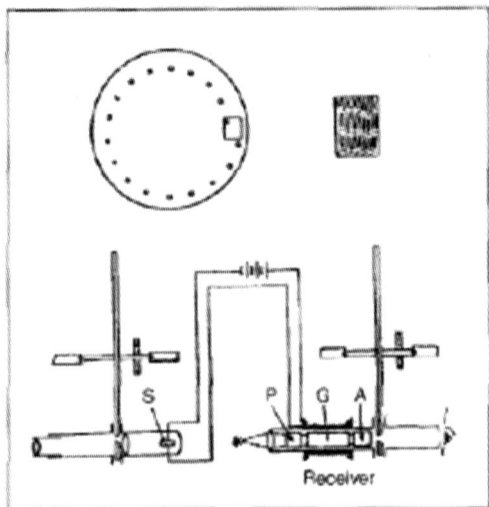

尼普科夫关于机械电视扫描盘的操作。J. van den Ende, W. Ravestejin, & D. de Wit.（Winter 1997—1998）。早期电视的发展过程。选自《技术与社会杂志》16（4）

时甚至会引发政治骚乱。我们最有影响力的权威图像来自电视；它给我们头脑中留下了各种层次的人物形象，包括国家政府首脑、运动场上的英雄以及名人等。借用一句社会学家常用的话说，电视"设置了议程"。

电视技术

电视的出现源于世界各地科学家和工程师试图长距离传送视觉影像的努力。1873年，英国的电报工程师约瑟夫·梅（Joseph May）介绍了他的新发现，即硒棒能够将光线转换成电信号。这些知识在许多梦想传输动态图像的工程师们那里受到了欢迎，因为硒棒的光敏度意味着一种"图像电报"将成为可能。

德国发明家保罗·尼普科夫（Paul Nipkow）于1884年提出了制造扫描盘的设想，这离梦想又近了一步。虽然尼普科夫从来没有制造过扫描盘，但是通过采用两个各带有24个孔的同步旋转盘，他将机械电视概念化了。一旦光被投射到一个扫描盘的外缘，光就会依次通过这些

孔。位于磁盘后面的硒光电管产生电信号，信号将通过另一个旋转磁盘重建原始图像。当旋转磁盘投射一连串信号时，磁盘将传送一个完整的图像。

1895年，美国发明家查理·弗朗西斯·詹金斯（Charles Francis Jenkins）发明了第一台电影放映机，他于1922年向公众展示了首个通过无线传输的运动剪影。两年后，来自苏格兰的工程师约翰·罗杰·贝尔德（John Logie Baird）成为首位向公众展示机械电视能够传输半色调图像的人。1927年，詹金斯被美国联邦无线电委员会授予了首个试验性的电视执照，并于1928年开播了简单的卡通节目。贝尔德也获得了英国邮政局许可，可以与英国广播公司每周播放3次短节目。

1923年，生于俄罗斯的弗拉基米尔·科斯马·兹沃里金（Vladimir Kosma Zworykin）提出了电子电视摄像管专利申请，1927年美国发明家斐洛·泰勒·法恩斯沃斯（Philo Taylor Farnsworth）首次推出可使用的电子电视，两位发明家之间的竞争促进了电子电视的发展。法恩斯沃斯的系统采用了阴极射线管——一个涂有磷光材料的真空管。阴极射线可以以光的速度运动，解决了旋转盘导致的信号闪烁问题。1934年，法恩斯沃斯与贝尔德电视有限公司（Baird Television Ltd.）合作开发了一种全电子电视，它采用了析像管，每张图像250线和25帧；与此同时，兹沃里金在1929年提出的光电摄像管计划，促使百代唱片公司（EMI）在1934年制造了一个改进的光电摄像管。

伦敦电视服务公司（London Television Service）在一周之内销售了超过500台电视，而美国无线电公司和美国国家广播公司（Radio Corporation of America）却面临着销售不畅的窘境，这很大程度上是因为电视分辨率过低的问题。还有，美国多家电视制造商采用的是不兼容的标准，可用的节目数量也非常少。为了设定一

2480

个国家标准,美国国家电视制式委员会(NTSC)于 1940 年成立,美国联邦通信委员会(FCC)又在 1941 年批准了一项新的 525 线国家电视制式委员会制式作为国家电视标准。得益于改进的标准,电视制造行业开始好转。

第二次世界大战结束后不久,美国哥伦比亚广播公司(CBS)便展示了第一款彩色电视。这使得哥伦比亚广播公司于 1950 年获得了美国联邦通信委员会的批准,允许其播放彩色电视节目。1951 年,美国无线电公司和美国国家广播公司引入了一套能与现存单色电视兼容的全彩电视广播制式。1953 年,美国国家广播公司成功传送了首个全美范围的彩色电视广播。美国联邦通信委员会于 1952 年采用了这种新的广播制式,美国所有的模拟电视就是在该制式基础上产生的。加拿大、几个亚洲国家和几个拉美国家也采用了美国的电视标准。

与此同时,欧洲也提供了两种不同的彩色电视标准。1956 年,法国发明家亨利·德·弗朗斯(Henri de France)开发了一个 625 线标准,获得了比美国制式更高的分辨率。德国同样采用了英国广播公司于 1964 年使用的 625 线标准。绝大多数的欧洲国家(除法国外)、几个拉丁美洲国家、澳大利亚、中东、中国和其他几个亚洲国家采用了德国的电视制式。

1949 年,有线电视在美国问世。电缆的最初用途是帮助无线电信号弱的社区接收信号。有线电视采用再分配系统,配以一个大型共用电视天线,通过电缆连接至各个家庭。代替同轴电缆的光纤减少了干扰并提高了容量。随着容量的增加以及电缆系统的数字化,光纤电缆能够高速率处理巨量的数据,如高速互联网、电话(包括语音和传真)和视频点播。

有线电视对电视的商业模式产生了显著的影响。通过利用金属线和机顶盒,有线电视运营商可以控制其服务达到指定的用户,并能以不同的速率为不同的用户提供各种电视频道。20 世纪 70 年代初,当第一个付费电视网络——家庭影院频道(HBO)在美国出现之后,这种基于订阅的收入模式(或收费电视)便得到了普及。

卫星电视通过卫星传输广播信号。1965 年,绰号为"晨鸟号"的第一颗商用通信卫星由国际通信卫星组织发射升空。1976 年,家庭影院频道开始利用卫星将自己的信号传到有线电视系统。作为免费模拟服务,英国天空电视台于 1989 年开辟了第一个直接广播服务。两年后,英国天空电视台推出了一款基于订阅服务的数字卫星服务,名为"天空数码"。卫星电视的出现对以国家为基础的监管系统构成了挑战。一个国家产生的卫星传输可以被其邻国接收的情况造成了一些困境,例如,一个国家的节目可能会

技术改变了电视机的外观(这张照片拍摄于 20 世纪 50 年代)以及家庭动态。美国国会图书馆

威胁到另一个国家的民族认同和文化独立性。

数字电视是具有卓越的信号传输性能的一种新兴技术。与模拟电视比起来,数字电视的优势在于能够确保最佳和高效的频谱利用率。电视系统中的数字技术能够播放高清晰度电视(HDTV)和改进声音质量,可以通过单个频道多路传送多个节目,并可进行具有交互式网络服务的数据通信。大多数政府已经计划将地面电视进行数字转换。

2481

数字化通过两种方式推动了市场竞争。首先,数字化让更多的频道通过有限的无线电波传播。其次,通信基础设施的数字化模糊了电信和广播之间的界限,因为数字格式可以传送到任何类型的数字通信基础设施,如移动电话。因此,数字化能使任何通信服务供应商进入广播电视市场。移动电视已经成为现实。由于移动设备普及率的逐年提高,移动电视越来越受欢迎。

全世界的电视

自从第一台电视机面世以来,电视机已经在家庭中变得很普遍,从一种新事物发展成为一种必需品。在发达国家,超过90%的家庭拥有电视,99%的美国家庭至少拥有一台电视机。人们观看电视的时间不断地增加。美国每户家庭每天观看电视时间的平均值由1970年的5小时56分稳步增加至2006年的8小时14分。

作为主导力量,美国电视开始主宰国际电视节目市场,并由此深入到其他遥远的社会的意识形态之中。而苏联通过使用媒介来维持自己的政权,但这也会削弱自身的权力,由此产生了反感和厌倦的情绪。但现在,在俄罗斯和其前卫星国,电视媒介可能发展成长为新的广播电视产业。同样,中国的电视广播发展得十分迅速,但尚未对本国疆界之外的地区产生显著

的影响。相比之下,巴西的电视广播已被证明是具有世界影响力的;然而,在1980年,除了南美几个国家外,巴西的电视广播尚不为人们所知。

像美国那样,21世纪的新神话很可能会由俄罗斯、日本、中国或南美国家来缔造。尽管工业和投资方面的问题尚有待解决,但得益于廉价的技术,电视作为媒介正在变得更为丰富,而其他具有历史根源的因素将会影响市场的流动。

生产和消费电视

约在1940至1970年之间,电视是一个封闭而又有点神秘的媒介。电视节目是由一小群专业人士制作的,公众只能作为被动的观众来享受电视节目。如今,孩子们在学习使用视频作为自我表达的一种手段。在一些国家,地区频道可供几乎任何人使用。观众和节目制作者之间的巨大鸿沟已经在很大程度上消失了。

2482

"无线电尤其是电视已成为消费需求经营的主要工具……工业体系正在深深地依赖着商业电视,离开后者,工业体系无法以现在的形式存在。"这是经济学家约翰·肯尼思·加尔布雷思(John Kenneth Galbraith)于1967年出版的《新工业国》(*The New Industrial State*)一书中写到的。到了20世纪90年代,电视越来越依赖于广告收入。大众消费产品的推出已经变得越来越依赖于电视收看率,所以观看这个媒介的发展演变,就是在观看更广泛的经济体系的一个意想不到的支柱。但这也为媒介文化提供了进一步的约束:当观众碎片化以及当电视作为更大的社会经验消失时,从事经济工作的节目承受的压力会更加严重。

电视问世后前半个世纪面临的最大问题是公开和私下控制媒体的相对合法性。实际上,无线电和电视广播一起构成了传播领域三个不同的"意识形态"的主要战场:竞争性的商业服务,许可证费资助的公共服务,以及混合政策。有关

> 由于有了电视,年轻人第一次在大人们审查历史之前就亲眼目睹历史被捏造出来。
>
> ——玛格丽特·米德(Margaret Mead, 1901—1978)

哪一个政策可以最大可能地鼓励本地人才,能在面对政府时最大可能地增强或削弱媒体,以及最有助于创造电视节目的多样化方面的争论,已经持续了几十年了。争论从未决出过胜负,但新的技术机会表明,传统的公共广播在任何地方都无法继续占据垄断地位,它们注定要面临一系列的商业竞争对手。

从长远来看,人们将如何评判电视? 有些人认为,媒体对人类社会改变不大,尽管它吸引了人们的注意力;消耗太多能量,却忽略了生活的基本面。他们坚持认为,电视在最表面的层次上打动了观众,但似乎没有为其自身产生的后果承担责任。其他反对者则称电视只是反映社会,不应因其观察到的事物而受到指责。然而,媒介是否已经在其凝视的对象面前竖起了一面镜子,或者说,操作着一个巨大的反射(或偏转)设备,其自带的内置倾向导致了扭曲? 它是否只让我们看,但不让我们深入地考察? 电视可能曾助推了文化的崩溃,但它对推翻暴政也有过很大的帮助。电视曾肆意操纵我们的欲望以及歪曲我们真正的需求,但它已经民主化和平等化了,开启了数以百万计的人的智慧之眼,去了解他们早就被剥夺的东西。电视揭露了我们世界丑陋的一面,但它教会人们卫生保健,使农村和城市贫困人口学会了识字。

电视专家(名人)已经成为一种新型祭司,在事件和观众之间传达意见。与其他神职人员一样,他们的力量可能会被夸大,或许他们自己也已经助长了这种夸大。然而当媒介扩散、降价、解除管制和增加掌握消息的人的数量时,很有可能会是一个转折点、一个全球性的重新评估,从而导致对媒体那无所不在和唯我独尊的权力的反应形式发生重要变化。

进一步阅读书目:

Abramson, A. (2003). *The History of Television, 1942 - 2000*. Jefferson, NC: McFarland.

British Broadcasting System (BBC). (2007). The Television Studios at Alexandra Palace: A Case for Preservation. Retrieved January 16, 2010, from http://www. saveallypally. com/lib/jr/sap-courtbundle/sap_tab-09. pdf.

Creeber, G. (2006). *Tele-vision: An Introduction to Studying Television*. London: British Film Institute Publishing.

Hilmes, M. . & Jacobs, J. (Eds.). (2003). *The Television History Book*. London: British Film Institute Publishing.

Marc, D. . & Thompson, R. J. (2005). *Television in the Antenna Age: A Concise History*. Malden, MA: Blackwell.

Smith, A. . & Paterson, R. (Eds.). (1998). *Television: An International History*. New York: Oxford University Press.

Spigel, L. . & Olsson, J. (2004). *Television after TV: Essays on a Medium in Transition*. Durham, NC: Duke University Press.

安东尼·史密斯(Anthony Smith) 文

王超 译,黄艳红 校

2483